Wissenschaftliche Untersuchungen
zum Neuen Testament · 2. Reihe

Begründet von Joachim Jeremias und Otto Michel
Herausgegeben von
Martin Hengel und Otfried Hofius

60

Die Wolke der Zeugen

Eine exegetisch-traditionsgeschichtliche
Untersuchung zu Hebräer 10,32 – 12,3

von

Christian Rose

J.C.B. Mohr (Paul Siebeck) Tübingen

Die Deutsche Bibliothek – CIP-Einheitsaufnahme

Rose, Christian:
Die Wolke der Zeugen: eine exegetisch-traditionsgeschichtliche Untersuchung zu Hebräer 10,32–12,3 / von Christian Rose.
– Tübingen: Mohr 1994
   (Wissenschaftliche Untersuchungen zum Neuen Testament: Reihe 2; 60)
   ISBN 3-16-146012-X
NE: Wissenschaftliche Untersuchungen zum Neuen Testament / 02

© 1994 J. C. B. Mohr (Paul Siebeck) Tübingen.

Das Buch wurde von Gulde-Druck auf säurefreies Werkdruckpapier der Papierfabrik Niefern gedruckt und von der Großbuchbinderei Heinr. Koch in Tübingen gebunden.

ISSN 0340-9570

Für Bruny,
Rahel, Jeremias und Anne-Kathrin

Vorwort

Die vorliegende Untersuchung wurde unter gleichlautendem Titel im Wintersemester 1990/91 von der Evangelisch-theologischen Fakultät der Eberhard-Karls-Universität Tübingen als Dissertation angenommen. Für den Druck habe ich sie an einigen Stellen überarbeitet und gekürzt.

Zu danken habe ich in erster Linie meinem Doktorvater und verehrten Lehrer, Professor Dr. Otfried Hofius, der die Untersuchung angeregt, gefördert und bis zur Veröffentlichung freundschaftlich begleitet hat. Zusammen mit Professor Dr. Martin Hengel hat er die Aufnahme der Arbeit in die Reihe "Wissenschaftliche Untersuchungen zum Neuen Testament" ermöglicht. Ich danke beiden Herausgebern.

Für die Erstellung des Korreferates und für viele hilfreiche Hinweise im Blick auf die Veröffentlichung danke ich Professor Dr. Gert Jeremias. Dankbar gedenke ich Professor Dr. Hans Peter Rüger, bei dem ich bis zu seinem allzufrühen Tod in Fragen der Targum-Forschung und der rabbinischen Schriftauslegung viel Rat und tatkräftige Unterstützung erfahren durfte. Seiner langjährigen Assistentin, Dr. Beate Ego, danke ich für alle kollegiale Hilfe und für zahlreiche klärende Gespräche.

Die Mühe des Korrekturlesens während der einzelnen Entstehungsphasen der Arbeit haben die Freunde und Kollegen Steffen Bohnet, Harry Jungbauer und Helmut Kaschler auf sich genommen. Auch ihnen gilt mein Dank. Ebenso Herrn Georg Siebeck und seiner Mitarbeiterin, Frau Ilse König, für die geduldige verlegerische Betreuung.

Meine Eltern haben den Weg ins Theologiestudium und das Entstehen der vorliegenden Untersuchung auf die ihnen eigene Weise vielfältig unterstützt. Dafür bin ich von Herzen dankbar. Besonders danken möchte ich meiner Frau. Sie hat mich in den zurückliegenden Jahren von vielem entlastet. Ohne ihre Hilfe und Begleitung wäre dieses Erstlingswerk nicht geschrieben worden. Schließlich: mancher Dank läßt sich in einem Vorwort nicht ausdrücken.

Heidenheim, im Advent 1993   Christian Rose

Inhalt

Abkürzungen

Die Abkürzungen richten sich, soweit nicht anders vermerkt, nach dem Abkürzungsverzeichnis von S. SCHWERTNER: Theologische Realenzyklopädie. Abkürzungsverzeichnis, Berlin/New York 1976.

Die Abkürzungen der Apokryphen und Pseudepigraphen des Alten Testaments folgen den Vorgaben der von W. G. KÜMMEL herausgegebenen Reihe "Jüdische Schriften aus hellenistisch-römischer Zeit" (JSHRZ).

Die rabbinischen Werke werden abgekürzt nach: "Frankfurter Judaistische Beiträge" 2 (1974), 69 - 71.

Hinzu kommen folgende Abbreviaturen:

ÄAT	Ägypten und Altes Testament
BDR	BLASS, F./DEBRUNNER, A./REHKOPF, F.: Grammatik des neutestamentlichen Griechisch, Göttingen [14]1979
BJS	Brown Judaic Studies
BThSt	Biblisch-theologische Studien
EPhW	Enzyklopädie Philosophie und Wissenschaftstheorie
FC	Fontes Christiani
GrTS	Grazer theologische Studien
HvS	E. G. HOFFMANN/H. VON SIEBENTHAL: Griechische Grammatik zum Neuen Testament
KBSW	Kölner Beiträge zur Sportwissenschaft
KEH.Ap	Kurzgefaßtes exegetische Handbuch zu den Apokryphen des Alten Testaments
NEB	Die Neue Echter Bibel
OTP	The Old Testament Pseudepigrapha (Ed. J. H. CHARLESWORTH)
PPT	Palästinisches Pentateuch-Targum (Kairoer Geniza Fragmente)
TSAJ	Texte und Studien zum Antiken Judentum
T&T	Texts and Translations (einschl. Pseudepigrapha Series [= Psepigr.Ser.])
VitProph	Vitae Prophetarum

A. Einleitung

Dem Motiv des Glaubens kommt im Hebräerbrief entscheidende Bedeutung zu[1]. Der auctor ad Hebraeos formuliert sein Glaubensverständnis - das ist bekannt - besonders prägnant in der "Definition" von Hebr 11,1. Diese dem 11. Kapitel vorangestellte These expliziert der Verfasser im angefügten Paradigmenkatalog (11,2-38): Die "Wolke der (Glaubens-)Zeugen" (vgl. 12,1) der πρώτη διαθήκη veranschaulicht beispielhaft, was von der angefochtenen und glaubensmüden Gemeinde jetzt gefordert ist: Geduld und Feststehen beim göttlichen Verheißungswort. Darin zeigt sich - so der Verfasser - die zum Heil führende πίστις.

In der Beschäftigung mit dem Glaubensverständnis dieses Zeugnisses jüdisch-hellenistischen Christentums aus dem ersten nachchristlichen Jahrhundert fehlt bislang eine eigenständige wissenschaftliche Untersuchung des "tractatus de fide"[2].

---

[1] Das zeigt auch die vielfältige Beachtung, die diesem Thema von den Auslegern des Hebräerbriefs zuteil wurde. Neben den zahlreichen Exkursen in den einschlägigen Kommentaren und den Darlegungen der theologischen Lexika und Wörterbücher vgl. vor allem A.SCHLATTER: Der Glaube im Neuen Testament, Stuttgart [6]1982, 520 - 536; E.GRÄSSER: Der Glaube im Hebräerbrief (MThSt 2), Marburg 1965; D.LÜHRMANN: Glaube im frühen Christentum, Gütersloh 1976, 70 - 77; G.DAUTZENBERG: Der Glaube im Hebräerbrief, BZ.NF 17 (1973) 161 - 177; Th.SÖDING: Zuversicht und Geduld im Schauen auf Jesus. Zum Glaubensbegriff des Hebräerbriefes, ZNW 82 (1991) 214 - 241.

[2] Die bislang einzige deutschsprachige Monographie zu Hebr 11 - F.GRABER: Der Glaubensweg des Volkes Gottes. Eine Erklärung von Hebräer 11 als Beitrag zum Verständnis des Alten Testamentes, Zürich 1943 - will nach dem Selbstverständnis des Verfassers nichts anderes sein als "Erbauung des Leibes Christi" (Vorwort). Ein wissenschaftlicher Zweck wird nicht verfolgt. Einen Vergleich zwischen Sap 10 und Hebr 11 unternimmt die lediglich maschinenschriftlich zugängliche Innsbrucker Dissertation von R.NEUDECKER: Die alttestamentliche Heilsgeschichte in lehrhaft-paränetischer Darstellung. Eine Studie zu Sap 10 und Hebr 11, Innsbruck 1970/71. Mit Hebr 11 vergleichbare Beispiellisten untersucht M.R.COSBY in seinem Aufsatz: The Rhetorical Composition of Hebrews 11, JBL 107 (1988) 257 - 273: 267ff. Darin bietet der Verfasser (vgl. ebd. 260 Anm. 12; 261 Anm. 15; 268 Anm. 30; 272 Anm. 40 und 273 Anm. 41) im wesentlichen die Ergebnisse seiner Dissertation mit dem Titel: The Rhetorical Composition and Function of Hebrews 11 in Light of Example-Lists in Antiquity, Emory University 1985. Das Abraham-Beispiel in Hebr 11,8-19 behandelt die Harvard-Dissertation von L.F.MERCADO: The Language of Sojourning in the Abraham-Midrash in Hebr 11,8-19. It's Old Testament Basis, Exegetical Traditions and exegetical Function in the Epistle to the Hebrews, Cambridge 1967.

Dies verwundert, da der uns unbekannte Verfasser im großen Glaubenskapitel Hebr 11 am ausführlichsten sein Glaubensverständnis darlegt[3]. Die vorliegende Studie versucht diese Lücke zu schließen[4].

Für die sachgemäße Auslegung von Hebr 11 kommt dem unmittelbaren Kontext große Bedeutung zu. Somit ist es zwingend geboten, die Abschnitte 10,32-39 und 12,1-3 in die Untersuchung einzubeziehen. Da in der Forschung bis heute umstritten ist, ob bei der Komposition die Zäsur nach 10,18, nach 10,31 oder gar nach 10,39 vorzunehmen ist, soll der Auslegung ein Kapitel vorangestellt werden, das die *Komposition des Hebräerbriefes* analysiert. Dieser Arbeitsschritt wird ferner die Frage zu beantworten haben, ob der Hebr das Schwergewicht auf die paränetischen oder die lehrhaften Aussagen legt.

Im Mittelpunkt der wissenschaftlichen Diskussion um den Hebräerbrief stehen in den letzten Jahrzehnten völlig zu Recht die theologischen Fragen und - in besonderem Maße - die Versuche, seinen *religionsgeschichtlichen Hintergrund* aufzuhellen[5]. Die von E.KÄSEMANN[6] aufgestellte These, der Hebr sei vor dem Hin-

---

[3]   Hebräer 11 spielt in jüngster Zeit im christlich-jüdischen Dialog eine entscheidende Rolle beim Ringen um die richtige theologische Linie der Evangelischen Kirche im Rheinland. Auf die von B.KLAPPERT anläßlich einer Sitzung der Rheinischen Landessynode im Januar 1980 vorgetragene Bibelarbeit über Hebr 11,1.32-40; 12,1f (Handreichung Nr. 39 für Mitglieder der Landessynode, der Kreissynoden und der Presbyterien in der Evangelischen Kirche im Rheinland: Zur Erneuerung des Verhältnisses von Christen und Juden, Düsseldorf [2]1985, 79 - 100) hat E.GRÄSSER: Exegese nach Auschwitz? Kritische Anmerkungen zur hermeneutischen Bedeutung des Holocaust am Beispiel von Hebr 11, KuD 27 (1981) 152 - 163 (= Ders: Der Alte Bund im Neuen, Tübingen 1985, 259 - 270) kritisch geantwortet. K.HAACKER: Der Glaube im Hebräerbrief und die hermeneutische Bedeutung des Holocaust. Bemerkungen zu einer aktuellen Kontroverse, ThZ 39 (1983) 152 - 165, setzt sich seinerseits mit den Einwänden GRÄSSERs auseinander. Es ist hier nicht der Ort, diese Statements zu kommentieren. Exegetisch - das allein hat uns hier zu interessieren - überzeugen die Darlegungen von E.GRÄSSER.

[4]   Zum Status quo der wissenschaftlichen Beschäftigung mit dem Hebr als ganzem vgl. die Forschungsberichte von H.FELD: Der Hebräerbrief (EdF 228), Darmstadt 1985 und Ders.: Der Hebräerbrief. Literarische Form, religionsgeschichtlicher Hintergrund, theologische Fragen, ANRW II 25.4 (1987) 3522 -3601. Beide Arbeiten erübrigen in der vorliegenden Studie einen forschungsgeschichtlichen Überblick.

[5]   Man spricht in diesem Zusammenhang gerne vom "Rätsel des Hebräerbriefes". Vgl. dazu u.a. E.BURGGALLER: Das literarische Rätsel des Hebräerbriefes, ZNW 9 (1908) 110 - 131; H.M.SCHENKE: Erwägungen zum Rätsel des Hebräerbriefes, Festschrift für H.BRAUN, Tübingen 1973, 421 - 437 und W.G.ÜBELACKER: Der Hebräerbrief als Appell. I. Untersuchungen zu *exordium, narratio* und *postscriptum* (Hebr 1-2 und 13,22-25) [CB.NT 21], Lund 1989, 11 - 16.

[6]   Das wandernde Gottesvolk (FRLANT 55), Göttingen [4]1961 (= 1939). KÄSEMANN (ebd.) 8f.18f.24f u.ö., und E.GRÄSSER: Das wandernde Gottesvolk. Zum Basismotiv des Hebräerbriefes, ZNW 77 (1986) 160 - 179: 174ff, entnehmen dem 11. Kapitel die Vorstellung vom "wandernden Gottesvolk". E.KÄSEMANN sieht deren Wurzeln im gnostischen Erlöser-Mythos. E.GRÄSSER betont die Herkunft aus dem platonisch-dualistisch geprägten Denken des hellenistischen Judentums.

tergrund des gnostischen Erlösermythos zu interpretieren, fand zwar in der Folgezeit Zustimmung[7], wurde aber durch die m.E. überzeugenden Untersuchungen von O.HOFIUS widerlegt[8]. Die Herleitung der Vorstellungen des Hebr aus Qumran[9], aus der Gedankenwelt Philos[10], aus der Apokalyptik des antiken Judentums[11] oder auch aus der Merkaba-Esoterik[12] fanden bis zum heutigen Tag nicht den Konsens der Exegeten[13]. Unsere Untersuchung wird mit ihrer betont traditionsgeschichtlichen Fragestellung diesen Problemkreis zu bedenken haben, ohne jedoch eine den ganzen "Brief" betreffende Antwort bieten zu können. Den Schwerpunkt bildet die Frage nach den im "tractatus de fide" aufgenommenen alttestamentlichen und altjüdischen Traditionen und deren Verständnis im Rahmen der Argumentation des Verfassers. Dabei sollen insbesondere die *Targumim* herangezogen werden, - eine Textgruppe, die bislang für die Auslegung des Hebr so gut wie nicht beachtet wurde. Dies mag verwundern, wenn man sich die Fülle von alttestamentlichen Traditionen vergegenwärtigt, die den Hintergrund der Darlegungen in Hebr 11 ausmachen. Die aramäischen Übersetzungen des Alten Testaments bieten wertvolle Hinweise dafür, wie die biblischen Traditionen im antiken Judentum verstanden

---

[7]   Vgl. u.a. F.J.SCHIERSE: Verheißung und Heilsvollendung (MThS I.9), München 1955; E.GRÄSSER: Der Glaube im Hebräerbrief (MThST 2), Marburg 1965 und G.THEISSEN: Untersuchungen zum Hebräerbrief (StNT 2), Gütersloh 1969.

[8]   Katapausis. Die Vorstellung vom endzeitlichen Ruheort im Hebräerbrief (WUNT 11), Tübingen 1970; Ders.: Der Vorhang vor dem Thron Gottes. Eine exegetisch-religionsgeschichtliche Untersuchung zu Hebräer 6,19f und 10,19f (WUNT 14), Tübingen 1972. Da das für den gnostischen Erlösermythos konstitutive Theologumenon der "Himmelsreise der Seele" in Hebr 11 keinen Anhalt findet - das hat HOFIUS in seiner Dissertation überzeugend nachgewiesen (vgl. Katapausis 146ff) -, kann in der vorliegenden Studie davon abgesehen werden, die Gnosis-These nochmals aufzugreifen. Unser Vorgehen wird gestützt durch E.GRÄSSERs in Anm. 6 genannte Arbeit zum Hebräerbrief. Dies verdeutlicht das folgende Zitat: "Den ausgebildeten Erlösermythos der späten gnostischen Systeme zum hermeneutischen *Schlüssel* der Hebr-Exegese zu machen, wird nach dem derzeitigen Stand der Gnosisdebatte niemand mehr für sachgemäß halten" (162). Daß GRÄSSER jedoch dem genannten Theologumenon keineswegs den Abschied gibt (ebd. 164ff), wurde schon festgestellt (Anm. 6) und wird uns noch zu beschäftigen haben.

[9]   H.KOSMALA: Hebräer - Essener - Christen (StPB 1), Leiden 1959.

[10]   C.SPICQ: L'Épître aux Hébreux (Etudes Bibliques), Paris, I ([3]1952): 39 - 91. Dagegen vgl. die Arbeit von R.WILLIAMSON: Philo and the Epistle to the Hebrews (ALGHL 4), Leiden 1970.

[11]   Vgl. neben den Arbeiten von O.HOFIUS (oben Anm. 8) auch O.MICHEL: Der Brief an die Hebräer (KEK 13), Göttingen [13]1975, 423f u.ö.

[12]   O.HOFIUS: Vorhang 4ff.74f.95 und H.M.SCHENKE: Erwägungen zum Rätsel des Hebräerbriefes (a.a.O. [Anm. 5]) 433f.

[13]   Zum religionsgeschichtlichen Hintergrund des Hebr bietet neuerdings L.D.HURST: The Epistle to the Hebrews. Its background of thought (MSSNTS 65), Cambridge 1990, einen instruktiven Überblick über den Forschungsstand.

und ausgelegt wurden. Daß die Berücksichtigung dieser Traditionen nicht von der methodischen Debatte um die Verwendung der rabbinischen Texte und der Targumim in der neutestamentlichen Exegese absehen kann, versteht sich von selbst.

Die traditions- und religionsgeschichtliche Fragestellung kann durch eine detaillierte Analyse[14] von Hebr 10,32 - 12,3 vorangebracht werden. Überdies werden einige der zentralen theologischen Themen des Hebr zu bedenken sein, in erster Linie das Glaubensverständnis des auctor ad Hebraeos[15]. Wie sich der Verfasser Grundlegung und Verwirklichung des im Glauben zu erlangenden Heils vorstellt, soll dabei in der gebotenen Kürze genauso bedacht werden wie die heftig diskutierte Eschatologie des Hebr (vgl. zu 11,39f). Darüber hinaus wird zu 12,1-3 zumindest in den Grundlinien der Frage nachzugehen sein, wie sich das Motiv des Glaubens zur Christologie und zur Soteriologie des Verfassers verhält.

Die angesprochenen Fragen sollen in der vorliegenden Untersuchung erwogen und diskutiert werden. Zunächst wenden wir uns der Komposition des Hebr zu. Im Mittelpunkt der vorliegenden Studie steht die Auslegung des Abschnitts Hebr 10,32 - 12,3. Dabei soll unsere Aufmerksamkeit besonders den vom Verfasser aufgenommenen Traditionen gelten. In einem Exkurs zu Hebr 11,4 wird das Problem erörtert, wie die neutestamentliche Exegese verantwortlich mit den in ihrer schriftlichen Gestalt aus nachneutestamentlicher Zeit stammenden rabbinischen Texten, sowie den aramäischen Übersetzungen des Alten Testaments umzugehen hat.

---

[14] Nur "gewissenhafte Exegese" wird - folgt man dem Urteil von F.LAUB: "Schaut auf Jesus" (Hebr 3,1). Die Bedeutung des irdischen Jesus für den Glauben nach dem Hebräerbrief, in: H.FRANKEMÖLLE/K.KERTELGE (Hrsg.): Vom Urchristentum zu Jesus. Festschrift für J.GNILKA, Freiburg u.a. 1989, 417 - 432: 419 - der "gegenwärtig mehr als je zuvor zerfledderten Hebr-Exegese" wieder zu einer klaren Linie verhelfen können. Die Beschränkung auf den gewählten Abschnitt soll diesem Erfordernis Rechnung tragen.

[15] Insbesondere die Kontroverse, ob der Hebr einen christlichen oder einen alttestamentlich-jüdischen Glaubensbegriff vertritt, bedarf der sorgfältigen Untersuchung. Vgl. zu dieser Unterscheidung M.BUBER: Zwei Glaubensweisen, Zürich 1950.

B. Komposition des Hebräerbriefes

Gegenstand der Untersuchung dieses ersten Kapitels soll die in der Einleitung bereits angesprochene Frage nach der Komposition des Hebr sein, dessen Gattung am besten mit den Worten aus dem Schlußkapitel erfaßt werden kann: Der Hebr als λόγος τῆς παρακλήσεως (13,22), als "Wort tröstlicher Ermahnung"[1], ist "die erste Predigt..., die alle Mittel der antiken Rhetorik und Sprachformen kennt und ins Christentum überträgt"[2]. Die Frage nach der Komposition - eine seit der Jahrhundertwende bedeutungsvolle crux interpretum - ist von hervorragender Relevanz, weil "theologische Entscheidungen von beträchtlichem Gewicht an[stehen], sofern mit der jeweiligen Antwort über die theologische Absicht des Hb als ganzer befunden wird"[3]. Die Wichtigkeit dieser Frage mag mit den Stimmen weiterer Exegeten unterstrichen werden. So stellt W.NAUCK fest: "Der Hebräerbrief bleibt einem verschlossen, man findet sich darin nicht zurecht, wenn man sich nicht über den Aufbau im klaren ist"[4]. Zum gleichen Ergebnis gelangt A.VAN-HOYE: "Um die Botschaft, die der Verfasser des 'Hebräer' übermitteln wollte, zu verstehen, genügt es nicht, einen Satz nach dem anderen zu lesen. Es ist auch und vor allem nötig, die Gesamtkomposition des Werkes zu überschauen"[5]. Daß diese Frage für die vorliegende Untersuchung von Hebr 10,32 - 12,3 von besonderem Gewicht ist, wird dann deutlich, wenn man beachtet, wie weit die Meinungen der Exegeten in der Frage der Abtrennung des uns beschäftigenden Abschnitts auseinandergehen. F.J.SCHIERSE beurteilt den Tatbestand, daß man in der Auslegung die Hauptzäsur des Briefes nach 10,18 legte, als den "verhängnisvollste[n] Fehler der Hb-Exegese"[6].

---

[1]   Zu dieser Formulierung vgl. F.HAHN: GPM 20 (1965/1966), 75.

[2]   O.MICHEL 25. Zum literarischen Genus des Hebr bietet H.FELD in den beiden genannten Arbeiten (EdF 20ff; ANRW 3536ff) einen Forschungsüberblick.

[3]   So E.GRÄSSER: Hebräerbrief 161.

[4]   Aufbau 201.

[5]   Literarische Struktur 119.

[6]   Verheißung 200. Mag es sich hierbei auch um eine Übertreibung handeln - so O.KUSS: Deutung 249 -, sachlich ist SCHIERSE mit seiner Einschätzung im Recht. Auch H.FELD warnt vor einer Überschätzung der Einsicht in die literarische Struktur durch die neuere Forschung, "denn das würde bedeuten, daß die Ausleger und die Christen vergangener Jahrhunderte zu wesentlichen Gedanken des Hebr keinen Zugang gehabt hätten" (ANRW 3524). Es gehört - so H.FELD - "in den Bereich der Selbstüberschätzung modernen Gelehrtentums, wenn Einzelfragen der Komposition oder Gewichtung zur Grundsatzfrage des Verstehens überhaupt stili-

Im folgenden soll dieser bis heute kontrovers diskutierten Fragestellung nachgegangen werden. Wir beschränken uns dabei in der Hauptsache auf die seit Mitte des letzten Jahrhunderts in der Forschung gebotenen Kompositionsvorschläge und referieren exemplarisch die wichtigsten Thesen[7].

I. Gliederungsvorschläge

1. Die Gliederung in zwei Hauptteile

a) *1,1 - 10,18 // 10,19 - 13,25*

Eine sehr beliebte Form der Gliederung teilt den Hebr in einen dogmatischen (1,1 - 10,18) und einen paränetischen Teil (10,19 - 13,25), wobei die dogmatische Beweisführung als Stütze für die sich anschließenden Paränesen angesehen wird[8]: Der Hebr ist "das einzige [- allerdings christliche -] Beispiel einer vollkommen erhaltenen Homilie mit einem ... paränetischen Schlussteil ... In Kap. 10/19ff. setzt dieser Schlussteil ein und endet - durch den Exkurs über die πίστις des 11. Kap. unterbrochen - in 13/21 mit Doxologie und Amen"[9].

---

siert werden" (ebd. 3534). So sehr diese warnenden Stimmen gehört werden müssen, so wenig dürfen sie dazu verleiten, den Brief wieder in fortlaufende Sinnabschnitte zu gliedern und auszulegen, denn "von der literarischen Struktur ... hängt zu einem nicht geringen Teil auch die inhaltliche Gewichtung ab" (so H.FELD[!]: ANRW 3524). Zu dem berechtigten Einwand FELDs, daß bei einer Überbewertung der modernen Kompositionsanalysen die früheren Ausleger ins exegetische Abseits gestellt werden könnten, ist m.E. zweierlei zu bemerken: *Zunächst* könnte es durchaus sein, daß den früheren Exegeten das deutlich vor Augen stand, was in der heutigen Auslegung erst mühsam freigelegt werden muß. *Sodann* kann die moderne wissenschaftliche Exegese nicht umhin, die älteren Kommentatoren da zu kritisieren oder hinter sich zu lassen, wo diese - zum Teil auch aufgrund des Fehlens moderner Hilfsmittel - in bestimmten Fragen das Wesentliche nicht deutlich genug herausgestellt haben. Damit ist aber keineswegs behauptet, daß die früheren Ausleger nicht zu richtigen exegetischen Beobachtungen und tiefen theologischen Einsichten gelangen konnten, - im Gegenteil!

7　　Näheres hierzu bei H.FELD (ANRW 3524 - 3535) und W.G.ÜBELACKER: Hebräerbrief als Appell I 17 - 48.

8　　Die Ansicht findet sich u.a. in den Kommentaren von A.THOLUCK 79; G.LÜNEMANN 50; J.HÉRING 14; F.W.GROSHEIDE 43f; D.GUTHRIE 58f [vgl. dazu das Schema bei H.FELD: ANRW 3535] und in den Untersuchungen von J.COPPENS: Les affinités qumrâniennes 128 - 141: 136ff; 257 - 282. Sie ist neuerdings - das zeigt das Fortleben dieser Anschauung - vorausgesetzt bei F.E.WIESER: Abrahamvorstellungen 113f.122.

9　　So H.THYEN: Stil 106.

b) 1,1 - 4,13 // 4,14 - 12,29 (13,25)

Dieser Gliederungsvorschlag wird vor allem von E.RIGGENBACH in seinem nach wie vor unüberholten Kommentar vertreten[10]. RIGGENBACH erwägt eine dreiteilige Anordnung (1,1 - 4,13; 4,14 - 10,18; 10,19 - 12,29), sieht dann aber davon ab mit dem Hinweis, daß in Kap. 11 "doch nur eine Erweiterung der paränetischen Ausführungen vor[liegt], die sich 10,19ff an den zweiten Hauptteil angliedern"[11]. Die Abgrenzung des ersten Hauptteils nach 4,13 begründet RIGGENBACH damit, daß die entscheidende Bedeutung des göttlichen Wortes gegenüber dem Leser (2,1-3; 3,1.5.7.15; 4,2.3.7) durch den Anfangs- (1,1f) und den Schlußpunkt (4,12f) deutlich als Einheit hervorgehoben werde. Vom göttlichen Wort sei dagegen im zweiten Hauptteil nur noch in 5,12; 6,1 und in der Schlußermahnung (12,19.25f) die Rede. Bereits in der Wendung ἀπόστολος καὶ ἀρχιερεὺς τῆς ὁμολογίας ἡμῶν (3,1) werde deutlich, daß der Verfasser sich bewußt sei, zwei voneinander unterschiedene Themata zu behandeln. Die Zusammengehörigkeit beider Teile liege in der Einheit der Person Jesu Christi und in der Einheitlichkeit seines Erlösungsberufes begründet[12].

c) 1,1 - 10,31 // 10,32 - 13,25

Eine durch interessante Einzelbeobachtungen begründete und daher sehr wertvolle Analyse der Komposition des Hebr hat H.VON SODEN vorgelegt[13], die im Detail hier nicht näher erörtert werden kann. Zu Recht betont VON SODEN, daß der Gedankengang nach 10,31(!) gewendet wird[14]. Ausgesprochen hilfreich ist die Herausarbeitung einer *Inclusio* zwischen 4,14f und 10,19-31, so daß dieser Abschnitt als eine in sich abgerundete Einheit aufzufassen ist. Die in 4,14f enthaltenen sprachlichen Elemente der Aufforderung erscheinen in 10,19-31 sämtlich wieder, so daß es zwingend ist, mit VON SODEN nach 10,31 und nicht nach 10,18 einen neuen Hauptteil beginnen zu lassen. Weniger überzeugend ist es jedoch, wenn VON SODEN auch den Abschnitt 1,1 - 4,13 mit 4,14 - 10,31 verbindet. Es lassen sich nämlich diese Verse mit ähnlich guten Argumenten, wie sie VON SODEN für Hebr

---

10   XXVf. Eine vergleichbare Gliederung bietet auch der lehrreiche Kommentar F.BLEEKs, obwohl sich BLEEK - wie G.LÜNEMANN 50 - gegen eine starre Trennung in 2 Teile wendet (I 64ff). In der Durchführung der Exegese geht er dann auch kapitelweise nach Sinnabschnitten vor: Dennoch ist die Anordnung seines Kommentars instruktiv: Band I: Einleitung; Band II,1: Übersetzung und Kommentar der 1. Hälfte: 1,1 - 4,13; Band II,2: Übersetzung und Kommentar der 2. Hälfte: 4,14 - 13,25.

11   Ebd. XXV.

12   Ebd. XXVI.

13   VON SODEN 8 - 11.

14   Beachtenswert ist der Einschnitt nach 10,31 deshalb, weil damit bereits der 50 Jahre später von F.J.SCHIERSE geforderte Einschnitt (vgl. oben S. 5) vorgenommen wurde. Wichtige Beobachtungen VON SODENs sind aufzunehmen.

4,14 - 10,31 geboten hat, zu einer in sich abgerundeten Einheit zusammenfassen[15]. Darüber hinaus erscheint die Gliederung VON SODENs nur auf den ersten Blick als eine zweigeteilte. Bei genauerem Hinsehen stellt man fest, daß er den Hebr im Anschluß an die Form-Gesetze der klassischen Rhetorik als *"antike Mahnrede"* in vier große Teile untergliedert[16]:

(1) 1,1 - 4,13: προοίμιον πρὸς εὔνοιαν - mit Gewinnung der πρόθεσις	*I. Hauptteil: 1,1 - 10,31:*
	(1) 1,1 - 1,3: Höchste Charakterisierung des Sohnes Gottes.
	(2) 1,4 - 4,13: Gewinnung des Themas.
(2) 4,14 - 6,20: διήγησις πρὸς πιθανότητα (= Erzählung zur Überzeugung)	(3) 4,14 - 5,10: Schärfere Formulierung d. Themas.
(3) 7,1 - 10,18: ἀπόδειξις πρὸς πειθώ[17] (= Darlegung zur Gewinnung)	(4) 5,11 - 10,18: Ausführung des Themas.
	(5) 10,19 - 10,31: Paränetische Folgerung, zu deren Begründung das Thema aufgestellt wurde: 3,1ff;
(4) 10,19 - 13,21: ἐπίλογος (= Ermahnung der Leser zu dem oben dargelegten Verhalten)	4,14ff; 6,11; 6,19f.
	II. Hauptteil: 10,32 - 13,21/25: Ermahnungen und Darlegung der πίστις, die an den atl. Beispielen und zuletzt an Christus erhärtet wird.

Die Inkonsequenz dieser Gliederung liegt auf der Hand. Die gattungsgeschichtliche und die am Inhalt orientierte Gliederung divergieren darin, daß erstere nach 10,18 und letztere nach 10,31 eine Zäsur vornimmt. Ferner erscheint es zweifelhaft, ob man 1,1 - 10,31 als einen großen Hauptteil ansehen kann, da - was VON SODEN

---

[15] Vgl. dazu auch die oben S. 7 notierten Hinweise von E.RIGGENBACH.

[16] Die folgende Übersicht bezieht sich in der linken Spalte auf VON SODEN 11 und in der rechten Spalte auf VON SODEN 10f.

[17] Hinzuweisen ist hier auf die eigentümliche Spannung in der Argumentation VON SODENs: Während er in seiner Gliederung in zwei Teile den Einschnitt korrekt zwischen 10,31 und 10,32 vornimmt, ist er aufgrund seiner formgeschichtlichen Anknüpfung bei der Gattung der antiken Mahnrede vom Genus der ἀπόδειξις πρὸς πειθώ her gezwungen, zwischen 10,18 und 10,19 eine Abtrennung vorzunehmen: Die VV. 10,19-31 sind eindeutig paränetischer Natur und lassen sich nicht unter die *"Darlegung zur Gewinnung"* (7,1 - 10,18) subsumieren. Allein diese Inkonsequenz läßt seinen Gesamtentwurf wenig plausibel erscheinen.

durchaus erkannt hat - 1,1 - 4,13 einen in sich abgerundeten Gedankengang darstellt[18].

2. Die Gliederung in drei Hauptteile

Aus der unüberschaubaren Zahl der dreiteiligen Gliederungen sollen im folgenden exemplarisch drei Ansätze dargestellt werden, die als "Urheber" gängiger Kompositionsvorschläge anzusehen sind.

a) 1,1 - 4,13 // 4,14 - 10,18 // 10,19 - 13,21(.25)

Wir fassen uns kurz, indem wir den Gliederungsvorschlag mitsamt den für die einzelnen Hauptteile gegebenen Überschriften von O.KUSS zitieren[19]:

"1,1 - 4,13: Theologisch-paränetische Einführung: Die in der gegenwärtigen Endzeit ergehende Heilsbotschaft des Sohnes Gottes, der erhabener als die Engel und Moses ist, legt uns eine äußerste Verpflichtung auf, wie auch die Schrift beweist.

4,14 - 10,18: Kernstück des Briefes: Christus der wahre Hohepriester des neuen Bundes; dazwischen Mahnungen, sich vollkommenerer Erkenntnis zu erschließen.

10,19 - 13,25: Mahnungen zu Glaubenstreue und rechter Lebensführung."

Die Schwäche dieses Vorschlags ist eine doppelte:

(1) Es wird nicht beachtet, daß der Verfasser in 10,19ff die paränetischen Konsequenzen aus seiner theologischen Darlegung über das Hohepriestertum Jesu Christi gezogen wissen will. Man darf nach 10,18 nicht abtrennen!

---

[18] Die an der Gattung der "antiken Mahnrede" orientierte Gliederung VON SODENs stieß in der Folgezeit weitgehend auf Ablehnung. Drei namhafte Vertreter der These VON SODENs sind jedoch wenigstens zu nennen. Als erster griff der Tübinger Ritschl-Schüler Th.HAERING diese Gliederung auf: vgl. Gedankengang 145 - 164 und seinen Kommentar aus dem Jahre 1925, S. 8. H.WINDISCH (8) erwägt unter Verweis auf HAERING die These VON SODENs, nennt aber den Hebr dann doch eine "Predigt", die an eine konkrete Gemeinde gesandt wurde (122f). Schließlich ist hinzuweisen auf M.DIBELIUS: Der himmlische Kultus 160ff. Einen interessanten Vorschlag bietet auch H.STRATHMANN 69f, der - gleichfalls in Anlehnung an die Gattung der antiken Mahnrede - die einzelnen Abschnitte wie folgt überschreibt: 1.) Kap. 1 - 6: Hinführung; 2.) 7,1 - 10,18: Ausführung; 3.) 10,19 - 12,29: Folgerung; 4.) Kap. 13: Ausklang. Nach rhetorischen Kriterien gliedern neuerdings W.G.ÜBEL-ACKER: Hebräerbrief als Appell I: vgl. vor allem 66 - 139.185 - 229 und B.LINDARS: Rhetorical Structure 382 - 406. Einzelheiten können hier nicht berücksichtigt werden.

[19] 12ff.27.69.153. Vgl. A.SEEBERG 149ff; H.-F.WEISS 8ff.42ff; J.S.JAVET: Dieu nous parla 13f; W.MARXSEN: Einleitung 215 und E.LOHSE: Entstehung 123.

(2) Die Einbeziehung des 13. Kapitels in den dritten Hauptteil wird dem besonderen Charakter der dort zu lesenden Mahnungen nicht gerecht, die nicht einfach die in 10,19 - 12,29 enthaltene Paränese weiterführen[20]. Damit ist freilich noch nichts über die literarkritische Bewertung dieses Kapitels ausgesagt[21].

b) 1,1 - 4,13 // 4,14 - 10,31 // 10,32 - 13,17(.22)

Die Einsicht, daß der auctor ad Hebraeos in 10,19ff die Schlußfolgerungen aus seinen Darlegungen über das Hohepriestertum Jesu (7,1 - 10,18) zieht, führte in der Forschung dazu, das Ende des zweiten Hauptteils mit 10,31 und nicht mit 10,18 gegeben zu sehen. Bereits H.VON SODEN hat in seiner Analyse der Abschnitte 4,14-16 und 10,19-31 die begrifflichen und inhaltlichen Entsprechungen von Anfang (4,14ff) und Ende (10,19-31) innerhalb des zweiten Hauptteils nachgewiesen, ohne freilich die entsprechenden Konsequenzen aus seinen Beobachtungen zu ziehen[22]. Dies tat dann F.J.SCHIERSE in seiner mehr als 50 Jahre später erschienenen Münchner Dissertation[23]. Für ihn "sind es die paränetischen Texte", die den so lang und bis dato vergeblich gesuchten "Schlüssel" zum Hebr enthalten[24]. Und folgerichtig sind "für das Gesamtverständnis des ganzen Mittelabschnittes [sc. 4,14 - 10,31; C.R.] entscheidend ... die beiden paränetischen Klammern 4,14-16 und 10,19-31. Sie zeigen inhaltlich weitgehende Übereinstimmung und beweisen dadurch den einheitlichen Richtungssinn der dogmatischen Darlegungen"[25]. Er gliedert und überschreibt wie folgt[26]:

"I. Die Gemeinde und das Verheißungswort 1,1-4,13;
II. Die Gemeinde und das Verheißungswerk (= Diatheke) 4,14-10,31;
III. Die Gemeinde und das Verheißungsziel 10,32-13,25."

Aus dieser Gliederung ergibt sich für SCHIERSE der *Gedankenfortschritt*: "Hören des Verheißungswortes - gottesdienstliche Feier der Verheißungswirklichkeit - Erreichung des Verheißungszieles durch Standhaftigkeit und Erfüllung des Willens Gottes"[27]. "Unsere Gliederung" - so erklärt SCHIERSE - " kann für sich in Anspruch

---

[20]   Ähnlich urteilt H.HEGERMANN, wenn er feststellt, "daß mit der katalogischen Paraklese in Hebr. 13,1-6 der traditionelle Schlußteil des urchristlichen Verkündigungsbriefes bereits beginnt. In Hebr. 12,29 haben wir folglich den Schluß des mit Hebr. 1,1 beginnenden großen λόγος παρακλήσεως zu sehen" (4).

[21]   Zur Kontroverse um die Zugehörigkeit des 13. Kapitels zum Corpus des Hebr vgl. E.D.JONES: Authorship 562 - 567; F.V.FILSON: Yesterday; J.THURÉN: Lobopfer der Hebräer und A.VANHOYE: La question littéraire 121 - 139.

[22]   Näheres hierzu s. oben S. 7f und unten S. 29.

[23]   Verheißung 196 - 209. Er trennt nach 10,31 ab, ohne sich dabei explizit auf VON SODEN zu beziehen.

[24]   Ebd. 196.

[25]   Ebd. 199f.

[26]   Ebd. 207f.

[27]   Ebd. 203.

nehmen, die drei wichtigsten Probleme der Hb-Exegese einer Lösung nähergebracht zu haben: 1. Die Übereinstimmung der dogmatischen mit den paränetischen Teilen ist erwiesen; 2. Der kultische Vorstellungskreis hat seinen Sitz im Leben der Gemeinde; 3. Das eschatologische Hauptanliegen steht mit dem kultischen in engster Beziehung. Der christliche Gottesdienst ist die wesensbildliche Darstellung der himmlisch-zukünftigen Heilsgüter"[28].

Zu einem ähnlichen Ergebnis wie SCHIERSE gelangt W.NAUCK, obwohl beide mit unterschiedlicher Methode und Fragestellung die Komposition des Hebr untersucht haben. In kritischer Auseinandersetzung mit O.MICHEL[29] und C.SPICQ[30] bestimmt NAUCK seine Aufgabenstellungen hinsichtlich der Gliederung: "Einerseits müssen die *paränetischen Abschnitte als die Ziel- und Höhepunkte* des Hebräerbriefes anerkannt werden und es muß von ihnen her die Gliederung begriffen werden ... Und andererseits ist auf die *Methode der Verkettung* und den *Gedankenfortschritt* zu achten"[31]. Von daher ergibt sich für NAUCK folgende Gliederung:[32]

1. Hauptteil: 1,1 - 4,13: "Hört aufmerksam, glaubend auf das Wort Gottes, das an uns in dem einzigartigen Sohn Jesus Christus ergangen ist, der über die Repräsentanten des Kosmos und des Alten Bundes erhaben ist!"

Dieser erste Hauptteil "unterscheidet sich darin 'grund-legend' von den beiden anderen, daß er nicht durch zwei analoge Paränesen, sondern durch zwei hymnisch-liturgische Stücke gerahmt wird": einen Christus-Hymnus (1,2b-4) zu Beginn und einen Logos-Hymnus (4,12f) am Ende. Die Verknüpfung sei - so NAUCK - durch "das Reden Gottes" (1,1f) bzw. das "Wort Gottes" (4,12f) gegeben. In den Paränesen werde die Zielrichtung dieses Hauptteils ausgedrückt: "Auf das Gehörte ist zu achten (2 1ff.); heute, da seine Stimme gehört wird, gilt es, die Herzen nicht zu verstocken (3 7ff.); um dieses Wort muß man sich ängstlich und glaubend bemühen (4 1ff.)".

2. Hauptteil: 4,14 - 10,31: "Tretet herzu zu Gott und haltet fest am Bekenntnis, denn Jesus Christus hat diesen Weg eröffnet!"

---

[28] Ebd. 206. Diesem Anspruch stimmen u.a. zu: E.GRÄSSER: Hebräerbrief 162 Anm. 2 und A.STADELMANN: Christologie 141.

[29] Der Brief an die Hebräer (KEK 13), Göttingen [10]1957.

[30] L'Épître aux Hébreux (Études Bibliques), 2 Bde, Paris, I: Introduction ([2]1952) 27ff.

[31] Aufbau 203 (Hervorhebungen von mir). NAUCK verweist dabei (ebd. 203 Anm. 19) ausdrücklich auf F.J.SCHIERSE: Verheißung 196f und bejaht die Ansicht MICHELs (a.a.O. [Anm. 29] 5), wonach die "Spitze des theologischen Gedankens ... in den paränetischen Teilen" liege (Aufbau 200). Von SPICQ nimmt NAUCK drei Stichworte auf, die dieser (I,31ff) im Anschluß an L.VAGANAY (vgl. dazu unten S. 15f) betont: "accrochage des mots"; "enchaînement des idees" und "progression du développement" (Aufbau 200). In der Analyse der Komposition wendet sich NAUCK allerdings gegen SPICQ, da dieser "nicht auf die Paränese und deren Bedeutung für das Gesamtverständnis des Hebräerbriefes" achte (ebd. 202).

[32] Alle folgenden Zitate entstammen ebd. 203ff.

Den Rahmen dieses Hauptteils bilden nach NAUCK zwei paränetisch gehaltene Stücke, innerhalb derer über das Hohepriestertum Christi gesprochen werde. Die Paränesen "ermuntern die Gemeinde, die *Konsequenz* aus der hohepriesterlichen Funktion Christi zu ziehen. Diese Konsequenz besteht in einem Zweifachen, das sich gegenseitig interpretiert: 1. Tretet herzu zum himmlischen Heiligtum ... 2. Haltet fest am Bekenntnis!"[33]. In einer sorgfältigen Gegenüberstellung zeigt NAUCK die Verknüpfung von Anfang und Ende auf[34]:

1. 4,14: ἔχοντες οὖν ἀρχιερέα μέγαν - 10,19.21: ἔχοντες οὖν ... ἱερέα μέγαν;
2. 4,14: διεληλυθότα τοὺς οὐρανούς - 10,19f: εἰς τὴν εἴσοδον ... ἣν ἐνεκαί-
                                                    νισεν ἡμῖν ὁδὸν πρόσφατον καὶ
                                                    ζῶσαν διὰ τοῦ καταπετάσματος;
3. 4,14: Ἰησοῦν τὸν υἱὸν τοῦ θεοῦ - 10,19: ἐν τῷ αἵματι Ἰησοῦ;
4. 4,14: κρατῶμεν τῆς ὁμολογίας - 10,23: κατέχωμεν τὴν ὁμολογίαν;
5. 4,16: προσερχώμεθα ... μετὰ παρρη- - 10,22: προσερχώμεθα μετὰ ἀληθινῆς
          σίας τῷ θρόνῳ τῆς χάριτος   καρδίας ἐν πληροφορίᾳ
                                                    πίστεως (vgl. 10,19: παρρησίαν
                                                    εἰς τὴν εἴσοδον τῶν ἁγίων).

3. Hauptteil: 10,32 - 13,17: "Stehet fest und folgt Jesus Christus nach, der der Anfänger und Vollender des Glaubens ist!"

Den Rahmen - so NAUCK - bilden abermals zwei Paränesen: "In 10 32 erinnert (ἀναμιμνήσκεσθε) der Prediger die Gemeinde an die Leidenssituation, in der sie gestanden hat, und zieht daraus die Konsequenzen (vv. 35ff.). Am Schluß ... wird dieses Motiv wieder aufgenommen: Die Leser werden in 13 7 noch einmal an die Kampf- und Leidenszeit erinnert (μνημονεύετε), die die Gemeindevorsteher durchgemacht haben; und daraus werden wieder die Konsequenzen gezogen (vv. 9ff.)"[35]. "Auch diese Konsequenzen" - so fährt NAUCK fort - "entsprechen und interpretieren sich jeweils wieder am Anfang und am Schluß: 1. Stehet fest![36] und 2. Streckt euch nach dem Ziel aus![37]". Aus diesen Beobachtungen folgert NAUCK: "Feststehen heißt: sich nicht vom Weg abbringen lassen. Wie eine Wettkampfmannschaft soll die Gemeinde hinter ihrem Vorläufer herlaufen (12 1f.12)"[38].

---

[33] Ebd. 204 (Hervorhebung bei NAUCK).

[34] Ebd. 203f. Diese Verknüpfungen hat sämtlich schon H.VON SODEN (vgl. S. 7f) 8 erkannt. Die dritte Verknüpfung bedarf der Ergänzung: Mit VON SODEN ist darauf aufmerksam zu machen, daß die Wendung ἐπὶ τὸν οἶκον τοῦ θεοῦ (10,21) ebenfalls auf Ἰησοῦν τὸν υἱὸν τοῦ θεοῦ weist, denn nach 3,6 ist Christus υἱὸς ἐπὶ τὸν οἶκον αὐτοῦ (vgl. auch 10,29).

[35] Ebd. 204f.

[36] Ebd. 205 Anm. 25: "10 35: 'Werft eure Zuversicht ... nicht fort'; 13 9: 'Laßt euch nicht fortreißen von fremden Lehren'."

[37] Ebd. 205 Anm. 26: "10 36: 'Ausdauer habt ihr nötig'; 13 14: 'Wir haben hier keine bleibende Stadt, sondern wir suchen die zukünftige'."

[38] Ebd. 205.

Der "*Zusammenhang der drei Teile* ... scheint ... dadurch angezeigt zu sein, daß jeder der drei Teile mit dem Hinweis auf die Gerichtssituation bzw. auf die Notwendigkeit, daß Rechenschaft abgelegt werden muß, schließt (4 12f. 10 30f. 13 17)"[39]. Der Duktus des Hebräerbriefes kann dabei wie folgt nachgezeichnet werden: "Die Predigt beginnt mit einem lobpreisenden Hauptteil, der zum *Hören* auf das Wort, zum *Glauben* an Jesus ... aufruft ... Die erste Konsequenz des glaubenden Hörens ist das Einstimmen in das *Bekenntnis* ... Die Konsequenz des Bekennens aber ist der *Gehorsam*, und das heißt: das *Feststehen auf dem Weg zum Ziel*"[40]. Am Ende der Untersuchung zieht NAUCK das Fazit: "Die Predigt des Hebräerbriefes führt ... in einem *zielstrebigen Gedankengang* bis zum Höhepunkt, dem Schluß hin. Der Weg vom Hören zum Bekennen und zum Gehorchen kann nicht umgekehrt werden"[41].

Dieser Entwurf von W.NAUCK ist bestechend und hat deshalb auch breite Zustimmung gefunden[42]. Aber er blieb auch nicht ohne ernstzunehmenden Widerspruch[43]. In zweierlei Hinsicht sind m.E. *Anfragen* an die Gliederung NAUCKs zu stellen: (1) Kann Kap. 13 zum dritten Hauptteil hinzugezogen werden? (2) Ist im Hebr wirklich ein unumkehrbarer Weg vom Hören zum Bekennen und zum Gehorsam festzustellen? Diese Anfrage ist auch an F.J.SCHIERSE zu richten, wenn er im Hebr einen "Gedankenfortschritt" erkennen will[44].

c) 1,1 - 4,13 // 4,14 - 10,39 // 11,1 - 12,29 (13,25)

Einen dritten Weg schlagen O.MICHEL und B.KLAPPERT ein. Beide wenden sich gegen eine Abtrennung des Abschnitts 10,32-39 vom 2. Hauptteil. O.MICHEL bezieht sich dabei in seiner Argumentation auf die noch näher darzulegenden Arbeiten von L.VAGANAY und A.VANHOYE[45], die in 10,19-39 den paränetischen Abschluß des Mittelstücks sehen[46]. B.KLAPPERT bemerkt: "Der These *W.NAUCKs*, der Hebräerbrief sei durch Paränesen gegliedert, die jeweils in paralleler Form am Anfang und am Ende eines größeren Abschnitts stehen ..., ist nicht zu folgen, da

---

[39]   Ebd. 206 (Hervorhebung von mir).

[40]   Ebd. 206 (Hervorhebungen bei NAUCK).

[41]   Ebd. 206 (Hervorhebung bei NAUCK).

[42]   Vgl. E.GRÄSSER: Hebräerbrief 163; W.G.KÜMMEL: Einleitung 344f; E.SCHÜSSLER-FIORENZA: Anführer und Vollender 267ff; H.ZIMMERMANN: Hohepriester-Christologie 21ff.

[43]   So wenden sich v.a. O.MICHEL ([13]1975) 33 Anm. 1 und B.KLAPPERT: Eschatologie 44f gegen eine Zäsur zwischen 10,31 und 10,32. H.HEGERMANN 4 hingegen lehnt es ab, das 13. Kapitel in den 3. Hauptteil einzubeziehen (vgl. dazu Anm. 20).

[44]   Vgl. oben S. 10.

[45]   Dazu siehe unten S. 15ff.

[46]   Vgl. O.MICHEL a.a.O. (Anm. 43) 33; vgl. außerdem: Ders.: Zur Auslegung 190. MICHEL gliedert: (I.) Kap 1,1 - 4,13: Reden Gottes im Sohn und die Überlegenheit des Sohnes über den Alten Bund; (II.) Kap 4,14 - 10,39: Jesus der rechte Hohepriester; (III:) Kap 11,1 - 13,25: Der Glaubensweg des Volkes Gottes in Vergangenheit und Gegenwart (a.a.O. [Anm. 43] 6).

die nur an christologische bzw theologische Ausführungen angeschlossen[en] und nicht etwa diese einleitenden Paränesen im Hebräerbrief immer in einen Aussagesatz, der meistens futurisch-eschatologisch orientiert ist ..., ausmünden"[47]. KLAPPERT erkennt im Hebr vier "Partien", die bei der Frage nach dem Aufbau des Hebr sorgfältig zu unterscheiden sind[48]: I. Die christologisch-dogmatischen Partien[49]; II. Die zuspitzenden paränetischen Partien[50]; III. Die futurisch-eschatologischen Begründungssätze innerhalb der paränetischen Partien[51]; IV. Die lehrhaften Exkurse innerhalb der paränetischen Partien[52].

Daraus ergibt sich für KLAPPERT folgende Gliederung in drei Hauptteilen:

"(1) 1,1 - 4,13:   Der Glaube im Gegenüber zum eschatologischen Wort Gottes ist *Glaube an das Verheißungswort.*

(2) 4,14 - 10,39:   Der Glaube als Bekenntnis zum eschatologischen Hohenpriester ist *Bekenntnis zur Hoffnung.*

(3) [11,1- 12,29]:   Der Glaube in Kontinuität zu der in Christus als Urheber und Vollender gründenden alttestamentlichen Glaubensgeschichte ist *Glaube an die Verheißung*"[53].

Der Zusammenhang der drei Teile "ist - ... im Gegensatz zu *W.NAUCK* ..., der in dem 'Weg vom Hören zum Bekennen und zum Gehorchen' den zielstrebigen Gedankengang des Hebräerbriefs findet ... - zu formulieren: Der Hebräerbrief ist ein λόγος παρακλήσεως (13,22); in ihm geht es um einen dreifachen *eschatologischen Aufruf zum Glauben als Festhalten am Bekenntnis der Hoffnung*"[54]. Dem Einwand KLAPPERTs gegen den von NAUCK postulierten zielstrebigen Gedankengang ist zuzustimmen. Doch auch der von ihm und O.MICHEL[55] vorgetragene Gliederungsvorschlag vermag aus folgenden Gründen nicht zu überzeugen:

1) Der Abschnitt 10,32-39 darf nicht dem zweiten Hauptteil zugeordnet werden. Vielmehr bilden die einander entsprechenden Texte 4,14-16 und 10,19-31 den Rahmen dieses zweiten Hauptteils[56]. Für eine solche Abtrennung sprechen die sprach-

---

47   Ebd. 44f.

48   Zum folgenden vgl. ebd. 45 Anm. 96.

49   1,5-14; 2,5-18; 5,1-10; 7,1 - 10,18; 11,1-40.

50   2,1-4; 3,1-19; 4,1-10; 5,11-6,20; 10,19-39; 12,1-11; 12,12-29.

51   2,3; 3.6.14; 4,10; 6,7f.18-20; 10,25.30f.37; 12,11.14.17.27.29.

52   Diese Exkurse spitzen in gleicher Weise wie die Paränesen die christologisch-dogmatischen Partien zu: vgl. u.a. 3,2b-5; 6,13-17; 12,5-11.

53   Ebd. 47 (Hervorhebungen bei KLAPPERT).

54   Ebd. 47 (im Original mit Hervorhebungen).

55   MICHEL rechnet allerdings das 13. Kapitel mit zum dritten Hauptteil hinzu: vgl. dazu die oben Anm. 46 notierte Gliederung MICHELs.

56   Der Abschnitt 4,14-16 ist dem zweiten Hauptteil thetisch vorangestellt und nimmt auf den ersten Hauptteil Bezug. Der Abschnitt 10,19-31 zieht unter Rückgriff auf die These 4,14-16 die Konsequenzen aus den christologischen Darlegungen in 5,1-10 und 7,1-10.18.

lichen Beobachtungen H.VON SODENs und W.NAUCKs. Diese sind so zwingend, daß sie im Blick auf die Gliederung des Hebr nicht ignoriert werden können.

2) Darüber hinaus verbietet es der Kontext, vor allem 10,37-39, mit der These in 11,1 einen neuen Hauptteil beginnen zu lassen. Zwar ist es richtig, daß das πίστις-Element vor Hebr 11 nur vereinzelt vorkommt (4,2f; 6,2.12; 10,22.39) und erst mit Kap. 11 in den Vordergrund tritt[57], doch rechtfertigt diese Beobachtung allein keineswegs einen Neueinsatz mit 11,1. Der Glaubensbegriff (11,1) und die zur Explikation angeführten alttestamentlichen Glaubensbeispiele (11,2.[3.]4-38) können nur dann konsistent in das Corpus des Hebr eingeordnet und sachgemäß interpretiert werden, wenn 10,32-39 mitgehört wird[58]. Wie sehr im Hebr Paränese und theologische Darlegung einander bedingen, wird nur an wenigen anderen Stellen so deutlich wie in dem uns beschäftigenden Abschnitt 10,32 - 12,3[59].

3. Die Gliederung in fünf Hauptteile

a) *[1,1-4]; 1,5-2,18 // 3,1-5,10 // 5,11-10,39 // 11,1 - 12,13 // 12,14-13,21; [13,22-25] (L.VAGANAY)*

Das Interesse der Ausleger, sich mit der Komposition des Hebr näher zu beschäftigen, wurde im Jahre 1940 geweckt durch die Studie von L.VAGANAY[60], dessen Gliederungsentwurf in verstärktem Maße Struktur und theologische Absicht des Hebr zueinander in Beziehung setzt. Ausgehend von der Beobachtung, daß im Hebr "un certain enchaînement d'idées" zu erkennen sei, kommt VAGANAY zu der folgenden These: Die einzelnen Themen des Hebr sind durch verschiedene Formen der Verknüpfung miteinander verbunden[61]. So begegnet im Hebr zunächst wie in

---

[57] So zutreffend O.MICHEL 369 Anm. 1. Im Gegensatz dazu stehen die Ausführungen KLAPPERTs, der im Glauben das den Hebr bestimmende Motiv erkennt und es folgerichtig zur Konstanten der drei Hauptteile erhebt.

[58] O.MICHEL selbst betont mit Recht, daß "die Verknüpfung mit dem Glaubensbegriff in 10,37f (Zitat Hab 2,3f) ... in Hebr 11,1f deutlich erkennbar" ist, "wie auch die Verbindung von 10,36 mit 12,1 durch den ähnlichen Begriff der 'Geduld' sichergestellt ist" (ebd. 369). Man vergleiche dazu nur die folgenden "Klammerworte": ὑπεμείνατε/ὑπομονή (10,32.36) - ὑπομονή/ὑπέμεινεν/ὑπομεμενηκότα/ὑπομένετε (12,1.2.3.7) einerseits und ἐκ πίστεως/πίστεως (10,38.39) - τῆς πίστεως (12,2) andererseits. Das dazwischenstehende große Glaubenskapitel (11,1-40) stellt einen durch die Stichworte πίστις (11,1/11,39) und μαρτυρηθῆναι (11,2/11,39) in sich abgerundeten Abschnitt dar.

[59] Von den zahlreichen Gliederungen des Hebr in drei Teile sei der Ph.VIELHAUERs (Geschichte 238f) erwähnt, dem sich E.GRÄSSER in seinem Kommentar (29f) anschließt. Beide Ausleger erkennen im Hebr einen dreistufigen Gedankengang: Die Kapitel 1-6 bieten die Grundlegung (Der Weg des Erlösers); der Abschnitt 7,1-10,18 beinhaltet die Entfaltung (Das Hohepriestertum des Sohnes); in 10,19-13,21 zieht der Verfasser die Folgerungen (Der Weg des Glaubens).

[60] Le plan de l'Épître aux Hébreux, in Memorial Lagrange, Paris 1940, 269 - 277. Zum folgenden vgl. auch H.FELD: ANRW 3529f.

[61] Vgl. zum folgenden ebd. 269f.

poetischen und prophetischen Texten der Literatur des antiken Judentums das Phänomen der *Inclusio,* dann das der *Concatenatio,* d.h. der Verkettung einzelner Strophen durch den jeweiligen Rückbezug auf ähnliche oder gleichartige Wörter. Demnach sind die verschiedenen Teile der "Rede" (discours) untereinander verbunden durch 'Klammerworte' (*mots-crochets*). Am Ende eines Abschnitts wird das Thema des folgenden Abschnitts angezeigt (*indiquer quel sujet*). Zu Beginn des darauffolgenden Abschnitts wird dieses Thema wieder aufgenommen, um den Hauptgedanken zu unterstreichen. Diese Vorgehensweise wird durchgehalten bis zum Ende des Briefes. VAGANAY erkennt darin das in der griechischen Rhetorik unter der Bezeichnung *Hysteron-Proteron* bekannte Verfahren[62]: Dieses Vorgehen ist dadurch gekennzeichnet, daß innerhalb eines Textes an einer früheren Stelle das ausgedrückt wird, was an einer späteren kommen müßte. Ausgehend von diesen Beobachtungen gelangt VAGANAY zu einer fünfteiligen Gliederung des Hebr, der eine Einleitung (1,1 - 4) vorangestellt ist und deren Abschluß (13,22-25) letzte Ermahnungen bilden. Die Gliederung läßt deutlich einen symmetrischen Aufbau erkennen[63]: Um das in drei Abschnitte (7,1-28; 8,1 - 9,28; 10,1-39) untergliederte zentrale Thema[64] sind die anderen Themen konzentrisch angeordnet; das zweite[65] und das vierte[66] Thema besteht jeweils aus zwei Unterabschnitten[67], das erste[68] und das fünfte[69] Thema hingegen nur aus einem Abschnitt.

Die Gliederung VAGANAYs wurde modifiziert aufgenommen von C.SPICQ[70] und vor allem von A.VANHOYE, dessen Kompositionsvorschlag wir uns nun zuwenden, um ihn angesichts seiner herausragenden Bedeutung eingehend darzustellen.

---

[62]   Während in der klassischen Rhetorik die Figur "Hysteron proteron die Umstellung mehrerer Wörter" bezeichnet" (vgl. H.LAUSBERG: Handbuch I: § 892), geht es im Hebr - so VAGANAY - um die Umstellung mehrerer Satzgefüge.

[63]   Zum Einzelnen s. H.FELD: ANRW 3530.

[64]   5,11 - 10,39: Jesus der Urheber des ewigen Heils, vollkommener Hoherpriester, Hoherpriester nach der Ordnung Melchisedeks.

[65]   3,1 - 5,10: Jesus ein barmherziger und treuer Hoherpriester.

[66]   11,1 - 12,13: Das Ausharren im Glauben.

[67]   Das zweite Thema ist untergliedert: 1.: Jesus ein treuer Hoherpriester (3,1 - 4,16); 2.: Jesus ein barmherziger Hoherpriester (5,1-10). Das vierte Thema ist unterteilt: 1.: Der Glaube (11,1 - 12,2); 2.: Das Ausharren (12,3-13).

[68]   1,5 - 2,18: Jesus erhabener als die Engel.

[69]   12,12 - 13,21: Die Frucht der Heiligkeit im Frieden.

[70]   A.a.O. (Anm. 30) 31 Anm. 3 beurteilt SPICQ die Einteilung VAGANAYs in fünf Teile als "seduisante, et, si elle était prouvée, pourrait correspondre à celle du Pentateuque, du Siracide ... et de Saint Matthieu", geht aber mit seiner Gliederung einen ganz eigenen Weg, wenn er - vergleichbar all denjenigen Kompositionsvorschlägen, die den Hebr in zwei Teile untergliedern (s.o. S. 6-8) - nach den christologischen Partien im Hebr gliedert. Er vernachlässigt dabei nicht nur die Bedeutung der Paränesen für die Komposition, sondern darüber hinaus erscheint bei ihm der Abschnitt 10,19ff zwangsläufig wie ein "Appendix" (vgl. dazu W.NAUCK: Aufbau 202 und E.GRÄSSER: Hebräerbrief 161). Obwohl SPICQ die Verknüpfung einzelner

b) *[1,1-4]; 1,5-2,18 // 3,1-5,10 // 5,11-10,39 // 11,1 - 12,13 // 12,14-13,19;*
[13,20-25] (A.VANHOYE)[71]

VANHOYE führt den Ansatz VAGANAYs fort, indem er dem Gliederungs-
kriterium der "Klammerworte" weitere Kriterien an die Seite stellt. Die "Klammerworte" allein - so betont er - reichten keinesfalls aus, um den Aufbau des ganzen
Briefes erklären zu können[72]. Vielmehr müsse der logische Zusammenhang und die
innere Struktur des Gedankenganges beachtet werden. Die bloße "Wortwie-
derholung" beschreibe die Phänomene nicht hinreichend[73], da sich die "Methode
der Verkettung" nur an vier Stellen[74] des ganzen Briefes belegen lasse. An allen
anderen von VAGANAY genannten Stellen - wie etwa 5,9f; 10,36-39 - handle es sich
nicht um "Klammerworte", sondern um eine andere literarische Technik, die VAN-
HOYE *"Themaankündigung"* nennt. Auch wenn, wie z.B. in 10,39 - 11,1, ein "Klam-
merwort" zugleich als "Themaankündigung" dienen könne, müßten beide Figuren
in ihrer jeweiligen Funktion voneinander unterschieden werden[75]. Mag die Kritik
VANHOYEs in einzelnen Punkten sehr weitreichend sein, so läßt sich doch keinesfalls übersehen, daß er seine - im folgenden wiedergegebenen - "indices littéraires" in enger Anlehnung an VAGANAY formuliert hat[76]:

Abschnitte durch "Klammerworte" und "Literarische Verkettung" ausdrücklich
bejaht (ebd. 31), kommt er zu einem vierteiligen Gliederungsvorschlag mit folgenden Überschriften: 1,1-4: Prologue; 1,-5 - 2,18: Premier Thème: Le Fils de Dieu
incarné est Roi de l'universe; 3,1 - 5,10: Deuxième Thème: Jésus, grand Prêtre fidèle
et compatissant; 7,1 - 10,18: Troisième Thème: L'authentique sacerdoce de Jésus
Christ; 11,1 - 12,29: Quatrième Thème: La foi persévérante; 13,1-19: Appendice;
13,20-25: Épilogue.

[71]   Aus den zahlreichen Arbeiten, die VANHOYE zu dieser Frage veröffent-
licht hat (vgl. die vollständige Übersicht bei H.FELD: EdF 138f), ist v.a. zu verweisen
auf sein Hauptwerk: La structure littéraire de l'Épître aux Hébreux, Paris/Bruges
[2]1976 und auf die in deutscher Sprache veröffentlichten Aufsätze: Literarische
Struktur und theologische Botschaft des Hebräerbriefs. 1.Teil: SNTU, Ser. A 4 (1979)
119 - 147; 2.Teil: SNTU, Ser. A 5 (1980) 18 - 49. Zur folgenden Darstellung siehe
E.GRÄSSER: Hebräerbrief 164f.

[72]   VANHOYE (Structure 27-30.33-36) kritisiert VAGANAY, indem er auf Hinweise VAGANAYs Bezug nimmt, die dieser selbst (Le Plan 276f) als Aspekte einer
möglichen Ablehnung des von ihm gebotenen Vorschlags nennt: "L'étude [de
L.VAGANAY] ... se limite à un seul procédé littéraire, l'utilisation des mots-crochets ... Elle ne s'intéresse qu'aux grandes divisions du texte. Pour le détail du développement, L.VAGANAY n'entreprend pas de recherches 'littéraires'. Il se contente
de résumer le contenu du texte, tel qu'il le comprend" (ebd. 29).

[73]   Ebd. 33.

[74]   In 1,4.5 durch das Stichwort ἄγγελοι ; in 2,17 - 3,1f durch ἀρχιερεύς-πιστός;
in 6,20 - 7,1 durch Μελχισέδεκ und in 10,39 - 11,1 durch πίστις (ebd. 35).

[75]   Ebd. 35f; vgl. E.GRÄSSER: Hebräerbrief 164.

[76]   Vgl. dazu ebd. 37 und Struktur 1. Teil 121, wo VANHOYE als sechstes Kriterium die "symmetrische Anordnung" anführt; diese ergibt sich aus dem Aufbau
insgesamt.

1) "Themaankündigung":   Sie geht der kommenden (Themen-)Entfal-
                                     tung voran und bereitet sie vor.

2) "Klammerworte":   Sie markieren - eine Nahtstelle bildend -
                                     das Ende des laufenden Themas und den
                                     Anfang eines neuen.

3) "Das literarische Genus":   Der Wechsel von Darlegung und Paränese
                                     gibt dem Thema seinen speziellen "Klang".

4) "Charakteristische Termini":   Sie verleihen dem Gedankengang seinen
                                     charakteristischen Ausdruck.

5) "Inklusionen":   Am Ende eines Abschnitts wird ein Termi-
                                     nus oder eine verwendete Formulierung
                                     vom Beginn wiederaufgenommen. So wer-
                                     den die Grenzen des Gedankenganges sehr
                                     konkret angezeigt.

Nach einer Erhebung aller Klammerworte ergibt sich für VANHOYE folgendes Strukturschema[77]:

Einteilung		Hauptgedanken	Dominierendes Genus	Entsprechender Abschnitt
a	1,1 - 4	Einleitung		z
I:	1,1 - 2,18	Ein anderer Name als der der Engel	Lehre	V
II: A.	3,1 - 4,14	Jesus, glaubwürdiger Hoherpriester	Paränese	IV B
B.	4,15 - 5,10	Jesus, barmherziger Hoherpriester	Lehre	IV A
III: p.	5,11 - 6,20	Einleitende Ermahnung: Jesus Hoherpriester	Paränese	III f
A.	7,1 - 28	nach der Ordnung Melchisedeks	Lehre	IIIc
B.	8,1 - 9,28	zur Vollendung gelangt	Lehre	Zentrum
C.	10,1 - 18	Urheber ewigen Heils	Lehre	III A
f.	10,19 - 39	Abschließende Ermahnung	Paränese	III p
IV: A.	11,1 - 40	Der Glaube der Alten	Lehre	II B
B.	12,1 - 13	Die notwendige Ausdauer	Paränese	II A
V:	12,14 - 13,19	Gerade Wege[78]	Paränese	I
z:	13,20 - 21	Schluß[79]		a

---

[77]   Ebd. 53 - 58. Vgl. hierzu auch H.FELD: EdF 24f; Ders.: ANRW 3530f.

[78]   In der 1. Auflage heißt es an dieser Stelle: "Friede, Frucht der Gerechtigkeit".

[79]   Die letzten Verse des Hebr (13,22-25) werden von A.VANHOYE als "mot d'envoi" bzw. "billet d'envoi" bezeichnet und bleiben in seinem Gliederungsvorschlag unberücksichtigt. Er erwägt deren Herkunft von Paulus (ebd. 218.222).

Überblickt man dieses Kompositionsschema, so läßt sich sehr deutlich die *"symétrie concentrique"* erkennen. Die Außenglieder (a [Einleitung] / z [Schluß]; I/V) und
die Innenglieder (II/IV) entsprechen sich und umrahmen das Zentrum des Briefes
(III), das wiederum seinerseits symmetrisch (p [Einleitende Ermahnung] / f [Ab-
schließende Ermahnung]; A/C) angeordnet ist. Es wird deutlich, worin VANHOYE
das eigentliche Zentrum des Hebr erkennt: im christologischen Abschnitt 8,1 - 9,28
(III B). Dieser Abschnitt - das zeigt die umseitige Gliederungsübersicht - läßt
gleichfalls eine konzentrische Symmetrie erkennen, wobei die Christologie in drei
Themen entfaltet wird: Opfer - Ekklesiologie - Eschatologie. Dieser Dreiteilung
entspricht das dreifache Schema von Ähnlichkeit - Unterschied - Überbietung. Im
einzelnen stellt sich die konzentrische Struktur wie folgt dar[80]:

---

[80]   Vgl. hierzu Structure 161.

negativ

8,1 - 9,10: 1. Paragraph: Die Unzulänglichkeit und der Ersatz des alten Kultes

c   8,1 - 6:   der alte Kult: irdisch und figurativ   ESCHATOLOGIE I

       1 - 2:   allgemeine Einführung
       3 - 4:   der Ausschluß des irdischen Kultes für den Christen
         5:     der figurative Charakter dieses Kultes
         6:     Inclusion - Überleitung

b   8,7 -13:   der erste Bund: unvollkommen und provisorisch   EKKLESIOLOGIE I

       7 - 8a: der unvollkommene Bund
       8b - 12:   die Prophetie Jeremias über den neuen Bund
       13 :   der zum Verschwinden bestimmte Bund

a   9,1 - 10:   die Ohnmacht der alten Kultinstitutionen
       2 - 5:   das Zelt und die Kultgegenstände
       6 - 10:   die Riten: unwirksam und provisorisch

positiv

9,11 - 9,28: 2. Paragraph: Das Opfer Christi: wirksam und endgültig   OPFER

A   9,11 - 14:   die neuen Kultinstitutionen sind wirksam
       11 - 12:   das vollkommenere Zelt und das Blut Christi
       13 - 14:   die relative Wirksamkeit des Blutes der Opfertiere
             die vollkommene Wirksamkeit des Blutes Christi

B   9,15 - 23:   der neue Bund   EKKLESIOLOGIE II
       15 :   die Einrichtung des neuen Bundes
       16 - 17:   Tod und Bund (Testament)
       18 - 22:   die Einrichtung des ersten Bundes auch durch Blut
       23 :   Conclusion und Überleitung

C   9,24 - 28:   der Zutritt zum Himmel   ESCHATOLOGIE II
       24 :   der Eingang Christi in den Himmel selbst
       25 - 26:   die definitive Verwirklichung, ohne Wiederholung
       27 - 28:   Wiederkunft Christi und Heil (= Conclusion/Überleitung)

Diese konzentrische Symmetrie läßt die Gewichtung der theologischen Themen deutlich erkennen. VANHOYE unterscheidet völlig richtig theologische Darlegung und Paränese. Nach seiner Meinung konzentriert sich die Komposition des Hebr auf den christologischen Abschnitt 8,1 - 9,28. Hinsichtlich der Verhältnisbestimmung der beiden Genera wendet sich VANHOYE einerseits gegen die Trennung von theologischer Darlegung (= erste Hälfte des Hebr) und Paränese (= zweite Hälfte des Hebr)[81] und andererseits gegen die These, daß man in der Paränese den Schlüssel für die Interpretation des Hebr zu erblicken habe[82]. Man müsse - so VANHOYE - vielmehr so weit gehen, daß man der Paränese im Hebr "une relative autonomie" zuerkenne[83]. Innerhalb der paränetischen Abschnitte komme dem Abschnitt 10,19-39 dieselbe zentrale Rolle zu, wie sie für 8,1 - 9,28 innerhalb der theologisch darlegenden festgestellt werden könne. In 10,19-39 versammle sich ein ganzes Bündel von Elementen der verschiedenen paränetischen Partien im Hebr. So kommt VANHOYE zu dem Ergebnis, daß "exposé et parénèse ont donc l'un et l'autre leur consistance propre". Man könne sie als zwei (selbständige) Systeme innerhalb eines Organismus ansehen[84].

Man hat bei der Würdigung von VANHOYEs eindrücklicher Untersuchung immer wieder darauf hingewiesen, daß es ihm besonders beim Thema "Christus und die Christen" gelungen sei, die theologische Relevanz des komplementären Parallelismus innerhalb des Hebr aufzuweisen[85]. Danach korrespondieren die Ausführungen in Teil I denen in Teil V, was durch die folgende Übersicht deutlich wird:

a) Der Erstgeborene (1,6); = a') Die Erstgeborenen, die in den Himmeln aufgeschrieben sind (12,23);

b) Das Szepter seiner Herrschaft (1,8); = b') Das unerschütterliche Reich, das die Christen erwarten (12,26);

c) Die Inthronisation Christi (1,6; 2,5); = c') Die zukünftige Stadt, die die Christen suchen (13,14).

Gleiches gilt nach VANHOYE auch für die Teile II und IV:

Christus ist treu (3,1-6) und kann = Den Christen werden Beispiele des
mitleiden (4,15 - 6,10) Glaubens gegeben (11,1-40); sie sollen
   ausharrend sein (12,1-13).

VANHOYE gelangt zu dem Schluß: Christus und die Christen leben nach dem Hebr in derselben Phase der Heilsgeschichte, aber ihre Stellung wird nicht etwa verwischt und geht auch nicht ineinander über. Auf der anderen Seite gibt es keinen "tiefen Abgrund" zwischen beiden, da das Opfer Christi, das er als "Mittler" (9,15) gebracht hat, ein Opfer für den Bund ist. In diesem neuen Bund partizipieren die Christen an Christus (3,14), und durch diesen Bund haben sie "von heute an" Teil

---

81 Structure 254 - 258: 255 Anm.1, wo VANHOYE auf C.CLEMEN: Christian Sermon 392 - 400; F.C.SYNGE: Scriptures 43 - 52; R.GYLLENBERG: Komposition 137 - 147 und J.COPPENS: Les affinités qumrâniennes 135f.141.271f.280 verweist.

82 "Ni armature de l'ensemble [gegen F.J.SCHIERSE: Verheißung 196f; O.MICHEL: Hebräer [11]1960, 5; W.NAUCK: Aufbau 199f.203], ni digression indépendante [gegen R.GYLLENBERG: Komposition 137ff; vgl. unten S. 23f], la parénèse a cependant dans l'Épître sa physionomie propre et son rôle distinct" (Structure 255 Anm. 2; Zitat auf S. 256).

83 Ebd. 256.

84 "L'ensemble des divers exposés constitue le 'système doctrinal' de l'Épître; l'ensemble des exhortations en forme le 'système parénétique'" (ebd. 258).

85 Bei VANHOYE vgl. Structure 252ff; s. dazu E.GRÄSSER: Hebräerbrief 165f; E.SCHÜSSLER-FIORENZA: Anführer und Vollender 269 und H.ZIMMERMANN: Bekenntnis 20.

an den zukünftigen Gütern (9,11; vgl. 6,5,) und Zugang zu Gott (12,22-24). Ihr Heil ist in Christus wirklich erreichbar, aber noch nicht ständig da, denn ihre Union mit Christus ist noch nicht vollkommen (12,1-4)[86].

Es bleibt abschließend hinzuweisen auf die drei Ergebnisse VANHOYEs[87], mit denen er nach Meinung E.GRÄSSERs "im Recht bleiben" wird[88]:
"- l'auteur de l'Épître compose d'une façon extrêmement consciente et il utilise fidèlement certains procédés;
- il a adopté pour son œuvre une structure concentrique, que nous avons reconnue grâce à de multiples critères formels dont nous avons constaté la parfaite convergence;
- il a mis cette présentation littéraire au service d'une pensée fermement structurée elle aussi."

Will man den von VANHOYE vorgelegten Entwurf auch nur annähernd richtig würdigen, so muß zunächst die ausgesprochen sorgfältige Arbeit am Text hervorgehoben werden. Es gelingt VANHOYE, an vielen Punkten seiner Untersuchung deutlich zu machen, daß literarische Struktur und theologische Bedeutung im Hebr untrennbar miteinander verbunden sind. Doch gerade aufgrund dieser Beobachtung wird man VANHOYEs Gliederung nicht folgen können: Er bestimmt das Verhältnis von theologischer Darlegung und Paränese als das zweier "Systeme" in einem Organismus, denen in ihrem Aufeinander-Bezogen-Sein eine "relative Autonomie" eigne und zwischen denen es "keinen Riß" gebe[89]. Indes: Trotz aller Betonung der fortlaufend gegenseitigen Beziehung[90] von theologischer Darlegung und Paränese bleibt eben diese Beziehung undeutlich. VANHOYE wendet sich mit guten Gründen gegen die Trennung von Lehre und Ermahnung und gegen die Unterordnung der theologischen Darlegung unter die Paränese. Beides werde dem Hebr nicht gerecht. Das ist zutreffend, doch muß gefragt werden, ob die von VANHOYE de facto vollzogene Überordnung der Christologie über die Paränese nicht durch die Hintertür das Abgelehnte wieder hereinführt und so von VANHOYEs eigener Zielvorgabe abrückt. Vor allem aber muß die Richtigkeit der These bezweifelt werden, wonach der paränetische Abschnitt 10,19-39 im gleichen Maße als Zentrum aller Paränesen im Hebr anzusehen ist[91], wie dies VANHOYE für das

---

[86] Structure 253f.

[87] Structure 259.

[88] Hebräerbrief 166.

[89] Structure 255.

[90] "Exposé et parénèse, qui se relaient l'un l'autre continuellement" (Structure 254).

[91] Ebd. 256 - 258: Die Beobachtungen, die sich durch einen Vergleich mit anderen paränetischen Abschnitten erzielen lassen, sind zwar durchaus richtig und aufschlußreich, aber sie vermögen die These einer zentralen Stellung des genannten Abschnitts nicht zu bestätigen. Alle paränetischen Partien des Hebr stehen gleichgewichtig im Dienst des seelsorgerlichen Anliegens des Hebr, indem sie aus den theologischen Darlegungen entweder thetisch (so z.B. 4,14-16) oder zusammenfassend (z.B. 10,19-31) die paränetischen Konsequenzen für die Leser hervorheben.

christologische Stück 8,1 - 9,28 in Bezug auf den ganzen Brief annimmt[92]. Man hat hierbei den Eindruck, daß VANHOYE - obwohl dies seinem Anliegen widersprechen dürfte - den Ort der Paränesen im Hebr de facto in Analogie zum Römerbrief zu bestimmen sucht, wo die Paränesen (Röm 12 - 15) der theologische Darlegung (Röm 1 - 11) folgen. Ist somit die Verhältnisbestimmung von theologischer Darlegung und Paränese im Konzept VANHOYEs nicht überzeugend, so läßt sich ähnliches auch bei konkreten Gliederungs- und Strukturhinweisen feststellen: Es ist m.E. nicht richtig, den Vers 4,14 dem Abschnitt 3,1 - 4,13 zuzuordnen, da dieser Vers grammatisch[93] und inhaltlich deutlich mit 4,15f eine Einheit bildet[94]. Gleiches ist auch im Blick auf die Zäsur zwischen 10,39 und 11,1 festzuhalten, auch wenn O.MICHEL und B.KLAPPERT hierin VANHOYE folgen[95]. Abschließend sei ein weiteres Mal die kritische Frage wiederholt[96]: Überschätzt VANHOYE nicht doch die Kompositionskunst des auctor ad Hebraeos und setzen nicht manche seiner Ausführungen zu viel bei Autor und Lesern voraus[97]?

c) Weitere Gliederungsvorschläge

Von den weiteren fünfteiligen Gliederungsvorschlägen soll nur - und damit schließen wir unseren Überblick ab - der von R.GYLLENBERG kurz vorgestellt werden. Er meint das "literarische Rätsel des Hebräerbriefes" lösen zu können, indem er annimmt, "dass eine theologische Abhandlung rein christologischen Inhalts durch drei Einschübe (2,1-4; 3,1 - 4,16; 5,11 - 6,20) aufgelockert und durch die grosse, angehängte Aufforderung (10,19 - 12,29) in eine Mahnrede verwandelt wurde, die dadurch allmählich immer deutlicher den Charakter eines Briefes erhielt (vgl. 12,14) und schliesslich auch als Brief abgeschlossen wurde (Kap 13)"[98].

---

[92]   "Si le sommet de l'un (8,1-9,28) est comme la tête de l'œuvre entière, le nœud vital de l'autre (10,19-39) en est le cœur" (Structure 258).

[93]   Das zeigt deutlich die anaphorische Konjunktion γάρ (V. 15).

[94]   Vgl. hierzu oben S. 12: 4,14-16 stellt eindeutig das Pendant zu 10,19ff dar. Vgl. auch F.LAUB: Bekenntnis 170f Anm. 4, der allerdings nach 10,18 abtrennen will.

[95]   Vgl. oben S. 13ff. Im Gegensatz zu O.MICHEL ist bei VANHOYE die strukturelle Verbindung der beiden Abschnitte durch die "annonce du sujet" (10,36ff) - die allerdings schon in 10,32 beginnen müßte (vgl. die "mots-crochets": ὑπεμείνατε/ὑπομονῆς : 10,32.36) - durchaus gegeben.

[96]   Zur Kritik an VANHOYEs Untersuchung vgl. J.BLIGH: Structure 170-177; E.SCHÜSSLER-FIORENZA: Anführer und Vollender 269; J.SWETNAM: Hebrews 1-6, 368-385; Ders.: Hebrews 7-13, 333-348; H.ZIMMERMANN: Bekenntnis 20. Zur Entgegnung VANHOYEs vgl. seinen Artikel "Discussions sur la structure de l'Épître aux Hébreux, Bib 55 (1974) 349 - 380 und die Hinweise bei H.FELD: ANRW 3533f.

[97]   Vgl. dazu H.FELD: ANRW ebd. VANHOYE hebt in der Bibliographie im Anhang zur 2.Auflage seines Buches hervor, daß seine Vorgehensweise ein breites Echo gefunden habe (Structure 310). Für die deutschsprachige Exegese vgl. F.RENNER: "An die Hebräer" 150-156 und R.NEUDECKER: Heilsgeschichte I 102ff.

[98]   Komposition 143.

Die These der Trennung von theologischer Darlegung und Paränese lebt in diesem Vorschlag weiter fort. Für GYLLENBERG stellt sich der Wechsel von theoretischer Erörterung und eingeschobener Mahnung innerhalb der beiden symmetrischen Hälften des Hebr wie folgt dar[99]:

	A	B
Beginn der theoretischen Erörterung	1,1 - 14	5,1 - 10
Eingeschobene Mahnung	2,1 - 4	5,11 - 6,20
Fortsetzung der theoretischen Erörterung	2,5 - 18	7,1 - 10,18
Ausführliche praktische Anwendung	3,1 - 4,16	10,19 - 12,29

In Anlehnung an F.BÜCHSEL[100] gliedert GYLLENBERG[101]:

I   A 1,1 -14:   Christus ist die endgültige Heilsoffenbarung.

    B 2,1 -4:   Darum soll man auf das von ihm Gesagte achten.

II A 2,5 -3,6:   Christus ist Mensch geworden, um uns zum Heil zu führen.

    B 3,7 -4,16:   Darum gilt es an Christus treu festzuhalten.

III A 5,1 -10,18: Als Hoherpriester ist Christus in das himmlische Heiligtum eingetreten.

    B 10,19-39:   Darum sollen wir unsere christliche Wanderung treu fortsetzen.

IV A 11,1 -40:   Das himmlische Vaterland ist zwar nicht mit irdischen Augen zu sehen, aber ist eine Tatsache, die vom Glauben erfasst wird.

    B 12,1 -29:   Darum sollen wir im Glauben ausharren.

V   13,1 -25:   Ermahnungen und Briefschluss.

Daß mit der "literarkritischen Anreicherung" der theologischen Partien des Hebr durch eingeschobene und angefügte Mahnungen das "literarische Rätsel des Hebr" keineswegs gelöst ist, wurde in der Auslegung immer wieder zu Recht betont. GYLLENBERG selbst zeigt mit der vorgeführten Gliederung, daß beide Genera einander zuzuordnen sind. Ob dies freilich in der von ihm vorgeschlagenen Form zu geschehen hat, ist sehr fraglich. Ein weiteres Mal ist auf die unzulässige Hinzuziehung von 4,14ff zu 3,7 - 4,11 und auf die Zäsur zwischen 10,32-39 und 11,1-40 hinzuweisen. Hierbei schlägt sich unzweideutig die "fein säuberliche" Trennung von theologischer Darlegung und Paränese nieder. Auch dieser Gliederungsvorschlag ist abzulehnen[102].

---

[99] Komposition 141.

[100] Hebräerbrief 1670f.

[101] Komposition 140. Seine Gliederung führt weiter: J.THURÉN: Lobopfer der Hebräer 32ff.47ff.

[102] Unter der Rubrik der fünfteiligen Gliederungen sind noch zu nennen, ohne daß hier näher darauf eingegangen werden könnte: B.F.WESTCOTT: The Epistle to the Hebrews. The Greek text with notes and essays, London/New York [3]1903: XLVIIIf.; F.THIEN: Analyse 74 - 86 und J.SWETNAM: Hebrews 7 - 13, 344f. Einen interessanten, aber nicht durchführbaren Vorschlag bietet A.STROBEL 81ff. Er erblickt in Ps 110, einem "Eckpfeiler des großen Hallels" (81), das zugrundeliegende Strukturierungselement und gliedert: 1,1-3 'Der Herr spricht'; 1,4 - 4,13 'Setze dich

II. Zusammenfassung und Kompositionsvorschlag

1. Zusammenfassung der Ergebnisse und Konsequenzen für die Komposition des Hebr

Wir stehen am Ende unseres forschungsgeschichtlichen Überblicks und können die Ergebnisse zusammenfassen. Zunächst sollen die Gesichtspunkte zusammengestellt werden, die - in kritischer Würdigung der vorgestellten Thesen - für eine text- und sachgemäße Strukturierung des Hebr zu berücksichtigen sind. Den Abschluß soll ein eigener Gliederungsvorschlag bilden.

a) Die bis in die jüngste Zeit immer wieder vorgenommene Trennung zwischen theologischer Darlegung und Paränese kann nicht länger aufrechterhalten werden[103] bzw. darf nicht wieder aufleben[104]. Es verbietet sich aber auch, das Hauptgewicht des Hebr entweder in den Paränesen[105] oder aber in den theologischen, insbesondere den christologischen Darlegungen[106] zu erblicken. Es geht also weder um die Trennung noch um die Über- bzw. Unterordnung eines Genre, sondern vielmehr um eine gegenseitige *Zuordnung*[107]: Theologische Grundlegung und Paränese sind im Hebr *gleichgewichtig*. Dies wird in Hebr 3,1 sehr schön deutlich: Ὅθεν, ἀδελφοὶ ἅγιοι, ... κατανοήσατε τὸν ἀπόστολον καὶ ἀρχιερέα τῆς ὁμολογίας ἡμῶν Ἰησοῦν. Jesus ist die Mitte des "Briefes". Wer ER ist - seine Person (1,1-14; 2,5-18; 5,1-10; 7,1-28) und sein Werk (8,1 - 10,18) -, *das* wird in diesem "Wort tröstlicher Ermahnung" (13,22) in seelsorgerlicher Absicht den Lesern/Hörern vor Augen gestellt. Auf diesem christologischen Fundament bauen die Paränesen auf, d.h. sie sind Auslegung des Christusbekenntnisses[108]. *So* wird auch der Wechsel von theolo-

---

zu meiner Rechten'; 4,14 - 6,20 'Du bist Priester'; 7,1 - 10,18 'Ewiglich nach der Ordnung Melchisedeks'; 10,19 - 12,29 'Der Herr wird das machtvolle Szepter aus Zion senden ... am Tage des Zorns ... wird er richten'.

[103] Gegen die unter I 1 a (S. 6f) vorgestellten Gliederungsvorschläge, die einen dogmatischen (1,1 - 10,18) und einen paränetischen (10,19 - 13,25) Hauptteil annehmen.

[104] Gegen die Trennung dieser beiden Genres durch R.GYLLENBERG (vgl. S. 23f). Auch die offen gebliebene Zuordnung von "exposé" und "parénèse" bei A.VANHOYE (vgl. S. 22f) ist hier angesprochen.

[105] So O.MICHEL 27; W.G.KÜMMEL: Einleitung 343f; F.J.SCHIERSE: Verheißung 196; W.NAUCK: Aufbau 203 - dazu oben S. 11; E.GRÄSSER: Hebräerbrief 160 und neuerdings M.RISSI: Theologie 1.

[106] So deutlich festzustellen bei A.VANHOYE: Structure 254-258 - dazu oben S. 18f; ähnlich auch C.SPICQ I 31-37, der den Hebr nach christologischen Aspekten gliedert - dazu oben Anm. 70.

[107] Vgl. dazu L.GOPPELT: "Es erscheint mir verfehlt, christologische und paränetische Abschnitte gegeneinander auszuspielen, denn sie sind polar aufeinander bezogen" (Theologie 573).

[108] Vgl. die zweite These der Barmer theologischen Erklärung: "Wie Jesus Christus Gottes Zuspruch der Vergebung aller unserer Sünden ist, so und mit gleichem Ernst ist er auch Gottes kräftiger Anspruch auf unser ganzes Leben".

gischer Grundlegung und paränetischer Folgerung - sie ist in 4,14-16 und 10,32-39 in Form von thetischen oder aber die These nach sich ziehenden Einleitungen (10,32-39 - 11,1) gehalten - verständlich und einsichtig. Im einzelnen ist so unter anderem zu beachten, daß der Verfasser in 10,19-31 die Konsequenzen zieht aus seinen in tröstlich-zusprechender Absicht gebotenen Ausführungen über "unseren Hohenpriester nach der Ordnung Melchisedeks" (7,1-28), der alle an einen Hohenpriester gestellten Voraussetzungen erfüllt (5,1-10) und der in seinem Werk das erwirkt hat, was das levitische Hohepriestertum zu erwirken nicht imstande war, nämlich die endgültige Wegnahme der Sünden und die ein für allemal gültige Eröffnung des Zutrittes zu Gott (8,1 - 10,18): "Da wir also aufgrund des Blutes Jesu die feste Zuversicht haben, daß wir in das (himmlische) Allerheiligste eingehen werden, ... und (da wir) einen großen Priester haben ..., so laßt uns hinzutreten ..., (so) laßt uns festhalten ... und (so) laßt uns aufeinander achthaben ..." (10,19-24). Diese sachgemäße Zuordnung von theologischer Darlegung und Paränese wird m.E. dort übersehen, wo zwischen 10,18 und 10,19 eine Zäsur vorgenommen wird[109].

b) Es ist das Verdienst von L.VAGANAY, auf das Phänomen der *"Klammerworte"* im Hebr hingewiesen zu haben. A.VANHOYE hat dieses Strukturmerkmal an vielen Stellen im Hebr nachgewiesen. Neben die "Klammerworte" hat er als zweites Kriterium die *"Themaankündigung"* gestellt. Ein weiteres Strukturmerkmal ist mit dem Stichwort der *"Inklusion"* genannt. Viele Hinweise VANHOYEs sind aufzunehmen, wenngleich seinem Kompositionsvorschlag aufs ganze gesehen nicht gefolgt werden kann. Bei der zweifellos vorauszusetzenden Kunst des Verknüpfens durch den Verfasser des Hebr dürfen jedoch inhaltliche Kriterien nicht übersehen werden. Der Argumentationsgang des Hebr wird zum Beispiel dann nicht berücksichtigt, wenn VANHOYE in 4,15 den Beginn eines neuen Abschnitts annimmt mit der Begründung, in 4,15f werde zum ersten Mal nach 2,17 vom barmherzigen Hohenpriester gesprochen. Dadurch - so VANHOYE - finde die Themaankündigung von 2,17, wonach Christus ἐλεήμων ἀρχιερεύς (2,17) genannt werde, ihre Entfaltung. Gegen diese Annahme spricht jedoch zum einen, daß VANHOYE den paränetischen Charakter von 3,1-6[110] übersieht. Zum andern aber dürfte es kaum gelingen, 3,7 - 4,14 (sic!) als Explikation des ersten Teiles der "Themaankündigung" (2,17a) zu verifizieren. Schließlich scheitert diese Gliederung - wie wir gesehen haben - nicht zuletzt an der grammatischen Verknüpfung von 4,14 mit 4,15[111].

---

[109] Vgl. dazu oben S. 6.9f. Eine ähnliche Zuordnung von theologischer Darlegung und Paränese zeigt sich auch im Abschnitt 10,32 - 12,3. Was πίστις (theologische Darlegung) im Sinne von 11,1 bedeutet und wie dieses Glaubensverständnis in 11,2-40 expliziert und exemplifiziert wird, läßt sich nur unter Rückgriff auf 10,32-39 (Paränese) und mit Ausblick auf 12,1-3 (Paränese) sachgemäß bestimmen. Das wird die Einzelexegese erweisen. Die enge Verbindung der paränetischen Abschnitte 10,32-39 und 12,1-3 mit der theologischen Darlegung in 11,1-40 rechtfertigt es, von der unten [S. 33] gebotenen Gliederung abzuweichen und nur die ersten drei Verse des zwölften Kapitels in die Untersuchung einzubeziehen.

[110] Insofern ist seine Einordnung des ganzen Abschnitts in das Genre der theologischen Darlegung - so Structure 114 u.ö. - nicht zutreffend.

[111] Vgl. oben S. 23.

c) Sowohl F.J.SCHIERSE als auch W.NAUCK haben im Hebr einen *fortschreitenden Gedankengang* erkennen wollen[112]. Ihre Thesen können jetzt im einzelnen nicht besprochen werden, doch läßt sich m.E. ein Gedankenfortschritt etwa "vom Hören zum Bekennen und zum Gehorchen"[113] im Hebr nicht feststellen. Der Schlüssel für die Frage nach dem inhaltlichen Strukturmoment des Hebr dürfte eher in den Eingangsversen (1,1f) zu suchen sein[114]. Was das ganze Corpus des Hebr durchzieht, ist die *Gegenüberstellung des Redens Gottes* einst zu den *Vätern* (πολυμερῶς καὶ πολυτρόπως πάλαι ὁ θεὸς λαλήσας τοῖς πατράσιν ἐν τοῖς προφήταις) und jetzt zu *uns*, d.h. zur christlichen Gemeinde (ἐπ' ἐσχάτου τῶν ἡμερῶν τούτων ἐλάλησεν ἡμῖν ἐν υἱῷ). Der Verfasser umkreist immer wieder dieses Thema unter jeweils neuen Aspekten[115], so daß Wiederholungen unvermeidlich sind[116]. Im Verlauf der Gegenüberstellung von alttestamentlicher und christlicher Gemeinde können wir eine dreifache Verhältnisbestimmung beobachten:

---

[112] Vgl. oben S. 10f.

[113] So W.NAUCK: Aufbau 206.

[114] Zur programmatischen Bedeutung von Hebr 1,1-4 vgl. E.GRÄSSER: Hebräer 1,1-4, passim; D.A.BLACK: Literary Structure 176f und jüngst W.G.ÜBELACKER: Hebräerbrief als Appell I 96ff.

[115] Die Theologie des Wortes Gottes im Hebräerbrief und die damit verbundenen Kompositionsmittel hat in neuerer Zeit völlig zu Recht H.HEGERMANN betont. Seinem eindrücklichen Beitrag zur Festschrift für G.VOIGT (Berlin 1982, 83 - 98) hat er den vielsagenden Titel gegeben: "Das Wort Gottes als aufdeckende Macht. Zur Theologie des Wortes Gottes im Hebräerbrief". Dort heißt es sehr treffend gleich zu Beginn: "Der unbekannte Verfasser des Hebräerbriefes, eine führende Gestalt im Kreis der unmittelbaren Apostelschüler, hat seine theologische Bedeutung nicht zuletzt in seiner Theologie des Wortes Gottes" (ebd. 83). Im Blick auf die Kompositionsmittel stellt HEGERMANN besonders heraus: "1. daß der Verfasser immer wieder planmäßig von Lehre zu Mahnung fortschreitet, 2. daß er an den großen Cäsurstellen seiner Schrift den Gedankengang kreisartig auf die Ausgangsaussagen zurückbindet" (ebd. 84).

[116] Hinsichtlich des uns näher beschäftigenden Abschnittes 10,32 - 12,3 könnte man einwenden, daß gegen ein kreisförmiges Vorgehen des Hebr die Beobachtung spreche, Kapitel 11 könne unmöglich vor dem λόγος τέλειος (7,1 - 10,18) gedacht werden. Der "tractatus de fide" könne ohne die vorausgehenden Partien nicht korrekt interpretiert werden. Diesem fiktiven Einwand gegenüber ist festzustellen: Ganz zweifellos setzt der Hebr in 12,3 die christologischen Partien der Kapitel 1, 5 und 7 - 10 voraus. Denn: Wer Jesus ist, und was sein Werk ist, erfährt der Leser in den genannten Kapiteln, so daß Kap. 11 seinem wichtigen Abschluß in 12,3 tatsächlich seiner Spitze beraubt würde, wollte man diese Vorordnung bestreiten. Ein letztlich zwingendes Argument gegen die Annahme eines redundanten Vorgehens des Verfassers ist dieser mögliche Einspruch aber nicht. Denn zum einen ist das, was Kapitel 11 von den Glaubensvorbildern der πρώτη διαθήκη positiv ausdrückt, in 3,7 - 4,11 von der ungläubigen Wüstengeneration unter negativen Vorzeichen längst ausgesprochen und den Lesern bekannt. Was der Verfasser unter πίστις versteht, kann nahezu vollständig den Versen 3,12-14 entnommen werden. Zum andern will beachtet sein, daß der Hebr das Exordium in vielfältiger Weise positiv und negativ expliziert, was noch deutlich werden wird.

aa) Im *ersten Hauptteil* (*1,1 - 4,13*) stellt der Verfasser die Wüstengeneration als *warnendes Beispiel* dar: Die Gegenüberstellung beginnt mit den bereits zitierten Eingangsversen: Gott hat zu den *Vätern* und zu *uns* geredet (1,1f). An die *Väter* erging das Wort durch die Propheten (1,1) und die Engel (2,2). An *uns* durch seinen Sohn (1,2; 2,3); deshalb sind "wir" umso mehr gehalten, es zu beachten (2,1-4). In 3,1-6 wird die große Gegenüberstellung von *Wüstengeneration* und *christlicher Gemeinde* eröffnet, in deren Verlauf (3,7 - 4,11) deutlich wird, daß der Verfasser die *Wüstengeneration* der *christlichen Gemeinde* als ὑπόδειγμα τῆς ἀπειθείας (4,11) vor Augen gestellt hat.

bb) Im *zweiten Hauptteil* (*4,14 - 10,31*) begegnet zunächst - eher am Rande - *Abraham* als *Glaubensvorbild* für die *christliche Gemeinde* (6,12f). Bestimmt ist dieser große Mittelteil jedoch von der Gegenüberstellung des *levitischen Priestertums* und der πρώτη διαθήκη auf der einen Seite und des *Hohenpriestertums Christi* und der καινή διαθήκη auf der andern Seite. Die conclusiones für die *Väter* und die *christliche Gemeinde* wurzeln dabei in den sie jeweils bestimmenden Ordnungen (διαθῆκαι): Die mit Christus angebrochene und in ihm begründete καινή διαθήκη *überbietet* die unzulängliche und unvollkommene πρώτη διαθήκη. Daß damit die alttestamentliche Zeit in den Augen des Verfassers keineswegs als bloß unheilvoll und überholungsbedürftig erscheint, zeigt

cc) der *dritte Hauptteil* (*10,32 - 12,29*), wo in eindrücklicher Weise die *"Wolke der Zeugen"* (11,1 - 12,3: 12,1) in den Vordergrund tritt: Die πρεσβύτεροι (11,2) in ihrer Haltung als πιστεύοντες dienen der angefochtenen *Gemeinde* als ein nachzuahmendes *Vorbild des Glaubens.* Die Spitze dieser Vorbilder ist Jesus selbst (12,2). In 12,12ff ergeht (nach 6,4ff; 10,26ff) zum dritten Mal eine scharfe Warnung vor dem Abfall: *Esau,* der πόρνος ἢ βέβηλος , erscheint dabei als *warnendes Beispiel* für die *Hörer/Leser.* In 12,18-24 erfolgt eine letzte Gegenüberstellung: die von *Sinai* und *himmlischem Zion.*

Aufgrund der mitgeteilten Beobachtungen kann mit guten Gründen behauptet werden, daß der Hebr die Gegenüberstellung der *Väter* und der *christlichen Gemeinde* in den Rahmen der Heilsgeschichte vom Sinai (= Beginn der Geschichte Gottes mit Israel) zum himmlischen Zion (= eschatologischer Endpunkt für all diejenigen, die vor dem Eintritt in das himmlische Allerheiligste stehen) einzeichnet.

d) Ein letztes Problem hat der voranstehende Überblick deutlich werden lassen. Es ist die Frage, inwieweit Kapitel 13 in den Gedankengang der 12 vorangehenden Kapitel integriert werden kann[117]. Sie kann jetzt nicht abschließend beantwortet werden, doch spricht vieles dafür, in Kapitel 13 einen (echten) "Brief"-Abschluß zu sehen, der aber hinsichtlich seiner formgeschichtlichen Einordnung nicht mit den Kapiteln 1 - 12 in Einklang zu bringen ist: Während den Kapiteln 1 - 12 der Charakter einer "tröstlich-ermahnenden Predigt" eignet, die nur wenige Charakteristika eines Briefes erkennen lassen[118], begegnen im Schlußkapitel nicht nur die aus

---

[117] Vgl. hierzu die (Anm. 21) genannte Studie von J.THURÉN und den (ebd. Anm. 21) notierten Aufsatz von A.VANHOYE.

[118] Die direkte Anrede der Gemeinde mit ἀδελφοί (3,1; 3,12; 10,19) bzw. in der 2. Pers. Plur. (ab 10,32ff) ist das einzige Kennzeichen, das aber in der gleichen Weise für das Genre der Predigt konstitutiv ist. Es fehlt v.a. das Präskript, dessen ursprüngliches Vorhandensein kaum beweisbar sein dürfte.

anderen neutestamentlichen Briefen bekannten Einzelermahnungen[119], die asyndetisch aneinandergereiht sind, sondern auch die sonst üblichen Grüße[120].

e) Sind damit die aufgeworfenen Fragen zumindest einer vorläufigen Antwort zugeführt, so ist abschließend noch Rechenschaft über den im folgenden zugrundegelegten Rahmen der Gliederung abzulegen[121]:

aa) Ausgangspunkt ist der Gliederungsvorschlag von W.NAUCK, der an zwei Punkten zu modifizieren ist: (1) Ein Gedankenfortschritt in der von F.J.SCHIERSE bzw. W.NAUCK dargelegten Form läßt sich im Hebr nicht feststellen. Die Einteilung des Hebr in drei Hauptteile bleibt davon unberührt. Die Überschriften dieser drei Teile sind von der im Exordium überschriftartig zusammengefaßten Gegenüberstellung her zu konzipieren. (1) Kapitel 13 darf nicht zum dritten Hauptteil hinzugezogen werden. Auch ohne Kapitel 13 bleibt das von NAUCK betonte Gliederungsmerkmal eines parallelen Anfangs und Schlusses erhalten. Zudem legen auch die Hinweise auf Gott als den Richter im Endgericht jeweils am Schluß der drei Hauptteile (4,12f; 10,30f; 12,29) dieses Vorgehen nahe[122].

bb) Daneben sind die vielen wertvollen Beobachtungen VANHOYEs bei den Unterabschnitten zu berücksichtigen. Seine sorgfältig herausgearbeiteten "Klammerworte" und "Inklusionen"[123] sind an verschiedenen Stellen der Gliederung aufzunehmen.

2. Aufbau und Gliederung des Hebr[124]

Dem Kompositionsvorschlag liegt folgendes gliederungstechnisches Verfahren zugrunde:

a) Stichwort-Anschlüsse = das griechische Wort ohne Hervorhebung.
b) Inklusionen = das griechische Wort wird unterstrichen.
c) Verweise = durch Pfeile ($\longleftarrow$; $\longrightarrow$).
d) Hinweise auf Gegenüberstellung = *KURSIVE GROSSCHREIBUNG: VÄTER* (einst) - "WIR" (jetzt).
e) Anspielungen auf JESUS und das in ihm laut gewordene WORT GOTTES sind durch Fettdruck hervorgehoben.

---

119 Vgl. 1Kor 16,13ff; 2Kor 13,11ff.

120 Vgl. Röm 16,21ff; 1Kor 16,19ff; 2Kor 13,12; Phil 4,12f u.a.m.

121 Für Hinweise und hilfreiche Anregungen danke ich Prof.Dr. O.HOFIUS.

122 NAUCK nennt als Abschluß des dritten Hauptteiles 13,17 (vgl. oben S. 12).

123 Die oben (Anm. 14) angekündigte Bezugnahme auf H.VON SODENs wertvolle Hinweise, die auch W.NAUCK (vgl. S. 12) - ohne Hinweis auf VON SODEN - bietet, wurde bei der folgenden Gliederung in den unter II 1 (4,14-16) aufgeführten Inclusiones berücksichtigt.

124 Ich weise an dieser Stelle nochmals ausdrücklich darauf hin, daß unsere dem Abschnitt 10,32 - 12,3 geltende Untersuchung von der folgenden Gliederung insofern abweicht, als von dem Unterabschnitt 12,1-17 [III.3] nur die Verse 1-3 in die Auslegung einbezogen werden. M.E. können für die exegetisch-traditionsgeschichtliche Untersuchung des "tractatus de fide" die Verse 12,4-17 unberücksichtigt bleiben: Näheres hierzu oben Anm. 109.

Gliederung des Hebräerbriefes

I. Hauptteil: 1,1 - 4,13:

Endgültig und unüberbietbar ist GOTTES WORT an uns ergangen in JESUS, dem Sohn Gottes, dem ewigen Hohenpriester und König. Hört auf das in JESUS ergangene WORT. Denn Ungehorsam gegen das WORT bringt den Tod!

---

1) 1,1 - 4:

Christologisch: Gott hat **geredet** - vormals vielfältig und vielgestaltig zu den *VÄTERN* durch die Propheten; jetzt in dieser Endzeit abschließend und endgültig zu *UNS* durch den Sohn.

1,1f	ὁ θεὸς λαλήσας	*ZU DEN VÄTERN*	*DURCH DIE PROPHETEN*
	ἐλάλησεν	*ZU UNS*	*DURCH DEN SOHN*

    (⟶ 4,12f: ζῶν ὁ λόγος τοῦ θεοῦ)
1,4   ἄγγελοι   (⟶ 1,5).

2) 1,5 - 14:

Christologisch: JESU universale Königsherrschaft (Begründung und Erläuterung aus der Schrift).

1,5   ἄγγελοι   (⟵ 1,4);
1,5   <u>τίνι γὰρ εἶπέν ποτε τῶν ἀγγέλων</u>   1,13 <u>πρὸς τίνα δὲ τῶν ἀγγέλων εἴρηκέν ποτε;</u>

3) 2,1 - 4:

Paränetisch: Habt acht auf das WORT! Ungehorsam gegen das WORT GOTTES bringt den Tod, - wenn schon einst den *VÄTERN*, wieviel mehr dann *UNS*.

4) 2,5 - 18:

Christologisch: JESU Erniedrigung und Erhöhung, sein Königtum und sein Hohespriestertum.

2,17   πιστὸς ἀρχιερεύς   (⟶ 3,1f).

5) 3,1 - 4,13:

Paränetisch: Hört auf das WORT GOTTES in JESUS! Ungehorsam bringt den Tod.

a) 3,1 - 6:

Zuverlässig und glaubwürdig ist das WORT, - wenn schon das einst durch Mose, den Diener, zu den *VÄTERN* geredete **Wort**, wieviel mehr das jetzt in JESUS, dem Sohn, zu *UNS* geredete WORT.

3,1f   πιστὸς ἀρχιερεύς   (⟵ 2,17).

b) 3,7 - 4,11:

Ungehorsam gegen das WORT bringt den Tod, - wenn schon einst den *VÄTERN* in der Wüste, wieviel mehr jetzt *UNS*.

4,1 <u>εἰσελθεῖν εἰς τὴν κατάπαυσιν αὐτοῦ</u>   4,11 <u>εἰσελθεῖν εἰς ἐκείνην τὴν κατάπαυσιν.</u>

c) 4,12 - 13:

GOTTES WORT ist eine tödliche Waffe.

4,12f <u>ζῶν ὁ λόγος τοῦ θεοῦ</u>   (⟵ 1,1f: <u>ὁ θεὸς λαλήσας/ἐλάλησεν</u>).

"Denn das WORT GOTTES ist lebendig und wirksam und schärfer als jedes zweischneidige Schwert, ... und es ist ein Richter. Und ... es liegt alles offenbar ... vor dem wir Rechenschaft ablegen müssen."

II. Hauptteil: 4,14 - 10,31:
JESUS ist unser ewiger Hoherpriester, in dem wir eine volle, ewige Erlösung haben. Bleibt bei JESUS! Denn Abfall bringt den Tod.

1) 4,14 - 16:
Paränetisch: Weil wir einen Hohenpriester haben, der uns den Zugang zum Thron Gottes erschlossen hat, darum haltet am Bekenntnis fest und tretet jetzt schon - im Gottesdienst - hinzu!
←— Jesus, unser Hoherpriester (2,11.17; 3,1ff); Zugang zu Gott (2,10; 3,7 - 4,11).
Zentrale Themen des II. Hauptteils: Jesus, der Sohn Gottes und Hohepriester; sein Selbstopfer und die Eröffnung des Zugangs zu Gott (διεληλυθότα τοὺς οὐρανούς / προσερχώμεθα); sein Eintreten für die bedrängte Gemeinde (συμπαθῆσαι); Mahnungen.

4,14: ἔχοντες οὖν ἀρχιερέα μέγαν	(—→ 10,19.21:	ἔχοντες ... ἱερέα μέγαν).
4,14: διεληλυθότα τοὺς οὐρανούς	(—→ 10,19f:	ἐνεκαίνισεν ἡμῖν ὁδόν).
4,14: Ἰησοῦν τὸν υἱὸν τοῦ θεοῦ	(—→ 10,19:	ἐν τῷ αἵματι Ἰησοῦ
	10,29:	τὸν υἱὸν τοῦ θεοῦ).
4,14: κρατῶμεν τῆς ὁμολογίας	(—→ 10,23:	κατέχωμεν τὴν ὁμολογίαν).
4,16: προσερχώμεθα	(—→ 10,22:	προσερχώμεθα).
4,16: παρρησία	(—→ 10,19:	παρρησία).

2) 5,1-10:
Christologisch: JESU HOHESPRIESTERTUM I: Jesus erfüllt die an einen Hohenpriester gestellten Voraussetzungen. Das *LEVITISCHE PRIESTERTUM* (es opfert Gaben - auch für sich selbst) - *JESU HOHESPRIESTERTUM* (er opfert sich - für *UNS*).

3) 5,11 - 6,20:
Paränetisch: Warnung vor dem Abfall und Mahnung, auf die VERHEISSUNG des untrüglichen GOTTES zu vertrauen, deren Garant der HOHEPRIESTER JESUS ist.

a) 5,11 - 6,12:
Paränetisch: Warnung vor dem Abfall. Vertraut auf die VERHEISSUNG GOTTES!
5,11: νωθροὶ γεγόνατε (—→6,12: μὴ νωθροὶ γένησθε).
6,12: αἱ ἐπαγγελίαι (—→6,13: ἐπαγγειλάμενος; 6,15.17: ἐπαγγελία).
μακροθυμία (—→6,15: μακροθυμήσας); 6,12: κληρονομεῖν (—→ 6,17).

b) 6,13 - 20:
Theologische Begründung und Überleitung zum vierten Abschnitt (7,1 - 10,18) [zur Verklammerung mit 5,11 - 6,12 s.o.]; 6,20: ἀρχιερεὺς κατὰ τὴν τάξιν Μελχισέδεκ
(—→7,1: Μελχισέδεκ ... ἱερεύς).

4) 7,1 - 10,18:
Christologisch: JESU HOHESPRIESTERTUM II: sein Sein und sein Werk.

a) 7,1 - 28:
JESUS, der Hohepriester κατὰ τὴν τάξιν Μελχισέδεκ (PERSON-ASPEKT).

α) 7,1-10:
Das *KÖNIGLICHE HOHEPRIESTERTUM MELCHISEDEKS*: seine Überlegenheit über das *LEVITISCHE PRIESTERTUM*
7,1: Μελχισέδεκ (←— 6,20; —→7,10); 7,1 συναντήσας (—→ 7,10 συνήντησεν).

β) 7,11 - 28:

JESUS, der Hohepriester κατὰ τὴν τάξιν Μελχισέδεκ: seine *EINZIGARTIGKEIT*, seine *UNVERGLEICHLICHE ÜBERLEGENHEIT* über das *UNZULÄNGLICHE LEVITISCHE PRIESTERTUM*; sein *EWIG BLEIBENDES PRIESTERTUM* im Unterschied zu dem *VERGÄNGLICHEN UND VERGANGENEN LEVITISCHEN PRIESTERTUM*.

7,11: <u>τελείωσις</u>　　　　　(——→ 7,28: <u>τετελειωμένον</u>).

b) 8,1 - 10,18:

JESUS, der Hohepriester im himmlischen Heiligtum und die in ihm verwirklichte καινὴ διαθήκη (<u>WERK-ASPEKT</u>).

8,1: <u>ἐκάθισεν ἐν δεξιᾷ</u> ...　　　(——→ 10,12: <u>ἐκάθισεν</u> ...).

α) 8,1 - 13:

Grundlegung: JESUS - der Hohepriester im himmlischen Heiligtum und die in ihm verwirklichte καινὴ διαθήκη.

8,2　<u>λειτουργός</u>　　　　　(——→ 8,6: <u>λειτουργία</u>).
8,7　<u>ἡ πρώτη</u>　　　　　　(——→ 8,13: <u>τὴν πρώτην</u>).

β) 9,1 - 28:

Entfaltung: "*ERSTE*" διαθήκη - "*NEUE*" διαθήκη.

א)　9,1 - 15: Heiligtum, Opfervollzug und Opferwirkung der jeweiligen διαθήκη:
　　1-10: "*ERSTE*" διαθήκη:　9,1　ἡ πρώτη　　　(←—— 8,13: τὴν πρώτην).
　　　　　　　　　　　　　　9,1　δικαιώματα　(——→ 9,10).
　　11-15: "*NEUE*" διαθήκη:　die einmalige Wirkung des Opfers Jesu pro nobis.
ב)　9,16 - 28: Die Inkraftsetzung der jeweiligen διαθήκη durch Blut (= Tod) und
　　die jeweilige Wirkung des Opfers.
　　　　　　　　　　　　9,16: διαθήκη　　　(←—— 9,15).

γ) 10,1 - 18:

Vertiefung: Nicht die im *GESETZ* verordneten Opferriten der "*ERSTEN*" διαθήκη, sondern einzig das die "*NEUE*" διαθήκη in Kraft setzende SELBSTOPFER JESU bringt die Sündenvergebung und die Vollendung.

　　　　　　　　　　　10,1: προσφέρουσιν　(←—— 9,28: προσενεχθείς);
　　　　　　　　　　　10,1: <u>τελειῶσαι</u>　　(——→ 10,14: <u>τετελείωκεν</u>).

5) 10,19 - 31:

Paränetisch: Weil wir einen Hohenpriester haben, der uns den Zugang zum himmlischen Allerheiligsten eröffnet hat, darum laßt uns - im Gottesdienst [Antizipation!] - hinzugehen! Darum laßt uns am Bekenntnis festhalten! Darum laßt uns nicht abfallen! Denn Abfall bringt den Tod, - wenn schon der Verstoß gegen das *GESETZ DES MOSE* den Tod brachte, wieviel mehr, wenn ihr den *HOHENPRIESTER JESUS* mit Füßen tretet und sein Blut unrein erachtet. (Zu den inclusiones vgl. oben bei 4,14-16).

10,30f: "Wir kennen ja den, der gesagt hat: 'Mein ist die Rache, ich werde Vergeltung üben' und wiederum: 'Der Herr wird sein Volk richten.' Furchtbar ist es, in die Hände des lebendigen Gottes zu fallen."

> III. Hauptteil: 10,32 – 12,29:
> Das VERHEISSUNGSWORT GOTTES ist in JESUS gültig an euch ergangen. Beharrt im Glauben an das WORT! Denn Rückfall in den Unglauben bringt den Tod.

1) 10,32 – 39:
Paränetisch: Glaubt an das WORT DER VERHEISSUNG! Weicht nicht von diesem WORT!

10,36: κομίσησθε τὴν ἐπαγγελίαν   (—→ 12,28: βασιλείαν ἀσάλευτον
                                                   παραλαμβάνοντες).

10,36: τὸ θέλημα τοῦ θεοῦ ποιήσαντες (—→ 12,28: ἔχωμεν χάριν,)
10,38: οὐκ εὐδοκεῖ ἡ ψυχή μου ἐν αὐτῷ   εὐαρέστεως τῷ θεῷ).
10,32: ὑπεμείνατε   (—→ 10,35: ὑπομονή; 12,1: ὑπομονή;
                                    12,2: ὑπέμεινεν; 12,3 ὑπομεμενηκότα).

10,32: ἄθλησιν   (—→ 12,1: ἀγών).
10,38f: πίστεως   (—→ 11,1f: πίστις; 11,39: πίστεως; 12,2: πίστεως).

2) 11,1 – 40:
Theologisch: Der Glaube ist ein [unbeirrbares] Feststehen bei Erhofftem, ein [objektives] Überführtsein von Dingen, die man nicht sieht.
Die Glaubenszeugen aus den *VÄTERN*.

11,1: Πίστις   (←— 10,38f: πίστεως;   —→11,39);
11,2: ἐμαρτυρήθησαν   (—→ 11,39: μαρτυρηθέντες).

3) 12,1 – 17:
Paränetisch: Weicht nicht! Abfall ist irreparabel *(ESAU)*!

12,1: μαρτύρων   (←— 11,39: μαρτυρηθέντες; weiteres oben 1.).

4) 12,18 – 24:
Theologisch: Die *VÄTER* standen einst, als Gott zu ihnen redete, am Sinai, *"Wir"* aber stehen als die, die GOTTES in JESUS ergangenes WORT vernommen haben, vor der Tür des himmlischen Zion.

12,24: λαλοῦντι   (—→ 12,25: τὸν λαλοῦντα).

5) 12,25 – 29:
Paränetisch: Weist den nicht ab, der da zu euch **redet**! Denn Ungehorsam gegenüber dem WORT bringt den Tod, – wenn schon einst bei den *VÄTERN*, wieviel mehr dann bei *"UNS"*.

12,25: τὸν λαλοῦντα   (←— 12,24: λαλοῦντι; inclusiones vgl. oben 1.)

12,29: "Denn unser Gott ist ein verzehrendes Feuer."

> "Brief" – Abschluß 13,1–25:

1) 13,1 – 19: Angefügte Ermahnungen.
   a) 13,1 – 6: Heiligung im Alltag.
   b) 13,7 – 17: Bleibt bei der wahren Lehre und dem rechten Gottesdienst.
      13,7: ἡγούμενοι   (—→ 13,17: ἡγούμενοι).
   c) 13,18 – 19: Bitte um Fürbitte.
2) 13,20 – 25: Angefügter Briefschluß.

C. Auslegung von Hebräer 10,32–39

Paränese: Glaubt an das Wort der Verheißung!
Weicht nicht von diesem Wort!

Die Darlegungen zur Komposition des Hebräerbriefes haben gezeigt, daß der dritte Hauptteil mit 10,32 einsetzt. Es ist ferner deutlich geworden, daß die Auslegung des tractatus de fide (Kap. 11) nicht vom unmittelbaren Kontext (10,32-39; 12,1-3) absehen kann. Eine nähere Untersuchung des Aufbaus von 10,32 - 12,3 wird die enge Verwobenheit des 11. Kapitels mit dem unmittelbaren Kontext erweisen. Daraus folgt, daß bei einer Studie über Hebr 11 die paränetischen Abschnitte, die dem großen Glaubenskapitel unmittelbar vorangehen (10,32-39) bzw. folgen (12,1-3) mitbedacht werden müssen[1]. Der Gang der Untersuchung wird dies vielfach rechtfertigen. Wir wenden uns dem ersten der beiden paränetischen Abschnitte zu.

I. 10,32-34: Erinnert euch an die Tage der Anfechtung, in denen ihr als Leidende und Mit-Leidende den Glauben geduldig bewährt habt!

Nachdem der Verfasser den zweiten Hauptteil mit dem drohenden Hinweis auf Gott als den Richter im Endgericht (10,30f) abgeschlossen hat, leitet er den dritten Hauptteil (10,32 - 12,29) mit einer Paränese ein, die unverkennbar tröstlichen Klang besitzt. Der Kontrast zu 10,26-31 wird deutlich an der betont adversativ gehaltenen Formulierung in 10,32: ἀναμιμνήσκεσθε δέ - "erinnert euch aber". Bereits CHRYSOSTOMUS weist auf dieses schroffe Gegenüber von 10,26-31 und 10,32ff hin: Das Gerichtswort (10,26-31) hat - so der Kirchenvater - die Seelen durch die Furcht vor der Hölle erschüttert, wohingegen das Trostwort (10,32-34) den Seelen durch Lobreden Trost zuspricht[2]. Dieselbe Art des Vorgehens begegnet in Kapitel 6, wo der Verfasser zunächst - parallel zu 10,26-31 - mit allem Nachdruck und Ernst die Unmöglichkeit der zweiten Buße herausstreicht (6,4-8), um freilich anschließend sofort der Gemeinde in tröstlichen Worten zuzusprechen, daß er im Blick auf ihren Christenstand "vom Besseren überzeugt" sei (6,9). Die Begründung für eine derartig zuversichtliche Einschätzung enthält dann 6,10: die Gemeinde hat

---

[1] Zur Abgrenzung der Abschnitte s. oben S. 26 Anm. 109 und S. 29 Anm. 124.

[2] J.A.CRAMER: Catenae VII 240,7ff: κατασείσας αὐτῶν τὰς ψυχὰς τῇ μνήμῃ τῆς γεέννης ... παραμυθεῖται αὐτοὺς διὰ τῶν ἐγκωμίων καὶ τῆς παρακλήσεως.

ihren Glauben in den Liebeswerken gegenüber den Heiligen erwiesen. Was er darunter konkret versteht, ergibt sich aus 10,33f. Mit anderen Worten: 10,33f expliziert inhaltlich den Begriff διακονεῖν aus 6,10[3]. Darüber hinaus zeigt der Argumentationsduktus beider Textzusammenhänge: Was der Hebr in 6,4-8 und 10,26-31 als drohende Gefahr beschreibt, ist im Glaubensleben der Adressaten *noch* nicht Realität geworden. Sie sind *noch* nicht vom Glauben abgefallen. Und nur deshalb macht es Sinn, die in ihrer Glaubensmüdigkeit, Resignation, Lässigkeit und Furcht vor Leiden gefährdete Gemeinde zu ermahnen[4]. Weil sie Zweifel an der Zuverlässigkeit der Verheißung hat, weil sie im Begriff ist, die Hoffnung fallen zu lassen, weil einige Gemeindeglieder nicht mehr am Gottesdienst teilnehmen (10,25), und schließlich: weil die Gemeinde in der Gefahr steht, das in Christus begründete Heil preiszugeben und vom lebendigen Gott abzufallen (6,4f; 10,26ff; 12,15ff) - deshalb legt der Verfasser soviel Nachdruck auf seine Paränesen[5]. Deshalb auch erinnert er sie an die "früheren Tage", in denen sie nach empfangener "Erleuchtung" einen schweren Leidenskampf (πολλὴν[6] ἄθλησιν παθημάτων) erduldet hat. Daß mit der Zeitangabe τὰς πρότερον ἡμέρας an eine konkrete, in der Vergangenheit der Gemeinde liegende Epoche gedacht ist, wird man kaum bestreiten können[7]. Das ergibt sich *zunächst* aus dem Hinweis auf den Leidenskampf[8], der als Zeit der

---

[3]   Vgl. dazu unter einer Vielzahl von Auslegern: A.THOLUCK 363f; G.LÜNE-MANN 335f; J.MOFFATT 152f; C.SPICQ II 327; H.W.MONTEFIORE 181 und H.BRAUN 325.

[4]   Vgl. dazu die Stellen 3,12f; 5,11f; 6,11f; 10,35f; 12,1ff.12ff; 13,17.

[5]   Neuerdings hat M.RISSI im ersten Kapitel seiner "Theologie des Hebräerbriefs" (3 - 25) nachzuweisen versucht, daß die Gefährdung der Gemeinde nicht in deren Ermüdung und wachsender Gleichgültigkeit begründet sei. Die Gefährdung der Lesergemeinde - so RISSI (ebd. 9) - hänge vielmehr mit einer anderen Entwicklung zusammen, die ihre Wurzeln in den Anfängen des Glaubenslebens der Leser habe: "Sie hatten überwältigende charismatische Erlebnisse" und waren - wie die Korinther - in geistlichen Hochmut verfallen, "der auf das Hören verzichten zu können meint". Es sei demnach der Enthusiasmus der Leser, der die Paränesen des Hebr veranlaßt habe. Am Text des Hebr läßt sich diese These nicht verifizieren und findet daher bei den Rezensenten zu Recht keine Zustimmung: vgl. H.MERKLEIN: Rezension 159 - 161 und C.-P.MÄRZ: Rezension 273f. Ebenso F.LAUB: "Schaut auf Jesus" 419ff. Zur Lage der Anfechtung im Kreis der Adressaten vgl. auch E.BRANDENBURGER: Pistis und Soteria 192.

[6]   Zu dieser Bedeutung von πολλή vgl. neben W.BAUER: Wb Sp. 1365 s.v. I 1bβ auch 1Thess 1,6 (ἐν θλίψει πολλῇ) und 1Thess 2,2 (ἐν πολλῷ ἀγῶνι).

[7]   Mit der Mehrzahl der Exegeten - vgl. u.v.a. W.NAUCK: Freude im Leiden 79; R.JEWETT 186; H.BRAUN 325; M.RISSI: Theologie 7 - gegen M.DIBELIUS: Der himmlische Kultus 160ff und B.F.WESTCOTT 335.

[8]   Das der späteren Grazität entstammende neutestamentliche Hapaxlegomenon ἄθλησις (vgl. auch ἀθλεῖν in 2Tim 2,5 und ἀθλητής in 4Makk 6,10; 17,14ff und 1Clem 5,1) wurzelt - wie auch der Begriff ἀγών in 12,1 (Inclusio!) - ursprünglich im Bereich des sportlichen Wettkampfes: dazu vgl. E.STAUFFER: ἀθλέω 166f. Durch die Verbindung mit παθημάτων wird das Bild vom Wettkampf jedoch verlassen. Es geht um das Leiden um des Glaubens willen.

Bewährung wohl schmerzlich erfahren, aber in Tapferkeit, in Geduld[9] und im Glauben von der Gemeinde siegreich durchstanden wurde[10]. Wie hoch der Verfasser die Haltung der Gemeinde in der Vergangenheit einschätzt, beschreibt wiederum sehr treffend CHRYSOSTOMUS: καὶ οὐχ ἁπλῶς εἶπεν ἄθλησιν ὑπεμείνατε, ἀλλὰ πολλήν· καὶ οὐκ εἶπε πειρασμοὺς, ἀλλ' ἄθλησιν, ὅπερ ἐστὶν ἐγκωμίου ὄνομα, καὶ ἐπαίνων μεγίστων[11].

Daß der Hebr eine ganz bestimmte Phase im Leben der Gemeinde anspricht, zeigt *sodann* auch der Verweis auf die "Erleuchtung" der Adressaten. Ganz zweifellos denkt der Verfasser mit dem passiven Partizip φωτισθέντες (vgl. 6,4) an ein einmaliges (Aorist!), in der Vergangenheit liegendes Ereignis. Was genau damit gemeint ist, wird von den Exegeten unterschiedlich beurteilt. Eine große Zahl von Auslegern denkt dabei an die Taufe, wobei es kaum einen Unterschied macht, ob man einen liturgischen Zusammenhang annimmt, in dessen Zentrum die Taufe stand[12], oder ob man gar davon ausgeht, daß die Begriffe φωτισμός beziehungsweise φωτίζειν wie bei JUSTIN[13] und CLEMENS ALEXANDRINUS[14] als termini technici für

---

9   Zu ὑπομένειν vgl. unten bei 10,36.

10   Eine bemerkenswerte Parallele zu unserer Stelle findet sich im TestHi, wo geschildert wird, wie der sich zum Judentum bekehrende Hiob Besitz und Kinder verliert (4,5) und Gott zu ihm spricht: "Wenn du ausharrst (ἐὰν ὑπομείνῃς), werde ich deinen Namen berühmt machen unter allen Geschlechtern der Erde bis zum Ende der Welt" (4,6). Dem geduldigen Ausharren Hiobs verheißt Gott die doppelte Wiedergabe seines Besitzes (τὰ ὑπάρχοντα: 4,7; vgl. Hebr 10,34!) und die Auferweckung am Tag der Auferweckung (4,9). Über Hiobs Gehorsam steht die Zusage Gottes: "Du wirst sein wie ein Wettkämpfer (ἀθλητής), der Schläge austeilt und Schmerzen erträgt und den Siegeskranz empfängt" (4,10). Eine analoge Aussage begegnet in ApcBar (syr) 48,50: "Denn wahrlich - wie ihr in dieser kurzen Zeit in dieser Welt (ܟܠܟ ܝܘ), in der ihr lebt und die vorübergeht, viel Mühen ertragen habt (ܡ݁ܣܝܒܪܝܢ ܐܢܬܘܢ ܐܝܠ), so werdet ihr in jener Welt (ܟܠܟ ܗܘ), die ohne Ende ist, das große Licht empfangen" (Text nach M.KMOSKO [PS II 1]; zur Übersetzung s. A.F.J.KLIJN [JSHRZ V.2]); vgl. dazu 2Kor 4,16. Weitere Parallelen bei B.SCHALLER: Testament Hiobs (JSHRZ III.3) 329f zu TestHi 4,10 und V.C.PFITZNER: Paul and the Agon motif 196ff.

11   Dazu J.A.CRAMER: Catenae VII 240, 17-19.

12   Dieses Verständnis begegnet seit CHRYSOSTOMUS (J.A. CRAMER: Catenae VII 193f) bis in die neuere und neueste Zeit hinein: vgl. u.v.a. J.A.BENGEL z.St.; H.VON SODEN 50; B.WEISS 155; C.SPICQ II 150.327; F.F.BRUCE 120; O.MICHEL 357 (anders dagegen 241 Anm. 2); H.CONZELMANN: φῶς 347,6f, der dabei betont, daß "noch kein prägnanter Gebrauch des Verbums und keine feste Taufterminologie" vorliege (ebd. 347,7f; 349,5ff); M.WINTER: φωτίζω 1078; H.BRAUN 165.326.

13   Apol. I 61,12 (καλεῖται δὲ τοῦτο τὸ λουτρὸν φωτισμός, ὡς φωτιζομένων τὴν διάνοιαν τῶν μανθανόντων; E.J.GOODSPEED 71); vgl. Apol. I 65,1; Dial. 122,5.

14   Paed. I 26,11 (O.STÄHLIN I 105,20ff): βαπτιζόμενοι φωτιζόμεθα, φωτιζόμενοι υἱοποιούμεθα, υἱοποιούμενοι τελειούμεθα, τελειούμενοι ἀπαθανατιζόμεθα.

die Taufe verwendet werden[15]. So sehr sich ein solches Verständnis vom späteren Sprachgebrauch bei den altkirchlichen Schriftstellern her nahelegen könnte, so wenig läßt es sich für das Neue Testament mit Sicherheit erheben. Man wird deshalb denjenigen Auslegern zuzustimmen haben, die in φωτίζεσθαι Bekehrungs-terminologie erkennen: "Die Erleuchtung ist ... die wunderbare neue Erkenntnis, die durch das Hören der Predigt aufgeht, nicht der Akt der Taufe selbst"[16]. Weder in Hebr 6,4 noch in 10,32 läßt sich der Bezug auf die Taufe erhärten; φωτισθέντες bezieht sich auf die einmalige Bekehrung, in deren Zusammenhang der Geistempf-fang (6,4) steht. Die große Wende im Leben der Adressaten ist ein Geschenk des Hei-ligen Geistes. So "kann das Erleuchtetwerden die Gabe der Umkehr selbst bezeich-nen - die μετάνοια ist gerade für den Hebr einmalig (V. 6!), und von der Einmalig-keit der Erleuchtung redet 6,4. Auch 10,32 läßt weit eher an das Zum-Glau-ben-Kommen der Adressaten denken"[17]. Wie nahe diese Deutung liegt, zeigt ein Blick auf den neutestamentlichen Sprachgebrauch: Bei keiner der Stellen, an denen φωτίζω[18] beziehungsweise φωτισμός[19] belegt ist, können die Begriffe eindeutig als termini technici für die Taufe identifiziert werden.

Was φωτισθείς in Hebr 6,4 und 10,32 meint, erläutert nach der opinio communis der Ausleger die Wendung μετὰ τὸ λαβεῖν τὴν ἐπίγνωσιν τῆς ἀληθείας 10,26. Dafür spricht auch der parallele Gedankengang von 6,4-8 und 10,26-31. Beide Textzusam-menhänge behandeln einerseits das Thema der "Unmöglichkeit der zweiten Buße"[20]

---

15   So etwa G.STÄHLIN: ἅπαξ 382,4ff; E.KÄSEMANN: Gottesvolk 119; G.JERE-MIAS: Lehrer der Gerechtigkeit 215f; H.STRATHMANN 104.136; R.DEICHGRÄBER: Gotteshymnus 84; G.THEISSEN: Untersuchungen 56 und O.HOFIUS: Katapausis 133.215 Anm. 828.

16   H.WINDISCH 51; vgl. außerdem J.CALVIN zu 6,4; F.BLEEK II 2,178f; F.DE-LITZSCH 225.501; W.M.L.DE WETTE 177f; J.MOFFATT 78; E.RIGGENBACH 331; O.MI-CHEL 241 Anm. 2 (vgl. aber 357!); J.ROLOFF: Das Kerygma und der irdische Jesus 120f; P.ANDRIESSEN/A.LENGLET 180 und M.RISSI: "Die Erleuchtung konstituiert den Beginn der christlichen Existenz, sie allein und nicht die Taufe. Es ist völlig abwegig in 6,4 einen Hinweis auf die Taufe zu finden, die erst im zweiten Jahrhun-dert, zur Zeit der beginnenden Institutionalisierung des Heilsweges 'Erleuchtung' genannt wird" (Theologie 6).

17   G.DELLING: Taufe 104, der darüber hinaus treffend bemerkt, daß dieses Zum-Glauben-Kommen natürlich im Zusammenhang mit der Taufe stehen kann (ebd. Anm. 373). Die gebotene Deutung begründet neuerdings auch E.GRÄSSER so ausführlich (I 384ff), daß in unserem Zusammenhang von einer Beweisführung ab-gesehen werden kann. Vgl. auch J.HÉRING 59.102 und M.RISSI: Theologie 5f.93; zum Geistempfang auch A.STROBEL 136.

18   Lk 11,36; Joh 1,9; 1Kor 4,5; Eph 1,18; 3,9; 2Tim 1,10; Hebr 6,4; 10,32; Apk 18,1; 21,23; 22,5.

19   Nur in 2Kor 4,4.6.

20   Neben 12,16f s. auch 2,1-4, wo der Verfasser - ebenfalls in einem paräne-tischen Abschnitt - zum ersten Mal innerhalb seiner "Predigt" auf die Gefahr des Heilsverlustes aufmerksam macht: Wer die τηλικαύτη σωτηρία mißachtet, steht in der Gefahr, an eben dieser σωτηρία vorbeizutreiben (2,1), weil er wider besseres Wissen - die Begriffe παρακοή und παράβασις als Ausdrücke für den bewußten und

und ziehen andererseits aus den voranstehenden christologischen Darlegungen die paränetischen Konsequenzen[21]. Für diejenigen, die "einmal erleuchtet worden sind" (6,4), die "die Erkenntnis der Wahrheit empfangen haben" (10,26) und "die (dann) dennoch abgefallen sind" (6,6), indem sie "ganz bewußt sündigen" (10,26), - für die bleibt nur das Gericht, weil sie wider besseres Wissen "den Sohn Gottes kreuzigen, ihn öffentlich der Schande preisgeben" (6,6), ihn "mit Füssen treten" (10,29) und den "Geist der Gnade verachten" (10,29). Die sachliche Nähe beider Abschnitte ist evident, so daß man mit guten Gründen φωτισθέντες 6,4; 10,32 und μετὰ τὸ λαβεῖν τὴν ἐπίγνωσιν τῆς ἀληθείας 10,26 als austauschbare Formulierungen ansehen kann[22].

Der Hebr denkt also an das Wunder des Christ-Werdens[23], wenn er die Adressaten als φωτισθέντες anspricht: Erinnert euch an die früheren Tage, in denen ihr als Neubekehrte einen schweren Leidenskampf erduldet habt. Wie dieser Leidenskampf aussah, schildert 10,33, wobei der Verfasser die Angeredeten in zwei Gruppen teilt[24]: Der eine Teil der Gemeinde wurde selbst durch Beschimpfungen (ὀνειδισμοί) und Bedrückungen (θλίψεις) zur Schau gestellt (θεατρίζεσθαι). Der andere Teil wurde "Genosse derer, denen es so erging (κοινωνοὶ τῶν οὕτως ἀναστρεφομένων γενηθέντες)", wie es V. 33a beschreibt[25]. Der Hebr greift mit seiner Aussage auf feststehende frühchristliche Märtyrersprache zurück, deren Wurzeln hauptsächlich im griechischen Alten Testament zu finden sind. Dies läßt sich nachweisen für das im Hebr an drei Stellen belegte Nomen actionis ὀνειδισμός (10,33; 11,26; 13,13), das eine späte Neubildung der griechischen Koine-Sprache darstellt[26] und in der Septuaginta eine breite Bedeutungsskala besitzt[27]. An einer ganzen Reihe von Stellen erscheint der Begriff als Ausdruck für die Schmähungen, die der einzelne Fromme,

---

freiwilligen Ungehorsam entsprechen der Wendung ἑκουσίως ἁμαρτάνειν in 10,26 - handelt.

[21]   Hebr 6,4-8 tut dies im Rahmen des Abschnitts 5,11 - 6,20; 10,26-31 zieht die Konsequenzen aus den im λόγος τέλειος (7,1 - 10,18) gebotenen christologischen Darlegungen.

[22]   Vgl. dazu die augenfällige Parallele zwischen Eph 1,17f und Hebr 6,4; 10,26.

[23]   Daß für den Hebr der einmalige Akt des Christwerdens - ausgedrückt durch Formulierungen wie "erleuchtet werden" (φωτίζεσθαι: 6,4; 10,32), "die himmlische Gabe kosten" (γεύεσθαι τῆς δωρεᾶς τῆς ἐπουρανίου: 6,4), "des Heiligen Geistes teilhaftig werden" (μέτοχος γίνεσθαι πνεύματος ἁγίου: 6,4) - ein Geschenk Gottes darstellt, ist offensichtlich. Unsere Auslegung wird allerdings zeigen, daß der Verfasser für den Vorgang des Christwerdens, anders als etwa Paulus und Johannes, nicht den Begriff des Glaubens (πίστις; πιστεύειν) verwendet.

[24]   Dabei zeigt der Hebr guten griechischen Stil: Die im Neuen Testament nur an unserer Stelle belegte Verwendung von τοῦτο μέν ... τοῦτο δέ (vgl. BDR § 290₇) ist in der attischen Literatur als gängiges Strukturierungsmerkmal bekannt: J.J.WETTSTEIN II 423, sowie E.RIGGENBACH 331; O.MICHEL 357 und H.BRAUN 327.

[25]   Zu ἀναστρεφόμενοι (Passiv) im Sinne von "denen es so erging" s. W.BAUER: Wb Sp. 122, s.v. 2bδ.

[26]   BDR § 109₁; M.LATTKE: ὀνειδίζω 1265.

[27]   Näheres hierzu bei C.SPICQ II 328 und Ders.: Notes II 623ff.

aber auch das ganze Volk Israel aufgrund seiner Treue zu Jahwe erdulden mußte. So bekennt der Psalmist in ψ 68: "Denn um deinetwillen habe ich Schmähung getragen" (ὅτι ἕνεκα σοῦ ὑπήνεγκα ὀνειδισμόν) ...(V. 8), und: "Denn der Eifer um dein Haus hat mich verzehrt, und die Schmähungen derer, die dich schmähen (οἱ ὀνειδισμοὶ τῶν ὀνειδιζόντων σε), sind auf mich gefallen" (V. 10)[28]. Verbunden mit θλῖψις begegnet der Begriff in der Trauerrede Hiskias: "Ein Tag der Trübsal und der Schmach und der Züchtigung und des Zorns ist dieser Tag (ἡμέρα θλίψεως καὶ ὀνειδισμοῦ καὶ ἐλεγμοῦ καὶ ὀργῆς ἡ σήμερον ἡμέρα)" (Jes 37,3 LXX)[29]. Man wird K.H.SCHELKLE zustimmen können, wenn er feststellt, "daß 'Schande' und 'Schande erleiden' fest geprägte Ausdrücke der christlichen Märtyrersprache sind"[30].

Schwierigkeiten bereitet allerdings die Beantwortung der Frage, woran bei ὀνειδισμός konkret zu denken ist. Während das Wort in Hebr 11,26 und 13,13 sich deutlich auf das Leiden Christi bezieht[31], bietet Hebr 10,33 für ein solches Verständnis keine Anhaltspunkte. So wenig man demnach festhalten kann, daß die "nicht näher konkretisierten *Beschimpfungen* und Drangsale ... mit der Schmach des historischen Jesus" zusammenhängen[32], so gewiß wird man sagen dürfen, daß ὀνειδισμός ein "technisches Wort für die Leiden der Verfolgung (darstellt), welche die Gläubigen in der Nachfolge des Gekreuzigten zu tragen haben"[33]. Analoges läßt sich zum Begriff der θλῖψις bemerken: Zweifellos liegt hierin eine weitere Reminiszenz an frühchristliche Märtyrersprache vor[34], was sich an einer ganzen Reihe von neutestamentlichen Belegen verifizieren läßt[35]. Dieses Verständnis von θλῖψις ist sowohl im griechischen Alten Testament[36] wie auch im antiken Judentum[37]

---

[28]   Siehe dazu außerdem die Septuaginta-Stellen ψ 68,11.20.21; 88,51f; Jes 51,5; Jer 15,15; Neh 1,3 und H.BRAUN 327. Im Neuen Neuen Testament vgl. die Aufnahme des messianischen Psalms 68 (LXX = 69 MT) in Mk 15,23 par. Mt 27,44; Mk 15,36 par. Mt 27,48; Mt 27,34 (Ps 69,22); Joh 2,17 (Ps 69,10); Joh 15,25 (Ps 69,5); Apg 1,20 (Ps 69,26), Röm 11,9f (ψ 68,23f); 15,3 (ψ 68,10) und K.H.SCHELKLE: Passion Jesu 108f, der außerdem auf 1Petr 4,14; 1Tim 4,10 v.l. und Mt 5,11 par Lk 6,22 (ὀνειδίζεσθαι als terminus technicus für die Jüngerverfolgung) verweist; außerdem vgl. M.LATTKE: ὀνειδίζω 1266.

[29]   Zum Nebeneinander der beiden Stämmen θλιβ-/ὀνειδ- s. ψ 41,11 und 68,20.

[30]   Passion Jesu 109.

[31]   Näheres unten zu 11,26.

[32]   So M.LATTKE: ὀνειδίζω 1266 (Hervorhebung dort) unter Verweis auf E.GRÄSSER: Der historische Jesus 63-91.

[33]   K.H.SCHELKLE: Passion Jesu 108; vgl. auch ebd. 55.

[34]   Die verschiedenen Bedeutungsnuancen von θλῖψις können hier unberücksichtigt bleiben. C.SPICQ weist zu Recht darauf hin, daß der Kontext zwingend an Verfolgung denken läßt (II 328).

[35]   Vgl. Mk 4,17 par. Mt 13,21; Apg 11,19; 14,22; 1Thess 1,6; 3,3f; 2Thess 1,4ff; Apk 2,9f und J.KREMER: θλῖψις 377f.

[36]   Wieder zeigen hauptsächlich die Psalmen die größte sachliche Nähe: neben αἱ θλίψεις τῶν δικαίων in ψ 33,20 und 4Makk 18,15 s. v.a. ψ 3,2; 4,2; 9,10; 12,5; 1Makk 5,16; 6,11; 13,5; 2Makk 1,7 u.a.m. Vgl. auch H.SCHLIER: θλίβω 140ff.

[37]   TestXII TSeb 9,6; TN 4,2 und TJos 2,4.

vorgezeichnet. Trifft es zu, daß mit θλῖψις die materielle Not, d.h. der Angriff auf Leib, Leben und äußeren Besitz, mit ὀνειδισμός dagegen die geistige Not, d.h. der Angriff auf die Ehre und den guten Ruf, bezeichnet ist[38], so wird damit die erfahrene Bedrängnis in einem ganz umfassenden Sinn zum Ausdruck gebracht. Beide Formen der Bedrängnis erfuhren die Adressaten als ein "Zur-Schau-Ge-stellt-Werden" (θεατρίζεσθαι)[39]. Woran der Verfasser hierbei konkret denkt, ist bekanntlich umstritten. Der unmittelbare Kontext (10,32-34) verbietet es jedenfalls, den Begriff in Analogie zu 1Kor 4,9 übertragen aufzufassen[40]. Vielmehr stehen konkrete geschichtliche Ereignisse im Hintergrund, deren Identifizierung allerdings erhebliches Kopfzerbrechen bereitet. Zunächst legt sich die Annahme nahe, es könnte hierbei an die "Pechfackeln Neros" gedacht sein[41]. Doch wurde dieser Vermutung nicht ohne Grund widersprochen. Denn: Wie will man unter dieser Prämisse Hebr 10,33 mit 12,4 in Einklang bringen? Gegen die Deutung auf Martyrien spricht die Aussage in 12,4. Dort wird betont, daß *keiner* der Angeredeten "bis aufs Blut widerstanden" hat. Sollten in 10,33 die Greueltaten Neros angesprochen sein, so ließe sich das historisch mit der Aussage von 12,4 kaum in Einklang bringen, zumal 10,33 auch klar zu erkennen gibt, daß die Leser die Beschimpfungen und Bedrückungen überlebt haben. So wurde in der Auslegung vermutet, daß man an die Ereignisse in Rom im Gefolge des Claudiusedikts aus dem Jahre 49 n.Chr. zu denken habe[42]. Für diese These spricht, daß - nach allem, was wir wissen - Martyrien von Juden und/oder Juden-Christen ausgeblieben sind[43]. Allerdings kann damit wiederum nur sehr schwer die Aussage von Hebr 13,7 in Einklang gebracht werden: Die dort formulierte Wendung ἡ ἔκβασις τῆς ἀναστροφῆς läßt an das Martyrium der früheren ἡγούμενοι der Gemeinde denken[44]. Eine eindeutige Entscheidung ist m.E. nicht möglich.

---

[38]   So G.LÜNEMANN 337; A.STROBEL 203f.

[39]   Vgl. W.BAUER: Wb., Sp. 689f s.v. Das neutestamentliche Hapaxlegomenon ist ein Begriff aus der späten Gräzität. Belegt ist es außer in der späteren patristischen Literatur (vgl. W.G.H.LAMPE: Lexicon 616, s.v.) sonst nur noch in einer Inschrift aus dem Südtheater in Gerasa aus der Zeit Trajans; der vollständige Wortlaut samt englischer Übersetzung findet sich in dem von C.H.KRAELING herausgegebenen Sammelband zu den Grabungen der Jahre 1928-1934: Gerasa. City of the Decapolis, New Haven/Connecticut 1938, 442ff. Dazu und zu dem bedeutungsgleichen Kompositum vgl. auch O.MICHEL 358 Anm. 1.

[40]   So u.a. F.BLEEK II 2,700f; W.M.L.DE WETTE 224; J.MOFFATT 153; C.SPICQ II 329; J.HÉRING 102; F.W.GROSHEIDE 249; H.W.MONTEFIORE 181.

[41]   So H.WINDISCH 97 unter Verweis auf Tacitus: Ann. XV,44 und 1Clem 6,1; H.STRATHMANN 136f; unsicher: O.MICHEL 358.

[42]   Vgl. dazu F.F.BRUCE XLIII.266ff; W.MANSON 162-167 und neuerdings H.FELD: ANRW 3591.

[43]   Die Ereignisse rund um das "Claudiusedikt" schildert P.LAMPE: Die stadtrömischen Christen 4 - 9.

[44]   So eine Vielzahl von Exegeten. Bestritten wird diese Annahme neuerdings von E.GRÄSSER: Gemeindevorsteher 75 und H.BRAUN 458. Zumindest die Argumen-

Der Gedanke der Glaubensbewährung in Mit-Leid und eigenem Leid wird in *V. 34* fortgeführt und zugleich erweitert um den Aspekt des Motivs für die beschriebene Haltung . Die *Motivation* für das geduldige Ausharren der Gemeinde in der Situation der Anfechtung ist - so der Verfasser - in deren Wissen um den eschatologischen Lohn begründet. Zunächst fällt in den Versen 33 und 34 die *chiastische Anordnung* auf[45]: Die beiden Außenglieder (= A: 10,33a; 10,34bα) nennen das eigene Leid der angeredeten Gemeindeglieder, die beiden Innenglieder (= B: 10,33b; 10,34a) das Mit-Leiden am Schicksal anderer. Dabei entsprechen sich einerseits der Hinweis auf die erduldeten Beschimpfungen und Schmähungen (10,33a) und die Betonung der freudigen Hinnahme des Raubes der Besitztümer (10,34bα). Und es entspricht sich andererseits die zweifache Hervorhebung des Mit-Leidens am Schicksal anderer: (1) bei der Gefährdung von Leib und Ehre (10,33b) und (2) beim Entzug der Freiheit (10,34a). Die Auslegung kann sich auf das Wesentliche beschränken. Die Adressaten haben den Gefangenen (δέσμιοι)[46] beigestanden (συμπαθεῖν)[47], und sie haben den Raub ihrer Besitztümer mit Freuden[48] hingenommen. Unsicher ist hierbei[49], ob es sich bei der ἁρπαγὴ τῶν ὑπαρχόντων[50] um eine "obrig-

---

tation von H.BRAUN läßt sich entkräften, da er zu Unrecht bei der Wendung ἔκβασις τῆς ἀναστροφῆς an den Ertrag des Christenlebens der Führer denkt: "Sie haben, glaubend das Verheißungserbe erlangt, 6,12; der Glaube war bei ihnen Verwirklicher (ὑπόστασις 11,1) der Hoffnungen" (ebd. 458). Diese Auslegung scheitert an der Interpretation BRAUNs, die er dem Begriff der ἐπαγγελία in 6,12 abgewinnt: zur Widerlegung vgl. Chr.ROSE: Verheißung und Erfüllung 65ff.

45   Für dieses Stilmittel zeigt der Hebr eine besondere Vorliebe. Zum Chiasmus der Wortstellung vgl. 4,16 (λάβωμεν ἔλεος καὶ χάριν εὕρωμεν); 7,3 (μήτε ἀρχὴν ἡμερῶν μήτε ζωῆς τέλος) und 13,4 (τίμιος ὁ γάμος ... καὶ ἡ κοίτη ἀμίαντος). Zum Chiasmus der Satzstellung vgl. neben 10,33f auch 9,1ff; 9,11b.12a und 10,38f; zu unserer Stelle siehe A.VANHOYE: Structure 179.182 und H.BRAUN 328.

46   Zur Textkritik vgl. H.BRAUN, der zu Recht δεσμίοις den Vorzug gibt gegenüber den drei Lesarten von δεσμοί : "Das Mitfühlen ist gegen Personen wahrscheinlicher als gegenüber Situationen" (328). Die Lesart δεσμοῖς μου ist der Versuch, eine paulinische Formulierung (vgl. Phil 1,7.13.14.17; Kol 4,8) einzutragen, was dann auch zu einem wichtigen Argument für die Annahme der paulinischen Verfasserschaft wurde.

47   Der Begriff erscheint im Hebr nur noch in 4,15 - dort bezogen auf den Hohenpriester Jesus - und ist nicht psychologisierend im Sinne von "Mitgefühl haben" zu verstehen, sondern drückt ein umfassendes Mit-Leiden und Anteilnehmen aus, das sich in konkreter Hilfe äußert: so neben vielen anderen E.RIGGENBACH 332; O.MICHEL 358; H.BRAUN 328 und W.MICHAELIS: πάσχω 936; Das traditionsgeschichtliche Material findet sich auch bei C.SPICQ: Notes I (1978) 842f.

48   Vgl. hierzu die Arbeit von W.NAUCK: Freude im Leiden. NAUCK verweist ebd. 73ff auf die traditionsgeschichtlichen Wurzeln in der apokalyptischen Literatur [ApcBar (syr) 48,48-50; 52,2-7; 54,16-18] und in den Makkabäerbüchern [2Makk 6,28-30; 3Makk 7,16; 4Makk 7,22; 9,29 und 11,12].

49   Vgl. dazu auch F.W.GROSHEIDE 250 und O.KUSS 163.

50   Die Bedeutung "Besitz", "Habe" für τὰ ὑπάρχοντα ist in der Septuaginta [z.B. Gen 31,18; Jos 7,24; Prv 6,31; Ez 26,12; Tob 1,20BA; Hi 17,3], im antiken Judentum

keitlich verhängte Vermögenskonfiskation"[51] oder um räuberische Plünderung durch die aufgebrachte pagane Volksmasse[52] handelt. Setzt man voraus, daß die Empfängergemeinde unter der Jurisdiktion Roms stand und somit das "Ius Romanum" Anwendung gefunden hat, so läßt sich für diese Frage mit guten Gründen das römische Strafrecht heranziehen. Dieses kennt die obrigkeitlich verhängte Vermögenskonfiszierung nur als Begleitstrafe[53], hauptsächlich im Zusammenhang mit der Perduellionsstrafe[54]. Im Rahmen der Christenverfolgungen wurde sie im Gefolge von Majestätsprozessen verhängt und kommt als möglicher Hintergrund für unsere Verse in Betracht. Allerdings besitzen wir Zeugnisse hierfür nur von den späteren Verfolgungen[55]. Wie immer man sich diesen Raub der Güter vorzustellen haben mag, - er liegt in der Vergangenheit, und die Gemeinde hat dieses offensichtliche Unrecht mit Freude ertragen, γινώσκοντες ἔχειν ἑαυτοὺς κρείττονα ὕπαρξιν καὶ μένουσαν. Die Ursache für die Freude der Gemeinde liegt in ihrem Wissen[56] um den unvergleichlich besseren und ewig bleibenden Besitz. Der

---

[Jos., Ant. XIII 56; Philo: All III 197; Sacr 43; Test XII TJud 23,3 und vor allem TestHi 4,5 (dazu oben Anm. 10): Hiob verliert sein Vermögen um seiner Bekehrung willen!] und auch sonst im Neuen Testament [Mt 19,21; 24,47; 25,14; Lk 11,21; 12,33; 12,44; 16,1; 19,8; 1Kor 13,3] belegt.

[51]   So E.RIGGENBACH 333, der sich allerdings zu Unrecht auf POLYBIUS IV 17,4 beruft; denn dort werden tumultartige Zustände in Kynaitha geschildert, in deren Verlauf es unter den Parteien zu gegenseitiger Verbannung und Mord sowie zum "Raub des Besitzes" (ἁρπαγὰς ὑπαρχόντων) kommt. Vgl. in der Sache 4Makk 4,10 und Jos., Bell. II 454ff und auch H.STRATHMANN 137.

[52]   Neben POLYBIUS IV 17,4 s. vor allem Philo in seiner Schrift "In Flaccum", in der er das Judenpogrom gegen die Juden Alexandrias im Jahre 38 n.Chr. schildert: Roms Statthalter in Ägypten hielt die Offiziere und Soldaten zur Plünderei (ληστεία) und zum Raub (ἁρπαγή) an (Flacc 5), nahm die Synagogen weg (53), erlaubte, die Juden auszuplündern (54.56), ihr Eigentum (56.77.123) und ihren Besitz (60; vgl 4Makk 4,10) zu rauben, sie aus ihren Wohnungen zu vertreiben (62), so daß sie aufgrund der Plünderungen in Armut gerieten (57) und von den Räubern ihrer Habe zu Flüchtlingen gemacht wurden (94); vgl. außerdem Flacc 69.77; Gai 105.122.129.302 und Jos., Bell. II 275; 305; IV 335 (ἁρπαγὴ τῆς οὐσίας); IV 460; IV 568; Ant. I 61; Test XII TB 11,1; TJud 21,6.

[53]   Neben E.RIGGENBACH 333 vgl. Th.MOMMSEN: Römisches Strafrecht 1006.

[54]   Zur Strafe gegen den Landesfeind (perduellis/perduellio) vgl. Th.MOMMSEN: Römisches Strafrecht 537.

[55]   Einmal für die valerianische bei CYPRIAN: Ep. 80 (bona spoliare; facultates adimere). Und darüber hinaus für die diocletianische bei ARNOBIUS: Adv. Nationes I 26 (bona exuere): vgl. Th.MOMMSEN: Römisches Strafrecht 1007.

[56]   Das Verbum γινώσκειν erscheint im Hebr neben 10,34 noch an drei weiteren Stellen: zweimal werden alttestamentliche Zitate (3,10 [= ψ 94,10]; 8,11 [= Jer 31,34] aufgenommen, wobei deutlich ein Aspekt des alttestamentlichen Erkenntnisbegriffes vorausgesetzt ist: Es geht um die Erkenntnis, d.h. um die Anerkenntnis Gottes, um den Gehorsam gegenüber seinem Willen und um seine Ehre (vgl. R.BULTMANN: γινώσκω, 704,17ff). An der dritten Stelle - 13,23 - handelt es sich um alltäglichen Sprachgebrauch, der keine theologischen Akzente erkennen läßt.

Verfasser sagt im Blick auf die Gemeinde mit anderen Worten das aus, was er im zweiten Teil der These von 11,1 als Charakteristikum der πίστις bezeichnet: Das Partizip γινώσκοντες bringt - wie wir noch sehen werden - sachlich den gleichen Gedanken zum Ausdruck wie ἔλεγχος in 11,1b. Ferner korrespondiert die Wendung κρείττων ὕπαρξις καὶ μένουσα inhaltlich den πράγματα οὐ βλεπόμενα in 11,1b. Daraus folgt: Bei der Erkenntnis der Adressaten (γινώσκειν) denkt der Verfasser an ein "Urteil des Glaubens"[57]. Objekt dieser Glaubenserkenntnis ist der gegenüber den vergänglichen irdischen Gütern unvergleichlich bessere[58], weil ewig bleibende Besitz[59], der - wie J.A.BENGEL sehr schön bemerkt - keinem Raub ausgesetzt ist[60]. Das Objekt dieses Glaubens und Wissens ist ganz ohne Zweifel das eschatologische Verheißungs- und Hoffnungsgut, - das heißt: das eschatologische εἰσέρχεσθαι εἰς τὴν κατάπαυσιν. Der Glaubende ist objektiv von der Existenz dieses verheißenen Besitzes überführt. Er gründet seine Hoffnung und sein Feststehen beim göttlichen Verheißungswort auf die im Glauben als gegenwärtig erfahrene Realität des (für die sinnliche Wahrnehmung unsichtbaren) himmlischen Realen (11,1b: τὰ πράγματα οὐ βλεπόμενα). Trifft diese Auslegung zu, so ist die Aussage des Verfassers bemerkenswert: Er stellt demnach in 10,34 im Blick auf die Adressaten das fest, was er in 11,1 "definiert" und in 11,4ff an der Wolke der Zeugen expliziert: die Gemeinde *hat* aus

---

[57] So O.MICHEL 359 Anm. 3; C.SPICQ II 330; B.F.WESTCOTT 336f; E.RIGGEN-BACH 333.

[58] Daß der Hebr mit dem formalen Komparativ κρείττων in der Sache nicht auf einen relativen, sondern auf einen absoluten Unterschied abhebt, wurde in anderem Zusammenhang nachgewiesen: vgl. neben den Stellen 1,4; 7,19.22; 8,6: 9,23: 10,34; 11,16.35 und 12,24 Chr.ROSE: Verheißung und Erfüllung 73f Anm. 77.

[59] Zum Theologumenon des besseren, weil ewigen (himmlischen) Besitzes, der den Gläubigen und Gerechten als eschatologischer Lohn verheißen ist, vgl. im Hebr u.a. 9,15 αἰώνιος κληρονομία und 11,16 (κρείττων [πατρίς] ..., τοῦτ' ἔστιν ἐπουράνιος). Dieses Verständnis ist deutlich vorgezeichnet im antiken Judentum: vgl. 1QS 11,7 (ewiger Besitz [עולם אחזת]); in TestHi 46,4 verheißt Hiob seinen Töchtern: "Euch habe ich sogar ein besseres Erbe (κληρονομίαν κρείττονα) zugedacht als euren sieben Brüdern"; im Sündenbekenntnis der Aseneth heißt es: "Siehe, alle Gaben meines Vaters Pentephres, die er mir zum Erbteil (εἰς κληρονομίαν) gegeben hat, sind vergänglich und unscheinbar (πρόσκαιρά εἰσι καὶ ἄφαντα), aber die Gaben deines Erbteils, o Herr, sind unverweslich und ewig (ἄφθαρτά εἰσι καὶ αἰώνια)" (JosAs 12,15). Dem Hebr kommen jedoch sachlich am nächsten die Aussagen des apokalyptischen Schrifttums: Die ApcBar (syr) wird nicht müde zu betonen, daß die Leiden der Gerechten nichts sind im Gegensatz zu dem ewigen und unvergänglichen Lohn, der bereitliegt, um bei der Heilsvollendung von ihnen empfangen zu werden: vgl. 14,12f; 44,12f; 51,3; 52,6f; 84,6; 85,4f: ("Was wir verloren haben, gehört der Vergänglichkeit an, was wir dann empfangen werden, wird [ewig] nicht vergehen"); 85,9. Vgl. 2Kor 4,17f; 5,1f. Weiteres unten zu Hebr 10,35.

[60] Gnomon z.St. (nulli rapinae expositam); vgl. auch Hebr 11,25f: Mose erachtet den ὀνειδισμός τοῦ Χριστοῦ für einen unvergleichlich größeren Reichtum als die Schätze Ägyptens. Denn er sah auf die μισθαποδοσία. Wie in 10,35 meint μισθαποδοσία den Lohn des eschatologischen εἰσέρχεσθαι εἰς τὴν κατάπαυσιν.

der Haltung des *rechten Glaubens* heraus die Leiden der Vergangenheit tapfer, ja sogar mit Freuden ertragen. Was der Hebr also mit seinen Ausführungen zur πίστις darlegen will und worauf letzten Endes alle seine Bemühungen abzielen, war in der Gemeinde längst zur Realität geworden. Nun steht sie im Begriff das preiszugeben, was sie durch die vergangenen Leiden hindurchgetragen hat. Dieser Sachverhalt veranlaßt den Verfasser, die Frage des Glaubens ausführlich zur Sprache zu bringen.

Wir *fassen zusammen*, indem wir die Verse paraphrasieren und dabei den Abschnitt 10,26-31 mit berücksichtigen:

> (Wer nach seiner Bekehrung mutwillig sündigt, indem er den Sohn Got-
> tes und sein zur Sühne aller Sünden vergossenes Blut für profan erach-
> tet, und wer den Geist der Gnade verachtet, für den bleibt nur das
> schreckliche Gericht Gottes. Ihr habt - so weiß der Verfasser im Blick
> auf die Adressaten zu sagen - derartiges (noch) nicht getan. Aber wegen
> eurer Glaubensmüdigkeit droht die Gefahr des Abfalls. Deshalb:)
> Erinnert euch (statt euch der Resignation hinzugeben und das Ver-
> trauen wegzuwerfen vielmehr) der früheren Tage, in denen ihr nach
> empfangener Erleuchtung (als Neubekehrte) einen schweren Leidens-
> kampf (tapfer) erduldet habt, teils, indem ihr durch Beschimpfungen
> und Bedrückungen (selbst) zum Schauspiel gemacht wurdet, teils, indem
> ihr (Anteil nehmende und mit-leidende) Genossen derer wurdet, denen
> es so erging. (Erinnert euch:) Ihr habt ja mit den Gefangenen mitge-
> litten und den Raub eurer (irdisch-vergänglichen) Besitztümer mit
> Freuden hingenommen, (dies habt ihr getan) in dem Wissen, daß ihr (im
> Himmel) einen (realen, gegenüber euren irdischen Gütern unvergleich-
> lich) besseren und (ewig) bleibenden Besitz habt (, den ihr am Tag der
> Heilsvollendung empfangen werdet, wenn ihr weiterhin geduldig aus-
> harrt).

II. 10,35-39: Werft eure Zuversicht nicht fort! Bleibt beim Wort der Verheißung! Feststehen bringt Heil!

1. 10,35.36: Werft euer Vertrauen nicht weg, denn ihm ist großer Lohn verheißen!

Handelten die Verse 32 - 34 von der vorbildlichen Haltung der Gemeinde in der bedrängenden Vergangenheit, so wendet sich der Verfasser in den nun zu beden-kenden Versen der Gegenwart und Zukunft der Adressaten zu. Die Gemeinde bedarf - will sie ihr Heil nicht leichtfertig und definitiv verspielen und darin das Los der Wüstengeneration (3,7 - 4,11) teilen - auch in der gegenwärtigen Bedrängnis des Muts zur Standhaftigkeit. Den zu wecken und in Erinnerung zu rufen, dazu dienen die tröstlichen Paränesen des Verfassers. Sprachlich brillant - in negativer (V. 35) und positiver (V. 36) Formulierung[61] - ermahnt der Hebr die glaubensmüden Adres-

---

[61]   Diese sprachliche Beobachtung verbietet es, mit A.VANHOYE: Structure 180f, die Verse 10,35 und 10,36 voneinander zu trennen.

saten, das Vertrauen auf das göttliche Verheißungswort nicht preiszugeben, - denn
es bringt eschatologischen Lohn. Die Kompositionskunst des Verfassers verdeutlicht
die folgende Übersicht:

Voraussetzung (negativ):	V. 35a:	Μὴ ἀποβάλητε οὖν τὴν παρρησίαν ὑμῶν,
Voraussetzung (positiv):	V. 36a:	ὑπομονῆς γὰρ ἔχετε χρείαν
Folge (positiv):	V. 35b:	ἥτις ἔχει μεγάλην μισθαποδοσίαν.
Folge (positiv):	V. 36b:	ἵνα τὸ θέλημα τοῦ θεοῦ ποιήσαντες
		κομίσησθε τὴν ἐπαγγελίαν.

Abgesehen von dem syntaktisch überschießenden Hinweis auf das Tun des Willens Gottes (V. 36b: τὸ θέλημα τοῦ θεοῦ ποιήσαντες), entsprechen sich die beiden Sätze
sachlich bis in die Einzelheiten hinein. Was V. 35a negativ formuliert, entspricht
der positiv gehaltenen Feststellung von V. 36a. Gleiches gilt für den Relativsatz in
V. 35b und den Finalsatz in V. 36b. Trifft dies zu, so korrespondieren die beiden
Vorder- (VV. 35a; 36a) und die beiden Nachsätze (VV. 35b; 36b) miteinander. Dies
wird vollends deutlich bei der Analyse der jeweils einander entsprechenden Halb-
sätze. Hinsichtlich der Voraussetzungen (VV. 35a.36a) gilt: Die vom Verfasser
gewählten Begriffe παρρησία (10,35a) und ὑπομονή (10,36a) stellen Synonyme dar.
Wenn aber ὑπομονή die subjektive Haltung der Geduld ausdrückt, so kann man im
Blick auf παρρησία nicht zu dem Ergebnis gelangen, daß der Begriff "nicht die
'christliche Ermächtigung' ... allein, sondern ... die objektive *Ermächtigung* im
Sinne von ἐξουσία" meine[62]. Vielmehr zeigt der Sprachgebrauch des Hebr[63], daß der
Begriff an die im Reden Gottes ἐν υἱῷ gründende und ἐν τῷ αἵματι Ἰησοῦ (10,19) eröffnete "feste Zuversicht" beziehungsweise "zuversichtliche Hoffnung" der Gemein-
de auf die eschatologische εἴσοδος τῶν ἁγίων denken läßt[64]. Die eschatologische

---

[62] So E.GRÄSSER: Glaube 36 (Hervorhebung dort), der in παρρησία "helleni-
stisch-gnostische Terminologie" erblickt (ebd. 95). Παρρησία als genuin hellenistischer Terminus sei - so GRÄSSER - in der jüdisch-hellenistischen Literatur "eine
Art idealer religiöser Tugend" (ebd. 96f), die sich bei Philo in besonders eindrücklicher Weise nachweisen lasse und den Hintergrund für den Gebrauch im Hebr
darstelle (ebd. 97f). Vgl. auch E.GRÄSSER: Zur Christologie des Hebräerbriefes
195-206: 202ff. Zum philonischen Sprachgebrauch vgl. H.SCHLIER: παρρησία 875,14
- 876,67. Zu der These, daß παρρησία im Hebr auch den objektiven Sinn als
"Ermächtigung", "Berechtigung" habe, vgl. außerdem E.KÄSEMANN: Gottesvolk 23;
E.RIGGENBACH 312f (vgl. jedoch zu 10,35: 334 Anm. 46); H.WINDISCH 93;
F.J.SCHIERSE: Verheißung 166ff; O.MICHEL 342.344.

[63] Der Begriff erscheint im Hebr außerdem in 3,6; 4,16 und 10,19. An allen
Stellen ist der Begriff eschatologisch ausgerichtet: E.GRÄSSER: Glaube 16f; Ders.: I
169f; O.HOFIUS: Inkarnation 134f Anm. 14; C.SPICQ: Notes (Supplément) 526-533:
532. Auf die Diskussion um diesen sehr umstrittenen Begriff kann hier nicht eingegangen werden. Zu Recht betont H.-F.-WEISS, daß sich die Bedeutung von παρρησία
im Hebr primär vom Kontext her bestimmt und dem pastoralen Grundanliegen der
Schrift dient (251-253: 251). Das einschlägige Material findet sich bei H.SCHLIER:
παρρησία 869 - 884; H.BALZ: παρρησία 105 - 112 und bei C.SPICQ ebd. 526 Anm. 1.

[64] Näheres dazu bei O.HOFIUS: Inkarnation 134ff; Ders.: Katapausis 176 Anm.
311; Ders.: Vorhang 80 Anm. 178. Vgl. außerdem J.CALVIN zu 10,35 (fiducia);
F.BLEEK II 2,698; W.M.L.DE WETTE 224; F.DELITZSCH 505; C.SPICQ II 331; Ders.:

Ausrichtung der παρρησία zeigt sich bereits in *Sap 5,1*, wo es vom Gerechten heißt, daß er nach dem Tode im Gericht ἐν παρρησίᾳ πολλῇ seinen Bedrängern gegenübertreten und ihnen ihre Sünden vorhalten wird. Hebr 10,34-36 steht allerdings sachlich viel näher zwei Texten aus dem apokalyptischen Schrifttum. Im *vierten Esrabuch* wird Esra von den Nöten dieser Welt weg auf die kommende Welt gewiesen. Im sechsten Gesprächsgang der dritten Vision (7,75-101) erfährt er von den sieben Qualen für die Gottlosen im Endgericht (7,80-87) und erhält die Verheißung der Herrlichkeit für diejenigen, die die Wege des Höchsten beachtet haben (7,88-99). In sieben Stufen werden sie zu ihrem (zwischenzeitlichen) Ruheort gelangen (7,91)[65]. In diesem Zusammenhang heißt es in *7,96.98*[66]:

> "Die fünfte (Stufe ist), daß sie (= die das Gesetz des Gesetzgebers beachten) jubeln darüber, daß sie der Vergänglichkeit entflohen sind und das Künftige (= die kommende Welt) erben sollen ... Die siebte (Stufe), die größer ist als alle voraus genannten, daß sie mit Zuversicht (cum fiducia) jubeln, ohne Verwirrung vertrauen und ohne Furcht sich freuen. Denn sie eilen, das Angesicht dessen zu schauen, dem sie in ihrem Leben dienten und von dem sie in der Herrlichkeit den Lohn (merces) empfangen sollen."

Die Nähe zu Hebr 10,34f ist evident. Sowohl 4Esra als auch der Hebr (10,34) wissen um den eschatologischen Besitz, demgegenüber der vergängliche irdische Besitz ohne Bedeutung ist. Sodann wissen beide Schriftsteller um das Vertrauen (fiducia = παρρησία) auf eben diesen eschatologischen Lohn (merces[67] = μισθαποδοσία). Ein analoger Argumentationsgang begegnet in *ApcBar* (syr) *14,11-13*[68]:

> "Denn wie der Atem ohne Steuerung des Menschen aufsteigt und verschwindet, ist die Natur der Menschen, die nicht mit eignem Willen weggehn und nicht wissen, was sie am Ende überkommen wird. Denn die Gerechten erwarten gern das Ende (ܐܘܪܬܐ ܟܡ ܡܟܡ ܡܟܡ ܟܟܟ) und gehen ohne Furcht aus diesem Leben, weil sie bei dir einen Schatz von guten Werken haben, der in den Schatzkammern aufbewahrt wird. Darum verlassen sie auch furchtlos diese Welt, und voll freudiger Zuversicht erwarten sie, die Welt zu empfangen, die du ihnen verheißen hast (ܟܟܟ ܟܡ ܡܟܡ /ܟܪ̈ܐ ܟܟܟ ܡܟܟܟ ܡܟܟܟ)."

Notes (Supplément) 532; M.RISSI: Theologie 15 u.v.a.m. Auch E.GRÄSSER anerkennt an anderer Stelle dieses Verständnis, wenn er - für die Belege in 3,6 und 10,35 - im Anschluß an O.MICHEL παρρησία als "Erwartung der Zukunft" umschreibt und völlig zu Recht als Synonym zu ἐλπίς (6,11.18; 7,19; 10,23), ὑπόστασις (3,14; 11,1), ὑπομονή (10,36 [!]; 12,1), μακροθυμία (6,12.15) und πληροφορία (6,11; 10,22) ansieht (Glaube 17 und jüngst in seinem Kommentar: I, 170).

[65] Zu dieser Interpretation von 4Esr 7,91 vgl. O.HOFIUS: Katapausis 70.96.186 Anm. 420.

[66] Zur Übersetzung s. J.SCHREINER 355.

[67] Vgl. dazu auch 4Esr 7,34f.77.83(.91); 8,33; 13,56; äthHen 108,10; ApcBar (syr) 54,16; 54,21; 59,2.

[68] Zum Text s. M.KMOSKO. Die Übersetzung erfolgt hier und im folgenden - vom Verfasser leicht revidiert - in Anlehnung an B.VIOLET und A.F.J.KLIJN.

Der Text spricht für sich und muß nicht weiter interpretiert werden. Der Hebr liegt mit seinen Aussagen auf der Linie der apokalyptischen Traditionen[69], was im folgenden noch deutlicher werden wird. Der Verfasser ermahnt die Adressaten, ihre Zuversicht nicht zu verlieren[70] und sich in der notwendigen Geduld zu üben. Die Formulierung ὑπομονῆς γὰρ ἔχετε χρείαν greift auf den in 10,37f gebotenen Schriftbeweis voraus[71], so daß feststeht: der Verfasser begründet seine Paränese aus der Schrift. Nur aufgrund des göttlichen Verheißungswortes kann die Gemeinde letzte Gewißheit gewinnen, denn: πιστὸς ... ὁ ἐπαγγειλάμενος (10,23; vgl. 11,11). Diesem Wort gegenüber erweisen sich die "feste Zuversicht" und das "geduldige Ausharren" als die einzig angemessene Haltung[72]. Weil Gott zu seinem ἐν υἱῷ ergangenen Verheißungswort steht und weil er durch Christus den Zugang zum himmlischen Thron der Gnade im himmlischen Allerheiligsten eröffnet hat, deshalb soll die Gemeinde in der Zeit der Anfechtung die Zuversicht nicht wegwerfen, sondern geduldig ausharren[73]. Weil Gott treu ist, deshalb wird er die zugesagte μεγάλη μισθαποδοσία (10,35b) bzw. die ἐπαγγελία (10,36b) in Kürze bei der Parusie Christi zueignen, wenn die Gemeinde - darin der "Wolke der Zeugen" folgend - μέχρι τέλους (3,14) beim Wort der Verheißung bleibt.

Formulieren 10,35a (negativ) und 10,36a (positiv) parallel die von der Gemeinde geforderte Haltung, so entsprechen sich auch die Aussagen in 10,35b und 10,36b über den für das geduldige Standhalten verheißenen Lohn. Die Begriffe μεγάλη μισθαποδοσία und ἐπαγγελία stellen inhaltliche Synonyme dar. Im Neuen Testament findet sich μισθαποδοσία nur im Hebr, und zwar positiv in der Bedeutung des (eschatologischen) Lohnes[74] und sensu malo als Ausdruck für die "angemessene Stra-

---

[69] Weitere Belege vgl. H.SCHLIER: παρρησία 876f.

[70] Ob ἀποβάλλειν "wegwerfen" oder auch "verlieren" bedeutet, kann dahinstehen: vgl. W.BAUER: Wb 175f, s.v.

[71] Vgl. E.RIGGENBACH 335 Anm. 48; J.MOFFATT 157; C.SPICQ II 331. Näheres unten zu 10,37f.

[72] Atl. Parallelen zu der von den Frommen geforderten Standfestigkeit finden sich bei F.HAUCK: ὑπομένω 586ff. Aus einer Vielzahl von Belegen des antiken Judentums ist in erster Linie auf die schon mehrfach zitierte Stelle aus TestHi 4,5-7 hinzuweisen (vgl. oben S. 36 Anm. 10); außerdem siehe TestHi 1,5 (daneben die Kapitel 1; 4; 5 und 26 insgesamt); TestXII TJos 2,7; 10,1; 17,1; Jub 17 und 18. Die fromme Standfestigkeit (ὑπομένειν) wird im 4Makk zum terminus technicus für die Haltung des Märtyrers: Abraham / Daniel / die drei Männer im Feuerofen (16,20f), Isaak (13,12; 16,20) und Noah (15,31) zeigen in ihrer Standfestigkeit ihren Glauben. Doch auch die apokalyptischen Texte bieten eindrückliche Parallelen, so z.B. ApcBar (syr) 48,50 (zum Text s. oben S. 36 Anm. 10: zum Verb ܣܝܒܪ = "ertragen", "erdulden", vgl. auch 44,7; 51,2.

[73] Die Argumentation des Verfassers entspricht der alttestamentlichen Vorstellung des frommen Harrens auf die eschatologische Verwirklichung des Endheils (vgl. F.HAUCK: ὑπομένω 587,27ff), die für die angefochtene Gemeinde - wie auch für die Gerechten der πρώτη διαθήκη - freilich erst mit dem zweiten adventus Christi eintreten wird.

[74] So neben unserer Stelle auch in 11,26; vgl. auch μισθαποδότης in 11,6.

fe"[75]. Im außerbiblischen Schrifttum begegnet der Begriff in eschatologischer Konnotation - was bislang kaum beachtet wurde[76] - neben der späteren kirchlichen Literatur[77] in den *Paralipomena Jeremiae*[78]. Baruch beginnt in *ParJer 6,6* sein Gebet (6,6-10) mit dem Satz:

> "Du bist der Gott, der denen, die dich lieben, Belohnung schenkt (σὺ ὁ θεὸς ὁ παρέχων μισθαποδοσίαν τοῖς ἀγαπῶσί σε). Mache dich bereit, mein Herz, freue dich und juble in deiner Behausung, indem du in deinem fleischlichen Haus sprichst: 'Deine Trauer ist in Freude gewendet worden.' Denn der Mächtige kommt und nimmt dich (aus) deiner Behausung, - es ist ja keine Sünde an dir."

Wie immer man im einzelnen diesen Text zu interpretieren hat, soviel ist doch evident, daß er von der eschatologischen Belohnung spricht[79]. Das gilt auch für den Hebr, der den Lohngedanken streng eschatologisch interpretiert und dabei in einer breiten Tradition des antiken Judentums steht. Es ist unmöglich, die zahlreichen Parallelen zum Lohngedanken und dem damit verbundenen Theologumenon der adäquaten Vergeltung im antiken Judentum aufzuführen[80]. Es genügen einige wenige Texte, an denen exemplarisch gezeigt werden kann, wie eng sich der Hebr mit den traditionellen Vorstellungen, insbesondere mit denen der apokalyptischen Überlieferung berührt. Die wichtigsten Parallelen enthält die *ApcBar (syr)*, auf die zum Teil schon hingewiesen wurde[81]. In *52,5-7* heißt es:

> "Und die Gerechten - was sollen sie jetzt tun? Freut euch an dem Leiden, das ihr jetzt leidet! Denn warum schaut ihr danach aus, daß eure Feinde untergehen? Bereitet eure Seelen vor auf das, was für euch zubereitet ist, und macht eure Seelen fertig für den Lohn, der für euch bereitliegt (ܟܡ̈ܐ ...)!

In *54,15-17.21* lesen wir:

> "Zwar sündigte einst als erster Adam und hat damit vorzeitigen Tod gebracht für alle, doch hat von denen, die aus ihm geboren sind, ein

---

[75] Ἔνδικος μισθαποδοσία in 2,2 meint die in der Tora - dem von Engeln vermittelten Wort - für den Ungehorsam geforderte Todesstrafe; vgl. dazu H.PREISKER/E.WÜRTHWEIN: μισθός 705f.

[76] Vgl. G.DELLING: Jüdische Lehre 57 Anm. 13; W.BAUER: Wb⁶ Sp. 1058, s.v.

[77] S. AKonst V 1,1; V 7,3; VI 11,9 und G.W.H.LAMPE: Lexicon 872, s.v.

[78] Man datiert die Abfassung dieser Schrift, die bis auf den christlichen Schluß (8,12 - 9,32 oder auch nur 9,10-32) jüdischen Ursprungs ist, in den Anfang des 2. Jahrhunderts n. Chr., also in etwa zeitgleich mit der ApcBar (syr), mit der sie sich in ihrem ersten Teil eng berührt: vgl. G.DELLING: Jüdische Lehre 2f; P.BOGAERT: Apocalypse de Baruch (SC 144) 216ff; S.E.ROBINSON: 4 Baruch, OTP II (1985) 413-425: 414f. Zum folgenden Text s. die Edition von R.A.KRAFT und A.-E.PURINTUN, Missoula/Montana 1972.

[79] Einzelheiten hierzu bei G.DELLING: Jüdische Lehre 54ff.

[80] Die Belege bei P.VOLZ: Eschatologie 241-249; BILL IV 484-500; 799ff; 1166ff; 1199ff; H.PREISKER: μισθός 718f.

[81] S. oben S. 43 Anm. 59.

> jeder auch sich selbst die zukünftige Strafe bereitet. Und also wählte ein jeglicher auch für sich selbst die zukünftige Herrlichkeit (ܠܬܫܒܘܚܬܐ/ ܕܥܬܝܕܐ). Denn fürwahr, wer da glaubt, wird Lohn empfangen (ܗܐ/ܗܟܝܠ ܓܝܪ ܗܘ ܕܡܗܝܡܢ ܢܩܒܠ ܐܓܪܐ/). Jetzt aber wendet euch nur dem Verderben zu, die ihr jetzt als Ungerechte lebt - streng wird man euch heimsuchen, weil ihr des Höchsten Einsicht ehemals verworfen habt ... Denn einst am Ende der Welt wird man Vergeltung (ܠܬܒܥܬܐ/) fordern für das, was frevelnd sie nach ihrer Ungerechtigkeit getan haben. Verherrlichen wirst du aber die Treuen (Gläubigen) gemäß ihrer Treue (ܘܡܫܒܚ ܐܢܬ ܠܡܗܝܡܢܐ ܐܝܟ/ ܗܝܡܢܘܬܗܘܢ).

Daß der Hebr - trotz aller Unterschiede, die noch zu benennen sind - in der Linie apokalyptischer Tradition steht, mag eine letzte Stelle aus *ApcBar (syr) 59,2* verdeutlichen:

> "In jener Zeit erhellte doch des ewigen Gesetzes Leuchte, das bis in Ewigkeit besteht, alle jene, die im Dunkel saßen; den Gläubigen [= πιστεύοντες] wird sie die Verheißung [= ἐπαγγελία] ihres Lohns ankündigen (ܘ ܠܐܝܠܝܢ ܕܡܗܝܡܢܝܢ ܬܘܕܥ ܫܘܘܕܝܗ ܕܦܘܪܥܢܗܘܢ/) und denen, die ungläubig sind, des Feuers Strafe, das für sie aufbewahrt ist.

Die Zahl der Belege ließe sich um ein Vielfaches vermehren[82]. Für die Interpretation des Lohnverständnisses im Hebr reichen die zitierten Texte jedoch aus. Sie lassen die Gemeinsamkeiten und die Unterschiede erkennen. *Gemeinsam* ist beiden Traditionszusammenhängen das Wissen um den Grundsatz der adäquaten Vergeltung. Gott hat denen, die auf seiner Seite stehen und ihm gehorchen, für das Eschaton einen ewigen Lohn verheißen. Diesen Lohn erhält nur derjenige, der sich bis zum Ende treu auf Gott verläßt. Man kann es kurz zusammenfassen mit den in Hebr 10,38 zitierten Worten aus Hab 2,4: Der Gerechte wird durch seine Standfestigkeit leben! Aber auch die *Unterschiede* sind deutlich. Während für die apokalyptische Tradition alles an der Gesetzeserfüllung hängt, spielt diese im Hebr keine Rolle. Die Gewißheit ist in den genannten apokalyptischen Texten primär am Tun der Tora orientiert, - der Verdienstgedanke ist zumindest nicht ausgeschlossen. Anders im Hebr: Die Gewißheit im Blick auf die Heilsvollendung ist einzig im hohenpriesterlichen Selbstopfer Jesu begründet, denn: "ohne Blutvergießen geschieht keine Vergebung" (Hebr 9,22). Die endgültige Vergebung aber hat nur der Sühnetod Jesu gebracht. Nur er - so der Hebr - hat ewige Gottesgemeinschaft ein für allemal möglich gemacht. Die παρρησία ist deshalb einzig in ihm begründet

---

82 Vgl. z.B. äthHen 108,10; 4Esr 7,33ff.77.83(!).91.98(!); 8,33 und 13,56(!). Demgegenüber ist im Alten Testament, von wenigen Ausnahmen abgesehen (vgl. z.B. die Ansätze in Ps 73,23ff), der Vergeltungs- und Lohngedanke streng innerweltlich gedacht (vgl. E.WÜRTHWEIN: μισθός 710 - 718). Gleiches gilt für Philo, der bis auf die Ausführungen in Praem 162ff keine futurische Eschatologie kennt und für den die Seligkeit der Lohn der Tugend ist, den der Tugendhafte schon auf dieser Erde besitzt (vgl. neben Det 120ff; All III 77 auch H.PREISKER: μισθός 718,26ff). Die rabbinische Tradition kennt sowohl den diesseitigen als auch den jenseitig-eschatologischen Lohn. Der Torafromme wird aufgrund seiner Toraerkenntnis und durch die Einhaltung ihrer Vorschriften seinen Lohn erhalten.

und schließt jeden Verdienstgedanken aus. Wenn der Hebr von der Gemeinde ὑπομονή, παρρησία, μακροθυμία, ὑπόστασις, ἐλπίς und πίστις fordert, dann ist damit die dem göttlichen Verheißungswort angemessene Haltung des Menschen ausgedrückt. Es geht um die von Seiten des Menschen angemessene re-actio auf Gottes in Christus geschehene actio. Das ist gemeint, wenn der Verfasser in 10,36 zum "geduldigen Ausharren" auffordert. Indem die Gemeinde die zuversichtliche Hoffnung nicht wegwirft und indem sie geduldig auf den bald eintretenden Tag der Heilsvollendung wartet, erfüllt sie in den Augen des Verfassers den Willen Gottes[83]. Wenn sie dies bis zum Tag der Parusie Christi treu und standhaft durchhält, wird sie die μισθαποδοσία empfangen und die ἐπαγγελία davontragen (κομίζεσθαι[84]). Mit beiden Begriffen denkt der Verfasser an das eschatologische Verheißungsgut des εἰσέρχεσθαι εἰς τὴν κατάπαυσιν (3,7 - 4,11). Die exegetische Begründung dieser Auslegung wurde in anderem Zusammenhang dargelegt[85] und wird bei der Interpretation von Hebr 11,1 näher zu entfalten sein, so daß - neben den bereits zitierten Texten - wenige Bemerkungen zum traditionsgeschichtlichen Hintergrund genügen. Selbst wenn man beachtet, daß sich für den *Begriff* der ἐπαγγελία rein sprachlich kein alttestamentlicher und altjüdischer Hintergrund nachweisen läßt[86], so kann nicht übersehen werden: Das Theologumenon der Verheißung Gottes ist den neutestamentlichen Autoren in der Sache vom Alten Testament und dem außerbiblischen Judentum her bekannt und vorgegeben. Sprachlich lassen die aus pharisäischer Tradition stammenden Psalmen Salomos zumindest im Ansatz ein dem Sprachgebrauch des Hebr analoges Verständnis von ἐπαγγελία erkennen. In *PsSal 12,5f* heißt es:

"Der Herr behüte die sanftmütige Seele, die die Ungerechten haßt. Und der Herr leite den Mann, der Frieden hält in (seinem) Haus. Das Heil des Herrn (τοῦ κυρίου ἡ σωτηρία) möge über Israel, seinen Knecht, kommen in Ewigkeit (εἰς τὸν αἰῶνα); und die Sünder mögen ein für allemal zugrunde gehen vor dem Angesicht des Herrn, und die Frommen des Herrn mögen die Verheißungen des Herrn ererben (κληρονομήσαισαν ἐπαγγελίας κυρίου)."

---

[83] Die Wendung τὸ θέλημα τοῦ θεοῦ ποιήσαντες ist explikativ aufzufassen.

[84] Es ist gewiß kein Zufall, daß der Verfasser gerade das Verb κομίζεσθαι gewählt hat. Es erscheint im Neuen Testament überwiegend in eschatologischen Zusammenhängen, in denen zum Teil der Grundsatz der adäquaten Vergeltung vorausgesetzt ist (2Kor 5,10; Eph 6,8 und Kol 3,25). Bemerkenswert ist darüber hinaus die Tatsache, daß der Kontext von 1Petr 5,4 die Nähe der Parusie Christi mit im Blick hat. Vgl. außerdem 1Petr 1,9; Hebr 11,39 und 11,13 v.l. Zu diesem Sprachgebrauch vgl. auch 2Makk 7,11; Jos.: Ant I 183. In Mt 25,27 und Hebr 11,19 hat das Verb die Bedeutung "zurückerhalten".

[85] Vgl. Chr.ROSE: Verheißung und Erfüllung 179.

[86] Dazu J.SCHNIEWIND/G.FRIEDRICH: ἐπαγγέλλω 575. Zu ἐπαγγελία vgl. TestAbr A 3,6; 6,5; 8,5; 20,11; TestXII TJos 20,1; PsSal 12,6 (dazu unten), ApkEsr (gr) 3,10; OrMan 6; zu ἐπαγγέλλω VitAd 41,2; TestAbr A 3,6; PsSal 7,10; 17,5; Arist 51,3; 124,1; Siehe außerdem A.-M.DENIS/ J.JANSSENS: Concordance 340, s.v.

Die sprachlichen Anklänge von PsSal 12,6 an Hebr 6,12.15; 9,15; 10,36; 11,9.13; 11,17.39 sind deutlich. Die Psalmen Salomos denken bei der ἐπαγγελία an die Messiasverheißung, was 17,1ff (17,5: ἐπαγγέλλω) zeigt. In anderen Texten des griechisch sprechenden Judentums - wie 2Makk 2,17f; 3Makk 2,10f; OrMan 6; TestXII TJos 20,1 und bei Josephus: Ant. II 219 -, in denen von den Verheißungen Gottes die Rede ist, sind zweifellos innergeschichtliche Zusammenhänge vorausgesetzt. Dem Verständnis des Hebr sachlich näher stehen erneut die Traditionen der Apokalyptik[87]. Stellvertretend für andere soll *4 Esr 7,119f* wiedergegeben werden:

"Denn was nützt es uns, daß uns die unsterbliche Welt verheißen ist (promissum est nobis inmortale tempus), wir aber sterbliche Werke getan haben; daß uns eine bleibende Hoffnung versprochen ist (praedicta est nobis perennis spes), wir aber so übel zuschanden würden ...?

Es genügt hier der Hinweis, daß der Hebr auch im Blick auf das Theologumenon von Verheißung und Erfüllung in der Linie apokalyptischer Tradition steht[88]. Wir *paraphrasieren* abschließend:

(So wie ihr euch einst vorbildlich verhalten habt, so handelt auch jetzt:) Werft eure feste Zuversicht nicht fort, die ja einen großen (eschatologischen) Lohn hat. Denn ihr habt (jetzt) geduldiges Ausharren nötig, damit ihr (bei der Parusie Christi, am Tag der Heilsvollendung,) als solche, die den Willen Gottes getan haben, das (eschatologische) Verheißungsgut (des unmittelbaren Zutritts ins himmlische Allerheiligste) davontragt.

2. 10,37.38: Bleibt beim Wort der Verheißung! Denn Christi Parusie steht - wie die Schrift sagt - nahe bevor!

Die beiden Verse enthalten für den Argumentationsgang zentrale Aussagen. Viele Ausleger haben auf die eigenwillige Wiedergabe des griechischen Textes von Hab 2,3f durch den Hebr hingewiesen, und die Veränderungen, Ergänzungen und Umstellungen der alttestamentlichen Vorlage wurden immer wieder herausgestellt[89]. Es kann hierfür auf zahlreiche Arbeiten verwiesen werden, unter denen die von A.STROBEL[90], O.MICHEL[91] und D.A.KOCH[92] besondere Beachtung verdienen.

Im folgenden stellen wir *zunächst* die *Textgestaltung* des Hebr dar, um daran anschließend die für die Auslegung maßgeblichen Schlußfolgerungen zu ziehen.

---

87 Näheres bei O.HOFIUS: Katapausis 91ff.

88 Vgl. an weiteren Parallelen 4Esr 4,27; 5,40; ApcBar (syr) 14,13; 21,25; 51,3; 57,2; 59,2 u.ö. Hierzu und zu den rabbinischen Parallelen vgl. J.SCHNIEWIND/ G.FRIEDRICH: ἐπαγγέλλω 576f.

89 So bereits CALVIN (z.St.), der allerdings ὁ ἐρχόμενος fälschlich auf Gott den Vater bezieht.

90 Untersuchungen 47ff. Vgl. auch den Kommentar STROBELs z.St.

91 Hebräer 362ff.

92 Text von Hab 2,4a, 69ff.

Synopse zu Hab 2,3f (MT/Tg/LXX) und Hebr 10,37f

Vers	Masoretischer Text		Targum Jonathan	
	Text (BHS)	Übersetzung	Text (Sperber)	Übersetzung
3aα	כִּי עוֹד חָזוֹן לַמּוֹעֵד	Denn noch ist's (eine) Offenbarung für die festgesetzte Zeit;	אֲרֵי עֲתִידָא נְבוּאתָא לְזִמָן	Denn zukünftig ist die Weissagung für die festgesetzte Zeit;
3aβ	וְיָפֵחַ לַקֵּץ וְלֹא יְכַזֵּב	aber 'sie eilt'[93] dem Ende zu und trügt nicht.	וּמַתְקָן קִצָא וְלֹא יְבַטֵל	und festgesetzt ist das Ende, und es wird nicht aufgehoben.
3bα	אִם־יִתְמַהְמָהּ חַכֵּה־לוֹ	Wenn sie verzieht, so harre auf sie;	אִם יְהֵי אַרְכָּא לְפִתגָמָא סַברוּ לֵיה	Wenn (aber) das Wort eine Frist erfährt, so hoffet auf es;
3bβ	כִּי־בֹא יָבֹא לֹא יְאַחֵר:	denn sie kommt bestimmt 'und'[94] bleibt nicht aus.	אֲרֵי בְזִמנֵיה יֵיתֵי וְלֹא יִתעַכַּב	denn es wird zu seiner Zeit kommen und nicht aufgehalten werden[95].
4a	הִנֵּה עֻפְּלָה לֹא יָשְׁרָה נַפְשׁוֹ בּוֹ:	Siehe, an dem 'Vermessenen'[96] hat 'meine Seele keinen Gefallen'[97];	הָא רַשִׁיעַיָא בְּלִבְּהוֹן אָמְרִין לֵית כָּל אִלֵין	Siehe, die Gottlosen sagen in ihrem Herzen: "All dies geschieht nicht.";
4b	וְצַדִּיק בֶּאֱמוּנָתוֹ יִחְיֶה:	doch der Gerechte wird leben durch seine Treue.	וְצַדִּיקַיָא עַל קוּשׁטְהוֹן יִתקַיְימוּן:	doch die Gerechten werden wegen ihrer Geradheit leben.

---

[93] Es ist analog zu 1QpHab 7,6 Hi. von פוח, also יְפִיחַ, zu lesen; vgl. W.RUDOLPH: Habakuk 212 Anm. 3a. Zur Übersetzung s. E.LOHSE: Die Texte aus Qumran, Darmstadt ³1981, 235 und M.BURROWS: Schriftrollen 305; vgl. auch K.ELLIGER: Habakuk 38; O.KUSS 164 und F.SCHRÖGER: Schriftausleger 183; W.RUDOLPH übersetzt "sie lautet" – 211; vgl. dazu 212 Anm. z.St.

[94] Es ist mit vielen Handschriften וְלֹא zu lesen.

[95] Vgl. auch die Übersetzung bei BILL. III 744.

[96] V. 4a ist ausgesprochen schwierig zu rekonstruieren: im einzelnen vgl. W.RUDOLPH: Habakuk 212f; F.HORST: Propheten 176; K.ELLIGER: Habakuk 38; F.SCHRÖGER: Schriftausleger 183f; D.A.KOCH: Text von Hab 2,4a, 72f. Es ist mit K.ELLIGER: Habakuk 38 Anm. 4 (vgl. BHS vl 4ᵃ und J.JEREMIAS: Kultprophetie 82 die maskuline Form עֻפַּל Pu. (vgl. Num 14,44 [Hi.] und KBL 722, s.v. II) zu lesen.

[97] Der Text wurde mit K.ELLIGER: Habakuk 38 Anm. 2 (vgl. BHS vl 4ᵇ·ᶜ) wiederhergestellt. Letzte Gewißheit kann jedoch m.E. nicht erzielt werden. Vgl. die verschiedenen Rekonstruktionen bei W.RUDOLPH: Habakuk und F.HORST: Propheten, jeweils z.St.; J.JEREMIAS: Kultprophetie ebd.; E.OTTO: Habakuk/Habakukbuch 303 und Ders.: Wehe-Worte (1977) 89 Anm. 90. Die gebotene Wiederherstellung impliziert die von W.RUDOLPH ebd. angenommene Strafdrohung.

Vers	Septuaginta[98]		Hebr 10,37f	
	Text (Rahlfs)	Übersetzung	Text (NA[26])	Übersetzung
3aα	διότι ἔτι ὅρασις εἰς καιρὸν	Denn es (kommt) noch eine Schauung zur (rechten) Zeit,	10,37a: ἔτι γὰρ μικρὸν ὅσον ὅσον,	Denn noch eine ganz ganz kleine Weile,
3aβ	καὶ ἀνατελεῖ εἰς πέρας καὶ οὐκ εἰς κενόν·	und sie[99] wird aufsprossen zum Ende und wird nicht vergeblich sein.		
3bα	ἐὰν ὑστερήσῃ, ὑπόμεινον αὐτόν,	Wenn er säumt, so harre auf *ihn*,		
3bβ	ὅτι ἐρχόμενος ἥξει καὶ οὐ μὴ χρονίσῃ.	denn *er* wird gewiß kommen und sicher nicht verziehen.	10,37b: ὁ ἐρχόμενος ἥξει καὶ οὐ χρονίσει·	(so) wird kommen, *der* da kommen soll, und nicht verziehen;
4a	ἐὰν ὑποστείληται, οὐκ εὐδοκεῖ ἡ ψυχή μου ἐν αὐτῷ·	Wenn er zurückweicht, hat meine Seele keinen Gefallen an ihm;	10,38a: ὁ δὲ δίκαιός μου[100] ἐκ πίστεως ζήσεται,	*mein* Gerechter aber wird aufgrund des Glaubens leben;
4b	ὁ δὲ δίκαιος ἐκ πίστεώς μου ζήσεται.	der Gerechte aber wird durch meine Treue[101] leben.	10,38b: καὶ ἐὰν ὑποστείληται, οὐκ εὐδοκεῖ ἡ ψυχή μου ἐν αὐτῷ.	*doch* wenn er zurückweicht, hat meine Seele keinen Gefallen an ihm.

---

[98] Näheres zum MT und den verschiedenen LXX-Versionen von Hab 2,4 bei D.A.KOCH: Text von Hab 2,4a 69ff: 71 Anm. 8.

[99] Man kann erwägen, ob nicht bereits für ἀνατελεῖ ein Subjektswechsel anzunehmen ist, so daß schon in 3aβ an den erwarteten Messias zu denken und zu übersetzen wäre: "Und *er* wird aufsprossen am Ende, und *er* wird nicht vergeblich (kommen)". Zum Verb ἀνατέλλω in messianischem Kontext vgl. Num 24,17 LXX; zum Nomen ἀνατολή (= צֶמַח) Jer 23,5; Sach 3,8; 6,12; vgl. auch צֶמַח דָּוִד in 4Qflor 11; 4Qpatr 3f; TestXII: TSim 7,1; TL 18,3; TJud 24,1; TD 5,10; TN 8,2; TG 8,1; TJ 19,11. Die Belege aus TestXII gehen vermutlich auf christliche Redaktion zurück: vgl. J.BECKER: Die Testamente der zwölf Patriarchen (JSHRZ III/1) zu den jeweiligen Stellen; Ders.: Untersuchungen 226.243.296.322f.333f.354.363. Nach A.STROBEL (Untersuchungen 55) wurden ἀνατέλλω bzw. ἀνατολή erst in späterer Zeit zu typischen Ausdrücken für den Messias.

[100] Die Stellung des Possessivpronomens μου hinter δίκαιος ist textgeschichtlich als ursprünglich anzunehmen. Neben der überzeugenden Argumentation von D.A.KOCH: Text von Hab 2,4a 74 vgl. die Kommentare von F.BLEEK II,1 715; C.SPICQ II 332f; E.RIGGENBACH 337; O.MICHEL 363 Anm. 1; H.BRAUN 333 und die Arbeit von T.W.MANSON: Argument 135. Anders dagegen F.DELITZSCH, der - analog zu Röm 1,17 und Gal 3,11 - μου ausläßt (508).

[101] Zur Frage der Übersetzung von ἐκ πίστεώς μου vgl. u.a. W.RUDOLPH 213 Anm. 5c. Die von F.BLEEK II,1 714; F.DELITZSCH 508 und H.STRATHMANN 138 vorgeschlagene Übersetzung "durch Glauben an mich" wird zu Recht abgelehnt von E.RIGGENBACH 337 Anm. 56; G.HARDER: Septuagintazitate 37 und D.A.KOCH: Text von Hab 2,4a 74.

Nachdem die verschiedenen Versionen zusammengestellt sind, können nun die Eigentümlichkeiten des Hebr benannt werden[102]:

1) Zunächst ist grundsätzlich festzuhalten, daß der Verfasser *Hab 2,3f* in Hebr 10,37.38 *nicht durchgängig wörtlich übernimmt.* Eine erste Anspielung auf Hab 2,3bα (ὑπόμεινον) liegt vermutlich bereits in der Formulierung ὑπομονῆς γὰρ ἔχετε χρείαν 10,36 vor. Eine weitere Bezugnahme auf den nicht wörtlich zitierten Teil von Hab 2,3 wird man in der Temporalpartikel ἔτι (Hab 2,3aα) erkennen dürfen[103]. Indem der Hebr diese Temporalpartikel mit der Wendung μικρὸν ὅσον ὅσον aus Jes 26,20 LXX verknüpft, stellt er zwei Aspekte nebeneinander, die nach seinem Verständnis *beide* in der Schrift geweissagt sind: die Parusieverzögerung[104] und *zugleich* das unmittelbare Bevorstehen der Parusie Christi[105].

2) Durch das *Einfügen des Artikels* ὁ vor ἐρχόμενος zeigt der Verfasser an, daß er im "Kommenden" den Messias, das heißt den wiederkommenden Hohenpriester Christus erblickt[106]: Dieser wird in allernächster Zeit (10,37a: μικρὸν ὅσον ὅσον) ἐκ δευτέρου (9,28) kommen und nicht verziehen.

3) In 10,37a ersetzt die Partikel γάρ das διότι aus Hab 2,3bβ LXX. Dadurch erreicht der Schreiber, daß das ganze Schriftzitat in den VV. 37.38 - einschließlich des Hinweises auf die Parusie Jesu - der Begründung von 10,36 dient. Das heißt: Die Mahnung zur Geduld - *ein* zentrales Motiv des hier zu untersuchenden Abschnittes

---

[102] Neben den oben Anm. 90 - 92 genannten Arbeiten sind zu vergleichen: F.SCHRÖGER: Schriftausleger 182ff; G.HARDER: Septuagintazitate 37; K.J.THOMAS: Citations 316; T.W.MANSON: Argument 132ff; E.AHLBORN: Septuaginta-Vorlage 91ff; J.C.McCULLOUGH: Quotations 376f.

[103] So auch A.STROBEL: Untersuchungen 84.

[104] Darin ist E.GRÄSSER: Glaube 171ff.179ff und Ders.: Gottesvolk 164ff zuzustimmen.

[105] Gerade die sorgfältige Textgestaltung von Hebr 10,37f spricht allerdings gegen die These von E.GRÄSSER, wonach "die *nahe* Parusieerwartung" keinen "nennenswerten Faktor in der Hebr-Eschatologie darstellt" (Gottesvolk 176 Anm. 80). Das Richtige hierzu ist bei O.MICHEL zu lesen: "Das heutige Zitat will besagen, daß nur eine kurze Zeit der Anfechtung aussteht, daß dann aber der Messias kommen wird und *keine Verzögerungstermine mehr eingeschoben werden*" (363; Hervorhebung bei MICHEL).

[106] Dagegen ist es nicht eindeutig, welche Person in Hab 2,3b LXX gemeint ist. A.STROBEL: Untersuchungen 53ff interpretiert die Stelle zwar messianisch, sieht jedoch im ἐρχόμενος nicht den erwarteten Messias, sondern das "Kommen Gottes ... (zur) Aufrichtung der göttlichen Basileia" (ebd. 54) angesprochen. Diese Interpretation wird nach STROBEL untermauert durch den Begriff ἀνατέλλειν (Hab 2,3aβ), der "allgemein auf den *Aufgang der Heilszeit* mit dem Kommen Gottes in Herrlichkeit abzielt" (ebd. 56; Hervorhebung bei STROBEL). H.KOSMALA denkt - zu Unrecht - an das Kommen Gottes zum Endgericht (vgl. Hebräer - Essener - Christen 98.114 Anm. 10.12). Die Mehrzahl der Exegeten sieht jedoch mit guten Gründen bereits in der Septuaginta das Kommen des Messias ausgesagt: vgl. im einzelnen J.ZIEGLER: Untersuchungen 112f; G.HARDER: Septuaginta-Zitate 37; E.AHLBORN: Septuaginta-Vorlage 92; E.OTTO: Habakuk/Habakukbuch 304 und die Kommentare von E.RIGGENBACH 336; O.KUSS 162; O.MICHEL 362; H.BRAUN 332 und H.-F.WEISS 549.

10,32 - 12,3[107] - hat ihren Ursprung im Wissen um die Nähe der Parusie Christi. Die Gemeinde soll angesichts der unmittelbar bevorstehenden Wiederkunft ihres himmlischen Hohenpriesters bis zur Vollendung in Geduld ausharren.

4) Als weitere Modifizierung ist die Abänderung von οὐ μὴ χρονίσῃ (Hab 2,3bβ) in οὐ χρονίσει (Hebr 10,37b) zu nennen. Grammatisch wird durch den Wechsel des Tempus die Aussage und die darin gründende Ermunterung verstärkt, denn "mit dem Indikative des *Futurs* wird der Eintritt einer Handlung als *bestimmt erwartet* hingestellt"[108]. Umgekehrt darf man die Auslassung der Verneinungspartikel μή, die in der Verbindung mit οὐ und Konjunktiv Aorist bzw. Indikativ Futur "die bestimmteste Form der verneinenden Aussage über Zukünftiges"[109] zum Ausdruck bringt, nicht überbewerten. Daraus schließen zu wollen, daß der Verfasser mit der Auslassung des μή eine Abschwächung der erwarteten Parusienähe begründe[110], läßt sich nicht verifizieren[111].

5) Die *Umstellung der beiden Vershälften von Hab 2,4* in Hebr 10,38 bewirkt ein Doppeltes. Zum *einen* verhindert sie jede Verbindung des "Kommenden", des Messias, mit dem Verb ὑποστείληται. Dieser Zusammenhang drängt sich in der Septuaginta - will man nicht ein τις ergänzen[112] - auf. Zum *andern* wird den Lesern der Ernst der Lage dadurch verdeutlicht, daß das Schriftzitat mit der Warnung vor dem Zurückweichen (ὑποστολή) abschließt[113]. Die chiastische Anordnung der VV. 38.39 zeigt[114], daß es dem Verfasser nicht um das Weichen oder Standhalten (= Glauben) des Messias, sondern um das der Gemeindeglieder geht:

10,38 A Leben aufgrund des Glaubens (Standhaltens).
      B Gott mißfallen (= Verderben) aufgrund des Zurückweichens.
10,39 B' Verderben aufgrund des Zurückweichens.
      A' Bewahrung des Lebens aufgrund des Glaubens.

6) Für den Argumentationsgang von gleichem Gewicht ist die *Zuordnung des Personalpronomens μου zu ὁ δίκαιος*[115]: Die Ausführungen des Verfassers zielen

---

[107] Zur ὑπομονή vgl. auch die Abschnitte, die die Leser zum zuversichtlichen Ausharren bis zur Wiederkunft Christi auffordern: 2,1ff; 3,7 - 4,13; 4,14ff; 5,11 - 6,13 und 10,19ff.

[108] So K.-G. I 173 (Hervorhebung dort); vgl. auch K.J.THOMAS: Citations 316.

[109] BDR 294 (§ 365); vgl. K.-G. II 221ff.

[110] Diese These C.SPICQs (Apollos 386) wird von H.BRAUN mit Verweis auf Hebr 10,25 zu Recht als Überinterpretation zurückgewiesen (Bericht 26f).

[111] Von einer "unimportant stylistic variation" spricht J.C.McCULLOUGH: Quotations 376; ähnlich K.J.THOMAS: Citations 316 und E.AHLBORN: Septuaginta-Vorlage 92.

[112] Dies erwägt E.RIGGENBACH 337 Anm. 55.

[113] Vgl. E.RIGGENBACH 337; K.J.THOMAS: Citations ebd.; D.A.KOCH: Text von Hab 2,4a, 77.

[114] Darauf hat bereits J.A.BENGEL z.St. aufmerksam gemacht.

[115] Diese Zuordnung findet sich neben Hebr 10,38 auch in einer Reihe von LXX-Handschriften und Rezensionen; s. dazu J.ZIEGLER: Septuaginta ad loc. und D.A.KOCH: Text von Hab 2,4a, 70f. Diese Lesart ist jedoch als Angleichung an Hebr

deshalb nicht - wie etwa die ursprüngliche LXX-Lesart von Hab 2,4b[116] - auf Gottes Treue (ἐκ πίστεως μου)[117], sondern auf die nicht vom Wort der Verheißung zurückweichende πίστις der Leser. Die vom Hebr vorgenommene Interpretation des LXX-Textes berührt sich so eng mit den Aussagen des Masoretischen Textes von Hab 2,4, daß es sachlich gerechtfertigt erscheint, nach ἐκ πίστεως - in Anlehnung an den Masoretischen Text - ein αὐτοῦ als genetivus subiectivus zu ergänzen. Das heißt: Der Gerechte wird aufgrund *seines* Glaubens leben (ἐκ πίστεως αὐτοῦ ζήσεται = בֶּאֱמוּנָתוֹ יִחְיֶה).

7) Als letzte Modifikation ist schließlich die *Einfügung der Konjunktion* καί in den alttestamentlichen Text zu nennen, mit deren Verständnis sich am Ende des vergangenen Jahrhunderts D.R.GOODWIN in einer Miszelle beschäftigte, in der er zu dem Ergebnis kam, daß die Konjunktion nicht adversativ, sondern additiv aufzufassen sei[118]. Man müsse daher - so GOODWIN - von zwei "independent proposi-tions" ausgehen, die vom Verfasser zusammengefügt worden seien und für die nicht dasselbe Subjekt angenommen werden dürfe. Er ergänzt deshalb ein τις nach ἐάν und übersetzt: "'Now the just shall live by faith', and, 'if (a man) draw back, my soul shall have no pleasure in him'"[119]. Es kann jedoch an der adversativen Bedeu-tung der Konjunktion keinen Zweifel geben. Das Subjekt von Hebr 10,38 ist in beiden Vershälften ὁ δίκαιος[120]: Der Gerechte wird aufgrund seines Glaubens leben, wenn er aber zurückweicht, so wird er vor Gott keinen Gefallen finden. Daß der

---

10,38 zu werten; vgl. bereits J.CHR.K. VON HOFMANN 420f; E.AHLBORN: Septuagin-ta-Vorlage 93ff; B.LINDARS: New Testament Apologetic 231; D.A.KOCH: Text von Hab 2,4a, 77ff. Demgegenüber vermutete bereits F.BLEEK II,1 715, der Verfasser könne die Umstellung in seiner - von der ursprünglichen LXX-Lesart abweichen-den - Vorlage vorgefunden haben: vgl. E.RIGGENBACH 337 Anm. 56 , T.W.MANSON: Argument 135; F.SCHRÖGER: Schriftausleger 184; J.C.McCULLOUGH: Quotations 376f; C.SPICQ II 332.

[116] Obwohl nicht völlig ausgeschlossen werden kann, daß μου in der LXX-Vor-lage als genetivus obiectivus aufzufassen und dann mit "durch Glauben an mich" zu übersetzen ist (vgl. Anm. 101), verdient die Annahme eines genetivus subiectivus - in Parallele zu ἡ ψυχή μου (Hab 2,4a LXX) den Vorzug, so daß sich die Wiedergabe "durch meine Treue" nahelegt: vgl. E.RIGGENBACH 337 Anm. 56; E.AHLBORN: Sep-tuaginta-Vorlage 94.

[117] Diese Lesart - als vl zu Hebr 10,38 bezeugt in D* pc μ sy - ist als Anglei-chung an die ursprüngliche LXX-Lesart sekundär; vgl. D.A.KOCH: Text von Hab 2,4a, 74.

[118] On the Use of καί in Hebrews X.38, JBL 5 (1885) 84f. Begründet sah er seine These in der Annahme, daß der Verfasser, wenn er ὁ δίκαιος aus 10,38a auch für 10,38b als Subjekt hätte verstanden wissen wollen, er dies durch ein adversatives δέ zum Ausdruck gebracht hätte (ebd. 85). Vgl. auch K.J.THOMAS: Citations 317, der ebenfalls von einem "additional καί" ausgeht.

[119] Ebd. Die Ergänzung eines τις erwägt auch E.AHLBORN: Septuaginta-Vor-lage 92.

[120] Dieses Verständnis hat sich in der Exegese durchgesetzt: F.BLEEK II,2 717; E.RIGGENBACH 338f; G.HARDER: Septuagintazitate 37; T.W.MANSON: Argument 134; C.SPICQ II 332f; F.SCHRÖGER: Schriftausleger 184f; T.W.LEWIS: Heb. X.38b, 93; D.A.KOCH: Text von Hab 2,4a, 77; H.BRAUN 333.

Verfasser unter dem "Gerechten" den Glaubenden versteht und somit Hab 2,4 auf die Gemeinde und die "Wolke der Zeugen" hin auslegt, wird in Bezug auf die ersteren in 10,39 und im Hinblick auf die letzteren im 11. Kapitel deutlich.

Die notierten Modifikationen lassen erkennen, wie sich der Verfasser die alttestamentlichen Stellen zurechtgelegt hat. Bevor wir uns jedoch seiner Argumentation zuwenden, ist noch zu der These von A.STROBEL Stellung zu nehmen, wonach die Kombination von Jes 26,20 LXX und Hab 2,3 LXX den Eindruck erwecke, als sei hier "eine ältere jüdische Tradition verarbeitet". Nach STROBEL handelt es sich dabei um eine "traditionsbedingte Zusammenstellung", in der sich eine mit Hebr 10,37 vergleichbare Verwendung von Jes 26,20 nachweisen lasse[121]. Daß der Hebr aus einer reichen Überlieferung schöpft - wie STROBEL betont -, wird auch die vorliegende Studie erweisen. Allerdings sprechen die o.g. Modifikationen gegen die Annahme einer traditionsbedingten Zusammenstellung von Jes 26,20 und Hab 2,3. Es ist vielmehr das Nächstliegende, die Kombination der beiden Schriftbelege auf den Verfasser zurückzuführen[122].

Der Verfasser bezieht sich in Hebr 10,37a auf *Jes 26,20 LXX*, wobei die aufgenommene Wendung μικρὸν ὅσον ὅσον die hebräische Formulierung כִּמְעַט רֶגַע (vgl. Esr 9,8) wiedergibt. Der hebräische Text meint, daß der Zorn Gottes nur "einen kleinen Augenblick" dauert. Das Volk Israel soll sich für die Dauer des Gerichts zum Schutz in seine "Kammern" zurückziehen, um der "Verwünschung" (זַעַם) Jahwes zu entgehen[123]. Während demnach der Verfasser der Jesaja-Apokalypse an das kurz bevorstehende eschatologische Gericht denkt, dient die Formel im Hebr dazu, die nahe bevorstehende *Parusie Christi* anzukündigen.

Eine andere, jedoch nicht überzeugende Deutung der Aufnahme von Jes 26,20 durch unseren Verfasser schlägt T.W.LEWIS vor[124]: Der Schreiber des Hebr denke - so LEWIS - mit der Zitierung von μικρὸν ὅσον ὅσον nicht allein an diese Wendung, sondern an den ganzen Vers Jes 26,20[125]. Der Vers zeige dabei eine spezielle Weise

---

[121] So A.STROBEL: Untersuchungen 84ff. Die Sicht STROBELs macht sich F.SCHRÖGER zu eigen: "A.Strobel beweist stichhaltig mit Belegen aus der jüdischen Literatur, daß Hab 2,3 und Is 26,20 'traditionsbedingt' nebeneinanderstehen, und meint, daß die beiden Stellen in dieser Koppelung auch dem Verfasser vorliegen konnten" (Schriftausleger 186; vgl. ebd. 193). Ähnlich C.SPICQ: Apollos 385f und O.MICHEL 365.

[122] So auch H.STRATHMANN 137; G.LÜNEMANN 339 und jüngst D.A.KOCH: Text von Hab 2,4a, 76 Anm. 39.

[123] Die VV. 20f bilden im Rahmen des der Jesaja-Apokalypse (24-27) zuzurechnenden Abschnittes Jes 26,7-21 den Skopus. Es ist dabei deutlich ein *eschatologisch-apokalyptischer* Kontext vorausgesetzt; vgl. H.WILDBERGER: Jesaja II 998. *"Die große Wende ist nahe*, Jahwe zieht aus von seiner Stätte, das eschatologische Gericht kommt in Gang" (ebd. 902; Hervorhebung dort); vgl. auch F.SCHRÖGER: Schriftausleger 186.

[124] Heb. X.38b, 88ff.

[125] Vgl. 91ff. Bereits F.DELITZSCH 507 wollte in der zitierten Wendung einen Hinweis auf den ganzen Vers erblicken. Seine Auslegung auf das Gebetsleben weist LEWIS (ebd. 91) zu Recht ab. An den ganzen Vers denken auch B.F.WESTCOTT 339;

des Aushaltens: "Komm, mein Volk, geh in deine Kammern, schliesse deine Türen hinter dir und verbirg dich einen kleinen Augenblick, bis die Verwünschung (Jahwes) vorüber ist" (Jes 26,20). Für den Propheten sei *"withdrawal* and *conceal-ment* ... the proper mode of enduring a time of 'wrath'"[126]. Demgemäß zitiere der Verfasser die Wendung aus Jes 26,20 "because he wishes to allude to a mode of endu-rance being taken up or advocated in the community ... as a faithful mode of waiting out the time before the *parousia*"[127]. Dieser in der Gemeinde praktizierte "life-style" könne sich demnach auf die Schrift berufen. Solchem Schriftverständ-nis stelle der Verfasser mit der modifizierten Habakuk-Stelle ein anderes Schrift-wort gegenüber und erweise somit das angeblich schriftgemäße Zurückweichen und Verbergen der Gemeinde als eine Gott mißfallende Form des Ausharrens, die nicht anders enden werde als "in the communitiy's drifting 'away' [from what we have heard] (II.1), losing its way in the world, and forfeiting its ultimate goal"[128]. Hierzu ist zu sagen: Es kann grundsätzlich nicht ausgeschlossen werden, daß der Verfasser - in ähnlicher Weise wie die Rabbinen - nur Teile eines Bibelverses zitiert, dabei aber den ganzen Kontext, zumindest jedoch den ganzen Vers vor Augen hat[129]. Für Hebr 10,37f läßt sich ein solches Verfahren jedoch aus folgenden Gründen nicht nachweisen:

1) Der Verfasser greift aus wohlüberlegten Gründen nur auf die Wendung μικρὸν ὅσον ὅσον[130] zurück, um so die in seinen Augen nahe bevorstehende Parusie Christi als in der Schrift geweissagt herauszustellen.

2) Mit dieser aus Jes 26,20 LXX aufgenommenen Formulierung ersetzt der Verfas-ser den ausgelassenen Halbvers Hab 2,3bα. Er tut dies, um der nach seiner Auffas-sung in Hab 2,3bα geweissagten Parusieverzögerung die Gewißheit der unmittelbar bevorstehenden Parusie entgegenzuhalten.

3) Es liefe der ganzen Argumentation des Verfassers und seinem Schriftbeweis zuwider, wollte man in der Wendung aus Jes 26,20 LXX die implizite Kritik des Verfassers an einem von der Gemeinde geübten "life-style" erblicken[131].

O.MICHEL 362f Anm. 2; Ph.E.HUGHES 434. Für das exegetische Verfahren verweist LEWIS auf die Arbeit von H.KÖSTER (Outside the Camp 300f), der zu Hebr 13,11-13 beobachtet hat, daß der Verfasser in Hebr 13,11 nicht nur Lev 16,27 sondern den ganzen Kontext in Lev 16, insbesondere Lev 16,28 mit im Blick hat; vgl. auch F.SCHRÖGER: Schriftausleger 184ff.

[126] Heb. X.38b, 91 (Hervorhebung bei LEWIS).

[127] Heb. X.38b, 91f (Hervorhebung im Original).

[128] Heb. X.38b, 92ff; Zitat: 94.

[129] H.KÖSTER: Outside the Camp 299ff hat dieses Verfahren mit guten Grün-den für Hebr 13,11f aufgezeigt. Wir werden im Verlauf unserer Untersuchung fest-zustellen haben, daß der Verfasser v.a. in dem zu untersuchenden Textzusam-menhang auf Auslegungsmethoden zurückgreift, die auch bei den Rabbinen geläufig sind. Vgl. F.SCHRÖGER: Schriftausleger 258f.274f.

[130] Die Wendung ist eine Umschreibung des Superlativs. Zur Grammatik vgl. BDR § 304₄, zu den Parallelen J.J.WETTSTEIN z.St.

[131] Die Ablehnung der These von LEWIS ändert nichts an der Tatsache, daß es in der Gemeinde sehr wohl ein solches Zurückweichen, Sich-Verbergen und Mut-

Es bleibt somit *festzuhalten*: Die vom Verfasser eingefügte Wendung μικρὸν ὅσον ὅσον aus Jes 26,20 LXX dient ausschließlich dem Schriftbeweis für die nahe bevorstehende Parusie, d.h. sie wird vom Verfasser mit dem von ihm messianisch verstandenen Satz Hab 2,3bβ LXX verbunden und dadurch selbst messianisch gedeutet[132]. Daß dabei der ganze Kontext von Jes 26,20 in der von LEWIS dargebotenen Weise im Blick ist und Hebr 10,37a demnach als implizite Kritik des Verfassers an einem in der Gemeinde geübten "life-style" des Zurückweichens und Sich-Verbergens interpretiert werden muß, ist recht unwahrscheinlich[133].

Der bisherige Fortgang der Untersuchung hat gezeigt, daß der Verfasser - von seiner Septuaginta-Vorlage abweichend - das Possessivpronomen μου umgestellt und so einen Text hergestellt hat, der sich in der theologischen Aussage aufs engste mit dem *hebräischen Text von Hab 2,4b* berührt. Es muß für unsere Zwecke genügen, den *Gedankengang des Propheten* bis einschließlich Hab 2,5 thesenhaft zu skizzieren[134]: Der Prophet leidet unter den augenscheinlichen Mißständen in Juda: תּוֹרָה und מִשְׁפָּט werden unterdrückt, und der צַדִּיק wird von den רְשָׁעִים umringt (Klage: 1,4). Zu all dem schweigt Jahwe (Theodizee: 1,2f.13f); seine Hilfe läßt auf sich warten (Verzögerung: 1,2). Auf die Klage hin ergeht die *Antwort Jahwes* an den Propheten (Heilsorakel: 2,1ff)[135]:

---

los-Werden gab. Das zeigen die Stellen, die die Glaubensschwäche und Resignation der Adressaten bezeugen: vgl. u.a. 5,12f; 10,25; 12,12. Bestritten wird durch unsere Darlegungen lediglich die Behauptung, daß der Verfasser diesen "lifestyle" mit dem Zitat von Jes 26,20 LXX ansprechen wollte. Hinzu kommt die Beobachtung, daß der Hebr im Blick auf die Gemeinde keineswegs den bereits vollzogenen Abfall tadeln muß, was sich aus 6,9ff und 10,32-34.39 eindeutig ergibt.

[132] Vgl. F.SCHRÖGER: Schriftausleger 253f.256.261; A.STROBEL: Hebräer 205.

[133] Zu Recht weist H.STRATHMANN 137 darauf hin, daß die Worte aus Jes 26,20 LXX "von unserem Verfasser ... ohne Rücksicht auf ihren ursprünglichen Zusammenhang und Sinn verwendet" werden; vgl. auch O.KUSS 164 und H.BRAUN 334. Die in Hebr 10,27 greifbare Bezugnahme auf Jes 26,11 LXX zeigt, daß der Verfasser den ganzen Textzusammenhang von Jes 26 im Kopf hatte und die entsprechenden Passagen vermutlich aus dem Gedächtnis in neue Zusammenhänge stellen konnte. Wie frei er mit der Schrift umgehen konnte, belegt ja gerade auch die Anordnung des Zitates von Hab 2,3f LXX. Der Verfasser greift auch in Hebr 3,9f (ψ 94,9f) und 10,5-7 (ψ 39,7-9) aus theologischen Gründen in den Wortlaut seiner alttestamentlichen Textvorlagen ein; vgl. hierzu O.HOFIUS: Katapausis 213f Anm. 800.

[134] Zu der für das Habakukbuch ausgesprochen wichtigen Frage der Literarkritik verweise ich auf die entsprechenden Passagen in den Einleitungsbüchern zum Alten Testament, auf die Kommentare und auf die m.E. überzeugenden Arbeiten von E.OTTO. Deren Ergebnisse im folgenden vorausgesetzt; neben den oben Anm. 97 aufgeführten Arbeiten vgl. außerdem: E.OTTO: Theologie 274 - 295. Ungeachtet der einzelnen literarkritischen Hypothesen zum Habakukbuch als Ganzem besteht in der Forschung Einmütigkeit darüber, daß der Abschnitt Hab 2,1-5 - zumindest bis 2,5bα - auf die Verkündigung des Propheten (2.Hälfte des 7.Jhs. [E.OTTO: Habakuk/Habakukbuch 302; Ders.: Theologie 283]) zurückzuführen ist.

[135] Zu dieser formgeschichtlichen Zuordnung s. H.WILDBERGER: ZThK 139ff.

1) 2,2: Anweisung zum Aufschreiben der Offenbarung (חָזוֹן), die auf 2,4f zu beziehen ist[136].

2) 2,3: Die Verwirklichung des Inhalts der Offenbarung geschieht zu der von Jahwe festgesetzten Zeit. Sie rückt immer näher und kommt gewiß. Wenn es jedoch in den Augen des Propheten nicht schnell genug geht, so soll er der Verzögerung mit standhafter Treue und Geduld begegnen[137].

3) 2,4f: Orakel Jahwes mit dem Inhalt der Offenbarung in Form eines Schlusses a minori ad maius:

a) Gegen die Wirklichkeit der Verkehrung von תּוֹרָה und מִשְׁפָּט steht die göttliche Bestätigung des Tun-Ergehen-Zusammenhangs: Unrecht wird ein Ende finden.

b) Der Tun-Ergehens-Zusammenhang wird expliziert im antithetischen Parallelismus von V. 4: Der Vermessene hat vor Gott kein Gefallen, - das heißt: er rettet sein Leben nicht. Er wird im Gericht das erhalten, was er für seine Verkehrung von תּוֹרָה und מִשְׁפָּט , für sein Vergehen an der Gemeinschaft, verdient hat: den Tod. Aber der Gemeinschaftstreue, der Gerechte (צַדִּיק)[138], wird aufgrund seiner אֱמוּנָה leben. Die Habakuk-Stelle gehört zu einer Reihe von Belegen, an denen אֱמוּנָה Ausdruck für die innere Haltung zum rechten Leben ist[139]. Dabei meint אֱמוּנָה "das der אֱמֶת entsprechende Verhalten, das Wahrhaftigkeit, Treue, *Verläßlichkeit und Beständigkeit* einschließt. Solche אֱמוּנָה ist dem צַדִּיק eigen und sie führt ihn zum Leben"[140].

c) Wenn schon der "bloß" Vermessene der Todessphäre anheimfällt, um wieviel mehr gilt das für den betrügerisch Reichen, der wie die Scheol den Rachen aufsperrt und unersättlich ist wie der Tod. So wie er, der Frevler, andere in den Tod zieht, so wird er selbst in den Tod gezogen. Über einen solchen Frevler kann

---

[136] Den Inhalt der Offenbarung im "Psalm Habakuks" (Kap. 3) expliziert zu sehen (K.ELLIGER 40; F.HORST 179), verbietet sich aus überlieferungsgeschichtlichen Erwägungen, da der vorexilische Theophaniehymnus erst von der frühnachexilischen Redaktion mit der Habakuk-Überlieferung verbunden wurde: E.OTTO: Habakuk/Habakukbuch 302; Ders.: Theologie 292f.

[137] K.ELLIGER: Habakuk 40 und F.HORST: Propheten 179 verweisen zu Recht auf den eschatologischen Klang: Durch den Propheten soll "die Gültigkeit der göttlichen Willensmitteilung vor allen Zeitgenossen bezeugt und in ihrem Gedächtnis erhalten werden bis auf den Tag, wo der verkündete Gotteswille sich zu offenkundiger Erfüllung bringt. Auf diesen Tag gilt es wider allen Zweifel zu harren in der Gewißheit, daß Gott untrüglich zu seinem Wort steht" (F.HORST ebd.). Die Nähe des Masoretischen Textes zum theologischen Impetus des Hebr ist eindrücklich und von K.ELLIGER völlig zutreffend beschrieben: "Der Prophet ... denkt ... an das trotz alles gegenteiligen Scheins unbeirrte Festhalten an Gott und seinem Wort, das 'Nicht-zweifeln an dem, das man nicht sieht' und versteht (Hebr. 11,1)" (ebd. 41); vgl. auch W.RUDOLPH: Habakuk 216.

[138] Vgl. hierzu H.WILDBERGER : אמן 198; K.KOCH: צדק 514ff.

[139] Vgl. Ps 37,3; 119,30; Prv 12,22; 28,20; 1Sam 26,23.

[140] A.JEPSEN: אמן 343 (Hervorhebung vom Verfasser).

der Prophet nur das "Wehe" der Leichenklage (2,6ff) anstimmen und ihm so zu erkennen geben, daß das Gotteswort ihn schon jetzt in das Reich des Todes versetzt hat[141].

Für das *Verständnis der Hebr-Verse* sind folgende Aussagen des alttestamentlichen Textes bedeutsam: Zunächst ist deutlich, daß es sich um ein Jahwe-Wort handelt. Der Hebr interpretiert seinerseits die zum Propheten gesprochenen Worte als ein an seine Leser adressiertes Verheißungs- und Drohwort Gottes[142]. *Ferner* steht fest: Das Wissen um die Verzögerung der Heilzeit entnimmt der Hebr bereits den Worten aus Hab 1,2; 2,3. Das Gottes-Orakel (Hab 2,4f = Inhalt der Offenbarung von 2,1) enthält die Zusage der Wiederaufrichtung des Tun-Ergehen-Zusammenhangs, - eine Vorstellung, die auch im Hebr vorausgesetzt werden muß. Wenn diese Wiederaufrichtung in den Augen des Propheten nicht schnell genug erfolgt, so soll er diese Verzögerung ertragen (2,3). Der Hebr hat auch diese Einsicht in seine Argumentation aufgenommen, wenn er angesichts der *noch* ausstehenden Verheißungserfüllung der ὑπομονή großes Gewicht beimißt (vgl. v.a. 10,36). Schließlich entnimmt der Hebr der altestamentlichen Vorlage auch die Konkretion der genannten Wiederaufrichtung: Der Gerechte wird aufgrund seiner אֱמוּנָה leben. Der Frevler empfängt den Tod. Daß auch die Prophetenworte eschatologischen Klang besitzen, kann - trotz sprachlicher Nähe - nicht darüber hinwegtäuschen, daß in der alttestamentlichen Vorlage und im Verständnis des Hebr zwei unterschiedliche Vorstellungen von "Leben" vorliegen.

Wir fragen im folgenden nach den *traditionsgeschichtlichen Parallelen* zu Hebr 10,37f. Die von A.STROBEL vermutete Hochschätzung von *Jes 26,20* läßt sich in der Literatur des antiken Judentums und des Urchristentums nicht nachweisen. Dies gilt schon allein für Jes 26,20 und erst recht für die "traditionsbedingte Zusammenstellung" von Jes 26,20 und Hab 2,3f. Die in Hebr 10,37f zu verzeichnende Verbindung ist in der gesamten jüdischen und urchristlichen Literatur ohne Analogie. Eine besondere Bedeutung von Jes 26,20 kann in den bis heute veröffentlichten Texten von *Qumran*[143] nicht nachgewiesen werden[144]. Den gleichen Befund ergeben die Texte der *apokalyptischen Tradition*, obwohl gerade in ihnen - und darin ist STROBEL zuzustimmen -, das vom Hebr aus Jes 26,20 LXX geschöpfte Motiv der Naherwartung eine gewichtige Rolle spielt. Im Blick auf die eschatologische Spannung von *"noch nicht"* / aber *"doch bald"* berühren sich die Traditionen von

---

[141] Weiteres bei E.OTTO: Wehe-Rufe 89ff; Ders.: Theologie 286ff; Ders.: Habakuk/Habakukbuch 303.

[142] Zum hermeneutischen Verfahren vgl. F.SCHRÖGER: Schriftausleger 252ff.

[143] Vgl. hierzu Chr.BURCHARD: Bibliographie II 324f.331. Danach findet sich Jes 26,20 in den bisher veröffentlichten Qumranschriften m.W. nur in der fast vollständig erhaltenen Bibelhandschrift aus Höhle 1. Der von A.STROBEL (Untersuchungen 120 Anm. 4) und F.SCHRÖGER (Schriftausleger 186 Anm. 2) gegebene Verweis auf F.NÖTSCHER: Hodajot 132, demzufolge שכבי עפר in 1QH 6,34 auf dieselbe Formulierung in Jes 26,19 zurückzuführen sei, reicht nicht aus.

[144] So jedoch A.STROBEL: Untersuchungen 120 und F.SCHRÖGER: Schriftausleger 186.

4Esra und ApcBar(syr) mit dem Hebr aufs engste[145]. Jedoch lassen sich die von STROBEL angeführten Belege 4Esr 9,21; ApcBar(syr) 56,4 und 83,6 keineswegs zwingend auf Jes 26,20 zurückführen[146], von einer Kombination mit Hab 2,3 ganz zu schweigen. Die zahllosen Belege von Jes 26,20 in der *rabbinischen Literatur* lassen weitgehend einen eschatologischen Bezug vermissen[147]. Die Mehrzahl der Stellen denkt an das innerweltliche Fliehen vor dem Zorn Gottes[148], vor dem Würgeengel[149] oder einer Herrschergestalt[150]. In der *urchristlichen Literatur* ist Jes 26,20 neben unserer Stelle nur noch in Mt 6,6[151] und 1Clem 50,4 explizit aufgenommen. Die letztgenannte Stelle ist für A.STROBEL ein weiterer Beleg dafür, daß Jes 26,20 in der Verbindung mit Hab 2,3, dessen Bedeutung für die Eschatologie des 1Clem aus Kap. 23 hervorgeht[152], auf eine eigenständige jüdische Tradition zurückzuführen sei[153]. Daß der 1Clem dabei in irgendeiner Form von Hebr 10,37f abhängig sein könnte, verneint STROBEL mit der Begründung, Clemens zitiere viel

---

[145] A.STROBEL: Untersuchungen 86.

[146] Ebd 85; die Belege 56,4 und 83,6 sind textgeschichtlich unsicher. B. VIOLET II 289 verweist zu ApcBar (syr) Vis. VI,5,2 auf Jes 26,20.

[147] M.W. läßt sich ein eschatologischer Kontext nur in der sehr jungen "Messias-Haggada" (אגדת משיח) nachweisen (s. zum Text BHM II 141 [Ed. A.JELLINEK]; zur Übersetzung: A.WÜNSCHE: Aus Israels Lehrhallen III 103). Das Targum behält den eschatologischen Kontext der masoretischen Vorlage bei (TJon Jes 26,19-21: Am Tag des eschatologischen Gerichts, an dem Jahwe vom Ort seiner Schekinah aus erscheinen wird, um die Sünde der Erdbewohner heinzusuchen, werden die Frevler, die das Wort Jahwes nicht beachtet haben (wörtlich: "die an deinem [Jahwes] Wort vorübergegangen sind"), der Gehinna übergeben. Diejenigen, die Gottes Wort beachtet haben, werden am Tag der Auferstehung vor Jahwe ihren Lobpreis singen, die anderen aber in die Unterwelt verbannt. Deshalb gilt: "Geh, mein Volk, vollbringe gute Taten, die dich in der Zeit der Trübsal bewahren werden; verbirg dich eine kleine Weile (כזעיר זמן), bis der Fluch vorüber ist" (Jes 26,20).

[148] Vgl. neben den bei BILL I 577.952f; III 300 gebotenen Belegen insbesondere Ber 7a; Sanh 105b und AZ 4b.

[149] So z.B. in MekhY pisḥa 11 (38) zu Ex 12,21-24.

[150] Z.B. das Fliehen vor dem Zorn des Königs: yBer 7,2; Fliehen vor dem Statthalter: Sanh 25b; Fliehen vor Jannaeus: KohR 7,11.

[151] Daß Jes 26,20 den theologischen Hintergrund der Anweisung zum Gebet in der Kammer hinter verschlossener Tür bietet, legt sich nahe. Die Kammer ist der Ort der Geborgenheit in Gott. Dort allein - so Mt - ist echtes Gebet möglich.

[152] A.STROBEL: Untersuchungen 117: "Das Prophetenwort Hab 2,3 ist allem Anschein nach das Herzstück der Beweisführung und als solches die eigentliche Grundlage des festen Glaubens an die bleibende Gültigkeit der Parusieverheißung". 1Clem 23,5 ist eine Verknüpfung von Mal 3,1 LXX und Jes 13,22 LXX.

[153] Ebd. 117f. 1Clem 50,4 ist in der Hauptsache eine Verknüpfung von Jes 26,20 LXX und Ez 37,12 LXX; vgl. dazu R.KNOPF: Clemensbriefe 127 und J.A.FISCHER: Die Apostolischen Väter 87 Anm. 294.

zu selbständig[154]. Darüber hinaus finde sich bei ihm die im Hebr vorhandene Verbindung von Jes 26,20 LXX und Hab 2,3f LXX nicht.

Wir brechen ab. Keiner der von A.STROBEL angeführten Belege vermag zu überzeugen. Unser Überblick über die Verwendung von Jes 26,20 in der jüdischen und urchristlichen Tradition hat die eingangs aufgestellte These, wonach die vom Hebr gebotene Verknüpfung von Jes 26,20 mit Hab 2,3f das Werk unseres Verfassers ist, bestätigt, so daß es verfehlt ist, hier von einer "traditionsbedingten Verknüpfung" zu reden.

So sicher die genannte Verknüpfung nicht gegeben ist, so eindeutig lassen sich im Blick auf die Bedeutung von *Hab 2,3f* für den Hebr Beziehungen zur Literatur des antiken Judentums herstellen. In seiner überaus materialreichen Arbeit hat A.STROBEL eine beachtliche Zahl von Parallelen zusammengetragen, in denen die Naherwartung und das Verzögerungsproblem (Hab 2,3) mit- und nebeneinander zur Sprache kommen. Es genügt für unseren Zusammenhang, die wichtigsten Ergebnisse seiner Arbeit aufzugreifen, zu ergänzen und in Hinsicht auf Hebr 10,37f neu zu interpretieren.

In den *jüdisch-griechischen Zeugnissen*[155] - damit beginnen wir unseren Überblick - läßt sich das Nachwirken von Hab 2,3 LXX deutlich erkennen. Der entscheidende Begriff des καιρός (Hab 2,3aα LXX) als terminus technicus für das nahe Ende der Heilsgeschichte begegnet vor allem in der Danielapokalypse zur Näherbestimmung für die letzte entscheidungsvolle Zeit, in der das messianische Zeitalter heraufgeführt wird[156]. Dabei besitzt Hab 2,3 eine doppelte Bedeutung: Zum einen wird gesagt, "daß die prophetische Verheißung zu einem *bestimmten* Termin eintrifft". Zum andern, "daß hier eine auf die *Endzeit* bezügliche prophetische Aussage vorliegt, deren Erfüllung für die nahe Zukunft erwartet werden muß"[157]. Neben diese Texte sind zwei "Hab 2,3-Interpolationen der Septuaginta" zu stellen[158], die deshalb besondere Beachtung verdienen, weil sowohl in Jes 13,22 LXX (ταχὺ ἔρχεται καὶ οὐ χρονιεῖ)[159] wie auch in Jes 51,14 LXX (ἐν γὰρ τῷ σῴζεσθαί σε οὐ στήσεται οὐδὲ χρονιεῖ) gegen den Masoretischen Text die Vorstellung vom Nicht-Verzögern der Heilszeit interpoliert wird[160]. Analog zu den voranstehenden LXX-Interpolationen

---

[154] STROBEL ebd. 119 lehnt die Möglichkeit ab, daß Clemens Hebr 10,36f kopiert habe. Zu einem ähnlichen Ergebnis in Bezug auf das Verhältnis von 1Clem zum Hebr im ganzen kommt D.POWELL : "Die nächste Beziehung [des 1Cl] besteht zum ... Hebr, aber es wäre kühn anzunehmen, daß Hebr älter ist und daß 1Clem ihn zitiert" (Clemens von Rom 114). Die Mehrheit der Exegeten ist jedoch nach wie vor davon überzeugt, daß der 1Clem den Hebr kannte und auf ihn zurückgegriffen hat.

[155] A.STROBEL: Untersuchungen 47 - 78.

[156] Ebd. 49f; als Belege seien genannt: Dan 7,22; 8,16.19; 9,26f LXX, vgl. Sir 33,10; 48,10; Dan 8,17; 10,14; 11,27.35 und 12,1 Θ.

[157] Ebd. 49 (Hervorhebung im Original).

[158] Ebd. 56ff.

[159] Treffend bemerkt J.ZIEGLER hierzu: "Js 13,22 liest sich in der LXX wie eine direkte Wiedergabe von Hab 2,3" (Untersuchungen 112).

[160] "Das Verbum χρονίζειν besagt das Verschieben, das Verzögern des Heiles;

verbindet der Verfasser des Hebr die Schriftstelle von der Verzögerung des Heils (Hab 2,3) mit einer solchen, die seine Naherwartung bestärkt (Jes 26,20)[161].

Für unsere Fragestellung bedeutsam sind die Parallelen im Schrifttum der *jüdischen Apokalyptik*. Wir zitieren zunächst *4 Esra 4,26b-27.33-35.38-42*[162]:

> "(4,26b.27) Denn die Weltzeit eilt schnell vorüber. Sie vermag nicht zu bringen, was den Gerechten zu ihrer Zeit verheißen wurde (iustis promissa sunt); denn diese Welt ist voll von Trauer und Übeln ... (4,33-35) Ich antwortete und sagte: Wie lange noch? Und wann wird das sein? Unsere Jahre sind ja kurz und böse! Er antwortete mir und sagte: Eile nicht mehr als der Höchste! Du hast nämlich nur Eile deinetwegen, der Höchste aber für viele. Haben nicht schon die Seelen der Gerechten in ihren Kammern (animae iustorum in promptuariis suis) diese Fragen gestellt, als sie sagten: Wie lange (noch) harren wir hier, und wann kommt die Ernte unseres Lohnes?[163] ... (4,38-42) Ich antwortete und sagte: Herrscher, Herr, aber auch wir sind alle voll von Sünde. Wird nicht vielleicht unseretwegen die Ernte der Gerechten aufgeschoben, wegen der Sünden der Erdbewohner! Er antwortete mir und sagte: Geh, und frage eine Schwangere, ob ihr Schoß, wenn ihre neun Monate um sind, ihr Kind noch in sich zurückhalten kann. Ich sagte: Sie kann es nicht, Herr. Er sagte zu mir: In der Unterwelt sind die Kammern der Seelen dem Mutterschoße ähnlich. Denn wie die Gebärende bald den Nöten der Geburt zu entrinnen strebt, so sind auch diese bestrebt, das wieder herzugeben, was ihnen im Anfang anvertraut war."

Wir fügen Texte aus der *syrischen Baruch-Apokalypse* an[164]. Zunächst *20,5*:

> "Geh und heilige dich sieben Tage und iß kein Brot und trink kein Wasser und sprich mit keinem und komm danach an diesen Ort, so will ich mich dir offenbaren und will wahrhaftige Dinge mit dir reden und dir einen Auftrag geben betreffs des Laufs der Zeiten. Sie werden kommen und nicht verzögert werden[165]."

---

in den Tagen gespannter Messiashoffnungen drängte sich der Gedanke vom 'Zögern' des Heiles immer wieder auf. Dann suchte man Trost in den Schriftworten und gerade zur Zeit der LXX mag die Messiashoffnung recht rege gewesen sein" (J.ZIEGLER ebd.).

[161] A.STROBEL Untersuchungen 63ff. Die weiteren, von STROBEL aufgeführten "jüdisch-griechischen Zeugnisse" können unberücksichtigt bleiben bzw. werden in anderem Zusammenhang angeführt.

[162] Zur Übersetzung s. J.SCHREINER 319-322.

[163] Text (4,35b: Usquequo spero hic (Vg: "sic")? Et quando venit fructus areae mercedis nostrae?) und Übersetzung an dieser Stelle nach B.VIOLET (GCS 18) I 42; II 18ff [Vis. I 11,1ff]; vgl. H.GUNKEL: APAT II 357t).

[164] Zur Übersetzung s. A.F.J.KLIJN, jeweils zur Stelle. Vgl. neben folgenden Texten auch 14,12f (oben S. 46 zu 10,35).

[165] STROBEL ebd. 29 weist zu Recht auf die kaum zufällige Wendung ܘܠܐ ܢܫܬܘܚܪܘܢ hin. Der gesamte Stichus hat folgenden Wortlaut: ܐܬܝܢ ܐܢܘܢ ܘܠܐ ܢܫܬܘܚܪܘܢ. Ein Blick in die der Edition von M.KMOSKO angeschlossene Konkordanz (col. 1238 - 1300) zeigt, daß die Wurzel ܐܚܪ auch in ApcBar (syr) 21,25 und 48,39 (siehe unten S. 65 und die Anm. 169.170) vorkommt.

In *21,21.25* heißt es:

> "Und zeige es denen, die nicht wissen, doch gesehen haben, was uns und unsere Stadt betroffen hat bis jetzt, gemäß der Langmut deiner Macht[166]; denn du hast uns genannt "Geliebtes Volk" um deines Namens willen ... Alsbald zeige deine Herrlichkeit und schiebe nicht hinaus, was du verheißen hast[167]."

Wir fügen als weiteren Beleg *44,7.12f* an:

> "Denn wenn ihr beharrt (ܬܟܬܪܘܢ) und bleibt in seiner Furcht und nie vergeßt sein Gesetz, dann werden die Zeiten sich für euch wieder zum Heil wenden, ihr aber werdet des Trostes Zions teilhaftig werden ... (44,12.13) Es gibt ja eine Zeit, die nicht vergeht, und jene Periode kommt, die bleiben wird in Ewigkeit (ܡܩܘܝܐ ܠܥܠܡ), und die neue Welt (ܘܥܠܡܐ ܚܕܬܐ), die nicht aufs neue dem Verderben die überläßt, die gleich zu Anfang die Verbindung zu ihr suchten. Hat sie doch kein Erbarmen mit denen, die in die Pein kommen. Die aber in ihr leben, führt sie nicht zum Untergang. Denn diese sind's, die solch (verheißene) Zeit, von der die Rede war, ererben werden. Und dieser Menschen wartet auch die Erbschaft der versprochenen Zeit[168]."

Als weiteren Text geben wir *48,8.38f* wieder:

> "Mit Winken der Furcht und der Drohung befiehlst du den Flammen, und sie wandeln sich in Winde. Und mit dem Worte rufst du ins Leben, was nicht war, und mit großer Macht hältst du fest, was noch nicht eingetreten ist[169] ... (4,38f) Geschehen wird in jener Zeit: der Zeiten Wechsel wird öffentlich für jedermann sich offenbaren, weil sie in

---

166 Der Text ist verdorben und seine Wiederherstellung unsicher. Die gebotene Übersetzung folgt A.F.J.KLIJN; ähnlich auch V.RYSSEL in APAT II 420; B.VIOLET II 236 stellt den Text unter Rückgriff auf 12,4 (Vis II 2,46) wieder her: "Daß deine bisherige Zurückhaltung Langmut ist"; ihm folgen A.STROBEL 30 und W.HARNISCH: Verhängnis 315. Sachlich liegen beide Vorschläge nicht allzu weit auseinander: Es ist *Gottes* Langmut, die das Gericht bisher zurückgehalten hat.

167 An dieser Stelle begegnet zum zweiten Mal die Wurzel ܐܚܪ : ܘܡܘܚܪܐ ܢܘܚܪܐ ܕܐܘܚܪܬ ܠܐܡܚܣܢܘܬܟ lautet V.25a, ܘܠܐ ܬܘܚܪ ܡܕܡ ܕܡܠܠܬ ܠܐܡܠܟܢ V.25b.

168 Die Parallelität zu 21,25 ist unverkennbar. An beiden Stellen begegnet als terminus technicus für die "Verheißung" das Partizip Passiv Peal von der Wurzel ܡܠܟ, die auch an der bereits zitierten Stelle 14,13 belegt ist. Vgl. auch: 48,34 (ܡܘܠܟܢܐ) und die wichtigen Parallelen 51,3: "Die Gerechten werden die Welt bekommen und empfangen, die nicht vergeht, so wie sie ihnen verheißen wurde (ܡܠܝܟ ܠܗܘܢ)"; 57,2: "Abraham und seine Nachkommen hatten Glauben an das kommende Gericht (ܗܝܡܢܘܬܐ ܕܕܝܢܐ ܕܥܬܝܕ), Hoffnung auf die Welt, die erneuert wird (ܣܒܪܐ ܕܥܠܡܐ ܕܡܬܚܕܬ) und empfingen die Verheißung des kommenden Lebens (ܡܘܠܟܢܐ ܕܚܝܐ ܕܒܬܪ ܗܠܝܢ ܕܐܬܝܢ)"; 59,1f: "Mose und den anderen Gläubigen (ܡܗܝܡܢܐ) wird die ewige Leuchte des Gesetzes die Verheißung ihres Lohnes ankündigen (ܡܘܠܟܢܗܘܢ ܕܐܓܪܗܘܢ) und den Ungläubigen die für sie aufbewahrte Feuerstrafe".

169 Die zweite Hälfte des Verses ist Übersetzung folgenden syrischen Textes: ܘܒܡܠܬܐ ܡܩܝܡ ܐܢܬ ܠܗܘ ܕܠܐ ܗܘܐ ܘܐܚܝܕ ܐܢܬ ܒܚܝܠܐ ܪܒܐ ܠܡܕܡ ܕܠܐ ܐܬܐ ܠܗ. Zur Schöpfung durch das Wort vgl. das zu Hebr 11,3 Dargelegte. Zur Festsetzung des Zeitpunktes des kommenden Heils bzw. Gerichts durch Gott vgl. 4Esr 4,40 (s. oben S. 64).

allen jenen Zeiten sich befleckten und unterdrückten, wobei ein jeglicher in seinen Werken wandelte und des Gesetzes des Allmächtigen nicht gedachte. Drum wird ein Feuer fressen ihre Gedanken, mit einer Flamme wird das Überlegen ihrer Nieren untersucht. Denn kommen wird der Richter und nicht zögern[170]."

Als letzten Text bieten wir die Übersetzung von *83,1.4f.7f*:

"(1) Der Höchste wird ja seine Zeiten sicherlich beschleunigen und seine Perioden sicher kommen lassen ... (4f) Darum soll keines von den jetzt bestehenden Dingen in euer Herz eindringen. Wir wollen vielmehr (ruhig) warten, weil das, was uns verheißen ist, kommen wird[171]. Wir wollen nicht schauen auf die Freuden heutiger Völker; wir wollen lieber daran denken, was uns für jenes Ende verheißen ist[172] ... (7f) Das Ende der Welt wird dann ihres Herrschers große Macht zeigen, weil alles in das Gericht kommt. Bereitet darum eure Herzen zu für das, was ihr seit jeher geglaubt habt[173], damit ihr nicht von beiden Welten aufgegriffen werdet, indem ihr hier gefangen weggeführt wurdet und dort gepeinigt werdet."

Es bleibt festzuhalten:

1) Die Gerechten haben teil an der kommenden Welt: ApcBar (syr) 21,25; vgl. 14,12f; 44,7.12f; 83,4.7f. Mit dem Offenbarwerden der neuen Welt werden die Glaubenden die verheißenen Heilsgüter in Empfang nehmen: 4Esr 4,26f; 4,35.

2) Doch die kommenden Zeiten und das damit verbundene Gericht werden von Gott zurückgehalten (Verzögerung)[174]: ApcBar (syr) 21,21.25; 48,8; 51,11.

3) Bis zum "Kommen der Ernte des Lohnes" (4Esr 4,35) leiden die Glaubenden unter den gegenwärtigen Verhältnissen und müssen angesichts des Ausbleibens des kommenden Äons (עולם הבא) geduldig harren: 4Esr 4,33ff; 4,38f.

---

[170] Mit guten Gründen wurde hierzu auf Hab 2,3 (so A.STROBEL ebd. 33) und auf Hebr 10,37f (so H.WINDISCH 97f) verwiesen. Zur Vorstellung des Gerichts als verzehrendem Feuer vgl. Hebr 12,29. Der Glaube an den kommenden Richter findet eine noch näher zu bedenkende Parallele in den Targumim zu Gen 4,8. An der o.g. Stelle findet sich zum dritten Mal in der ApcBar (syr) die Wurzel ‏ܐ‎/ als terminus technicus für die von Gott gewirkte Verzögerung des Eschatons: ‏ܗܝ ܢܬܠ ܗܟ ܟܠ‎ /ܪ ‏ܟܘܡ‎; vgl. daneben auch 20,5; 21,25 und 51,11. Zur letztgenannten Stelle vgl. A.STROBEL: "So daß sie [sc. die Engel] an ihren Orten stehen, bis ihre Ankunft (παρουσία - מאתיתהון) kommt" (ebd. 32).

[171] Der syrische Text lautet: ‏ܟ ܪܡܠܟܘ. ܗܘ ܗܢ ,‏ܐܗ ܟܗܠ: ‏ܟܗ ‏ܟ‎/ܗ ‏ܐ‎/.

[172] Es mag hier genügen, V.5b in der Originalsprache zu zitieren: ‏ܐ‎/ ‏ܗܟ ‏ܟܘܗܢ‎: ‏ܟ ܪܡܠܟܡ ‏ܟ‎/. In beiden Versen begegnet demnach ‏ܪܠܡ‎ als Ausdruck für die "Verheißung".

[173] B.VIOLET II 328 übersetzt ‏ܪܡܘ‎ zutreffend mit: 'seit jeher'. Der Kontext macht es zwingend bei dem Geglaubten (‏ܟܗܘܪ‎) an das verheißene eschatologische Ende zu denken.

[174] Vgl. hierzu neben den Stellen ApcBar (syr) 48,2; 54,1; 56,4; 85,12 die Ausführungen bei A.STROBEL: Untersuchungen 30ff und W.HARNISCH: Verhängnis 288ff.306ff; ferner ebd. 316ff.326f.

4) Die Heilszeit aber wird so gewiß eintreten, wie eine Schwangere nach der er-
füllten Zeit die Geburt nicht mehr aufhalten kann (4Esr 4,40f). Die Gewißheit der
Apokalyptiker gründet in Gottes Heilsratschluß. Gott selbst hat die Zeit des Heils
festgesetzt. Selbst die Sünde des Menschen vermag diese Heilszeit nicht aufzuhalten
(ebd.)[175]. Die Paränesen dienen dem vertrauenden Ausharren bis zum Tag der Heilsvollendung, den Gott gewiß heraufführen wird: ApcBar (syr) 20,5; 21,25; 44,7;
48,38f; 83,1f.

Die sachliche Nähe der zitierten Texte zu den Anschauungen des Hebr ist evident.
Die vorliegende Studie wird das mehrfach bestätigen. In einer Hebr 10,37f vergleichbaren Weise wird Hab 2,3f in *1QpHab 7,5 - 8,3* aufgenommen[176]. Es genügen
hierzu einige wenige Bemerkungen:

1) Der Kommentar verwendet - wie der Hebr in 10,37-39 - als Verfahren der
Schriftauslegung die in den Qumran-Pescharim übliche "Pescher-Methode"[177].

2) 1QpHab 7,5ff und Hebr 10,37 verwenden Hab 2,3 als Schriftbeleg, der das gott-
gewollte Verzögern der ausstehenden Heilszeit ansagt. Beide Texte betonen darüber
hinaus, daß diese Zeit nicht ausbleiben, sondern - so der göttliche Ratschluß - gewiß
kommen wird[178]. Auch die Qumran-Gemeinde wird aufgrund des Ausbleibens der
Heilszeit vom Problem der "Müdigkeit" angefochten[179].

3) 1QpHab 8,1-3 legt das in 7,17 vorauszusetzende Zitat von Hab 2,4 in einer dem
Hebr analogen Weise aus[180]:

> 7,17: [...*Aber der Gerechte wird durch seine Treue leben*].(2,4)
> 8,1: "Seine Deutung bezieht sich auf alle Täter des Gesetzes im
>   Hause Juda, die
> 8,2: Gott erretten wird aus dem Hause des Gerichtes um ihrer
>   Mühsal und ihrer Treue willen
> 8,3: zu dem Lehrer der Gerechtigkeit..."

---

[175] Weitere Einzelheiten bei A.STROBEL: Untersuchungen 27f und W.HAR-
NISCH: Verhängnis 270-293.

[176] Vgl. dazu C.SPICQ: Apollos 385f; H.BRAUN: Qumran und das Neue Testament I 266f; A.STROBEL: Untersuchungen 82f; F.SCHRÖGER: Schriftausleger 186f;
H.W.MONTEFIORE 185; F.F.BRUCE 274f Anm. 202 und O.MICHEL 364f.

[177] Zu dieser Verfahrensweise vgl. auch Hebr 2,6-9; 3,7-4,11; 10,5-11; 12,5-11,
sowie F.F.BRUCE: Qumrân and Early Christianity 182f; S.KISTEMAKER: Psalm
Citations 74; H.BRAUN: Qumran und das Neue Testament I 266f; F.SCHRÖGER:
Schriftausleger 186f.277ff; O.HOFIUS: Katapausis 177 Anm. 320.

[178] Dabei übernimmt 1QpHab 7,12-14a innerhalb des Kommentars die Funktion, die der Hebr der Wendung μικρὸν ὅσον ὅσον (Jes 26,20 LXX) zuweist: Der in der
Schrift (Hab 2,3) geweissagten (Parusie-)Verzögerung ist von Gott noch eine (kurze)
Frist gesetzt, die unmittelbar vor ihrem Ende steht. Zu den exegetischen Einzelpro-
blemen von 1QHab 7,9ff vgl. K.ELLIGER: Studien 193ff; A.STROBEL: Untersuchungen 7ff (dort weitere Literatur).

[179] Vgl. 1QHab 7,11 (ירפו ידיהם) mit Hebr 12,12 (παρειμέναι χεῖρες).

[180] Zum Text s. E.LOHSE: Die Texte aus Qumran 236f.

Was ist die Aussage des Kommentars[181]? Als *erstes* ist deutlich, daß er mit den ”Gerechten” die ”Gesetzestäter im Hause Juda” vor Augen hat. *Zweitens* interpretiert der Schreiber - analog dem Verständnis des Paulus in Röm 1,17 und Gal 3,11 und dem des Hebr in 10,37f - יִחְיֶה (= ζήσεται) eschatologisch und meint mit ”leben” die Rettung im Endgericht. *Drittens* expliziert der Kommentar sein Verständinis von אֱמוּנָה zweifach: zum einen hebt er das treue Sich-Abmühen (עמל) um die Tora hervor. Dieses Anstrengen allein reicht aber zur Rettung im Endgericht nicht aus; denn auch die Anhänger des Lügenpropheten mühen sich (1QpHab 10,12). Deshalb fügt der Kommentar - zum andern - hinzu, daß es neben dem Gesetzeseifer auch ankommt auf die ”Treue zum Lehrer der Gerechtigkeit”: Gott hat ihm - im Gegensatz zum Propheten Habakuk - seine Geheimnisse bekanntgemacht (7,4f), so daß er allein die Gesetze richtig auszulegen vermag. Der pHab nennt daher nur diejenigen ”gläubig”, die ”ihr Leben ausrichten nach der Gesetzesinterpretation des Lehrers und sich auf seine Worte verlassen”[182]. Damit kann nun freilich aber auch kein Zweifel über den *Unterschied* zum Hebr bestehen: Für den Hebr meint πίστις (אֱמוּנָה) nicht das Tun des Gesetzes Gottes und das Festhalten an seiner Weisung, sondern πίστις meint für ihn das unbeirrbare Feststehen bei Gottes Verheißungswort wider allen Augenschein und alle Bedrängnis[183]. Das in pHab 8,2f vorliegende Glaubensverständnis hingegen ist an der Gesetzeserfüllung orientiert und unterscheidet sich darin sowohl von Paulus[184] als auch vom Hebr[185].

Es bleibt nun noch das Material der *rabbinischen Quellen* hinzuzufügen. Was die Verwendung von *Hab 2,3* anlangt, so dient auch im Rabbinat das Prophetenwort als Beleg für die in der Schrift geweissagte Verzögerung der Heilszeit: Neben der Stelle Sanh 97b[186], wo das geduldige Harren als die der Verzögerung gegenüber angemessene Haltung verstanden wird, kann ein Beleg im jungen Midrasch LeqT zu Num 24,17 (129b) verglichen werden: dem Ausbleiben des ”Messiaskönigs” (מלך המשח) soll mit geduldigem Harren begegnet werden, - denn seine Ankunft

---

[181] Zu den folgenden Ausführungen vgl. G.JEREMIAS: Der Lehrer der Gerechtigkeit 143f.

[182] Ebd. 144.

[183] Auch darin koinzidieren pHab und Hebr 10,32-39, daß beide stark bestimmt werden von der Naherwartung des Endes und dem daraus resultierenden Erfordernis für die jeweiligen Gemeinden, im Warten auf die Heilszeit gerade angesichts der Leiden der Verfolgung ein Höchstmaß an Geduld aufzubringen. Für den Habakuk-Kommentar vgl. hierzu K.ELLIGER: Studien 278f.

[184] Das hat G.JEREMIAS: Lehrer der Gerechtigkeit 144ff überzeugend nachgewiesen; vgl. auch A.STROBEL: Untersuchungen 176.

[185] Den Nachweis darüber, daß für den Hebr die πίστις keine verdienstliche menschliche Leistung darstellt, wird der Fortgang der vorliegenden Studie erbringen.

[186] Vgl. A.STROBEL: Untersuchungen 19ff, der in diesem Zusammenhang auch auf das TJon zu Hab 2,3 (Text s.o. S. 52) als Zeugnis der frühen Synagoge verweist (ebd. 21ff).

ist gewiß. Von den zahlreichen rabbinischen Belegen zu *Hab 2,4* verdient eine Traditionslinie besondere Beachtung, deren erste schriftliche Fixierung in der frühen Mekhilta[187] zu greifen ist[188]. Aufgrund der großen Bedeutung, die dieser Text als Ganzer für die vorliegende Arbeit hat, sollen hier weite Passagen von *MekhY beshallaḥ 6* zu Ex 14,31 wiedergegeben werden[189].

"Und sie glaubten an den Herrn und an Mose, seinen Knecht" (Ex 14,31).

"Wenn sie an Mose glaubten (האמינו), um wieviel mehr glaubten sie an den Herrn[190]. Dies geschieht, um dich zu lehren, daß jeder, der an den treuen Hirten glaubt (כל מי שמאמין ברועה נאמן), auch[191] an das Wort dessen glaubt, der sprach - und die Welt wurde (מאמין במאמר מי שאמר והיה העולם) ... Groß ist der Glaube *Israels*, mit dem es an den glaubte, der sprach - und die Welt wurde[192]; denn zum Lohn (בשׂכר) dafür, daß Israel an den Herrn glaubte, ruhte der heilige Geist auf ihm ...

Und so findest du, daß *Abraham*, unser Vater, diese und die kommende Welt (העולם הזה והעולם הבא) einzig durch das Verdienst des Glaubens, mit dem er an den Herrn glaubte (בזכות אמנה שהאמין ביי), ererbt hat, denn es heißt: 'Und er glaubte an den Herrn, und er rechnete es ihm zur Gerechtigkeit' (Gen 15,6) ...

Und so findest du, daß *Israel* einzig zum Lohn für den Glauben aus Ägypten erlöst wurde, denn es heißt: 'Und das Volk glaubte' (Ex 4,31) [לא נגאלו ישראל ממצרים אלא בשׂכר האמנה שנאמר ויאמן העם]. Ebenso heißt es: 'Der Herr bewahrt die Glaubenden' (Ps 31,24) ...

Es heißt: 'Dies ist das Tor zum Herrn, die Gerechten gehen durch es ein' (Ps 118,20). Wie heißt es von den Männern des Glaubens? 'Öffnet die Tore, daß eingehe das gerechte Volk, das den Glauben bewahrt' (Jes 26,2). Durch dieses Tor gehen alle Männer des Glaubens hinein. Und ebenso heißt es: 'Köstlich ist es, den Herrn zu preisen ..., zu verkünden ... deine Treue in den Nächten ..., denn du hast mich fröhlich gemacht ...' (Ps 92,2ff). Was ist der Anlaß für uns, zu erlangen diese Freude? Der Lohn des Glaubens, mit dem unsere Väter in dieser Welt, die ganz Nacht ist, glaubten (שׂכר אמנה שהאמינו אבותינו בעולם הזה שכלו לילה), denn so heißt es ... (Ps 92,3; 2Chron 20,20; Jer 5,3): 'Aber der Gerechte wird durch seinen Glauben leben' (Hab 2,4) ..."

---

[187] Näheres hierzu bei M.D.HERR: Mekhilta 1267ff; G.STEMBERGER: Datierung 81-118; H.L.STRACK/G.STEMBERGER: Einleitung 238f.

[188] Weitere Belege bei BILL. I 907; III 199f.543f und bei A.SCHLATTER: Glaube 609f.

[189] Zum hebr. Text s. H.S.HOROVITZ/I.A.RABIN: Mechilta d'Rabbi Ismael, Frankfurt a.M. 1931 (Nachdruck Jerusalem 1970), 114f. Zur Übersetzung vgl. J.WINTER/A.WÜNSCHE: Mechiltha 110f und J.Z.LAUTERBACH: MEKILTA I 252ff.

[190] Wörtlich: "Wenn sie an Mose glaubten, so glaubten sie auch - aufgrund eines Qal-wa-chomer-Schlusses - an den Herrn".

[191] Wörtlich bedeutet כאלו "als ob", "sozusagen", so daß zu übersetzen wäre: " ... daß jeder, der an ihn glaubt, so ist, als ob er an das Wort dessen glaubt ..."

[192] Die Nähe der Aussagen zu den Anschauungen von Hebr 11,3 liegt auf der Hand und wird bei der Auslegung zu berücksichtigen sein.

Die entscheidenden Aussagen – die dem Glaubensverständnis des Hebr sehr nahe kommen – seien kurz zusammengefaßt[193]:

1) Der Glaube Israels wird interpretiert als Glaube an den Schöpfer, der durch sein Wort die Welt erschaffen hat (vgl. Hebr 11,3).

2) Der Glaube ist Voraussetzung für die Teilhabe an der zukünftigen Welt. Ist dies expressis verbis zunächst auch nur von Abraham ausgesagt, so zeigt doch der ganze Abschnitt zu Ex 14,31 zweifellos, daß *alle* Glaubenden (כל בעלי אמנה) mit im Blick sind[194]. Dies ergibt sich auch aus der Tatsache, daß der Midrasch sowohl in Bezug auf Abraham als auch in Bezug auf alle Glaubensväter vom Lohn des Glaubens (vgl. Hebr 10,35: μισθαποδοσία) redet[195].

3) Eine weitere interessante Parallele zum Hebr bietet die Auslegung des Exodus: Die Israeliten wurden aufgrund ihres Glaubens aus Ägypten erlöst, was mit Hebr 11,29 verglichen werden kann.

4) Abschließend ist die eschatologische Interpretation der Prophetenworte aus Hab 2,4 in MekhY zu Ex 14,31 zu betonen[196]. Das Ererben der zukünftigen Welt durch Abraham wird im Midrasch mit Gen 15,6 begründet.

Wir fügen den Ausführungen zur Textgestaltung und der Erörterung über die aufgenommenen Traditionen einige *Bemerkungen zum einzelnen* hinzu. Für die weiteren Ausführungen des "tractatus de fide" kommt der inhaltlichen Näherbestimmung von δίκαιος eine besondere Bedeutung zu. Der Verfasser versteht den Begriff ganz vom Kontext, d.h. vom Thema des Glaubens, her: "Der δίκαιος ist der Gott zugehörige und seines Wohlgefallens sich erfreuende Fromme, dessen Gerechtigkeit ganz wesentlich in seinem Glauben besteht ..., so daß πίστις und δικαιοσύνη hier ... unzertrennlich verknüpft sind"[197]. Für den Hebr ergibt sich bei

---

[193] Eine vergleichbare Auslegung findet sich auch in MekhSh zu Ex 14,31 (Ed. J.N.EPSTEIN/E.Z.MELAMED 69f); vgl. auch Yalq II 519 zu Hos 2,22.

[194] Auffällig ist hingegen, daß Abraham durch "das Verdienst des Glaubens" (בזכות אמנה) diese und die zukünftige Welt bereits ererbt *hat*. Dies ist ein deutlicher Unterschied zu Hebr 11,13.39f, wonach das Inbesitznehmen der eschatologischen Heilsgüter noch aussteht. Allerdings hat Abraham auch nach dem Hebr aufgrund seines Glaubens die Voraussetzung für die Erlangung der Eschata erfüllt. Am Tag der Heilsvollendung (9,28; 10,25.37f; 11,39f) wird er mit der christlichen Gemeinde und den anderen Glaubenszeugen in die unmittelbare Gottesgemeinschaft eingehen.

[195] Die eschatologische Dimension im Blick auf Abraham ist unbestreitbar. Ob man das Eingehen zum Herrn durch das Tor (Ps 118,20) in eschatologischem Sinn interpretieren darf, ist nicht sicher. Soviel steht jedoch fest: Es geht hier wie dort um die unmittelbare Gottesgemeinschaft.

[196] Daß dem Rabbinat ein solches eschatologisches Verständnis nicht unbekannt ist, zeigen die Homilien-Midraschim Tan תרומה §4 (108a) bzw. TanB תרומה §3 (45b), in denen die Wendung aus Hab 2,4 (וצדיק באמונתו יחיה) eschatologisch aufgefaßt und – wie in Hebr 10,38 – auf das Leben im עולם הבא bezogen wird.

[197] E.RIGGENBACH 338. Es ist allerdings darauf zu achten, daß die Begriffe δίκαιος, δικαιοσύνη und πίστις nicht vom paulinischen Verständnis her gedeutet werden dürfen.

einer Vielzahl der angeführten alttestamentlichen Glaubenszeugen der Vorbild-
charakter erst durch die Zusammenschau unterschiedlicher Texte, die er durch
Analogieschluß (Gezera schawa) miteinander verknüpft. Wo im Alten Testament
oder im antiken Judentum von einem der Vorbilder ausgesagt wird, daß die
betreffende Person δίκαιος sei, ist für den Hebr zugleich erwiesen, daß dieser Person
auch πίστις zukommt. Das Subjekt in Hebr 10.38a ist nicht mehr der "Kommende"
(ὁ ἐρχόμενος: 10,37). Vielmehr bezieht der Verfasser ὁ δίκαιος ganz umfassend auf
die Glaubenden, und zwar zunächst - was der paränetische Zusammenhang von
10,32-39 nahelegt - auf die glaubenden Christen, aber darüber hinaus auch - wie
in 11,4.7 - auf die "Wolke der Zeugen" von Kap. 11. Was der Verfasser im einzelnen
unter πίστις versteht, wird im Rahmen der Auslegung von 11,1 darzulegen sein.

Wir wenden uns der bislang zurückgestellten Frage nach der Bedeutung von
ζήσεται zu: Im Unterschied zum Alten Testament, - das "leben" irdisch-immanent
versteht -, faßt der auctor ad Hebraeos ζήσεται streng eschatologisch. Sachlich
korrespondiert der Begriff dabei dem, was der Verfasser in 10,39 περιποίησις ψυχῆς
nennt. Mit seiner eschatologischen Interpretation von Hab 2,4 stellt sich der Hebr
in einen breiten Traditionsstrom des antiken Judentums, der davon zu berichten
weiß, daß der Gerechte (durch seinen Glauben ewig) leben wird (vgl. 12,9)[198]. Diese
Zusage des eschatologischen Lebens steht in Hebr 10,38 unter der Bedingung des
"Nicht-Zurückweichens" (ὑποστέλλεσθαι) vom Wort der Verheißung[199]. Inhaltlich
berührt sich dieses Verständnis von Hab 2,4a mit der Anschauung, die das TJon zu
Hab 2,4a erkennen läßt: "Siehe, die Gottlosen sagen in ihrem Herzen: All dies
geschieht nicht!" Es ist hier das Zurückweichen ausgesagt im Sinne des Leugnens
der verheißenen Eschata. Darin drückt sich die negative Seite dessen aus, was in
Hebr 11,1 als These über das große Glaubenskapitel gesetzt ist: ὑποστέλλεσθαι ist das
Gegenteil von ἐλπιζομένων ὑπόστασις, πραγμάτων ἔλεγχος οὐ βλεπομένων. Solches
Verhalten findet nicht Gottes Wohlgefallen: Wenn der Glaubende, "zurückweicht",
das heißt, wenn er sich ungläubig und ungehorsam vom Wort der Verheißung
abwendet, so wird er endgültig aus Gottes Ruhestätte ausgeschlossen (vgl. 3,7 -
4,11). Wer am Tag der Heilsvollendung nicht Gottes Wohlgefallen findet, für den
bleibt nur das Verderben (ἀπώλεια: 10,39), für den wird Christus nicht εἰς σωτηρίαν

---

[198] Vgl. äthHen 37,4; 40,9; 58,3; 91,10; 92,3f; Hen(sl) 65,10; 2Makk 7,9.36 (vgl.
auch 7,11.14 [ἀνάστασις εἰς ζωήν] 12,43f; 14,46); 4Makk 15,3; PsSal 3,12f; 13,11(!);
14,10. Vgl. außerdem 9,5.11; 10,8; 11,9; 12,6; 14,3; 15,13 [οἱ δὲ φοβούμενοι τὸν κύριον
... ζήσονται ... καὶ ἁμαρτωλοὶ ἀπολοῦνται εἰς τὸν αἰῶνα χρόνον]. Die weisheitliche
Verknüpfung von erduldeter Züchtigung des Gerechten (ὑπομένειν τὴν παιδείαν:
PsSal 14,1) und verheißener Barmherzigkeit (als Synonym zu "ewigem Leben") -
3,3f; 10,2f; 16,13-15 - ist eine deutliche Parallele zu Hebr 12,9. Vgl. neben Sap 5,15;
Test XII TAs 5,2 ferner W.BOUSSET/H.GRESSMANN: Religion 275. Auch in der rabbinischen Literatur findet sich eine unübersehbare Fülle von Parallelen: dazu vgl.
BILL. I 463f.808f.829; II 726f; IV 799-976: 968ff.

[199] Das Medium hat im NT nur an unserer Stelle die Bedeutung "sich zurückziehen", "zurückziehen": vgl. R.BERGMEIER: ὑποστέλλω 974; weitere Einzelheiten bei
K.H.RENGSTORF: στέλλω κτλ. 598f;

(9,28) wiederkommen. Darin wird der Ernst der Lage für die Leser deutlich: Wer vom Glauben abfällt, wer "den zurückweist, der da redet" (12,25), für den wird es kein Entrinnen im Gericht geben[200]. Für den weiteren Gang unserer Untersuchung ist es wichtig, schon hier festzuhalten, daß die Formulierung εὐδοκεῖ ἡ ψυχή μου inhaltlich analog zu interpretieren ist wie das Verb εὐαρεστεῖν in 11,5f. Die voranstehenden Beobachtungen zeigen schließlich, wie in den Augen des Hebr die Wiederaufrichtung des Tun-Ergehen-Zusammenhangs aussehen wird: Was für den Propheten zweifellos weltimmanent gedacht wurde, gewinnt in der Theologie des Hebr eschatologische Dimensionen: Das Heilsorakel Gottes ist auf den Tag der Heilsvollendung ausgerichtet. An der Stellung zu Gottes Verheißungswort entscheidet sich das eschatologische Schicksal: Wer glaubt, wird "eine große Belohnung" (μεγάλη μισθαποδοσία: 10,35) erlangen. Wer geduldig harrt bis zum Tag der Wiederkunft Jesu, wird "das (eschatologische) Verheißungsgut empfangen" (ἵνα κομίσησθε τὴν ἐπαγγελίαν: 10,36). Wer jedoch zurückweicht, wird für sein Preisgeben des Verheißungswortes mit dem Ausschluß aus der Gottesgemeinschaft bestraft. Er wird der ἀπώλεια übergeben.

Den Abschluß soll eine *paraphrasierende Übersetzung* bilden:

Denn (nur) noch eine kleine, ganz kleine Weile, so wird (am Tag der baldigen Heilsvollendung) der (Wieder-)Kommende (Hohepriester, Jesus Christus) kommen und (er wird) nicht (länger) verziehen.

Mein Gerechter aber (, der sich angesichts der in der Schrift geweissagten Verzögerung der Heilszeit auf meine Verheißung verläßt,) wird aufgrund des Glaubens (an die im Verheißungswort zugesagten eschatologischen Heilsgüter im kommenden Äon in meiner unmittelbaren Nähe) leben; doch wenn er (aufgrund seines Unglaubens und Ungehorsams von meinem Verheißungswort) zurückweicht, hat meine Seele (am Tag des Gerichts) keinen Gefallen an ihm (und wird ihn - wie schon die ungläubige Wüstengeneration vor ihm - vom eschatologischen Heil ausschließen).

---

[200] Mit ὑποστέλλεσθαι ist demnach in der Sache das Gleiche zum Ausdruck gebracht wie durch die Aussagen in 3,12: ἀποστῆναι ἀπὸ θεοῦ ζῶντος; 6,6: παραπίπτειν; 10,26: ἑκουσίως ἁμαρτάνειν und 12,15: ὑστερεῖν ἀπὸ τῆς χάριτος τοῦ θεοῦ. In allen Fällen geht es um den drohenden Abfall als Ausdruck des Unglaubens bzw. Ungehorsams, dem im Eschaton die Verwerfung durch Gott zuteil werden wird. Anders dagegen T.W.LEWIS: Heb.X.38b 92f.

3. 10,39: Abfall bringt das Verderben! Glaube aber bringt das ewige Heil!

Der letzte Vers des 10. Kapitels besitzt verbindende Funktion: *Zum einen* greift der Verfasser hier die Stichworte ὑποστέλλειν und πίστις aus 10,38 auf und bezieht die zentralen Begriffe aus Hab 2,4 auf die Christen[201]. Dabei werden die VV. 38f chiastisch angeordnet[202]:

10,38	A	ἐκ πίστεως	– ζήσεται
	B	ὑποστείληται	– οὐκ εὐδοκεῖ
10,39	B'	ὑποστολῆς	– εἰς ἀπώλειαν
	A'	πίστεως	– εἰς περιποίησιν ψυχῆς.

Zum andern verlangen die Ausführungen von 10,37ff eine Antwort auf die Frage nach dem Glaubensverständnis des Verfassers. Diese wird in 11,1 gegeben. Die verbindende Funktion zeigt sich sprachlich im Stichwort des "Zurückweichens" (10,38b; 10,39a) als Gegenbegriff zu ὑπόστασις in 11,1.

Zur *Einzel-Auslegung*: Der Verfasser hat den Lesern den Ernst der Situation aufgezeigt (10,38). Nun – in 10,39 – erheischt er deren Aufmerksamkeit, indem er sich betont – ausgedrückt durch das häufig im Hebr belegte ἡμεῖς[203] – auf die Seite der Leser stellt. Es gibt keinen Grund zu resignieren, denn das Urteil zum Verderben ist (noch!) nicht ausgesprochen. *Noch* ist der Abfall nicht vollzogen. So klingt Gewißheit aus den ermahnenden Worten des engagierten Seelsorgers. Die Parallele zu Kap. 6 ist deutlich: Dort wird die Warnung vor dem Abfall mit der "Unmöglichkeit der zweiten Buße" begründet (6,4ff). So wie der Hebr dort sogleich tröstliche Töne anschlägt, weil er im Blick auf die Adressaten "vom Besseren und zum Heil Dienlichen" überzeugt (6,9f) ist, so spricht er auch in 10,39 ein Wort des Trostes zu. Man darf daher mit guten Gründen von einem "*bekenntnisartigen* Stil" reden[204]: Die Gewißheit des Heils soll – so betont der Verfasser – ihn und die Gemeinde mehr bestimmen als die bedrängende Situation der Anfechtung und der Glaubensmüdigkeit: "Wir" haben nichts zu schaffen mit der ὑποστολή εἰς ἀπώλειαν. Das neutestamentliche Hapaxlegomenon ὑποστολή nimmt das Verb ὑποστέλλομαι aus V.38 auf[205] und meint – wie dort – das "Zurückweichen" im objektiven Sinn[206]. Der Ver-

---

[201] Vgl. E.RIGGENBACH 339; C.SPICQ II 333; E.GRÄSSER: Glaube 43ff.

[202] Siehe dazu die Ausführungen oben S. 55. Vgl. auch A.VANHOYE: Sturcture 181 und H.BRAUN: 334.

[203] Vgl. 1,2; 2,1ff; 2,8f; 3,1ff; 4,14ff; 5,11; 6,1.9.18f; 10,19ff; 12,1f.28f.

[204] O.MICHEL 366 Anm. 3 (Hervorhebung dort).

[205] Grammatisch stellt ὑποστολῆς – wie auch πίστεως in der zweiten Vershälfte – entweder einen Genitiv der Eigenschaft (vgl. E.RIGGENBACH 339) oder einen Genitiv der Zugehörigkeit (vgl. BDR § 164₈) dar.

[206] Abzulehnen ist die subjektivistische Übersetzung "Kleinmut": so z.B. W.BAUER: Wb 1676, s.v.; im Anschluß daran R.BERGMEIER: ὑποστέλλω 974, was unverständlich ist, da BERGMEIER (ebd.) ὑποστέλλομαι korrekt mit "sich zurückziehen/weichen" wiedergibt; wenig hilfreich ist auch die Wiedergabe mit "Mangel an Verläßlichkeit bzw. Fahrigkeit" (K.H.RENGSTORF: στέλλω 599).

fasser denkt an das "Nicht-Feststehen" beim Wort der Verheißung und verwendet ὑποστολή als Gegenbegriff zu ὑπόστασις (11,1; vgl. 3,14). Die Angesprochenen gehören also (noch) nicht zu den Apostaten. Abfall aber würde unweigerlich εἰς ἀπώλειαν führen. Mit dieser, nur an unserer Stelle im Hebr vorkommenden Wendung faßt der Autor das in 10,38b (οὐκ εὐδοκεῖ ἡ ψυχή μου) Gesagte in neue Worte: Es droht das endgültige Verworfen-Werden im kommenden Eschaton[207], das unwiderrufliche Ausgeschlossen-Werden aus der Katapausis, wie es die im Unglauben (ἀπιστία: 3,19; vgl. 4,2) und im Ungehorsam (ἀπείθεια: 4,6; vgl. 3,18) beharrende Wüstengeneration erfahren mußte (3,16.18f). Sprachlich steht der Hebr in der Nähe der *Psalmen Salomos*, wo an einigen Stellen ἀπώλεια als Ausdruck für die endgültige eschatologische Verwerfung der Sünder und der Gottlosen begegnet[208]. Von den wichtigsten Stellen sei hier zunächst *3,11f* angeführt[209]:

Der Untergang des Sünders ist auf ewig,
   (ἡ ἀπώλεια τοῦ ἁμαρτωλοῦ εἰς τὸν αἰῶνα)
und seiner wird nicht gedacht, wenn er sich der Gerechten annimmt.
Das ist das Los der Sünder in Ewigkeit;
die Gottesfürchtigen aber stehen auf zu ewigem Leben,
   (οἱ δὲ φοβούμενοι τὸν κύριον ἀναστήσονται εἰς ζωὴν αἰώνιον)
und ihr Leben (ist) im Lichte des Herrn, und es hört nie mehr auf.

Wir fügen *9,5* hinzu:

Wer Gerechtigkeit übt, sammelt sich Leben beim Herrn
wer aber Unrecht übt, verwirkt sein Leben in Verderben
   (ὁ ποιῶν ἀδικίαν αὐτὸς αἴτιος τῆς ψυχῆς ἐν ἀπωλείᾳ)[210].

---

[207] In Mt 7,13f findet sich eine Hebr 10,39 vergleichbare Gegenüberstellung: dort meint ζωή das ewige Leben und ἀπώλεια das ewige Verderben. Zu der Verwendung von ἀπώλεια als Ausdruck des endzeitlichen Verworfen-Werdens vgl. Röm 9,22; Phil 1,28 [ἀπώλεια - σωτηρία]; 3,19; zu vgl. ist auch der eschatologische Kontext des Verbs ἀπόλλυμαι in Joh 3,15f; 10,27 und die Stellen, die vom "υἱὸς τῆς ἀπωλείας" handeln (2Thess 2,3; Joh 17,12; vgl. dazu הׁשׁחת ׁאיׁש [1QS 9,16.22] bzw. בׁני הׁשׁחת [CD 6,15]). Näheres bei A.OEPKE: ἀπόλλυμι 393 - 396; A.KRETZER: ἀπόλλυμι 325 -327.

[208] Die von A.OEPKE: ἀπόλλυμι 395,24f aufgestellte Behauptung, daß sich "in den at.lichen Apokr und Pseudepigr ... die Vokabel [sc. ἀπόλλυσθαι] in diesem [sc. definitiv eschatologischen] Sinne noch nicht" finde, muß angesichts solcher Stellen wie PsSal 3,11; 13,11; 14,9 und 15,12f zurückgewiesen werden. Dies wird gestützt durch die in der neuesten Forschung vertretene Ansicht, daß die PsSal als "klassische Quelle für den Pharisäismus" anzusehen sind: vgl. H.BRAUN: Erbarmen Gottes 2; J.SCHÜPPHAUS: Die Psalmen Salomos 137; S.HOLM-NIELSEN: Die Psalmen Salomos 49 - 112: 59. Trifft diese Einordnung zu, so spricht doch manches dafür, daß sich in den PsSal die Hoffnung auf ein endzeitliches Gericht niederschlägt, in dem die Gottlosen die ewige Verderben, die Frommen aber das ewige Heil ererben werden. Die mit diesem Gerichtsgedanken verbundene Hoffnung auf den kommenden Messias, der das endgültige Handeln Gottes auslöst, braucht uns hier nicht weiter zu beschäftigen: vgl. dazu H.BRAUN ebd. 7ff; J.SCHÜPPHAUS ebd. 124ff.

[209] Zur Übersetzung siehe S.HOLM-NIELSEN: Die Psalmen Salomos.

[210] Die Wendung αἴτιος τῆς ψυχῆς ἐν ἀπωλείᾳ bildet den Gegensatz zu περιποίησις ψυχῆς in Hebr 10.39b.

Als dritten Beleg zitieren wir *13,11*:

> Denn das Leben der Gerechten (währt) in Ewigkeit;
> (ἡ γὰρ ζωὴ τῶν δικαίων εἰς τὸν αἰῶνα)
> die Sünder aber werden ins Verderben (εἰς ἀπώλειαν) fortgerissen,
> und ihrer soll nicht länger mehr gedacht werden.

Als letzten Beleg geben wir *14,9f* wieder:

> Darum ist ihr [, der Sünder und Gesetzesbrecher,] Erbe das Totenreich,
> Finsternis und Verderben,
> (διὰ τοῦτο ἡ κληρονομία αὐτῶν ᾅδης καὶ σκότος καὶ ἀπώλεια)
> und sie werden nicht gefunden am Tag der Barmherzigkeit für die Ge-
> rechten.
> Die Frommen des Herrn aber werden das [ewige] Leben in Freude erben.

Die Texte zeigen, wie eng sich die Aussagen der PsSal und des Hebr sprachlich berühren[211]. Nicht nur diese Beobachtung verbietet es, die *traditionsgeschichtlichen Wurzeln* in hellenistischen Quellen zu erblicken, in denen der eschatologische Aspekt völlig fehlt[212]. Vielmehr ist hierfür - neben den PsSal - ein weiteres Mal das Textmaterial aus der *jüdischen Apokalyptik* sprachlich wie inhaltlich von so ein- drücklicher Evidenz, daß auf diese Parallelen einzugehen ist. In Betracht kommen dabei vor allem die Texte, die von einem eschatologischen Verderben handeln. Im 4. Esrabuch sind in erster Linie die Belege von *perditio*, in der syrischen Baruch-Apokalypse die von لَا , zum Teil auch die von der Wurzel حبل heran- zuziehen. Die Begriffe sind das jeweilige Analogon zu ἀπώλεια .

Aus dem *4. Esrabuch* zitieren wir die Stellen *7,131; 8,38f und 10,10*[213]:

> "(7,131) Darum wird keine Trauer über ihren Untergang herrschen
> (quoniam non esset tristitia in perditione eorum), wie Freude sein wird
> über die, welchen das Heil bestimmt ist (sicut et futurum est gaudium
> super eos quibus persuasa est salus). (8,38f) Denn ich [der Herr] denke
> wirklich nicht an das, was die Sünder sich bereitet haben, an Tod oder
> Gericht oder Verderben (aut mortem aut iudicium aut perditionem), son-
> dern ich will mich über das freuen, was die Gerechten sich erworben
> haben, über ihre Ankunft, ihre Rettung (salvationes) und ihren
> Lohnempfang (mercedis receptiones). (10,10) Aus ihr [der Erde] sind von
> Anfang an alle geboren, und andere werden kommen; doch siehe, fast

---

[211] Vgl. neben den o.g. Belegen außerdem 2,31; 15,9ff(!) und 16,5. Der sprach- lichen Begründung ist schließlich auch ein überlieferungsgeschichtliches Argu- ment an die Seite zu stellen: Nach der Überzeugung von S.HOLM-NIELSEN (Die Psal- men Salomos 59) ist zwar das nicht erhaltene hebräische Original in Palästina (um die Mitte des 1. Jh. v. Chr.) entstanden, jedoch zeigt die griechische Übersetzung, daß die Psalmen auch im griechisch-sprechenden Judentum verbreitet waren.

[212] So E.GRÄSSER: Glaube 104. Es ist auffällig, daß an keiner der 19 Stellen, an denen ἀπώλεια bei Philo belegt ist, ein definitiv-eschatologisches Verderben ausge- sagt wird. Das gilt insbesondere auch für die von E.GRÄSSER ebd. angeführte Stelle aus Aet 74, wo ἀπώλεια deutlich den "bloßen" physischen Tod meint.

[213] Zur Übersetzung s. J.SCHREINER.

alle gehen in das Verderben (in perditionem ambulant), und ihre Menge wird vernichtet[214]."

Noch deutlicher zeigt sich die Parallele zu dem, was Hebr 10,39 mit ἀπώλεια umschreibt, in Texten der *syrischen Baruch-Apokalypse*[215]. In *30,4f* heißt es:

> "Die Seelen der Gottlosen werden aber um so mehr vergehen, wenn sie dies alles [das Ende der Zeiten] schauen werden. Sie wissen ja, daß ihre Peinigung sie jetzt [am Ende der Zeiten] erreicht, ihr Untergang (ﺣ‍ﺪﻭﻩ‍) herbeigekommen ist."

Auf die Stelle *44,12f* wurde bereits oben zu Hebr 10,37f hingewiesen[216], so daß hier sofort *54,17 und 85,13* angeschlossen werden können:

> "(54,17) Jetzt aber wendet euch nur dem Verderben (ﻛ‍ﺪﺣ‍) zu, die ihr jetzt als Ungerechte lebt - streng wird man euch heimsuchen, weil ihr des Höchsten Einsicht ehemals verworfen habt. (85,13) Dort [am Ende der Zeiten] ist Gerichtsverkündigung zum Untergang (ﻟ‍ﺰﺣ‍ ﺣ‍ﺪﺣ‍), (Verkündigung) des Weges zum Feuer und des Pfades, der mitten in die glühenden Kohlen führt[217]."

So eng die Berührungen zwischen den zitierten Texten und Hebr 10,39 auch sind - die eschatologische Konnotation der Begriffe ἀπώλεια, perditio bzw. ﺣ‍ﺪﺣ‍ als Ausdrücke für die endgültige Verwerfung der Abgefallenen, Gottlosen und Sünder steht fest[218] -, sie dürfen nicht darüber hinwegtäuschen, daß sowohl an unserer Stelle als auch im gesamten Hebr eine eigenständige Interpretation des im Eschaton hereinbrechenden Gottesgerichts vorliegt. Von einem apokalyptischen Szenarium im engeren Sinne des Wortes finden sich im Hebr allenfalls Randspuren[219].

Weil das Urteil einer endgültigen Verwerfung (noch) aussteht, gehört die Gemeinde (noch) zu denen, die "glauben zur Bewahrung des Lebens". Die im Neuen Testament nur hier vorkommende Wendung περιποίησις ψυχῆς entspricht dem gleichfalls eschatologisch aufzufassenden ζήσεται in 10,38a (Hab 2,4b LXX). Als Oppositum zu ἀπώλεια verstärkt die Wendung den eschatologischen Klang seines Gegenbegriffes und betont die Alternative, vor der die Leser stehen: entweder vom Wort der Verheißung zurückzuweichen und das ewige Verderben zu "ernten" oder

---

[214] Zu dieser Stelle vgl. E.BRANDENBURGER: Verborgenheit Gottes 176ff. Zur Sache vgl. außerdem 4Esr 7,48; 8,53 und äthHen 5,5.

[215] Zur Übersetzung s. A.F.J.KLIJN.

[216] Vgl. dazu oben S. 65. Zu 44,12 ist zu bemerken, daß dort die beiden genannten Begriffe ﺣ‍ﺪﺣ‍ und ﻟ‍ﺰﺣ‍/ nebeneinander in eschatologischem Kontext begegnen. Ähnliches gilt auch für 53,7.

[217] Zu ﺣ‍ﺪﺣ‍ siehe außerdem 31,5; 40,3; 42,7; 48,43; 53,7; 85,5.

[218] Weitere Parallelen zur jenseitigen Verdammnis bei H.BRAUN 335.

[219] Vgl. etwa die Warnung vor dem richtenden Gott als einem πῦρ καταναλίσκον (12,29). Ferner sind hier Stellen wie 2,2f; 4,12f; 6,7f; 10,26ff zu nennen.

aber - und in dieser Haltung weiß sich der Verfasser (noch) mit seinen Lesern verbunden - als "Glaubende" das Leben bis in Ewigkeit zu bewahren[220].

Der Verfasser läßt es - wie in 10,38 - mit dem Hinweis auf die πίστις bewenden, ohne sein Verständnis näher zu erläutern. In 10,39 geht es um das "*Daß*" der für das eschatologische Heil unabdingbaren πίστις. Seine bisherigen Darlegungen machen die Frage geradezu zwingend, was er denn unter der so ernsthaft geforderten πίστις versteht. Der "tractatus de fide" dient der Beantwortung dieser Frage. So erweist sich Hebr 10,39 als das Scharnier zwischen 10,32ff und Kap. 11, - und das nicht nur in Bezug auf die Komposition, sondern vor allem auch im Hinblick auf das noch näher zu untersuchende Glaubensverständnis des Hebr.

Die *Paraphrase* schließt die Auslegung von Hebr 10,39 ab:

> Wir aber gehören nicht zu denen, die (in irreparabler Weise) zurückweichen (von Gottes, in Jesus Christus und seinem einmaligen hohepriesterlichen Selbstopfer sicher verbürgten, Verheißungswort) zum (definitiven eschatologischen) Verderben, sondern wir gehören zu denen, die (an das Wort der Verheißung) glauben zur (eschatologischen) Bewahrung des Lebens.

---

[220] Zum eschatologischen Verständnis vgl. C.SPICQ: Notes II 687ff: 689. Dort - wie bei E.GRÄSSER: Glaube 104 - sind die hellenistischen Parallelen (Xen Cyr IV 4,10; Isocr Ep 2) aufgeführt. In der Bedeutung "Erhaltung", "Bewahrung" kommt περιποίησις im Neuen Testament nur an unserer Stelle vor: vgl. W.BAUER: Wb 1289, s.v. 1. In Lk 17,33 begegnet τὴν ψυχὴν περιποιήσασθαι ebenfalls in eschatologischem Kontext und ist im Sinne von "ewigem Leben" zu interpretieren; ähnlich auch 1Thess 5,9 (εἰς περιποίησιν σωτηρίας); 2Thess 2,14 und Lk 21,19 (ἐν τῇ ὑπομονῇ ὑμῶν κτήσασθε τὰς ψυχὰς ὑμῶν). Die gegenüber Lk 21,19 ursprünglicheren synoptischen Parallelen Mk 13,13b und Mt 24,13 (vgl. Mt 10,22b) bringen sachlich das gleiche zum Ausdruck: vgl. dazu G.DAUTZENBERG: Σωτηρία ψυχῶν 267ff.

D. Auslegung von Hebräer 11,1–40

Theologische Darlegung:
Der Glaube ist ein [unbeirrbares] Feststehen bei Erhofftem,
ein [objektives] Überführtsein von Dingen,
die man nicht sieht.

I. Erwägungen zu Hebr 11 im ganzen

Bevor wir uns der These in 11,1 zuwenden, gilt es zunächst noch einige Fragen und Probleme zum 11. Kapitel im ganzen zu erörtern. Eine *erste* für das Glaubensverständnis des Hebr wichtige Frage ist die nach Bedeutung und Ort des 11. Kapitels im Gesamtduktus des Hebr[1]. Weshalb handelt der Verfasser erst an dieser Stelle seines λόγος τῆς παρακλήσεως ausführlich von der πίστις? Setzt der Hebr im Blick auf sein Glaubensverständnis die christologischen Darlegungen voraus? Muß mit einer Vielzahl von Exegeten[2] festgestellt werden: "Obwohl der Hebr unzweifelhaft eine urchristliche Schrift ist, hat sein Glaubensbegriff keine eindeutig christlichen Züge"[3]? Oder ist denjenigen Auslegern zuzustimmen, die - wie M.RISSI zu Hebr 12,2 - urteilen: "Glaube ist ... die Lebensgrundlage derer, die durch den Tod des Christus der Erlösung teilhaftig geworden sind. Hier werden durchaus 'soteriologisch-personale Bezüge' im Glaubensbegriff des Hebr sichtbar, die Grässer vermißt"? Mehr noch, Hebr 12,2 beweise vielmehr - so RISSI -, "wie untrennbar der Glaube mit Christus zusammenhängt"[4]. Der Dissens in dieser Frage ist offenkundig.

---

[1]   O.MICHEL macht darauf aufmerksam, daß das πίστις-Element in den beiden ersten Hauptteilen nur vereinzelt begegnet (4,2f; 6,2.12 und - nach MICHEL zum 2. Hauptteil gehörend - 10,22.39). Es wird erst "von Kap. 11 an thematisch in den Vordergrund geschoben" (369 Anm. 1). Mag diese Beobachtung im Blick auf den Wortstamm πιστ- zutreffen, - für das Glaubensverständnis des Hebr ist nicht allein dieses Wortfeld zu berücksichtigen. Der Verfasser verwendet für den gleichen Sachverhalt auch synonyme Begriffe. Überdies sind alle paränetischen Abschnitte heranzuziehen: vgl. C.SPICQ II 334.

[2]   Stellvertretend für viele vgl. H.WINDISCH 106ff; E.GRÄSSER: Glaube 63ff u.ö.; G.DAUTZENBERG: Glaube 171f; H.BRAUN 106f.

[3]   G.DAUTZENBERG: Glaube 171.

[4]   M.RISSI: Theologie 105. Zu einer ähnlichen Einschätzung des Verhältnisses von Christologie und Glaubensverständnis im Hebr gelangen u.a. A.SCHLATTER: Glaube 531f und aus neuerer Zeit R.NEUDECKER: Heilsgeschichte I 226ff und F.LAUB: Bekenntnis 161ff.

Die nähere Erörterung soll hier zurückgestellt und im Zusammenhang mit der Auslegung von Hebr 12,2 aufgegriffen werden.

Eine *zweite* Frage ist zu erörtern: Antwortet der Verfasser mit seinen Ausführungen, insbesondere mit der betonten Voranstellung von ἔστιν δέ in 11,1 auf einen *Einwand* seiner Leser, die angesichts der ausbleibenden Parusie Christi und der gegenwärtigen Leidenssituation an der göttlichen Verheißung zweifeln[5]? Auch wenn die angefochtene Situation der Gemeinde derartiges vermuten läßt, so kann ein solcher Einwand der Gemeinde vom Kontext aus gesehen nicht verifiziert werden. Der gebotene Kompositionsvorschlag und die bisherige Auslegung von Hebr 10,32-39 haben gezeigt, daß der Verfasser - nachdem er in eindringlicher Weise von der eschatologisch-soteriologischen Notwendigkeit des Glaubens gehandelt und zum Glauben ermahnt hat - nun (11,1) der angefochtenen Gemeinde sein Glaubensverständnis näher darlegt, wie es durch Schrift und Tradition auf ihn gekommen ist, wie er es gebunden an die ihm vorgegebene Überlieferung neu formuliert und wie er es bei der "Wolke der Zeugen" beispielhaft verwirklicht und vorgelebt sieht. Das Verhältnis von 10,32-39 zu 11,1 - 12,3 ist demnach nicht das von Paränese - Einwand - Entgegnung - Explikation - Paränese, sondern das von Paränese - These - Explikation - Paränese. Diese inhaltlichen Argumente und der im folgenden gebotene Kompositionsvorschlag des gesamten Textzusammenhanges von 10,32 - 12,3 verbieten es, Hebr 11 als "Exkurs" zu bezeichnen[6]. Vielmehr ist die ganze Argumentation derart feinsinnig konzipiert, daß die ausschließliche Betonung des einen - der Paränese in 10,32ff und 12,1ff - oder des anderen - der theologischen Darlegung in 11,1-40 - Aspektes eine wesentliche Verkürzung der Darlegungen des Verfassers bedeutete. Mag in der Bezeichnung von Hebr 11 als eines Exkurses allenfalls noch eine gewisse Berechtigung liegen, so ist es m.E. verfehlt, mit Hebr 11,1 einen neuen Hauptteil beginnen lassen[7].

Damit kommt zugleich ein *dritter* Aspekt in den Blick, der bislang zurückgestellt wurde: die *literarische Struktur von 10,32 - 12,3.* Sie sei zunächst in einem Gesamtüberblick vorgestellt; die Details müssen dann durch die weitere Exegese verifiziert werden. Unter Aufnahme der oben eingeführten Strukturierungsmerkmale bietet sich folgendes Bild[8]:

---

[5] So urteilen z.B. H.VON SODEN 79; H.STRATHMANN 140; C.SPICQ II 334; ansatzweise auch E.RIGGENBACH 339f; dagegen O.MICHEL 369 Anm. 2. Die Annahme eines solchen Einwandes ist nicht a priori auszuschließen, insbesondere dann nicht, wenn - wie H.THYEN: Stil 40ff nachzuweisen versucht hat - die jüdisch-hellenistische Homilie den dialogischen Charakter der Diatribe zumindest in Ansätzen übernommen hat. Hebr 11 bildet jedoch - folgt man THYEN - kein erwähnenswertes Beispiel für den dialogischen Charakter der Diatribe.

[6] So z.B. E.RIGGENBACH 339.

[7] Näheres hierzu s. oben S. 13-15.

[8] Vgl. oben S. 29. Zur Gliederung vgl. A.VANHOYE: Structure 179ff.292ff. Zur anschließenden Gliederung ist noch darauf hinzuweisen, daß der Text auf der linken Seite von oben nach unten, auf der rechten Seite jedoch von unten nach oben zu lesen ist. So werden die Inklusionen und Stichwortverknüpfungen der Abschnitte anschaulich.

A.10,32-39: Paränese: Glaubt an das WORT der Verheißung! Weicht nicht von diesem Wort!

I. VV. 32-34: **Erinnert euch an die Tage der Anfechtung, in denen ihr als Leidende und Mit-Leidende den Glauben geduldig bewährt habt!**

10,32: ἄθλησις   (⟶ 12,1 ἀγών)

ὑπεμείνατε (⟶ 10,36; 12,1 δι' ὑπομονῆς; 12,2 ὑπέμεινεν; 12,3 ὑπομεμενηκότα)

II. VV. 35-39: **Werft eure Zuversicht nicht fort! Bleibt beim Wort der Verheißung! Feststehen bringt Heil!**

10,36: ὑπομονή   (⟵ 10,32)

10,38f: πίστις   (⟶ 11,1; 12,2)

a) 10,35f: Ermahnung zur Zuversicht und Geduld: Ausharren bringt das Heil.

b) 10,37f: Begründung aus der Schrift: Parusieverzögerung und Naherwartung.

c) 10,38f: Bedingung für das Heil: ausharrender Glaube! [Chiasmus: 10,38a: Glaube - Leben (A) // 10,38b: Zurückweichen (Unglaube) - Verderben (B) / 10,39a: Zurückweichen (Unglaube) - Verderben (B) // 10,39b: Glaube - Leben (A)].

B. 11,1-40: Theologisch: Der Glaube ist ein [unbeirrbares] Feststehen bei Erhofftem, ein [objektives] Überführtsein von Dingen, die man nicht sieht. Die Glaubenszeugen unter den VÄTERN .

I.   V. 1 <u>Die Grundthese</u>: πίστις (⟵ 10,38f;   ⟶ 11,38f) = ἐλπιζομένων ὑπόστασις (:: ὑποστέλλεσθαι 10,38; ὑποστολή 10,39), πραγμάτων ἔλεγχος οὐ βλεπομένων

II. V. 2 <u>Die Alten als "Wolke der Zeugen"</u>: ἐν ταύτῃ ἐμαρτυρήθησαν   Die *ALTEN*
(⟶ 11,39: οὗτοι πάντες μαρτυρηθέντες διὰ τῆς πίστεως)   und

III. V. 3 <u>Der Glaube an das Realität setzende Schöpferwort Gottes</u>   *WIR* (vgl. 11,39f)

IV. VV. 4-38 <u>Explikation</u> von V. 1f

3 { V. 4   Abel
    V. 5f   Henoch }   im Gegenüber zu den Gottlosen
    V. 7   Noah

VV. 8-19

ABRAHAM

(a) : V.8:   Berufung und Auszug | Am Anfang: Der Glaube an Gottes Verheißung gegen die Realität |

(b) : V.9f: Fremdlingschaft
    10 *denn* er wartete auf die zukünftige Welt. | "Fremdlingschaft" in Erwartung der eschatologischen Heilsgüter |

4 {

(c) : V.11f: Kraft zur Zeugung
    11b *denn* er hielt den verheißenden Gott für treu | Glaube an das Zukunft verheißende Wort |

VV. 13-16

Zusammenfassender EXKURS: Die Patriarchen blieben Wartende
κατὰ πίστιν ἀπέθανον οὗτοι πάντες, μὴ λαβόντες τὰς ἐπαγγελίας

(d) : VV. 17ff: Opferung Isaaks
    Glaube an die Totenauferweckung | Errettung aus dem Tode |

3 { V. 20   Isaak
    V. 21   Jakob   }   im Angesicht des Todes
    V. 22   Joseph

V. 2   τῆς πίστεως (⟵   10,38f; 11,1; 11,3ff; 11,39: πίστις)

V. 1   μαρτύρων   (⟵   11,39: μαρτυρηθέντες)
        δι' ὑπομονῆς (vgl. V. 2: ὑπέμεινεν; V. 3: ὑπομεμενηκότα; ⟵ 10,32: ὑπεμείνατε; 10,36: ὑπομονή)
        ἀγών   (⟵   10,32: ἄθλησις)

┌───┐
│ C. 12,1-3:   Paränese: Seht auf Jesus! E r ist fundamentum und exemplum fidei! │
└───┘

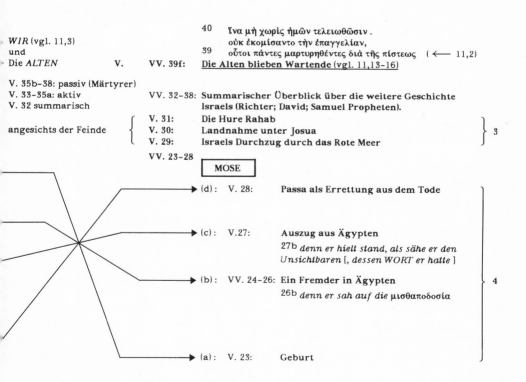

                                              40   ἵνα μὴ χωρὶς ἡμῶν τελειωθῶσιν .
WIR (vgl. 11,3)   οὐκ ἐκομίσαντο τὴν ἐπαγγελίαν,
und   39   οὗτοι πάντες μαρτυρηθέντες διὰ τῆς πίστεως   (⟵ 11,2)
Die ALTEN   V.   VV. 39f: **Die Alten blieben Wartende (vgl. 11,13-16)**

V. 35b-38: passiv (Märtyrer)
V. 33-35a: aktiv   VV. 32-38: Summarischer Überblick über die weitere Geschichte
V. 32 summarisch   Israels (Richter; David; Samuel Propheten).
                                       ⎧ V. 31:   Die Hure Rahab   ⎫
angesichts der Feinde   ⎨ V. 30:   Landnahme unter Josua   ⎬ 3
                                       ⎩ V. 29:   Israels Durchzug durch das Rote Meer   ⎭
                                         VV. 23-28
                                              ┌────────┐
                                              │ MOSE │
                                              └────────┘
                                       (d) :   V. 28:   Passa als Errettung aus dem Tode   ⎫

                                       (c) :   V.27:   Auszug aus Ägypten
                                                        27b *denn er hielt stand, als sähe er den
                                                        Unsichtbaren [, dessen WORT er hatte]*

                                       (b) :   VV. 24-26: Ein Fremder in Ägypten   ⎬ 4
                                                        26b *denn er sah auf die μισθαποδοσία*

                                       (a) :   V. 23:   Geburt   ⎭

Die voranstehende Übersicht zeigt, daß gerade der Textabschnitt 10,32 - 12,3 unsere These vom sorgfältig komponierenden Verfasser unterstreicht und die Annahme verarbeiteter *"Vorlagen"* zumindest zweifelhaft erscheinen läßt. Die Liebe des Verfassers zur Bildung von Stichwortverknüpfungen und Inklusionen wurde schon mehrfach herausgestellt[9]. Es bleibt hier noch der Hinweis auf die sorgfältige Gliederung des gesamten Textzusammenhanges[10]: Die Verse 4-31 hat der Verfasser - unterteilt in jeweils thematisch miteinander verbundene Gruppen und Personen von Glaubensbeispielen - als Explikation der "Definition" von 11,1 angeordnet[11]: Die Verse 4-7 (3 Glieder) sind verbunden durch den Gedanken "Glaube im Gegenüber zu den Gottlosen". Bei Abraham (VV. 8-12.17-19) und Mose (VV. 23-28) entsprechen sich die vier Glieder jeweils sachlich[12], was in der Einzelexegese noch näher darzulegen ist. Die Verse 20-22 (3 Glieder) sind zusammengefaßt unter dem Thema "Glaube im Angesicht des Todes", während die Verse 29-31 (3 Glieder) der "Glaube angesichts der Feinde" zusammenschließt. Zu diesen Beobachtungen - und damit stehen wir vor einer *vierten* Fragestellung - kommt eine weitere hinzu: Der Verfasser folgt - indem er seinen "tractatus de fide" im Anschluß an den *Lehrstil der jüdisch-hellenistischen Synagoge* konzipiert[13] - methodisch einem breiten Traditionsstrom[14]. Diese Einsicht führte in der Auslegung zu der Annahme, der

---

[9]   Die Einzelexegese wird den Nachweis erbringen, daß neben der sprachlichen Inklusion (VV. 1f; VV. 38f) eine weitere feinsinnige Nuance zu beobachten ist: Der Verfasser bindet zu Anfang und zu Ende die "Wolke der Zeugen" (Die *ALTEN*) und die Christen (*WIR*) zusammen: Der Glaube an die Schöpfung (VV. 2f) und das Harren auf die eschatologischen Heilsgüter (VV. 39f) kommt den Glaubenden der πρώτη wie der καινὴ διαθήκη in gleicher Weise zu.

[10]   Den rhetorischen Charakter von Hebr 11 betonen neuerdings M.R.MILLER: Literary Form 411-417; M.R.COSBY: Rhetorical Composition 257-273 und Ders.: Rhetorical Function 85-91.

[11]   Vgl. hierzu auch M.RISSI: Theolgie 106f, der ebenfalls auf die Anzahl der kompositorisch verbundenen Glieder (3 + 4 + 3 + 4 + 3) aufmerksam macht, ohne jedoch der inhaltlichen Verknüpfung weiter nachzugehen.

[12]   Die VV. 8.23 (erstes Glied) sind bestimmt vom "Glauben an Gottes Verheißung gegen die Realität"; die VV. 9f.24-26 (zweites Glied) sind verbunden durch das Thema der "Fremdlingschaft in Erwartung der eschatologischen Heilsgüter"; die VV. 11f.27 (drittes Glied) bestimmt der "Glaube an das Zukunft verheißende Wort"; die VV. 17-19.28 (viertes Glied) handeln von der "Errettung aus dem Tode".

[13]   Vgl. bereits W.WREDE: Untersuchungen 60ff.70ff; H.WINDISCH 98ff; E.STAUFFER: Theologie 216ff.331ff; H.THYEN: Stil 16ff.74ff.106f.115f; K.BERGER: Hellenistische Gattungen (ANRW II.25.2) 1147.

[14]   Das hat H.THYEN: Stil 16ff.49f.76ff.114ff überzeugend nachgewiesen und findet breite Zustimmung; vgl. u.a. R.NEUDECKER: Heilsgeschichte I 257. II 84 A.13f; E.GRÄSSER: Glaube 85; H.BRAUN 336. Daß M.RISSI: Theologie 107 auf die rabbinisch-numerischen Schemata als formale Parallelen verweist, überzeugt nicht. Er bezieht sich zu Unrecht auf W.S.TOWNER: "Enumeration of Scriptural Examples" 82ff.224ff (ebd. Anm. 26), denn TOWNER (a.a.O. 229f) stellt Hebr 11 in die Reihe von Sir 44-50; Sap 10 und 1Clem 9-12 und grenzt die genannten Texte bewußt aus seiner den rabbinisch-numerischen Schemata gewidmeten Untersuchung aus.

Verfasser habe auf eine[15], möglicherweise auf zwei Vorlagen[16] zurückgegriffen und diese redaktionell für seine Zwecke überarbeitet. Hervorstechendes Merkmal dieses Lehrstiles ist es, daß zu einem bestimmten Motiv bzw. einer These biblische oder außerbiblische *Gestalten bzw. Beispiele der (Heils-)Geschichte* zur Explikation zusammengestellt werden[17]. Der *rabbinische Stil* zeichnet sich hingegen dadurch aus, daß zu einem bestimmten Begriff *Schriftstellen* angeführt werden, die diesen Begriff erläutern[18].

Die einschlägigen Parallelen seien in der gebotenen Ausführlichkeit dargelegt. Dies vor allem im Hinblick auf die offenstehende Frage nach einer möglichen "*Vorlage*", wobei die von A.SCHMITT in einem Aufsatz zu Sap 10 aufgestellten Kriterien der Gattung "Exempelreihe" leitend sein sollen[19]. Danach läßt (1) eine Überschrift den Schwerpunkt und das Ziel der Beispielreihe erkennen. Die Aussage der Überschrift wird (2) anhand einer Reihe von Personen der (Heils-)Geschichte erläutert und bewiesen. Aus der vita der genannten Personen sind (3) nur diejenigen Fakten relevant, die zum Erweis des in der Überschrift ausgesagten Sachverhaltes förderlich sind. Darüber hinaus besteht (4) zwischen der Überschrift und der Beispielreihe häufig eine enge sprachliche Beziehung (wortkörpergleiche und wortkörperverändernde Wiederholung) zum Zwecke der Intensivierung und Gliederung. Dieses zuletzt genannte Kriterium trifft insbesondere zu auf das Stilmerkmal der *Anaphora*[20]. Die 18malige Wiederkehr von πίστει in Hebr 11 zeigt eine

---

[15] So vermuten H.WINDISCH 98f; M.DIBELIUS: Formgeschichte 229; A.SEEBERG 121.129ff denkt an Unterrichtsstoff; G.SCHILLE erwägt gar, ob nicht die "Vorlage von Hbr 11 einmal am Anfang einer Taufliturgie gestanden" habe (Katechese 129). Als weitere Vertreter sind zu nennen: E.KÄSEMANN: Gottesvolk 117f; H.THYEN: Stil 18; E.GRÄSSER: Glaube 85; H.KÖSTER: Abrahm-Verheißung 104; G.THEISSEN: Untersuchungen 98ff; O.MICHEL 371f; D.LÜHRMANN: RAC 11, 77 und jüngst P.LAMPE: Die stadtrömischen Christen 60f.61 Anm. 169f.

[16] "Hebr 11 ist nicht einheitlich, es lassen sich mindestens zwei verschiedene Vorlagen nachweisen, die der Verfasser miteinander verbunden und durch eigene Kommentierungen erweitert hat" (M.RISSI: Theologie 105f).

[17] Vgl. H.THYEN: Stil 74ff.110ff; K.BERGER: Hellenistische Gattungen 1147; Ders.: Formgeschichte 29f. Zur Bedeutung der alttestamentlichen Vorbilder für die Überlieferung des antiken Judentums vgl. auch D.S.RUSSELL: The Old Testament Pseudepigrapha. Patriarchs and Prophets in Early Judaism, Philadelphia 1987.

[18] Vgl. H.THYEN: Stil 75ff. Zum Begriff "Glaube" siehe die Belege bei BILL III 198f. Das eindrücklichste Beispiel hierfür findet sich in MekhY beshallaḥ 6, wo zum Begriff "Glaube" nicht weniger als 15 Bibelstellen zusammengestellt sind (vgl. oben zu Hebr 10,37f). Beide Lehrstilformen begegnen im 1Clem innerhalb ein und derselben Schrift: der Stil der jüdisch-hellenistischen Synagoge in 4,7-13; 5,1-6,4; 7,4ff und 9-12; an den Stil der Rabbinen erinnert 8,1-5, wo verschiedene Schriftstellen unter den - von Clemens redaktionell hinzugefügten - Begriff der μετάνοια subsumiert werden.

[19] A.SCHMITT: Weish 10, 18. Vgl. auch K.BERGER: Hellenistische Gattungen 1147 und F.BOVON: Le Christ 135f.

[20] Vgl. H.THYEN: Stil 49f.75f.115; zu Sap 10 vgl. A.SCHMITT: Weish 10, 6f.

in dieser Häufigkeit sonst nicht belegte Verwendung des Stilmittels[21]. Ein letztes – von A.SCHMITT nicht erwähntes –, jedoch häufig zu beobachtendes Merkmal, ist (5) der *paränetische Zweck*[22] des *"Paradigmenkatalogs"*[23]. Daß nicht jedes der genannten Merkmale in den einschlägigen Texten vorkommt, wird aus der folgenden Übersicht deutlich. Gerade diese Feststellung zeigt m.E., daß der Verfasser des Hebr als selbständiger Theologe und exzellenter Kenner von Schrift und Überlieferung die Beispielreihe eigenständig zusammengestellt hat.

Damit wenden wir uns den relevanten Texten zu[24]. Die entscheidenden sachlichen Aspekte der jeweiligen Parallele sollen im Anschluß an das Überblicksschema knapp erläutert werden[25].

---

[21]   Zur Anaphora vgl. neben BDR § 491,1 auch Sap 10 (6mal αὕτη); Philo, Cher 93 (3mal τότε); Ebr 72f (5mal [οὗτός ἐστιν] ὁ); Praem 11 (5mal ἐλπίς: 3mal ἐλπίδι; δι' ἐλπίδα; ἐλπίς]); 1Clem 4,7-13 (6mal [διὰ] ζῆλος); 5,1-6,4 (7mal [διὰ ζῆλος/ζῆλον]); Ansätze zur Anapher finden sich außerdem in Sir 28,14f (2mal γλῶσσα τρίτη) und Apg 7,35-38 (2mal τοῦτον; 2mal οὗτος).

[22]   Bereits W.WREDE nennt vier zentrale Stilmerkmale der "Zusammenstellungen von biblischen Geschichten" (Ergänzungen jeweils vom Verfasser): (1) Biblische Geschichten werden in chronologischer Reihenfolge aufgenommen, wobei die älteste Zeit den Anfang bildet [in Hebr 11: Schöpfung]; (2) Die Geschichten erläutern einen bestimmten Gedanken [in Hebr 11: πίστις]; (3) Der hervorgehobene Gedanke wird in anaphorischer Form angeordnet [Hebr 11: πίστει]; (4) Die Tendenz der Zusammenstellung ist paränetisch [zu Hebr 11 vgl. 10,32ff; 12,1ff] (Untersuchungen 70).

[23]   Zu dieser Gattungsbestimmung vgl. K.BERGER: Hellenistische Gattungen 1147; vgl. H.THYEN: Stil 85ff.

[24]   An dieser Stelle ist auch auf die nicht eigens aufgeführten sog. "Heilsgeschichtlichen Summarien" des Alten Testaments hinzuweisen. Hervorzuheben sind die vier "Geschichtspsalmen" 78; 105; 106 und 136, wobei vor allem die drei erstgenannten zu den Paradigmenkatalogen insofern eine Affinität besitzen, als bei ihnen auf die thematische Ankündigung (Ps 78,3-11 [der Ungehorsam des Volkes angesichts der Ruhmestaten Jahwes]; 105,8-11 [Jahwes Bundes- und Verheißungstreue] und Ps 106,2-6 [Israels Versagen angesichts der Machttaten Jahwes]) die "Beweisführung" anhand von Beispielen aus der Heilsgeschichte erfolgt (Ps 78,12-72; 105,12-41 und 106,7-46). Ps 136 läßt eine thematische Ankündigung vermissen. In ihm wird jedoch – wie in Hebr 11 – vor dem Geschichtsüberblick (VV. 10ff) die Schöpfung (VV. 5-9) erwähnt. Zur Sache vgl. A.JIRKU: Geschichte 5 - 103; E.STAUFFER: Theologie, 333ff; A.SCHMITT: Weish 10, 8ff.

[25]   Als Legende zu diesem Schema noch einige Anmerkungen: (1) Die mit ( ) versehenen Kreuze machen *zum einen* (oberer Teil) deutlich, daß in der Parallele andere Fakten aus der vita der jeweiligen Person aufgegriffen werden als in Hebr 11; *zum andern* wird bei den Stilmerkmalen (unterer Teil) dadurch betont, daß sich das jeweilige Kriterium nur in Andeutung nachweisen läßt. (2) Die Anordnung der Beispiele mußte vielfach zum Zwecke des Vergleichs umgestellt werden. (3) Es sind nur diejenigen Gestalten aufgelistet, die mehrfach vorkommen bzw. eindeutig identifiziert werden können und in den Paralleltexten Erwähnung finden. Auch in Hebr 11, 32-38 läßt sich nicht immer zweifelsfrei entscheiden, an welche Person der Heilsgeschichte gedacht ist.

Paradigmenkataloge

Texte / Beispiele	Hebr 11	Sap 10	Sir 43–50	1Makk 2,49f	3Makk 2,2ff	3Makk 6,2ff	4Makk 16,16ff	4Makk 18,11ff	Philo, Virt 198ff	Philo, Praem 4ff	Philo, All II 57	Philo, Her 260ff	PsPhilo, Samp 24f	Psphilo, Jona 24f	4Esr 7,106ff	ApcBar 53ff	Apg 7	Jak 2,20ff	Jak 5,10f	1Clem 4,1ff	1Clem 7,5ff	1Clem 9,2ff	1Clem 17,1ff	1Clem 31,1ff	1Clem 45,6ff	AKonst VIII	Justin, Dial. 19	Afrahaț I 10ff
These	x	x		x			x	(x)	x	x	x	x	x	x	(x)			x		x	x	x	x	x	x			x
Zeugnis	x																						(x)	x				
Schöpfung	x	x	x		x	x	x				x															x		
Abel	x						(x)	(x)												(x)						x	x	x
Henoch	x		x							x												x				x	x	x
Noah	x	x	x				(x)	x			x		x								x	x						x
Abraham	x	x	x	x			x	x	(x)	x	x		x		(x)	x	x						(x)	x		x	x	x
– Berufung	x															x	x						x					
– Fremdling	x															x							x					
– Zeugung	x	x							(x)							x	x						x		x			
– Opferung	x		x	x			x	(x)										x					x					
Isaak	x		x				(x)	(x)	(x)	x	x					x								x			(x)	x
Jakob	x	x	x						x		(x)	x				x				(x)				(x)			(x)	x
Joseph	x	x	(x)						x				x			x				(x)								x
Mose	x	x	x								(x)		x		(x)	(x)	x			x			x					x
– Geburt	x															x												
– Fremdling	x															x												
– Auszug	x	x														x				x								x
– Passa	x																											
Durchzug	x			x										x												x	x	x
Jericho	x																			(x)						x	x	x
Rahab	x																	x				x				x	x	
Richter	x																											
David	x														(x)	(x)	(x)											
– Siege	x	x																										
– Gerechtigkeit	x																											
– Dynastieverh.	x		x																									
Daniel	x		x		x	x	x							x											x			
Drei Männer	x		x		x	x	x							x											x			
Elia	x		(x)													x							x					
Stilmerkmale																												
These (s.o.)	x	x		x			x	(x)	x	x	x	x	x	x	(x)			x		x	x	x	(x)	x	x			x
Anaphora	x	x							x					(x)						(x)	x	x	(x)			x	x	x
Paränese	x						x													x	x	x	x		x			

Eine eindrückliche Parallele zu Hebr 11 - damit beginnen wir unsere *Erläuterungen* - findet sich in *Sap 10*[26]: Nach der Themaankündigung (9,18), die als These - das rettende Walten der Weisheit in der Geschichte Israels - zugleich die folgenden Ausführungen knapp zusammenfaßt, folgt der von der Schöpfung (Adam)[27] bis zum Exodus reichende Paradigmenkatalog. Stilistisch fällt die sechsfache Anaphora (αὕτη) auf. Daß die Paränese ausfällt, vermag bei einem derartigen Enkomion nicht zu verwundern. Der weisheitliche "Lobpreis der Väter" stellt dem Gang durch die Geschichte - *Sir 44 - 50* - in Kap 43 einen Lobpreis der Schöpfung voran (vgl. Hebr 11,3.4ff). Auch zu den einzelnen Gestalten der (Heils-)Geschichte lassen sich Parallelen erkennen, auf die noch zurückzukommen ist[28]. Mit Ausnahme der Anaphora weist *1Makk 2,50 - 61* sämtliche Stilmerkmale des Paradigmenkataloges auf[29]. Im Anschluß an die paränetische Überschrift - "Gebt euer Leben hin für die διαθήκη πατέρων ἡμῶν und gedenkt der ἔργα τῶν πατέρων" (VV. 50f) - lenkt Mattathias den Blick seiner Söhne u.a. auf Abraham, Joseph, David, Elia, die drei Männer im Feuerofen und Daniel[30]. Die abschließende Ermahnung (VV. 61f) zieht die Konsequenzen. Es mag erstaunen, daß sich die Gattung des Paradigmenkatalogs im 1. Makkabäerbuch, - einer in Palästina verfaßten Schrift - findet. Im Blick auf die "Festlegende" des 3. Makkabäerbuches überrascht dies keineswegs[31]. In *3Makk 2,2ff* verdient die Betonung der Schöpfung (VV. 2f) vor dem Geschichtsrückblick besondere Erwähnung[32]. Im 4. Makkabäerbuch, dem hinsichtlich seiner Abfassungszeit, seines Abfassungsortes und seines literarischen Charakters umstrittenen εὐσεβὴς λόγος (1,1)[33], verdienen vor allem die ersten beiden Reden der Mutter Beach-

---

[26]   Neben der Arbeit von A.SCHMITT (Weish 10, passim) sind hierzu die Innsbrucker Dissertation von R.NEUDECKER: Heilsgeschichte I 4 - 99 und die Untersuchung von F.BOVON (Le Christ, passim) einzusehen. Der vermutete weisheitliche Hintergrund läßt sich für Hebr 11 m.E. kaum nachweisen. Insbesondere ist es wenig überzeugend, Hebr 11 auf eine sapientiale Vorlage zurückzuführen, wobei der Verfasser die ursprüngliche Rede von der "Weisheit" durch den "Glauben" ersetzt habe (F.BOVON ebd.; vgl. v.a. 139ff: 143 Anm. 1).

[27]   Es ist offensichtlich, daß mit Adam die Schöpfung im Blick ist (vgl. κτισθέντα in V.1). Zur Abfolge "Themaankündigung" - "These" vgl. Hebr 10,38f und 11,1.

[28]   Vgl. die Aussagen in Sir 44,16.17f.19ff mit denen in Hebr 11,5.7.17ff; vgl. auch Sir 45,1ff mit Hebr 3,2.5.

[29]   Zur palästinensischen Herkunft Näheres bei L.ROST: Einleitung 55f und K.D.SCHUNK: 1.Makkabäerbuch (JSHRZ I.4) 289ff. Daß die Abschiedsrede des Mattathias (2,49ff) die Stilmerkmale der jüdisch-hellenistischen Homilie aufweist, zeigt, wie weit der Einfluß der synagogalen Praxis der Diaspora reichte.

[30]   Vgl. zu 1Makk 2,52.57.59.60 die engen Parallelen in Hebr 11,17f(!); 11,33 und 11,34(!).

[31]   Zu dieser, am Anfang des 1.Jhs. v. Chr. in Alexandria verfaßten Schrift vgl. L.ROST: Einleitung 77ff; H.ANDERSON: 3Maccabees, OTP II (1985) 509ff.

[32]   Dies gilt auch für 3Makk 6,2-15: V. 2; vgl. zu 3Makk 2,6ff Hebr 11,29.

[33]   Man schwankt in der Forschung zeitlich zwischen dem Anfang des 1.Jhs. n. Chr [so L.ROST: Einleitung 82; H.ANDERSON: 4Maccabees, OTP II 534] und dem 1. Drittel des 2.Jhs. n. Chr. [U.BREITENSTEIN: Beobachtungen 175]. Als Abfassungsort

tung. In *4Makk 16,16-23* folgt dem Hinweis auf die Schöpfung (V. 18) die paränetisch gehaltene These, daß die Söhne es schuldig seien, "um Gottes willen jede
Mühsal zu erdulden (ὑπομένειν)" (V. 19), wie es Abraham, Daniel und die drei
Männer im Feuerofen taten (VV. 20f). Die Mutter ermahnt die Söhne, daß auch sie,
die - wie die zuvor genannten Väter - denselben Glauben an Gott haben (τὴν αὐτὴν
πίστιν πρός τὸν θεὸν ἔχοντες), nicht betrübt sein sollen (V. 22f), denn es wäre unver-
nünftig, als Fromme dem Leiden nicht standzuhalten (V. 23)[34]. In ihrer zweiten
Rede in *4Makk 18,10-19* sind zum Thema Martyrium und Auferstehung Gestalten
von Abel bis zu den Propheten genannt[35]. Die Gattung des Paradigmenkatalogs
begegnet auch bei *Philo*: In *Virt 198 - 227* expliziert Philo an den Gestalten der
Genesis - er beschränkt sich in seinen Schriften im wesentlichen auf den Pentateuch - die These (198), daß nur derjenige wahrhaft εὐγενής zu nennen sei, der die
Tugend besitze und nicht etwa derjenige, der von guten und tüchtigen Eltern ab-
stamme, was - so Philo - aus vielen Schriftstellen deutlich werde. Neben dieser
Stelle ist insbesondere auf *Praem 4 - 66* zu verweisen, wo Philo auf Reihen der
heiligen Schrift zurückgreift, in denen Ehrungen und Belohnungen bzw. Bestrafun-
gen geschildert werden. Neben dem Verweis auf die Schöpfung (8f) fällt hier die
fünffache Anaphora von ἐλπίς auf[36]. In der pseudophilonischen Schrift *De Sampso-*
ne 24f[37] erläutert der Prediger seine These, daß nicht jede Person gleichzeitig alle
Arten des Geistes von Gott zugeteilt bekomme[38], anhand von Beispielen aus der

---

kommt Alexandrien [L.ROST: ebd.] bzw. Antiochia/Syrien [U.BREITENSTEIN: ebd.;
H.ANDERSON: ebd. 534] in Betracht. Heftig diskutiert wird auch die Frage nach
dem literarischen Charakter des 4Makk. Es kann für unsere Zwecke dahingestellt
bleiben, ob es sich um eine "Synagogenpredigt" [H.THYEN: Stil 12ff], eine "Diatribe" [E.NORDEN: Kunstprosa I 416ff; A.DEISSMANN: APAT II 150; L.ROST: Einleitung
81; H.ANDERSON: 4Maccabees 535: E.SCHÜRER: History III,1 588f u.a.m.], eine "philosophische Diatribe", verbunden mit einem epideiktischen Epainos [J.C.H.LEBRAM:
Die literarische Form 81-96] oder um eine "rhetorische Abhandlung" [U.BREITEN-
STEIN: Beobachtungen 148f.177ff] handelt. Wichtig ist jedoch, daß sich 4Makk und
Hebr in der Bestimmung dessen, was Glauben ausmacht, sehr nahestehen (s.Anm.
34).

[34] Die sprachliche Nähe zu Hebr 10,32 - 12,3 ist evident: neben dem Thema
des ὑπομένειν (16,19.21c; vgl. Hebr 10.32.36; 12,1-3) fällt auf, daß die πίστις als "geduldiges Ausharren" (vgl. Hebr 6,12ff; 10,32 - 12,3 passim) definiert wird. Neben
dem Hinweis auf die Schöpfung (V. 18; vgl. Hebr 11,3) berühren sich auch die Aussagen über Abraham (vgl. Hebr 11,17ff), Daniel (vgl. Hebr 11,34) und die drei
Männer im Feuerofen (vgl. Hebr 11,34) eng mit dem Hebr.

[35] Zur Literarkritik an diesem Kapitel vgl. U.BREITENSTEIN: Beobachtungen
154ff. Zur formgeschichtlichen Fragestellung: K.BERGER: Einführung 116.

[36] In diesem Zusammenhang ist auf die für das philonische Glaubensverständnis wichtige Passage Praem 27-30 hinzuweisen, wo deutlich wird, daß Philo
die πίστις Abrahams als Preis (ἆθλον αἴρεται τὴν πρὸς θεὸν πίστιν) für sein tugendsa-
mes Streben nach der Wahrheit ansieht. Vgl. auch All II 57 und Her 260ff.

[37] Zum Text s. die deutsche Edition von F.SIEGERT: Drei hellenistisch-jüdische Predigten 51-83: 66f.

[38] "Dem einen nämlich wird von Gott der *Geist der Wahrheit* gesandt, dem

Geschichte: "Abraham erhielt den Geist der Gerechtigkeit, ... denn *er glaubte an den Lebendigen* (*vgl. Gen 15,6*); Joseph erhielt den (Geist der) Beherrschung ... Simeon und Levi erhielten den Geist des Eifers ... Juda erhielt den (Geist) des gerechten Richtens ... Simson empfing den (Geist) der Stärke". In der ebenfalls pseudophilonischen Schrift *De Jona 24f*[39] werden Noah; Daniel in der Löwengrube(?); das Volk Israel beim Durchzug durch das Meer und Jona als Beispiele dafür genannt, daß Gott Menschen in schweren Lebenssituationen bewahrt. Die Beispiele dienen dem Zweck, den Glauben der Menschen zu wecken. Bei den weiteren Texten sind zunächst im Jakobusbrief die Stilmerkmale des Paradigmenkatalogs hervorzuheben: in *Jak 2,20ff* wird die These - θέλεις δὲ γνῶναι, ὦ ἄνθρωπε κενέ, ὅτι ἡ πίστις χωρὶς τῶν ἔργων ἀργή ἐστιν; (2,20) - an Abraham (VV. 21ff) und Rahab (V. 25) expliziert[40]. In *Jak 5,10f* wird die Ermahnung, geduldig auszuharren bis zur Parusie Jesu (s. 5,7), an Gestalten der Heilsgeschichte, die geduldig ausgeharrt haben, exemplarisch vorgeführt[41]. Schließlich sind die zahlreichen Parallelen im *1Clemensbrief* zu erwähnen. Sie geben denjenigen Exegeten recht, die zwischen dem Hebr und dem 1Clem eine traditionsgeschichtliche Verbindung annehmen[42]. Im einzelnen ist mit Nachdruck hinzuweisen auf den Stil der Anaphora in 4,7ff; 5,1ff und 9-12[43], die Explikation variierender Thesen in Form eines Paradigmenka-

---

anderen der *der Erkenntnis und der Einsicht*, einem andern der *der Stärke und der Macht* (und) einem andern der *(Gottes)furcht*" (Hervorhebung bei F.SIEGERT 66).

[39]   Bei F.SIEGERT ebd. 9-48: 23f.

[40]   Bemerkenswert ist hierbei die unterschiedliche Beurteilung der Bereitschaft Abrahams, Isaak zu opfern, in Jak 2,21ff und Hebr 11,17ff. Während Jakobus diese Überlieferung aufnimmt, um zu zeigen, daß der Glaube ohne die Werke tot ist, dient sie dem Hebr als Beispiel für das Feststehen beim Verheißungswort. Ein verdienstliches Werk ist dabei - anders als bei Jakobus - im Hebr keinesfalls im Blick. Es ist bezeichnend, daß Paulus weder in Gal 3 noch in Röm 4 auf die Opferung Isaaks zu sprechen kommt: Gen 22 und die Aqedat Yiṣḥaq vermag Paulus mit dem Theologumenon der Rechtfertigung des Gottlosen nicht zu verbinden.

[41]   In Jak 5,10f werden Personen angeführt, die in Hebr 11 nicht vorkommen: die Propheten, Hiob und der Kyrios.

[42]   P.LAMPE: Die stadtrömischen Christen 180f hat hierauf jüngst nochmals aufmerksam gemacht.

[43]   Man sollte daher nicht bestreiten, daß der 1Clem den Hebr voraussetzt, auf ihn zurückgreift und somit als terminus a quo (96 n. Chr.) der Abfassung des Hebr anzusehen ist. Zum Status quo der Verhältnisbestimmung beider Schriftstücke vgl. H.FELD: EdF 14f. Die Parallelen zwischen dem Hebr (v.a. auch zu Kap. 11; vgl. 1Clem 9-12) und dem 1Clem sind sorgfältig zusammengetragenen in den Arbeiten von C.SPICQ I 177f; O.KNOCH: Eigenart 89-92; D.A.HAGNER: Use 179-195.353ff und N.R.LIGHTFOOT: Jesus Christ Today 28ff. Wie eng die Veflechtung von 1Clem mit dem Hebr im einzelnen ist, kann hier offen bleiben. Fest steht, daß 1Clem - wie auch der Hebr - in seinem Gepräge zumindest *auch* der hellenistischen Synagoge verpflichtet ist (O.KNOCH: Eigenart 64ff; D.A.HAGNER: Use 126f). So ist es nicht verwunderlich, im 1Clem eine ganze Reihe von Stilmerkmalen der jüdisch-hellenistischen Homilie vorzufinden, auf deren Vorkommen bereits W.WREDE: Untersuchungen 70 hingewiesen hat (vgl. auch P.LAMPE: Die stadtrömischen Christen 181).

taloges (4,7ff; 5,1ff; 7,4f; 9-12; 17,1ff; 45,4ff) und die paränetische Zielsetzung bei fast allen aufgelisteten Texten[44]. Zudem weist 1Clem - unter Einbindung der Gestalten der (Heils-)Geschichte - Argumentationsgänge auf, die denen in Hebr 11 parallel sind[45]. Was schließlich in Bezug auf die verbleibenden Parallelen festzustellen ist, kann der obigen Übersicht entnommen werden. Bei AKonst VIII; Justin: Dial. 19 und bei Afrahaṭ I 10ff ging der Weg der Überlieferung ziemlich sicher von den neutestamentlichen Texten aus[46]. Bei der genannten Homilie (I 10ff) Afrahaṭs hat das Glaubenskapitel des Hebr Pate gestanden[47].

Nachdem die zahlreichen Parallelen aufgelistet sind, können die Beobachtungen zusammengefaßt und kann die bereits angesprochene Frage nach einer möglichen *jüdischen "Vorlage"* des "tractatus de fide" nochmals aufgenommen werden. Es bleibt *erstens* festzuhalten, daß sich die oben genannten Kriterien des Paradigmenkataloges bei den einzelnen Texten in unterschiedlicher Form und Ausprägung nachweisen lassen. Das Vorkommen der Geschichtsüberblicke bzw. -summarien[48] und der Paradigmenkataloge in Texten unterschiedlicher Provenienz und Gattung zeigt - das ist *zweitens* festzuhalten -, daß eine einseitige Zuweisung der Paradigmenkataloge an bestimmte theologische Richtungen kaum möglich ist[49]. Wie weit verbreitet diese Art des Vorgehens war, mögen ergänzend einige Texte bei *Plutarch* belegen: In seiner Schrift *"Mulierum virtutes"*[50] expliziert Plutarch seine These, die Tugend bei Mann und Frau sei die gleiche (242E - 243E), anhand zweier Beispiel-

---

[44]   Vgl. z.B. 7,1ff; 9,1f; 13,1ff; 19,2f; 46,1ff mit Hebr 12,1ff.

[45]   Man vgl. z.B. in Kap. 9ff die zum Hebr parallele Verwendung der Beispiele Henoch (9,3 - Hebr 11,5); Noah (9,4 - Hebr 11,7); Abraham (10,1ff - Hebr 11,8.11f; 11,17ff) und Rahab (12,1ff - Hebr 11,31; vgl. Jak 2,25); darüber hinaus vgl. 17,1 mit Hebr 11,2.39 [gutes Zeugnis empfangen] und 11,37 [Aufforderung zur Nachahmung derer, die im Ziegenfellen und Schafshäuten umhergezogen sind]; 31,3 mit Hebr 11,20 und schließlich auch 45,4f mit Hebr 11,35ff [vgl. ἐφυλακίσθησαν in 45,4 mit φυλακή in Hebr 11,36 und das formidentische Verb ἐλιθάσθησαν in 45,4 und Hebr 11,37.

[46]   Allerdings könnte AKonst VIII 12,16ff auch jüdischer Herkunft sein. Weitere Paradigmenreihen in VII 37,1ff; 38,2; 39,3. Zu AKonst VIII und Justin vgl. A.SEEBERG 129ff und P.DREWS: Untersuchungen 23ff.

[47]   Zum syrischen Text s. J.PARISOT: Aphraatis Sapientis Persae demonstrationes (PS I 1) 5 - 46 (demonstratio prima: de fide): 33f. Zur Übersetzung: G.BERT: Aphrahat's, des persischen Weisen Homilien (TU 3/3f), Leipzig 1888, 12ff; M.J.PIERRE: Aphraate le Sage Persan. Les Exposés I (SC 349), Paris 1988, 224ff; P.BRUNS: Aphrahat. Unterweisungen I (FC 5/1), Freiburg u.a. 1991, 92ff. Die einzelnen Aussagen werden zu den entsprechenden Stellen von Hebr 11 zitiert.

[48]   Weitere Beispiele sind aufgeführt bei A.JIRKU: Geschichte 13 - 103 und bei E.STAUFFER: Theologie 331ff.

[49]   Z.B. leitet F.BOVON nicht nur - wie bereits angedeutet - Hebr 11, sondern auch die Listen so unterschiedlicher Texte wie 1Makk, 4Makk; Philo und 1Clem aus der weisheitlichen Tradition ab (Le Christ 134ff). Zustimmend H.BRAUN 337.

[50]   BSRGT II 225-272; LCL [245] III 474-581.

Reihen: Die erste Reihe enthält 15 Gruppen von Frauen (243E - 253E); die zweite Reihe 12 individuelle Frauengestalten (254ff)[51]. Ein ähnliches Vorgehen Plutarchs begegnet auch in den Schriften *"De esu carnium I/II"*[52] und *"De sera numinis vindicta"* (551A ff)[53].

Die Ursprünge der Gattung des Paradigmenkataloges liegen im jüdisch-hellenistischen Milieu[54]. Daß die Gattung jedoch auch in der Lehrtradition der christlichen Gemeinde Roms bekannt war und ihren literarischen Niederschlag fand, davon zeugt - neben Hebr 11 - in besonderer Weise der erste Clemensbrief[55]. Die voranstehende Übersicht zeigt - das ist *drittens* festzuhalten - einen weiteren Punkt des Vorgehens der Autoren: Welche Gestalten der Heilsgeschichte aufgenommen werden, hängt von der jeweiligen Thematik bzw. These ab. Dabei steht im Vordergrund, daß nur diejenigen Aspekte aus dem Leben der Gewährsleute von Bedeutung sind, die in den Augen der Verfasser eine überzeugende Affinität zur verhandelten Thematik aufweisen[56]. Der mögliche Einwand, die oben gegebene Übersicht verdeutliche doch, daß die Autoren immer wieder die gleichen Gestalten der (Heils-)Geschichte angeführt hätten[57], ist gegenstandslos, wenn man die zur Explikation herangezogenen Gestalten und die - mit den Zeugen verbunden - angesprochenen Themen beachtet. Daß Abraham - um nur ein Beispiel zu nennen - in vielen Paradigmenkatalogen eine zentrale Rolle einnimmt, kann angesichts der Bedeutsamkeit seiner Person für Juden wie Christen nicht überraschen. Wichtig für die Beantwortung der Frage nach einer möglichen "Vorlage" von Hebr 11 ist demnach nicht, *daß* immer wieder dieselben Personen aufgegriffen werden. Wichtig ist allein, *weshalb* sie vom jeweiligen Verfasser angeführt wurden und inwiefern das aus der Tradition überkommene Lebensbild der Explikation der These dienlich ist[58]. Auf Hebr 11 bezogen ist mithin für jede einzelne Gestalt der Heilsgeschichte

---

[51]   Zur Sache vgl. K.O'BRIEN WICKER: Mulierum Virtutes (Moralia 242E - 263C) 107ff.

[52]   Passim. Vgl. hierzu D.E.AUNE: De esu carnium orationes I and II (Moralia 993A - 999B), 301-316: 304f. Zur Verbreitung in der griechischen Prosa, Epik und Lyrik vgl. H.D.BETZ/P.A.DIRKSE/E.W.SMITH (Jr): De sera numinis vindicta (Moralia 548A - 568A), 181-235: 198.

[53]   Vgl. A.SCHMITT: Weish 10, 13ff.

[54]   Vgl. H.THYEN: Stil 5ff und passim und F.BOVON: Le Christ 131.134.

[55]   So zu Recht M.RISSI: Theologie 107; vgl. auch P.LAMPE: Die stadtrömischen Christen 60f.180f. M.E. dürfte von all den möglichen und in der Literatur genannten Bestimmungsorten des Hebr [dazu H.FELD: EdF 12ff] Rom die größte Wahrscheinlichkeit für sich haben; s. dazu auch oben S. 39f.

[56]   Eine Hebr 11 vergleichbare Thematik findet sich - wie bereits gesehen - in 1Makk 2,50ff; 4Makk 16,16ff; Jak 2,20ff; 5,10f ; 1Clem 9ff und in der - sicher von Hebr 11 abhängigen - ersten Homilie Afrahats (I 10ff) aus dem Jahre 337.

[57]   So etwa die Argumentation von A.SEEBERG 130f.

[58]   H.BRAUN 337 macht deshalb zu Recht aufmerksam auf die Unterschiede zwischen den einzelnen Texten in Bezug auf Form, Personen-Auswahl und Art der jeweils gerühmten Tugend.

die Aufgabe gestellt: Lassen sich Traditionen nachweisen, denen der Verfasser verpflichtet ist? Wenn das nicht immer mit Sicherheit festgestellt werden kann, so bleibt die Frage: Gibt es Traditionen, die zumindest eine parallele Argumentationsstruktur aufweisen und die die Annahme rechtfertigen, daß der Verfasser ähnliche Traditionen gekannt haben muß? Es wird dabei zu beachten sein, inwieweit sich in Hebr 11 freie Wiedergaben der überkommenen Traditionen durch den Verfasser nachweisen lassen.

Konkret stellen sich folgende Fragen, die die Notwendigkeit einer eingehenden Untersuchung der in Hebr 11 aufgenommenen Traditionen erforderlich machen: Wie kommt der auctor ad Hebraeos zu der bisweilen scheinbar frei aus der Luft gegriffenen Ansicht, daß den einzelnen Gestalten der "Wolke der Zeugen" πίστις eigne? Wie verhalten sich die als πίστις interpretierten Fakten aus der vita der Zeugen zur These in 11,1? Ist es berechtigt, davon auszugehen, daß die Beispiele dem Verfasser als Explikation dienen? Oder trifft es zu, daß der Verfasser mit seinen Beispielen eine zugrunde liegende "Vorlage" verarbeitet und dabei "die frühere Tradition gewaltsam umgebogen und einem anderen Zwecke dienstbar gemacht" hat[59]? Ist es möglich, beim überlieferten Text zu unterscheiden zwischen Reflexionen, die auf den Verfasser zurückgehen[60], und Paradigmen, die der Tradition zuzuweisen sind[61]? Wie sind die immer wieder konstatierten Spannungen

---

[59] E.KÄSEMANN: Gottesvolk 118. Ähnlich G.SCHILLE: Katechese 112f; G.THEISSEN: Untersuchungen 98ff; H.WINDISCH dagegen sieht die "Vorlage der Gesamtschrift vortrefflich eingegliedert" (98); ähnlich neuerdings auch H.-F.WEISS: 554-558: 558. Mit Blick auf die vermeintlichen Spannungen zwischen "Vorlage" und den Erläuterungen des Verfassers stellt F.BOVON fest: "Les difficultés ne peuvent se résoudre que par une étude de la tradition et de l'histoire des formes" (Le Christ 134).

[60] Als Reflexionen des Verfassers werden weithin die VV. 1(.2).(3.)6.(10.) 13-16.26.39f angenommen [Anm.: Die in Klammern gesetzten Verse werden unterschiedlich beurteilt]: G.THEISSEN: Untersuchungen 98f; G.SCHILLE: Katechese 112ff.119ff; O.MICHEL 370ff. M.RISSI: THEOLOGIE 106ff unterscheidet zwei Vorlagen - I: 11,1-31; II:11,32-38.

[61] Vgl. die vorige Anmerkung. In seiner Rezension der Arbeit von G.THEISSEN bemerkt A.VANHOYE zu der Methode der Scheidung von Tradition und Redaktion bzw. Verfasser: "Ce qui est réalisable dans le cas d'un évangile, du fait de l'existence de textes parallèles, l'est beaucoup moins dans le cas d'une épître pour laquelle on manque de points de comparaison" (Trois ouvrages 69). Ist damit die Problematik der Methode THEISSENs u.a.m. benannt, so müssen freilich die von ihm notierten Beobachtungen dennoch plausibel erklärt werden können. Kritische Einwände gegen die Annahme einer (schriftlichen) Vorlage werden laut bei F.BOVON: Le Christ 133f; O.KUSS 165; R.NEUDECKER: Heilsgeschichte I 261; A.STROBEL: Hebräer 208 und H.BRAUN 337.

bzw. Widersprüche zwischen 11,2 und 11,3[62], 11,5 und 11,13.39f[63] oder auch 11,33 und 11,39[64] zu beurteilen?

II. Hebr 11,1: Die "Definition" als Grundthese:
Der Glaube ist ein [unbeirrbares] Feststehen bei Erhofftem, ein [objektives] Überführtsein von Dingen, die man nicht sieht.

Der erste Vers des "tractatus de fide" - oft als einzige "Definition" des Glaubens innerhalb des Neuen Testaments bezeichnet - faßt das Glaubensverständnis des Hebr in nuce zusammen und bedarf daher der eingehenden Untersuchung. Für das richtige Verständnis der These in 11,1 ist die Verklammerung des 11. Kapitels mit dem Kontext zu beachten. Das wurde mehrfach hervorgehoben und muß im einzelnen nicht mehr erörtert werden[65]. Die wichtigsten, mit der Auslegung von Hebr 11,1 verbundenen *Einzelprobleme* seien knapp benannt: Zunächst fragen wir (1) danach, ob es sich in 11,1 um eine "Definition des (christlichen) Glaubens" handelt. Sodann muß bedacht werden, wie die beiden Vershälften auszulegen sind: was besagt (2) die Wendung ἐλπιζομένων ὑπόστασις und wie muß (3) die Aussage πραγμάτων ἔλεγχος οὐ βλεπομένων interpretiert werden? Ein weiterer Arbeitsschritt wird sich (4) damit zu beschäftigen haben, wie das Verhältnis der beiden Vershälften zueinander bestimmt werden kann. Große Bedeutung für die vorliegende Studie besitzt schließlich (5) die Frage nach dem traditionsgeschichtlichen Hintergrund des ganzen Verses.

---

[62]   Nach M.RISSI: Theologie 106 fällt Hebr 11,3 "aus dem Rahmen, denn nur hier taucht das bekenntnishafte 'Wir' auf, und die Aussage über unser glaubendes Begreifen der Welt als Schöpfung gehört nicht in die Reihe der Väterzeugnisse". Vgl. auch H.-F.WEISS 557; E.KÄSEMANN: Gottesvolk 117f; ähnlich K.HAACKER: Creatio ex auditu 279ff; mit anderer Tendenz G.SCHILLE: Katechese 116f.

[63]   Wie kann es in V. 13 von den οὗτοι πάντες heißen, daß sie gestorben sind, wenn Henoch (V. 5) doch entrückt wurde? Dazu G.THEISSEN: Untersuchungen 98f; O.MICHEL 371; H.-F.WEISS 557 Anm. 16. In welchem Verhältnis stehen demnach die beiden Verse zueinander?

[64]   Wie kann in V. 33 gesagt werden ἐπέτυχον ἐπαγγελιῶν, wenn es in V. 39 im Blick auf die Wolke der Zeuge von Kap. 11 ausdrücklich heißt: οὐκ ἐκομίσαντο τὴν ἐπαγγελίαν? Vgl. dazu u.a. G.THEISSEN: Untersuchungen 99.

[65]   Näheres dazu oben S. 5-33; S. 73f (zu 10,39) und 79-82. Bereits CALVIN wendet sich in seiner Auslegung gegen einen kompositorischen Neueinsatz in 11,1: "Quisquis hic fecit initium capitis undecimi, perperam contextum abrupit. Nam Apostoli consilium est probare, quod dixerat, opus scilicet esse patientia" (CR 83,143); ähnlich J.A.BENGEL z.St.: "Ἔστι δὲ πίστις, est autem fides. Reassumitur hoc ex 10,39". Es genügt m.E. nicht - wie von A.VANHOYE: Structure 180ff vorgeschlagen -, die Verbindung zwischen 10,36-39 und 11,1 dadurch sicherzustellen, daß die VV. 36-39 als "annonce du sujet" des 11. Kapitels aufgefaßt werden. Diese formal richtige Beobachtung trägt dem für die Auslegung wichtigen inhaltlichen Bezug zwischen 10,38f und 11,1 zu wenig Rechnung. Deshalb ist auch die These von E.RIGGENBACH 339 (vgl. O.MICHEL 369 Anm.2; 370) verfehlt, Kap 11 als "Exkurs" anzusehen.

1. Hebr 11,1 - eine "Definition" des christlichen Glaubens?

Die Frage, ob in Hebr 11,1 eine den christlichen Glauben allgemeingültig beschreibende Definition vorliegt, beschäftigt die Ausleger des Hebr seit frühesten Zeiten bis in die heutige Forschung hinein[66] und hat eine Vielzahl von Antworten gefunden, die hier im einzelnen nicht dargelegt werden können. Für die Annahme einer Glaubensdefinition könnte der *Definitionsstil* sprechen, der sich in der vorangestellten Wendung ἔστιν δέ und im Fehlen des Artikels[67] zeigt. Die formale Nähe zum klassischen Definitionsstil zeigen die folgenden Beispiele:

a) ANAXIMENES (Mitte 4.Jh.v.Chr.)

In dem unter dem Namen des Aristoteles erhaltenen, aufgrund des vorangestellten Widmungsbriefes an Alexander den Großen "ῥητορικὴ πρὸς Ἀλέξανδρον" bezeichneten Lehrbuch der Rhetorik (τέχνη ῥητορική)[68] finden sich in den Kap. 7 - 17 eine Fülle von Definitionen, die in ihrer *syntaktischen Struktur* der These von Hebr 11,1 vergleichbar sind. Nachdem Anaximenes zunächst über die drei Gattungen (τὰ εἴδη) der öffentlichen Rede - die Volksrede, die Festrede und die Gerichtsrede - gehandelt und sie "definiert" hat (1,1 - 5,5)[69], bestimmt und erklärt er in den Kap. 7ff die πίστεις, die für alle Formen der Rede nützlich sind. Bei den einzelnen Definitionen fällt auf, daß das zu definierende "Beglaubigungsmittel" - mit einer Ausnahme - artikellos vorangestellt wird und die Kopula auf die Adversativ-Partikel δέ folgt[70]. Es mag genügen, die jeweiligen Vordersätze knapp nebeneinander zu stellen: 7,4: εἰκὸς μὲν οὖν ἐστιν[71]; 8,1: παραδείγματα δ' ἐστι; 9,1: τεκμήρια δέ ἐστιν; 10,1: ἐνθυμήματα δέ ἐστιν; 11,1: γνώμη δέ ἐστι; 12,1: σημεῖον δέ ἐστιν; 12,2: ἔστι δὲ σημεῖον τό τε γενόμενον οὐ μόνον τοῦ γενομένου, ἀλλὰ καὶ τοῦ μὴ γενομένου[72]; 13,1: ἔλεγχος δέ ἐστι; 15,1: μαρτυρία δέ ἐστιν; 16,1: βάσανος δέ ἐστι; 17,1: ὅρκος δέ ἐστιν.

---

[66] Über die in der Auslegungsgeschichte vertretenen Anschauungen informieren F.DELITZSCH 512; C.SPICQ II 336; O.MICHEL 372f und H.BRAUN 337.

[67] Vgl. BDR § 252.

[68] Zur Pseudonymität der "Rhetorik an Alexander" vgl. P.GOHLKE, in: Aristoteles: Rhetorik (in: Aristoteles: Lehrschriften) 5f und in: Aristoteles: Rhetorik an Alexander, 5 - 11; s. außerdem G.KENNEDY: Art of Persuasion 114ff; W.KROLL: Rhetorik 1052f; J.BRZOSKA: Anaximenes 2088ff.

[69] Die termini technici für die Definition bzw. das Definieren sind ὁρισμός (32,7), ὁρίζειν (u.a. 1,6.17.20; [2,1]; 2,10.13; 4,8.10) bzw. διορίζειν (1,4.7; [2,1]; 4,5; 7,1.7).

[70] Die von der klassischen Folge abweichende Wortstellung des Hebr liegt in der Argumentationsstruktur begründet: Während Anaximenes das näher zu explizierende "Beglaubigungsmittel" voranstellt, geht der Hebr in 11,1 durch die "Definition" vom Rhema zum Thema über. Die in 10,38f bereits eingeführte πίστις wird in 11,1ff inhaltlich bestimmt; Näheres bei F.SIEGERT: Argumentation 97.198.

[71] Die Wendung μὲν οὖν macht den Anfang der Definitionsreihe deutlich. Die folgenden sind demgegenüber mit δέ abgegrenzt.

[72] Hier findet sich die bereits angesprochene Ausnahme in der Wortstellung. Das Subjekt dürfte deshalb vorangestellt sein, weil der Begriff σημεῖον in 12,1 bereits teilweise definiert worden ist.

b) ARISTOTELES

Die *Ars rhetorica* des Aristoteles unterscheidet sich nicht nur inhaltlich von der "Rhetorik an Alexander", sondern weist auch formal und sprachlich Abweichungen gegenüber ihrer Vorgängerin auf. Die hier interessierende Frage nach dem "Definitionsstil" der klassischen Rhetorik läßt sich für Aristoteles nicht einheitlich beantworten. Es genügt, auf einige markante Punkte hinzuweisen:

aa) Die syntaktische Struktur des vorangestellten ἔστι δέ mit nachfolgendem artikellosen Nomen wird von Aristoteles vor allem für Aufzählungen, Einteilungen und Beschreibungen verwendet, jedoch nur in Ausnahmefällen für die Vornahme eines ὁρισμός. Als Beispiel mag folgende Passage dienen (1386ª 3ff [II 8.8ff]): ὡς μὲν οὖν ἔχοντες ἐλεοῦσιν, εἴρηται, ἃ δ᾽ ἐλεοῦσιν, ἐκ τοῦ ὁρισμοῦ δῆλον· ... ἔστι δ᾽ ὀδυνηρὰ μὲν καὶ φθαρτικὰ θάνατοι καὶ αἰκεῖαι καὶ σωμάτων κακώσεις καὶ γῆρας καὶ νόσοι καὶ τροφῆς ἔνδεια.

bb) Der ὁρισμός wird mitunter in der Frage-Antwort-Form vorgenommen. Auch hierfür ein Beispiel (1398ª 15ff [II.23.8]): ἄλλος ἐξ ὁρισμοῦ, οἷον τί τὸ δαιμόνιόν ἐστιν; ἆρ᾽ ἢ θεὸς ἢ θεοῦ ἔργον; καίτοι ὅστις οἴεται θεοῦ ἔργον εἶναι, τοῦτον ἀνάγκη οἴεσθαι καὶ θεοὺς εἶναι.

cc) Selbst dort, wo eine Definition angekündigt wird, folgt keine knappe und prägnante Definitionsformel, sondern eine ausgreifende Erörterung, wie das an der folgenden Stelle über die Ursachen des Schicksals deutlich wird: In 1369ª 32ff (I.10.12f) folgen auf die Themenangabe δῆλον δ᾽ ἐκ τοῦ ὁρισμοῦ τῆς τύχης περὶ τούτων Ausführungen über die Ursachen des Schicksals.

dd) Den anderen Stil des Aristoteles zeigt ein formaler Vergleich der Definitionen einzelner πίστεις mit denen des Anaximenes: (1) Zum εἰκός sagt Aristoteles (1357ª 34ff [I.2.15]): τὸ μὲν γὰρ εἰκός ἐστι [τὸ] ὡς ἐπὶ τὸ πολὺ γινόμενον, οὐχ ἁπλῶς δέ, καθάπερ ὁρίζονταί τινες, ἀλλὰ κτλ. (2) Die beiden πίστεις παράδειγμα und ἐνθύμημα (1356ᵇ 2f [I.2.8] führt er wie folgt ein: ἔστι γὰρ τὸ μὲν παράδειγμα ἐπαγωγή, τὸ δ᾽ ἐνθύμημα συλλογισμός. (3) Die einzige Ausnahme bildet die Definition der γνώμη - sie ist stilistisch vergleichbar mit denen des Anaximenes und der in Hebr 11,1 (1394ª 19ff [II 21.1f]): περὶ δὲ γνωμολογίας, ῥηθέντος τί ἐστι γνώμη ... ἔστι δὴ γνώμη ἀπόφανσις. Der Vergleich zeigt: Von der letztgenannten Definition der γνώμη abgesehen, weichen die Definitionen bei Aristoteles formal ab von denen des Anaximenes und von der in Hebr 11,1.

c) PHILO

Die stilistischen Parallelen bei Philo sind längst erkannt[73]. Gerade auch der philonische Definitionstil war einer der Gründe dafür, den alexandrinischen Religionsphilosophen als geistes- und religionsgeschichtlichen Vordenker des auctor ad Hebraeos anzusehen[74]. Die drei wichtigsten Parallelen sind kurz darzulegen:

---

73   Bereits F.DELITZSCH verweist in seinem Kommentar (1857) auf die "stilistisch ähnlich geformten Begriffsbestimmungen ... bei Philo" (513 Anm. 1).

74   Vgl. C.SPICQ I 39 - 91, der im Anschluß an E.MÉNÉGOZ: La théologie 198 zu dem Ergebnis kommt, daß der Verfasser des Hebr "un philonien converti au chri-

aa) Legum allegoriae III 211

Im Rahmen seines "allegorischen Kommentars" zur Genesis interpretiert Philo im 3. Buch Gen 3,8b.9.12-18. Der Abschnitt 211 ist Teil der Auslegung von Gen 3,16 LXX (§§ 200 - 221): καὶ τῇ γυναικὶ εἶπε Πληθύνων πληθυνῶ τὰς λύπας σου καὶ τὸν στεναγμόν σου (200). Philo identifiziert die Frau mit der "unseligen Sinnlichkeit" (βαρυδαίμων αἴσθησις), die durch ihre Lust Schmerz und Stöhnen hervorruft. Nachdem er zunächst erläutert hat, wie Schmerz entsteht und wie ihm der geläuterte Geist (κεκαθαρμένος νοῦς) begegnet (200 - 202), kommt er in § 211 - nach einem "Exkurs" über den Schwur Gottes und das Verbot, als Mensch bei Gott zu schwören (203 - 210) - auf das "Stöhnen" (στεναγμός) zu sprechen. Seine Ausführungen hierüber leitet er ein mit der Definition dessen, was er unter "Stöhnen" versteht: ἔστι δὲ στεναγμὸς σφοδρὰ καὶ ἐπιτεταμένη λύπη. Philo nennt "zwei Fälle", in denen das so definierte "Stöhnen" stattfindet.

bb) Quod deus sit immutabilis 87

Die Schrift "Quod deus sit immutabilis" gehört ebenfalls zum allegorischen Kommentar der Genesis. In ihr interpretiert Philo Gen 6,4b-12. Der zu bedenkende § 87 ist Bestandteil der Ausführungen zu Gen 6,8 LXX (§§ 86 - 116): Νῶε δὲ εὗρεν χάριν ἐναντίον κυρίου τοῦ θεοῦ (86). Nachdem er in § 86 den Unterschied zwischen Finden und Wiederfinden dargelegt hat, nennt er in § 87 die Vorschriften über das große Gebet (Num 6,2) als Beispiel für das "Finden", um dann Definitionen über ein Gebet bzw. ein großes Gebet anzuschließen: ἔστι δὲ εὐχὴ μὲν αἴτησις ἀγαθῶν παρὰ θεοῦ, μεγάλη δὲ εὐχὴ τὸν θεὸν αἴτιον ἀγαθῶν αὐτὸν ἀφ' ἑαυτοῦ νομίζειν ...

cc) De congressu eruditionis gratia 79

Auch die dritte Parallele, "De congressu eruditionis gratia" 79, findet sich in einer Schrift, die dem allegorischen Kommentar zur Genesis zugerechnet wird. Die §§ 71 - 88 legen in zwei Teilen (71 - 80 und 81 - 88) Gen 16,3 aus. Sara, die personifizierte Tugend, gibt Abraham ihre Dienerin Hagar - die personifizierte enkyklische Bildung - zur Frau (71 - 73). Nach einer Aufzählung der Lehrfächer der ἐγκύκλιος παιδεία, die alle zum Erwerb der Philosophie beitragen, bietet Philo eine Definition der Philosophie - sie trägt ihrerseits zum Erwerb der Weisheit bei - und Weisheit: ἔστι γὰρ[75] φιλοσοφία ἐπιτήδευσις σοφίας, σοφία δὲ ἐπιστήμη θείων καὶ ἀνθρωπίνων καὶ τῶν τούτων αἰτίων.

Die Belege zeigen, daß Philo und der Hebr für die Vornahme einer Definition die gleiche *syntaktische Struktur* verwenden[76].

---

stianisme" sei (ebd. 91). Diese Ansicht bekräftigt SPICQ - ungeachtet der von R.WILLIAMSON (Philo, passim) detailliert vorgetragenen Kritik - in seinem neuen Kommentar aus dem Jahre 1977, 13 - 15. Zur Sache vgl. H.FELD: EdF 38ff.

[75] Der Begriff der φιλοσοφία wurde von Philo bereits eingeführt, d.h. es begegnet - wie in Hebr 10,38ff - auch hier der Übergang vom Rhema zum Thema.

[76] Damit bestätigt sich die opinio communis der Exegeten, die auf die formalen Parallelen zwischen Philo und Hebr verweist: vgl. z.B. J.MOFFATT 159; C.SPICQ II 336; O.MICHEL 372f; H.BRAUN 337.

Überblicken wir die Parallelen[77], so können wir festhalten, daß sich der Hebr in 11,1 eines in der antiken Literatur - vor allem in der Rhetorik - weit verbreiteten[78] Definitionsstiles bedient[79]. Die dem Hebr und Philo gemeinsame Wurzel dürfte das der antiken Literatur aufgeschlossene und ihr verpflichtete alexandrinische Milieu bilden[80]. In formaler Hinsicht legen beide Schriftsteller mit ihren Definitionen das jeweilige Thema knapp und präzise fest, um daran die explikative Darlegung anzuschließen[81].

Haben die formalen Parallelen den Definitionsstil von Hebr 11,1 erwiesen, so ist nun noch danach zu fragen, welche *Bedeutung dieser "Definition"* im Rahmen des Abschnittes 10,32 - 11,40 zukommt. Hierfür ist *zunächst* festzuhalten: Der Verfasser hat in 10,32-39[82] vorausgesetzt und gefordert, *daß* Glaube als conditio sine qua non für das eschatologische Heil vorhanden sein muß. Für die Leser stellt sich demnach immer dringlicher die Frage, *was* inhaltlich "Glaube" meint[83]. Der

---

[77]   C.SPICQ II 336 verweist darüber hinaus auf Platon: Symposium 186c und Plutarch: De curiositate 6. Plutarch hat mit den genannten Texten das vorangestellte ἔστι gemeinsam [ἔστι γὰρ ἡ πολυπραγμοσύνη φιλοπευστία τῶν ἐν ἀποκρύψει καὶ λανθανόντων]. Zur Sache vgl. F.SIEGERT: Argumentation 16ff.53f. O.BETZ gewinnt den Eindruck "of a philosophical definition belonging to the thought-world of the Greeks" (Firmness in Faith 101).

[78]   R.WILLIAMSON bemerkt zu Recht: "Whether this fact [the introduction of a definition by ἔστι] has any real bearing on the question of the alleged influence of Philo upon Hebrews is extremely doubtful, especially when we note that descriptions and definitions introduced by ἔστι are by no means, in Greek literature, confined to Philo, and, in the N.T., to Hebrews" (Philo 31).

[79]   Zur "Definition" als rhetorischer Figur vgl. H.LAUSBERG: Handbuch §§ 104-122: 104.111ff und § 782 und Ders.: Elemente §§ 186-191.379.

[80]   Dies gilt auch für das 4.Makkabäerbuch.

[81]   Es ist demnach nur bedingt richtig, wenn R.WILLIAMSON schreibt: "The ἔστι in *11.1* is probably in its position at the beginning of the verse for a rather different reason from that which prompted Philo to put it at the beginning of his definitions and descriptions cited above" (Philo 315).

[82]   Vgl. neben 10,38f auch 4,2f; 6,1.12; 10,22; 12,2 und 13,7.

[83]   Vgl. J.A.BENGEL z.St.: Atque eam fidei descriptionem apostolus hoc loco ponit, quae rei propositae maxime congruit, ut fratrum animi confirmentur. Sehr treffend beschreibt diesen Sachverhalt auch A.THOLUCK 367f: Nach seiner Meinung dient die Voranstellung des ἔστι dazu, "um dem Worte Nachdruck zu geben. Einen solchen Nachdruck bedurfte es aber auch in unserer Stelle, wo der Vf., nachdem er von der *Nothwendigkeit* des Glaubens geredet, dazu übergeht, von dem *Wesen* desselben zu sprechen" (ebd. 367; Hervorhebung im Original); vgl. auch W.M.L.DE WETTE 225; F.DELITZSCH 511; G.LÜNEMANN 346; J.Chr.VON HOFMANN 422; O.MICHEL 372; R.WILLIAMSON: Philo 314. E.GRÄSSER: Glaube 45 betont zu Recht den Zusammenhang von 10,39 und 11,1, wenn er den "unmittelbare[n] Anschluß [von] 11,1 an 10,39 ... als eine Art Epexegese ... des Vfs für sein 10,39 entfaltetes Glaubensverständnis" bezeichnet.

Beantwortung dieser "question fictive"[84] dient die "Definition" der πίστις in 11,1 und die sich anschließende Paradigmenreihe. Ist dies richtig, so ergibt sich daraus die Schlußfolgerung: Der Verfasser ist nicht primär an einer theoretischen Erörterung über die πίστις interessiert, sondern einzig und allein daran, was die angefochtene Gemeinde unter Glauben zu verstehen hat und wie diese πίστις von ihr gelebt werden kann[85].

Wir haben einen *zweiten* Gesichtspunkt zu berücksichtigen: Gegenüber der rein formalen Bestimmung von Hebr 11,1 als einer zureichenden "Definition des christlichen Glaubens" haben sich zu Recht schon frühzeitig Stimmen erhoben, die sehr nachdrücklich betonen, wie "sehr diejenigen sich irren, die meinen, daß hier eine hinlängliche Definition vorliege; denn der Apostel erörtert hier nicht das ganze Wesen des Glaubens, sondern er hat sich nur den Teil ausgesucht, der mit seiner Absicht übereinstimmt: nämlich den allezeit mit der Geduld verbundenen"[86]. Angesichts dieser Einsicht erscheint es angebracht, den Begriff der "Definition" nur uneigentlich zu verwenden, um nicht dem Mißverständnis Vorschub zu leisten, es handle sich in Hebr 11,1 um eine zureichende Bestimmung dessen, was christliche Tradition unter πίστις verstehe. Diese Frage wird uns noch näher zu beschäftigen haben. Daß trotz der genannten Bedenken dennoch von einer "Definition" gesprochen werden kann, hat seinen Grund in *sprachlogischen Erwägungen*: Der Begriff der πίστις als das - um es wissenschaftstheoretisch zu formulieren - zu definierende Zeichen (definiendum) kann, das wird unsere Studie zeigen, m.E. an allen Stellen durch die beiden definierenden Zeichen (definiens) - ἐλπιζομένων ὑπόστασις, πραγμάτων ἔλεγχος οὐ βλεπομένων - ersetzt werden. Es handelt sich in Hebr 11,1 um eine "festsetzende semantische Definition", die - ohne im wissenschaftstheoretischen Sinne wahre oder falsche Aussagen treffen zu können - die Bedeutung des Zeichens πίστις im Verständnis des Verfassers festsetzt[87]. Entscheidend ist hierbei allein, daß der auctor ad Hebraeos das "definierte" Verständnis von πίστις im anschließenden Paradigmenkatalog konsequent durchhält und an der "Wolke der Zeugen" zu explizieren vermag[88]. Hebr 11,1 im dar-

---

[84]   C.SPICQ II 336; vgl. H.STRATHMANN 140.

[85]   Vgl. u.v.a. E.RIGGENBACH 340 und O.KUSS 166.

[86]   So CALVIN z.St.: Unde etiam apparet longe falli eos qui iustam fidei definitionem hic poni existimant: neque enim hic de tota fidei natura disserit apostolus, sed partem elegit suo instituto congruentem: nempe quod cum patientia semper coniuncta sit. Vgl. auch F.BLEEK II 2,721; G.LÜNEMANN 346; J.CHR.VON HOFMANN 422; E.RIGGENBACH 340f; J.S.JAVET 123f; H.DÖRRIE: Hbr 11,1 198 u.v.a.m. Anders dagegen F.DELITZSCH 513; B.WEISS 280f; H.VON SODEN 79; A.SCHLATTER 521ff; H.WINDISCH 99 und O.MICHEL 373.

[87]   Den Gegensatz hierzu bilden die "feststellenden semantischen Definitionen", die als Aussagen über den faktischen Sprachgebrauch - man nennt sie daher auch "lexikalische Definitionen" - wahr oder falsch sein können: zu den voranstehenden Distinktionen vgl. G.GABRIEL: Definition 439 - 442; vgl. auch: Ders.: Ist 301 - 302 und I.U.DALFERTH: Der Mythos vom inkarnierten Gott 331ff.

[88]   Die Bestimmung als "festsetzende semantische Definition" wird nicht dadurch in Frage gestellt, daß sich bei einzelnen Beispielen jeweils nur eines der beiden definierenden Zeichen nachweisen läßt.

gelegten Sinne - uneigentlich - als "Definition" zu bezeichnen, trägt den sprachlogischen und den theologischen Erfordernissen Rechnung: Sprachlogisch handelt es
sich fraglos um eine Definition, weil und sofern der Verfasser - die Konsistenz der
Relation von definiendum und definiens vorausgesetzt - den Begriff der πίστις stets
in dem von ihm "definierten" Sinne verwendet[89]. Theologisch ist es angemessener,
von einer *These* des Verfassers oder auch von *seiner* "Kennzeichnung des Glaubens"[90] zu sprechen, um so anzuzeigen, daß der Gehalt von Hebr 11,1 keineswegs
ausreicht, den christlichen Glauben umfassend zu bestimmen.

Fassen wir - *drittens* - die bisherigen Beobachtungen zusammen, so läßt sich
festhalten, daß der Verfasser mit der *"Definition"* in 11,1 *sein* Verständnis von
Glaube zum Ausdruck bringt und der Gemeinde aufzeigt: πίστις   ist die
Voraussetzung zur Bewahrung des Lebens (10,39: εἰς περιποίησιν ψυχῆς). Πίστις als
ἐλπιζομένων ὑπόστασις, πραγμάτων ἔλεγχος οὐ βλεπομένων ist für den auctor ad
Hebraeos qualifiziert durch das Verhältnis der Glaubenden zu dem allem Glauben
vorangehenden Wort der göttlichen Verheißung. Bei diesem in Christus (1,2) ergangenen Wort Gottes soll die Gemeinde bleiben, denn Christus wird schon sehr bald ἐκ
δευτέρου erscheinen und die Treuen εἰς σωτηρίαν führen (9,28). Der Verfasser ver-
dichtet das, was er unter Glaube versteht, auf die alles entscheidende Verhältnisbestimmung von Glaube und Verheißung. Glaube ist - soviel kann schon festgestellt
werden - die gegenüber dem Verheißungswort Gottes angemessene und ihm
entsprechende Haltung des Menschen. Daraus ergibt sich auch die sachgemäße Zuordnung der formalen Bestimmung von Hebr 11,1 als einer "Definition" zum
nunmehr darzulegenden Inhalt des Verses. Anders ausgedrückt: Es ist "die an sich
richtige Charakterisierung von 11,1 als 'Definition' zu präzisieren: definiert wird
nicht die *pistis* an sich, sondern das Verhältnis von *pistis* und Verheißung"[91].

Ob diese Charakterisierung von 11,1 zutrifft, wird sich an der folgenden Paradigmenreihe und darüber hinaus am ganzen Corpus des Hebr zu bestätigen haben.
Zugleich ist damit die von E.GRÄSSER im Anschluß an O.MICHEL[92] als allein
wichtig und richtig hervorgehobene Frage, "ob Hb *sein* Verständnis von Pistis definiert und mit der Definition auch hinreichend gedeckt hat"[93] ausdrücklich zur
Leitfrage für die folgende Auslegung erhoben.

---

[89]   Sprachlogisch trifft es jedenfalls nicht zu, wenn K.HAACKER feststellt: "Es
versteht sich, daß ein derart metaphorischer Satz [wie Hebr 11,1] das im Kontext explizit Gesagte nur in bestimmter Hinsicht unterstreichen kann, also keineswegs die
Aussage der gesamten Beispielreihe auf einen Nenner bringt, wie es von einer Definition zu erwarten wäre" (Glaube 299,51ff). Im Blick auf die πίστις muß m.E. genau
das vom "tractatus de fide" erwartet werden.

[90]   So F.BÜCHSEL: ἐλέγχω 473,17 (inkl. Anm. 4).

[91]   So treffend D.LÜHRMANN: Glaube 75f (Hervorhebung dort). Vgl. dazu bereits F.BLEEK II 2,721, der ebenfalls auf diese Relationalität der Glaubensbestimmung in 11,1 aufmerksam gemacht hat.

[92]   245f (⁵1960) bzw. 372 (¹³1975).

[93]   Glaube 46 Anm. 197 (Hervorhebung dort).

2. Hebr 11,1a: Glaube ist ἐλπιζομένων ὑπόστασις

Wir wenden uns der *ersten Vershälfte* zu, indem wir *zunächst* die nach wie vor umstrittene[94] Bedeutung von ὑπόστασις[95] eingehend untersuchen und folgende Fragen bedenken: a) Bei welchem Sprachgebrauch muß für die Begriffsdeutung angesetzt werden? b) Läßt sich für die Belege von ὑπόστασις im Hebr (1,3; 3,14; 11,1) eine einheitliche Verwendung nachweisen? c) Lassen sich für die im folgenden vorausgesetzte Deutung Parallelen beibringen? d) Können die dabei gewonnenen Einsichten mit dem übrigen Corpus des Hebr in Einklang gebracht werden?

a) H.DÖRRIE[96] hat in einem Exkurs über "die Interpretation von Hebr. 11,1 und ihre Geschichte" dargelegt, daß LUTHER bei seiner berühmten Übersetzung - er versteht ὑπόστασις subjektiv in der Bedeutung von "Zuversicht"[97] - auf Anraten MELANCHTHONs die Septuaginta-Stellen Ruth 1,12; Ez 19,5 bzw ψ 38,8 als philologischen Ausgangspunkt wählte[98]. Dabei übersah LUTHER, daß den 20 Belegen von ὑπόστασις in der Septuaginta dreizehn unterschiedliche hebräische Begriffe zugrunde liegen[99]. Der Sprachgebrauch der Septuaginta *allein* reicht demnach keinesfalls aus, um das Verständnis des Begriffes im Hebr zu aufzuzeigen[100]. Zutreffend spricht daher H.DÖRRIE in Bezug auf diesen Ansatzpunkt und die darauf gründende subjektive Deutung vom πρῶτον ψεῦδος, das "Unsicherheit in das Verständnis von Hebr. 11,1" brachte[101]. Diese Deutung muß aufgegeben werden.

---

[94]   Einen Überblick über die Auslegungsgeschichte bieten H.DÖRRIE: Ὑπόστασις 61ff; E.GRÄSSER: Glaube 46 - 51; H.KÖSTER: ὑπόστασις 584f und H.FELD: EdF 89ff.

[95]   Vgl. die grundlegenden Arbeiten von M.A.MATHIS: The Pauline Πίστις, Washington 1921 und ders.: Substantia 79 - 87; R.E.WITT: Ὑπόστασις, London 1933; F.ERDIN: Hypostasis, Freiburg 1939 und H.DÖRRIE: Ὑπόστασις, Göttingen 1955 (= München 1976; [zitiert wird nach Platonica Minora]).

[96]   Ὑπόστασις 61ff.

[97]   Einen umfassenden Überblick über die zahlreichen Anhänger dieser subjektiven Deutung geben H.DÖRRIE ebd. 62 Anm. 4; E.GRÄSSER: Glaube 47 Anm. 200; H.BRAUN 339; vgl. ebenso H.G.LIDDELL/R.SCOTT s.v. B II 4 und O.MICHEL 181.190 (zu 3,14).

[98]   An den drei genannten Stellen gibt ὑπόστασις zwei unterschiedliche hebräische Begriffe für "Hoffnung" wieder: in Ruth 1,12 und Ez 19,5 liegt תִּקְוָה zugrunde; in ψ 38 (39),8 תּוֹחֶלֶת.

[99]   Für die im einzelnen zugrunde liegenden hebräischen Begriffen vgl. neben E.HATCH/H.A.REDPATH s.v. H.KÖSTER: ὑπόστασις 579ff.

[100]   So zu Recht H.DÖRRIE: Ὑπόστασις 18 Anm. 35; 23 Anm. 64; H.KÖSTER ebd. 579 Anm. 79. Daß diese Einschätzung richtig ist, zeigt ein Blick auf die divergierenden Übersetzungen der jeweiligen Septuaginta-Stellen bei F.ERDIN: Hypostasis 8ff; H.DÖRRIE: Ὑπόστασις 23f und H.KÖSTER: ὑπόστασις 579ff. Anders urteilen dagegen F.ERDIN: Hypostasis 8ff; G.HARDER: ὑπόστασις 544ff. Einen am hebräischen Alten Testament orientierten Verständnisansatz hat jüngst O.BETZ: Firmness in Faith vorgelegt. Nach BETZ lassen sich πίστις, ὑπόστασις und ἔλεγχος aus Jes 28,16 MT herleiten. Dies wird im folgenden zu überprüfen sein.

Somit ergibt sich für die Interpretation der Septuaginta-Belege und der Stellen im Hebr die Notwendigkeit, den vielgestaltigen Sprachgebrauch in der allgemeinen Gräzität heranzuziehen. Aus der Fülle der Bedeutungsnuancen verdienen *drei* ernsthaft in Betracht gezogen zu werden[102]: Alle drei gründen letztlich auf der von ὑφίσταμαι herrührenden Grundbedeutung des Verbalsubstantivs: ὑπόστασις meint dabei den Vorgang oder auch das Ergebnis des Daruntertretens bzw. Darunterstehens[103]. Dies gilt *zunächst* für die analog zu substantia im Sinne von essentia sich ergebende Deutung als *"Realität"* bzw. *"Realisierung"*[104] der ἐλπιζόμενα im Glauben. Das gilt *ferner* für die analog zu substantia im Sinne von fundamentum herzuleitenden Wiedergaben: *"Grundlage"*, *"Unterpfand"*, *"Garantie"*[105]. Es gilt *schließlich* auch für die Bedeutung *"Feststehen"*, *"Beharren"*[106]. Da alle drei Deutungen aufgrund des außerbiblischen griechischen Sprachgebrauchs möglich sind[107] und in der Auslegung vertreten werden, stellt sich die Frage, welcher der drei Interpretationen für den Sprachgebrauch des Hebr der Vorrang zu geben ist. Dabei ist es für die Auslegung methodisch unverzichtbar, *primär* die Aussageintention des auctor ad Hebraeos in den Mittelpunkt der Überlegungen zu stellen. Das heißt: Für das weitere Vorgehen ergibt sich als Ansatzpunkt der Begriffsdeutung die "innerbriefliche Glaubensthematik"[108], ohne dabei die eben erwähnten sprachlichen Vorgaben außer acht zu lassen. Grundprämisse ist die Erkenntnis,

---

[101] Ebd. 68 und ders.: Hbr 11,1, 197 Anm. 5; zustimmend E.GRÄSSER: Glaube 49 Anm. 212.

[102] Zu den vielen Übersetzungsmöglichkeiten vgl. die Lexika von F.PASSOW; G.W.H.LAMPE und H.G.LIDDELL/R.SCOTT s.v.

[103] Vgl. dazu H.DÖRRIE: Ὑπόστασις 15ff.

[104] Auf den *Vorgang* des Realität-Werdens heben ab: M.A.MATHIS: Substantia 86f; H.DÖRRIE: Ὑπόστασις 61ff und Ders.: Hbr 11,1, 198ff; W.BAUER: Wb 1675 s.v. 3 und H.BRAUN 337f; das *Ergebnis* der im Glauben gesetzten *Realität* der ἐλπιζόμενα betonen die Kirchenväter, J.A.BENGEL, z.St.: Fides est substantia (Wirklichkeit; Realität; Vorhandensein), qua futura, quae sperantur, repraesentantur sive ut praesentia sistuntur ... Fide repraesentantur res futurae; u.a.m. (bei E.GRÄSSER: Glaube 46f Anm. 199).

[105] C.SPICQ II 337f; Ders.: Notes II 699.912; O.MICHEL 373; M.RISSI: Theologie 108 und O.BETZ: Firmness in Faith 102f. H.DÖRRIE: Hbr 11,1 bezeichnet die Übersetzung von C.SPICQ ("garantie de ce qui est espéré"; II 337) als bedeutenden Fortschritt über das Bisherige hinaus (197 Anm. 5).

[106] Neben den bei E.GRÄSSER: Glaube 46f Anm. 201 genannten Vertretern dieser Interpretation vgl. GRÄSSERs eigene Ausführungen (ebd. 47ff) und O.HOFIUS: Katapausis 133.215 Anm. 821 - 826.

[107] A.SCHLATTER: Glaube 614ff; F.ERDIN: Hypostasis 5ff; H.DÖRRIE: Ὑπόστασις 15ff; Ders.: Hbr 11,1, 198ff; anders dagegen H.KÖSTER: ὑπόστασις 582 Anm. 112f; 586 Anm. 146, der die Bedeutung "Standhaftigkeit" verwirft. Daß H.DÖRRIE diese zuletztgenannte Bedeutung für Hbr 11,1 ablehnt (Hbr 11,1, 201 Anm. 19), weist E.GRÄSSER: Glaube 48 Anm. 208 mit Recht zurück.

[108] E.GRÄSSER: Glaube 47; Seine treffenden Ausführungen zu ὑπόστασις (ebd. 46 - 51; 99 - 102) sind im folgenden Grundlage der gebotenen Argumentation. Vgl. auch A.SCHLATTER: Glaube 614 - 617.

daß Hebr 11,1 *auf keinen Fall* unter Absehung des vorhergehenden Abschnittes 10,32-39 interpretiert werden darf[109]. Unsere Auslegung von 10,32-39 hat gezeigt, daß der Argumentationsgang nachweislich bestimmt ist von der Antithetik des "Feststehens" und des "Zurückweichens": Wer im Glauben beim sicher verbürgten Verheißungswort feststeht, wird ewiges Leben ererben; wer es dagegen verwirft und zurückweicht, wird dem Verderben preisgegeben. Diese Antithetik spiegelt sich wider in den Antonymen ὑπόστασις und ὑποστολή (vgl. ὑποστέλλειν)[110]. Der Kontext und der Argumentationsgang des Hebr legen daher die Übersetzung "(unbeirrbares) Feststehen" nahe.

Der gewählten Übersetzung stehen die beiden anderen vorherrschenden Deutungen entgegen, die wir im folgenden daraufhin zu überprüfen haben, ob sie sachlich dem Hebr gerecht werden. Für die Wiedergabe von ὑπόστασις im Sinne von *"Realisierung"* bzw. *"Realität"* wählen wir exemplarisch die Darlegungen H.KÖSTERs, der an allen drei Stellen im Hebr diesen Begriff mit "Wirklichkeit [Gottes]" wiedergibt[111]. Mag für Hebr 1,3 die Deutung, wonach ὑπόστασις im Sinne von "Wirklichkeit" aufzufassen ist, noch zu überzeugen[112], so kann das für die Stellen 3,14 und 11,1 in keiner Weise gelten. KÖSTER interpretiert beide Stellen in Anlehnung an 1,3 und erblickt in ὑπόστασις ἐλπιζομένων "die Wirklichkeit der erhofften Güter, die ja ihrem Charakter nach jenseitige Qualität haben. Ἔλεγχος und ὑπόστασις beschreiben also zunächst einmal nicht den Glauben, sondern definieren den

---

[109] Es ist m.E. der entscheidende Irrtum von H.DÖRRIE, 11,1 "nur lose ... mit dem Vorhergehenden" verknüpft zu sehen (Hbr 11,1, 198).

[110] Vgl. A.SCHLATTER: Glaube 617; E.GRÄSSER: Glaube 48; O.HOFIUS: Katapausis 215 Anm. 826.

[111] H.KÖSTER: ὑπόστασις 584ff. Die Arbeiten von H.DÖRRIE bieten sich aus mehreren Gründen nicht an: *Erstens* greift er nur in 11,1 auf die Wiedergabe von ὑπόστασις im Sinne von "Realisierung" zurück. In 3,14 interpretiert er den Begriff in der von uns - (s. unten S. 118f) - bevorzugten Weise: "Das Festhalten an der 'Ausgangslage' [ὑπόστασις], ... der einmal gewählten Haltung des Hoffens wird ... - durchaus sinnvoll - zum Gegenteil des ἀποστῆναι [3,12] geprägt", auch wenn das "keine Bedeutung [ist], die ὑποστασις sonst haben könnte" (Hbr 11,1, 201). *Zweitens* wird der höchst mißverständliche Satz: "Der Glaube verwirklicht Dinge, die noch nicht sind und vielleicht gar παρὰ φύσιν sind" (ebd. 199) seiner particula veri beraubt, wenn man ihm einen zweiten - vom Glauben auf die Wiederkehr Christi gerichteten - an die Seite stellt: "In jener Beispielreihe ist die Wiederkehr Christi das höchste und letzte Beispiel, das einzige, das noch nicht verwirklicht ist" (ebd. 198). Die Aussage, daß für den Glaubenden die ἐλπιζόμενα eine nicht zu bestreitende (himmlische) Realität darstellen, wird in der gebotenen Verknüpfung absurd, denn die *Parusie* Christi ist keineswegs "das höchste und letzte Beispiel, das einzige, das noch nicht verwirklicht ist" (ebd. 198). Als ob der Glaube auch nur im entferntesten etwas mit der "Verwirklichung" der Parusie Christi zu tun hätte! Hebr 12,2 muß anders bezogen und interpretiert werden. Ein *dritter* Punkt spricht gegen die Arbeiten von DÖRRIE: Es ist m.E. nicht einzusehen, weshalb im Blick auf Hebr 11,1 nicht in gleicher Weise der Kontext zu berücksichtigen sein soll, wie dies H.DÖRRIE völlig zu Recht für Hebr 3,14 in Rechnung stellt.

[112] Ebd. 584,6-23.

Charakter der jenseitigen und zukünftigen Dinge". Seine Ausführungen gipfeln in dem Satz, wonach in Hebr 11,1 "die πίστις in einer Formulierung von unvergleichlicher Kühnheit" mit "jener jenseitigen Wirklichkeit ... identifiziert" wird: *"Der Glaube ist die Wirklichkeit des Erhofften* in eben dem gleichen Sinne, in dem Jesus als χαρακτήρ der Wirklichkeit des jenseitigen Gottes bezeichnet ist (Hb 1,3)"[113]. Gleichfalls nicht zu überzeugen vermag die Auslegung von ὑπόστασις in 3,14. Diesen Vers rechnet KÖSTER zu den "zentralen Grundsatzmahnungen des Hebräerbriefs, in denen jeweils zum Festhalten an dem, was den Glauben begründet, aufgefordert ist"[114]. Die Wendung ἡ ἀρχὴ τῆς ὑποστάσεως sei dabei - so KÖSTER - keine subjektive Haltung des Glaubens, sondern - wie in den vergleichbaren Ausdrücken ἡ ὁμολογία τῆς ἐλπίδος (10,23) und ὁ ἀπόστολος ... τῆς ὁμολογίας (3,1) - sein "objektiver Besitz", wodurch die "Wirklichkeit Gottes" beschrieben werde, an der die Glaubenden teilhätten. Die Rede vom "Anfang der Wirklichkeit Gottes" werde "am besten durch Hb 2,3 erläutert, wo es von der σωτηρία heißt, daß sie mit der Verkündigung des Herrn einen ganz realen, sichtbaren Anfang nahm. *Am Anfang der Wirklichkeit* (Gottes) *festzuhalten* heißt also nichts anderes als sich der einmal im Leben der Gemeinde ganz real begonnenen Wirklichkeit Gottes zu versichern bis zum Ende, und zwar so, wie diese göttliche Wirklichkeit im Glauben gegenwärtig ist (Hb 11,1). Damit ist deutlich, daß ὑπόστασις im Hebräerbrief durchweg die Bezeichnung der *Wirklichkeit* Gottes ist, die ... in Jesus da ist und als Glaube Besitz der Gemeinde wird"[115].

Wie sehr diese Auslegungen unter der methodischen Prämisse und der Zielsetzung leiden, einen einheitlichen Sprachgebrauch von ὑπόστασις im Hebr nachzuweisen, läßt sich an folgenden Punkten aufzeigen:

(1) H.KÖSTER läßt den Kontext unberücksichtigt. Nur so ist erklärbar, daß er mit ὑπόστασις und ἔλεγχος zunächst nicht den Glauben, sondern die Charakterisierung der Hoffnungsgüter beschrieben sieht. Es ist daher verfehlt, wenn KÖSTER im Blick auf das Verständnis von ὑπόστασις fordert: "Man darf ... nicht fragen: Inwiefern ist der Glaube ὑπόστασις?, sondern: Was sagt ὑπόστασις über das Wesen der Hoffnungsgüter aus?"[116]. Es steht für den auctor ad Hebraeos außer Zweifel, daß die ἐλπιζόμενα das Bleibende, das Feste, und wie die πράγματα οὐ βλεπόμενα eine sich in der himmlischen Welt befindliche *Realität* darstellen - darin ist KÖSTER zuzustimmen. Aber - und hierin irrt KÖSTER - diese Realität ist *nicht* durch den Begriff ὑπόστασις ausgedrückt, sondern sie ergibt sich aus einer ganzen Reihe von Hinweisen im Hebr, auf die wir noch zu sprechen kommen werden. Die Fragestellung von H.KÖSTER ist umzukehren: Man darf nicht fragen: Was sagt ὑπόστασις über das Wesen der Hoffnungsgüter aus?, sondern: Inwiefern ist der Glaube ὑπόστασις?

(2) Die unzureichende Beachtung des Kontextes bedingt ihrerseits die Annahme

---

[113] Ebd. 585,20ff; 586,4ff (Hervorhebung dort). Dieser Interpretation schließen sich an R.NEUDECKER: Heilsgeschichte I 122; II 42 Anm. 49; F.DOORMANN: Der neue und lebendige Weg 145f.

[114] Ebd. 586,18f.

[115] Ebd. 586,28ff - 587,4 (Hervorhebungen dort).

[116] So ebd. 586 Anm. 141.

KÖSTERs, daß in der Wendung ἡ ἀρχὴ τῆς ὑποστάσεως (3,14) keine subjektive Haltung des Glaubens angenommen werden dürfe, sondern sein "objektiver Besitz" zu erblicken sei. Das geht am Duktus von Hebr 3,1ff und 10,19ff völlig vorbei. Die zahlreichen Adhortative bzw. Kohortative[117], Imperative[118], Prohibitive und Konditionalsätze[119] werden bei der Interpretation des Begriffes ὑπόστασις nicht hinreichend ernstgenommen. Mit ihnen ermahnt der Verfasser die Leser, das Reden Gottes ἐπ' ἐσχάτου τῶν ἡμερῶν τούτων ... ἐν υἱῷ (1,2) nicht zu überhören, sondern "umso mehr auf das Gehörte achtzuhaben" (2,1), "auf den Gesandten und Hohenpriester unseres Bekenntnisses zu achten" (3,1), "zuzusehen, daß keiner ein böses, ungläubiges Herz habe, [dessen Bosheit sich erweist] im Abfall vom lebendigen Gott" (3,12) und "darauf bedacht zu sein, den, der da redet nicht abzuweisen" (12,25).

(3) Nicht nur die genannten Stellen sprechen gegen die These, der Hebr denke an eine "objektiven Besitz" des Glaubens. Vielmehr hält auch KÖSTERs Auslegung von Hebr 2,3 - diesen Vers zieht KÖSTER zur Begründung seiner Übersetzung von ἡ ἀρχὴ τῆς ὑποστάσεως mit "Anfang der Wirklichkeit (Gottes)" in der Gemeinde heran -, einer kritischen Überprüfung nicht stand: σωτηρία, ἥτις ἀρχὴν λαβοῦσα λαλεῖσθαι διὰ τοῦ κυρίου meint *nicht*, daß das Heil mit der Verkündigung durch den Kyrios seinen Anfang nahm und jetzt seine Fortsetzung erfährt, *sondern* es ist damit ausgesagt, daß *im* Kyrios die ἀρχή des Wortgeschehens begründet liegt. *Er* ist die Offenbarung der σωτηρία, durch ihn ist sie verheißen und erschlossen, ist ihr Kommen ins Werk gesetzt. Ferner beweist Hebr 4,2f, wie fern es dem Hebr liegt, von einem "objektiven Besitz" des Glaubens zu reden. Der Abschnitt Hebr 3,7 -4,11, den wir noch eingehend erörtern werden, zeigt: Glaube wird qualifiziert als "Verbindung des Hörens mit dem Gehörten". Glaube ist demnach keineswegs die zu konstatierende "Wirklichkeit Gottes" im Besitz der Gemeinde, sondern das in der Anfechtung und der Glaubensmüdigkeit zu bewährende unbeirrbare Feststehen beim göttlichen Verheißungswort[120].

Ernsthaft erwägen kann man die *zweite*, sprachlich ausgesprochen naheliegende Übersetzung von ὑπόστασις mit "Unterpfand", "Gewähr", "Garantie"[121] oder auch "Grundlage"[122]. Doch verbietet sich dieses Verständnis aus zwei Gründen: *Erstens*

---

[117] Vgl. 3,6; 4,1.11; 10,22.23.24.25. Die Partizipien μὴ ἐγκαταλείποντες und παρακαλοῦντες in 10,25 sind als Kohortative aufzufassen und denen in 10,22-24 beizuordnen.

[118] Vgl. 3,1.12.13.

[119] Vgl. 3,8.15; vgl. 3,14; 4,3.

[120] H.BRAUN, der mit seiner Übersetzung und Exegese H.DÖRRIE folgt und ὑπόστασις mit "Verwirklichung" wiedergibt, hat erkannt, daß der Glaubensbegriff nicht sachgemäß bestimmt werden kann, wenn man die Möglichkeit des Abfalls außer acht läßt (338). In H.KÖSTERs Interpretation von ὑπόστασις hat - konsequent gedacht - diese Beobachtung keinen Raum.

[121] Vgl. C.SPICQ II 337f; Ders.: Notes II 699.912; H.DÖRRIE: Hbr 11,1 197 Anm. 5; O.MICHEL 373; M.RISSI: Theologie 108.

[122] Vgl. U.WILCKENS: Das Neue Testament: Glaube ist aber "die Wirklichkeitsgrundlage für das, worauf man hofft, der Nachweis von Dingen, die man nicht sehen kann" (800). Für diese Wiedergabe hat sich in jüngster Zeit O.BETZ: Firmness

berücksichtigt auch diese Übersetzung nicht genügend den Kontext. *Zweitens*, und dies ist der gewichtigere Einwand, wird übersehen, daß diese Interpretation der πίστις innerhalb der These von 11,1 den Ort zuweist, der dem Genitiv ἐλπιζομένων zukommt. Die ἐλπιζόμενα - das wird noch zu zeigen sein - sind die verheißenen Hoffnungsgüter. Auf sie bezieht sich der Glaube. Wollte man jedoch πίστις als "Garantie" oder als "Grundlage" der Hoffnungsgüter auffassen, so würde πίστις genau das bezeichnen, was für den auctor ad Hebraeos der Begriff der ἐπαγγελία zum Ausdruck bringt: die gewisse Verbürgung der Eschata in Christus als Gottes eschatologischem Verheißungs-Wort. Mit anderen Worten: Nicht der Glaube ist das Unterpfand, die Grundlage oder die Garantie für die verheißenen Heilsgüter. Als ob menschlicher Glaube nach dem Verständnis des Hebr so etwas garantieren könnte! Dies kann allein die in Christus sicher verbürgte ἐπαγγελία. Der Glaube hält sich an

---

in Faith ausgesprochen. Er bezieht sich dabei auf Jes 28,16 und legt dar, daß "ὑπόστασις in Heb. 11:1 is ... suggested by the first part of Isa. 28:16." BETZ denkt, "that the term 'founded foundation' (Isa. 28:16a) has influenced the choice and meaning of the nouns ὑπόστασις and ἔλεγχος in Heb. 11:1. As a foundation laid by God is firm, so is faith that is founded by God and grounded in him." Auf dieser Grundprämisse aufbauend fährt BETZ fort: "Faith itself is ... a foundation (ὑπόστασις), laid by God himself ... The meaning of ὑπόστασις in Heb. 11:1 is more literal and illustrative than philosophical and abstract; it must be related to the foundation, built by God according to Isa. 28:16a. It therefore designates a substructure, *sub-stantia*, laid by God ... ὑπόστασις as 'foundation' reveals the objective character of faith: it is given by God, it is his creation" (102f). So eindrücklich dieser Interpretationsvorschlag von O.BETZ auf den ersten Blick auch ist - sein Hinweis auf Jes 28,16 wird noch aufzunehmen und zu vertiefen sein -, so wenig kann seiner Sicht zugestimmt werden. Es ist einzuwenden, daß O.BETZ 1) - wie die anderen Interpreten - bei der Näherbestimmung von ὑπόστασις den Kontext (10,38f) zu wenig berücksichtigt; - dies bleibt unverständlich, da er hierzu die richtigen Beobachtungen am Text mitteilt (ebd. 101f.103.106f). Es ist 2) einzuwenden, daß O.BETZ die sprachliche Formulierung der LXX nicht genügend berücksichtigt; - auch hier teilt O.BETZ die richtigen Beobachtungen mit (ebd. 105); 3) werden die inhaltlichen Untschiede zwischen Jes 28,16 und Hebr 11,1 nicht genügend herausgestellt. Wohl sind die Glaubenden der Grundstein des neuen Tempels Gottes auf dem Zion, so daß מוּסָד מוּסָר entfernt einen Anklang an das in Hebr 11,1a Ausgesagte darstellen könnte. Doch muß sehr genau auf die Argumentationsstruktur geachtet werden: In Jes 28,16a ist Gott das Subjekt der Gründung. In Hebr 11,1 ist der glaubende Mensch das Subjekt der geforderten ὑπόστασις. Damit hängt ein *vierter* und letzter Einwand zusammen: O.BETZ versteht das Verhältnis von ὑπόστασις und πίστις in Hebr 11,1 analog der Argumentationsstruktur von Jes 28,16, wenn er betont "ὑπόστασις as 'foundation' reveals the objective character of faith: it is given by god, it is his creation. Faith is ... the subjective attitude of one 'who believes' (Isa. 28:16b) ... In the term [ὑπόστασις] of Heb. 11:1 the objective act of God 'laying a foundation' is combined with the subjective attitude of man, who believes in it" (ebd. 103). Schon auf der sprachlogischen Ebene verbietet sich eine solche Verhältnisbestimmung, denn ὑπόστασις kann als Prädikatsnomen nicht dergestalt zum Subjekt πίστις in Beziehung gesetzt werden. Auch sachlich erheben sich Bedenken: Die von Paulus und Johannes bestimmte Einschätzung, daß auch im Hebr der Glaube Gabe Gottes ist, findet im Hebr keinen Anhalt. Vgl. hierzu auch oben S. 38 Anm. 23.

das Verheißene. Die Eschata sind das von Gott vorgegebene Heil, dem die menschliche πίστις dadurch entspricht, daß sie die Zuversicht auf den Eintritt dieses Heilszustandes nicht preisgibt (vgl. 10,35). Die πίστις ist demnach die menschliche Antwort auf das göttliche Verheißungswort und nicht die Garantie für die Hoffnungsgüter[123]. Daß es für die Christen kein Heil ohne den Glauben gibt, ist damit nicht bestritten.

b) Wir wenden uns der *zweiten Frage* zu: Läßt der Hebr an den Stellen 1,3; 3,14 und 11,1 ein durchgängig gleichbleibendes Verständnis von ὑπόστασις erkennen[124]? Nach dem bislang Dargelegten kann diese Frage nur verneint werden, was in der Forschung - von H.KÖSTER abgesehen - nicht strittig ist. Uneinigkeit herrscht jedoch darüber, ob an den beiden Stellen 3,14 und 11,1[125] dasselbe Verständnis vorauszusetzen ist oder ob dem Begriff - nimmt man 1,3 hinzu - an jeder der drei Stellen eine jeweils andere Bedeutung zukommt. Überblicken wir die Argumentationsstruktur von 3,12ff und 10,35ff, so kann an beiden Stellen für ὑπόστασις die Bedeutung "fester Stand" angenommen werden[126]. Nachdem auf 10,35ff schon des öfteren hingewiesen wurde, mag es genügen, hier kurz den Gedankengang von Hebr 3,1ff zu vergegenwärtigen[127]: Im Rahmen des paränetischen Abschnittes 3,1 - 4,13 stellt der Verfasser zunächst (3,1-6) Jesus und Mose nebeneinander und schafft, indem er die unbedingte Zuverlässigkeit und Glaubwürdigkeit des Mose und des "Gesandten und Hohenpriesters Jesus" (3,1) betont herausstellt[128], die Grundlage für

---

[123] M.RISSI: Theologie 108 stellt im Anschluß an O.MICHEL und C.SPICQ fest, daß (1) ὑπόστασις "etwas Objektives meint, nicht eine Haltung oder innere Bewegung der Menschen". Das Wort bezeichne demnach "eher den 'Ort' auf dem der Glaube steht: die Gewähr, Grundlage, Garantie". Darüber hinaus betont er (2): "Daß ein Mensch glaubt, ist ein göttliches Handeln im Menschen und darum in sich selbst die Garantie für das, was man erhofft. ... Der Glaubende erfährt seinen Glauben ... als die Garantie für das Verheißene" (ebd.) Daß die erstgenannte Feststellung für den Hebr nicht zutrifft, dürfte durch unsere Darlegungen deutlich geworden sein. Man kann noch ergänzend hinzufügen: Die Garantie für das Verheißene gründet nach dem Hebr keinesfalls im menschlichen Glauben. Alle Warnungen vor dem Abfall wären vor diesem Hintergrund absurd, - ganz abgesehen von den Ausführungen des Verfassers zur "Unmöglichkeit der zweiten Buße". Richtig ist vielmehr: Die Garantie für das Verheißene gründet nach dem Verständnis des Hebr einzig und allein in der Treue Gottes zu seinem Verheißungswort (10,23; 11,11). Die zweite Feststellung ist m.E. nur dann möglich, wenn man das paulinische und auch das johanneische Glaubensverständnis zum Maßstab für den Hebr erhebt.

[124] Dieser Frage nachgegangen zu sein, ist das bleibende Verdienst von H.KÖSTERs Artikel.

[125] In 1,3 legt allein schon der christologische Kontext eine andere Bedeutung nahe. Die Übersetzung von ὑπόστασις mit "Wesen" trifft dort m.E. das Richtige: u.v.a. E.RIGGENBACH 8f; O.KUSS 28f; O.MICHEL 92ff; H.BRAUN 24ff.

[126] Mit A.SCHLATTER: Glaube 617; E.GRÄSSER: Glaube 48; O.HOFIUS: Katapausis 133 gegen H.DÖRRIE: ὑπόστασις 61ff; Ders.: Hbr 11,1, 201; H.KÖSTER: ὑπόστασις 584ff und H.BRAUN zu 3,14 und 11,1.

[127] Zum folgenden vgl. O.HOFIUS: Katapausis 55ff.127ff.

[128] Daß es in 3,1-6 nicht um die Erhabenheit Jesu über Mose, sondern um die

die mit 3,7 einsetzende Gegenüberstellung von Wüstengeneration und christlicher Gemeinde. Auf das Zitat von ψ 94,7-11 (3,7-11) folgt in 3,12-14 die paränetische Anwendung auf die Hörer/Leser. Daran schließen sich in 3,15-19 exegetische Erwägungen zum Psalmzitat an, die in 4,1-11 wiederum paränetisch auf die Gemeinde angewandt werden. Mit dem Hinweis auf Gott als den Richter, dessen Wort eine tödliche Waffe ist (4,12f), wird der erste Hauptteil des Hebr (1,1 - 4,13) abgeschlossen. Überblicken wir den Abschnitt, so zeigt sich: Der Verfasser stellt die Wüstengeneration als ὑπόδειγμα τῆς ἀπειθείας (4,11) dar. Aufgrund ihrer Rebellion (παραπικρασμός: 3,8.15; vgl. παραπικραίνω: 3,16) gegen Gottes Verheißungswort wurde sie vom Eingehen in Gottes κατάπαυσις ausgeschlossen (3,11.18f; 4,3.5.8). Diesem Beispiel soll die christliche Gemeinde nicht folgen: Keiner soll ein "böses, ungläubiges Herz" (καρδία πονηρὰ ἀπιστίας) haben, dessen Bosheit sich im "Abfall vom lebendigen Gott" (ἐν τῷ ἀποστῆναι ἀπὸ θεοῦ ζῶντος) erweist (3,12). Vielmehr sollen sich die Glieder der christlichen Gemeinde täglich ermahnen und ermuntern, solange das "Heute" noch Gültigkeit hat. *Keines* der Gemeindeglieder soll durch den Betrug der Sünde verhärtet werden (3,13), denn - so begründet der Verfasser seine Mahnung in 3,14 - sie sind μέτοχοι τοῦ Χριστοῦ. Christus, der ἀρχηγός bzw. αἴτιος σωτηρίας (2,10; 5,10), wird in Bälde erscheinen (10,37; vgl. 9,28), um die Christen in die κατάπαυσις hineinzuführen[129]. Diese Heilsvollendung wird freilich nur dann eintreten, ἐάνπερ τὴν ἀρχὴν τῆς ὑποστάσεως μέχρι τέλους βεβαίαν κατάσχωμεν. Das richtige Verständnis von ὑπόστασις ergibt sich, wenn beachtet wird, daß die Wendung τὴν ἀρχὴν τῆς ὑποστάσεως κατέχειν Antithese zu ἀποστῆναι ἀπὸ θεοῦ ζῶντος (3,12) darstellt[130]. Die christliche Gemeinde hat in gleicher Weise wie die Wüstengeneration die Verheißung des eschatologischen Eingehens in die κατάπαυσις empfangen (4,1f)[131]. Dieses Eingehen ist für die Christen in Christus als Gottes eschatologischem Wort (1,3) sicher verbürgt. Weil es noch ein "Heute" gibt (3,13) und die Verheißung noch ihre Gültigkeit besitzt (4,1), deshalb soll die Gemeinde am Wort der Verheißung festhalten. Sie wird in die κατάπαυσις eingehen, wenn sie glaubt[132]. So ergibt sich für ὑπόστασις in 3,14 die Übersetzung "fester Stand"[133]. Der Begriff steht für "das Gegenteil von Apostasie"[134].

---

beiden von Gott eingesetzten Offenbarungsmittler geht, die im entscheidenden Punkt, in ihrem πιστός-Sein, auf gleicher Stufe stehen, betonen: E.GRÄSSER: Glaube 19 Anm. 42; Ders.: Mose und Jesus 14f und O.HOFIUS: Katapausis 222 Anm. 936.

[129] Das Verbum εἰσέρχεσθαι hat futurischen Sinn: vgl. G.LÜNEMANN 150; J.MOFFATT 51; E.RIGGENBACH 102 Anm. 67; O.MICHEL 194; O.HOFIUS: Katapausis 180 Anm. 352 und H.BRAUN 108.

[130] So bereits A.SCHLATTER: Glaube 617; vgl. H.DÖRRIE ὑπόστασις 17; Ders.: Hbr 11,1, 199 Anm. 11; E.GRÄSSER: Glaube 48; O.HOFIUS: Katapausis 133.

[131] Das Passiv εὐαγγελίζεσθαι hat in 4,2.6 die Bedeutung "die Verheißung empfangen": vgl. O.MICHEL 190ff; O.HOFIUS: Katapausis 56.178 Anm. 333; hierzu und zum Folgenden s. Chr.ROSE: Verheißung und Erfüllung 63f.

[132] Οἱ πιστεύσαντες ist mit H.VON SODEN 37; O.MICHEL 194 und O.HOFIUS: Katapausis 180 Anm. 353 *konditional* und nicht kausal bzw. resultativ - so u.a. E.RIGGENBACH 101ff; C.SPICQ II 81; E.GRÄSSER: Glaube 14 und H.BRAUN 108 - aufzufassen.

Die Christen werden als diejenigen, die untrennbar mit Christus zusammengehören, aufgefordert, den "anfänglichen festen Stand" zu bewahren und "die
einmal eingenommene Ausgangsposition"[135] bis ans Ende, das heißt bis zu der "mit
der Parusie Christi anhebenden Endvollendung"[136], festzuhalten. Zum richtigen
Verständnis von ἡ ἀρχὴ τῆς ὑποστάσεως gelangt man m.E. erst dann, wenn das
Verhältnis von V. 14a zu V.14b beachtet wird. Es geht dabei um die Frage, ob und
inwiefern in der Wendung μέτοχοι γὰρ τοῦ Χριστοῦ γεγόναμεν eine inhaltliche
Näherbestimmung von ἡ ἀρχὴ τῆς ὑποστάσεως gesehen werden kann. Für diese
Annahme spricht die Einsicht, daß der Verfasser in V. 14a die Gemeinde an ihre in
Christus gegründete und durch seine Person (1,3ff; 7,1-28) und sein Werk (2,10; 5,8f;
6,19f; 9,11f.28; 10,5ff.19f) sicher verbürgte eschatologische Existenz erinnert: Diese
eschatologische Existenz hat im "Anfang des Christenstandes"[137] ihren Ausgang
genommen. Sie kann - und damit drückt V. 14b positiv das aus, was in V. 12
negativ formuliert ist - nur dann bei der bevorstehenden Parusie noch Gültigkeit
haben, wenn die Christen nicht dem ὑπόδειγμα τῆς ἀπειθείας (4,11) folgen. Als
μέτοχοι τοῦ Χριστοῦ sollen sie sich vielmehr im "Festhalten an der 'Ausgangslage', ...
der einmal gewählten Haltung des Hoffens"[138] ganz zum ἀρχηγός bzw. αἴτιος
σωτηρίας (2,10; 5,9, vgl. 12,2) halten und - wider die vorfindliche Realität - auf den
vertrauen, der treu zu seiner Verheißung steht (10,23; 11,11).

Wir fassen zusammen: Der Hebr verwendet ὑπόστασις in doppelter Weise. *Einerseits* bezeichnet der Begriff im christologischen Kontext Christus als Ausprägung
des *Wesens* Gottes (1,3). *Andererseits* ist im paränetisch-theologischen Kontext
(3,14; 11,1) an den *"festen Stand"* der Christen gedacht. Als Näherbestimmung der
πίστις bezeichnet ὑπόστασις den "Modus der Heilserlangung". Das "[unbeirrbare]
Feststehen" bei dem in Christus endgültig und unüberbietbar ergangenen,
zuverlässigen Verheißungswort ist die Voraussetzung dafür, daß Christus als der in
Bälde ἐκ δευτέρου "Wiederkommende" denen, die auf ihn warten, εἰς σωτηρίαν (10,37;
9,28; vgl. εἰς περιποίησιν ψυχῆς in 10,39) begegnet. Damit ist evident,

---

133 Mit A.SCHLATTER: Glaube 617; E.GRÄSSER: Glaube 18.48 und O.HOFIUS:
Katapausis 133.

134 So H.DÖRRIE: ὑπόστασις 17.

135 Zu dieser Übersetzung von ἡ ἀρχὴ τῆς ὑποστάσεως vgl. H.DÖRRIE: Hbr 11,1,
201 und E.GRÄSSER: Glaube 18.

136 So die treffende Auslegung von μέχρι τέλους durch O.HOFIUS: Katapausis
180 Anm. 356. Ähnlich bereits F.BLEEK II 1, 457; G.LÜNEMANN 130f; E.RIGGEN-
BACH 90 und neuerdings H.BRAUN 97. Anders dagegen CALVIN z.St.; F.LAUB:
Bekenntnis 251 Anm. 208. Vgl. auch E.GRÄSSERs These, der als Zeitpunkt der Ver-
heißungserfüllung den Augenblick des Todes annimmt (Glaube 180). Diese
Annahme ist jedoch mit 9,27; 10,37 und 11,39f nicht zu vereinbaren.

137 So G.BORNKAMM: Bekenntnis im Hebräerbrief 188 - 203, der völlig
zutreffend auf die parallelen Ausdrücke in 3,14 (τὴν ἀρχὴν τῆς ὑποστάσεως μέχρι
τέλους βεβαίαν κατέχειν), 3,6 (τὴν παρρησίαν καὶ τὸ καύχημα τῆς ἐλπίδος [vl: μέχρι
τέλους βεβαίαν] κατέχειν), 10,35 (μὴ ἀποβαλεῖν τὴν παρρησίαν), 10,23 (κατέχειν τὴν
ὁμολογίαν τῆς ἐλπίδος) und 4,14 (κρατεῖν τῆς ὁμολογίας) hinweist (ebd. 191 Anm. 7).

138 H.DÖRRIE: Hbr 11,1, 201.

daß der in 3,7 - 4,11, näherhin in 3,12ff dargelegte Argumentationsgang dem in 10,32 - 11,1 (ff) parallel ist. Es geht hier wie dort um die *Bewährung des angefochtenen Glaubens*, der angesichts der vorfindlichen Realität und wider alle Gefährdung durch den drohenden Abfall sich fest an das zuverlässige Verheißungswort Gottes hält. Diese parallele Argumentationsstruktur soll abschließend schematisch dargestellt werden. Das *Schema* verdeutlicht, daß es an den Texten keinen Anhalt findet, wenn H.DÖRRIE jegliche Verbindung zwischen 3,14 und 11,1 ablehnt mit dem Hinweis, daß "dort [in 11,1] die Zusammenhänge anders" sind, "weil 3,14 die Leser gemahnt werden, an dem begonnenen ὑφεστάναι festzuhalten, nämlich am Hoffen und Nicht-Desertieren. 11,1 aber enthält ὑπόστασις eine Aussage, die über den Glauben gemacht wird"[139].

---

[139] Hbr 11,1, 201f. E.GRÄSSER: Glaube 48 Anm. 208 lehnt diese von DÖRRIE eingetragene Diastase so knapp wie treffend ab: "Für Hb ist aber beides dasselbe!". Vgl. auch O.HOFIUS: Katapausis 215 Anm. 826; F.LAUB: Bekenntnis 251 Anm. 207. 260 Anm. 237.

Text Aussage	3,7 – 4,11: v.a. 3,12–14 (vgl. auch 3,6)	10,32 – 11,1
Hinweis auf den "Anfang des Christenstandes"	μέτοχοι τοῦ Χριστοῦ γεγόναμεν (3,14).	φωτισθέντες (10,32; vgl. 6,4).
Die ergangene Verheißung bzw. das zugesagte Verheißungsgut	τὸ σήμερον (3,13 = ψ 94,7; vgl. 4,7): καταλειπομένης ἐπαγγελίας (4,1); ἐσμὲν εὐηγγελισμένοι (4,2; vgl. 4,6); εἰσέρχεσθαι εἰς τὴν κατάπαυσιν (4,1.3.11).	ἔχει μεγάλην μισθαποδοσίαν (10,35); κομίσησθε τὴν ἐπαγγελίαν (10,36); ζήσεται (10,38); περιποίησις ψυχῆς (10,39); τὰ ἐλπιζόμενα ; πράγματα οὐ βλεπόμενα (11,1).
Warnung vor dem Abfall (= Zurückweichen von der Verheißung = Unglaube)	ἀποστῆναι ἀπὸ θεοῦ ζῶντος (3,12); καρδία πονηρὰ ἀπιστίας (3,12); ἀπιστία (3,19); ἀπείθεια (4,6.11).	ὑποστέλλεσθαι (10,38); ὑποστολή (10,39).
Gefahr des Heilsverlustes (Konditionierung!)	μέτοχοι γὰρ τοῦ Χριστοῦ γεγόναμεν, ἐάνπερ ... (3,14; vgl. 4,3 [s.unten]): φοβηθῶμεν ... μήποτε ... δοκῇ τις ἐξ ὑμῶν ὑστερηκέναι (4,1).	καὶ ἐὰν ὑποστείληται, οὐκ εὐδοκεῖ ἡ ψυχή μου ἐν αὐτῷ (10,38); ἡ ὑποστολὴ εἰς ἀπώλειαν (10,39; vgl. 10,35a).
Voraussetzung für die Teilhabe am eschatologischen Heil, das in Christus begründet liegt: Glaube = Festhalten = Nicht-weichen	ἐάνπερ] τὴν παρρησίαν ... κατάσχωμεν (3,6); ἐάνπερ τὴν ἀρχὴν τῆς ὑποστάσεως μέχρι τέλους [= Parusie] βεβαίαν κατάσχωμεν (3,14); πιστεύσαντες (4,3; konditionales Partizip).	μὴ ἀποβάλητε ... τὴν παρρησίαν ὑμῶν (10,35) ὑπομονή (10,36); ἐὰν [sc. μὴ] ὑποστείληται (10,38; vgl. 10,39a); ἐκ πίστεως (10,38; vgl. 10,39a); πίστις (11,1); ἐλπιζομένων ὑπόστασις (11,1).

c) Ergibt sich aus den bisherigen Darlegungen, daß für ὑπόστασις in 3,14 *und* 11,1 die Bedeutung "fester Stand" anzunehmen ist, so bedarf dieser Befund - damit wenden wir uns der *dritten Frage* zu - der Überprüfung vor dem Hintergrund des außerbiblischen Sprachgebrauchs. Da die maßgeblichen Belege längst bekannt sind[140], können wir uns mit einer knappen Darstellung begnügen.

Beim griechischen Historiker *POLYBIOS* (200 - 120 v. Chr.) zeigen drei Belege einen mit Hebr 3,14 und 11,1 vergleichbaren Gebrauch von ὑπόστασις[141]. Auch bei *JOSEPHUS, Ant. XVIII 24* legt es der Kontext (XVIII 23f) nahe, an das *tapfere Standhalten* der Zeloten zu denken, das die Bereitschaft des Martyriums einschloß:

> "Vielfältige Todesarten zu erdulden achten sie für gering, ebenso auch die Hinrichtung vor Freunden und Verwandten, wenn sie nur keinen Menschen (ihren) Herrn zu nennen brauchen. Da ihre Hartnäckigkeit indes allgemein durch Augenschein bekannt ist, unterließ ich es, eingehender darüber zu berichten (ἑωρακόσιν δὲ τοῖς πολλοῖς τὸ ἀμετάλλακτον αὐτῶν τῆς ἐπὶ τοιούτοις ὑποστάσεως περαιτέρω διελθεῖν παρέλιπον)"[142].

Läßt sich für ὑπόστασις die Bedeutung "fester Stand", "Standhalten" auch im *außerbiblischen Sprachgebrauch* nachweisen, so kann erwogen werden, ob nicht auch an einigen *Septuaginta-Stellen* dieser Sprachgebrauch vorauszusetzen ist[143]. Hierfür sind in erster Linie alle diejenigen Stellen heranzuziehen, in denen das Moment

---

140 Bereits WETTSTEIN II 200 (zu 2Kor 9,4) notiert die Stellen; ebenso A.SCHLATTER: Glaube 614ff und E.GRÄSSER: Glaube 48ff.

141 Der erste Beleg in IV 1,9f kommt dem Sprachgebrauch von Hebr 3,14 nahe: dort ist vom "besten Ausgangspunkt" (καλλίστη ὑπόστασις) die Rede; die beiden anderen Belege berichten vom Widerstandswillen und Feststehen der Byzantiner (IV 50,10: τὴν τῶν Βυζαντίων ὑπόστασιν; vgl. 51,1) bzw. von der Tapferkeit des Horatius Cocles: durch sein "geduldiges Standhalten" und sein "Feststehen" hat er die Feinde erschreckt (VI 55,1f: ὑπέμενε τραυμάτων πλῆθος ἀναδεχόμενος καὶ διακατέσχε τὴν ἐπιφορὰν τῶν ἐχθρῶν, οὐχ οὕτως τὴν δύναμιν ὡς τὴν ὑπόστασιν αὐτοῦ). Treffend interpretiert A.SCHLATTER die zuletzt genannte Stelle: Die ὑπόστασις des Horatius erweist sich darin, "daß er sich untersteht, da stehen zu bleiben und den Kampf aufzunehmen, wo die anderen wegliefen" (Glaube 615). Es geht dabei *nicht* um eine bloß *subjektive Entschlossenheit* (so H.KÖSTER: ὑπόστασις 577), sondern um das faktische Standhalten im Kampf.

142 Zur Übersetzung und Interpretation dieses Abschnitts vgl. M.HENGEL: Zeloten 80ff.265ff. Vgl. auch die Übersetzung von L.H.FELDMAN: "Inasmuch as most people have seen the *steadfastness* of their resolution amid such circumstances, I may forgo any further account" (Josephus, Vol. IX 23; Hervorhebung von mir). Weshalb es nicht zulässig sein soll, "von der Etymologie auf die Bdtg *Standhaftigkeit, Widerstand* zu schließen (so H.KÖSTER: ὑπόστασις 582 Anm. 112 [gg. SCHLATTER: Glaube 615f und H.DÖRRIE: Ὑπόστασις 18f vgl. F.ERDIN: Hypostasis 6]; Hervorhebung bei KÖSTER), bleibt unerklärlich. Bei den genannten Belegen erfordert - wie in Hebr 3,14 und 11,1 - der jeweilige Kontext zwingend die gebotene Interpretation.

143 Für diese Vermutung spricht, daß ὑφίσταμαι an 15 Stellen die hebräischen Wurzeln für "stehen" [13 mal עמד; 2 mal קום] und ὑπόστασις die davon abgeleiteten Nomina und Derivate wiedergeben; vgl. im einzelnen A.SCHLATTER: Glaube 616 und E.GRÄSSER: Glaube 49 Anm. 211.

des "Stehens", "Standhaltens" bzw. "Nicht-Weichens" anklingt. Bei ὑφίσταμαι[144] gilt das für folgende Stellen[145]: ψ 129,3; ψ 147,6; Prov 13,8; Jdt 6,3[146]; 1Makk 3,53[147] und 1Makk 7,25[148]. Auch bei einigen ὑπόστασις-Belegen in der Septuaginta ist "der Begriff 'Stehen' im Wort das Hauptmoment"[149]. Trifft diese Grundtendenz zu, so ist es dennoch schwierig an einer der 20 LXX-Stellen, die für Hebr 3,14 und 11,1 vorauszusetzende konkrete Bedeutung des "Standhaltens", "Feststehens" zweifelsfrei zu erheben. Ernsthaft zu erwägen sind hier lediglich zwei Stellen: Dies ist zum einen *Dtn 1,12*, wo es heißt: Gott, der Herr, spricht: πῶς δυνήσομαι μόνος φέρειν τὸν κόπον ὑμῶν καὶ τὴν ὑπόστασιν ὑμῶν καὶ τὰς ἀντιλογίας ὑμῶν; Ὑπόστασις gibt hierbei den hebräischen Begriff מַשָּׂא , "Last", wieder. Eine solche Bedeutung ist aber für ὑπόστασις sonst weder belegt noch möglich. Man wird für die LXX-Fassung zunächst die Grundbedeutung des "Darunter-Stehens" annehmen. Der unmittelbare Kontext könnte auch die Übersetzung "Widerstand" nahelegen[150]. Zum andern ist zu

---

[144] Zu ὑφίσταμαι im Sinne von "aushalten"; "ertragen"; "bestehen" und "standhalten" s. neben s. Philo, All III 240; Post 163; Imm 63; Jos., Ant. XII 282 und Diognet 7,6 vor allem H.DÖRRIE: Ὑπόστασις 19. Bei Philo fällt auf, daß bei ihm das Nomen ὑπόστασις nur 3 mal in der Bedeutung "Wirklichkeit" belegt ist: Aet 88.92 und Somn I 188. Im Kontext seiner Aussagen über den Glauben erscheint der Begriff dagegen nicht. Für H.KÖSTER: ὑπόστασις ist v.a. der letztgenannte "Beleg ... von größter Bdtg" (582,15f).

[145] Die berechtigte Warnung H.KÖSTERs: ὑπόστασις 572,19ff, nicht vorschnell von der Bedeutungsbreite des Verbums ὑφίσταμαι etymologisierend Aussagegehalte von ὑπόστασις herzuleiten, darf nicht überhört werden. Unsere Ausführungen wollen auch keine etymologische Genese nachzeichnen, sondern lediglich auf Aussagetendenzen des Verbums hinweisen, die sich nachweislich auch für das Nomen belegen lassen.

[146] Holophernes, der Heeresoberste der assyrischen Streitmacht, spricht: ἡμεῖς οἱ δοῦλοι αὐτοῦ πατάξομεν αὐτοὺς ὡς ἄνθρωπον ἕνα, καὶ οὐχ ὑποστήσονται τὸ κράτος τῶν ἵππων ἡμῶν: "Wir aber - seine [des Gottes Nabuchodonozor] Knechte - werden sie wie einen (einzigen) Mann schlagen, und sie [die Israeliten] werden der Kraft unserer Pferde nicht standhalten können"; vgl. auch Jdt 7,4.

[147] Judas und seine Brüder sprechen angesichts der aufgetretenen Feinde: "(52) Und siehe, die Heiden sind gegen uns versammelt, um uns zu vernichten; du weißt, was sie gegen uns planen. (53) Wie vermögen wir gegen sie standzuhalten (πῶς δυνησόμεθα ὑποστῆναι κατὰ πρόσωπον αὐτῶν), wenn du uns nicht hilfst?"; vgl. auch 5,40.44.

[148] "Als aber Alkimus sah, daß Judas und seine Anhänger erstarkten, und erkannte, daß er ihnen nicht standhalten konnte (καὶ ἔγνω ὅτι οὐ δύναται ὑποστῆναι αὐτούς), kehrte er zum König zurück ..."; vgl. 10,73.

[149] So A.SCHLATTER: Glaube 616. Er verweist dabei auf die Stellen Ps 69 (68),3 (מָעֳמָד); Hiob 22,20 (קִים); Dtn 11,6 (יְקוּם); 1Sam 13,23; 14,4; Ez 26,11 (מַצָּב), wo durchgängig die "Stellung", das "Bestehen" ausgesagt wird; vgl. E.GRÄSSER: Glaube 49.

[150] So auch H.DÖRRIE: Ὑπόστασις 18 mit Hinweis auf die oben zitierte Stelle Jos., Ant. XVIII 24; anders dagegen H.KÖSTER: ὑπόστασις 581 Anm. 98; unsicher ist sich A.SCHLATTER: Glaube 616 Anm. 1.

nennen *Ps 69* (68),*3*, wo es heißt: ἐνεπάγην εἰς ἰλὺν βυθοῦ, καὶ οὐκ ἔστιν ὑπόστασις· ἦλθον εἰς τὰ βάθη τῆς θαλάσσης, καὶ καταιγὶς κατεπόντισέν με. An dieser Stelle ist ὑπόστασις Wiedergabe von מָעֳמָד . Die im hebräischen Text vorliegende Bedeutung "fester Stand", "Grund" bleibt in der LXX-Fassung erhalten[151].

Wir können *festhalten*: die oben für Hebr 3,14 und 11,1 vorgeschlagene Übersetzung von ὑπόστασις mit "fester Stand", "Feststehen", "Standhalten" läßt sich auch in der außerbiblischen Gräzität nachweisen. Im griechischen Alten Testament ist für das Verb ὑφίσταμαι an einer ganzen Reihe von Stellen die Bedeutung "standhalten", "stehen bleiben", "nicht weichen" evident. Auch für das Nomen ὑπόστασις kann diese Konnotation an den genannte Stellen vermutet werden. Dieser Befund legt die Annahme nahe, daß der auctor ad Hebraeos durch die griechische Bibel *Anstöße* für seine spezifische Verwendung von ὑπόστασις erfahren hat.

d) Es bleibt die *vierte Frage* zu beantworten: Stehen die gewonnenen Antworten mit dem übrigen Corpus des Hebr in Einklang? Das Thema des Glaubens begegnet über den uns beschäftigenden Abschnitt hinaus in den Paränesen des Hebr[152]. Um den Aspekt des Glaubens im Sinne von "Feststehen" herauszustellen, verwendet der Verfasser eine ganze Reihe von Synonymen oder verwandter Begriffe[153]. Es sollen im folgenden die wichtigsten Textzusammenhänge dargelegt werden, in denen sich das Verständnis von ὑπόστασις als "Feststehen beim Verheißungswort" bestätigt.

(a) Eine erste Bestätigung ergibt sich aus dem Text *2,1-4*. Dieser paränetische Abschnitt zieht aus dem durchgängig christologisch gehaltenen Eingangskapitel die Conclusio (διὰ τοῦτο): Weil Gott zu den Christen in dieser Endzeit (1,2: ἐπ' ἐσχάτου τῶν ἡμερῶν τούτων) in seinem Sohn (1,2: ἐν υἱῷ) endgültig und unwiderruflich geredet hat, deshalb müssen "wir", die Christen, umso aufmerksamer auf das Gehörte (τὰ ἀκουσθέντα), das heißt auf das Reden Gottes in seinem Sohn, achten (προσέχειν), damit "wir" nicht am Heil vorbeitreiben (παραρρεῖν) [2,1]. Denn - so ermahnt der Verfasser eindringlich - wenn "wir" ein so großes Heil (τηλικαύτη σωτηρία) geringschätzen (ἀμελεῖν), werden "wir" dem Gericht nicht entfliehen können (2,3). Die Verse zeigen: In 2,1-4 kommt zum ersten Mal im Hebr das Problem des Heilsverlustes der Christen in den Blick. Dabei stehen sich die Begriffe προσέχειν (2,1) und παραρρεῖν (2,1) bzw. ἀμελεῖν (2,3) antithetisch gegenüber. Es ist evident, daß der Verfasser hier in anderer Terminologie das vorwegnimmt, was auch seine folgenden Ausführungen bestimmt: Die Gemeinde soll auf das unverbrüchliche Verheißungswort hören, treu an ihm festhalten und nicht weichen, weil sie sonst am Heil vorbeitreiben wird: Habt acht auf das Wort (2,1)! Ungehorsam bringt den Tod! Wenn schon einst den Vätern (2,2), wieviel mehr jetzt "uns"!

---

[151] Vgl. z.B. die Übersetzung von F.ERDIN: "Ich versinke in abgründigem Schlamm, kein *fester Stand* (= ὑπόστασις) ist mehr da" (Hypostasis 10 [Hervorhebung bei ERDIN]).

[152] Das Verb πιστεύειν ist in 4,3 und 11,6 belegt; πίστις kommt außerhalb von 10,32 - 12,2 [27 mal] in 4,2; 6,1.12; 10,22 und 13,7 vor.

[153] Im einzelnen sind hier zu nennen: προσέχειν: 2,1; [κατανοεῖν: 3,1]; κατέχειν: 3,6.14; 10,23; κρατεῖν: 4,14; 6,18; ὑπακούειν/ὑπακοή: 5,8f; μακροθυμεῖν: 6,15 und μακροθυμία: 6,12; ἐλπίζειν: 11,1 und ἐλπίς: 3,6; 6,11.18; (7,19); 10,23; ὑπομένειν: 10,32; 12,2.3.7 und ὑπομονή: 10,36; 12,1.

(b) Wir wenden uns dem Abschnitt *4,14 - 6,20* zu, der die einleitenden Ausführungen zum 2. Hauptteil (4,14 - 10,31) enthält. In ihm wechseln Paränese (4,14-16; 5,11-6,12) und christologisch-theologische Aussagen (5,1-10; 6,13-20).

(1) Die einleitende Paränese (4,14-16) greift auf den ersten Hauptteil (1,1 - 4,13) zurück und enthält zugleich die zentralen Themen des folgenden zweiten Hauptteils. Für unsere Frage bedeutsam ist *4,14*: "Da wir nun einen großen Hohenpriester haben [vgl. 2,11.17; 3,1-6], der die Himmel durchschritten hat[154], (nämlich) Jesus, den Sohn Gottes[155], so laßt uns am Bekenntnis festhalten!" Κρατεῖν τῆς ὁμολογίας meint wie in *10,23* das "Festhalten am Bekenntnis" zu Jesus, dem Sohn Gottes und Hohenpriester. In ihm hat Gott endgültig und unüberbietbar geredet und in ihm ist die eschatologische σωτηρία (2,3; 5,9; 6,9; 9,28) sicher verbürgt. In seinem einmaligen hohenpriesterlichen Selbstopfer hat er als πρόδρομος (6,20) der Gemeinde den Weg ins himmlische Allerheiligste, d.h. in die himmlische κατάπαυσις Gottes, eröffnet (10,19). Am "Bekenntnis festhalten" entspricht der Aufforderung des auctor ad Hebraeos, sich unerschütterlich (ἀκλινῆ: 10,23) zum Verheißungswort Gottes zu halten, das in der überkommenen Bekenntnisformel (vgl. 3,1.6!) laut wird.

(2) Kein anderes Bild ergibt sich, wenn wir auf die sprachlich wie inhaltlich schwierigen und in der Auslegung heftig umstrittenen Verse *5,8f* blicken. Wir verzichten hierbei auf eine Erörterung der unterschiedlichen Meinungen[156] und beschränken uns auf das für die vorliegende Fragestellung Wesentliche[157]. Der christologisch gehaltene Abschnitt 5,1-10 gliedert sich zunächst in zwei Unterabschnitte: 5,1-4 handelt von den Voraussetzungen, die an das Amt des levitischen Hohepriestertums gestellt sind. Der Abschnitt 5,5-10 wendet zunächst diese Voraussetzungen auf Jesus an, indem der Verfasser in 5,5f die beiden alttestamentlichen Zitate aus Ps 2,7 und Ps 110,4 miteinander verknüpft und dabei zeigt, daß Jesus die an das levitische Hohepriestertum gestellten Grundvoraussetzungen erfüllt. Die Verse 7 - 10 führen das in V. 5f Gesagte weiter: Christus hat sich die Hohepriester-Würde nicht eigenmächtig genommen, sondern er hat sie von Gott empfangen. *Syntaktisch* stellen die Verse im griechischen Text einen einzigen Satz dar, der als Weiterführung von V. 5f aufzufassen ist: ὅς in V. 7 nimmt ὁ Χριστός von V. 5 auf; es folgen die Aussagen über das Kreuz (V. 7a), die Auferweckung des Gekreuzigten (7b[.8]), die Erhöhung des Gekreuzigten und Auferweckten (V. 9), sowie die Proklamation bei der Erhöhung (V. 10). V. 8 ist dabei als Parenthese[158]

---

[154] Hier klingt das Theologumenon des einmaligen Selbstopfers Jesu an, wie es der λόγος τέλειος (7,1 - 10,18) entfaltet: vgl. dazu den in 8,1 - 10,18 enthaltenen "WERK-Aspekt des Hohenpriestertums Jesu". Zu dieser Bezeichnung vgl. oben S. 32.

[155] Vgl. 1,1ff und 7,1-28: "PERSON-Aspekt des Hohenpriestertums Jesu". Zur Bezeichnung vgl. oben S. 31.

[156] Vgl. die Übersicht zu den mit dem Abschnitt Hebr 5,1-10 verbundenen Problemen bei M.BACHMANN: Hohepriesterliches Leiden 244ff.

[157] Wir folgen den Ausführungen von O.HOFIUS: Hebräer 5,7-9, 184 - 191.

[158] Zu diesem Stilmittel im Hebr vgl. 7,11; 7,19a; 7,20b.21; 11,11; 12,17.

aufzufassen, die das Wort εὐλάβεια (V. 7fin) erläutert[159]. *Sprachlich* handelt es sich in V. 8b um eine Parechese[160]. *Inhaltlich* verbietet sich die folgende Übersetzung: "im Leiden lernte er den Gehorsam"[161] (ἔμαθεν ἀφ' ὧν ἔπαθεν τὴν ὑπακοήν). Mit Recht wendet O.HOFIUS gegen dieses Verständnis ein: "Von einem 'Lernprozeß', in dem Jesus erst den Gehorsam erwarb, den er zunächst noch nicht besaß, kann keine Rede sein. Das beweisen nicht zuletzt die Aussagen in 10,5ff., denen zufolge bereits der präexistente Christus im Gehorsam gegen den Willen des Vaters ja sagt zur Inkarnation und zur sühnenden Hingabe seines σῶμα in den Tod"[162]. Überdies darf das hier vorliegende Wortspiel nicht übersehen werden, so daß die Exegese das Moment des μανθάνειν nicht überbewerten sollte. Die Aussage ist demnach vielmehr die, daß der Sohn im Leiden den Gehorsam "bewährte"[163] und als solcher um seines Gehorsams willen aus dem Tod errettet (V. 7)[164] und vollendet[165], d.h. zum Hohenpriester eingesetzt wurde. So ist er für alle, die ihm gehorsam sind, der Urheber ewigen Heils geworden (2,10). Das Partizip οἱ ὑπακούοντες ist wie οἱ πιστεύσαντες in 4,3 konditional aufzufassen und meint die Voraussetzung für die Teilhabe an der ewigen σωτηρία[166]. Nur für die *Gehorsamen* ist Jesus αἴτιος σωτηρίας αἰωνίου. Die Darlegungen lassen nur den Schluß zu, daß selbst im vorliegenden christologischen Kontext das Moment der πίστις in der bereits bestimmten Art und Weise zur Sprache kommt. Die Aussage über die Bewährung des Gehorsams durch die Gemeinde entspricht in der Sache dem, wofür der Verfasser in 11,1a den Begriff ὑπόστασις verwendet: Es ist die im Leiden zu bewährende Standfestigkeit gegenüber dem Verheißungswort, das in Christus, dem "Urheber" des eschatologischen Heils, an die Gemeinde erging[167].

(3) Auch *Hebr 6,11f* kann für unsere Fragestellung herangezogen werden. Nachdem der Verfasser in 6,4ff zum ersten Mal von der "Unmöglichkeit der zweiten Buße" gehandelt und vor einem möglichen Abfall gewarnt hat, kann er von der

---

[159] Vgl. J.JEREMIAS: Hebräer 5,7-10, 321.

[160] Vgl. BDR § 488₇.

[161] So nahezu alle Kommentatoren und neuerdings wieder M.BACHMANN Hohepriesterliches Leiden 261.

[162] Hebräer 5,7-9, 187f.

[163] Vgl. G.DELLING: τέλος 84,11 ; G.DAUTZENBERG: Glaube 168 und O.HOFIUS: Hebräer 5,7-9, 188.

[164] Die Wendung σῴζειν ... ἐκ θανάτου meint nicht die "Bewahrung des Betenden ... 'vor der knechtenden Wirkung des Todes'" (M.BACHMANN: Hohepriesterliches Leiden 259), sondern die Rettung Jesu *aus* dem Tod. Jesus bittet in Hebr 5,7 (vgl. Joh 12,27f; 17,5) demnach um seine Auferstehung und seine Erhöhung aus dem Tod; vgl. J.JEREMIAS: Hebräer 5,7-10, 321; O.HOFIUS: Hebräer 5,7-9, 187.

[165] Zum Begriff τελειοῦν vgl. die Darlegungen unten zu 11,39f und 12,1-3.

[166] Zu σωτηρία vgl. 2,3; 6,9; 9,28 und αἰωνία λύτρωσις in 9,12.

[167] Die umstrittene Frage, wie sich der "im Leiden bewährte Gehorsam Christi" (5,8) zum Gehorsam der christlichen Gemeinde verhält, soll hier zunächst zurückgestellt werden. Sie ist im Zusammenhang mit der Auslegung von 12,2 aufzunehmen.

Gemeinde doch mit gutem Gewissen sagen, daß sie sich *noch* auf dem richtigen, dem Heil dienlichen Weg befindet (6,9). Dies hat sich gerade in ihrem Liebesdienst für die verfolgten Glaubensgenossen gezeigt (vgl. 10,32f). Der Liebesdienst hält *noch* an (6,10). Kann demnach der Verfasser diese Haltung der Gemeinde loben, so bleibt doch zu wünschen, daß sie im Blick auf die "gewisse Hoffnung" (πρὸς τὴν πληροφορίαν τῆς ἐλπίδος) den gleichen Eifer erweise und nicht träge werde (6,12; vgl. 5,11), um am Tag der Parusie Christi[168] das Heil zu erlangen. Die geforderte Standhaftigkeit erweise - so der Hebr - die Gemeinde als Nachahmer derer, die durch Glauben (διὰ πίστεως) und beharrliche Ausdauer ([διὰ] μακροθυμίας) das verheißene Erbe empfangen (6,12)[169]. Ein weiteres Mal - nach 2,1-4 und 5,8f - wird deutlich, daß der Hebr in stets neuen Formulierungen ein und denselben Gedanken ausdrückt: Die Gemeinde soll angesichts der notvollen Gegenwart und des Ausbleibens der Parusie voller Gewißheit und mit dem nötigen Eifer die Hoffnung auf den wiederkommenden Herrn und die Einlösung der Verheißung mit Ausdauer festhalten und so den Glauben bewähren, den nicht nur die "Wolke der Zeugen" (11,4-38; 12,1f), sondern auch die ἡγούμενοι der Gemeinde bis zum Martyrium (13,7) vorgelebt haben. Die beiden Begriffen πίστις und μακροθυμία sagen somit das gleiche aus wie ὑπόστασις. Sie betonen das geduldige Hören auf und das Beharren beim Verheißungswort Gottes. Ist diese Interpretation richtig, so ergibt sich daraus die Schlußfolgerung: Die Wendung νωθροὶ γίνεσθαι (6,12a) als Ausdruck für die sich abzeichnende Gefahr des Abfallens entspricht den Begriffen ὑποστέλλειν bzw. ὑποστολή (10,38f). Ferner bringt die Formulierung μιμηταὶ δὲ τῶν διὰ πίστεως καὶ μακροθυμίας κληρονομούντων τὰς ἐπαγγελίας (6,12b) als Beschreibung des Feststehens beim Verheißungswort den gleichen Sachverhalt zum Ausdruck wie der uns beschäftigende Begriff ὑπόστασις (11,1; vgl. 3,14).

(c) Ganz knapp ist schließlich auf *10,19-31* einzugehen, wo aus den Erörterungen des λόγος τέλειος (7,1 - 10,18) die Konsequenzen für die Leser gezogen werden: Weil "wir" einen solchen Hohenpriester haben (10,19-21), können "wir" in "voller Glaubensgewißheit" (ἐν πληροφορίᾳ πίστεως: 10,22) hinzutreten zum Thron der Gnade (4,16; 10,22)[170]. Deshalb sollen auch "wir" am "Bekenntnis der Hoffnung" (ὁμολογία τῆς ἐλπίδος) unerschütterlich festhalten (κατέχωμεν ... ἀκλινῆ), denn treu ist der, der die Verheißung gegeben hat (10,23). Den Ernst der Paränese (10,19-25) verdeutlicht die eindringliche Warnung vor dem Abfall (10,26-31), denn - und dabei betont der Hebr zum zweiten Mal nach 6,4ff die "Unmöglichkeit der zweiten Buße" - für diejenigen, die "bewußt sündigen" (ἑκουσίως ἁμαρτανόντων ἡμῶν) gibt es kein Opfer zur Sühnung der Sünden mehr. Wer einmal die ἐπίγνωσις τῆς ἀληθείας empfangen hat und dann abfällt, der wird unweigerlich dem vernichtenden Gottesgericht preisgegeben werden. Diese Hinweise genügen, um zu zeigen, daß auch dieser Abschnitt unsere gegebene Interpretation von ὑπόστασις stützt.

---

[168] Die Wendung ἄχρι τέλους (6,11) ist wie μέχρι τέλους (3,1.14) auf die Parusie Christi auszulegen (vgl. oben Anm. 136).

[169] Ἐπαγγελία meint hier - wie in 6,15; 9,15; 10,36; 11,13.33.39 - objektiv das Verheißungsgut. Näheres bei Chr.ROSE: Verheißung und Erfüllung 65f.

[170] Gedacht ist hier an das gottesdienstliche προσέρχεσθαι, in dem das eschatologische εἰσέρχεσθαι antizipiert wird; vgl. O.HOFIUS: Vorhang 65.73.80.

e) Abschließend soll aufgezeigt werden, wie wichtig es ist, den Begriff vor dem Hintergrund der *innerbrieflichen Glaubensthematik* zu analysieren. Die Ausführungen von D.LÜHRMANN[171] verdeutlichen das Dilemma, in das die Auslegung gerät, wenn man ὑπόστασις in der Bedeutung von "Wirklichkeit" auffaßt: Einerseits betont LÜHRMANN: "Hebr. 11,1 sagt also, daß der G[laube] die Wirklichkeit der erhofften Güter u. der Beweis für die Dinge ist, die man nicht sehen kann"[172], um dann andererseits fortzufahren: "Exemplifiziert wird dieser Satz an einer langen Reihe von Beispielen aus der Geschichte Israels: G[laube] als *Festhalten am Verheißenen*"[173]. Der Zusammenhang der Beispiele (11,3ff) mit der These (11,1) wird demnach von LÜHRMANN sehr wohl erkannt und betont. Wie aber läßt es sich dann zusammendenken, daß die Beispiele einen Satz "exemplifizieren" sollen, der etwas ganz anderes aussagt als die angeführten Beispiele? Kurz: Wenn die Beispiele das Festhalten am Verheißenen belegen sollen - worin LÜHRMANN zuzustimmen ist -, dann kann mit dem Glauben als ἐλπιζομένων ὑπόστασις nicht die "Wirklichkeit der erhofften Güter" gemeint sein. In ähnliche Aporien gelangt man, wenn man sich den Darlegungen von H.BRAUN anschließt. In seiner Auslegung von Hebr 13,7, in deren Verlauf er ἔκβασις mit "Ertrag" übersetzt, bemerkt er: "Genaues Zusehen erkennt bei den verstorbenen Führern den Ertrag ihres Christenlebens... Sie haben, glaubend, das Verheißungserbe erlangt, 6,12; der Glaube war bei ihnen der Verwirklicher (ὑπόστασις 11,1) der Hoffnungen"[174]. Wie sehr dieses Verständnis von ὑπόστασις die Intention des Hebr auf den Kopf stellt, dürfte von den voranstehenden Erörterungen her deutlich sein. Die Vielzahl der diskutierten Probleme im Zusammenhang mit diesem Begriff hat die weit ausholenden Darlegungen erforderlich gemacht. Kein einziger Satz im Hebr legt die Annahme nahe, daß auch nur einer der Glaubenszeugen das eschatologische Verheißungserbe bereits erlangt habe[175].

f) Damit stehen wir am Ende unserer Erörterungen und können die eingangs (S. 99) gestellten Fragen beantworten:

(1) Der Begriff ὑπόστασις kann keinesfalls durch den *alleinigen* Rückgriff auf den Septuaginta-Sprachgebrauch erhellt werden. Vielmehr ist die Bedeutung *primär* von der *"innerbrieflichen Glaubensthematik"* her zu gewinnen.

(2) An der ersten Stelle, *1,3*, kommt der Begriff in christologischem Kontext vor und besitzt eine von 3,14 und 11,1 abweichende Bedeutung: Christus ist die Ausprägung des göttlichen "Wesens". An der zweiten Stelle, *3,14*, legt sich die Wiedergabe von ὑπόστασις mit "fester Stand" nahe. Der Vergleich der beiden Abschnitte 3,7 - 4,11: 3,12ff und 10,32 - 11,1 zeigt: Kontext und Argumentations-

---

[171] RAC 11, 76f.

[172] Ebd. 77.

[173] Ebd. (Hervohebung von mir).

[174] 458.

[175] Christus, der als πρόδρομος (6,20) schon jetzt ins himmlische Allerheiligste eingegangen ist, bleibt von dieser Feststellung freilich ausgenommen. Inwiefern er Glaubenszeuge ist, wird uns noch zu beschäftigen haben (vgl. unten zu 12,2f).

struktur sind vergleichbar und lassen eine analoge Verwendung des Begriffes ὑπόστασις erkennen. Für die dritte Stelle, *11,1*, kommt m.E. - aufgrund des Kontextes (10,38f) - die Übersetzung "[unbeirrbares] Feststehen" der Bedeutung von ὑπόστασις am nächsten.

(3) Selbst wenn man die Bedeutungsvielfalt des Begriffs in der allgemeinen Gräzität berücksichtigt, lassen die zum Vergleich herangezogenen biblischen (Septuaginta) und außerbiblischen Quellen die gebotenen Übersetzungen von Hebr 3,14 und 11,1 zu.

(4) Schließlich hat sich gezeigt: Die gebotene Übersetzung und Auslegung des Begriffs ὑπόστασις steht mit dem übrigen Corpus des Hebr in Einklang. In allen drei Hauptteilen des Hebr - in christologischen wie in paränetischen Zusammenhängen - zeigt der Verfasser: Der Glaube als das (unbeirrbare) Feststehen beim göttlichen Verheißungswort stellt die conditio sine qua non für die eschatologische σωτηρία dar.

Die πίστις als ὑπόστασις wird näher qualifiziert durch den genitivus obiectivus ἐλπιζομένων: Glaube ist unbeirrbares Feststehen bei Erhofftem. Was der Hebr unter den ἐλπιζόμενα versteht, soll im folgenden aus dem ganzen Corpus des Hebr erhoben werden[176]. Er verwendet das Substantiv ἐλπίς sowohl subjektiv in der Bedeutung "Hoffnung" (3,6; 6,11; 10,23) als auch objektiv im Sinne von "Hoffnungsgut"[177]. Das nur an unserer Stelle belegte passive Partizip ἐλπιζόμενα läßt in erster Linie an die verheißenen Heils- und Hoffnungsgüter denken. Es geht für die Glaubenden - und darin klingt das subjektive Moment an - um die hoffende Ausrichtung auf das Offenbarwerden und auf die Inbesitznahme der Eschata. Der Verfasser hebt demnach mit den ἐλπιζόμενα auf die zeitlich-zukünftige, die *eschatologische*, Perspektive der πίστις ab und faßt in dem Begriff all das zusammen, was er an anderer Stelle seines "Briefes" über die eschatologische Existenz der Glaubenden und die ihnen verheißenen Eschata ausführt. Dieses Verständnis gilt es nun im einzelnen zu explizieren[178].

Zunächst kann *grundsätzlich* festgestellt werden: Gegenstand der Hoffnung ist die eschatologische σωτηρία[179], die im endzeitlichen Reden Gottes ἐν υἱῷ (1,2; 2,3) gründet: In Christus, in seinem Wort (2,3.12) und seinem Werk (8,1 - 10,18)[180], ist sie

---

[176] Das Verb ἐλπίζειν begegnet im Hebr nur in 11,1; das Substantiv ἐλπίς fünf Mal: 3,6; 6,11.18; 7,19 und 10,23. Zur Begriffsgeschichte und zur Verwendung im Neuen Testament vgl. R.BULTMANN/K.H.RENGSTORF: ἐλπίς 515 - 531; E.HOFF-MANN: ἐλπίς 722 - 726; B.MAYER: ἐλπίς 1066 - 1075; C.SPICQ: Notes II (1978) 259 - 272.

[177] So in 6,18 und 7,19: vgl. hierzu O.HOFIUS: Vorhang 85ff; H.BRAUN 84.

[178] Das umstrittene Theologumenon der Eschatologie des Hebr soll zu 11,39f bedacht werden.

[179] Σωτηρία meint im Hebr streng das futurisch-eschatologische Heil der Glaubenden: 1,14; 2,3.10; 5,9; 6,9; 9,28.

[180] Gedacht ist dabei v.a. an den Sühnetod: der Verfasser verwendet dafür die Begriffe πάσχειν (2,18; 5,8; 9,26; 13,12) und πάθημα (2,9.10); ferner ἡ ἀπολύτρωσις (9,15); προσφέρεσθαι (10,12); προσφορά (10,10); ἁγιάζειν (2,10; 10,10; 10,29; 13,12); τελειοῦν (10,14) u.a.m.

verheißen (9,15), durch ihn ermöglicht, erschlossen und zuverlässig verbürgt (2,9f; 5,8f; 6,17ff; 9,15.24ff). Den Christen[181], die als μέτοχοι Χριστοῦ (3,14) die κλῆσις ἐπουράνιος (3,1) empfangen haben, denen die αἰώνιος κληρονομία verheißen ist (9,15), wird der bald wiederkommende Herr (10,25.37) die eschatologische Heilsfülle bringen (9,28)[182] – dies freilich nur, wenn sie von ihm als πιστεύσαντες (4,3) erfunden werden, die die ἀρχὴ τῆς ὑποστάσεως μέχρι τέλους unerschütterlich festhalten.

Mit der Parusie Christi werden alle *eschatologischen Heilsgüter* offenbar werden. Inhaltlich denkt der Verfasser dabei zuerst und vor allen Dingen an das eschatologische εἰσέρχεσθαι εἰς τὴν κατάπαυσιν (3,7 – 4,11), das ἐγγίζειν τῷ θεῷ (7,19) bzw. die εἴσοδος τῶν ἁγίων (10,19f). Wenn Christus wiederkommt (10,37), wird er den Glaubenden εἰς σωτηρίαν erscheinen (9,28) und sie in die unmittelbare Gottesgemeinschaft ins himmlische Allerheiligste führen. Die Glaubenden der πρώτη διαθήκη, das νέφος μαρτύρων (12,1), und der καινὴ διαθήκη, die christliche Gemeinde, werden als solche, die an der ἐπαγγελία festgehalten haben, Christus ins himmlische Allerheiligste[183] folgen und vor dem θρόνος Gottes den σαββατισμός (4,9) feiern[184]. Das Eingehen in das himmlische Allerheiligste ist aber nur dann möglich, wenn die Glieder des Gottesvolkes in den Zustand versetzt werden, in dem sie Gott nahen und vor ihm bestehen können[185]. Dies geschieht in der priesterlichen τελείωσις[186], die die alte διαθήκη nicht bewirken konnte, durch Jesu ewiges Hohespriestertum aber eröffnet wurde und am Tag der Parusie zum himmlischen Ziel gebracht wird: Die durch das hohepriesterliche Werk ein für allemal (9,10) Entsühnten werden fähig gemacht[187], im himmlischen Allerheiligsten unmittelbar vor Gott treten (10,14; vgl. 7,19) und ihn schauen (12,14) zu können.

---

181 Aber auch den Glaubenden der πρώτη διαθήκη wird diese σωτηρία am Tag der Heilsvollendung zuteil werden: vgl. 11,39f.

182 Es kann m.E. an der Naherwartung des auctor ad Hebraeos keinen Zweifel geben (gegen E.GRÄSSER: Glaube 171 – 184 passim und Ders.: Gottesvolk 176 Anm. 80). Die These GRÄSSERs, daß der Verfasser *"faktisch* die Situation der Parusieverzögerung" in seinen Mahnungen voraussetze (Glaube 173 Anm. 141; Hervorhebung dort), vermag ich angesichts so eindeutiger Stellen wie 9,28; 10,25 und 10,37 nicht zu teilen. Erwägenswert ist jedoch die Vermutung, daß der Verfasser seine auf der Naherwartung aufbauende Paränese zu einer Gemeinde spricht, deren Glaubensmüdigkeit, Resignation und Nachlässigkeit (vgl. 3,12f; 5,11f; 6,11f; 10,25; 10,35f; 12,1ff.12ff; 13,17) ihren Grund in der Parusieverzögerung gehabt haben mag.

183 Der Hebr verwendet für das himmlische Allerheiligste drei verschiedene Begriffe: τὰ ἅγια (8,2; 9,8.12.[24]; 10,19); ἡ δευτέρα σκηνή (9,3.7) und ἡ κατάπαυσις (3,7 – 4,11); vgl. hierzu die unten gebotene Skizze zum Weltbild des Hebräerbriefes und O.HOFIUS: Katapausis 51ff und Ders.: Vorhang 49-96: 71f.

184 Einzelheiten dazu bei O.HOFIUS: Katapausis 108ff.

185 Vgl. G.DELLING: τέλος 83,19f; vgl. H.HÜBNER: τελειόω 827.

186 Zum Wortfeld τελειοῦν/τελείωσις vgl. unten zu 11,39f.

187 Der Erlösungs-Tod Jesu Christi hat nach 9,15 auch für die "zur Zeit der ersten Ordnung (geschehenen) Übertretungen" sühnende Bedeutung. Als die πρώτη διαθήκη noch ihre Gültigkeit besaß, gab es keine ἀπολύτρωσις. Kraft des Erlösungstodes Christi ist "rückwirkend auf die Generationen der Vergangenheit" (G.LÜNEMANN 294f) auch den Glaubenszeugen Israels die unmittelbare Gottesnähe als

Die *unmittelbare Gottesgemeinschaft* und die ewige Gottesschau *antizipieren* die Glaubenden der christlichen Gemeinde im gottesdienstlichen προσέρχεσθαι τῷ θεῷ (4,16; 7,25; 10,1.22; vgl. 11,6.10)[188]. Das Festhalten an der gottesdienstlichen Gemeinschaft ist Ausdruck der ἐλπιζομένων ὑπόστασις. Im Kultus erfährt die christliche Gemeinde die Gewißheit der Verheißungserfüllung, wie sie auch jetzt schon die Kräfte der zukünftigen Welt gekostet hat (6,5). Umgekehrt zeigt das Verlassen der gottesdienstlichen Versammlungen (10,25) die Preisgabe der Hoffnung und des Glaubens an die verheißenen Hoffnungsgüter, was unweigerlich die ἀπώλεια (10,39) nach sich ziehen wird. So steht nach Meinung des Verfassers die christliche Gemeinde unmittelbar vor den Toren der himmlischen κατάπαυσις (12,22)[189]. Die Christen werden das Los der vom Heil ausgeschlossenen Wüstengeneration (3,11.18f; 4,6.11) teilen, wenn sie am "nahenden Tag" der Parusie (10,25; vgl. 9,28; 10,37) als solche erfunden werden, die - wie die Wüstengeneration - ihre Herzen in der Auflehnung (ἐν τῷ παραπικρασμῷ: ψ 94,8 = Hebr 3,8.15) verhärtet haben. Sie sollen darauf achten, daß sie den, der in seinem Verheißungswort redet, nicht zurückweisen (12,25ff). Denn dann gibt es kein "Zurück" mehr, und der Ungehorsam zieht das Gericht und die ewige Verdammnis nach sich.

Wir haben bis jetzt ausschließlich den *zeitlich-zukünftigen* (eschatologischen) Aspekt der ἐλπιζόμενα betont. Nun sind noch zwei Wendungen anzuführen, in denen die zeitlich-eschatologische und die *räumlich-ontologische* Perspektive ineinander übergehen: Hinzuweisen ist zum einen auf die Formulierung ἡ οἰκουμένη ἡ μέλλουσα (2,5) und zum andern auf die Rede vom μέλλων αἰών (6,5). Beide Wendungen betonen die im antiken Judentum und im Urchristentum gängige Unterscheidung zwischen der gegenwärtigen (עוֹלָם הַזֶּה ; vgl. καιρὸς ἐνεστηκώς [9,9]; τὰ σαλευόμενα [12,27]) und der kommenden Welt (עוֹלָם הַבָּא ; vgl. ἡ οἰκουμένη ἡ μέλλουσα [2,5]; μέλλων αἰών [6,5]; καιρὸς διορθώσεως [9,10]; τὰ μὴ σαλευόμενα [12,27]; βασιλεία ἀσάλευτος [12,28])[190]. Beide Welten sind nach dem Verständnis des Verfassers von

---

αἰώνιος κληρονομία unwiderruflich sicher verbürgt (6,17ff; 7,20ff; 8,6): vgl. dazu Chr.ROSE: Verheißung und Erfüllung 79f

188 Vgl. O.MICHEL 386; E.RIGGENBACH 350f; O.HOFIUS: Vorhang 72f; anders F.LAUB: Bekenntnis 268f.

189 Die himmlische κατάπαυσις und der himmlische Zion (12,22) sind zusammenzudenken: s. Weltbild-Skizze S. 122; vgl. O.HOFIUS: Katapausis 142f; 219 Anm. 883 und F.LAUB: Bekenntnis 254 Anm. 214; 265ff: 269 zurecht betont.

190 Mit einer Vielzahl von Auslegern bin ich der Meinung, daß der Verfasser die in der jüdischen Apokalyptik und - mit anderer Akzentsetzung - im Rabbinat begegnende Lehre von den beiden Äonen teilt. Daß im Hebr jedoch noch keine ausgebildete Zwei-Äonenlehre vorliegt, dürfte ihren Grund vor allem darin haben, daß sich diese Anschauung zum Zeitpunkt der Abfassung des Hebr erst zu entwickeln beginnt. Deutlich zu greifen ist die Zwei-Äonenlehre dann zum ersten Mal in 4Esra und ApcBar (syr) - zwei Schriften, die in der ersten Hälfte des 2. Jh. n. Chr. entstanden sind. Im einzelnen vgl. BILL. IV 799 - 854.968-976 und H.SASSE: αἰών 197 - 209; P.VOLZ: Eschatologie 63ff; W.BOUSSET/H.GRESSMANN: Religion 242ff (allgemein); zum Verhältnis zwischen Apokalyptik und Rabbinat vgl. P.SCHÄFER: Lehre von den zwei Welten 244 - 291; zum Hebr: O.HOFIUS: Katapausis 56.93ff.141ff; vgl. auch unten zu 11,1b und zu 11,3.

Gott (bereits) geschaffen (1,2; 11,1)[191]. Vor diesem Hintergrund ist festzuhalten, daß
bei beiden Wendungen zum eschatologisch-temporalen Aspekt (μέλλειν)[192] der
vertikal-ontologische Aspekt hinzukommt. Die zukünftige Welt - ausgedrückt
durch die Synonyme für den von Gott bereits geschaffenen עוֹלָם הַבָּא - hält Gott
in der Transzendenz verborgen. Am Tag der Heilsvollendung werden die - vom
·Hebr inseinsgesetzten - Eschata, nämlich die οἰκουμένη ἡ μέλλουσα (2,5), der μέλλων
αἰών (6,5) und die βασιλεία ἀσάλευτος (12,28), aus der Transzendenz hervortreten[193].
Der Hebr berührt sich dabei in seinen Vorstellungen aufs engste mit dem vor allem
von 4Esra und ApcBar (syr) repräsentierten apokalyptischen Schrifttum, was im
einzelnen nicht mehr nachgewiesen werden muß[194].

---

191 Ähnlich A.SEEBERG 11; O.KUSS 28f.40.168f; O.HOFIUS: Katapausis 178
Anm. 331; F.F.BRUCE 4.280; A.STROBEL 88.212; G.W.BUCHANAN 5f.183. Zur Diskussion um dieses Verständnis vgl. F.J.SCHIERSE: Verheißung 65ff.83ff.

192 Schwierigkeiten bereitet die Formulierung τὰ μέλλοντα ἀγαθά in 10,1 (vgl.
in 9,11 [τὰ γενόμενα ἀγαθά] die vl μέλλοντα anstelle von γενόμενα [bezeugt durch א;
A; Dᶜ; Iᵛⁱᵈ; 𝔐; lat u.a.]). Die Wendung muß streng vom Kontext her verstanden
werden. Bestimmend ist dabei die Antithetik zwischen dem in der kultischen
Mose-Tora verordneten unzulänglichen Opferkult der πρώτη διαθήκη (10,1-4) und
dem prophetischen Zeugnis des präexistenten Christus über die Unzulänglichkeit
des levitischen Opferkultes. Erst das wahre, dem Willen Gottes entsprechende Sühnopfer Christi (10,5-10), hat die Sündenvergebung (10,17) und die "Vollendung"
(10,14; vgl. 10,1) gebracht. Vor diesem Hintergrund ist es m.E. evident, daß die
μέλλοντα ἀγαθά deshalb "zukünftige Heilsgüter" genannt werden, weil sie - vom
Standpunkt der πρώτη διαθήκη und des Kult-νόμος aus betrachtet - zukünftig sind
und weil sie als die "wirkliche Gestalt der Dinge selbst" (αὐτὴ ἡ εἰκὼν τῶν πραγμάτων) die Kultteilnehmer zum ewigen Zutritt in Gottes Nähe befähigen (εἰς τὸ διηνεκὲς ... τοὺς προσερχομένους τελειῶσαι : 10,1; vgl. 10,14f). Der Kontext von 10,11-18
legt es demnach nahe, in den μέλλοντα ἀγαθά die Sühne und die Sündenvergebung
zu erblicken. Die aber sind für die Christen im hohenpriesterlichen Selbstopfer
Christi schon jetzt Gegenwart. Er hat die Sünden εἰς τὸ διηνεκές vor Gott beseitigt
(vgl. 10,19f). In Sühne und Sündenvergebung aber ist dann auch die τελείωσις (7,11),
die Fähigkeit zum hohenpriesterlichen Zutritt ins himmlische Allerheiligste, voll
gültig eröffnet. Diese reicht in der gottesdienstlichen Antizipation herein in die
Gegenwart. Mit der gegebenen Interpretation verbietet sich ein streng futu-
risch-eschatologisches Verständnis der μέλλοντα ἀγαθά (wie z.B. bei E.RIGGENBACH
295). Unsere Auslegung spricht auch gegen die These von F.LAUB: "Das statische
Moment der vertikalen und das zeitlich-progressive verbindet sich ... in der
Formulierung ... τὰ μέλλοντα ἀγαθά (9,11; 10,1)" (Bekenntnis 223). Das Richtige
hierzu steht m.E. bereits bei J.CHR.K.VON HOFMANN zu lesen: "In Christo ... [haben]
die Güter der Zukunft in ihrer thatsächlichen Wirklichkeit und Wesenheit ...
leibhafte Gestalt gewonnen" (376). Vgl. auch O.MICHEL (331).

193 Ist diese Interpretation richtig, dann verbietet es sich, in den ἐλπιζόμενα
einzig den Zukunftsaspekt ausgesprochen zu sehen, so z.B. F.W.GROSHEIDE 258.

194 Dies hat O.HOFIUS: Katapausis 91 - 101 m.E. so überzeugend getan, daß es
sich hier erübrigt, die einzelnen Details nochmals aufzulisten. Wo nötig, wird im
Verlauf der vorliegenden Untersuchung auf die Ergebnisse von HOFIUS zurückgegriffen. Zur Beurteilung dieser Ergebnisse vgl. H.FELD: EDF 45. Kritsch F.LAUB:
Bekenntnis 2f.

Zur Veranschaulichung dient die folgende Skizze zum *Weltbild* des Hebräerbriefes[195]. Aus ihr wird hinreichend deutlich, daß zeitlich-futurischer und räumlich-ontologischer Aspekt nicht gegeneinander ausgespielt werden dürfen: Die
dermaleinst offenbar werdenden Eschata gehören schon jetzt zur himmlischen
Welt, sind als Gottes Schöpfungswerke in der Transzendenz real existent. Am Tag
der Vollendung muß der καιρὸς ἐνεστηκώς (9,9) als vergängliche Schöpfung dem
καιρὸς διορθώσεως (9,10) weichen. Allein die βασιλεία ἀσάλευτος wird als αἰώνιος
κληρονομία ewigen Bestand haben. Mit dem μέλλων αἰών werden auch die himmlischen ἅγια sichtbar werden. Die Gemeinde und die Glaubenszeugen der πρώτη
διαθήκη werden dann den Weg durch das καταπέτασμα hindurch in die κατάπαυσις
gehen können.

In der Auseinandersetzung mit dem von O.HOFIUS gezeichneten Weltbild des
Hebr wurde der Einwand erhoben, daß HOFIUS sich bei seiner Herleitung der Idee
des himmlischen Vorhangs zu Unrecht auf das antike Judentum beziehe, da "alle
jüdischen Belege jünger sind als der Hebr"[196], so daß "gegen eine Ableitung des
'Vorhangs' im Hebr aus der Pargot-Spekulation ... eben jenes chronologische Argu-
ment [spricht], das so viele Ableitungen aus dem Gnostizismus zu Fall gebracht hat:
Die Texte der Märkabhah-Mystik stammen aus nachneutestamentlicher Zeit"[197].
Diesen Einwänden gegenüber zeigen die in jüngster Zeit veröffentlichten Texte der
Sabbat-Liturgie aus Qumran[198] völlig eindeutig, daß sich die Vorstellung des
Vorhangs (פרוכת) im himmlischen Tempel bereits in neutestamentlicher Zeit
belegen läßt. Die folgenden Zeilen, auch wenn sie nur fragmentarisch erhalten
sind, zeigen zur Genüge, daß die Herleitung aus dem Judentum völlig zu Recht
erfolgt und daß das im folgenden vorausgesetzte Weltbild mit hoher Wahrscheinlichkeit die Intention des Hebr trifft. In *4Q405 15 II 16* heißt es in den Zeilen
3 - 5[199]:

3. מראי להבי אש   [...ת] פארת בפרוכת דביר המלך[..]
4. בדביר פנו רוקמת,[...] ת כול מחקת ה [.]. [מה בדני אלו הים
5. כבוד משני עבריהם [...] פרכות דבירי הפלא וברכו ל]

3. the appearance of flames of fire [...*of* b]eauty *upon* the veil of the debir of the
   King .. [...]
4. in the debir of *His* presence, the mingled colors *of* [...]. everything which is
   engraved upon *the* .. [].. , figures of hea[venly beings ...]
5. *of* glory *from* both of their sides [...] the veils of the wondrous debirim. And
   they bless. [...]

---

[195] Zum Weltbild des Hebräerbriefes vgl. O.HOFIUS: Vorhang 49 - 96: 71f.

[196] So G.STEMBERGER in seiner Rezension des in der vorigen Anmerkung genannten Buches von HOFIUS, Kairos 17 (1975) 303 - 306: 305.

[197] So G.THEISSEN in seiner Rezension, ThLZ 99 (1974) 426 - 428: 427.

[198] C.NEWSOM: Songs of the Sabbath Sacrifice: A Critical Edition (Harvard Semitic Studies 27), Atlanta/Georgia 1985.

[199] Text und Übersetzung nach C.NEWSOM 286f; vgl. zur Vorstellung des
himmlischen Tempels in der Sabbat-Liturgie auch ebd. 39ff.

Weltbild des Hebräerbriefes

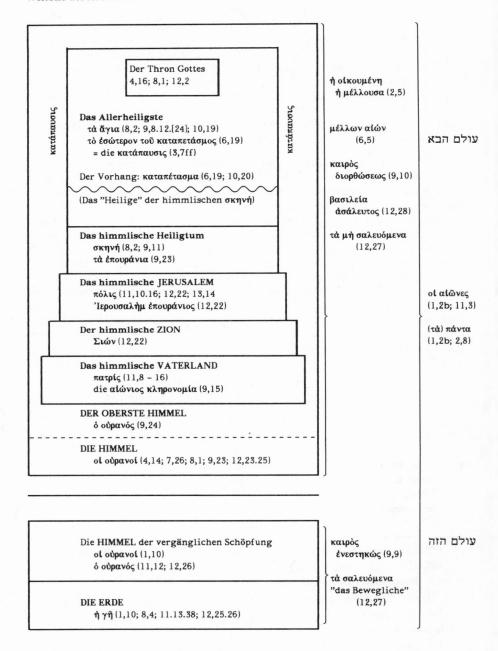

3. Hebr 11,1b: Glaube ist πραγμάτων ἔλεγχος οὐ βλεπομένων

Unsere Auslegung wendet sich der *zweiten Vershälfte* zu, die den Exegeten keineswegs weniger Schwierigkeiten bereitet als der erste Teil des Verses. Für das neutestamentliche Hapaxlegomenon ἔλεγχος[200] haben sich in der Forschung unseres Jahrhunderts die Übersetzungsvorschläge "Beweis" und "Überführung" (aktiv) bzw. "Überführtsein" (passiv) durchgesetzt[201]. Dennoch kann von einem breiten Konsens im Verständnis von Hebr 11,1b nicht die Rede sein. Probleme bereitet in erster Linie die Frage, ob ἔλεγχος subjektiv oder objektiv aufgefaßt werden soll. Das zeigt auch ein Überblick über die unterschiedlichen lateinischen Äquivalente, die der Übersetzung von ἔλεγχος zugrundegelegt werden. Im einzelnen sind zu nennen "argumentum"[202], "convictio"[203], "demonstratio"[204] und "evidentia"[205]. Viele Ausleger wollen in Parallele zur subjektiv verstandenen ὑπόστασις in der Bedeutung "feste Zuversicht" auch ἔλεγχος subjektiv auffassen und geben den Begriff mit "[innere] Vergewisserung"[206] bzw. die "feste innere Überzeugung"[207] wieder. Diese Verwendung läßt sich jedoch im griechischen Sprachgebrauch nicht nachweisen[208], so daß die Übersetzung "subjektive Überzeugung" ausscheidet. Vielmehr denkt der Hebr an das *objektive Überführt-Sein*[209], das sich beim Glaubenden ereignet. Der Begriff

---

[200] Der Begriff begegnet im Neuen Testament nur noch als varia lectio in 2Tim 3,16: an der Ursprünglichkeit von ἐλεγμός im Sinne von "Zurechtweisung", "Tadel" besteht kein Zweifel; vgl. zur Stelle die Kommentare von B.WEISS, J.JEREMIAS und T.HOLTZ.

[201] Vgl. E.GRÄSSER: Glaube 51.126. Die für ἔλεγχος belegten Bedeutungen "Widerlegung"; "Untersuchung" (so v.a. in den Papyri [vgl. F.PREISIGKE I und J.H.MOULTON/G.MILLIGAN III jeweils s.v.]; "Prüfung" und "Rechenschaft" scheiden vom Kontext her aus. Ebenso die bei der Mehrzahl der LXX-Belege (v.a. als Wiedergabe von יכח) und in 1Clem 57,4 vorliegende Bedeutung "Zurechtweisung". Gleiches gilt für die singuläre Bedeutung "Ankläger" in Herm vis I,16: vgl. dazu M.DIBELIUS [HNT-Ergänzungsband] 433.

[202] So bereits die Vulgata; M.LUTHER: Scholien z.St.; vgl. außerdem E.RIGGENBACH 342 Anm. 70; in der Sache vertreten von M.SCHUMPP: Der Glaubensbegriff des Hebr. 406; B.F.WESTCOTT 351f; C.SPICQ II 333; H.KÖSTER: ὑπόστασις 585; G.DAUTZENBERG: Glaube 170; H.BRAUN 339.

[203] So z.B. AUGUSTIN und THOMAS (vgl. dazu M.SCHUMPP ebd.); vgl. F.BLEEK II 2,725; F.DELITZSCH 519; G.LÜNEMANN 348; J.CHR.K.VON HOFMANN 423; außerdem s. J.CALVIN, Inst. III 2,41.

[204] So J.A.BENGEL und J.CALVIN z.St.

[205] J.CALVIN ebd.; vgl. zu "iudicium" (ERASMUS) und "apprehensio" (CLARIUS) den Kommentar von G.LÜNEMANN 348.

[206] So z.B. F.DELITZSCH 519; ein subjektives Verständnis findet sich bei F.BLEEK II 2,725; J.CHR.K.VON HOFMANN 423f; B.WEISS 281; J.MOFFATT 159; H.STRATHMANN 141; F.F.BRUCE 279; Ph.E.HUGHES 439f.

[207] G.LÜNEMANN 348; vgl. auch H.VON SODEN 79.

[208] Vgl. dazu F.BÜCHSEL: ἐλέγχω 473,18ff; E.RIGGENBACH 342.

[209] Mit F.BÜCHSEL ἐλέγχω 473; E.RIGGENBACH ebd., A.SEEBERG 120; E.KÄSE-

muß umfassend interpretiert werden: Ἔλεγχος meint einerseits den vom Glaubenden durch den Glauben empfangenen "Beweis" für die Realität der unsichtbaren Dinge[210] und gleichzeitig das durch den Beweis erreichte "[objektive] Überführtsein" von der Realität der πράγματα οὐ βλεπόμενα [211].

E.RIGGENBACH hat überzeugend nachgewiesen, weshalb der Verfasser für das objektive Verfahren der Vergewisserung dieses "hellenistisch" geprägte Wort verwendet[212]. Der sich zunächst nahelegende Begriff πίστις im Sinne von "Bürgschaft", "Garantie" war in einem Satz über die πίστις natürlich unpassend und die sich gleichfalls anbietenden Äquivalente γνώμη bzw. γνῶσις mit ihrem Akzent auf dem Erkenntnisvorgang "hätten gerade das vermissen lassen, worauf es dem Vf ankam und was ihn zur Verwendung von Ἔλεγχος bestimmte, nämlich das Moment der unzweifelhaften, jede Einwendung ausschließenden, schlechterdings zwingenden Überführung"[213]. Diese Sicht stützt der *Sprachgebrauch bei Philo*, der Ἔλεγχος nicht nur in den Bedeutungen "Prüfung"[214], "Tadel"[215] und "Beweis"[216], sondern auch im Sinne von "[objektive] Überführung" bzw. "[objektives] Überführt-Sein" verwendet. Von den zahlreichen Belegen[217] ist - um nur eine Stelle zu zitieren - *Spec I 235* beachtenswert. Dort heißt es, daß der Sünder "dann aber, wiewohl er glauben darf, vor der Überführung durch die Kläger sicher zu sein (δόξας ἐκπεφευγέναι τὸν ἀπὸ τῶν κατηγόρων ἔλεγχον), - überführt durch das eigene Gewissen im Innern (ἔνδον ὑπὸ τοῦ συνειδότος ἐλεγχθείς) - sein eigener Ankläger wird ..." Die Argumentation

---

MANN: Gottesvolk 22; H.WINDISCH 99; F.W.GROSHEIDE: 258; O.MICHEL 373f; E.GRÄSSER: Glaube 51.126 und H.G.LINK: ἐλέγχω 1096.

[210] Vgl. E.GRÄSSER: Glaube 52.

[211] Die Übersetzung von Ἔλεγχος mit "Beweis" ist so gesehen zutreffend und grundsätzlich möglich: vgl. B.F.WESTCOTT 351f; C.SPICQ II 339; J.HÉRING 104; H.KÖSTER: ὑπόστασις 585; G.DAUTZENBERG: Glaube 170; H.BRAUN 337.339. Daß darin jedoch kein intellektuelles Moment zu erkennen ist (so C.SPICQ II 339; J.HÉRING 104; vgl. H.WINDISCH 106), wird unsere Auslegung zeigen. Dagegen spricht auch nicht der von J.H.MOULTON/G.MILLIGAN III 202 angeführte Beleg aus POxy II.237[VIII.17] (186 n.Chr.). Weitere Belege für die Bedeutung "Beweis" bei F.PREISIGKE I s.v.

[212] Vgl. 343.

[213] Ebd. Ähnlich argumentiert J.MOFFATT, allerdings zur Begründung seiner subjektiven Deutung (Ἔλεγχος = "conviction"): "The writer could find no Greek term for the idea, and therefore struck out a fresh application for Ἔλεγχος" (159).

[214] Vgl. hierzu u.a. Op. 128; Ebr 125.185; Det 24; Mut 65; Fug 207; Mos II 177; Spec III 61.

[215] Vgl. Det 146; Her 76.77; Congr 157; Fug 6; Mut 154.170; Spec I 237; II 163 und Virt 75.

[216] So z.B. Abr 35.135.141; Jos 107.127.235; Mos I 272; II 200; Decal 140.151; Spec III 52; IV 40; Virt 210; Praem 4.

[217] Vgl. Post 59; Imm 125f.131.135[2 Mal].182.183.203.211; Mut 195; Somn I 91; Decal 87; Vgl. auch die Belege von ἐλέγχω , und zwar aktiv "überführen": Det 23; passiv "überführt werden": Det 14.58; Imm 126.128; Ebr 43; Conf 126; Fug 27; Mut 198, sowie v.a. Spec I 235; III 54; IV 6.40 und Virt 206.

Philos unterscheidet sich freilich von der des Hebr deutlich. Philo verwendet den Begriff an der genannten und an vielen weiteren Stellen ganz offensichtlich als juristischen terminus technicus für die Überführung eines der Sünde Angeklagten. Der Hebr aber verwendet ἔλεγχος im Zusammenhang mit dem Glauben an die verheißenen Eschata.

In der Sache denkt der Verfasser mit dem Begriff weder an eine moralische "Zurechtweisung" noch an eine für jedermann einsehbare intellektuelle Beweisführung[218]. Es geht dem Hebr überhaupt an keiner Stelle um eine nach außerhalb von der christlichen Gemeinde zielende Überzeugungsarbeit[219], sondern in jedem seiner Hauptteile um die aus den theologischen Einsichten zu ziehenden Konsequenzen (Paränese). Die Formulierung πραγμάτων ἔλεγχος οὐ βλεπομένων bliebe "eine unverständliche Behauptung, wenn es sich um einen nach außen zu führenden Beweis handelte; denn wie kann der Glaube des einen einem anderen ein Beweis für etwas nicht Wahrnehmbares sein?"[220]. Eine endgültige Interpretation des Begriffes ἔλεγχος muß zunächst noch solange zurückgestellt werden, bis die weiteren Fragen bedacht wurden.

Zunächst untersuchen wir den *genitivus obiectivus* πραγμάτων οὐ βλεπομένων, der das "objektive Überführtsein" expliziert. Wurde die πίστις in der ersten Vershälfte von Hebr 11,1 in primär zeitlicher Hinsicht näherbestimmt, so betont der Genitiv πραγμάτων οὐ βλεπομένων in erster Linie die *räumlich-ontologische* Dimension. Das heißt, es geht um den auf die Transzendenz ausgerichteten Aspekt der πίστις. Allerdings sperrt sich auch das zweite Objekt der πίστις gegen eine einseitige Zuweisung zur vertikalen Kategorie. Daß darauf jedoch der *Ton* liegt, wird aus der sachlichen Explikation der πράγματα οὐ βλεπόμενα ersichtlich. In gleicher Weise wie bei den ἐλπιζόμενα ist für die inhaltliche Näherbestimmung in erster Linie auf das Zeugnis des Hebr zu hören. Der Begriff πρᾶγμα[221] erscheint auch in 6,18 - wie an unserer Stelle - im Kontext der Rede von Gottes gegebener Verheißung[222]. Mit

---

[218] So mit Recht O.MICHEL 373f und H.G.LINK: ἐλέγχω 1096.

[219] Daß der "Brief" keine Missionsschrift darstellt, sondern als λόγος τῆς παρακλήσεως (13,22) die angefochtene und glaubensmüde christliche Gemeinde "tröstlich ermahnen" will, stellt heute die opinio communis der Exegeten dar: vgl. F.LAUB: Bekenntnis; H.FELD: EdF 18ff. Daß M.RISSI: Theologie 3 - 20 diesen Konsens "ziemlich unbekümmert" preisgibt, kritisiert zu Recht F.LAUB: Schaut auf Jesus 419ff.

[220] So treffend E.RIGGENBACH 342f.

[221] Außer 11,1 noch in 6,18 und 10,1.

[222] Näheres hierzu bei Chr.MAURER: πράσσω 639,34ff. Die Frage, was konkret mit den δύο πράγματα ἀμετάθετα (6,18) gemeint ist, bedarf einiger Erwägungen: Gedacht ist *zum einen* an die den Christen als κληρονόμοι τῆς ἐπαγγελίας (6,17) in Jesu Wort und Werk ergangene Verheißung und *zum andern* an den Christus gegenüber geleisteten Eid Gottes aus Ps 110,4 (5,6.10; 6,20; 7,17.21.28). Vgl. J.Chr.K.VON HOFMANN 255f; M.KÄHLER 21; H.VON SODEN 54; A.SEEBERG 71f; O.HOFIUS: Vorhang 85; vgl. die modifizierte Interpretation bei H.KÖSTER: Abraham-Verheißung 105ff, B.KLAPPERT: Eschatologie 27f. und H.BRAUN 189. Die Mehrzahl der Exegeten - vgl. u.v.a. G.LÜNEMANN 223; E.RIGGENBACH 173f; J.MOFFATT 87f; C.SPICQ II 162;

den πράγματα οὐ βλεπόμενα sind - in Parallele zu den ἐλπιζόμενα - die verheißenen Heilsgüter umschrieben. Sie stellen *Realitäten* dar, die von Gott geschaffen wurden und in der Transzendenz bei Gott existieren[223]. Der Hebr versteht darunter die von

---

F.W.GROSHEIDE 156f; O.KUSS 84; O.MICHEL 253 und Chr.MAUER: πράσσω 639,35f - denkt an die Abrahams-Verheißung und den damit verbundenen Schwur aus Gen 22,16f. Dies kann jedoch aufgrund der Argumentationsstruktur von von 6,13-20 ausgeschlossen werden: 6,17ff handelt nicht mehr von Abraham und der ihm gegebenen Verheißung, sondern von der der christlichen Gemeinde zuteil gewordenen, durch göttlichen Eidschwur verbürgten Verheißung Gottes ἐν υἱῷ. Dafür ist die dem Abraham zugesagte, durch Eidschwur verbürgte Verheißung *Typus*: vgl. H.KÖSTER ebd. 107f; B.KLAPPERT: Eschatologie 27f und O.HOFIUS: Vorhang 85.

[223] Vgl. A.THOLUCK 370; F.BLEEK II 2,726; W.M.L.DE WETTE 226; F.DELITZSCH 514; O.MICHEL 375f; E.GRÄSSER: Glaube 51.127 u.v.a.m. Die Behauptung, daß die Kombination von ἔλεγχος und πρᾶγμα "der Aussage einen ganz profanen Anstrich, entsprechend den außerbiblischen Parallelen" gebe (so E.GRÄSSER: Glaube 126; vgl. 51; O.MICHEL 374 und abgeschwächt F.W.GROSHEIDE 258), legt sich nur dann nahe, wenn die von GRÄSSER ebd. herangezogenen außerbiblischen Stellen (Demosth 4,15; Epict. III 10,11 und Antiphon I 12) wirklich als Parallelen angesprochen werden können. Dies muß jedoch entschieden zurückgewiesen werden, denn (1) erscheint an keiner der genannten Stellen der Bezug zu himmlischen Realitäten (οὐ βλεπόμενα). Auch läßt sich (2) weder ein vergleichbarer Kontext noch eine ähnliche Aussage-intention feststellen: In der ersten der drei gegen den Mazedonierkönig Philipp gehaltenen Reden gibt Demosthenes den Athenern Ratschläge für eine angemessene Rüstung gegen die Feinde, die den Athenern Ruhe und Frieden bringen soll. In *4,15* heißt es: "Das Versprechen ist groß, aber die Sache selbst wird den Erweis bringen (d.h. für sich selbst sprechen). Richter aber werdet *ihr* (Athener) sein (ἡ μὲν οὖν ὑπόσχεσις οὕτω μεγάλη, τὸ δὲ πρᾶγμ' ἤδη τὸν ἔλεγχον δώσει· κριταὶ δ' ὑμεῖς ἔσεσθε). Auch der zweite von E.GRÄSSER angeführte Beleg - *Epict. III 10,11* - läßt jeglichen Konnex zu unserer Stelle vermissen: In dem Abschnitt "Wie man Krankheiten ertragen soll" (III 10) verhandelt Epiktet die Frage, wie sich ein philosophisch gebildeter Mensch gegenüber den Dingen zu verhalten hat, die als Unglück über ihn kommen können. Er expliziert dieses Verhalten an der Krankheit des Fiebers und seinen Begleiterscheinungen und fährt dann fort (10,10): "Was ist der Grund, daß du dich der Wissenschaft hingibst? Sklave, ist es nicht [deshalb], damit du glücklich bist? Ist es nicht [deshalb], damit du fest gegründet stehst? Ist es nicht [deshalb], damit du gemäß der Natur lebst und so dein Leben hinausführst? Was verhindert [es], daß das dich leitende Prinzip auch dann, wenn du Fieber hast, in Übereinstimmung mit der Natur ist? Hier ist der Erweis der Sache, die Prüfung des Philosophen (ἐνθάδ' ὁ ἔλεγχος τοῦ πράγματος, ἡ δοκιμασία τοῦ φιλοσοφοῦντος)". Zum gleichen Ergebnis führt schließlich eine Näherbetrachtung der dritten vermeintli-chen Parallele. *Antiphon*, der älteste der zehn attischen Redner, insistiert in der ersten der 15 von ihm gehaltenen Gerichtsreden auf einer Gleichbehandlung der des Mordes Verdächtigen: "Nun freilich bin ich einerseits derjenige, der selbst Prüfer werden will, andererseits aber auch derjenige, der fordert, daß diese selbst an meiner Stelle untersuchen. Mir ist es doch wohl wahrscheinlich, daß sie (die Knechte) selbst Beweismittel dafür darstellen, daß sie des Mordes schuldig sind. Denn, wenn ich es ertragen hätte - wie diese wollen -, mich nicht der Prüfung hinzugeben, dann wäre mein Verhalten für sie ein solches Beweismittel

Gott und Christus, dem Sohn und Hohenpriester, bewohnte himmlische Welt, die für den Verfasser - obwohl für die Augen der Menschen unsichtbar und der sinnlichen Wahrnehmung entzogen - *die reale Welt* darstellt, der die sichtbare Welt als das vergänglich Sichtbare (1,10-12; 12,26-28) gegenübersteht. Der Unglaube hält sich an eben diese sinnlich wahrnehmbare Welt, er hält die himmlische Welt für das Unwirkliche. Der Glaubende jedoch ist nicht nur von der Existenz Gottes (11,6.27), sondern auch von der Existenz der durch Gottes Schöpferwort geschaffenen und bei ihm in der Transzendenz verborgenen Verheißungsgütern objektiv überführt.

Konkret denkt der Verfasser - die Skizze zum Weltbild des Hebr verdeutlicht diese Feststellung - an die folgenden Eschata, die am Tag der Vollendung aus der Transzendenz in die Immanenz treten und sichtbar werden:

(1) Neben den bereits angesprochenen Formulierungen für den עוֹלָם הַבָּא, die vor allem den futurisch-eschatologischen Aspekt betonen, bleibt noch hinzuweisen auf die βασιλεία ἀσάλευτος (12,28) und auf die μὴ σαλευόμενα (12,27). Beide Wendungen heben ab auf die *räumlich-transzendente* Dimension der Eschata, ohne daß dabei die futurisch-eschatologische Dimension gänzlich außer acht gelassen wäre. Denn in der Betonung der räumlichen Transzendenz bleibt doch für den Verfasser keinen Moment zweifelhaft, daß die βασιλεία ἀσάλευτος als Umschreibung des עוֹלָם הַבָּא im Eschaton - darin klingt der *temporale* Aspekt an - für die Glaubenden sichtbar werden wird. Die reale Existenz bei Gott in der Transzendenz ergibt sich aus 1,2: Gott hat durch Christus die αἰῶνες geschaffen (vgl.11,3)[224], also auch den עוֹלָם הַבָּא.

(2) Das Gleiche gilt für die himmlische πατρίς (11,14.16) und den himmlischen Zion (Σιὼν ὄρος: 12,22).

(3) Die Präexistenz der himmlischen πόλις (11,10.16; 12,22; 13,14) ergibt sich expressis verbis aus 11,16: ἡτοίμασεν γὰρ αὐτοῖς πόλιν. Auf ihr endzeitliches Erscheinen *wartet* neben Abraham und den anderen Glaubenszeugen des Alten Testamentes[225] auch die christliche Gemeinde[226]. Sie ist - so wie einst die Patriarchen an der

---

gewesen. Deshalb ist ihr Verhalten für mich eben ein derartiges Beweismittel, wenn sie - obwohl ich einen Beweis der Sache haben will - mir dennoch keinen geben wollen (εἴπερ ἐμοῦ θέλοντος ἔλεγχον λαβεῖν τοῦ πράγματος αὐτοὶ μὴ ἠθέλησαν δοῦναι)" (I, 11f). Alle drei Texte sprechen für sich und müssen nicht weiter interpretiert werden. Daß hier auch nur entfernt Parallelen zu Hebr 11,1b vorliegen sollen, kann nicht ernsthaft behauptet werden. Das bloße Nebeneinander der beiden Begriffe πρᾶγμα und ἔλεγχος rechtfertigt eine solche Behauptung nicht.

[224] Vgl. dazu unten zu 11,3. Es überzeugt demnach nicht, wenn E.GRÄSSER feststellt, daß für den Hebr "die heilvolle Zukunft ... *außerhalb* der Schöpfung" liege (Gottesvolk 170; Hervorhebung dort). Die βασιλεία ἀσάλευτος gehört zu den Schöpfungswerken Gottes und wird am Ende der Zeiten auf der Erde offenbar werden.

[225] Das ergibt sich zwingend aus 11,10 (ἐκδέχεσθαι); 11,13 (μὴ λαβόντες τὰς ἐπαγγελίας); 11,16 (ὀρέγεσθαι) und aus 11,39 (οὐκ ἐκομίσαντο τὴν ἐπαγγελίαν).

[226] 13,14: οὐ γὰρ ἔχομεν ὧδε μένουσαν πόλιν ἀλλὰ τὴν μέλλουσαν ἐπιζητοῦμεν. Der Vers macht eine weiteres Mal die Verschränkung von futurisch-eschtologischem und räumlich-transzendentem Denken deutlich. Dies betont auch E.GRÄSSER: Gottesvolk 178.

Schwelle zur himmlischen Welt standen (11,8-16), ohne jedoch das eschatologische Verheißungsgut erlangt zu haben (11,39f) - zu den Toren des himmlischen Zion und des himmlischen Jerusalem hinzugetreten (12,22) und erwartet sehnsüchtig das Offenbarwerden der himmlischen Welt (13,14).

(4) Schließlich gehört in diesen Zusammenhang der Hinweis auf das *himmlische Allerheiligste* (τὰ ἅγια: 8,2; 9,8.12.[24]; 10,19; τὸ ἐσώτερον τοῦ καταπετάσματος: 6,19; ἡ κατάπαυσις: 3,7ff)[227], dessen Präexistenz aus 8,1f erhellt[228]. In das Innere des Vorhangs ist Christus als πρόδρομος (6,20) gegangen und hat den Glaubenden durch seine einmalige (7,27; 9,12.26.28; 10,10) und vollkommene Selbsthingabe (9,11ff; 9,16-28; 10,11-18) einen neuen und lebendigen Weg ins himmlische Allerheiligste eröffnet (10,19f). Er sitzt zur Rechten der Majestät Gottes (1,3; 8,1; 10,12; 12,2) und hält sein Sühnopfer (2,9f.18; 5,8; 9,26; 13,12) ständig vor Gott gegenwärtig (7,25; 9,24; vgl. 4,15)[229]. Die Glaubenden - und nur sie (3,14; 4,3; 10,37ff) - werden ihm als seine μέτοχοι (3,14)[230] am Tag der Parusie (9,28; 10,25.37) an diesen Ort nachfolgen.

(5) In Verbindung mit der Eschatologie verweist man gerne auf das im Hebr begegnende *Urbild-Abbild-Denken*. Hierbei gilt es jedoch vor allen Dingen zu beachten, daß dieses Denken *ausschließlich* auf den *kultischen Bereich* bezogen werden darf. Es ist nicht zulässig, dieses Denken auf das gesamte Weltbild des Hebräerbriefes auszudehnen. Die Begriffe σκιά (8,5; 10,1); ὑπόδειγμα (8,5; 9,23); παραβολή (9,9) und ἀντίτυπος (9,24) sind nicht auf die Unterscheidung von הַזֶּה עוֹלָם und עוֹלָם הַבָּא zu übertragen, so als ob ersterer das Abbild des sich im Himmel befindlichen kommenden Äons wäre. Trifft dies zu, dann verbietet es sich ganz grundsätzlich, die Wurzeln des Urbild-Abbild-Denkens im "antikosmisch eschatologischen

---

[227] Zur Terminologie für das himmlische Allerheiligste vgl. O.HOFIUS: Vorhang 51ff.

[228] Dort heißt es: "Wir haben einen solchen Hohenpriester, der sich im himmlischen Allerheiligsten zur Rechten des Thrones der Majestät niedergesetzt hat, er ist Priester am himmlischen Allerheiligsten und am wahren Zelt, das der Herr selbst errichtet hat, nicht ein Mensch (τῶν ἁγίων λειτουργός καὶ τῆς σκηνῆς τῆς ἀληθινῆς, ἣν ἔπηξεν ὁ κύριος, οὐκ ἄνθρωπος); vgl. W.MICHAELIS: σκηνή 376f; O.HOFIUS: Vorhang 71.

[229] Dem ἐφάπαξ der Selbsthingabe Jesu und seines Eintritts ins himmlische Allerheiligste entspricht das πάντοτε seiner Interzession. Daraus ergibt sich für den schwierigen Text 8,1-6: Jesus, als Priester am himmlischen Heiligtum (V. 2), versieht seine λειτουργία (V. 6) nicht dadurch, daß er im Himmel ein *ständiges Opfer* darbringt, sondern so, daß er den in Kreuzestod *und* Erhöhung ἐφάπαξ vollzogenen Dienst vor Gott πάντοτε präsent hält.

[230] Die Konditionierung der eschatologischen σωτηρία wird noch deutlicher, wenn man davon ausgeht, daß in 3,14 die im Hebr an mehreren Stellen belegte Stilfigur der Brachylogie vorliegt (neben 2,5.9; 5,5; 7,27 und 9,24 vgl. BDR §§ 479.483). Trifft diese Annahme zu, so ist nach μέτοχοι ... γεγόναμεν zu ergänzen: "und werden es bleiben" ἐάνπερ ... Demnach kann die Gemeinde das Heil verspielen, wenn sie an der mit dem Anfang des Christenstandes geschenkten Verheißung nicht bis zur Parusie festhält.

Dualismus" der hellenistischen Eschatologie zu suchen[231]. Vielmehr schließt der Verfasser aus den priesterschriftlichen Stellen Ex 25,8f.40; 26,30 (vgl. 27,8), daß das irdische Heiligtum das genaue Abbild des himmlischen realen Urbildes darstellt. Die von Mose errichtete Stiftshütte (8,5)[232] und das "mit Händen gebaute Heiligtum" (vgl. 9,11.24; 13,11) sind das irdische Gegenstück zu den wahren himmlischen Urbildern (8,5: τὰ ἐπουράνια), zum "wahren (himmlischen) Allerheiligsten" (τῶν ἀληθινῶν [sc. ἁγίων]: 9,24; τὰ ἅγια: 8,2; 9,8.12; 10,19). Sie wurden nicht durch menschliche Hände erschaffen (9,11.24: οὐ γάρ εἰς χειροποίητα ἅγια). Ein weiterer Aspekt des "Zwei-Äonen-Denkens" muß beachtet werden: In *9,9* wird die πρώτη σκηνή[233] als Gleichnis (παραβολή) für den καιρὸς ὁ ἐνεστηκώς (= עוֹלָם הַזֶּה) bezeichnet. Solange die πρώτη σκηνή Bestand hat, werden Opfer und Gaben dargebracht, die keine τελείωσις der Gewissen bewirken können (vgl. 7,11f; 10,4.11). Die Einhaltung der δικαιώματα der πρώτη σκηνή bleibt bis zum Anbruch des καιρὸς διορθώσεως (= עוֹלָם הַבָּא) notwendig (9,10). Wenn aber die Unmöglichkeit der τελείωσις als Kennzeichen der andauernden Gültigkeit des καιρὸς ὁ ἐνεστηκώς (= עוֹלָם הַזֶּה) und seiner Rechtssatzungen aufzufassen ist (vgl. 10,1-4) und der Hebr auf der anderen Seite darlegt, daß das hohepriesterliche Selbstopfer Christi die Reinigung der Gewissen und der Herzen und die τελείωσις *erwirkt hat* (vgl. 9,14f.18; 10,12.18.19ff.29), so steht damit fest, daß der καιρὸς ὁ ἐνεστηκώς (= עוֹלָם הַזֶּה) mit dem Kommen Jesu vergangen und der καιρὸς διορθώσεως (= עוֹלָם הַבָּא) schon *angebrochen ist.* Kein anderes Bild ergibt sich, wenn wir *10,1ff* untersuchen. Legt sich dort nicht - so kann gefragt werden - vom Wortlaut von 10,1 her die Annahme nahe, daß der Hebr das Urbild-Abbild-Denken auf sein gesamtes Weltbild ausgedehnt hat? Wir hatten bereits darauf aufmerksam gemacht, daß die μέλλοντα ἀγαθά in 10,1 auf die ausstehende Heilsvollendung zu beziehen sind[234]. Zukünftig sind die angesprochenen Heilsgüter vom Gesetz und der πρώτη διαθήκη aus gesehen. So wie die Christen bereits die δυνάμεις des μέλλων αἰών gekostet haben (6,5), so sind die μέλλοντα ἀγαθά (vgl. τὰ γενόμενα ἀγαθά) der christlichen Gemeinde schon jetzt gegeben, das heißt es sind gegenwärtige Heilsgüter. Der Hebr denkt dabei an die im hohenpriesterlichen Sühnopfer Christi geschenkte Sündenvergebung.

Aus alledem wird *einerseits* deutlich, daß das Urbild-Abbild-Denken im Hebr streng auf den kultischen Bereich eingegrenzt ist. *Andererseits* steht fest: Im Hebr liegt der Ton unzweifelhaft auf der Spannung zwischen dem "Schon" und dem "Noch nicht". Von einem "antikosmisch eschatologischen Dualismus" kann im Hebr keine Rede sein. Es trifft daher auch nicht zu, wenn E.GRÄSSER feststellt: "Ihm [dem Hebr] ist die gegenwärtige Welt nicht der *olam hasä*, dessen Unheil durch die menschliche Bosheit und Ungerechtigkeit, also geschichtlich konstituiert wird. Sondern das Unheil der gegenwärtigen Welt liegt in ihrer ontologischen Verfaßt-

---

[231] So E.GRÄSSER: Gottesvolk 174f im Anschluß an H.BRAUN: Das himmlische Vaterland 324.

[232] Vgl. dazu außerdem ApcBar (syr) 4,5; AntBibl 11,15; 13,1; Apg 7,44 und PesiqR 20 (98a).

[233] Ἥτις in 9,9 bezieht sich auf πρώτη σκηνή in 9,8b.

[234] Vgl. dazu oben Anm. 192.

heit"[235]. Dagegen ist zu sagen: Das Unheil liegt im Hebr nicht in einer abstrakten ontologischen Verfaßtheit begründet. Vielmehr weiß der Hebr um die den Zugang zu Gott verschließende Sünde. Die in der levitischen Kultordnung begründeten Riten vermögen den Sünder nicht neu zu machen. Sie sorgen wohl für kultische Reinheit, aber nicht für die Möglichkeit, in die unmittelbare Gegenwart Gottes treten zu können. Dies hat erst Jesu hohepriesterliches Selbstopfer bewirkt.

Unsere Ausführungen haben die *vielfältige Verschränkung* von futurisch-eschatologischem und räumlich-transzendentem Aspekt erwiesen[236]. Dadurch wird ausgeschlossen, V. 1a einseitig als futurisch-eschatologische und V. 1b einseitig als räumlich-transzendente Dimension der πίστις auszulegen[237]. Vielmehr enthalten beide Objekte der πίστις zumindest auch Ansätze des jeweils anderen. Auf die *zeitliche Dimension* der πράγματα οὐ βλεπόμενα soll abschließend hingewiesen werden. In *11,7* lesen wir, daß Noah im Glauben, nachem er [von Gott] eine Weisung über noch nicht sichtbare Dinge erhalten hatte, in frommer Scheu eine Arche zur Rettung seines Hauses baute. Darin zeigt sich, daß das gehorsame Bauen der Arche angesichts der noch nicht sichtbaren Katastrophe der Sintflut als πίστις im Sinne von πραγμάτων ἔλεγχος οὐ βλεπομένων zu definieren ist[238].

Bei der Auslegung von ἔλεγχος muß - so wurde festgestellt - beachtet werden, daß das Verständnis eines nach außen gerichteten "Beweises" ausscheidet. Vielmehr läßt die Gattung der Predigt an das in der πίστις gesetzte "objektive Überführtsein" von der Realität des Realen denken. Wenn aber für den Hebr die πράγματα οὐ βλεπόμενα in erster Linie die Realität der in der himmlischen Welt existierenden Güter ausdrücken, so folgt daraus: Das Gegenwärtig-Sichtbare, die vorfindliche innerweltliche Wirklichkeit ist für den Glaubenden ohne Belang. Dies deshalb, weil die wahrnehmbare vergängliche Schöpfung (1,10-12) im Eschaton der auf der Erde sichtbar werdenden neuen Welt weichen muß (12,26-28). Während sich der Unglau-

---

[235] Gottesvolk 175 (Hervorhebung dort).

[236] M.HENGEL: Judentum und Hellenismus 461 hat also zweifellos recht mit seiner Feststellung, daß "zeitliche Zukunftshoffnung und räumliche Himmelssphärenvorstellungen [keine] sich ausschließende[n] Gegensätze" bilden.

[237] Diese Tendenz zeigen die Ausführungen von E.GRÄSSER: Glaube 50ff.126ff. 172ff. Sein Exkurs zur "Eschatologie des Hebräerbriefes" (ebd. 171 - 184) steht unter der Prämisse, daß "die für den eschatologischen Entwurf des Hb entscheidenden und ihn tragenden Begriffe ... nicht solche der Zeitlichkeit, sondern solche einer transzendenten Räumlichkeit" sind (ebd. 174). Bereits in dem genannten Exkurs modifiziert er diese starre Trennung: "Unser Vf bewegt sich nicht - oder vorsichtiger ausgedrückt: nicht primär in der Linie horizontaler Zeitlichkeit und der durch sie bedingten Fragehinsicht 'Jetzt - Später', sondern im Schema vertikaler Räumlichkeit, und zwar in der charakteristischen Form einer Diastase von Irdisch-Himmlisch" (ebd. 175). Vgl. auch E.GRÄSSER: Gottesvolk: 174ff und die anderen Versuche, die beiden Komponenten einander zuzuordnen, bei U.LUZ: Der alte und der neue Bund 318 - 336: 330f; B.KLAPPERT: Eschatologie 13.48ff; G.THEISSEN: Untersuchungen 106 und F.LAUB: Bekenntnis 221-236. Auf die Unausgeglichenheit beider Vorstellungen haben u.a. hingewiesen J.MOFFATT XXXIff und J.HÉRING: Eschatologie biblique 444 - 463: 454ff.

[238] Näheres dazu unten zu 11,7.

be an das Vorfindliche hält, die Realität der Eschata leugnet und deshalb aus der κατάπαυσις ausgeschlossen bleibt, hält sich der Glaubende an die Realität Gottes und an die Wirklichkeit der von Gott geschaffenen und bei ihm verborgenen Verheißungsgüter. Der Glaube als πραγμάτων ἔλεγχος οὐ βλεπομένων "bedarf keiner Beweise, um sich der Realität der unsichtbaren Dinge zu vergewissern", vielmehr trägt er als "objektives Verfahren der Vergewisserung ... in sich selbst die Gewißheit dessen, worauf er sich bezieht"[239]. Oder mit den treffenden Worten CALVINs: "Der Glaube ist ein Augenscheinlichwerden der Dinge, die nicht augenscheinlich sind, eine Schau dessen, was man nicht sieht, eine Durchsichtigkeit dessen, was dunkel ist, ein Gegenwärtigsein des nicht Gegenwärtigen, ein Aufweis dessen, was verborgen ist"[240].

4. Verhältnis der beiden Vershälften zueinander

Die Frage nach der *Beziehung der beiden Vershälften* zueinander wird unterschiedlich beantwortet. Einige Ausleger fassen 1b als Steigerung (gradatio) von 1a auf[241], andere sind der Meinung, daß die zweite Vershälfte die erste umfasse[242]. Wieder andere erkennen in V. 1a die umfassendere Aussage[243]. Eine weitere Gruppe von Exegeten sieht in den beiden Vershälften zwei parallele Aussagen[244]. Doch auch dieses Urteil findet keine einhellige Zustimmung[245]. Wie ist zu entscheiden? Unsere bisherigen Darlegungen haben gezeigt, daß sich *einerseits* aufgrund der Verschränkung von zeitlicher und räumlich-ontologischer Dimension in den Glaubensobjekten eine Parallelität nicht von der Hand weisen läßt. Ferner wurde festgestellt, daß in der ersten Vershälfte der Zukunfts-Aspekt der eschatologischen Hoffnungsgüter

---

[239] So sehr schön E.RIGGENBACH 343; vgl. F.W.GROSHEIDE 258.

[240] Inst. III 2,41: Evidentia non apparentium rerum, visio earum quae non videntur, perspicuitas obscurarum, praesentia absentium, demonstratio occultarum (Ed. P.BARTH/G.NIESEL IV 51,25ff).

[241] So z.B. J.A.BENGEL z.St.; W.M.L.DE WETTE 226; H.STRATHMANN 141; ähnlich auch O.MICHEL 374.

[242] Vgl. hierzu v.a. A.THOLUCK 370; F.BLEEK II 2,726; F.DELITZSCH 514; G.LÜNEMANN 348; C.SPICQ II 338; O.KUSS 167.

[243] So bezüglich der Genitivobjekte B.F.WESTCOTT 352 ; vgl. auch H.VON SODEN 79f und Ph.E.HUGHES 440.

[244] B.F.WESTCOTT 352f koordiniert die Begriffe ὑπόστασις und ἔλεγχος. Vgl. E.RIGGENBACH 341; J.MOFFATT 159; F.BÜCHSEL: ἐλέγχω κτλ., ThWNT II (1935) 472f; H.KÖSTER: ὑπόστασις 585,10ff; G.W.BUCHANAN 182; H.BRAUN 338.

[245] Nach A.SCHLATTER: Glaube 525f geht "das zweite Wort [ἔλεγχος] ... zum ersten, einfachsten Vorgang im Glauben hinab. Daß wir von den Dingen Gottes, ob sie auch unsichtbar sind, Bezeugung erfahren, die uns mit ihrer Wahrheitsmacht bindet, das ist das erste wurzelhafte Erlebnis im Glauben, aus dem, weil jene Dinge zugleich ... verheißene Güter sind, das feste, bleibende Stehen bei ihnen folgt". J.HÉRING 104; O.MICHEL 374 und E.GRÄSSER: Glaube 51f. 126 Anm.363 sind sich darin einig, daß "kein genauer Parallelismus" vorliegt (O.MICHEL ebd.).

und in der zweiten Hälfte der Ontologie-Aspekt der jetzt schon in der Transzendenz real existierenden Verheißungsgüter *betont* wird. Die Wendung πράγματα οὐ βλεπόμενα stellt zweifellos die umfassendere Aussage dar[246]. Es ist *andererseits* festzuhalten, daß die πίστις in den Begriffen ὑπόστασις und ἔλεγχος zwei grundsätzlich zu unterscheidende Explikationen erfahren hat[247]. Während ἔλεγχος das objektive Überführtsein des Glaubenden von der Realität des Realen (= πράγματα οὐ βλεπόμενα) ausdrückt, also das passive Moment des Glaubens hervorhebt, formuliert ὑπόστασις die einzunehmende Haltung, also das aktive Moment des Glaubens[248]. Glaube meint das unbeirrbare Feststehen bei den durch Gottes Verheißungswort zugesagten Verheißungs- bzw. Hoffnungsgütern (= ἐλπιζόμενα). Insofern sind all diejenigen Ausleger im Recht, die in der Zuordnung von 1a zu 1b keinen genauen Parallelismus annehmen. Dem geschilderten Sachverhalt wird man am ehesten gerecht, wenn man das Verhältnis der beiden Vershälften zueinander als das eines *synthetischen Parallelismus* bestimmt[249]: V. 1b und 1a verhalten sich zueinander wie Ursache und Wirkung[250], wie Voraussetzung und Folge[251]. So ergibt sich: Weil der Glaubende von der Realität der πράγματα οὐ βλεπόμενα objektiv überführt

---

[246] Vgl. neben den oben Anm. 242 Genannten auch E.RIGGENBACH 341. Sehr schön bemerkt O.KUSS zu den πράγματα οὐ βλεπόμενα: "Der weitere Begriff: unsichtbare Dinge [enthält] alles, was mit den Kategorien dieser Welt nicht erfaßbar ist" (167).

[247] Gegen B.F.WESTCOTT 352f und H.BRAUN 338, der in seiner "Stichwort-Exegese" feststellt: "So ὑπόστασις 'Verwirklichung' Hbl1,1; analog dem gleichfalls objektiven ἔλεγχος 'Beweis', also ohne Übergang von subjektiv zu objektiv beim Nebeneinander von ὑπόστασις und ἔλεγχος (zu Gräßer Glaube 126)". Ähnlich H.KÖSTER: ὑπόστασις 585f; vgl. H.DÖRRIE: Ὑπόστασις 61ff und Ders.: Hbr 11,1 196ff.

[248] Richtig daher A.SCHLATTER: "Die zweite (sc. Bestimmung) hebt mehr die Passivität, die erste die Aktivität im Glauben hervor" (Glaube 526).

[249] So auch K.HAACKER: Glaube 299,42f - freilich ansonsten mit ganz anderen Ergebnissen. Zur Frage des synthetischen Parallelismus vgl. K.KOCH: Was ist Formgeschichte? 114f. Besonders hilfreich zur Frage des Parallelismus membrorum sind die Ausführungen von H.GESE: Der Johannesprolog 160f. Nach GESE baut der explizierend-synthetische Parallelismus die ganze Aussage aus ihren Teilen auf. Die klassische Unterteilung des Parallelismus in die Arten des antithetischen, synonymen und explizierend-synthetischen Parallelismus läßt sich dabei jedoch nicht scharf trennen, denn: "Ein den Gegensatz verneinender Parallelismus ist inhaltlich synonym, eine sich steigernde Aussage des synonymen Parallelismus, deren zwei Teile syntaktisch nicht verabsolutiert werden, wird zum synthetischen. Immer gilt, daß der Parallelismus eine Steigerung mit sich bringt, sei es eine zur Vollständigkeit gehörige Entgegensetzung, sei es eine inhaltliche, auch konkretisierende Steigerung, sei es das Erreichen des eigentlichen Ziels der Aussage" (161). Es kann keinen Zweifel daran geben, daß das "Ziel der Aussage", konkret: die thetische Darlegung dessen, was der Verfasser unter Glauben versteht, nur durch die Ganzheit der beiden Vershälften erreicht wird. Die beiden Teile können syntaktisch nicht isoliert werden und sind aufeinander bezogen.

[250] So zutreffend E.GRÄSSER: Glaube 52f.

[251] Mit A.SCHLATTER: Glaube 525f (s. oben Anm. 245); J.MOFFATT 159f; F.BÜCHSEL: ἐλέγχω 474,6ff; vgl. auch C.SPICQ II 338f.

wurde und weil ihm die Inbesitznahme der eschatologischen Heilsgüter verheißen wurde, deshalb soll er bei den festen, bleibenden Verheißungsgütern bis zur Parusie Christi unerschütterlich feststehen[252]. Damit steht schließlich auch fest - und hierin zeigt sich ein weiteres Element der Parallelität zwischen beiden Vershälften -, daß der Glaube in seinen Umschreibungen dem jeweiligen Glaubensgegenstand entspricht[253]: Insofern die ἐλπιζόμενα das Bleibende und Feste betonen[254], ist Glaube Feststehen (ὑπόστασις) beim Festen; insofern die πράγματα οὐ βλεπόμενα die Realität betonen, ist Glaube das Überführtsein (ἔλεγχος) von der Realität des Realen.

Trifft unsere Auslegung zu, dann widerspricht sie der Auffassung, wonach sich im Glauben des einzelnen ein *"Vorwegvollzug"* der Eschata ereigne[255]: Es verbietet sich, das Glaubensverständnis des Hebr zu beschreiben als etwas, "'which gives true existence' to an object", so daß daraus folge: "The ... scope of the statement is to show that the future and the unseen can be *made real* for men by Faith"[256]. Ebenso-

---

[252] Die grundsätzlich überzeugenden Ausführungen von E.GRÄSSER, wonach "der Glaube ... *qua Pistis* ein Überführt*sein* von ungesehenen Dingen als einem überhaupt nicht wahrnehmbar Seienden [ist], welches zu einem Feststehen bei Gehofftem als einem *noch nicht* Seienden führt" (Glaube 52f; Hervorhebung dort), sind zweifach zu modifizieren: *Zum einen* sind die πράγματα οὐ βλεπόμενα nur für den Unglauben nicht wahrnehmbar, da er sich an die vorfindlich-gegenwärtige Realität hält. Insofern ist es vorzuziehen, von "einem für den *Unglauben* nicht wahrnehmbar Seienden" zu sprechen. *Zum andern* trifft es m.E. nicht zu, im Blick auf die ἐλπιζόμενα uneingeschränkt von "Gehofftem als einem *noch nicht* Seienden" zu reden (vgl. auch J.HÉRING 104), denn auch die Hoffnungsgüter sind - so haben wir gesehen - für den Hebr bereits *jetzt* existent. Des weiteren ist auch die Fortsetzung der Ausführungen von E.GRÄSSER zu hören und zu modifizieren: "Sofern in beiden Teilen auf das Verhältnis reflektiert wird, in dem der Glaubende zu dem Geglaubten steht, ist primär wieder auf eine Verhaltensweise abgehoben, d.h. auf eine Charakterisierung der Pistis nicht unabhängig von ihrem *Vollzug*" (ebd. 53; Hervorhebung dort). Nach dem oben Gesagten kann nur im Blick auf V. 1a von einer Verhaltensweise gesprochen werden. Vielmehr muß betont werden, daß der Glaube "gleichermaßen den Willen und das Bewußtsein des Menschen in Anspruch" nimmt, wobei "ersteres in 1a, letzteres in 1b ausgeführt" wird (E.RIGGENBACH 341).

[253] Vgl. A.SCHLATTER: Glaube 523: "Das Glauben ... ist ... von der Beschaffenheit seiner Objekte abhängig".

[254] Vgl. H.DÖRRIE: Hbr 11,1, 202; C.SPICQ II 337f und E.GRÄSSER: Glaube 50.

[255] Diese Auslegungstradition hat ihren Ursprung bereits in der Väterexegese. CHRYSOSTOMUS ist hierfür als "Kronzeuge" (H.DÖRRIE: Ὑπόστασις 63) zu nennen: Ἐπειδὴ γὰρ τὰ ἐν ἐλπίδι ἀνυπόστατα εἶναι δοκεῖ, ἡ πίστις ὑπόστασιν αὐτοῖς χαρίζεται· μᾶλλον δέ, οὐ χαρίζεται, ἀλλ' αὐτό ἐστιν οὐσία αὐτῶν (PG 63,151). Er fährt fort, daß sich die ἀνάστασις noch nicht ereignet hat οὐδέ ἐστιν ἐν ὑποστάσει, ἀλλ' ἡ ἐλπὶς ὑφίστησιν αὐτὴν ἐν τῇ ἡμετέρᾳ ψυχῇ (ebd.). Zu Recht weist H.DÖRRIE (ebd.) dieses Real-Werden des Erhofften in der Seele des Hoffenden als neuplatonische Überfremdung zurück (vgl. auch H.BRAUN 338). Eine Auslegungsgeschichte dieses Verständnisses bietet neben H.DÖRRIE ebd. 61ff auch M.SCHUMPP: Der Glaubensbegriff des Hebr. 397 - 410; vgl. weitere Vertreter bei E.GRÄSSER: Glaube 46f Anm. 199.

[256] B.F.WESTCOTT 352f (Hervorhebung von mir); ähnlich M.A.MATHIS: Substantia 86f; T.H.ROBINSON 154; R.E.WITT: Ὑπόστασις 331; so auch W.BAUER: "Im

wenig meint der Verfasser, daß "der Glaube ... die Wirklichkeit des Erhofften in eben dem gleichen Sinne [ist], in dem Jesus als χαρακτήρ der Wirklichkeit des jenseitigen Gottes bezeichnet ist (Hb1,3)"[257]. Glaube im Sinne von Hebr 11,1 - und dies gilt für den ganzen Hebr - ist weder Realisator noch Realität noch vorweggenommener Besitz der in der Transzendenz bereits real existierenden Verheißungsgüter[258]. Es trifft demnach keineswegs zu, daß "ἔλεγχος und ὑπόστασις ... nicht den Glauben ... [beschreiben], sondern ... den Charakter der jenseitigen und zukünftigen Dinge [definieren], und zwar in dem selben Sinne, in dem Philo ... und andere Vertreter des mittleren Platonismus ... von der Realität und Wirklichkeit Gottes und der Welt der Ideen reden"[259]. Es überzeugt auch nicht, den Glauben nach dem Verständnis des Hebr so zu beschreiben, als sei er "eine geradezu παρὰ φύσιν wirkende Kraft, die das Heil herbeizwingt"[260]. Es geht in Hebr 11,1 weder um eine Identifizierung der πίστις mit den Heilsgütern noch um eine die Heilsgüter herbeizwingende Größe[261]. Vielmehr versteht der Verfasser unter πίστις eine Haltung der Glaubenden, die an den Heilsgütern orientiert ist: Weil *Gott* - und nicht der Glaube - diese Eschata bereits geschaffen hat und weil er diese Heilsgüter für die Glaubenden, die qua fide von der Realität der Hoffnungsgüter objektiv überführt sind, bereit hält, deshalb sollen sie unbeirrbar und wider die vorfindliche Realität an Gottes Zusagen festhalten, denn: πιστὸς ὁ ἐπαγγειλάμενος (10,23; 11,11). Der Glaube hält sich an das Verheißungswort Gottes[262], er ist "das Hangen am Wort Gottes"[263]. Er hält das für Realität, was er nicht sinnlich wahrnimmt, und gewinnt darin Gewißheit. Sehr schön faßt diesen Sachverhalt E.KÄSEMANN zusammen: "Als Echo

---

Glauben verwirklichen sich erhoffte Dinge od.: werden erhoffte Dinge Wirklichkeit" (Wb 1675 s.v. ὑπόστασις 3).

[257] So H.KÖSTER: ὑπόστασις 586,6ff. Vgl. oben S. 101ff.

[258] Völlig zutreffend bemerkt E.RIGGENBACH gegen derlei Interpretationen: "Der Gedanke, daß der Glaube den erhofften, zukünftigen Dingen gegenwärtige Existenz verleihe, trägt nicht nur in den Text ein, was in ihm nicht enthalten ist, sondern rückt den Glauben ganz im Widerspruch mit der Tendenz von Hb 11,1 stark in die Nähe der Illusion" (342 Anm. 67).

[259] So H.KÖSTER ebd. 585,21ff mit 586 Anm. 141.

[260] So H.DÖRRIE: Ὑπόστασις 62; vgl. auch Ders.: Hbr 11,1, 198. Daß diese Auslegung am Duktus von Hebr 11 insgesamt vorbeigeht, wird aus 11,13 und 11,39f ersichtlich: Diese Verse schließen zwingend die Annahme aus, daß die Beispielreihe darstelle, "wie der Glaube eine Erfüllung des Heils verursacht und bedingt hat" (H.DÖRRIE: Hbr 11,1, 198).

[261] Es ist dagegen etwas ganz anderes, und vom Verständnis der πίστις als einer die Heilsgüter realisierenden Kraft streng zu unterscheiden, wenn man davon ausgeht, daß die christliche Gemeinde in ihren gottesdienstlichen Versammlungen das eschatologische Hinzutreten zum Thron Gottes antizipiert.

[262] Treffend schreibt J.MOFFATT: "It is faith as the reflex of eternal realities or rewards promised by God which is fundamental in this chapter [11]" (159).

[263] M.LUTHER z.St.

des objektiven göttlichen Wortes ist folglich der Glaube eine objektiv begründete und an Sicherheit alle irdischen Möglichkeiten überragende Gewißheit"[264].

5. Zur Traditionsgeschichte von Hebr 11,1

Zunächst einige *Vorbemerkungen*: E.GRÄSSER kommt in seiner Arbeit über den Glauben im Hebräerbrief zu dem Ergebnis, daß der Hebr "mit den wesentlichen Strukturelementen seines Glaubensbegriffes - und zwar mehr als alle ntl. Schriften sonst - im AT" wurzelt[265]. Im Blick auf Hebr 11,1 ist nach GRÄSSER diese Erkenntnis zu modifizieren: Wohl ist "Hb 11,1 ... als ein Ganzes zu verstehen. Aber während das erste Satzglied ... wenigstens sachlich (nicht terminologisch) einen urchristlichen Allgemeinplatz zu verwahren scheint ..., ist das zweite Satzglied ... gemessen an *dieser* Erwartung [der Hoffnung auf das Zukünftige als das zeitlich Vorausliegende] eine μετάβασις εἰς ἄλλο γένος "[266]. Die zweite Satzhälfte, die "terminologisch wie sachlich ... ohne Beispiel im NT" ist und mit der der "Vf die griechischste aller griechischen Begriffskombinationen zur Definition des Glaubens herangezogen" hat, gewinnt in "Kombination mit πρᾶγμα ... doch einen ganz profanen Anstrich, entsprechend den außerbiblischen Parallelen"[267]. Die von GRÄSSER herangezogenen Parallelen haben jedoch nachweislich mit unserer Stelle nichts gemein[268]. Gleiches gilt für die zahlreichen Belege von ἔλεγχος bei Philo. Wohl ist der Sprachgebrauch Philos durchaus mit dem des Hebr vergleichbar[269]. Beide verwenden den Begriff, um damit das objektive Überführt- bzw. Überzeugtsein auszudrücken. Sachlich gibt es indes keinerlei Berührungen. Daß der Hebr auf die "platonisch-philonische ... Unterscheidung von κόσμος νοητός (= Urbild) und κόσμος αἰσθητός (= Abbild) ... und das im ganzen Brief durchgeführte alexandrinische Schema von Urbild und Abbild" Bezug nimmt[270], läßt sich für keine der von GRÄSSER genannten Stellen im Hebr (11,3.7.8.27) erhärten. Das Urbild-Abbild-Denken beschränkt sich im Hebr streng auf den kultischen Bereich und ist dabei auf alttestamentlichem Hintergrund zu interpretieren[271]. So sehr nach alledem die "hellenistische Terminologie" eindeutig feststeht, so wenig sind es die dabei gedachten Inhalte[272]. Es mag unbefriedigend sein, aber Hebr 11,1b sperrt sich - vor allem, was den Begriff ἔλεγχος anlangt - gegen eine eindeutige traditions- bzw. religionsgeschichtliche Zuordnung. Was jedoch der Verfasser damit aussagen will, wurde ausführlich

---

[264] Gottesvolk 22.

[265] Glaube 85; vgl. 79 - 94.

[266] Glaube 126 (Hervorherbung dort).

[267] Ebd.

[268] Demosth. 4,15; Epict. III 10,11 und Antiphon I 12. Zu deren Interpretation vgl. oben Anm. 223.

[269] Vgl. oben S. 124f einschließlich der Anm. 214-217.

[270] GRÄSSER: Glaube 127.

[271] Vgl. oben S. 128f.

[272] Zum Form-Inhalt-Problem vgl. unten zu Hebr 11,9f.

erörtert und steht fest: Das objektive Überführtsein von der Realität des Realen ist die Voraussetzung für das von der angefochtenen christlichen Gemeinde geforderte Feststehen beim Wort der Verheißung[273].

Die "Definition" des Glauben als Feststehen beim göttlichen Verheißungswort (11,1a) rückt das Glaubensverständnis des Hebr in die Nähe des *alttestamentlichen Glaubensbegriffes*[274], der im folgenden näher untersucht werden soll[275].

a) Im Buch des Propheten Jesaja - damit sei der Überblick begonnen[276] - begegnet an zwei Stellen der ansonsten im Alten Testament recht selten belegte theologische Gebrauch von הַאֲמִין . Die erste Stelle, *Jes 7,9b*, lautet im Masoretischen Text:

$$\text{אִם לֹא תַאֲמִינוּ כִּי לֹא תֵאָמֵנוּ}$$

Glaubt ihr nicht, so bleibt ihr nicht.

Die exegetischen Einzelprobleme von Jesaja 7 müssen hier nicht erörtert werden. Wichtig ist jedoch, daß der Text vom Glauben in Verbindung mit der dem Hause Davids gegebenen Dynastie-Verheißung redet[277]. Diese Verheißung des ewigen Bestandes der Dynastie steht unter der Bedingung: אִם תַאֲמִינוּ. Nur wenn die Davididen an die dem Hause Davids gegebene Verheißung des בַּיִת נֶאֱמָן "glauben", wenn sie die Zusage ernstnehmen und ungeachtet der Bedrohung durch den Aramäerkönig Rezin (7,1f) zu der Verheißung "Ja und Amen" sagen[278], "Vertrauen ha-

---

[273] Trifft diese Auslegung zu, so kann der Begriff ἔλεγχος den Gedanken der Glaubenswanderschaft im Hebr (so GRÄSSER: Glaube 126ff) nicht begründen.

[274] Diese traditionsgeschichtliche Verbindung ist in der Auslegung vielfach festgestellt worden: vgl. u.v.a. F.DELITZSCH 520; E.RIGGENBACH 338; E.KÄSEMANN: Gottesvolk 21; R.BULTMANN: πιστεύω 205ff; E.GRÄSSER: Glaube 79ff; H.BRAUN 106.

[275] Aus der großen Fülle von Untersuchungen zum Thema "Glaube im Alten Testament" sei hier verwiesen auf: A.SCHLATTER: Glaube 551-561; A.WEISER: πιστεύω 182-197; R.SMEND: Geschichte 284-290; H.WILDBERGER: Glauben 372-386; Ders.: ZThK 129-159; Ders.: אמן 177-209; A.JEPSEN: אמן 313-348; D.LÜHRMANN: Glaube 31-45; H.J.HERMISSON: Glauben im Alten Testament, in: H.J.HERMISSON/E.LOHSE: Glauben 9-78; K.HAACKER: Glaube 277-304: 279-289 (dort weitere Literatur); G.WALLIS: Alttestamentliche Voraussetzungen 1-13.

[276] Diese Vorordnung der Jesaja-Stellen will nicht so verstanden sein, als sei damit die in der alttestamentlichen Forschung virulente Frage nach einer möglichen Entwicklungsgeschichte des Begriffes הַאֲמִין dahingehend zu beantworten, daß sich bei Jesaja "die Geburtsstunde des Glaubens" (B.DUHM: Jesaja 73) vollzogen habe. Zu diesem Problem vgl. R.SMEND: Geschichte 287ff; anders dagegen H.WILDBERGER: ZThK 146f; A.JEPSEN: אמן 332f.

[277] Daß das Ni. נֶאֱמָן so aufzufassen ist, zeigen 1Sam 15,28; 2Sam 7,16; 1Kön 11,38 (בַּיִת נֶאֱמָן); Ps 89,22ff: 29 (בְּרִית נֶאֱמָנָה); vgl. dazu E.WÜRTHWEIN: Jesaja 7,1-9, 138ff. Der Sache nach sind außerdem heranzuziehen: 2Sam 7,9; 23,5; 1Kön 1,37; Ps 89,4; 132,10ff. Zur letztgenannten Stelle vgl. H.GESE: Der Davidsbund und die Zionserwählung 113-129.

[278] Die von A.WEISER: πιστεύω 186,26 gebotene Umschreibung von הַאֲמִין - "zu etw. Amen sagen mit allen Konsequenzen für Ob[jekt] und Sub[jekt]" - trifft die Sache am besten. Die These von H.WILDBERGER, wonach הַאֲמִין als intransitives Hi. ohne Bezug zum Objekt aufzufassen ist (vgl. z.B. אמן 188), scheitert daran, daß

ben, alle Mutlosigkeit überwinden, Festigkeit zeigen"[279], dann wird es Jahwe nicht zulassen, daß auf dem Zion ein fremder König eingesetzt wird[280].

Der zweite Beleg von הֶאֱמִין bei Jesaja begegnet in *28,14ff*. Das mit V. 14f anhebende und in V. 17b fortgeführte Drohwort wird in den VV. 16.17a durch ein Heilswort unterbrochen: Nachdem Jesaja den Gegnern das Ende der falschen Sicherheit angekündigt hat (VV. 14f; vgl. V. 17b) - es wird für sie kein beständiges Einwohnen auf dem Zion geben -, ergeht das Gottesorakel (VV. 16aβb.17a):

> "Siehe, ich gründe auf dem Zion einen Stein, einen Bohan-Stein, einen kostbaren Gründungs-Eckstein:
> Der Glaubende weicht nicht[281] (הַמַּאֲמִין לֹא יָחִישׁ).
> Und ich setze Recht (מִשְׁפָּט) zur Meßschnur
> und Gerechtigkeit (צְדָקָה) zum Senkblei."

Die Verse handeln vom neuen Bau auf dem Zion, den Gott selbst in Zukunft vollführen wird. Das neue Jerusalem wird aufgebaut mit מִשְׁפָּט und צְדָקָה (Jes 1,21.27). Es geht um den neuen Tempel Gottes auf dem Zion, dessen Grundstein der Glaubende ist, der nicht weicht[282]. Auch an dieser Stelle ist die Verbindung von Verheißung und Glaube evident: der Glaubende ist derjenige, "der dieser Gottesverheißung von der kommenden Gründung Zutrauen entgegenbringt"[283]. Er ist derjenige, der zum Verheißungswort Gottes "Ja und Amen" sagt und nicht von seiner Zusage zurückweicht. Wir dürfen in diesem Wort sachlich die größte Nähe zu Hebr 11,1a erkennen[284].

---

bisweilen wirklich ein Objekt genannt ist, so z.B. in Gen 45,26 (לֹא־הֶאֱמִין לָהֶם); 1Kön 10,7 (לֹא־הֶאֱמַנְתִּי לַדְּבָרִים) und Jes 53,1 (מִי הֶאֱמִין לִשְׁמֻעָתֵנוּ). Man wird vielmehr im Anschluß an A.WEISER bei הֶאֱמִין die Subjekt-Objekt-Beziehung zu beachten haben. Das heißt: Es geht in dem Begriff grundsätzlich darum, die Subjekt-Objekt-Beziehung fest gültig sein zu lassen. Die sich daraus ergebende Spannweite, wonach הֶאֱמִין meint: "eine Aussage für wahr halten", "die innere Festigkeit" oder auch "das Vertrauen auf", zeigt, daß es für das alttestamentliche Theologumenon vom Glauben keine Unterscheidung gibt zwischen fides quae creditur und fides qua creditur: vgl. H.J.HERMISSON Glauben 23.

279 H.WILDBERGER: Jesaja, BK X/1 (²1981) 285. Vgl. auch H.WILDBERGER: אמן 186.191; Ders.: ZThK 133.139. A.JEPSEN faßt schön zusammen: "Die Existenz des Davidshauses hängt ebenso wie der Bestand der Verheißung davon ab, daß ihr, das Davidshaus, Zutrauen gewinnt, nicht zweifelt an der Zusage Gottes" (אמן 329).

280 Ahas wird ein Zeichen angeboten (7,11), das er jedoch in scheinheiliger Frömmigkeit ablehnt. Zu der Verbindung von Glaube und Zeichen als Bestätigung der Verheißung vgl. das unten zu Ex 4,1ff.30f (S. 139f); Num 14,11 (S. 140-142) Gesagte.

281 Das umstrittene יָחִישׁ ist in Anlehnung an 1QS 8,7f von der Wurzel חוּשׁ : "weichen", "eilen" herzuleiten; vgl. H.WILDBERGER: Jesaja 1064.1077; A.JEPSEN: אמן 330. Vgl. außerdem die sachliche Parallele von Jes 28,16 zu Hab 2,3f und oben S. 54f.63ff.

282 In Jes 14,32 finden wir zu Jes 28,16 eine sachliche Parallele, wenn es dort heißt: "Jahwe hat den Zion gegründet, auf ihm bergen sich die Elenden". Gemeint sind auch dort die Glaubenben als das wahre Israel.

283 A.JEPSEN: אמן 330; vgl. auch H.WILDBERGER: אמן 192.

284 O.BETZ hat völlig Recht, wenn er mit Nachdruck auf die sachliche

b) Als weiterer Beleg für das alttestamentliche Glaubensverständnis ist *Gen 15,6* anzuführen, wobei auffällt, daß diese Stelle im Hebr nicht explizit aufgenommen wird. Dies mag angesichts der Wichtigkeit der Person Abrahams für den auctor ad Hebraeos (6,12ff; 11,8-12.17-19) verwundern[285]. Der alttestamentliche Text läßt frei- lich - wie in Jes 7,9; 28,16 - die Verbindung von göttlicher Verheißung und Glauben als Vertrauen auf diese Verheißung deutlich erkennen[286]: Auf das Wort Jahwes (15,1b) erfolgt der klagende Einwand Abrams, daß er kinderlos ausgezogen sei und erbenlos umherziehe (VV. 2f; vgl. Gen 12,4ff). Daraufhin wiederholt Jahwe die bereits in Gen 12,2f ergangene Nachkommensverheißung (VV. 4f), worauf sich das berühmte Zeugnis über den Glauben Abrams anschließt:

וְהֶאֱמִן בַּיהוָה וַיַּחְשְׁבֶהָ לּוֹ צְדָקָה

καὶ ἐπίστευσεν Ἀβραμ τῷ θεῷ, καὶ ἐλογίσθη αὐτῷ εἰς δικαιοσύνην .

Parallele zwischen Hebr 11,1 und Jes 28,16 hinweist (Firmness in Faith 100ff). Sprachlich können allerdings zwischen Jes 28,16 LXX und Hebr 11,1 über das Partizip ὁ πιστεύων hinaus keine Anklänge festgestellt werden (gg. O.BETZ ebd. 102ff): Während הַאֲמִין im MT absolut verwendet wird, fügt die LXX (ὁ πιστεύων ἐπ' αὐτῷ) Gott als Objekt des Glaubens ein. Hinzu kommt, daß die LXX יָחִישׁ sehr frei mit καταισχύνεσθαι wiedergibt. Die LXX-Version von Jes 28,16 begegnet im Neuen Testament in 1Petr 2,6 und in abgewandelter Form in Röm 9,33; 10,11. Das Targum z.St. modifiziert und erweitert den MT, indem es die Verheißung V.16aß auf den kommenden (Messias-)König bezieht, den Jahwe stark und mächtig machen wird, und dann V. 16b so deutet: "und die Gerechten, die an diese Dinge glauben (oder: geglaubt haben), werden nicht erschüttert werden, wenn Bedrängnis kommt" (וצדיקיא דהימינו באלין במיתי עקא לא יזדעזעון).

[285] Ob man freilich aus dieser Beobachtung den Schluß ziehen darf, der Hebr habe an der Frage, "ob und wieweit die Zeugen in den angeführten Situationen selbst 'gläubig' waren, keinerlei Interesse" gehabt (so E.GRÄSSER: Glaube 53 Anm. 234), erscheint zumindest fraglich. Man wird vielmehr festzuhalten haben, daß der Verfasser die für Paulus - zur Begründung der Rechtfertigung des Gottlosen (Röm 4,3.9; Gal 3,6) - und Jakobus - als Beleg für die Rechtfertigung aufgrund der Werke (Jak 2,23) - wichtige Stelle deshalb nicht explizit aufgenommen hat, weil sein In- teresse gerade nicht an der "Rechtfertigungsproblematik" orientiert war. Dies wird umso deutlicher, je mehr man sich klarmacht, daß die vom Hebr aufgenommenen Traditionen, an denen vom δίκαιος-Sein der Glaubenszeugen die Rede ist (11,4.[7]; vgl. 10,38), dazu dienen, die von den Zeugen ausgesagte *Pistis* in der Schrift begründen zu können. Es wird im folgenden eine der Leitfragen unserer Untersu- chung sein, wie der Verfasser dazu kommt, den Zeugen Glauben zuzuschreiben, wo doch das Alte Testament keinen Anhalt für eine solche Aussage bietet. Für Abraham jedenfalls - und das ist zu betonen - hat der Verfasser diesen Anhalt in Gen 15,6 gefunden. Es ist m.E. undenkbar, daß ein in der Schrift bewanderter Theologe wie der auctor ad Hebraeos eine solche Stelle nicht - zumindest als Folie seiner Ausführungen - im Blick gehabt haben soll. Dies gilt umso mehr, als das erste Beispiel aus der vita Abrahami in Hebr 11,8 unmittelbar auf den Kontext von Gen 15,6 zurückgreift. Es kann deshalb auch nicht fraglich sein, daß der Verfasser das Motiv der πίστις des Abraham aus Gen 15,6 entnommen hat. Näheres bei der Auslegung von 11,8ff.

[286] Für die Einzelheiten vgl. die Kommentare von H.GUNKEL; G.VON RAD und C.WESTERMANN z.St.

Das für unsere Fragestellung Entscheidende läßt sich benennen: Nachdem Jahwe seine in V. 1b ergangene Verheißung im Hinblick auf die Nachkommensverheißung konkretisiert hat (VV. 4f), nimmt Abram die Zusage ernst[287], verläßt er sich auf sie und traut Gott deren Erfüllung zu. Sein Verhalten Gott gegenüber ist "das Zutrauen zu ihm, das Sich-Verlassen auf seine Verheißung, ohne Zweifel, ja gegen allen Augenschein"[288].

c) In der vom Hebr in 10,38 aufgenommenen und bereits erörterten Stelle *Hab 2,4* geht es im Gottesorakel um die Verheißung des Lebens[289], das der Gerechte durch seine אֱמוּנָה , seine Treue, Verläßlichkeit und Beständigkeit erfährt. So ist es völlig zutreffend, wenn W.RUDOLPH die Stelle wiedergibt: "Der Gerechte aber wird durch sein treues Festhalten am Leben bleiben"[290].

d) Vom Glauben kann - und damit schließen wir unsere Übersicht zu den Glaubensaussagen im Alten Testament ab[291] - auch in Verbindung mit einem die Verheißung bestätigenden Zeichen die Rede sein. Dies zeigt - neben Jes 7,9-11[292] - auch *Ex 4,1-9.30f*. In Ex 4,1ff ist zum ersten Mal הֶאֱמִין in unmittelbarer Verbindung mit dem möglichen Unglauben verwendet: Obwohl Jahwe dem Mose die Zusage gemacht hatte, daß das Volk auf seine Botschaft hören werde (Ex 3,18), erhebt Mose - wie Abraham (Gen 15,2f) - einen Einwand (4,1): וְהֵן לֹא־יַאֲמִינוּ לִי (LXX: ἐὰν οὖν μὴ πιστεύσωσίν μοι). Diesem Einwand begegnet Jahwe mit zwei zeichenhaften Wunderhandlungen, die darauf abzielen, daß das Volk dem Mose vertraut (Ex 4,5: לְמַעַן יַאֲמִינוּ ; LXX: ἵνα πιστεύσωσίν σοι; vgl. 4,8). Vom Glauben des Volkes wird dann in *Ex 4,30f* berichtet:

"Aaron gab alle Worte bekannt, die Jahwe zu Mose geredet hatte, und er

---

[287] Wie sehr diese plötzliche Wandlung Abrahams der späteren Überlieferung Kopfzerbrechen bereitet hat, wird anschaulich in TPsJ z.St., wo es heißt: "Und er hatte Glauben an das Wort Jahwes, und das wurde ihm zur Gerechtigkeit angerechnet, denn er [Abraham] sprach keine [einredenden] Worte zu ihm". Der Schlußteil hebt deutlich darauf ab, daß Abraham auf die Wiederholung der Verheißung Jahwes nicht mehr mit ungläubiger Klage antwortete und deshalb als Glaubender zu stehen kommt. Zur weiteren Wirkungsgeschichte des Verses vgl. Neh 9,8 und die Auslegung zu Hebr 11,17ff.

[288] A.JEPSEN: אמן 328; vgl. u.a. H.WILDBERGER: אמן 190 und G.VON RAD: Anrechnung des Glaubens 130 - 135.

[289] Diese Verheißung interpretiert der auctor ad Hebraeos - entgegen dem MT - eschatologisch: vgl. dazu oben S. 63f.70f.

[290] Habakuk 212.

[291] Dies kann allerdings nicht geschehen, ohne daß nicht zumindest hingewiesen wird auf die weiteren Belege, an denen הֶאֱמִין als Ausdruck des Glaubens Verwendung findet. So sind noch zu nennen: Ex 19,9; Ps 119,66; Jon 3,5; Jes 43,10; die Stellen Ps 27,13 und 116,10 sind unklar. Näheres vgl. A.JEPSEN: אמן 327ff. Besondere Erwähnung verdient Ex 14,31, weil dieser Vers im antiken Judentum in vielen Textzusammenhängen zur Grundlage der Erörterung über den Glauben gemacht wurde: siehe die zum Teil bereits oben (S. 69f; 70: Anm. 193) zu 10,37f notierten Stellen in MekhY beshallaḥ 6; MekhSh 70; Tan בשלח 10 (86b); Yalq II 519.

[292] Vgl. oben Anm. 280.

verrichtete die Zeichen vor den Augen des Volkes. Da glaubte das Volk
(הָעָם וַיַּאֲמֵן ; LXX: καὶ ἐπίστευσεν ὁ λαός).

Die Verse erweisen den Glauben als Antwort auf Wort (V. 30a) und Tat (V. 30b).
Glaube zeigt sich im Akzeptieren der Botschaft und der Anerkennung der Beauftra-
gung Moses durch Jahwe[293]. Weil sich das Volk auf den durch die Zeichen beglaubigten Gottesboten verlassen kann (vgl. Ex 19,9), deshalb sagt es "Ja und Amen" zur
Verheißung des Auszugs und zur Zusage der Nähe Gottes. Es geht nicht um den
bloßen Glauben an die Wunderzeichen, "sondern darum, daß Israel angesichts dessen, was Mose sagt, Vertrauen gewinnt"[294]. Treffend bemerkt W.H.SCHMIDT: "So
heißt 'den Zeichen glauben' Zustimmung und Gehorsam ... dem entgegenbringen,
der die Zeichen verrichtet, der mit dem Anspruch, eine Offenbarung empfangen zu
haben, auftritt und die Verheißung weitergibt"[295].

e) War in den bisherigen Texten vom *Unglauben* nur im Vorgriff auf den Glauben Israels die Rede, der durch Jahwes Zeichen erweckt wurde (Ex 4,1.8f.31a), so
sind jetzt noch ganz knapp einige wichtige Stellen anzuführen, an denen explizit
der Unglaube der Israeliten beklagt wird. Zunächst und in erster Linie ist hier
Num 14,11b zu nennen:

וְעַד־אָנָה לֹא־יַאֲמִינוּ בִי בְּכֹל הָאֹתוֹת אֲשֶׁר עָשִׂיתִי בְּקִרְבּוֹ

καὶ ἕως τίνος οὐ πιστεύουσίν μοι ἐν πᾶσιν τοῖς σημείοις, οἷς ἐποίησα ἐν
αὐτοῖς;

"Und wie lange wollen sie mir nicht vertrauen trotz all der Zeichen, die
ich unter ihnen getan habe?"

Der Beleg ist für das Glaubensverständnis des Hebr besonders wichtig, denn der
auctor ad Hebraeos greift in seinen Ausführungen über den Unglauben der Wüstengeneration (*Hebr 3,7 - 4,11*) explizit auf Num 14 zurück[296]. Die Bezugnahmen auf

---

[293] Die gleiche Argumentation finden wir in ParJer 7,16ff: Der von Gott beauf-
tragte Adler (7,5.7) befiehlt Jeremia, das Volk zu versammeln, um die Botschaft von
Baruch und Abimelech auszurichten (7,15f). Nachdem sich das Volk eingefunden
hat (7,17f), läßt sich der Adler nieder auf einem Toten, den das Volk begraben
wollte (7,13): [18]Καὶ κατῆλθεν ὁ ἀετὸς ἐπὶ τὸν τεθνηκότα, καὶ ἀνέζησε. [19]Γέγονε δὲ τοῦτο,
ἵνα πιστεύσωσιν. Die Wirkung dieses Wunders beim Volk bleibt nicht aus (vgl. das
stehende Admirationsmotiv in den synoptischen Wundergeschichten: Mt 8,27; 9,33;
21,20; Lk 9,43 u.a.m.): Das Volk staunt über das Geschehene und führt dieses
Wunderwirken des Adlers auf Gott zurück, der sich den Vätern am Sinai durch
Mose offenbarte und sich jetzt durch den Adler offenbart (7,20). In dieser Antwort
des Volkes zeigt sich der Glaube. Das Wunder erheischt den Glauben an die Beauf-
tragung des Adlers durch Gott. Glaube ist demnach auch hier das Akzeptieren des
Gesandten und der durch ihn geoffenbarten Botschaft. Vgl. G.DELLING: Jüdische
Lehre 11f.

[294] H.WILDBERGER: Glauben 382; vgl. auch A.JEPSEN: אמן 326 und die Auslegung des ganzen Kapitels Ex 4 in den Kommentaren von B.S.CHILDS: Exodus und
W.H.SCHMIDT: Exodus.

[295] W.H.SCHMIDT: Exodus 200. Vgl. ebd. 198.239.

[296] Zu diesem Ergebnis gelangten unabhängig voneinander: O.HOFIUS: Kata-

Num 14 und die anderen, in gleicher Weise auf den Tag von Kades-Barnea anspielenden alttestamentlichen und altjüdischen Zeugnisse[297] hat O.HOFIUS übersichtlich zusammengestellt[298], so daß wir uns auf das für unsere Zwecke zentrale Motiv des Unglaubens beschränken können: Auf die Zusage Gottes, daß die Wüstengeneration das verheißene Land in Besitz nehmen soll (Num 13,2 parr.), reagiert das Volk aufgrund des entmutigenden Berichts der Kundschafter (Num 13,32ff) mit Rebellion (14,35), weil es meint, das Land nicht in Besitz nehmen zu können (Num 13,32 par.). Das Volk weigert sich, in das verheißene Land hinaufzuziehen (Num 14,1ff parr.)[299]. Es gehorcht Gottes Wort nicht (Num 14,43 [LXX] parr.), hört nicht auf Gottes Stimme (Num 14,22 parr.), es glaubt Gott und seinem Wort nicht (Num 14,11: לֹא־יַאֲמִינוּ בִי = οὐ πιστεύουσίν μοι; vgl. Dtn 1,32; 9,32b; Ps 106 (105), 24b; LibAnt 15,6), weshalb der Ungehorsam und Unglaube des Volkes Abfall von Gott genannt (Num 14,9a [LXX]: ἀπὸ τοῦ κυρίου μὴ ἀποστάται γίνεσθε; 14,43: ἀπεστράφητε ἀπειθοῦντες κυρίῳ; vgl. Num 32,9b; Dtn 1,28; LibAnt 15,1.4.6) und als Sünde gekennzeichnet (Num 14,32b parr.) wird. Dies wiegt umso schwerer, als das Volk die Wunder und Zeichen Gottes erfahren hat (Num 14,11b.22 parr.). Wir brechen hier ab: Die Wüstengeneration, die die Verheißung empfangen und Gottes Nähe erfahren hat, glaubte Gottes Wort nicht, sagte nicht "Ja und Amen" zur Zusage Gottes, sondern fiel von Gott ab, indem sie der Wirklichkeit des Kundschafterberichtes mehr Vertrauen entgegenbrachte als dem göttlichen Verheißungswort. Die Parallelen zu Hebr 3,7 - 4,11 liegen klar auf der Hand[300]. Indem der Verfasser ψ 94,7-11 von Num 14 her interpretiert, gewinnt er aus den alttestamentlichen Aussagen folgende Einsichten[301]:

(1) An die Wüstengeneration ist die Verheißung des Eingehens in die κατάπαυσις

---

pausis 116ff.127ff; vgl. 211 Anm. 771 und A.VANHOYE: Longue marche 9 - 26. Zustimmend F.LAUB: Bekenntnis 248 Anm. 198; A.E.NIELSEN: Sabbatsmotivet 173f und E.GRÄSSER: Gottesvolk 167; ablehnend H.BRAUN 87; zur ganzen Perikope vgl. auch J.FRANKOWSKI: Requies 124 - 149.225 - 240.

[297] Num 32,7-13; Dtn 1,19ff; 9,23; Neh 9,15b-17a (= 2Esr 19,15b-17a LXX); Ps 106 (105), 24-26; CD 3,6-9; LibAnt 15; Siphre Num 82 zu 10,33; 4 Esr 7,106 (vgl. 1Kor 10,5.10).

[298] Katapausis 118ff.

[299] Hier ergibt sich ein weiterer interessanter Aspekt. Wenn man den Wunsch der Wüstengeneration, nach Ägypten zurückzukehren (Num 14,3f LXX: ἀποστραφῆναι [ἀποστρέψωμεν] εἰς Αἴγυπτον), mit der in Hebr 11,15f von den Vätern ausgesagten Haltung vergleicht: Die Väter wollen nicht umkehren, obwohl sie Gelegenheit gehabt hätten, zurückzukehren in das Land, aus dem sie ausgezogen sind. Vielmehr sehnen sie sich nach dem verheißenen Vaterland. Damit wird klar: Umkehren wollen bedeutete das Abfallen von der Verheißung, - dies zeichnet die ungehorsame Wüstengeneration aus. Der Gelegenheit, umzukehren, widerstanden zu haben, ist "unbeirrbares Feststehen bei Erhofftem".

[300] Vgl. O.HOFIUS: Katapausis 127ff.

[301] Neben diese Bezugnahmen auf Num 14 sind drei weitere alttestamentliche Belege zu stellen, an denen vom "Unglauben" der Väter die Rede ist, ohne daß sich bei den Belegen ein spezieller Bezug zum Hebr ausmachen läßt: Num 20,12; 2Kön 17,14 und Ps 78,22.

ergangen (4,1f).

(2) Aber die Glieder des Volkes, die Gottes Nähe in seinen Heilstaten erfuhren (3,9), verstockten die Herzen am Tag der Rebellion (3,8).

(3) Anstatt das gehörte Wort mit dem Glauben zu verbinden (4,2), fielen sie vom lebendigen Gott ab (3,12) und erwiesen sich in ihrem Unglauben (3,12.19) als ὑπόδειγμα τῆς ἀπειθείας (4,11; vgl. 4,6).

f) Wir stehen am Ende unserer Ausführungen zum alttestamentlichen Hintergrund des Glaubensverständnisses des Hebr und können *festhalten*:

(1) Der auctor ad Hebraeos verdankt den Aspekt, daß *Glaube* Festhalten an der Verheißung Gottes ist, den wenigen Stellen des Alten Testaments, die in theologisch prägnanter Weise vom Glauben handeln.

(2) Dies gilt zunächst für die positive Seite dessen, was er unter πίστις versteht. Im Alten Testament sind die Wesensmerkmale vorgezeichnet, die den geforderten Glauben ausmachen:

(a) Wo im Alten Testament vom Glauben die Rede ist, da geschieht dies immer - auch da, wo הֶאֱמִין absolut gebraucht wird - im Zusammenhang mit der göttlichen Verheißung. So auch im Hebr. Deshalb darf aus der formal zutreffenden Beobachtung, daß im Hebr "die für den atl. Glaubensbegriff maßgebende *personale* Relation" ohne Bedeutung ist[302], in *dieser* Hinsicht kein weitreichender Dissens gefolgert werden. Denn auch im Hebr steht hinter dem in Christus sicher verbürgten Verheißungswort (1,2a; 2,3; 4,1f; 6,17f[!]; 8,6[!]; 10,35ff) Gott selbst[303].

(b) Glaube - so hatten wir gesehen - meint an allen untersuchten Stellen im Alten Testament das "Ja und Amen-Sagen" zu Gottes Verheißungswort und/oder seinen Heilstaten, in denen seine Gegenwart erfahren wird. Glaube wird bestimmt als Feststehen beim Verheißungswort Gottes, als Vertrauen auf die Erfüllung der göttlichen Zusage, auch wenn dieser Zusage die vorfindliche Wirklichkeit zu widersprechen scheint.

(3) *Unglaube* dagegen - und auch diese Kehrseite des Glaubens hat der Verfasser in Anlehnung an das Alte Testament formuliert, mehr noch: er hat das zentrale ὑπόδειγμα τῆς ἀπειθείας (4,11; vgl. ἀπιστία in 3,12.19) Num 14,11b entnommen -, Unglaube ist das Zurückweichen vom Wort der Verheißung (10,38f = Hab 2,3f LXX). Unglaube bedeutet: das Vertrauen auf die Bündnispolitik zu setzen (Ahas: Jes 7,7ff; vgl. Jes 1,24ff), Unglaube ist das Zurückschrecken vor den Bewohnern des verheißenen Landes (Wüstengeneration: Num 13,32ff).

(4) So steht fest: der auctor ad Hebraeos hat sein Glaubensverständnis und seine Einsichten über den Unglauben, Ungehorsam und Abfall in enger Anlehnung an das Alte Testament formuliert, ja zum Teil ganz *wörtlich* dem Alten Testament (Num 14,11b; Hab 2,4 LXX; vgl. Jes 28,16) entlehnt.

(5) Dieses alttestamentliche Glaubensverständnis hat sich im antiken Judentum fortgesetzt, so daß sich unser Verfasser mit seiner Auffassung eingliedert in einen

---

[302] So E.GRÄSSER: Glaube 94 (Hervorhebung dort).

[303] Daß der Glaubensbegriff des Hebr nicht christologisch bestimmt ist, was GRÄSSER zu Recht betont (Glaube 64ff u.ö), wird uns noch zu beschäftigen haben (vgl. unten zu 12,2f).

breiten Traditionsstrom. Dies zeigt beispielhaft *MidrTeh 31 §8 zu Ps 31,24* (BUBER 120b):

"JHWH bewahrt die, die Glauben bewähren (אֱמוּנִים)"
   d.h.: er bewahrt die Israeliten,
      die sagen:
         'Gepriesen seist du, der du die Toten lebendig machst',
      und im Glauben antworten sie:
         'Amen',
      denn sie glauben mit ihrer ganzen Kraft an den Heiligen, gepriesen sei er, der die Toten lebendig macht,
      obwohl die Auferweckung der Toten noch nicht gekommen ist;
      die sagen:
         '[Gepriesen seist du], der du Israel erlösest',
      obwohl sie noch nicht erlöst sind;
      die sagen:
         'Gepriesen seist du, der du Jerusalem wieder erbaust',
      obwohl Jerusalem noch nicht wieder erbaut ist."

6. Zusammenfassung zu Hebr 11,1

Wir stehen am Ende unserer Ausführungen und können *zusammenfassen*:

a) In Hebr 11,1 handelt es sich *sprachlogisch* um eine *Definition*: Der Begriff πίστις (definiendum) kann an allen Stellen - was noch zu zeigen sein wird -, an denen er in Kap. 11 verwendet wird, durch die definierenden Explikationen (definiens) - ἐλπιζομένων ὑπόστασις, πραγμάτων ἔλεγχος οὐ βλεπομένων - ersetzt werden. *Exegetisch* und *theologisch* steht fest, daß 11,1 keine umfassende und hinreichende Beschreibung des christlichen Glaubens bietet. Vielmehr legt der Verfasser *sein* Verständnis von Glaube dar, indem er das Verhältnis von Pistis und Verheißung "definiert".

b) Die *erste* Hälfte der "Definition" bestimmt die πίστις als die von den Glaubenden geforderte Haltung des unbeirrbaren Feststehens bei den verheißenen und in Christus sicher verbürgten Hoffnungsgütern (ἐλπιζομένων ὑπόστασις). Im Genitivus obiectivus ἐλπιζομένων *betont* der Hebr die zeitlich-eschatologische Dimension der Verheißungsgüter, ohne den räumlich-ontologischen Aspekt ganz auszuschließen. Die ἐλπιζόμενα sind verstanden als die bleibenden, festen und bei der Heilsvollendung sichtbar werdenden Eschata. Glaube im Sinne von 11,1a erweist sich demnach als ein *Feststehen beim Festen*[304].

---

[304] Wird durch unsere Auslegung der πίστις als Haltung des Feststehens das subjektive Moment, das durch die Ablehnung der Übersetzung von ὑπόστασις mit "feste Zuversicht" ausgeschlossen werden sollte, nun doch wieder eingetragen? Hierzu ist zu bemerken: *Zum einen* erschöpft sich dieses Verständnis nicht in einer innerlich-subjektiven Zuversicht, sondern äußert sich in einer konkret-objektiven Haltung. Nach dem Zeugnis des Hebr folgt aus dem "unbeirrbaren Feststehen" beim göttlichen Verheißungswort, daß die Glieder der Gemeinde nicht die Gemeindeversammlungen verlassen (10,25), nicht das im Gottesdienst laut werdende Bekenntnis loslassen (4,14; 10,23), nicht die τηλικαύτη σωτηρία mißachten (2,3), kurz: nicht

c) Die *zweite* Hälfte begreift die πίστις als ein objektives Überführtsein von Heilsgütern, die der sinnlichen Wahrnehmung verborgen bleiben. Mit den Augen des
Glaubens werden diese unsichtbaren Eschata, die in der Transzendenz bei Gott bereits jetzt real existieren, erkannt. Im Genitivus obiectivus[305] πραγμάτων οὐ βλεπομένων *betont* der Hebr die räumlich-ontologische Dimension der Eschata, ohne
deren zeitlich-eschatologische Dimension völlig auszuschließen. Die πράγματα οὐ
βλεπόμενα erweisen sich als die in der Transzendenz existierenden Realitäten, die in
der Zukunft - am Tag der Heilsvollendung - für die Glaubenden sichtbar werden.
Dann wird der von Christus eröffnete Zugang ins Allerheiligste, den die Christen
im Gottesdienst jetzt schon antizipieren, Wirklichkeit werden. Die Christen werden
ihrem πρόδρομος folgen und vor dem Thron Gottes den ewigen σαββατισμός feiern.
Glaube im Sinne von 11,1b hebt somit ab auf das *objektive Überführtsein von der
Realität des Realen.*

d) Beide Vershälften verhalten sich in einem *synthetischen Parallelismus membrorum* zueinander wie Ursache (1b) und Folge (1a): *Weil* der Glaubende von der Realität des Realen objektiv überführt ist, *deshalb* soll er beim Wort der Verheißung
feststehen, denn - so die Begründung - die Hoffnungsgüter werden gewiß bald
offenbar werden. Einem solchen Glauben ist die περιποίησις ψυχῆς (10,39) zugesagt.
Wer aber vom Wort der Verheißung zurückweicht, das heißt, wer vom Glauben
abfällt, der wird der ἀπώλεια anheimfallen (10,38f).

e) Nimmt man nochmals den ganzen Vers in Blick, so ist evident: Es geht in Hebr
11,1 und dem darauf bezogenen Paradigmenkatalog um die certitudo der Glaubenden und nicht um deren securitas[306].

f) Die Glaubens-"Definition" hat vor allem in ihrer ersten Aussage eine alttestamentliche Vorgeschichte. Die zweite Hälfte sperrt sich gegen eine eindeutige traditionsgeschichtliche Erhellung. Sie ist das Werk des auctor ad Hebraeos, wie überhaupt die Begrifflichkeit auf den Verfasser zurückgeführt werden muß und vor
dem Hintergrund der *"innerbrieflichen Glaubensthematik"* zu interpretieren ist.
Insgesamt wird man jedoch sagen dürfen, daß auch das objektive Überführtsein in
den oben genannten Belegen des Alten Testament anklingt. Die Glieder des
alttestamentlichen Volkes erfahren in den ihnen gegebenen Zeichen die
Zuverlässigkeit des göttlichen Verheißungswortes und sind somit von der
göttlichen Zuwendung objektiv überführt: Das alttestamentliche Volk soll zum

---

"abfallen" (3,12; 6,6; vgl. 10,38f), indem sie den Sohn Gottes mit Füßen treten und
das Blut der neuen διαθήκη für unnütz erachten (10,29). Ὑπόστασις zeigt sich - so
A.SCHLATTER: Glaube 557 im Blick auf יראחן - als "Erhaltung der Gemeinschaft"
der Gemeinde und Gott gegenüber. *Zum andern* will beachtet sein, daß der Hebr für
die Haltung der subjektiv aufzufassenden "festen Zuversicht" den Begriff παρρησία
(3,6; 4,16; 10,19.35) verwendet [gg. E.KÄSEMANN und E.GRÄSSER]: vgl. oben zu 10,35
(S.45f).

[305] Gegen A.SCHLATTER: Glaube 524f, der πραγμάτων οὐ βλεπομένων als Genitivus subiectivus auffaßt.

[306] Hebr 11,1 betonte dann die securitas, wenn ὑπόστασις mit "Wirklichkeit"
und ἔλεγχος mit "Beweis" wiedergegeben wird. Die Vorstellung einer im Glauben
gründenden securitas ist jedoch eine dem Hebr, wie auch dem ganzen Neuen
Testament fremde Vorstellung.

zuverlässig ergangenen Verheißungswort - es wird an einzelnen Stellen durch gewährte Zeichen bekräftigt -, sein "Ja-und-Amen" aussprechen.

g) Ein letzter Punkt ist anzusprechen: Die voranstehenden Ausführungen haben gezeigt, daß der Verfasser die beiden Begriffe πίστις und ἐλπίς synonym verwendet: Glaube als Feststehen bei Erhofftem enthält die Aspekte, die im Alten Testament untrennbar zusammengehören. R.BULTMANN hat diese Konnotation sehr schön zusammengefaßt: "Ist die ἐλπίς *auf Gott gerichtet,* so umfaßt sie ... drei Momente in ihrer Einheit: die *Erwartung des Künftigen,* das *Vertrauen* und die *Geduld des Wartens* ... Die Definition der πίστις Hb 11,1 als ἐλπιζομένων ὑπόστασις entspricht ganz der at.lichen Zusammengehörigkeit von πιστεύειν und ἐλπίζειν (ψ 77,22) und dem Sprachgebrauch der LXX, die für תִּקְוָה (Ez 19,5; Rt 1,12) und תּוֹחֶלֶת (ψ 38,8) neben ἐλπίς ... ὑπόστασις sagt"[307]. Wenn diese Interpretation zutrifft, dann sind die Ausführungen des Hebr zu πίστις und ἐλπίς auf einer Linie mit dem zu sehen, was *Paulus* unter ἐλπίς versteht: ἐλπὶς δὲ βλεπομένη οὐκ ἔστιν ἐλπίς· ὃ γὰρ βλέπει τίς ἐλπίζει; εἰ δὲ ὃ οὐ βλέπομεν ἐλπίζομεν, δι' ὑπομονῆς ἀπεκδεχόμεθα (Röm 8,24f; vgl. Röm 4,18). Die Nähe der Darlegungen zum Hebr erweist nicht zuletzt auch das Nebeneinander von ἐλπίς und ὑπομονή. Daß der Hebr beide Begriffe parallel zu πίστις verwendet, wurde schon deutlich. Auch in anderer Hinsicht lassen sich zwischen Paulus und dem Hebr *Parallelen* erkennen: μὴ σκοπούντων ἡμῶν τὰ βλεπόμενα ἀλλὰ τὰ μὴ βλεπόμενα· τὰ γὰρ βλεπόμενα πρόσκαιρα, τὰ δὲ μὴ βλεπόμενα αἰώνια (2Kor 4,18). Beide neutestamentliche Autoren wissen um das Gewicht der μὴ (οὐ) βλεπόμενα, denen - im Gegensatz zu der sichtbaren Vorfindlichkeit - eine ewig bleibende Qualität eignet. Auf der anderen Seite sind die tiefgreifenden *Differenzen* zwischen Paulus und dem Hebr im Hinblick auf das Glaubensverständnis nicht zu übersehen. Während bei Paulus der Glaube als Gabe Gottes den Modus des Heilsempfangs beschreibt, haben unsere Ausführungen gezeigt, daß πίστις im Verständnis des Hebr als menschliche Haltung aufzufassen ist. Man wird daher nicht sagen können: "Ὑπόστασις as 'foundation' reveals the objective character of faith: it is given by God, it is his creation"[308]. Der Hebr sagt nichts von einer durch Gott geschenkten Gabe des Glaubens, so daß nicht formuliert werden darf: "Der Autor möchte in dem paradoxen Miteinander von Glaubensgnade und Glaubensstat das extra nos der Glaubensgnade betonen - um zu einem großen Glauben zu ermutigen"[309]. Hier wird der Hebr - zu Unrecht - durch die *paulinische Brille* gelesen. Zugespitzt formuliert: Bei Paulus bezeichnet die πίστις den Modus der göttlichen Heilsteil*gabe* (passiv). Für den Hebr bezeichnet πίστις den an die Voraussetzung der menschlichen Standfestigkeit geknüpften Modus der Heilsteil*nahme* (aktiv)[310].

---

[307] So im Art. ἐλπίς 527,24ff; vgl. auch E.GRÄSSER: Glaube 115f.

[308] So O.BETZ: Firmness in Faith 103. Gegen eine *paulinische* Interpretation von Hebr 11,1 wenden sich mit guten Gründen A.SCHLATTER: Glaube 614ff und H.DÖRRIE: Ὑπόστασις 69.

[309] H.HEGERMANN 224. Eine "Spannung zwischen Glaube als Gnade und Glaube als Antwort des Menschen" (ebd. 224) kennt der Hebr m.E. nicht. S. oben S. 38 Anm. 23.

[310] Die Frage, inwiefern die Christologie - die bei Paulus die unverkennbare Grundlage seines Glaubensverständnisses bildet - beim Hebr eine Rolle spielt, wird uns noch zu beschäftigen haben.

Glaube als Feststehen bei der Verheißung - dies ist abschließend nachdrücklich zu unterstreichen - kann nun freilich andererseits auch nicht als ἀρετή interpretiert werden[311]. Glaube als Feststehen beim Erhofften ist im Verständnis des Hebr vielmehr die Antwort des Menschen auf Gottes Verheißungswort, und zwar die *einzig mögliche Antwort*. Glaube ist die geforderte und jedes Verdienst ausschließende re-actio auf Gottes actio. Abfall dagegen ist das Zurückweichen vom Verheißungswort und als Ausdruck des Ungehorsams Verweigerung des geforderten Feststehens.

h) Die abschließende *Paraphrase* faßt die voranstehenden Darlegungen zusammen:

> Es ist aber der Glaube ein (von Gott gefordertes unbeirrbares) Feststehen bei dem, was man (aufgrund der in Gottes Wort gegebenen und durch Christi hohepriesterliches Selbstopfer zuverlässig verbürgten Verheißung) erhofft (und was am Tag der Heilsvollendung offenbar werden wird), ein (objektives, im Glauben gewährtes) Überführtsein von (der Realität der in der Transzendenz bereits jetzt existierenden und den Glaubenden zubereiteten) Dinge, die man (mit den Augen der sinnlichen Wahrnehmung) nicht sieht (, die aber im Eschaton sichtbar werden und zu denen die Glaubenden dann unmittelbar hinzutreten können).

III. Hebr 11,2: Der Glaube der Altvorderen

Den in V. 1 "definierten" Glauben veranschaulicht die "Wolke der Zeugen". Wie eng V. 1 und V. 2 zusammengehören, zeigt *zunächst* das anaphorisch auf die These in V. 1 zurückverweisende Demonstrativum[312]: nach ἐν ταύτῃ[313] muß τῇ πίστει[314] er-

---

[311] Dies ist die Tendenz der Ausführungen von E.GRÄSSER: Glaube 95ff.117ff. Vgl. allerdings auch die Differenzierungen bei GRÄSSER ebd. 125.145: Zwischen dem Verständnis des Hebr und der Einreihung der πίστις in die christlichen Tugendkataloge besteht immer noch ein Unterschied. Dies betont GRÄSSER zu Recht. Im übrigen verbietet es sich, das Glaubensverständnis des Hebr mit dem von Philo zu identifizieren. Daß bei Philo der Glaube als Kampfpreis und als Königin der Tugenden verstanden wird (vgl. Abr 262-274; Her 90-101), ist etwas vom Hebr gänzlich Verschiedenes. Es muß in dieser Untersuchung unterbleiben, den Glaubensbegriff bei Philo in allen seinen Nuancen aufzugreifen und ihn mit dem Hebr zu vergleichen. Dies würde eine eigene Untersuchung erforderlich machen: vgl. dazu jedoch u.a. R.WILLIAMSON: Philo 331-392; A.SCHLATTER: Glaube 575-581 und D.LÜHRMANN: Pistis im Judentum 29ff.37f.

[312] Der Verfasser wählt bewußt das Demonstrativum. Zur Lesart ἐν αὐτῇ in p13. 103.1908 [s. NA25!] vgl. F.DELITZSCH 523; G.W.BUCHANAN 183 und H.BRAUN 340.

[313] Die Präposition ἐν steht hier beim Dativus causae [vgl. BDR § 219,2; HvS § 184i]: vgl. dazu E.RIGGENBACH 343; E.GRÄSSER: Glaube 53; H.BRAUN 340. B.WEISS 282f Anm. * bietet eine Übersicht über die vertretenen Ansichten.

[314] Zu ἐν ταύτῃ [τῇ πίστει] vgl. δι' ἧς, δι' αὐτῆς (11,4) und διὰ [τῆς] πίστεως (6,12; 11,39); dazu J.A.BENGEL z.St.; E.RIGGENBACH 343 Anm. 72; J.MOFFATT 161; O.MICHEL 379; anders dagegen G.LÜNEMANN 349. Die Wendung steht im Gegenüber zu

gänzt werden. Wenn der Verfasser auf "solchen Glauben" abhebt, stellt sich erneut die Frage, ob und wie die Beispiele unter die These subsumiert werden können und ob die Beantwortung dieser Frage Aufschlüsse über eine mögliche "Vorlage" geben kann[315]. Daß die VV. 1 und 2 zusammengehören, wird *ferner* deutlich an der Partikel γάρ. Auch wenn man ihr eine begründende Funktion zuweist[316], läßt sich aus V. 2 nicht entnehmen, daß "der Satz 11,2 ... die Überschrift begründen [will] ..., als sei noch eine Einzelheit nachzutragen. Doch schränkt der Satz beim genaueren Zusehen die Aussage der Vorlage und der älteren Bearbeitung in einer weiteren Richtung ein. Auch die Väter, die 'Alten', haben die Vollendung nicht ihr eigen nennen können, sondern nur ein Zeugnis des Unsichtbaren für ihren Glauben erhalten"[317]. Von einem Nachtrag oder gar einer Einschränkung kann keine Rede sein. Gegenüber einem begründenden Verständnis ist jedoch die *explikative* Erklärung vorzuziehen[318]. Dafür spricht auch der Lehrstil der jüdisch-hellenistischen Synagoge: Herausragendes Kennzeichen der Paradigmenkataloge - so wurde festgestellt - ist es, zu einem bestimmten Motiv geschichtliche Beispiele als Explikation der Überschrift zusammenzutragen. V. 2 dient der Verbindung zwischen der These in V. 1 und der mit V. 3 anhebenden Entfaltung.

Zum *einzelnen*: Die im Paradigmenkatalog genannten Glaubenszeugen der πρώτη διαθήκη bezeichnet der Verfasser ehrenvoll als οἱ πρεσβύτεροι[319]. Dieser Bezeichnung entspricht als sachliche Inclusio innerhalb von Kapitel 11 οὗτοι πάντες (11,39) und innerhalb des ganzen Hebr οἱ πατέρες (1,1)[320]. Im Exordium stellt der Hebr das

---

δι᾿ ἀπιστίαν (3,19) und δι᾿ ἀπείθειαν (4,6): Die "Wolke der Zeugen" ist ὑπόδειγμα τῆς πίστεως, die ungehorsame Wüstengeneration dagegen ὑπόδειγμα τῆς ἀπειθείας (4,11).

[315] Aufschlußreich ist hierbei die Tatsache, daß sich die Befürworter einer solchen "Vorlage" in der Bewertung von V. 2 uneins sind: Während G.SCHILLE: Katechese 117ff bei der Zuweisung unsicher ist, nimmt G.THEISSEN: Untersuchungen 98 an, daß V. 2 zu den "Reflexionen" des Verfassers gehöre. M.RISSI: Theologie 106 weist dagegen den Vers der Vorlage zu.

[316] Seit BENGEL z.St. viele Exegeten : vgl. u.a. F.BLEEK II 2,720; W.M.L.DE WETTE 226; E.RIGGENBACH 340 und O.MICHEL 368.

[317] G.SCHILLE: Katechese 117.

[318] Zum Grundsätzlichen vgl. BDR § 452₁; W.BAUER: Wb s.v. γάρ, 300f und zur Stelle A.THOLUCK 367f; H.WINDISCH 98; C.SPICQ II 340; O.KUSS 165; H.BRAUN 340.

[319] Daß es sich hierbei um eine Ehrenbezeichnung handelt, erhellt aus Philo, Sobr 16: "Die heilige Schrift nennt nicht denjenigen altersreif, der alt an Jahren ist, sondern denjenigen, der der Auszeichnung und der Ehre würdig ist (πρεσβύτερον οὐ τὸν γήρᾳ κατεσχημένον, ἀλλὰ τὸν γέρως καὶ τιμῆς ἄξιον ὀνομάζει)". In der Fortsetzung belegt Philo diese Behauptung aus der Schrift an der Gestalt des Abraham, der im Vergleich mit seinen Vorfahren zwar die kürzeste Lebensdauer hatte, aber dennoch als einziger von ihnen und als erster in der Schrift (Gen 24,1) πρεσβύτερος genannt wird (vgl. Abr 46 und die auf S. 149 zitierte Stelle Abr 270); vgl. auch J.MOFFATT 161; C.SPICQ II 340.

[320] Ob der Verfasser deshalb οἱ πρεσβύτεροι gewählt hat, um darin auch die

Reden Gottes zu den Vätern durch die Propheten dem endzeitlichen Reden Gottes zu "uns" in seinem Sohn (1,1f) gegenüber. Auch in Kap. 11 kommt es zum Gegenüber der Glieder der πρώτη διαθήκη (= οἱ πρεσβύτεροι) und der καινὴ διαθήκη (ἡμεῖς: 12,1f [vgl. 11,3][321]). Die "Wolke der Zeugen" - und darin zeigt sich, inwiefern οἱ πρεσβύτεροι im Hebr als Würdebezeichnung aufzufassen ist - dient den Christen als nachzuahmendes ὑπόδειγμα τῆς πίστεως[322]. Die Glaubenszeugen "haben [von Gott] ein [gutes] Zeugnis empfangen". Das Passivum μαρτυρεῖσθαι begegnet im Hebr siebenmal (7,8.17; 11,2; 11,4 [zweimal].5.39) und meint an der Mehrzahl der Stellen: "ein (gutes) Zeugnis erhalten"[323]. Das Subjekt ist entweder die Schrift (7,17), der Heilige Geist (10,15: aktiv) oder Gott selbst, was sich aus 11,4 expressis verbis ergibt. Der Sprachgebrauch in 11,4 legt es nahe, die anderen Stellen in Kap. 11 analog zu verstehen: Gott selbst hat den Glaubenszeugen das gute Zeugnis seines Wohlgefallens ausgestellt[324]. Die Inclusio der beiden Passiva divina[325] in 11,2 (ἐμαρτυρήθησαν) und 11,39 (μαρτυρηθέντες) zeigt die feinsinnige Komposition des Verfassers.

Daß der Hebr mit seiner Verwendung von μαρτυρεῖσθαι in unmittelbarer Nähe zum *Sprachgebrauch Philos* steht, hat O.MICHEL herausgestellt und daraus die richtige Konsequenz gezogen: "Hebr und Philo stehen offenbar hier im exegetischen

---

weiblichen Glaubensvorbilder (11,31.35) einschließen zu können? Die Wendung οἱ πατέρες ließe das jedenfalls nicht zu.

[321] Zu der auffälligen Parallelität der Verbindung von "Glaubenszeugen der πρώτη διαθήκη" und den Gliedern der christlichen Gemeinde in 11,2f und 11,38f s. die Gliederungsübersichten oben S. 34.80f.

[322] A.THOLUCK 373 verweist darauf, daß bereits 6,12 zur Nachahmung der πίστις bzw. μακροθυμία der Altväter auffordert. Es ist jedoch zu beachten, daß 6,12 einen allgemeinen Grundsatz (vgl. Partizip Präsens κληρονομούντων) darstellt und nicht so verstanden werden darf, als hätten die Nachzuahmenden die Verheißungsgüter bereits empfangen. Es liegt nahe, in 6,12 primär an die ἡγούμενοι der christlichen Gemeinde zu denken, was sich aus der parallelen Formulierung in 13,7 ergibt: μνημονεύετε τῶν ἡγουμένων ὑμῶν ... μιμεῖσθε τὴν πίστιν. Trotz dieser augenfälligen Parallele ist es nicht ausgeschlossen - und 6,13ff könnte diese Vermutung stützen -, die Glaubensväter einzubeziehen, da auch sie die Verheißungsgüter empfangen werden. Daß sie die Eschata noch nicht erlangt haben, ergibt sich aus 11,13.39f. Zur Interpretation von 6,12ff vgl. Chr.ROSE: Verheißung und Erfüllung 65ff.

[323] Neben 7,17; 11,2.4.5.39 vgl. W.BAUER: Wb. 975, s.v. μαρτυρέω; H.STRATHMANN: μάρτυς 501,31ff; F.BLEEK II 2,727; G.LÜNEMANN 349; E.RIGGENBACH 343f; H.BRAUN 340.

[324] Vgl. 11,5f: μεμαρτύρηται εὐαρεστηκέναι τῷ θεῷ· χωρὶς δὲ πίστεως ἀδύνατον εὐαρεστῆσαι ; 11,39: μαρτυρηθέντες διὰ τῆς πίστεως ; zur Sache vgl. auch 10,38.

[325] Vgl. auch Röm 3,21. In der Apg begegnet das Passiv dagegen in anderem Sprachgebrauch und meint den "guten Ruf", den jemand in der Gemeinde oder im Volk besitzt (6,3; 10,22; 16,2; 22,12). In 1Tim 5,10 ist damit das "Zeugnis guter Werke" ausgesprochen. Vgl. neben den oben [Anm. 323] genannten Arbeiten O.MICHEL 380; J.BEUTLER: μαρτυρέω 959f. Die gleiche Verwendung von μαρτυρεῖσθαι begegnet auch in den Papyri: dazu s. J.H.MOULTON/G.MILLIGAN V 389 und A.DEISSMANN: Neue Bibelstudien 93.

Sprachgebrauch der hellenistischen Synagoge"[326]. Es mag genügen, exemplarisch *Abr 262.270* wiederzugeben:

"(262) Es gibt aber auch ein ausdrücklich verzeichnetes Lob (ἀνάγραπτος ἔπαινος), das ihm durch göttliche Aussprüche bezeugt wird (αὐτῷ χρησμοῖς μαρτυρηθείς), die Mose empfangen hat; dieser [Mose] gibt Kunde, daß 'er [Abraham] Gott vertraute' (Gen 15,6: δι' οὗ μηνύεται ὅτι 'ἐπίστευσε τῷ θεῷ') ... (270) Die [göttlichen] Aussprüche bezeugen ihm [Abraham] nicht allein Glauben - die Königin der Tugenden - an das Seiende [Gott] (οὐ μόνον τὴν πρὸς τὸ ὂν πίστιν αὐτῷ μαρτυροῦσιν οἱ χρησμοί), sondern sie haben auch ihn zuerst 'Ältesten' (πρεσβύτερον) genannt (Gen 24,1)."

Bei der Stelle Abr 270 fällt das Nebeneinander der Stichworte πίστις, göttliches Zeugnisgeben (μαρτυροῦσιν) und die Nennung Abrahams als πρεσβύτερον auf. Ein analoger Sprachgebrauch zeigt sich auch in *1Clem 17,1f; 18,1; 19,1*:

"(17,1) Laßt uns Nachahmer (μιμηταί) auch jener werden, die [von Gott] ... ein [gutes] Zeugnis empfangen haben (τοὺς μεμαρτυρημένους). Ein großartiges Zeugnis empfing Abraham (ἐμαρτυρήθη μεγάλως Ἀβραάμ) ... (18,1): Was sollen wir sagen über David und sein Zeugnis (ἐπὶ τῷ μεμαρτυρημένῳ Δαυίδ)? ... (19,1): Die Demut und Bescheidenheit so großer und so heiliger, derart bezeugter Männer (τοιούτων οὕτως μεμαρτυρημένων)"[327]

Der gleiche Sachverhalt findet sich in der *rabbinischen Überlieferung* besonders prägnant in dem schon zitierten Text aus MekhY beshallaḥ 6 par. MekhSh 70[328]. Es geht auch in diesem Text um den in der Schrift bezeugten Glauben der Väter. Sie wurden zu Zeugen für andere und erhielten Lohn für ihren Glauben.

Wir halten fest: Hebr 11,2 besitzt verbindende Funktion: zum einen nimmt der Vers Bezug auf die "Definition" in V. 1. Zum andern läßt sich die Verbindung mit 11,3 - was noch zu erörtern sein wird - nicht von der Hand weisen. Es verbietet sich deshalb, die Verse literarkritisch unterschiedlichen Verfassern zuzuordnen[329]. Der Vers bildet die Klammer zwischen der These und dem folgenden Paradigmenkatalog. Sachlich besagt der Vers, daß den in V. 4ff aufgezählten "Alten" der in V. 1 beschriebene Glaube eignet und daß sie allesamt (vgl. 11,2.39) von Gott ein anerkennendes, ihren Glauben bestätigendes Zeugnis seines Wohlgefallens empfangen haben. Dieses Zeugnis hat Gott in der Schrift laut werden lassen und somit die beglaubigten Vorfahren zur "Wolke der Glaubenszeugen" für die nachfolgenden Generationen, im besonderen - so der Verfasser - für die christliche Gemeinde bestellt[330].

---

326 380 Anm. 1: dort auch der Verweis auf die Philo-Stellen All II 47.55; III 142.228. Diese Nähe dürfte ihren Grund in dem beiden Autoren - ungeachtet der gravierenden Unterschiede im einzelnen - gemeinsamen Inspirationsverständnis haben; vgl. F.SCHRÖGER: Schriftausleger 307.

327 Vgl. außerdem 30,7. Text und Übersetzung nach J.A.FISCHER: Die Apostolischen Väter.

328 Zum Text s. oben S. 69.

329 Gegen M.RISSI: Theologie 106 und G.SCHILLE: Katechese 117ff.

330 Diese beiden Seiten von ἐμαρτυρήθησαν hebt sehr schön J.A.BENGEL z.St.

Knapp und treffend faßt der - zu Unrecht - dem Philosophen OECUMENIUS zugeschriebene Hebräer-Kommentar die Aussage von Hebr 11,2 zusammen[331]: 'Εν τῇ πίστει ἐμαρτυρήθησαν ὑπὸ Θεοῦ, εὐηρεστηκέναι αὐτῷ. Den Schlußpunkt unserer Darlegungen bietet wiederum eine *paraphrasierende Übersetzung*:

> Aufgrund eines solchen (Glaubens) nämlich (wie er oben in V. 1 be-
> schrieben wurde) haben die (im folgenden genannten) Altvorderen (-
> ganz im Gegensatz zu ihren durch den richtenden Schwur Gottes vom
> eschatologischen Heil ausgeschlossenen Volksgenossen der Wüstengene-
> ration -) von Gott (in der Schrift ein anerkennendes, ihren Glauben be-
> stätigendes und sie zum Zeugendienst einsetzendes) Zeugnis (seines
> Wohlgefallens) empfangen.

IV. Hebr 11,3: Der Glaube an das Realität setzende Schöpferwort Gottes

Die mit Hebr 11,3 einsetzende Auflistung der Glaubenszeugen - in den VV. 3 - 31
insgesamt 18 Mal anaphorisch (πίστει) eingeleitet - dient der Explikation des "definierten" Glaubensverständnisses (11,1). Das erste zu bedenkende "Paradigma" -
Hebr 11,3 - bietet eine beträchtliche Anzahl von Streitpunkten, die vorweg zu nennen sind: Es ist augenscheinlich, daß das Subjekt der πίστις aus dem Rahmen des folgenden "Geschichtsüberblickes" fällt. Die erste Person pluralis legt den Schluß
nahe, beim Subjekt des Satzes sei einzig an die Christen zu denken[332], deren Schöp-
fungsglaube vom Verfasser als "bekenntnishafte Explikation der fides *quae* creditur ... unmotiviert" mit der Folge eingeführt werde, daß der Hebr die Linie der Aussagen über die fides *qua* creditur verlasse[333]. Nicht nur die Frage nach dem Subjekt,
dem Bezug von πίστει und der Stellung des Verses innerhalb des tractatus de fide ist
umstritten, sondern auch eine ganze Reihe exegetischer Einzelheiten. So herrscht
Uneinigkeit über die Auslegung der αἰῶνες. Es wird diskutiert über das Verständnis der zweiten Vershälfte: Wie ist die mit εἰς τό eingeleitete Infinitivkonstruktion
zu interpretieren? Was ist der Bezugspunkt der Negationspartikel μή? Schließlich:
Wie ist das Verhältnis der beiden Vershälften zueinander zu bestimmen?

1) Wir beginnen unsere Erörterungen bei der Kernaussage des Verses: *Daß* der
Verfasser hier eine Aussage über die Schöpfung bietet, ist opinio communis. Es

---

hervor: "Deus testimonium non modo de illis, sed partim etiam ad illos dedit: ... cf.
4.5.39. Inde illi quoque sunt testes facti, ut ipsi ad alios et alii de illis testarentur,
12,1". Vgl. auch E.RIGGENBACH 348f. Die Aussage von O.KUSS, "daß die 'Alten' ...
auf Grund ihrer Bewährung von Gott angenommen wurden, grundsätzlich das Heil
gewannen" (166) ist nur dann richtig, wenn man den vom auctor ad Hebraeos gesetzten "eschatologischen Vorbehalt" (11,39f) nicht übersieht.

[330] Zur Stelle: PG 119, 404. Zu den Einzelheiten über die Verfasserschaft des
Kommentars s. A.ALTANER/B.STUIBER: Patrologie 517.

[331] Stellvertretend für viele andere vgl. E.RIGGENBACH 344.

[332] K.HAACKER: Creatio ex auditu 279 (Hervorhebungen dort); vgl. H.STRATH-
MANN 140f.

wird jedoch in der Auslegung zu wenig beachtet, *weshalb* und weshalb *gerade hier* der Verfasser auf die Schöpfung zu sprechen kommt. Der vermeintliche Bruch der Argumentation liegt *zunächst* im *literarischen Genus* des Paradigmenkataloges begründet. Es ist ein traditioneller Topos der Paradigmenkataloge, vor dem eigentlichen Gang durch die Geschichte die Schöpfung zu erwähnen[334]. Die Abfolge "Schöpfung – Geschichte" begegnet bereits im Geschichts-Psalm 136: auf die Schöpfungsaussagen (VV. 5-9) folgt der Geschichtsüberblick (VV. 10ff)[335]. Diese Beobachtung scheint denn auch denjenigen Exegeten Recht zu geben, die in Hebr 11 eine "Vorlage" verarbeitet sehen: Folgt man dieser Schlußfolgerung, dann hat der Verfasser seiner Vorlage "den dritten Vers zugefügt, um die Glaubensgeschichte mit dem Anfang, d.h. der Weltschöpfung beginnen zu lassen"[336]. Dies tat er freilich "getreulich ..., ohne die andere Tendenz von 11,3 sonderlich zu beachten", so daß festzustehen scheint, "als sei hier die frühere Tradition gewaltsam umgebogen und einem anderen Zweck dienstbar gemacht"[337]. Den Bruch mit derlei literarkritischen Erwägungen lösen zu wollen, setzt voraus, daß der Verfasser nicht wußte, was er tat. Unsere bisherigen Darlegungen über die feinsinnig komponierende und argumentierende Vorgehensweise des Verfassers lassen derartige Konstrukte a priori als suspekt erscheinen[338].

Die *Kompositionstechnik* des auctor ad Hebraeos bietet m.E. - ein weiteres Mal nach 10,39f - den *Schlüssel* für das Verständnis dieses schwierigen Verses. Es fällt auf, wenn man den oben dargelegten Aufbau von Kap. 11 betrachtet, daß der Verfasser in den VV. 39f die Christen und die "Wolke der Zeugen" in Hinblick auf die *Eschatologie* nebeneinanderstellt: Die Glaubenden der πρώτη διαθήκη sollten nicht ohne die Christen zur Vollendung, zum eschatologischen Heil, gelangen. Von daher liegt es nahe, vor allem, wenn wir uns die Liebe des Verfassers zur Bildung von Inklusionen vergegenwärtigen, auch in V. 3 eine derartige Verbindung anzunehmen. V. 3 bezeugt den *Schöpfungsglauben,* der die Christen und die πρεσβύτεροι zusammenschließt[339]. Wenn diese Interpretation zutrifft, dann spannt der Verfasser in den VV. 3 - 40 den Bogen von der *Protologie* (Schöpfung) bis zur *Eschatologie,* und - dies folgt schlüssig aus der gebotenen Sicht - im *Glauben* an die Schöpfung und an die Eschatologie gibt es zwischen den πιστεύοντες der πρώτη διαθήκη und der καινή διαθήκη *keinen* Unterschied. So dürfte das "Wir" in V. 3 als Analogon zu V. 39f ganz umfassend zu verstehen sein. Diese Auslegung wird dadurch gestützt, daß

---

[334] Vgl. neben den Ausführungen oben S. 84ff auch BRAUN 341.

[335] Ein vergleichbares Vorgehen begegnet in Sap 10; Sir 43 - 50; 3Makk 2,2ff; 6,6ff; 4Makk 6,2ff; Philo, Praem 4ff und AKonst VIII.

[336] M.RISSI: Theologie 106. Vgl. H.-F.WEISS 572.

[337] E.KÄSEMANN: Gottesvolk 117f; vgl. G.SCHILLE: Katechese 116f; E.GRÄSSER: Glaube 54 Anm.237.

[338] Die literarkritischen Erwägungen haben erst dann ihr Recht, wenn sich für die Vorgehensweise des Verfassers keine plausible Erklärung finden läßt.

[339] Auf diese Verbindung von Vätern und Christen haben bereits CALVIN (zu 11,2f) und BENGEL, z.St. (*Intellexerunt* etiam *Seniores,* quorum mentio idcirco praemittur versu 2; [Hervorhebungen im Original]) aufmerksam gemacht, und sie wird unter den neueren Kommentatoren zu Recht von O.MICHEL 381 hervorgehoben.

der ganze Vers schwerlich als spezifisch christliches Bekenntnis bezeichnet werden kann und so einer Zusammenschau der Subjekte keine theologischen Einwände entgegenstehen[340]. V. 3 enthält einen grundlegenden Satz über den Juden wie Christen eignenden Schöpfungsglauben, dessen Inhalt dann aber doch in wesentlichen Aussagen - wie noch zu zeigen ist - vom Verfasser des Hebr bestimmt wird.

2) Die Detailanalyse muß darüber Aufschluß geben, ob und inwiefern der Verfasser seine Reihe von "fides-qua-creditur-Aussagen" (VV. 4ff) bewußt oder unbewußt unterbricht. Die Ausleger sind sich einig darüber, daß *V. 3a* von dem im Alten Testament[341], in der Literatur des antiken Judentums[342] und im urchristlichen Schrifttum[343] belegten Theologumenon der *"Schöpfung durch das Wort Gottes"* handelt. Strittig ist dagegen die Zuordnung von πίστει. In zwei Miszellen haben unabhängig voneinander und mit unterschiedlichen Konsequenzen A.G.WIDDESS[344] und K.HAACKER[345] vorgeschlagen, πίστει nicht mit νοοῦμεν, sondern mit dem folgenden Infinitiv κατηρτίσθαι zu verbinden, so daß V. 3a zu übersetzen wäre: "It was through faith we understand that the worlds were fashioned by the word of God"[346]. Beide Autoren weichen von der üblichen grammatischen Zuordnung ab und meinen so, V. 3 in konsistenter Weise den folgenden Versen (4ff) zuordnen zu können, denn nun - so ihre Annahme - beinhalte der Vers eine Aussage "auf der Linie der fides *qua* creditur"[347]. Wie wenig überzeugend die eigenwillige Verbindung von πίστει mit κατηρτίσθαι ist, wird an den unterschiedlichen Konsequenzen deutlich, die beide Autoren ziehen[348]. Bei G.WIDDESS handelt es sich in V. 3 um eine Aussage über die πίστις Gottes bei der Schöpfung der Welt: "There was nothing, but God looked beyond the nothingness to the ultimate fulfilment of his creative purpose, and so *pistei* uttered the creative word"[349]. Bei K.HAACKER, der die Ungewöhnlichkeit

---

[339] Daß damit jedoch eine "simple opinion humaine" (J.S.JAVET 126) ausgesagt sein soll (E.GRÄSSER: Glaube 54 Anm. 245), vermag ich nicht zu sehen.

[340] Vgl. Gen 1; Ps 33,6.9; 148,5.

[341] Vgl. Sap 9,1; Jdt 16,14; Jub 12,4; 4Esr 6,38.43; 7,139; ApcBar (syr) 14,17; (21,4); 48,8; Hen(sl) 24,2.4ff; Sib III 20 (vgl. III 35.786); ApcAbr 9,9; Philo, Sacr 65; bBer 12a; Sedhär rabbah di Bereschit (vgl. dazu O.HOFIUS: Christushymnus 82); vgl. auch OdSal 16,19: "Die Welten sind durch sein Wort geworden [ܘܥܠ ܗܟܘ̈ܬ ܥܠܡܐ]".

[342] Neben Hebr 11,3 s. 2Petr 3,5; 1Clem 27,4; 2Clem 1,8.

[343] A Note on Hebrews XI.3, JThS.NS 10 (1959) 327 - 329.

[344] Creatio ex auditu. Zum Verständnis von Hbr 11,3, ZNW 60 (1969) 279 - 281. HAACKER scheint den Vorschlag von WIDDESS z.Zt. der Abfassung seiner Miszelle nicht gekannt zu haben.

[345] A.G.WIDDESS: Note 327; K.HAACKER übersetzt: "Durch Glauben ist, wie wir erschliessen, die Welt durch Gottes Wort erschaffen worden" (Creatio ex auditu 280).

[346] HAACKER ebd. 279. Vgl. H.FELD : EdF 87 und Ders.: ANRW 3580.

[347] H.BRAUN 341 und H.-F.WEISS 573 Anm. 5 lehnen beide Thesen ab.

[348] Note 328. Der These von WIDDESS stimmt F.BOVON: Le Christ 143 Anm.1 auf der Stufe der Tradition zu. In der "Vorlage" des Hebr habe - so BOVON - ursprünglich "Sagesse de Dieu" anstelle von πίστει gestanden. Im Blick auf den überlieferten Text bemerkt er jedoch, der Vorschlag von A.G.WIDDESS sei "inacceptable au niveau de la rédaction (que faire en ce cas des mots ῥήματι θεοῦ?)" (ebd.).

seiner Auslegung selbst herausstellt, bezeugt V. 3 einen Glaubensakt der personal (!) verstandenen αἰῶνες, die - analog zum Glaubensgehorsam des Abraham (11,8) - mit Glauben auf das Wort Gottes antworten: "Das Geschaffenwerden auf das Wort hin wäre dann der 'Glaubensakt', der aus theologischen wie chronologischen Gründen am Anfang der Paradigmenreihe von Hbr 11 stünde"[350].

Zwei *Einwände* sind zu erheben: *Zunächst* wurde bereits zu 11,1 festgestellt, daß es nicht zulässig ist, im Hebr fides *qua* creditur und fides *quae* creditur voneinander zu trennen, - beide Vershälften enthalten beide Aspekte des Glaubens. Insofern ergibt sich keine Notwendigkeit, V. 3 in der vorgeschlagenen Weise mit V. 1 in Einklang bringen zu müssen. *Sodann* - dieser zweite Einwand richtet sich vor allem gegen K.HAACKER - bleibt bei dieser Sicht der Dinge offen, inwiefern Hebr 11,3 unter die These von 11,1 subsumiert werden kann. Das in V. 1 vorliegende Motiv des "Gegensatz[es] von Sichtbar und Unsichtbar"[351] reicht - ganz unabhängig davon, wie man 11,3b auslegen mag - keinesfalls als zureichende Begründung aus. Vielmehr erweist sich V. 3 gerade dann als treffende Explikation der These, wenn die πρεσβύτεροι und die Christen als gemeinsames Subjekt erkannt werden. Es geht um ihre πίστις an Gottes Schöpferwort als eine adäquate Veranschaulichung des Glaubens im Sinne von 11,1.

Es besteht somit kein Grund, den in der Auslegungsgeschichte üblichen Bezug von πίστει auf νοοῦμεν aufzugeben. V. 3 enthält das Theologumenon der Weltschöpfung als "Nooumenon des Glaubens"[352]. Das nur an unserer Stelle im Hebr belegte Verb νοεῖν ist demnach ein Ausdruck des "intellectus ex fide"[353]: Schöpfungserkenntnis ist Glaubenserkenntnis[354]. Nur der Glaube erkennt die "Schöpfung durch das Wort Gottes"[355].

3) Gott hat - so die Aussage von *11,3a* - durch sein Schöpfer-Wort die "Äonen" geschaffen[356]. Das Verständnis der αἰῶνες ist nach wie vor umstritten[357]. Wir haben

---

[350] Creatio ex auditu 280. Während die chronologischen Gründe aus sich selbst einsichtig sind, kann dies für die theologischen Gründe nicht gelten. Leider geht HAACKER auf sie auch nicht ein.

[351] K.HAACKER: Creatio ex auditu 280.

[352] Vgl. F.DELITZSCH 524.

[353] F.DELITZSCH 525. Vgl.J.Chr.K.VON HOFMANN 426; R.WILLIAMSON: Philo 379f; M.RISSI: Theologie 31. Zutreffend übersetzt die Vulgata νοεῖν mit intelligere.

[354] Dieser Zusammenhang von Glaube - Erkennen - Schöpfung durch das Wort begegnet auch in 1Clem 27,3f. Für das Geschaffene verwendet 1Clem "das All" (τὰ πάντα).

[355] Hebr 11,3 gibt keinen Grund, das Erkennen vom Glauben zu trennen. Auch für eine Überordnung des einen über das andere besteht kein Anlaß (gegen W.SCHENK: νοέω 1155).

[356] Das Verb καταρτίζειν begegnet im Hebr an drei Stellen: neben 11,3 noch in 10,5 (= ψ 39,7 [Medium in der Bedeutung "jmd. etwas bereiten"]) und 13,21 (in der Bedeutung "tüchtig machen", "jmd fähig machen": vgl. W.BAUER : Wb Sp 826, s.v.1b,2b). In Hebr 11,3 ist es terminus technicus für den Schöpfungsakt: So auch in ψ 73(74),16 (= ‏כון‎); Herm mand I 1 (πρῶτον πάντων πίστευσον, ὅτι εἷς ἐστιν ὁ θεός, ὁ τὰ πάντα κτίσας καὶ καταρτίσας καὶ ποιήσας ἐκ τοῦ μὴ ὄντος εἰς τὸ εἶναι τὰ πάντα);

im Verlauf der Auslegung von Hebr 11,1 gesehen, daß der Verfasser des Hebr die im antiken Judentum weitverbreitete Unterscheidung zwischen dem הַזֶּה עֹולָם und dem הַבָּא עֹולָם teilt: Beide Welten sind von Gott durch seinen Sohn, den Schöpfungsmittler, geschaffen (1,2)[358]; sowohl der diesseitig-gegenwärtige, für alle Augen sichtbare Äon (καιρὸς ἐνεστηκώς: 9,9; τὰ σαλευόμενα: 12,27) als auch der jenseitige, in der Transzendenz bereits jetzt schon reale "kommende Äon" (μέλλων αἰών: 6,5; vgl. ἡ οἰκουμένη ἡ μέλλουσα: 2,5; ὁ καιρὸς διορθώσεως: 9,10; τὰ μὴ σαλευόμενα: 12,27; βασιλεία ἀσάλευτος: 12,28), von dessen Existenz der Glaubende "objektiv überführt" ist (11,1b). Diese Unterscheidung muß auch in 11,3 vorausgesetzt werden[359].

4) Eine konsistente Auslegung von Hebr 11,3 kann nur dann erzielt werden, wenn es gelingt, *V. 3a und V. 3b* in ein kohärentes Verhältnis zueinander zu bringen. Dazu ist zum einen (a) zu klären, wie die Wendung εἰς τὸ ... γεγονέναι zu interpretieren ist, zum andern (b), was die Worte μὴ ἐκ φαινομένων τὸ βλεπόμενον γεγονέναι besagen.

a) Es herrscht Uneinigkeit über die Wendung εἰς τὸ ... γεγονέναι[360]: Interpretiert man es *final*[361], so drückt das in V. 3b ausgesagte "Geworden-Sein" die Absicht Got-

---

Vis II 4,1 (ὁ κόσμος κατηρτίσθη: vgl. Vis I 1,6) und in den griechischen Zauberpapyri IV 1147 (Ed. K.PREISENDANZ I 112): αἰνῶ σε, ὁ θεὸς τῶν θεῶν, ὁ τὸν κόσμον καταρτισάμενος; vgl. auch ψ 67 (68),10; 88 (89), 38. Zur Sache vgl. C.SPICQ: Notes I 253-255. 416-419 und H.-F.WEISS: Kosmologie 143ff.

[357] Zur Forschungsgeschichte s. F.J.SCHIERSE: Verheißung 65ff.

[358] Zur Auslegung von Hebr 1,2 vgl. neben den Kommentaren die Darlegungen von O.HOFIUS : Christushymnus 78f.

[359] Die Mehrzahl der Exegeten erblickt in αἰῶνες entweder ein Pluraletantum, so daß an die "Welt" zu denken ist (A.THOLUCK 116; G.LÜNEMANN 350; B.F.WESTCOTT 355 u.a.m.), oder aber einen Ausdruck für die Zusammenschau von Himmel und Erde, so daß der Hebr sagen will: "totum hoc universum ... in sua membra, Coelum, Terram, Mare, Sidera, Saxa, Plantas, Animantia, Homines" (H.GROTIUS z.St.; vgl. J.A.BENGEL z.St.; F.DELITZSCH 524; C.SPICQ II 340; A.VANHOYE: Christologia 9f; F.F.BRUCE 280; F.BOVON: Le Christ 139 Anm. 6 u.a.m.). Wieder andere denken an die "Welt als Größe zeitlicher Abfolge" (A.STROBEL 212; vgl. J.A.BENGEL z.St.). F.J.SCHIERSE (Verheißung 65ff) erkennt in den αἰῶνες die himmlische Wirklichkeit und in τὰ πάντα den zukünftigen Äon (71). Der These von F.BLEEK II 1,36ff, wonach der Verfasser, wenn er an "mehrere, d.h. konkret an zwei ... Äonen gedacht hätte", er dies durch Zahlworte o.ä. kenntlich gemacht hätte, läßt sich kaum beweisen. Die gängigen Erklärungsversuche verwirft allesamt R.A.STEWART: Creation and Matter 288f. STEWART, der als Hintergrund von Hebr 11,3b eine platonisch-philonische Schöpfungslehre annimmt, sieht in den αἰῶνες die Unterscheidung von κόσμος νοητός und κόσμος αἰσθητός verankert.

[360] Zu den Möglichkeiten vgl. BDR § 402,2.

[361] So u.a. J.Chr.K.VON HOFMANN 424; G.LÜNEMANN 350; F.DELITZSCH 525f; B.WEISS 284; H.STRATHMANN 141; A.G.WIDDESS: Note 328.

tes aus. Versteht man es *konsekutiv*[362], so zielt V. 3b auf die aus der Schöpfung durch das Wort sich ergebende Folge. Überblicken wir die Stellen im Hebr, an denen dieselbe Konstruktion vorkommt[363], so zeigt sich, daß damit keineswegs durchgängig eine Absicht ausgedrückt wird[364]: In *Hebr 9,14* meint εἰς τὸ λατρεύειν θεῷ ζῶντι das Resultat der Reinigung der Gewissen von den toten Werken. Weil Christus durch seine Selbsthingabe die Christen von ihren νεκρὰ ἔργα, von den die Menschen aus der unmittelbaren Gottesgemeinschaft ausschließenden Sünden (vgl. 6,1), *gereinigt hat*, deshalb *sind* sie in die Lage versetzt, dem lebendigen Gott zu dienen. Das heißt: Die Christen sind objektiv(!) in den Stand versetzt, in dem sie Gott nahen können[365]. Auch in *13,21* verdient die konsekutive Deutung den Vorzug, denn 13,20f ist doch wohl so zu verstehen, daß der Wunsch des Verfassers bereits in 13,21a (καταρτίσαι ... ἀγαθῷ) zum Ausdruck kommt: der Gott des Friedens *möge* die Leser in allem Guten so zubereiten, daß - und diese Befähigung ist als Erfüllung des Wunsches das Werk Gottes durch Jesus Christus (ποιῶν ἐν ἡμῖν τὸ εὐάρεστον ἐνώπιον αὐτοῦ διὰ Ἰησοῦ Χριστοῦ; vgl. Phil 2,13) - sie seinen Willen tun werden. Auch in *Hebr 11,3* ist m.E. εἰς τό *konsekutiv* zu verstehen. Wir fassen unsere bisherigen Ergebnisse paraphrasierend zusammen:

> "Durch den Glauben - und nur durch ihn - erkennen wir (wie auch die altvorderen Glaubenszeugen), daß die Äonen (- sowohl der diesseitig-gegenwärtige als auch der bereits jetzt in der Transzendenz existierende kommende -) Äon, durch das (Schöpfer-)Wort Gottes geschaffen wurden, so daß μὴ ἐκ φαινομένων τὸ βλεπόμενον γεγονέναι."

b) Wie ist die Aussage μὴ ἐκ φαινομένων τὸ βλεπόμενον γεγονέναι zu interpretieren? Hier stellt sich zunächst die Frage nach der *grammatischen Zuordnung* der Verneinungspartikel μή. Es bieten sich zwei Möglichkeiten an: (1) Μή gehört zum Partizip φαινομένων und ist - dem klassischen Sprachgebrauch folgend - *vor* die Präposition gestellt[366]. Ordnet man so zu, dann ist V. 3b zu übersetzen: "so daß aus Unsichtbarem das Sichtbare geworden ist". (2) Μή verneint den Infinitiv γεγονέναι und gehört damit zum ganzen Satz[367]. Bezieht man so, muß V. 3b übersetzt werden: "so daß nicht aus den erscheinenden Dingen (aus der Welt der Erscheinungen) das

---

[362] So die meisten neueren Ausleger: vgl. J.MOFFATT 162; E.RIGGENBACH 346; O.KUSS 168f; O.MICHEL 368.382; K.HAACKER: Creatio ex auditu 280; H.BRAUN 342.

[363] 2,17; 7,25; 8,3; 9,14.28; 12,10; 13,21.

[364] Entgegen O.MICHEL 382, der dann aber doch die konsekutive Interpretation vorzieht.

[365] Vgl. im einzelnen O.HOFIUS: Vorhang 64f.

[366] Vgl. BDR § 433,3. Als Parallelen für diesen Sprachgebrauch vgl. Apg 1,5 (οὐ μετὰ πολλὰς ἡμέρας); 2Makk 7,28 (ὅτι οὐκ ἐξ ὄντων ἐποίησεν αὐτὰ ὁ θεός); Xenophon, Hieron 7,6: οὔτε γὰρ αἱ μὴ ἐξ ἀντιφιλούντων ὑπουργίαι χάριτες ἡμῖν ἐδοκοῦν εἶναι. Weitere Belege bei K.-G. § 510 Anm.2 und bei A.THOLUCK 377 (Arist., Physic. 5,1).

[367] So u.v.a. J.A.BENGEL z.St.; F.BLEEK II 2,731f; W.M.L.DE WETTE 226; G.LÜNE-MANN 350 (dort weitere Vertreter), A.STROBEL 211f; G.SCHMUTTERMAYR: Schöpfung aus dem Nichts 223f

Sichtbare entstanden ist". Im ersten Fall geht es um den Gegensatz zwischen τὰ μὴ φαινόμενα auf der einen Seite und τὸ βλεπόμενον auf der anderen Seite. Im zweiten Fall geht es sachlich um die Unterscheidung von κόσμος νοητός einerseits und κόσμος ὁρατός bzw. κόσμος αἰσθητός andererseits.

Die *Forschungsgeschichte*, insbesondere die Diskussion über den religionsgeschichtlichen Hintergrund, kann in diesem Zusammenhang nicht referiert und diskutiert werden[368]. Mit einer Vielzahl von Exegeten entscheide ich mich für die erstgenannte Möglichkeit[369], d.h. μή gehört zum Partizip[370]. Bezieht man μή auf das Partizip φαινομένων, so kann man V. 3b deuten: Die sichtbare Welt (τὸ βλεπόμενον) ist aus dem Unsichtbaren (ἐκ μὴ φαινομένων) entstanden, weil und insofern sie durch das Wort Gottes entstanden ist. Der Glaube, der das erkennt und anerkennt, ist ἔλεγχος πραγμάτων οὐ βλεπομένων im Sinne von V. 1b. Das heißt: dieser Glaube ist Überzeugtsein von der Realität unsichtbarer Dinge, nämlich des Wirklichkeit schaffenden Schöpferwortes Gottes.

Zu einem anderen Ergebnis gelangt man, wenn man die μὴ φαινόμενα[371] nicht im Sinne des Nichtwahrnehmbaren, sondern im Sinne des Nichtseienden versteht und V. 3b übersetzt: "so daß da, wo zuvor nichts Sichtbares und also nichts war, das Sichtbare geworden ist". Gottes Wort (V. 3a) - und damit ist die Verbindung der beiden Vershälften zueinander hergestellt - schafft da Realität, wo vorher nichts war. Durch das göttliche "fiat" (γενηθήτω / יְהִי) wird aus dem Nichts Realität. Scheitert diese Interpretation nicht an der Präposition ἐκ, die nahelegt, daß das Sichtbare *aus* dem nicht Wahrnehmbaren - im Sinne eines Stoffes - geschaffen wurde? Daß ein solches Verständnis der Präposition nicht zwingend ist, zeigt der Sprachgebrauch von 2Kor 4,6: ὅτι ὁ θεὸς ὁ εἰπών· ἐκ σκότους φῶς λάμψει. Paulus spielt in seiner Formulierung deutlich auf Gen 1,3 an: γενηθήτω φῶς. Gemeint ist dort aber gewiß nicht, daß das Licht aus der Finsternis entstehen, heraustreten bzw. herausstrahlen soll, sondern: Da, wo vorher Finsternis war, da soll jetzt Licht strahlen. Die Präposition ἐκ gewinnt damit die Bedeutung "anstatt", "an Stelle von". Analog ist m.E. die Präposition in Hebr 11,3b aufzufassen, wo ebenfalls Gen 1 als Folie im Hintergrund steht. Entsprechend ist dann auch μὴ ἐκ φαινομένων τὸ βλεπόμενον γεγονέναι zu verstehen: Wo vorher nichts war (μὴ φαινόμενα), da hat Gottes Wort

---

[367] Dazu s. F.J.SCHIERSE: Verheißung 65ff; R.A.STEWART: Creation and Matter 284-293; H.-F.WEISS: Kosmologie 59-74.119-166; R.WILLIAMSON: Philo 372-385.

[368] Stellvertretend für eine ganze Fülle von Auslegern seit den Kirchenvätern seien genannt: A.THOLUCK 376; H.VON SODEN 80f; A.SEEBERG 121; A.SCHLATTER: Glaube 527f; J.MOFFATT 161; F.J.SCHIERSE: Verheißung 72ff; C.SPICQ II 341; O.MICHEL 383 und H.-F.WEISS 574.

[369] Überzeugende Gründe hierfür bietet E.RIGGENBACH 345f. Der Hebr vermeidet - indem er dem klassischen Brauch folgt - *zugleich* den Hiat: für τὸ ἐκ μή steht τὸ μὴ ἐκ. Zur Vermeidung des Hiats - im Hebr häufig zu beobachten - vgl. im einzelnen BDR § 486,1c.2.

[370] Über die Auslegung der μὴ φαινόμενα informiert übersichtlich F.J.SCHIERSE: Verheißung 72ff.

Sichtbares (τὸ βλεπόμενον) geschaffen[372]. Durch das Realität setzende ῥῆμα θεοῦ[373] traten die αἰῶνες in Erscheinung, wurde sowohl der καιρὸς ἐνεστηκώς (Hebr 9,9) als auch der μέλλων αἰών (6,5) geschaffen. Der Glaube, der dies glaubt, ist Glaube an Gottes Realität schaffendes Wort. Dieses Wort hat den gegenwärtigen und den zukünftigen Äon dort ins Dasein gerufen, wo vorher nichts war. Ein so verstandener Glaube erweist sich als πραγμάτων ἔλεγχος οὐ βλεπομένων (11,1b), denn er hält das für Realität, was nicht mit den Augen der Vernunft erkennbar ist. Dies muß umfassend verstanden werden: Die πίστις im Verständnis von V. 3 erstreckt sich auf das im Schöpferwort sich manifestierende Schöpfungshandeln Gottes (fides *quae* creditur). Sie tut dies dadurch, daß sie den sichtbaren - nur qua fide als Schöpfungswerk erkennbaren (νοοῦμεν) - gegenwärtigen Äon und die in der Transzendenz bereits realen πράγματα οὐ βλεπόμενα auf Gottes wirkmächtiges Reden zurückführt (fides *qua* creditur). Wenn aber, wie zu 11,1 ausführlich dargelegt wurde, in den πράγματα οὐ βλεπόμενα nicht nur der räumlich-ontologische, sondern auch der temporal-eschatologische Aspekt mit inbegriffen ist, so darf in V. 3 der Glaube nicht nur auf die in der Vergangenheit liegende Protologie, sondern muß gleichzeitig auf die Eschatologie bezogen werden. Gottes Schöpfungshandeln durch das Wort betrifft so gesehen Protologie und Eschatologie, insofern Gott sowohl den sichtbaren vergänglichen Äon als auch den in der Transzendenz jetzt schon real existierenden kommenden Äon mit allen verheißenen Heilsgütern "in einem Anfang" (בְּרֵאשִׁית : Gen 1,1) ins Dasein gesetzt hat.

Aufs Ganze gesehen bewegt sich unsere Auslegung in den Spuren der altkirchlichen Exegese, die in Hebr 11,3 eine Aussage über die *creatio ex nihilo* erblickte und sich dabei besonders auf 2Makk 7,28 bezog: ὅτι οὐκ ἐξ ὄντων ἐποίησεν αὐτὰ ὁ θεός[374]. Man mag über die Voraussetzungen und Folgen einer solchen Annahme denken wie

---

[372] Trifft unsere Auslegung zu, so kann festgehalten werden: Der Verfasser denkt bei den πράγματα οὐ βλεπόμενα (11,1b) an die *noch* unsichtbaren, gleichwohl Realität seienden Heilsgüter des kommenden Äons, von deren Realität der Glaubende "überführt ist". In Hebr 11,3 meint τὸ βλεπόμενον die sichtbare Realität des gegenwärtigen Äons, die jeder Mensch als existierend sehen kann. Daß diese sichtbare Realität durch Gottes Wort geschaffen wurde und also Schöpfung ist, vermag jedoch nur der Glaube zu "sehen". In beiden Versen geht es demnach um die dem Glauben geschenkte Erkenntnis: Sowohl der sichtbare diesseitig-gegenwärtige Äon (11,3) als auch der für die sinnliche Wahrnehmung unsichtbare jenseitig-kommende Äon (11,1) wird *allein durch den Glauben* als von Gott geschaffene Realität erkannt.

[373] Vgl. ψ 32,9: αὐτὸς εἶπεν, καὶ ἐγενήθησαν, αὐτὸς ἐνετείλατο, καὶ ἐκτίσθησαν; ferner vgl. ψ 32,6; SapSal 9,1; Jdt 16,14 u.a.m (s. oben Anm. 341 - 343).

[374] CHRYSOSTOMUS (PG 63,154): ὅτι ἐξ οὐκ ὄντων τὰ ὄντα ἐποίησεν ὁ θεός, ἐκ τῶν μὴ φαινομένων τὰ φαινόμενα, ἐκ τῶν οὐχ ὑφεστώτων τὰ ὑφεστῶτα; THEODORET (PG 82, 757); OECUMENIUS (PG 119, 404); THEOPHYLACTUS (PG 125, 341). Dieser Auslegung schließen sich an: J.A.BENGEL z.St.; G.LÜNEMANN 351; F.F.BRUCE 281; H.P.OWEN: The Scope of Natural Revelation 139 und R.WILLIAMSON: Philo 379ff.

man will, und auch einzelne Vorbehalte hiergegen mögen zutreffend sein[375]. Indes kann nicht bestritten werden, daß nach dem Verständnis des Hebr Gottes Wort Nichtseiendes ins Dasein ruft[376]. So sollen die zutreffenden Sätze von G.MAY das letzte Wort in dieser Frage bieten, denen im vorliegenden Zusammenhang nichts hinzuzufügen ist[377]:

> "Was die neutestamentlichen Aussagen über die Schöpfung intendieren, ist durchaus legitim mit dem Begriff der creatio ex nihilo zu umschreiben. Es muß aber zugleich gesehen werden, daß das Wie der Weltschöpfung für das Urchristentum noch kein Problem darstellt; deshalb wird im Neuen Testament nirgends die Lehre von der creatio ex nihilo explizit als kosmologische Theorie entwickelt."

5) Wir *fassen* die voranstehenden Ausführungen *zusammen* und versuchen, die gewonnenen Einsichten zum gesamten Corpus des Hebr in Beziehung zu setzen:

a) Der auctor ad Hebraeos folgt der Gattung der Paradigmenkataloge, wenn er dem Geschichtsüberblick eine Aussage über die Schöpfung voranstellt. Für die Annahme einer vom Verfasser überarbeiteten Vorlage bietet diese Beobachtung keinesfalls eine ausreichende Begründung[378].

b) In einer ausgesprochen feinsinnig komponierten Argumentation spannt der Verfasser innerhalb seines tractatus de fide den Bogen von der Protologie hin zur Eschatologie. Das pluralische Subjekt des νοοῦμεν umfaßt die altvorderen Glaubenszeugen (οἱ πρεσβύτεροι) und die Christen. Dies entspricht den eschatologischen Bemerkungen in 11,39f. Daraus folgt: Den Glaubenden der πρώτη und der καινὴ διαθήκη eignet gemeinsam der Glaube an Gottes wirkmächtiges Schöpferwort (11,3) und an sein eschatologisches Verheißungswort (10,36f; 11,1.39f)[379]. In der Frage der πίστις gibt es demnach eine Kontinuität zwischen den πρεσβύτεροι und den Christen.

---

[375] In begründeter Form erfolgt dies bei H.-F.WEISS: Kosmologie 143ff; G.MAY: Schöpfung aus dem Nichts 26f und für 2Makk 7,28 bei G.SCHMUTTERMAYR: Schöpfung aus dem Nichts, passim (dort weitere Belege 219ff).

[376] Hebr 11,3 steht damit sachlich in engster Nähe zu Hen(sl) 24,2: "Before anything existed at all, from the very beginning, whatever is I created from non-being into being, and from the invisible things into the visible" (Rez.A; F.I.ANDERSEN 143).

[377] Schöpfung aus dem Nichts 26. Vgl. auch H.-F.WEISS: Kosmologie 145. Zur Sache vgl. neben Hebr 11,3 v.a. Röm 4,17.

[378] Die von F.BOVON: Le Christ 139ff angenommene Vermutung, daß in der Vorlage in 11,3 usrprünglich "la sagesse humaine" (142) gestanden habe, was der Verfasser durch πίστις ersetzt habe, ist genausowenig wahrscheinlich wie die Annahme, daß bei ῥῆμα θεοῦ hier in Analogie zum Johannesprolog an die personifizierte Logos-Hypostase zu denken sei: so u.a. F.BLEEK II 2, 729; F.DELITZSCH 529; R.A.STEWART: Craetion and Matter 289. Hebr 1,2 zeigt, daß der Hebr im Hinblick auf den Schöpfungsmittler gerade nicht vom ῥῆμα bzw. λόγος θεοῦ, sondern vom υἱός spricht.

[379] So erweist sich V. 3 der paränetischen Zielsetzung des Paradigmenkataloges durchaus als dienlich und muß nicht erst gewaltsam umgebogen werden (s. dazu oben S. 150f). Treffend bemerkt A.SCHLATTER: Glaube 528 hierzu, daß ein

c) Inhaltlich meint 11,3: Schöpfungserkenntnis ist Glaubenserkenntnis (πίστει νοοῦμεν). Glaube im Verständnis von Hebr 11,3 ist Glaube an das Wort Gottes, das dort Realität setzt, wo vorher nichts war. V. 3 erweist sich dabei als eindrückliche Explikation von Hebr 11,1b: Glaube an das Realität setzende Schöpfer-Wort Gottes ist πραγμάτων ἔλεγχος οὐ βλεπομένων, und zwar sowohl in Hinsicht auf den im Schöpfungsakt בָּרָא אֵשׁ֫ר von Gott gesetzten Anfang (Protologie) als auch im Blick auf das unmittelbar bevorstehende (10,37a) Ziel (Eschatologie).

d) Zu den *exegetischen Detailfragen* ergab sich:

(1) Die αἰῶνες (vgl. 1,2) umfassen - analog zur Apokalyptik des antiken Judentums - sowohl den diesseitig-gegenwärtigen und vergänglichen Äon als auch den in der Transzendenz bereits jetzt existierenden kommenden Äon[380].

(2) Die mit εἰς τό eingeleitete zweite Vershälfte schließt konsekutiv an V. 3a an.

(3) Die Verneinung μή gehört zum Partizip φαινομένων. Die Wendung meint nicht nur das Nicht-Wahrnehmbare, sondern das Nichts. Die Präposition ἐκ besagt nichts über das "Woraus" oder das "Woher" des βλεπόμενον, sondern nimmt hier - wie in 2Kor 4,6 - die Aussageintention "anstatt", "an Stelle von" an, so daß V. 3b aussagt: Dort, wo vorher nichts war, da hat Gottes Wort Realität gesetzt. Damit geht unsere Auslegung in den Spuren der altkirchlichen Exegese einer im einzelnen nicht näher explizierten *"creatio ex nihilo"*[381]. V. 3b ist als auslegende Fortsetzung von V. 3a aufzufassen: Beide Vershälften betonen das dem Hebr in der Tradition vorgegebene Theologumenon der "Schöpfung durch das Wort Gottes".

f) Unsere Ergebnisse stehen in Kohärenz mit dem gesamten Corpus des λόγος τῆς παρακλήσεως. Das Theologumenon von der Wirkmächtigkeit des göttlichen Schöpfer-Wortes und dem Glauben an dieses Realität setzende Wort Gottes nimmt Bezug auf den vom Verfasser im Exordium (1,1-4) überschriftartig zur Sprache gebrachten, das ganze Corpus des Hebr durchziehenden Gedanken des "Redens Gottes"[382]. Der Hebr betont nicht nur das Reden Gottes in Raum und Zeit. Vielmehr besitzt das Reden Gottes schon bei der Grundlegung der Äonen entscheidendes Gewicht. Gottes Schöpferwort und Gottes Verheißungswort stellen die zentralen heilsgeschichtlichen Ereignisse dar. Der Glaube bezieht sich auf dieses Reden Gottes. Es

---

von der Gemeinde eventuell vollzogener Abfall vom Glauben auch das Zurückweichen hinter das erste Blatt der Bibel implizieren würde.

[380] Dieses Verständnis ist in 11,3 freilich nicht zwingend. An der Tatsache, daß der Hebr dieses Theologumenon aufgenommen hat, ändert eine mögliche Einschränkung jedoch nichts: Näheres s. oben S. 119ff. Das Verständnis der Äonen im Sinne von himmlischen Sphären ist ausgeschlossen, denn dann wäre die sichtbare Welt das Ergebnis von Emanationen, nicht aber ein Werk des Schöpferwortes Gottes (gg. F.J.SCHIERSE: Verheißung 67ff).

[381] Aufgrund unserer Auslegung ist der an sich richtige Satz von H.BRAUN (vgl. H.FELD: ANRW 3579), daß "das Unsichtbare ... für den Hebr keineswegs ein μὴ ὄν *ist*" (342; Hervorhebung vom Verfasser), dahingehend zu modifizieren, daß das für die sinnliche Wahrnehmung Unsichtbare (πράγματα οὐ βλεπόμενα) für den Hebr ein μὴ ὄν *war*.

[382] Unser am Reden Gottes zu den Vätern und zu "uns" (1,1-4) orientierter Kompositionsvorschlag wird dadurch erneut bestätigt.

umfaßt alles menschliche Dasein, und es umfaßt dieses im Blick auf die eschatologische Spannung zwischen dem "Schon-Jetzt" und dem "Noch-Nicht". Das Reden Gottes ist *das* zentrale "Datum" für die Theologie des Hebr. Ja, seine Theologie ist eine "Theologie des Wortes Gottes", - und *davon* handelt in spezifischer Weise Hebr 11,3.

g) Den Schlußpunkt markiert eine *paraphrasierende Übersetzung*:

> Durch den Glauben (und nur durch ihn) erkennen wir (wie auch die alt-vorderen Glaubenszeugen), daß die Äonen (- sowohl der diesseitig-gegenwärtige als auch der bereits jetzt in der Transzendenz existierende kommende Äon -) durch das (Schöpfer-)Wort Gottes geschaffen wurden, so daß an die Stelle des Nichtwahrnehmbaren (im Sinne des Nichtexistierenden) das (nur für die Augen des Glaubens als Schöpfung) Sichtbare getreten ist.

V. Hebr 11,4-7: Der Glaube im Gegenüber zu den gottlosen Zeitgenossen

1. Hebr 11,4: Abels Märtyrertod um des Glaubens willen

a) Mit der Person Abels eröffnet der Verfasser in V. 4 die Auflistung der "Wolke von Glaubenszeugen"[383]. Wir benennen *zunächst* die *Aussagen* des Verses. Der Verfasser entfaltet die πίστις Abels in dreifacher Hinsicht: (1) Aufgrund des Glaubens[384] brachte Abel ein besseres Opfer dar als Kain. (2) Um seinet- (des Glaubens) willen[385] erhielt er das Zeugnis, daß er gerecht sei. (3) Um desselben (des Glaubens) willen[386] redet er auch nach seinem Tode noch.

b) Für die vom Verfasser *aufgenommenen Traditionen* ist im ganzen auf die alt-testamentliche Perikope Gen 4,1-16 zu verweisen[387], wobei näheres Hinsehen zeigt,

---

[383] Zum *Modus procedendi* s. oben S. 91. Über das dort Gesagte hinaus ist zu bemerken: (1) Die einzelnen Arbeitsschritte lassen sich nicht immer exakt voneinander trennen, so daß es zu Überschneidungen kommen kann. (2) Wenn bei der jeweiligen Person der Heilsgeschichte untersucht wird, inwiefern bei ihr πίστις im Sinne von 11,1 vorliegt, wird sich erweisen müssen, ob jeweils beide Aspekte aus 11,1 angesprochen sind oder ob nur eine Komponente expliziert wird. (3) Unsere Untersuchung kann nicht auf jedes exegetische Detail eingehen; hierfür verweise ich auf die Kommentare.

[384] Der Dativ πίστει läßt sich nicht durchgängig gleich bestimmen. An der vorliegenden Stelle ist ein Dativus causae anzunehmen.

[385] Die Wendung δι' ἧς ist nicht auf θυσία [neben den bei H.BRAUN z.St. genannten Vertretern vgl. auch G.SCHILLE: Katechese 124 und J.BEUTLER: μαρτυρέω 960], sondern mit der Mehrzahl der Ausleger auf πίστει zu beziehen.

[386] Das in Anm. 385 Gesagte gilt für δι' αὐτῆς analog.

[387] Vgl. v.a. die wörtlichen Übereinstimmungen mit Gen 4,3f LXX: φέρειν - θυσία - ἐπὶ τοῖς δώροις αὐτοῦ.

daß die Darlegungen des Verfassers nicht nur auf die biblischen Texte rekurrieren. Vielmehr bietet jede der drei genannten Aussagen Feststellungen, die in der vorliegenden Form am Alten Testament keinen Anhalt haben. So weiß das ganze Alte Testament nichts vom "Glauben" Abels[388], nichts von einer πλείων θυσία aufgrund des Glaubens, nichts davon, daß Abel von Gott das Epitheton δίκαιος zuerkannt wurde[389] und auch nichts von einem "Reden" Abels um seines Glaubens willen über seinen Tod hinaus. Gibt es außerbiblische Traditionen, die die Aussagen des Hebr plausibel machen? Eine befriedigende Lösung der Frage, worin der Verfasser die πίστις Abels erblickt und inwiefern deshalb gesagt werden kann, daß er "aufgrund des Glaubens ein besseres Opfer darbrachte als Kain", und auch der Frage, wie sich dieses Glaubensverständnis zu 11,1 verhält, konnte bis heute nicht vorgelegt werden. Die Interpretationsvorschläge im Blick auf die πίστις Abels sind zahlreich. Die Palette der Auslegungen reicht von völligem Schweigen[390] bis zum bewußten Verzicht auf eine Lösung der Frage[391], von der Annahme, Abel habe ein in der Opfergabe begründetes "besseres Opfer" dargebracht[392] bis zur angeblichen Zuversicht auf göttliche Gnadenerweise[393], von der höheren Hingabebereitschaft Abels[394] bis zur Behauptung einer Vorwegnahme der später im Gesetz geforderten Opferweise[395], vom Hinweis auf das Sühnebedürfnis Abels[396] bis zur Betonung der Bereitschaft Abels, den Willen Gottes zu tun[397]. Keiner der genannten Vorschläge vermag jedoch zu überzeugen[398].

Wir fragen zunächst: *Woher* weiß der Hebr um die πίστις Abels? Die Antwort

---

[388] J.CHR.K.VON HOFMANN formuliert daher zu Recht: "So ist es nicht die Schrift, welche sagt, daß Glaube es gewesen, sondern der Apostel sagt, daß er für das zu achten sei, vermöge dessen Abel Gott ein Opfer dargebracht habe, das besser war, als das Opfer Kain's" (427). Die inhaltliche Erklärung der πίστις Abels hingegen ist unzureichend, wenn er feststellt, daß "wir nichts Anderes erwarten, als daß die Leser die ganze heilige Geschichte so zu verstehen gelehrt werden, daß sie in ihr ein Zeugniß für die geltend gemachte Forderung des Glaubens erkennen" (428).

[389] Es findet sich im griechischen Alten Testament in Gen 6,9 zum ersten Mal auf Noah angewandt.

[390] Neben den alten Auslegern vgl. F.BLEEK II 2,733ff; A.THOLUCK 377f; W.M.L.DE WETTE 227; G.LÜNEMANN 352f; J.MOFFATT 163f u.a.m.

[391] B.F.WESTCOTT 356; J.S.JAVET 126.

[392] Vgl. J.A.BENGEL z.St.; H.VON SODEN 81; A.SEEBERG 121; mit Modifikationen E.RIGGENBACH 347f. Diese Ausleger können sich stützen auf AntBibl 59,4; Philo, Sacr 52.88; Jos., Ant I 52ff; BerR 22,5; 34,9.

[393] Vgl. B.WEISS 285 und F.W.GROSHEIDE, die beide - das ist hervorzuheben - das Verhältnis von 11,4 zu 11,1 bedenken.

[394] A.STROBEL 212.

[395] Vgl. H.VON SODEN 81.

[396] F.DELITZSCH 533f.

[397] R.MILLIGAN 390.

[398] Das gilt auch für die Ausführungen von S.BÉNÉTREAU: La Foi d'Abel 623 - 630.

lautet: aus der Schrift, und zwar in doppelter Hinsicht! Zu dieser Antwort kommt die Auslegung, wenn der Konnex zwischen Hebr 11,4 und 10,38f in Verbindung mit 11,6a beachtet wird[399]. Die Argumentation stellt sich wie folgt dar: (1) In Gen 4,4b heißt es: καὶ ἐπεῖδεν ὁ θεὸς ἐπὶ Αβελ καὶ ἐπὶ τοῖς δώροις αὐτοῦ. Der Hebr deutet diesen Satz: Abel fand Gottes Wohlgefallen, was sich aus der Formulierung in 11,4 ergibt: "Abel empfing um (seines Glaubens) willen (von Gott) das (gute) Zeugnis[400], daß er gerecht sei, indem Gott ihm bei seinen Opfergaben dieses (gute) Zeugnis (seines Wohlgefallens) gab (δι' ἧς [sc. πίστεως] ἐμαρτυρήθη εἶναι δίκαιος, μαρτυροῦντος ἐπὶ τοῖς δώροις αὐτοῦ τοῦ θεοῦ)"[401]. Gemäß der in 11,6a notierten Regel, wonach es "ohne Glauben unmöglich ist, Gott wohlzugefallen (χωρὶς δὲ πίστεως ἀδύνατον εὐαρεστῆσαι)", schließt der Verfasser: Abel glaubte[402]. Zum gleichen Ergebnis kommt man, wenn man (2) beachtet: Abel hat in der Tradition das Epitheton δίκαιος[403]. Wenn es in Hab 2,4a (= Hebr 10,38a) heißt: ὁ δὲ δίκαιός μου ἐκ πίστεως ζήσεται, wenn also ein δίκαιος immer ein Glaubender ist, so gilt folglich auch für Abel, den Gerechten, daß er glaubte. Aus alledem ergibt sich für den Verfasser: bei Abel war πίστις da. Diese Feststellung ist ein wichtiger Schritt auf dem Weg zu einer befriedigenden Auslegung von Hebr 11,4: Daß Abel Glaube hatte, weiß der Verfasser aus der Schrift (Gen 4,4b i.V.m. Hebr 11,6; Hab 2,4). Offen ist allerdings nach wie vor die Beantwortung der uns beschäftigenden Frage nach dem Wie der πίστις Abels. Ungeklärt ist außerdem, inwiefern der Glaube Abels als Explikation von ἐλπι-ζομένων ὑπόστασις, πραγμάτων ἔλεγχος οὐ βλεπομένων aufgefaßt werden kann.

Lassen sich - so muß deshalb gefragt werden - in der Kain-und-Abel-Überlieferung Traditionen ausmachen, die ein besseres Verständnis von Hebr 11,4 ermöglichen? Die Exegese ist hierfür an die Targumim zum Pentateuch gewiesen. Zunächst sollen wenigstens einige knappe Hinweise zu der in den 50er-Jahren neu aufgebrochenen Diskussion um die Bedeutung der Targumim für die neutestamentliche Exegese gegeben werden[404]. Dieser Themenkreis läßt sich im vorliegenden

---

[399] Th.H.ROBINSON bemerkt dazu treffend: "Had the gift been presented without faith (presumably this is what Cain did), God could not have attested Abel's righteousness; we have, apparently, lying behind this statement a reminiscence of the great sentence quoted from Habakkuk in X.38" (157; Hervorhebung dort). Vgl. H.STRATHMANN 142f; F.F.BRUCE 285f; Ph.E.HUGHES 455 und H.BRAUN 344.

[400] Zur Bedeutung der Passiva divina μαρτυρεῖσθαι "ein (gutes) Zeugnis erhalten" siehe oben S. 148f.

[401] Der genetivus absolutus μαρτυροῦντος ἐπὶ τοῖς δώροις αὐτοῦ τοῦ θεοῦ ist dem Halbsatz δι' ἧς ἐμαρτυρήθη εἶναι δίκαιος explikativ beizuordnen.

[402] Dieses Ergebnis stützt - negativ formuliert - Hebr 10,38b (= Hab 2,4b): Gottes Seele findet keinen Wohlgefallen an demjenigen, der (vom Verheißungswort Gottes) zurückweicht. Unsere Auslegung von Hebr 10,39 und 11,1 hat gezeigt, daß für den Hebr das "Zurückweichen" vom göttlichen Verheißungswort gleichbedeutend ist mit dem Unglauben.

[403] Mt 23,35 (τὸ αἷμα Ἄβελ τοῦ δικαίου); 1Joh 3,12 (τὰ ἔργα αὐτοῦ [des Abels] δίκαια) und Jos., Ant. I 53 (Ἄβελος ... δικαιοσύνης ἐπεμελεῖτο).

[404] Mit dem von A.DÍEZ-MACHO im Jahre 1949 entdeckten, 1959 identifi-zierten und in den Jahren 1968 - 1979 edierten Targum Neofiti 1 wurde die Tar-

Zusammenhang freilich nicht erschöpfend behandeln[405]. Zu so wichtigen Aspekten der Targumforschung wie etwa den Fragen nach Ursprung, Geschichte der Überlieferung und Verbreitung der Targumim oder auch der Frage nach einer möglichen gemeinsamen "Vorlage" der verschiedenen aramäischen Bibelübersetzungen kann hier keine Stellung genommen werden. Über die existierenden Targumim und ihre Editionen informieren die längst bekannten "Klassiker" der neueren Targumforschung[406]. Sie bieten teilweise forschungsgeschichtliche Überblicke[407].

EXKURS: Die Targumim und das Neue Testament

1) Es ist heutzutage in der Targumforschung weitgehend unbestritten, daß die Targumim ihre *Wurzeln in frühjüdischer*, wahrscheinlich vorneutestamentlicher

---

gum-Forschung auf eine viel breitere Textgrundlage gestellt. Das Forschungsinteresse wurde neu geweckt. Zur Geschichte der Entdeckung vgl. u.a. R.LE DÉAUT: Introduction 114 und M.McNAMARA: Targumic Studies 16; Zur Edition: A.DÍEZ-MACHO: Neophyti 1. Targum Palestinense ..., 6 Bde, Madrid(/Barcelona) 1968-1979.

[405] Das gestiegene Interesse an den Targumim und nicht zuletzt an der Frage nach ihrer Bedeutung für das Neue Testament zeigen die zahlreichen Untersuchungen zum Verhältnis der beiden Textcorpora. So ist z.B. die umfangreiche (über 1800 Titel in 2 Bänden) Bibliographie von B.GROSSFELD (Stand 1977) längst um zahlreiche Titel zu ergänzen: vgl. P.NICKELS: Targum and Testament 1 - 14 und J.T.FORESTELL: Targumic Traditions 25ff. Angesichts der stetig steigenden Zahl von Veröffentlichungen, war es nur eine Frage der Zeit, bis ein sich eigens mit diesem Themenkreis beschäftigendes Publikationsorgan ins Leben gerufen wurde. Dies geschah im Jahre 1974 am Department of Near Eastern Studies der University of Toronto/Canada unter der Federführung von E.G.CLARKE. Seit dieser Zeit informiert die Zeitschrift "Newsletter of Targumic and Cognate Studies" in knapper Form über neu erschienene Editionen, Monographien, Aufsätze, Miszellen und Rezensionen, sowie über laufende und geplante Projekte der Targumforschung.

[406] R.LE DÉAUT: Introduction 8 - 148; Ders.: The Message passim; M.McNAMARA: New Testament 38 - 66.253ff.291-296; Ders.: Targum 1 - 89.171-210 und das knappe, aber sehr instruktive 6. Kapitel ("Aramaic Targums and the New Testament") im neuesten Buch des selben Autors: Palestinian Judaism 205 - 252. Ferner sind heranzuziehen: J.BOWKER: Targums 3 - 92; M.P.MILLER: Targum 29 - 35; A.DÍEZ-MACHO: El Targum 5 - 95; Ders.: Le Targum Palestinien ; E.SCHÜRER: History I (1973) 99 - 114; II (1979) 450 - 453; E.LEVINE: Biography 353 - 379, sowie die Lexikonartikel von B.GROSSFELD: Art. "Targumim", EJ 4 (1971) 841 - 852 und P.SCHÄFER: Art. "Targumim", TRE 6 (1980) 216 - 228.

[407] So z.B. M.McNAMARA: New Testament 5 - 33 und Ders.: Palestinian Judaism 211ff (sehr knapp). Der rasche Fortgang der Targumforschung kommt auch in immer neuen Rechenschaftsberichten über den Forschungsstand zum Ausdruck. Neben den eben aufgeführten vgl. M.P.MILLER: Targum 29ff; M.McNAMARA: Targumic Studies 1 - 19; Ders.: Half a Century of Targum Study 157 - 168; R.LE DÉAUT: Current State 3 - 32 und P.SCHÄFER: Targumim 216ff.

Zeit haben, was nicht zuletzt durch die in Qumran gefundenen aramäischen Bibel-übersetzungen bestätigt wird[408].

2) Weiter besteht in der Forschung ein Konsens über die Frage nach dem *"Sitz im Leben"* des Targumvortrages: Er hat seinen Ursprung in der Übersetzung der *synagogalen Lesungen* von Tora und Propheten für die des Hebräischen nicht mehr mächtigen Gottesdienstbesucher. Da jedoch die Entstehung der Synagogen weitgehend im dunkeln liegt[409], betritt die Targum-Forschung an dieser Stelle historisch ungesicherten Boden. Mit dieser Unsicherheit beginnen die traditionsgeschichtlichen Unwägbarkeiten für die neutestamentliche Exegese. Sicher ist hier lediglich, daß die Synagoge in Palästina - aufgrund des Tempels - eine jüngere Tradition hat als in der Diaspora[410]. Darüber hinaus kann es keinen Zweifel geben, daß die Christen Palästinas und zum Teil auch in der Diaspora (φοβούμενοι/σεβόμενοι τὸν θεόν) ihre religiösen Wurzeln in der Synagoge hatten bzw. auch als Christen noch in enger Verbindung mit ihr standen. Auch wenn in der Diaspora, vor allem in Ägypten und Alexandria - der möglichen geistigen Heimat des auctor ad Hebraeos -, die griechische Sprache schon im 3. Jh. v. Chr. die Gottesdienstsprache war[411], so sagt dies noch nichts aus über die mögliche Bekanntheit palästinischer Traditionen - auch der Targumim - in der Diaspora.

3) Strittig ist indes die Frage nach der *Mündlichkeit bzw. Schriftlichkeit* der Targumim. Nach der Mischna (Meg 4) war es dem m^etûrg^eman verboten, bei seiner Übersetzung eine schriftliche Targum-Vorlage zu benützen, um eine Vermischung von Text und Kommentar zu vermeiden[412]. Daß weder die aus vorchristlicher Zeit stammenden Targumim von Qumran (4QTLev; 4QTHi und 11QTHi) noch die Nachrichten über geschriebene Targumim[413] den Streit der Experten beizulegen vermögen, zeigen zwei repräsentative Zitate, die sich vermehren ließen:

"Nous sommes certaines de l'existence de versions araméenes écrites, à l'époque du N.T. L'anonymat des auteurs des principaux targums pouvait aussi laisser soupçonner une date ancienne"[414].

"Dennoch darf man weder die vorchristlichen Targumim aus ... Qumran noch die in der rabbinischen Literatur erwähnten schriftlichen Targumim noch (sehr viel weniger) die heute bekannten aramäischen Bibel-übersetzungen ... ohne weiteres mit dem mündlichen Targumvortrag im Synagogengottesdienst gleichsetzen... Mit Sicherheit führt jedenfalls

---

[408]   Zur Bedeutung von Neh 8,8 und Esr 4,18, sowie deren Interpretation in der rabbinischen Überlieferung (Meg 3a; yMeg IV,1; Ned 37b; BerR 36,8) für die Geschichte der Entstehung vgl. R.LE DÉAUT: Introduction 23ff; M.McNAMARA: New Testament 38ff und P.SCHÄFER: Targumim 216f.

[409]   Vgl. R.LE DÉAUT: Introduction 32f; M.McNAMARA: New Testament 38ff.

[410]   Vgl. M.HENGEL: Proseuche und Synagoge 180ff.

[411]   M.HENGEL: Proseuche und Synagoge 158f.

[412]   Vgl. yMeg IV,1 [74d]; Git 60b; Meg 32a und R.LE DÉAUT: Introduction 38ff.

[413]   Die einzelnen Zeugnisse finden sich bei R.LE DÉAUT: Introduction 52 -72.

[414]   R.LE DÉAUT: Introduction 72.

von den uns bekannten schriftlichen Targumim kein direkter Weg zum Targumvortrag im Synagogengottesdienst"[415].

4) Mit dem zuletzt zitierten Satz ist zugleich das am heftigsten umstrittene Problem der Targumforschung angesprochen. P.SCHÄFER hat seinen klaren Worten gleich eine für unsere Zusammenhänge wichtige Einschränkung - in Klammern wohlgemerkt - hinzugefügt: Es führt - so SCHÄFER - kein direkter Weg von den schriftlichen Targumim zum mündlichen Vortrag zurück "ungeachtet der Tatsache, daß die schriftlichen Targumim Traditionen enthalten, die auf alte und sicher ursprünglich mündliche Überlieferungen zurückgehen"[416]. Auf keine Frage wird in der Targumforschung soviel Energie verwendet wie auf die der *Datierung der Targumim.* Dies gilt für die vorliegende Gestalt wie für die in ihnen enthaltenen Traditionen. Damit stehen wir vor dem entscheidenden Problem unseres Exkurses. Lassen sich den Targumim, die - mit Ausnahme der Qumranfragmente - allesamt nur in relativ spät zu datierenden Handschriften uns überliefert sind, überhaupt so alte Traditionen entnehmen, daß eine traditionsgeschichtliche Beziehung zum Neuen Testament in sinnvoller Weise erwogen werden kann? Oder steht diese Arbeitsweise sofort unter dem Verdikt der "Parallelomanie"[417], die angeblich unbesehen auch die entfernteste vermeintliche Parallele aufgreift, um auf gut gesichertem jüdischen Boden zu stehen, von dem aus sich das Neue Testament erklären läßt?

a) Um die "alten und sicher ursprünglich mündlichen Überlieferungen", die in den Targumim enthalten sind, feststellen zu können, bedarf es der möglichst präzisen Datierung *einzelner* Traditionen.

b) Ein methodisch verantwortbares Ergebnis wird allerdings nur dann erzielt werden können, wenn man einerseits nicht einfach von der Endredaktion der jeweiligen Texte ausgeht und etwa das Targum Neofiti 1 in seiner Gesamtheit als "late medieval or Renaissance vintage" bezeichnet[418]. Es verbietet sich aber auch andererseits, dasselbe Targum undifferenziert in neutestamentliche bzw. vorchristliche Zeit zu datieren[419]. Gleiches gilt in besonderem Maße für das am wenigsten wört-

---

[415] P.SCHÄFER: Targumim 217,18ff.

[416] Ebd. 217,31ff.

[417] Dieses Schlagwort, in die Diskussion gebracht von S.SANDMEL: Parallelomania, JBL 81 (1962) 1-13, findet in der neueren Judaistik-Forschung zustimmende Aufnahme: vgl. u.a. Ph.S.ALEXANDER: Rabbinic Judaism 245f und P.SCHÄFER: Research into Rabbinic Literature: 140. Zur Diskussion vgl. jüngst C.MILIKOWSKY: Status quaestionis 201-211 und P.SCHÄFER: Status Quaestionis 89-94. Im Bereich der Targum-Forschung vgl. A.D.YORK: Targumic Literature 60.

[418] So B.Z.WACHOLDER in seinen Prolegomena zu J.MANN: The Bible as Read and Preached in the Old Synagogue, New York, I ([2]1971), XLIV. Vgl. R.LE DÉAUT: Current State 23; Ders.: Introduction 151ff; P.SCHÄFER: Targumim 219,5ff.

[419] A.DÍEZ-MACHO: Palestinian Targum 236. Diese Einschätzung findet auch bei Forschern wie M.McNAMARA keine Zustimmung: vgl. New Testament 62f; daneben vgl. P.WERNBERG-MØLLER: Palestinian Targum 312-330; A.D.YORK: Targumic Literature 54ff und St.A.KAUFMAN: Methodology 119f.

liche Targum Pseudo-Jonathan, in dem sich späte Traditionen zum Teil sehr deutlich erkennen lassen[420].

c) Sinnvoll und legitim ist daher einzig eine Methode - und diese Vorgabe wird von kritischen Forschern geteilt[421] -, die den Versuch unternimmt, *einzelne Traditionen* auf ihr Alter hin zu untersuchen und so mögliche traditionsgeschichtliche Verbindungen überlieferungsgeschichtlich auf relativ sicheren Grund zu stellen[422].

d) Es kann überdies - und hier ist den kritischen Forschern zuzustimmen - keinen Zweifel geben an der Notwendigkeit von "external philological criteria"[423], die eine philologische Methode vorantreiben und zu verläßlichen Ergebnissen führen können. Ob dadurch dann auch historisch zuverlässigere Urteile erzielt werden, muß die Zukunft zeigen. Solange jedoch diese Desiderate nicht erfüllt sind, muß sich der Exeget des Neuen Testaments mit der Heranziehung der zu Gebote stehenden Methoden und Wege begnügen, will er den genannten jüdischen Texten - insbesondere den rabbinischen Quellen und den Targumim - nicht gänzlich den Abschied geben. Dies zu erzwingen, ist m.W. auch nicht die Absicht der heraufgeführten Methodendebatte: Die kritischen Hinweise - so Ph.S.ALEXANDER - dienen dem Zweck "to identify and define in a general way some of the weaknesses still in evidence in many New Testament scholars' handling of Rabbinic literature. My purpose in drawing up this catalogue of errors is not to try and frighten New Testament scholars out of the field of Rabbinics, or to give them inhibitions"[424].

5) Daher sollen abschließend einige *methodische Erwägungen* dargelegt werden, denen die vorliegende Studie verpflichtet ist. Im Hinblick auf die rabbinischen Quellen hat R.BLOCH in ihrer nach wie vor unüberholten Arbeit eine Methode des internen und externen Vergleiches vorgeschlagen[425], die in der Targum-Forschung Aufnahme gefunden hat[426] und der - soweit ich sehe - nicht ernsthaft widersprochen wurde. In der Sache kommt diese Methode den in der neueren Zeit geäußerten Anforderungen entgegen, sucht sie doch von Pauschal-Urteilen wegzukommen und

---

[420] Vgl. zum Beispiel die Nennung von Adisha und Fatima, d.h. von Frau und Tochter Mohammeds, in Gen 21,21; ferner die Nennung von Konstantinopel in Num 24,19.24 und der sechs Sedarim der Mischna in Ex 26,9.

[421] Siehe z.B. A.D.YORK: Targumic Literature 60ff und St.A.KAUFMAN Methodology 123.

[422] Kein anderes Ziel verfolgen auch diejenigen Forscher, die man gern unter dem negativ qualifizierten Epitheton der "Kahle-Schule" zusammenfaßt und deren Ergebnisse als "positivistisch" abgetan werden. Vgl. z.B. St.A.KAUFMAN: Methodology 119ff. In sehr ausgewogener Weise setzt sich A.D.YORK mit dieser Forschungsrichtung auseinander (Targumic Literature 59ff). Einer pauschalen Verurteilung gegenüber möge man die methodischen Anstrengungen von R.LE DÉAUT: Introduction 151ff und M.McNAMARA: New Testament 69ff beachten.

[423] So St.A.KAUFMANN: Methodology 120.

[424] Rabbinic Judaism 238.

[425] Note méthodologique pour l'étude de la littérature rabbinique, RSR 43 (1955) 194 - 227.

[426] Vgl. R.LE DÉAUT: Introduction 149 - 181; Ders.: The Message 26ff; M.McNAMARA: Targum 86ff und Ders.: Palestinian Judaism 215ff.

der detaillierten Untersuchung von Einzeltraditionen den Weg zu bereiten. Wenn dieser Methode zukünftig die geforderten philologischen Arbeiten an die Seite gestellt werden, so ist dies nur zu begrüßen. Daß es dabei zu anderen Ergebnissen kommen wird, als sie bislang von der "Kahle-Schule" und anderen erzielt wurden, ist keineswegs ausgemacht -, es sei denn die Ergebnisse stehen schon vorher fest bzw. es werden alle Mühen a priori als vergeblich hingestellt[427].

a) Die *"interne Vergleichsmethode"*[428] versucht den Weg einer Tradition zu beobachten, indem man den Text von seiner ursprünglichen Fassung über die Entwicklungsstufen - Hinzufügungen, Überarbeitungen und ähnliches - bis zur letzten Stufe verfolgt und dabei den literarischen Gattungen und der historischen Situation Rechnung trägt. Man setzt ein beim Alten Testament, der Quelle der Haggada, und verfolgt die Traditionen über die einzelnen Versionen (Septuaginta; Peschitta; Vulgata; Targumim) bis in die rabbinische Literatur (Talmudim; Midraschim und die Werke einzelner Rabbinen: z.B. Raschi, der oft ein sorgfältiges Resümee gibt).

b) Die *"externe Vergleichsmethode"*[429] - ihrer Anwendung wird in der vorliegenden Studie die Priorität eingeräumt - hilft dem Exegeten, einen *terminus ad quem* einzelner Traditionen anhand von präzise datierbaren Werken zu finden. In einer gewiß nicht abschließenden und vollständigen Liste[430] führt R.BLOCH die Texte auf, die dabei zu berücksichtigen sind: neben den Schriften des hellenistischen Judentums[431] - allen voran Philo - die Apokryphen und Pseudepigraphen, die Glossen des biblischen Textes und die biblischen Versionen, die Literatur aus Qumran, die neutestamentlichen Schriften und die Literatur der Alten Kirche, aber auch die jüdische Liturgie und darüber hinaus die bildlichen Monumente. Bei der Heranziehung der neutestamentlichen Schriften muß allerdings der Vermeidung von Zirkelschlüssen oberste Priorität zukommen. Es ist nicht zulässig, wollte man das Neue Testament benützen, um das hohe Alter der Targumim zu erweisen, um dann anschließend in ihrem Lichte wiederum das Neue Testament in der Gewißheit zu interpretieren, die Targumim stammten aus vorchristlicher, zumindest aber aus neutestamentlicher Zeit[432].

c) Neben diesen Hinweisen sind weitere Aspekte zu nennen, die A.DÍEZ-MACHO hervorgehoben hat[433], deren Beweiskraft zwar für das hohe Alter des Targum Neo-

---

[427] Das Letztere ist die Quintessenz der Darlegungen von J.NEUSNER: Use of Rabbinic Sources Judaism 15f.

[428] R.BLOCH: Note méthodologique 210ff; vgl. R.LE DÉAUT: Introduction 154f.

[429] R.BLOCH: Note méthodologique 203ff; vgl. R.LE DÉAUT: Introduction 155ff.

[430] R.LE DÉAUT: Introduction 155ff bietet die notwendigen Ergänzungen.

[431] Für unsere Untersuchung ist der folgende Satz von R.BLOCH sehr zu beachten, denn er hebt die fließenden Grenzen zwischen Palästina und der Diaspora hervor, was im Hinblick auf die im einzelnen vorauszusetzenden Traditionen ausgesprochen wichtig ist. Die von Frau BLOCH genannten Texte des hellenistischen Judentums haben Traditionen palästinischen Ursprungs benutzt, denn: "Le Judaïsme hellénistique était beaucoup plus tourné vers la Palestine qu'on ne le pense généralement" (Note méthodologique 204f).

[432] Davor warnt zu Recht R.LE DÉAUT: Introduction 165f.

[433] Palestinian Targum 225 - 236.

fiti 1 im ganzen mit guten Gründen angezweifelt wurde[434], die aber in modifizier-
ter Weise mit Bedacht und zutreffend Berücksichtigung fanden[435]. Hierbei verdient
ein Aspekt besondere Erwähnung: Hinsichtlich der messianischen Interpretation
von Num 24,17 in TN kommt A.DÍEZ-MACHO nach einem Vergleich mit Mt 2,1-12
zu dem Schluß: "This proves that the first Christians knew already the Messianic
interpretation of the 'star of Jacob'; that it existed already in the first century"[436].
Dabei setzt DÍEZ-MACHO voraus: (1) Wenn ein alttestamentlicher Text in einem
jüdischen und in einem christlichen Text gleich interpretiert wird, so besitzt die
jüdische Quelle den Vorrang, da die Rabbinen solche Interpretationen niemals den
christlichen Quellen entnommen hätten: "It is inconceivable that the Jews would
embody in the Targum after the rise of Christianity a Messianic interpretation of
this tendency, which works so unambiguously in favor of Christianity"[437]. (2) Mt 2
und TN interpretieren Num 24,17 in gleicher Weise. Und (3): So muß TN die
Priorität eignen. Gegenüber der ersten Voraussetzung wendet A.D.YORK ein, daß
hier nicht zwischen mündlicher Tradition und schriftlicher Fixierung in den
Quellen unterschieden worden sei, denn: "To date a tradition, in brief, is not to date
a text"[438]. So wird dem Einwand von A.D.YORK - der im übrigen keineswegs bestreitet, daß die rabbinischen Quellen sehr frühe Traditionen enthalten - Rechnung
getragen, wenn die vorliegende Studie den Versuch unternimmt, bei sachlicher
Parallelität von Aussagen in der rabbinischen Literatur bzw. in den Targumim
und dem Hebr zu vermuten, daß beide Quellen eine alte (palästinisch-)jüdische
Tradition in einer je eigenen Weise aufgenommen und verarbeitet haben[439].

d) Abschließend ist als *Aufgabe* zu formulieren: "Given the assumption that the
New Testament and the Targumim were contemporaneous, one still has to establish
that the text of the Targum we have today corresponds to the text of the New Testament times, and this is no easy task"[440]. Im Blick auf *einzelne Traditionen* sei sie
jedoch gewagt.

An dieser Stelle ist nun der Faden von *Hebr 11,4* wieder aufzunehmen. Wir rufen
in Erinnerung: Inwiefern kann der Verfasser feststellen, daß es Abels πίστις ist, die
sein Opfer als Gott wohlgefällig erscheinen läßt? Und inwiefern ist diese πίστις Explikation von 11,1? Eine befriedigende Antwort ermöglichen m.E. die im folgenden
"synoptisch" nebeneinandergestellten Targumim zu Gen 4,6-8.10, die - mit Aus-

---

[434] Vgl. P.WERNBERG-MØLLER: Palestinian Targum 312 - 320; A.D.YORK: Targumic Literature 54ff setzt sich ausführlich mit A.DÍEZ-MACHO auseinander.

[435] Vgl. R.LE DÉAUT: Introduction 173ff.

[436] Palestinian Targum 226; vgl. hierzu A.D.YORK: Targumic Litarture 54f.

[437] Palestinian Targum 226.

[438] Targumic Literature 55.

[439] Ähnlich auch R.LE DÉAUT: Introduction 177.

[440] A.D.YORK Targumic Literature 62.

nahme des sehr wörtlich übersetzenden TO[441] – eine weit über den Masoretischen Text hinausgehende, der Midrasch-Tradition sehr nahestehende Übersetzung von Gen 4,7f bieten. Der Grund für die Ausführungen der aramäischen Bibelübersetzungen wird darin zu sehen sein, daß die Tradenten Überlieferungen anführen, in denen eine Beantwortung der Frage erfolgt, wie es auf dem freien Feld zur Bluttat Kains kommen konnte. Das Schweigen des Bibeltextes über die Ursache des Brudermordes führte in der jüdischen Auslegung zu einer Fülle von Erklärungen, die allesamt eine Motiverhellung versuchen[442]. Ein solcher Versuch ist in den für unsere Zwecke besonders instruktiven Darlegungen der Targumim zu erblicken. Sie sollen deshalb zu Wort kommen[443].

---

[441] Auf seine Wiedergabe kann daher verzichtet werden.

[442] Einen Überblick über die in der jüdischen Auslegung gegebenen Interpretationen gibt V.APTOWITZER: Kain und Abel 10 - 43.

[443] Weitere Parallelen bieten die "Tosafot" zu TO (Ed. A.SPERBER 354) und TFrag (Ed. M.GINSBURGER 71f), sowie Midrash Aggada zu Gen 4,7f (BUBER S. 11) und LeqT zu Gen 4,8 (BUBER S. 3). Zur Textgestaltung vgl. neben der Synopse A.MARMORSTEIN: Bemerkungen 235ff; P.GRELOT: Les Targums 72; G.VERMES: Targumic Versions of Genesis IV,3-16, 81 -114 und G.J.KUIPER: A Study of Genesis 4,7-10.16, 533 - 570. Zu der schwierigen Wendung מָא־דְאָין־דָא des PPT zu Gen 4,8 vgl. die Diskussion bei P.GRELOT: LES Targums 72; J.R.DÍAZ: Targum palestinense 134; R.LE DÉAUT: Traditions targumique 32; G.VERMES: Targumic Versions of Genesis IV 3-16. 101.112 (Anm. 38) und M.McNAMARA: New Testament 158. Ich lese mit Prof. RÜGER, dem ich für seine Hinweise danke, מָא־רֵין־דָא und übersetze die Wendung "was bedeutet das schon?".

Synopse der Targumim zu Gen 4,6-8.10

Vers	Targum Neofiti (Ed. A.DÍEZ-MACHO, S. 21 - 23)	Targum Pseudo-Jonathan (Ed. E.G.CLARKE, S. 5)
6	ואמ(ור) ייי לקין למה כען בעש לך ולמה כען אשתני זיוהן דאפיך : Und der Herr sprach zu Kain: "Warum bist du denn ärgerlich? Und warum hat sich deine Gesichtsfarbe verändert?	ואמר ייי לקין למה תקיף לך ולמה איתכבישו איקונין דאנפך : Und der Herr sprach zu Kain: "Warum bist du zornig? Und warum ist das Aussehen deines Gesichtes niedergeschlagen?
7	הלא אן תטיב עובדך בעלמא הדין ישתרי וישתבק לך בעלמ(א) דאתי ואין לא תיטב עובדך בעלמא הדין ליום דינא רבה חטאך נטיר ועל תרע לבה חטאך רביע ובידך מסרת רשותא דיצרה בישא ואת תהוי שלט בה בין למיזכי ובין למחטי : Ist es nicht so? Wenn du gute Werke tust in dieser Welt, wird dir gelöst und vergeben werden für die kommende Welt. Wenn du aber keine guten Werke tust in dieser Welt, dann ist deine Sünde behalten für den Tag des großen Gerichts. Und deine Sünde lagert vor der Tür des Herzens; aber in deine Hand habe ich die Gewalt über den bösen Trieb gegeben, und du sollst mächtig sein über ihn, sei es gerecht zu sein oder zu sündigen."	הלא אם תייטיב עובדך ישתביק לך חובך ואין לא תייטיב עובדך בעלמא הדין ליום דינא רבא חטאך נטיר ועל תרעי ליבך חטאה רביע ובידך מסרית רשותיה דיצרא בישא ולוותך יהוי מתויה ואנת תהי שליט ביה בין למיזכי בין למיחטי : Ist es nicht so? Wenn du gute Werke tust, wird dir deine Schuld vergeben werden. Wenn du aber keine guten Werke tust in dieser Welt, dann ist deine Sünde für den Tag des großen Gerichts behalten. Und vor der Türen deines Herzens lagert die Sünde. Und in deine Hand habe ich übergeben die Gewalt über den bösen Trieb, und nach dir hat er Verlangen, du aber sollst mächtig sein über ihn, sei es gerecht zu sein oder zu sündigen."
8	ואמר קין להבל אחוי איתא ונפק תרינן לאפי ברא והוה כיון דנפקו תריהון באפי ברא ענה קין ואמר להבל מסתכל אנה דלא (ברחמין) איתברי עלמא ולא על פירי עובדין טבין הוה מדבר ומיסב באפין אית ברעיא מן בגלל מה איתקבל קרבנך ברעוא וקרבני מני לא אתקבל(ו) ברעוא : ענה הבל ואמר לקין מסתכל אנא די ברחמין איתברי ועל פירי עובדין טבין הו(א) מדבר ועל דהוו עלמא עובדיי טבין מן דידך אתקבל קרבני ברעוא ואת(ק)בל מיני קרבני לא אתקביל ברעוא: ענה קין ואמר להבל לית דין ולית דיין ולית עולם חורן לית מתן אגר טב לצדיקיא ולית מתפרעה מן רשעיא עני הבל ואמר לקין אית דין ואית דיין ואית עלם מתן אגר טב לצדיקיא ואית מתפרעה מן רשעיי לעלמא דאתי על עסק פתגמא הדין הוון תריהו(ן) מדיינין באפי ברא וקם קין על הבל אחוי וקטל יתיה : Und Kain sprach zu Abel, seinem Bruder: "Komm, laß uns beide hinausgehen aufs freie Feld!" Und es begab sich, als beide aufs freie Feld	ואמר קין לות הבל איתא וניפוק תרוינן לברא והוה כד נפקו תריהון לברא עני קין ואמר להבל מסתכל אנא דברחמין איתברי עלמא אבל לא כפירי עובדין טבין הוא מידבר ומסב אפין אית בדינא מן בגלל מה אתקבל קרבנך ברעוא וקרבני מני לא איתקבל ברעוא איתברי עלמא וכפירי עובדין טבין הו(א) מידבר ומסב אפין לית בדינא ועל דהוו פירי עובדיי טבין מדידך וקדמין לדידך אתקבל קרבני ברעוא עני קין ואמר להבל לית דין ולית דיין ולית עלם אחרן ולית למיתן אגר טב לצדיקיא ולית למתפרעא מן רשיעיא עני הבל ואמר לקין אית דין ואית דיין ואית עלם אחרן ואית למיתן אגר טב לצדיקיא ואית למתפרעא מן רשיעיא ועל עיסק פיתגמיא האיליין הוו מתנציין על אנפי ברא וקם קין על הבל אחוי וטבע אבנא במיצחיה וקטליה : Und Kain sprach zu Abel, seinem Bruder: "Komm, laß uns beide hinausgehen aufs freie Feld! Und es begab sich, als die beiden aufs freie Feld hin-

Palästinisches Pentateuch-Targum (Ed. M.L.KLEIN: 7ff)	Fragmenten-Targum MS Paris (Ed. M.L. KLEIN 47)
וַאֲמַר־מֵאמְרֵהּ דַּאֲדֹנָי לְקַיִן לְמָה־כְעַן בְּאֵשׁ־לָךְ וּלְמָה־כְעַן אֶשְׁתַּנִּי זֵהֵין דְּאַפָּיךְ :	- , -
Und es sprach der Memra des Herrn zu Kain: "Warum bist du denn ärgerlich? Und warum hat sich deine Gesichtsfarbe verändert?"	
הֲלָא־אִין־תֵּיטִיב עוֹבְדָיךְ בְּעָלְמָה הָדֵין יִשְׁתְּרֵי וְיִשְׁתְּבִק־לָךְ לְעָלְמָה דְאָתֵי וְאִין־לָא תֵּיטֵב עוֹבְדָיךְ בְּעָלְמָה הָדֵין לְיוֹם דִּינָה חֶטָּאָךְ נְטִיר בְּרַם־עַל־תְּרַע לִבָּא חֶטָּאָה רְבִיעַ וּבִידָיךְ מְסָרֵת רְשׁוּתֵיהּ דְּיִצְרָא בִּישָׁא וְאַתְּ תֶּהֱוֵי שַׁלִּיט עֲלוֹי בֵּין לְמֵיחַב וּבֵין לְמִיזְכֵּי :	הלא אין תיטיב עובדך בעלמא הדין ישתרי וישתביק לך לעלמא דאתי ואין לא תיטיב עובדך בעלמא הדין ליום דינא רבא חטאך נטיר ועל תרע ליבך חיטאך רביע ובידרך מסרית רשותיה דיצרא בישא ואת תהוי שליט עלוי בין למזכי בין למחטי :
Ist es nicht so? Wenn du gute Werke tust in dieser Welt, wird dir gelöst und vergeben werden für die kommende Welt? Wenn du aber keine guten Werke tust in dieser Welt, ist deine Sünde behalten für den Tag des Gerichts. Und die Sünde lagert vor der Tür des Herzens. Und die Macht über den bösen Trieb habe ich in deine Hände übergeben, du aber sollst mächtig sein über ihn, sei es, schuldig zu werden, oder sei es, gerecht zu sein.	Ist es nicht so? Wenn du gute Werke tust in dieser Welt, wird dir gelöst und vergeben werden für die kommende Welt? Wenn du aber keine guten Werke tust in dieser Welt, ist deine Sünde behalten für den Tag des großen Gerichts. Und deine Sünde lagert vor der Tür des Herzens. Und die Gewalt über den bösen Trieb habe ich dir in die Hand gegeben, du aber sollst mächtig sein über ihn, sei es, gerecht zu sein, sei es, zu sündigen.
וַאֲמַר קַיִן לְהֶבֶל אֲחוֹי אֵתָא וְנִפּוֹק תְּרֵינָן לְאַפֵּי בְרָא וַהֲוָה כַּד־נְפַקוּ תְּרֵיהוֹן לְאַפֵּי בְרָא עָאנֵי וְקָיִן וַאֲמַר לְהֶבֶל חֲמֵי־אֲנָה דְּבְרַחֲמִין אִתְבְּרִיאַ עָלְמָה וּבְרַחֲמִין הוּא־מֵדַּבַּר מִן־בַּגְלַל־מָה אִתְקַבַּל קוֹרְבָּנָךְ מִינָּךְ בְּרַעֲוָה וּמִינִּי לָא־אִתְקַבַּל בְּרַעֲוָה עָאנֵי הֶבֶל וְאֲמַר לְקַיִן מָא־דֵין־רָא דְּבְרַחֲמִין אִתְבְּרִיאַ עָלְמָה וּבְרַחֲמִין הוּא־מֵדַּבַּר בְּרַם־בְּפֵירֵי עוֹבָדִין טָבִין הוּא מֵדַּבַּר עַל־דְּהֲווֹן עוֹבְדַי תְּקָנִין מִן־דִּידָךְ אֶתְקַבַּל קוֹרְבָּנִי מִנִּי בְּרַעֲוָה וּמִינָּךְ לָא־אֶתְקַבַּל בְּרַעֲוָה וַהֲווֹן מַדְיֵנִין תְּרֵיהוֹן בְּאַפֵּי בְרָא וְקָם קַיִן עַל־הֶבֶל אֲחוֹי וּקְטַל יָתֵהּ :	ואמר קין להבל אחוי איתא ונפק תרינן לאפי ברא והוה כד נפקו תריהון לאפי ברא עני קין ואמר להבל לית דין ולית דיין ולית עלם אוחרן ולית מתן אגר טב לצדיקיא ולא לאתפרעא מן רשיעיא ולא ברחמין איתברי עלמא ולא ברחמין הוא מדבר מן בגלל מא אתקבל קורבנך ברעוא ומיני לא אתקבל ברעוא עני הבל ואמר לקין אית דין ואית דיין ואית עלם אוחרן ואית אגר טב לצדיקיא ולמתפרעא מן רשיעיא וברחמין איתברי עלמא וברחמין הוא מדבר על דהוו פירי עובדיי טבין מן דידך טבין מיני ומינך לא אתקבל ברעוא והוון תריהון מתנציין באפי ברא וקם קין על הבל אחוי וקטל יתיה :
Und Kain sprach zu Abel, seinem Bruder: "Komm, laß uns beide hinausgehen aufs freie Feld!" Und es begab sich, als sie beide aufs freie Feld hinausgegangen wa-	Und Kain sprach zu Abel, seinem Bruder: "Komm, laß uns beide hinausgehen ins freie Feld!" Und als sie beide ins freie Feld hinausgegangen wa-

Vers	Targum Neofiti (Ed. A.DÍEZ-MACHO, S. 21 - 23)	Targum Pseudo-Jonathan (Ed. E.G.CLARKE, S. 5)
8	hinausgegangen waren, da hob Kain an und sprach zu Abel: "Ich stelle fest, daß die Welt nicht in Barmherzigkeit erschaffen ist und daß sie nicht nach den Früchten guter Werke regiert wird; und es gibt ein Ansehen der Person im Gericht. Weshalb wurde deine Darbringung wohlgefällig angenommen, während von mir meine Darbringung nicht wohlgefällig angenommen wurde?" Abel hob an und sprach zu Kain: "Ich stelle fest, daß die Welt in Barmherzigkeit erschaffen ist und daß sie nach den Früchten guter Werke regiert wird. Und weil meine Werke besser waren als die deinen, wurde von mir meine Gabe wohlgefällig angenommen und wurde von dir deine Gabe nicht wohlgefällig angenommen." Es antwortete Kain und sprach zu Abel: "Es gibt *kein Gericht*, und es gibt *keinen Richter* und es gibt *keine andere Welt*; es gibt *keine Gabe guten Lohns* für die Gerechten und auch *kein Vergelten* für die Gottlosen." Abel antwortete und sprach zu Kain: "Es *gibt ein Gericht*, und es *gibt einen Richter* und es gibt *eine andere Welt*; es *gibt einen guten Lohn* für die Gerechten und es *gibt ein Vergelten* für die Gottlosen für die kommende Welt." Wegen dieser Angelegenheit rechteten die beiden miteinander auf dem offenen Feld. Und Kain erhob sich wider Abel, seinen Bruder, und tötete ihn.	ausgegangen waren, da hob Kain an zu reden und sprach zu Abel: "Ich stelle fest, daß die Welt in Barmherzigkeit erschaffen wurde, aber sie wird nicht nach den Früchten guter Werke regiert. Es gibt ein Ansehen der Person im Gericht. Weshalb wurde deine Darbringung wohlgefällig angenommen, während von mir meine Darbringung nicht wohlgefällig angenommen wurde?" Abel hob an und sprach zu Kain: "Die Welt ist in Barmherzigkeit erschaffen und sie wird nach den Früchten guter Werke regiert. Und es gibt kein Ansehen der Person im Gericht. Aber weil die Früchte meiner Werke besser waren als die deinen und weil sie deinen Werken zuvorkamen, wurde meine Gabe wohlgefällig angenommen." Kain antwortete und sprach zu Abel: "Es gibt *kein Gericht*, es gibt *keinen Richter*, und es gibt *keine andere Welt*, und es gibt *kein Austeilen von gutem Lohn* für die Gerechten, und es gibt *kein Vergelten* für die Gottlosen." Da antwortete Abel und sprach zu Kain: Es *gibt ein Gericht*, es *gibt einen Richter*, und es *gibt eine andere Welt*, und es *gibt ein Austeilen von gutem Lohn* für die Gerechten, und es *gibt ein Vergelten* für die Gottlosen." Und wegen dieser Angelegenheit stritten sie auf dem freien Feld. Und Kain erhob sich gegen Abel, seinen Bruder, und er stieß einen Stein gegen seine Stirn und tötete ihn.
10	ואמר מה היא רא דעבדת קלא ארמהון דאוכלוסין צריקין רהון עתירין למיקום מן הבל אחוך צווהין עלך קרמי מן ארעא : Und er sprach: "Was hast du getan? Die Stimme des Blutes der Menge von Gerechten, die bereitsteht, sich zu erheben von Abel, deinem Bruder, schreit zu mir wider dich von der Erde."	ואמר מה עבדת קל דמי קטילת אחוך דאיתבלעו בגרנישתא צווחין קרמיי מן ארעא: Und er sprach: "Was hast du getan? Die Stimme des Blutes deines getöteten Bruders, das (von der Erde) verschluckt wurde, schreit zu mir von der Erde."

Palästinisches Pentateuch-Targum (Ed. M.L.KLEIN 7ff)	Fragmenten-Targum (Ed. M.L.KLEIN 47)
ren, hob Kain an und sprach: "Ich sehe, daß die Welt in Barmherzigkeit erschaffen ist und daß sie in Barmherzigkeit regiert wird. Weshalb wurde von dir deine Gabe wohlgefällig angenommen, während meine Gabe von mir nicht wohlgefällig angenommen wurde?" Abel antwortete und sprach zu Kain: "Was bedeutet das schon, daß die Welt in Barmherzigkeit erschaffen ist und in Barmzigkeit regiert wird? Vielmehr wird sie durch die Früchte guter Werke regiert. Da nun meine Werke angemessener waren als die deinen, wurde von mir meine Darbringung wohlgefällig angenommen, während sie von dir nicht wohlgefällig angenommen wurde."	ren, da hob Kain an zu reden und sprach: "Es gibt *kein Gericht*, und es gibt *keinen Richter*, und es gibt *keine andere Welt*, es gibt *keinen guten Lohn* für die Gerechten und *kein Vergelten* für die Gottlosen. Und die Welt ist *nicht* in Barmherzigkeit erschaffen, und sie wird *nicht* mit Barmherzigkeit regiert. Weshalb wurde von dir deine Gabe wohlgefällig angenommen, während sie von mir nicht wohlgefällig angenommen wurde?" Abel antwortete und sprach zu Kain: "Es *gibt ein Gericht*, und es *gibt einen Richter*, und es *gibt eine andere Welt*, und es *gibt guten Lohn* für die Gerechten und ein *Vergelten* für die Gottlosen; und in Barmherzigkeit ist die Welt erschaffen und in Barmherzigkeit wird sie regiert. Und weil die Früchte meiner Werke besser waren als die deinen, wurde von mir meine Darbringung wohlgefällig angenommen, während sie von dir nicht wohlgefällig angenommen wurde."
Und die beiden stritten miteinander auf dem freien Feld, und Kain erhob sich gegen seinen Bruder Abel und tötete ihn.	Und die beiden stritten auf dem freien Feld, und Kain erhob sich gegen Abel, seinen Bruder, und tötete ihn.
וַאֲמַר מָה־הִיא־דָא דְעֲבַדְתְּ קָל אַרְמְהוֹן דְּאָכְלֹסִין סַגִּין צַדִּיקִין דְּהֲווֹן עֲתִידִין לְמִקָם מִן־הֶבֶל אֲחוּךְ צָוְחִין־עֲלַיְךְ קֳדָמַי מֶן־אַרְעָא :	ואמר מא הי די עבדת הא קל ארמהון דאוכלוסין צדיקין דהוון עתידין למיקום מן הבל אחוך צווחין עלך קרמיי מן ארעא :
Und (der Herr) sprach: "Was hast du getan? Die Stimme des Blutes der Menge vieler Gerechter, die bereitsteht, sich von Abel, deinem Bruder, zu erheben, schreit zu mir gegen dich von der Erde."	Und (der Herr) sprach: "Was hast du getan? Die Stimme des Blutes der Menge von Gerechten, die bereitsteht, sich von Abel, deinem Bruder, zu erheben, schreit zu mir gegen dich von der Erde."

Wie sind die voranstehenden Targum-Texte, auf die in der Auslegung schon öfter hingewiesen wurde[444], zu beurteilen und inwiefern dienen sie dem besseren Verständnis von Hebr 11,4? Der für die Auslegung von Hebr 11,4 entscheidende *Vergleichspunkt* zwischen Kain und Abel bildet nicht die Art, die Qualität oder auch der Zeitpunkt des jeweiligen Opfers[445]. Als ausschlaggebend erweist sich vielmehr die unterschiedliche Haltung der beiden Brüder zu den Eschata. Kain - so lesen wir in TN, TPsJ und TFrag - leugnet das kommende Gericht, er leugnet die Existenz des Richters, er glaubt nicht an eine Belohnung für die Gerechten und an die angemessene Vergeltung für die Gottlosen. Abel hingegen glaubt fest an deren Existenz, seine Hoffnung richtet sich auf das Eschaton. Von dieser Einstellung wird sein gegenwärtiges Leben geprägt. Seine Haltung erweist sich als πίστις im Sinne von Hebr 11,1. Indem er am Theologumenon des kommenden Gerichts und dem Wissen um den gerechten Richter festhält, indem er von der Existenz der kommenden Welt überzeugt ist, bei deren Erscheinen es für die Gerechten den angemessenen Lohn und für die Gottlosen die verdiente Strafe geben wird, indem er dies alles Kain gegenüber bezeugt, erweist sich seine Haltung als ἐλπιζομένων ὑπόστασις, πραγμάτων ἔλεγχος οὐ βλεπομένων[446]. Die beiden Brüder geraten über der Frage nach den Eschata in Streit, und Kain erschlägt Abel wegen seines Glaubens an die Eschata. Bieten die Targumim - so darf vermutet werden - demnach eine eindrückliche Interpretationshilfe dafür, wie der Hebr die πίστις Abels verstanden hat, so können die aramäischen Bibelübersetzungen zu Gen 4,6ff auch den Erweis dafür liefern, inwiefern Abels Opfer eine πλείων θυσία darstellt. Sie ist dies aufgrund des Glaubens Abels: Aufgrund seines Glaubens an die Eschata hat er seine Werke besser ausgeführt als Kain. Die Targumim argumentieren dabei wie folgt: Nach drei der vier gebotenen Versionen entscheidet der Vollzug der guten Werke in dieser Weltzeit über Heil und Unheil in der kommenden Welt (zu Gen 4,7). Doch Kain lehnt die von Gott gesetzte Bedingung ab: Er glaubt nicht an die kommende Welt und an ein gerechtes Gericht, in dem die guten Werke ihre Belohnung und die schlechten Werke ihre Verurteilung erfahren (zu Gen 4,8). Abel hingegen akzeptiert diese von Gott gesetzte Bedingung und so sind seine Werke - infolge seines Glaubens an die genannten Eschata - "besser" (מן טבין) als die Werke Kains und deshalb wurde sein Opfer "mit Wohlgefallen" (ברעוא) angenommen und Kains Opfer nicht (Gen 4,4ff). Kain als Typos des Gottlosen empfängt aufgrund seines Unglaubens zu Recht das ihn verurteilende Zeugnis des göttlichen Mißfallens, nachdem zuvor seine Gabe - als Antizipation dieses Zeugnisses - nicht mit Wohlgefallen angenommen wurde.

---

[444] Z.B. von R.LE DÉAUT: Traditions targumique 30ff; M.McNAMARA: New Testament 156-160; Ders.: Palestinian Judaism 224f; vgl. auch G.W.BUCHANAN 185.

[445] Vgl. hierzu die traditionellen Erklärungen in AntBibl 59,4; Jos., Ant. I 52ff; Philo: Det 1 und 42ff; Sacr 2ff; 11ff; BerR 22,5. Näheres bei V.APTOWITZER: Kain und Abel 10ff.

[446] Erst dieser Bezug zu 11,1 - der bislang übersehen wurde - verdeutlicht, inwiefern die Targumim als Interpretationshilfe für das Verständnis von 11,4 herangezogen werden können. Ansätze hierzu - aber ohne näheren Hinweis auf 11,1 - finden sich bei M.McNAMARA: Palestinian Judaism 224f.

Bevor wir uns nochmals der zweiten Aussage von Hebr 11,4 zuwenden, soll kurz die Frage nach einer möglichen zeitlichen Einordnung der in den Targumim vorliegenden Traditionen erörtert werden. Gibt es Anhaltspunkte für eine *Datierung*? Die Disputation um die Eschata in TN, TPsJ und TFrag spiegelt eindrücklich den in neutestamentlicher Zeit greifbaren Streit um die Auferstehung und um die angemessene Vergeltung wider, wie er sich zwischen den Pharisäern und den Sadduzäern nachweisen läßt[447]. Trifft diese Einordnung zu, so repräsentiert Kain die Partei der *Sadduzäer*: Sie leugnen die Eschata. Abel hingegen erscheint als Vertreter der an die Eschata glaubenden *Pharisäer*[448]. Man wird - vorsichtig formuliert - davon ausgehen können, daß in den palästinischen Targumim zu Gen 4,6ff Traditionen ihren Niederschlag gefunden haben[449], die für Hebr 11,4 als traditionsgeschichtlicher Hintergrund anzunehmen sind, ohne daß dabei eine *direkte* Abhängigkeit vorausgesetzt werden darf[450].

Der Verwerfung von Kains Opfer als Ausdruck göttlichen Mißfallens steht die Annahme der Darbringung Abels als Ausdruck göttlichen Wohlgefallens gegenüber (*Gen 4,4-8*): δι' ἧς [πίστεως] ἐμαρτυρήθη εἶναι δίκαιος - so bezeugt es Hebr 11,4bα. Damit steht unsere Auslegung vor der *zweiten Aussage* von Hebr 11,4. Es wurde bereits darauf hingewiesen[451], daß sich der Verfasser mit der Bezeichnung Abels als eines "Gerechten" in jüdische und christliche Tradition einreiht[452].

---

[447] Vgl. neben Mk 12,18-27 parr. Mt 22,23-33; Lk 20,27-40; Apg 4,1-4; 23,6-8 die Zeugnisse bei Jos., Bell. II 162ff; Ant XVIII, 14. Zur Sache siehe E.SCHÜRER: History II 379 - 403.

[448] Diese Interpretation findet Zustimmung bei S.ISENBERG: Anti-Sadducee Polemic 438ff; R.LE DÉAUT/J.ROBERT: Targum I (SC 245) 103 Anm. 6 und M.McNAMARA: Palestinian Judaism 224f. Ihr wird widersprochen von A.J.BRAWER: Qayn we-Hevel 583 - 585. Eine gegen Marcion bzw. Marcioniten gerichtete Polemik erkennt E.LEVINE: Kain ist demnach "a typical Marcionite" und Abel "a faithful follower of God" (Some Characteristics of Pseudo-Jonathan 95).

[449] Für ein hohes Alter dieser Traditionen plädieren auch R.LE DÉAUT: Traditions targumique 33; A.DÍEZ-MACHO: Le Targum Palestinien 44 und M.McNAMARA: New Testament 156. Mit Einschränkungen auch A.MARMORSTEIN: Bemerkungen 237. Ob man bei der zeitlichen Einordnung allerdings so weit gehen kann zu sagen, daß "any anti-Sadducean polemic would presumably be irrelevant after 70 A.D." (S.ISENBERG: Anti-Sadducee Polemic 442), mag dahingestellt bleiben.

[450] Vgl. zum Einzelnen A.MARMORSTEIN: Bemerkungen 236f und P.GRELOT: Les Targums 72.

[451] Oben S. 162 mit Anm. 403. Anders beurteilt E.RIGGENBACH (348) die dort notierten Stellen: "Ob in der jüdischen Tradition Abel bereits beständig das Attribut 'der Gerechte' besaß, ist sehr fraglich".

[452] Daneben ist hinzuweisen auf TanB בלק 16 (140f), wo dem Text Num 23,1 - "Und Bileam sprach zu Balak: 'Baue mir hier sieben Altäre ...'" - folgende Erläuterung hinzugefügt wird: "Warum sieben Altäre? Gemäß den sieben Gerechten (צדיקים), die sieben Altäre bauten; von Adam bis Mose wurden sie angenommen: Adam und Abel, Noah und Abraham, Isaak, Jakob und Mose". In Test XII heißt es in TIs 5,4: "Denn durch die Erstlinge der Feldfrüchte wird dich der Herr segnen, wie er alle Heiligen (ἁγίους) von Abel bis jetzt gesegnet hat." Bemerkenswert - ohne

Umgekehrt weiß vor allem die jüdische Tradition von Kain zu berichten, daß er der von der Weisheit abgefallene Ungerechte ist: ἀποστὰς δὲ ἀπ' αὐτῆς ἄδικος ἐν ὀργῇ αὐτοῦ (Sap 10,3). Er ist der über alle Maßen Gottlose, der es nur auf Gewinn abgesehen hat: Κάις ... πονηρότατος ἦν καὶ πρὸς τὸ κερδαίνειν μόνον ἀποβλέπων (Jos., Ant. I 53). Er gehört in die Reihe mit neun anderen Gottlosen, die alle "ihre Augen auf das richteten, was ihnen nicht zukam"[453]. Stellt man neben diese Texte die palästinischen Targumim zu Gen 4,7f.10, so zeigt sich, daß vor dem Hintergrund der dort vollzogenen Distinktion - צדיקין im Gegenüber zu den רשיעין - Abel als Typos des Gerechten und Kain als Typos des gottlosen Ungerechten dargestellt werden[454].

Hinzuweisen ist ferner auf die *sprachliche Nähe* von Hebr 11,4bβ (ματυροῦντος ἐπὶ τοῖς δώροις αὐτοῦ τοῦ θεοῦ) zu *Gen 4,4b LXX* (καὶ ἐπεῖδεν ὁ θεὸς ἐπὶ Αβελ καὶ ἐπὶ τοῖς δώροις αὐτοῦ). Gott blickt auf Abels Gaben (Gen 4,4b). Die Targumim explizieren diese Feststellung, indem sie sowohl zu Gen 4,4 als auch zu Gen 4,8 die Wendung "mit Wohlgefallen" (ברעוא) hinzufügen: Gott sah "mit Wohlgefallen" auf Abels Darbringung. Analog formuliert der Hebr in 11,4: Gott nahm Abels Darbringung wohlgefällig an, indem er über Abel und seinen Gaben ein "(gutes) Zeugnis" ausspricht. Kain erhielt aufgrund seines Unglaubens und seiner Sünde ein "schlechtes", ihn zurechtweisendes Zeugnis. Daß Gott seine Gabe nicht angenommen hat, veranschaulicht das göttliche Mißfallen. Abel hingegen erhielt aufgrund seines Glaubens an die Eschata von Gott ein "gutes Zeugnis". Abel gehört - hierin erfolgt eine erste Explikation dessen, was V.2 zum Ausdruck bringt - in die Reihe der πρεσβύτεροι, denen aufgrund ihres Glaubens ein bonum testimonium Dei zuteil wurde.

Auch mit seiner *dritten Aussage* - δι' ἧς [πίστεως] ἀποθανὼν ἔτι λαλεῖ (11,4c) - knüpft der Verfasser an die alttestamentliche Perikope der Genesis an. Die Aussage, "obwohl er gestorben ist, redet er noch", verdankt der Autor *Gen 4,10*. Gott spricht zu Kain: φωνὴ αἵματος τοῦ ἀδελφοῦ σου βοᾷ πρός με ἐκ τῆς γῆς. Daß der Hebr hierbei an die "Stimme des Blutes" denkt, ergibt sich aus 12,24: Das Blut des Mittlers der

---

dies überzubewerten - ist die v.l. der griechischen Handschrift g, die δικαίους anstelle von ἁγίους bietet (vgl. Ed. R.H.CHARLES 113 Anm. 23). Vgl. TB 7,4 v.l. und FragJub 4,1.

[453] So in tSoṭa 4,19 [S.LIEBERMAN III.2, 176]; vgl. BerR 20,5. Das Alter der Vorstellung erweist der Beleg bei Jos., Ant. I 53.

[454] Im Blick auf Abel (צדיקיא) siehe in TN, TPsJ, TFrag (VV. 8.10) und in PPT (V. 10). Im Blick auf Kain (רשיעיא) in TN, TPsJ und TFrag (V. 8); s. außerdem חטא in TN, TPsJ, TFrag und PPT (V. 7). Sehr schön bemerkt P.GRELOT: "Celle des pécheurs, dont les œuvres sont mauvaises et qui vont jusqu' à nier les fondements de la foi; celle des justes, dont les œuvres sont bonnes et qui professent la vraie foi" (Les Targums 72). Vgl. R.LE DÉAUT: Traditions targumique 33; A.DÍEZ-MACHO: Targum y Neuvo Testamento 164; M.McNAMARA: Palestinian Judaism 224; M.McNAMARA: New Testament 158f. Die These, Gegenstand der Disputation zwischen Kain und Abel sei die Frage der "Rechtfertigung" (so J.R.DÍAZ: Targum palestinense 133 - 136), weist M.McNAMARA mit Recht zurück (New Testament 158 Anm. 10). Die Texte bieten für derlei Vermutungen keinen Anhalt.

διαθήκη νέα "redet [unvergleichlich viel] mächtiger als das des Abel (κρεῖττον λαλοῦντι παρὰ τὸν Ἄβελ)". An beiden Stellen handelt es sich um ein Reden des Blutes. Während das Blut Jesu nach Versöhnung schreit und diese zugleich auch selbst wirkt (9,11ff; 10,19.29), ist der Ruf des Blutes Abels ein Rufen nach Vergeltung[455].

Ein vergleichbares Verständnis des Todes von Abel begegnet in zwei jüdischen Schriften, die beide in vorchristlicher Zeit entstanden sind: *Jub 4,2f* spricht vom Blut Abels, das nach Vergeltung ruft, *äthHen 22,5-7* vom Geist Abels, der klagend zu Gott ruft[456]. Daß Abel *um seines Glaubens willen* auch nach seinem Tode noch redet, - davon berichten die beiden Texte nichts. Ein weiteres Mal liefern jedoch die *Targumim zu Gen 4,8.10* das Material zum richtigen Verständnis. Es wurde bereits darauf hingewiesen, daß Kain und Abel nach dem Zeugnis von TN, TPsJ und TFrag auf dem freien Feld über die Eschata disputieren. Im Anschluß an Abels Votum heißt es in TN und TPsJ zu Gen 4,8: "Wegen dieser Angelegenheit (עַל עֵסֶק פִּתְגָּמָא) stritten die beiden auf dem offenen Feld. Und Kain erhob sich gegen Abel, seinen Bruder, und tötete ihn". Kain tötet Abel - so sagen die Targumim - wegen seines Glaubens an die Eschata! So erscheint Abel als der *erste biblische Märtyrer*, der *um seines Glaubens willen* den gewaltsamen Tod fand und dessen Blut Vergeltung einklagt[457].

In Abel, dem ersten biblischen Märtyrer um seines Glaubens willen, kann die angefochtene Adressaten-Gemeinde des Hebr ein mutmachendes Vorbild erblicken, mit dem die Glaubenden zu einem notfalls "bis aufs Blut (μέχρις αἵματος)" gehenden Glaubenskampf und Glaubenszeugnis ermahnt werden (12,4; vgl. 10,32-36)[458], denn "ἀποθανών is never the last word upon a δίκαιος"[459].

Wir stehen am Ende unserer Auslegung von Hebr 11,4 und fassen die Bedeutung der palästinischen Targumim für die Auslegung dieses Verses zusammen. In vierfacher Weise tragen die Targumim zu einem besseren Verständnis bei:

(1) Sie verdeutlichen, inwiefern der Hebr die Person Abels als Explikation von

---

[455] Vgl. B.WEISS 286; E.RIGGENBACH 348; H.WINDISCH 100; H.STRATHMANN 142 und O.MICHEL 385. Anders: R.LE DÉAUT: Traditions targumique 35 im Anschluß an J.MOFFATT 164f. Zur Kritik vgl. auch H.BRAUN 345. Eine sachlich unbegründete Auslegung des "Redens Abels" über seinen Tod hinaus ist in den Darlegungen A.STROBELs zu erblicken, denn die Annahme, "daß Abel, anders als die übrigen Menschen, nicht im Tode verstummt ist, sondern zufolge seines Glaubens noch redet, um gleichsam als Fürbitter für andere Gerechte vor Gott einzutreten" (213) entbehrt der textlichen Grundlage. Das Amt des Interzessors kommt nach dem Zeugnis des Hebr einzig dem himmlischen Hohenpriester Christus zu: 7,25; 9,24, vgl. 4,15f; 6,19f und 10,19f.

[456] Zur Vorstellung des nach Vergeltung rufenden Geistes der Blutzeugen vgl. außerdem 4Makk 11,23; äthHen 47,1ff; Apk 6,9-11.

[457] Vgl. hierzu C.SPICQ II 343; J.HÉRING 104; R.LE DÉAUT: Traditions targumique 33ff; M.McNAMARA: New Testament 159; Ders.: Palestinian Judaism 224.

[458] Vgl. u.a. H.W.MONTEFIORE 190; Ph.E.HUGHES 456f.

[459] J.MOFFATT 165. Zur paradoxen Interpretation von Abels Tod vgl. Philo, Det 48.70. Daß im Verständnis von Gen 4,8ff zwischen Philo und dem Hebr "a world of difference" liegt, hat überzeugend R.WILLIAMSON: Philo 322ff dargelegt.

11,1 anführen kann: Abel glaubt an die ἐλπιζόμενα und an die πράγματα οὐ βλεπόμενα.

(2) Aufgrund dieses Glaubens - so die Targumim - hat Abel ein "besseres Opfer" dargebracht als Kain[460].

(3) Daβ Abel das Epitheton δίκαιος zukommt, wird in den aramäischen Bibelübersetzungen ebenso deutlich wie die Tatsache, daβ er als glaubender Gerechter dem gottlosen Ungerechten, Kain, gegenübersteht.

(4) Auch die dritte Aussage unseres Verses gewinnt vor dem Hintergrund der Targumim klare Konturen: Kain tötet Abel, den ersten biblischen Märtyrer, wegen dessen Glauben an die Eschata.

Die *Paraphrase* von Hebr 11,4 faβt die Ergebnisse zusammen:

> Aufgrund des Glaubens (an [Gott als] den [gerechten] Richter, an das [gerechte] Gericht [über Gerechte und Ungerechte], an die Belohnung für die Gerechten und die Vergeltung für die Gottlosen und des Glaubens an die kommende Welt) brachte Abel ein besseres Opfer dar als (der die Eschata leugnende) Kain; um seinet- (des Glaubens an die Eschata) willen erhielt er (von Gott) das (gute) Zeugnis, daβ er gerecht sei, indem Gott ihm (mit der wohlgefälligen Annahme) dieses (gute) Zeugnis gab; und um desselben (Glaubens an die Eschata) willen redet er auch nach seinem (gewaltsamen Märtyrer-) Tode noch (indem sein Blut nach Vergeltung ruft und indem er der angefochtenen Gemeinde als nachzuahmendes Glaubensvorbild vor Augen gestellt ist, das den "bis aufs Blut" gehenden Glaubenskampf zu Ende gekämpft hat).

2. Hebr 11,5f: Henochs Entrückung um des Glaubens willen

Der Hebr hält sich an die alttestamentliche Abfolge der Heilsgeschichte, wenn er nach Abel Henoch als zweiten Glaubenszeugen anführt[461]. Wir folgen unserer methodischen Vorgabe[462], indem wir *zunächst die Struktur und die Aussagen* der beiden Verse betrachten. Aufgrund des Glaubens[463] wurde Henoch entrückt. Dieser grundlegenden Einsicht fügt der Verfasser eine konsekutiv anzuschließende Infinitivkonstruktion an: Die Entrückung hat zur Folge, daβ Henoch den Tod nicht sah (τοῦ μὴ ἰδεῖν τὸν θάνατον). Die Kernaussage der Entrückung Henochs stellt der Ver-

---

460 Hierzu siehe auch die Aussage des syrischen Kirchenvaters Afrahaṭ I 14: "Denn Abels Darbringung wurde wegen seines Glaubens angenommen (ܪܟ݂ ܘܗ݂ܘ ܡܢܗܝ ܟܠܗܘܢ ܕܥܒܕܘܗܝ)". Zum Text s. J.PARISOT: Aphraatis Sapientis Persae demonstrationes (PS I 1), Paris 1894, 33.

461 Vgl. dazu auch TestAbr 11 (Rez. B); AKonst VIII; Justin: Dial. 19 und Afrahaṭ I 14 ("Henoch wurde vor dem Tod hinweggenommen, weil er - aufgrund seines Glaubens - (Gott) wohlgefiel" [ܘܗ݂ܘ ܡܢ ܡܘܬܐ ܐܬܢܣܒ ܥܠ ܕܫܦܪ ܠܐܠܗܐ]).

462 Siehe oben S. 91.160.

463 Wie in 11,4 handelt es sich bei πίστει um einen Dativus causae.

fasser ein zweites Mal heraus, indem er in 11,5aβ fast wortwörtlich *Gen 5,24b LXX* aufnimmt: καὶ οὐχ ηὐρίσκετο διότι μετέθηκεν αὐτὸν ὁ θεός ist abgesehen von der Begründungspartikel[464] mit der alttestamentlichen Vorlage identisch. Dieser Sachverhalt wird dann in zweifacher Weise begründet. Zunächst *positiv*: Henoch hat vor seiner Entrückung (von Gott) das (gute) Zeugnis (μεμαρτύρηται) erhalten, daß er ihm wohlgefallen habe (εὐαρεστῆσαι τῷ θεῷ), was aber - so die *negative* Begründung - ohne Glauben (χωρὶς πίστεως) von keinem Menschen ausgesagt werden kann. Denn (γάρ) - und darin wird die Begründung der These (11,5b.6a) ihrerseits begründet (11,6b) - um Gott nahen zu können, muß man (δεῖ) an seine Existenz (ὅτι ἔστιν) und an den Grundsatz der gerechten Vergeltung (τοῖς ἐκζητοῦσιν αὐτὸν μισθαποδότης γίνεται) glauben.

Welche *Traditionen* stehen im Hintergrund, und woher weiß der Verfasser, daß Henoch πίστις hatte? Über die nahezu wörtliche Aufnahme von Gen 5,24b hinaus hatte der Hebr bei der Abfassung die ganze alttestamentliche Perikope über Henoch vor Augen. *Gen 5,21-24* berichtet neben dem Umstand der von Gott gewirkten Entrückung zwei Mal, daß Henoch Gott wohlgefallen habe (Gen 5,22.24 LXX). Von der πίστις Henochs freilich berichtet das Alte Testament nichts. Auch die außerbiblischen Quellen, in denen sich breit entfaltete Henochtraditionen nachweisen lassen, geben fast keine Nachricht darüber, ob Henoch im antiken Judentum als Glaubender angesehen wurde. Mit einer Ausnahme: Im sogenannten "*Hebräischen Henoch*" wird - ausgehend von Gen 5,24 - der Aufstieg des Rabbi Jischma'el ben Elia in die himmlische Welt geschildert. Im siebten Palast begegnet der Rabbi dem himmlischen Fürsten Metatron (Kap 1f), der sich als der in den Himmel entrückte Henoch, der Sohn Jareds, zu erkennen gibt (4,2). Als Grund für die Hinwegnahme Henochs nennt der hebrHen dessen Zeugenschaft in der himmlischen Welt gegenüber dem gottlosen Geschlecht der Sintflut: Keiner soll sagen können, daß Gott zu den Sündern nicht barmherzig war (4,3f). Dies für die zukünftige Welt zu bezeugen, ist die Aufgabe Henochs. Als Strafe für das gottlose Geschlecht hat Jahwe seine Schekinah von der Erde entfernt (Kap 5f). Mit Gottes Schekinah wurde auch Henoch von der Erde emporgehoben (6,3). Über ihn sagt Jahwe (6,3)[465]:

וזה ... שנטלתי מביניהם מבחר שבכולם הוא וזה שקול כנגד כולם
... באמונה ובצדקה ובכשרון מעש וזה שנטלתי שכרי בעולמי תחת
השמים.

"Aber dieser, den ich aus ihrer Mitte wegnahm, [ist ein Erwählter, der unter ihnen allen (ist) =] ist unter allen der Erwählte, und dieser wiegt soviel wie alle zusammen im Glauben und in der Gerechtigkeit und in der Tauglichkeit des Verhaltens, und dieser, den ich wegnahm, ist mein Lohn in meiner Welt unter dem Himmel."

Es kann nicht völlig ausgeschlossen werden, daß der Hebr um Traditionen wußte, die - wie der hebrHen - von der πίστις (אמונה) Henochs berichteten. Eine *direkte*

---

[464] In Gen 5,24b steht das bloße ὅτι, wo der Hebr διότι verwendet.

[465] Zum Text vgl. P.SCHÄFER: Synopse zur Hekhalot-Literatur (TSA J 2), Tübingen 1981, § 9 (S. 6; M 40).

traditionsgeschichtliche Linie zwischen beiden Textcorpora ist jedoch kaum wahrscheinlich[466]. Wenn demnach weder das Alte Testament noch die dem Hebr vorgegebenen Traditionen des antiken Judentums expressis verbis vom Glauben Henochs sprechen, so bleibt die Frage nach dem traditionsgeschichtlichen Hintergrund weiter offen. Dennoch kann die richtige Antwort auf die Frage, woher der Verfasser von der πίστις Henochs weiß, nur lauten: *aus der Schrift!* Zum ersten Mal wendet der Verfasser in Hebr 11,5f die zweite der sieben hillelitischen Middoth, die Gezera schawa, an[467]. *Daß* Henoch πίστις hatte, entnimmt der Verfasser der Schrift, indem er die beiden alttestamentlichen Stellen Gen 5,22a.24 LXX und Hab 2,4 LXX durch einen Analogieschluß zueinander in Beziehung setzt. Dabei geht er wie folgt vor: V. 6a - so hatten wir festgestellt - dient der Begründung der Aussage, daß Henoch πίστει entrückt wurde. Mit der Formulierung χωρὶς δὲ πίστεως ἀδύνατον εὐαρεστῆσαι nimmt der Hebr Bezug auf das in 10,38 aufgenommene Zitat von Hab 2,4 LXX: Am Glauben entscheidet sich, ob der Mensch ein Gerechter ist und leben wird. Von Henoch wird in Gen 5,22a.24 ausgesagt, daß er Gott wohlgefallen hat. Der Hebr nimmt auf diese Schriftworte in V. 5b ausdrücklich Bezug, wenn er schreibt: πρὸ γὰρ τῆς μεταθέσεως μεμαρτύρηται εὐαρεστηκέναι τῷ θεῷ. Daraus ergibt sich die logische Schlußfolgerung: Weil einerseits Henoch Gott wohlgefallen hat (Gen 5,22a.24) und es andererseits ohne Glauben kein Wohlgefallen bei Gott gibt (Hab 2,4 = Hebr 10,38), deshalb muß Henoch notwendig πίστις gehabt haben. Sehr schön faßt schon CHRYSOSTOMUS diesen Sachverhalt zusammen, wenn er schreibt: Πῶς δὲ πίστει μετετέθη ὁ Ἐνώχ; Ὅτι τῆς μεταθέσεως ἡ εὐαρέστησις αἰτία, τῆς δὲ εὐαρεστήσεως ἡ πίστις[468]. Zum gleichen Befund gelangt man, wenn man all diejenigen Belege des antiken Judentums heranzieht, die bezeugen, daß Henoch ein "gerechter Mensch" war[469], aufgrund seiner צדקה entrückt[470] und von Gott zum "Schreiber der Ge-

---

[466] Die umstrittene Datierung des hebrHen läßt ein sicheres Urteil kaum zu. Zum Status quo in der Datierungsfrage vgl. Ph.S.ALEXANDER: Historical Setting 156-180; Ders.: 3 (Hebrew Apocalypse of) Enoch, in: OTP I 221-315: 225ff und P.SCHÄFER: Engel und Menschen 201-225. Die für unsere Zusammenhänge gebotene Vorsicht ändert nichts an der grundsätzlichen Bedeutung der Hekhalot-Texte für die Auslegung des Hebr, wie sie v.a. O.HOFIUS für die Vorstellung des Vorhangs vor dem himmlischen Allerheiligsten herausgestellt hat; vgl. O.HOFIUS: Vorhang 5ff. Durch den oben S. 121 notierten Text aus Qumran (4Q 405, 15 II 16) ist diese Vorstellung in neutestamentlicher Zeit zweifelsfrei belegt.

[467] W.BACHER: Die exegetische Terminologie 16 und F.WEBER: Jüdische Theologie 112 haben gezeigt, daß diese traditionell R.HILLEL (um 20 v.Chr.) zugeschriebene hermeneutische Regel, die ursprünglich nur der halakhischen Auslegung des Pentateuchs diente, "auch für die agadische Tradition der Heiligen Schrift in reichem Maße angewendet" wurde (W.BACHER ebd.). Vgl. zur rabbinischen Hermeneutik: H.L.STRACK/G.STEMBERGER: Einleitung 28f und deren Anwendung im Hebr: F.SCHRÖGER: Schriftausleger 269ff und O.HOFIUS: Katapausis 42.

[468] PG 63, 157.

[469] Vgl. Sap 4,7.10f; äthHen 1,1f; 15,1; Jub 10,15ff; hebrHen 6,3 [s.o. S. 179]; BamR 5,3; TanB במדבר 32 (BUBER 24); 1Clem 9,3.

[470] Vgl. hebrHen 6,3; BamR 5,3; TanB במדבר 32 (BUBER 24) u.a.m.

rechtigkeit"[471] eingesetzt wurde. Vorausgesetzt, der Verfasser des Hebr kannte die Tradition, wonach Henoch als δίκαιος bezeichnet wurde[472], so konnte er durch Zusammenschau dieser Traditionen mit Hab 2,4 LXX abermals zu der Einsicht gelangen, daß Henoch πίστις zukam, - denn: Glaube gibt es nur bei Gerechten! Wo aber von einem Menschen sein Gerecht-Sein ausgesagt wird, da ist dann nach dem Verständnis des Hebr auch Glaube vorhanden. Der Hebr gewinnt also durch Analogieschluß seine Anschauung, *daß* Henoch πίστις hatte. Es bleibt die Frage nach dem "Was" und dem "Wie", also nach dem Inhalt seines Glaubens. Bevor wir diese erörtern, bedarf es noch einiger Erwägungen zu der konsekutiv[473] anzuschließenden Formulierung τοῦ μὴ ἰδεῖν θάνατον[474]. Der Verfasser erläutert mit dieser Wendung den Begriff μετετέθη[475]. Der Grund für diese Explikation wird wohl in der Kontroverse zu suchen sein, die im antiken Judentum um die Person Henochs entbrannt ist. So zeigen sich erste Ansätze der ambivalenten Bewertung Henochs in *Sap 4,10f*[476]:

> "Der, der Gott wohlgefällig war (εὐάρεστος θεῷ), wurde (von ihm) geliebt, - und, während er unter den Sündern lebte, wurde er entrückt (μετετέθη). Er wurde weggenommen, damit das Böse nicht sein Verstehen ändere oder List seine Seele betrüge."

Einerseits wird - im Anschluß an Gen 5,24 - ausgesagt, daß Henoch Gott wohlgefallen hat, von ihm geliebt und entrückt[477] wurde. Er steht als Gerechter (δίκαιος: Sap 4,7) auf der Seite Gottes im Gegenüber zu seinen gottlosen Zeitgenossen. *Andererseits* zeigen die Verse: Henoch stand in der Gefahr, dem Bösen anheimzufal-

---

[471] Siehe hierzu äthHen 12,3f; 15,1; slHen 22,11; 23,4ff; 40,13; 53,2; Jub 4,16ff; 10,17; vgl. außerdem *TPsJ ad Gen 5,24*: "Und Henoch diente in Aufrichtigkeit (בקושטא) vor dem Herrn. Und siehe, er war nicht mehr mit den Bewohnern der Erde, weil er weggerafft worden war (איתנגיד); und er stieg auf zum Firmament durch ein Wort (von) vor dem Herrn, und er gab ihm seinen Namen 'Metatron, der große Schreiber' (מיטטרון ספרא רבא)". Mit der Benennung Henochs als Metatron ist das Stichwort gegeben, das in der Hekhalot-Literatur eine große Rolle spielt. Näheres dazu bei P.SCHÄFER: Engel und Menschen 221ff.

[472] Vgl. dazu V.APTOWITZER: Kain und Abel 24f und E.RIGGENBACH 349 Anm. 90.

[473] Die Mehrzahl der Ausleger faßt τοῦ μή konsekutiv auf. G.LÜNEMANN 353 und A.STROBEL 211 verstehen es final. Zur Konstruktion vgl. BDR § 400,5.

[474] Zu ἰδεῖν θάνατον s. ψ 88,49; Lk 2,26. Daneben vgl. Apg 2,27 (= ψ 15,10): ἰδεῖν διαφθοράν; Hebr 2,9: γεύεσθαι θανάτου.

[475] Vgl. 1Clem 9,3: λάβωμεν 'Ενώχ, ὃς ἐν ὑπακοῇ δίκαιος εὑρεθεὶς μετετέθη, καὶ οὐχ εὑρέθη αὐτοῦ θάνατος.

[476] Daß es hierbei um Henoch geht, zeigen die wörtlichen Anklänge an Gen 5,24 LXX. Vgl. dazu auch D.LÜHRMANN: Henoch 110ff.

[477] "Das Verbum לָקַח (Subjekt: Gott, Objekt: ein Mensch) ist ein theologischer Terminus für die Entrückung in jenseitige Lebensräume (2. Kön. 2,10; Ps. 49,16)" [G.VON RAD: Genesis 49]. Zu dieser Bedeutung s. 2Kön 2,3.5 und Ps 73,24. Dagegen hat לקח an den Stellen Jer 15,15; Ez 33,4.6 und Ps 31,14 die Bedeutung "wegraffen" im Sinne von "töten".

len. Weil Henoch nach dem Verständnis der Sapientia nicht unablässig dagegen gefeit war, dem Bösen zu widerstehen, deshalb hat Gott ihn im Zustand seines Gerecht-Seins entrückt. Was nach dem Zeugnis von Sap 4,10f als drohende Gefahr über dem Leben Henochs stand, wird in manchen *rabbinischen Texten* als vollzogen angenommen:

> "'Und Henoch wandelte mit Gott, und er war nicht mehr, denn Gott hatte ihn hinweggnommen': Es sagte R. Ḥama b. Hošaja: ['Und er war nicht mehr', meint:] 'Er war nicht eingeschrieben in die Rollen der Gerechten, sondern in die Rollen der Frevler.' R.Aibu sagte: 'Henoch heuchelte (חנף), denn zuweilen war er gerecht, zuweilen war er gottlos.' Der Heilige, gepriesen sei er, sagte: 'Solange er gerecht ist, will ich ihn wegnehmen.'
>
> Eine Matrone fragte R.Jose: 'Wir finden bei Henoch nicht das Wort "sterben"'. Er sprach zu ihr: 'Wenn es nur heißen würde: "Und Henoch wandelte mit Gott" und sonst nichts, dann würde ich deiner Meinung sein; aber es heißt: "Und er war nicht mehr, denn Gott nahm ihn weg", d.h. er war nicht mehr in der Welt, denn Gott nahm ihn (durch den Tod) weg'."[478]

Hier ist deutlich: Henoch gehört auf die Seite der Gottlosen und nicht auf die Seite der Gott wohlgefälligen Gerechten. Seine "Wegnahme" von der Welt wird nicht mehr verstanden als von Gott gewirkte Entrückung in jenseitige Lebensräume, sondern als der von Gott herbeigeführte Tod Henochs. Der mehrdeutige Begriff לקח[479] wird auch in den *Targumim zu Gen 5,24* auf unterschiedliche Weise interpretiert. Im *TO* heißt es:

> "Und Henoch wandelte in der Ehrfurcht (בְּדַחְלְתָא) des Herrn; und er war nicht mehr, denn der Herr hatte ihn sterben lassen (אֲמִיתֵיה)."[480]

Das TO als "die offizielle babylonische Version des Targums"[481] versteht לקח im Sinne von "töten". Die palästinischen Targumim folgen dagegen der alttestamentlichen Vorlage und geben לקח durch synonyme aramäische Verben für den Vorgang der Entrückung wieder[482]. Im *TN zu Gen 5,24* lesen wir:

> "Und Henoch diente in Aufrichtigkeit vor dem Herrn, und man weiß nicht, wo er ist, denn er wurde weggerafft (אתנגר) durch ein Wort von vor dem Herrn."

---

478   BerR 25,1 (238f); vgl. BILL. III 744f und Yalq I 42.

479   Vgl. dazu oben Anm. 477.

480   Bemerkenswert ist die Einfügung von לָא vor אֲמִיתֵיה in den Handschriften U; y[b]; d[1] (SPERBER z.St.). Sie spiegelt die kontroverse Beurteilung Henochs wider. Die Einfügung ist als sekundäre Abschwächung der Textlesart zu verwerfen. Sie stellt den Versuch dar, Henoch seinen außerordentlichen Rang vor Gott wieder zukommen zu lassen.

481   P.SCHÄFER: Targumim 221.

482   TPsJ (vgl. oben Anm. 471); TN und TFrag (MS Vatican) verwenden hierfür das Itpe'el der Wurzel נגד (איתנגיד); TFrag (MS Paris) bietet das Itpe'el von der Wurzel דבר (אירבר).

Neben die bislang herangezogenen Texte des antiken Judentums sind nun noch andere Beurteilungen Henochs zu stellen. Der "Lobpreis der Väter" in *Jesus Sirach* (*Kap. 44-50*) nennt nach einer allgemeinen Einleitung (44,1-15) Henoch als erstes Beispiel der Heilsgeschichte (*44,16*)[483]. Bemerkenswert sind hierbei die Abweichungen zwischen dem hebräischen Text und der Septuaginta-Version. Ersterer lautet in der Übersetzung[484]:

> "Henoch wandelte mit dem Herrn, und er wurde hinweggenommen (וילקח) als ein Zeichen der Erkenntnis (אות דעת) von Geschlecht zu Geschlecht".[485]

Der griechische Text hat folgenden Wortlaut:

Ενωχ εὐηρέστησεν κυρίῳ καὶ μετετέθη ὑπόδειγμα μετανοίας ταῖς γενεαῖς.

Ein Vergleich läßt erkennen, daß die griechische Version das hebräische דעת nicht durch ein entsprechendes griechisches Äquivalent - wie etwa γνῶσις -, sondern mit μετάνοια wiedergibt und sich somit eine deutliche Akzentverschiebung in der Aussage ergibt. Als schwierig für die Interpretation des griechischen Textes erweist sich die Frage, ob μετανοίας auf Henoch selbst zu beziehen ist - also als genetivus subiectivus aufgefaßt werden muß -, oder ob das ganze Geschick Henochs ein Beispiel dafür ist, daß μετάνοια zur Aufnahme bei Gott führt - und somit μετανοίας einen genetivus obiectivus darstellt. Im ersteren Fall wäre es Henoch selbst, der die μετάνοια vollzogen hat. Im letzteren wäre Henoch ein Vorbild für die angesprochenen Leser. Sein Vorbild würde zeigen, daß der μετάνοια die Verheißung der Aufnahme bei Gott geschenkt ist[486]. Eine Entscheidung dieser Frage mag hier dahinstehen. Mit dem Stichwort der μετάνοια ist jedenfalls ein Aspekt benannt, der bei *Philo* eine eigentümliche Neuinterpretation erfährt. Philo legt *Gen 5,21-24* in drei Zusammenhängen aus[487], wobei Henoch durchweg als personifizierte μετάνοια dargestellt wird. Dabei interpretiert er das Verbum μετατίθημι aus Gen 5,24 als "Veränderung zum Besseren" (πρὸς ... τὸ βέλτιον ἡ μεταβολή)[488]. Es fand bei Henoch eine Versetzung in die Reue statt, die die Abkehr vom sündhaften Leben und die Hinkehr zur Tugend bewirkte[489], so daß er "nicht mehr gefunden ward". Dieses οὐχ

---

[483] Vgl. zur Gattung des Paradigmenkatalogs oben S. 83ff.

[484] Zum hebr. Text s. F.VATTIONI: Ecclesiastico 239; zur Übersetzung G.SAUER: Jesus Sirach (JSHRZ III.5) jeweils z.St. Außerdem s. D.LÜHRMANN: Henoch 106ff.

[485] Vgl. auch Sir 49,14: "Wenige auf der Erde wurden geschaffen wie Henoch. Er war es auch, der als lebendige Person entrückt wurde".

[486] Zur Sache vgl. D.LÜHRMANN: Henoch 106ff, der sich für das zweite Verständnis entscheidet. Der gleiche Gedanke liegt nach LÜHRMANN auch in Sap 4,10f vor: Henoch ist "nicht selbst der, der μετάνοια übt, sondern Prototyp des Gerechten, dessen Geschick die Gottlosen zur μετάνοια führen müßte" (ebd. 111).

[487] Abr 17-26; Praem 15-21 und Quaest in Gn I 82-86. Einzelheiten bei D.LÜHRMANN: Henoch 111ff.

[488] Abr 18; vgl. Quaest in Gn I 86: "From a sensible and visible place to an incorporeal and intelligible form"; Mut 38: ἀπὸ θνητοῦ βίου πρὸς τὸν ἀθάνατον.

[489] Abr 17.19; Praem 15.19f; Quaest in Gn I 82.

ηὑρίσκετο aus Gen 5,24 begründet Philo damit, daß der Weise deshalb schwer zu finden ist, weil es ihn zum einen selten gibt, und zum andern damit, daß er sich von allem geschäftigen Treiben abkehrt und hinwendet zur Ruhe, zum Allein-Sein und Verborgen-Sein[490]. Es ist evident: Henoch erscheint bei Philo als Typos des Sich-Bekehrenden.

Überblicken wir abschließend die voranstehenden Zeugnisse des antiken Judentums über die Person Henochs[491], so legt sich als Motiv für die erläuternde Bemerkung in Hebr 11,5a (τοῦ μὴ ἰδεῖν θάνατον) folgende Vermutung nahe: Der Verfasser des Hebr wußte um die negative Beurteilung Henochs in der Tradition. Vor allem kannte er diejenigen Überlieferungen, die - aufgrund ihrer negativen Haltung zu Henoch - das Verbum לָקַח in Gen 5,24 in malam partem interpretierten und so zu der Schlußfolgerung gelangten: Gott ließ Henoch vorzeitig sterben. Gegen eine derartige Einschätzung Henochs wendet sich der Hebr. Das heißt: τοῦ μὴ ἰδεῖν θάνατον ist eine apologetisch-polemische Spitze gegen all diejenigen Anschauungen im antiken Judentum, die Henoch auf die Seite der Gottlosen rechnen. Der Hebr reiht sich dagegen ein in die Reihe derjenigen Zeugen, die in Henoch einen Gerechten erkennen, der aufgrund seines Gerecht-Seins und seines Wohlgefallens bei Gott entrückt wurde. Er ist der von Gott Geliebte, der im Gegenüber zu den Gottlosen seiner Zeit steht. Daraus folgt ein Doppeltes: Es gibt (1) im Hebr keinen Hinweis dafür, daß "Henochs Glaube verstanden ist als seine Bekehrung zum wahren Gott"[492]. Aus seiner Entrückung läßt sich auch nicht schließen, daß die Aussagen in Hebr 11,13.39f "in offenbar gewolltem Widerspruch zu der Henochtradition (stehen), daß Henoch bereits in den Himmel aufgenommen ist"[493]. Es steht (2) fest: *Einerseits* hält sich der Hebr an Gen 5,24 und verwertet nicht die reiche Legende über Henochs Person[494]. Daß er *andererseits* die mit Henoch verbundenen Traditionen sehr wohl kannte, zeigt die apologetisch-polemisch aufzufassende Formulierung τοῦ μὴ ἰδεῖν θάνατον.

Damit stehen wir vor der Aufgabe der *Interpretation von V. 6b.* In sprachlicher Hinsicht bietet der Halbvers die Begründung zu den Aussagen in den VV. 5.6a. Die Aussage gilt zum einen für Henoch, sie geht aber zugleich über die konkrete Verbindung mit Henoch hinaus. In Form einer *allgemeinen Regel* nimmt der Verfasser auf seine in V. 1 aufgestellte These Bezug: Der Glaube an die Existenz Gottes (ὅτι ἔστιν) ist ein πραγμάτων ἔλεγχος οὐ βλεπομένων (11,1b). Als Explikation von ἐλπιζομένων ὑπόστασις (11,1a) erweist sich dagegen der Glaube, daß Gott "denen, die ihn

---

[490] Vgl. Praem 15ff; Quaest in Gn I 86; Abr 20.22ff; Mut 34ff und öfter.

[491] Bei Josephus heißt es von Henoch: "Nachdem dieser 365 Jahre gelebt hatte, entfernte er sich zu Gott" (Ant. I 85). Vgl. außerdem Ant. IX 28.

[492] So D.LÜHRMANN: Henoch 106.

[493] Ebd. 115; ebenso G.THEISSEN: Untersuchungen 98.

[494] So mit Recht bereits H.WINDISCH 100; vgl. auch R.NEUDECKER: Heilsgeschichte I 136.

suchen, ein Belohner sein wird"[495]. Der so beschriebene Glaube hat das *Ziel*, im Eschaton Anteil zu haben an den ἐλπιζόμενα und den πράγματα οὐ βλεπόμενα. Wer aber im Eschaton die unmittelbare Gottesgemeinschaft erfahren und Gott nahen will, wer die eschatologische σωτηρία sucht, der *muβ* (δεῖ) - und darin wird ein weiteres Mal das am menschlichen Gehorsam orientierte Glaubensverständnis des Hebr deutlich - an die Existenz Gottes glauben, und der muβ die Überzeugung festhalten, daβ Gott ein gerechter Richter sein wird. Im Blick auf unsere Fragestellung fällt auf, daβ die Bedingung des Glaubens an die Existenz Gottes weder einen spezifisch jüdischen noch einen spezifisch christlichen Satz und schon gar nicht einen Berührungspunkt mit "einer Grundüberzeugung des Paulus"[496] darstellt. Im hebräischen Denken stellt der Glaube an die Existenz Gottes eine gängige Grundeinsicht theologischen Verstehens dar[497]. Der Gedanke: "Es ist kein Gott!" kann daher für alttestamentliches Denken ausschließlich im Herzen des unverständigen und törichten Menschen aufkommen[498]. So ist es nur allzu verständlich, daβ die Frage nach der Existenz Gottes im Alten Testament nicht zum Gegenstand einer theoretischen Auseinandersetzung gemacht wurde. Vielmehr spiegeln die einschlägigen Texte die Diskussion der Israeliten und des antiken Judentums mit dem praktischen Atheismus wider[499]. Aber auch im Neuen Testament läβt sich eine theoretische Auseinandersetzung um die Existenz Gottes nicht nachweisen. Das gilt auch für die Stellen, an denen von Gott als θεὸς ἀόρατος die Rede ist: In *Röm 1,20* geht es nicht um eine theoretische Erörterung über den Schöpfer an sich, sondern um die - wenn auch verwirkte - Erkenntnis*möglichkeit* der ἀόρατα αὐτοῦ in seinen Werken. Bei Paulus kommt Gott ausschließlich in Christus zur Sprache (2Kor 5,19). In *Kol 1,15* wird ἀόρατος als Epitheton Gottes in einem Kontext verwendet, in dem Christus als Schöpfungsmittler die εἰκὼν τοῦ θεοῦ darstellt. Die Doxologie in *ITim 1,17* bekennt Gott als βασιλεὺς τῶν αἰώνων, der ἄφθαρτος ἀόρατος ist. Mose erweist sich nach dem Zeugnis von *Hebr 11,27* als Glaubender im Sinne von 11,1, indem er sich auf den unsichtbaren Gott (ὁ ἀόρατος) und auf seine Verheiβungen ausrichtet, "als sähe er ihn" (ὡς ὁρῶν). Allen Stellen ist gemein: Sie setzen die Existenz Gottes voraus und wollen nicht in eine Erörterung über das Dasein Gottes eintreten. Wie ist vor diesem Hintergrund Hebr 11,6b zu verstehen? Das erste Glied (11,6bα) fällt zweifellos auf den ersten Blick aus dem angegebenen Rahmen der anderen neutestamentlichen Stellen. Es kann überdies nicht strittig sein, daβ der Hebr mit seiner philoso-

---

[495] Dieser Zusammenhang wird von den meisten neueren Auslegern betont: vgl. A.SCHLATTER: Glaube 528; E.RIGGENBACH 350f; O.MICHEL 386; E.GRÄSSER: Glaube 136; H.BRAUN 348 u.v.a.m.

[496] So A.STROBEL 213.

[497] Vgl. auch E.GRÄSSER: Glaube 131.

[498] Vgl. Ps 14,1; 53,2: אָמַר נָבָל בְּלִבּוֹ אֵין אֱלֹהִים bzw. ψ 13,1 = 52,2: εἶπεν ἄφρων ἐν καρδίᾳ αὐτοῦ Οὐκ ἔστιν θεός. Ex 3,14 kann weder in seiner hebräischen - אֶהְיֶה אֲשֶׁר אֶהְיֶה - noch in seiner griechischen - ἐγώ εἰμι ὁ ὤν - Fassung als Hintergrund für Hebr 11,6bα herangezogen werden.

[499] Neben den in der vorigen Anmerkung genannten Psalm-Stellen vgl. Hi 2,10; Jer 5,12; 4 Esr 7,23f; 8,58 und H.J.KRAUS: Psalmen I 106 und H.BRAUN 348.

phisch-hellenistisch *anmutenden* Formulierung in der Nähe der stoischen Philosophie zu stehen kommt. So lesen wir bei *Seneca*[500]:

> Primus est Deorum cultus Deos credere. Deinde reddere illis maiestatem suam, reddere bonitam sine qua nulla maiestas est; scire illos esse qui praesident mundo, qui universa vi sua temperant, qui humani generis tutelam gerunt interdum incuriosi singulorum.

> "Das Wichtigste der Götterverehrung ist der Glaube an die Götter. Sodann: Ehrfurcht zu zollen ihrer Erhabenheit und Güte, ohne die es keine Erhabenheit gibt; zu wissen, daß sie es sind, die die Welt lenken, die das All durch ihre Macht ordnen und für die Erhaltung des Menschengeschlechts sorgen, mitunter unbekümmert um den einzelnen."

Vergleichbare Aussagen finden sich bei *Epictet*, so zum Beispiel in *Diatr. II 14,11*:

> Λέγουσιν οἱ φιλόσοφοι, ὅτι μαθεῖν δεῖ πρῶτον τοῦτο, ὅτι ἔστι θεὸς καὶ προνοεῖ τῶν ὅλων.

> "Die Philosophen behaupten, man müsse zuerst dies lernen, daß es Gott gibt und er das All lenkt."

Eine ebenso eindrückliche Parallele zu Hebr 11,6 begegnet in *Encheiridion 31*[501]:

> Τῆς περὶ τοὺς θεοὺς εὐσεβείας ἴσθι ὅτι τὸ κυριώτατον ἐκεῖνό ἐστιν, ὀρθὰς ὑπολήψεις περὶ αὐτῶν ἔχειν, ὡς ὄντων καὶ διοικούντων τὰ ὅλα καλῶς καὶ δικαίως, καὶ σαυτὸν εἰς τοῦτο κατατετάχέναι, τὸ πείθεσθαι αὐτοῖς ...

> "Was die Frömmigkeit gegenüber den Göttern betrifft, so wisse, daß es hauptsächlich darauf ankommt, richtige Vorstellungen über sie zu haben: daß sie existieren und das Weltall gut und gerecht regieren und daß du die Bereitschaft haben mußt, ihnen zu gehorchen ..."

Die Texte, denen sich weitere Parallelen an die Seite stellen ließen[502], zeigen: Das Wichtigste (primus; πρῶτον) der Gottesverehrung gründet im unabdingbaren (δεῖ) Glauben an die Existenz der Gottheit. Die stoische Philosophie und Ethik weiß um die Fürsorge Gottes: Gott lenkt die Welt, er ordnet das All, leitet gut und gerecht das Universum und sorgt für die Erhaltung des Menschengeschlechts. Der Weise aber gehorcht ihm.

Auch *Philo* stellt die Frage εἰ ἔστι τὸ θεῖον[503]: Mose hat den Gottesfürchtigen unaufhörlich eingeschärft, daß *ein* Gott ist (ὅτι θεὸς εἷς ἐστι), der als Gründer und Schöpfer aller Dinge auch der κύριος τῶν γεγονότων ist. Er, der Vater und Lenker aller Dinge, ist wohl schwierig zu erkennen, kann aber dennoch erforscht werden. Hierfür - so betont Philo - sind zwei Fragen leitend. Erstens: εἰ ἔστι τὸ θεῖον -, diese

---

[500] Epistolae Morales XCV,50. Auf die Parallelen hat schon J.J.WETTSTEIN zu Hebr 11,6 hingewiesen.

[501] Zur Übersetzung s. K.STEINMANN: Handbüchlein 45.

[502] Weitere Belege bei J.MOFFATT 166f; E.GRÄSSER: Glaube 131ff; H.BRAUN 348f; vgl. auch die oben S. 94 notierte Stelle bei Aristoteles, Rhet. II 23.8 (1398a 15ff).

[503] Zum folgenden siehe Spec I 30ff.

Frage ist vor allem im Hinblick auf die frevelhaften Gottesleugner (ἕνεκα τῶν ἐπιτη-δευσάντων ἀθεότητα) zu stellen. Zweitens: τί ἐστι κατὰ τὴν οὐσίαν. Die erste Frage kann ohne viel Mühe entschieden werden. Die zweite hingegen entzieht sich "vielleicht" (ἴσως ἀδύνατον) jeglicher Antwort[504]. Philo wendet sich am Ende seiner Schrift *"De opificio mundi"*, in den Abschnitten *170 - 172*, nochmals gegen Atheisten und Skeptiker und nennt in diesem Zusammenhang die fünf besten Lehren aus dem biblischen Bericht über die Weltschöpfung[505]. Die erste Regel - "daß Gott existiert und waltet" (ὅτι ἔστι τὸ θεῖον καὶ ὑπάρχει) - gibt Mose, so Philo, wegen der Gottlosen (διὰ τοὺς ἀθέους), die an der Existenz Gottes zweifeln oder sie gar ganz leugnen (μηδ' ὅλως εἶναι). Abschließend betont er: "Wer alle diese ... Grundsätze nicht (nur) mit dem Ohr, sondern vielmehr mit dem Geiste (διανοίᾳ) erfaßt und seiner Seele tief eingeprägt hat, daß Gott ist und waltet ..., der wird, durchdrungen von den Lehren der Gottesfurcht und der Frömmigkeit, ein glückliches und seliges Leben führen".

Es kann nicht zweifelhaft sein, daß das erste Glied von Hebr 11,6b in unmittelbarer sachlicher Nähe zur stoischen Philosophie und besonders zum Denken Philos steht. Die Forderung des Hebr, an die Existenz Gottes zu glauben und diesen Glauben zur Bedingung für das eschatologische Heil zu erheben, kann - zumindest auf den ersten Blick - sinnvoll nur vor dem Hintergrund des geistigen Milieus in Alexandria interpretiert werden. Sieht man von den unterschiedlichen Konzeptionen des eschatologischen Denkens bei Philo und im Hebr einmal ab, so bietet das in Hebr 11,6bα Gesagte sachlich einen der engsten Berührungspunkte zwischen beiden Autoren, ohne daß deshalb auf eine direkte Abhängigkeit des Hebr von Philo geschlossen werden könnte[506]. Zwei Aspekte verdienen es, hervorgehoben zu werden. Es legt sich *zum einen* nahe, anzunehmen, daß der wohl im gleichen geistigen Milieu wie Philo beheimatete Verfasser des Hebr wie jener die Auseinandersetzung mit dem theoretischen Atheismus nicht vermeiden konnte und - wofür unser Vers ein beredtes Zeugnis darstellen dürfte - auch nicht gescheut hat. Im näheren und weiteren Umfeld unseres Verfassers und der von ihm angesprochenen Gemeinde werden atheistische Anschauungen gewiß eine Rolle gespielt haben, so daß 11,6bα als indirekte Polemik gegen solche Haltungen zu werten sein wird[507]. *Zum*

---

[504] Vgl. auch Praem. 39ff und Virt 216.

[505] Vgl. zum folgenden E.GRÄSSER: Glaube 132f Anm. 401.

[506] So auch E.GRÄSSER: Glaube 145, der freilich ansonsten zwischen Philo und Hebr eine engere Beziehung annimmt als die vorliegende Untersuchung. Es ist dagegen m.E. nicht richtig, wenn H.WINDISCH (100) den Glauben an die Existenz Gottes als allgemeinen "Satz der biblischen Heilslehre" einordnet. Die Existenz Gottes ist quer durch ganze Bibel immer schon als nicht zu erörternde Voraussetzung mitgedacht.

[507] Ähnlich argumentiert O.MICHEL 387. Hebr 6,1 (πίστις ἐπὶ θεόν) zeigt deutlich, daß der Verfasser den "Glauben an Gott" zu den in der Katechese zu lehrenden Grundlagen zählt. Im Kontext einer judenchristlichen Gemeinde ist dies jedoch überflüssig (s. oben S. 185 Anm. 498). Wenn also der Hebr an eine heidenchristliche Gemeinde gerichtet war - was heute breite Zustimmung findet (anders neuerdings wieder H.FELD: ANRW 3588f) -, dann kann das Problem des theoretischen Atheismus im heidnischen Umfeld durchaus eine gewichtige Rolle gespielt haben.

andern kann erwogen werden, ob der Hebr dort πίστει beziehungsweise πιστεῦσαι verwendet, wo Philo auffordert, die Grundsätze der biblischen Schöpfungslehre "mit dem Geist" (διανοίᾳ) aufzufassen[508].

Drängt sich mit der Feststellung der philosophisch anmutenden Forderung nicht auch die Überzeugung auf, das Glaubensverständnis des Hebr nehme - zumindest an unserer Stelle - intellektualistische Züge an? Dies kann keineswegs vorschnell zurückgewiesen werden. Dennoch: Bevor ein solches Urteil gefällt wird, muß näher untersucht werden, welche Bedeutung πιστεύειν in Hebr 11,6 besitzt. Hier hilft m.E. ein Abschnitt bei Deuterojesaja weiter. In der Gerichtsrede[509] *Jes 43,8-13* beruft Jahwe das Volk Israel zum Zeugen in der Gerichtsversammlung, in der er die Völker samt ihren Göttern richtet. Es ist das blinde Volk, das doch Augen hat, und das taube Volk, das doch Ohren hat (V. 8), das Jahwe vor dem Forum der Völkerwelt (V. 9) zum Zeugen erhebt. Er hat es erwählt zum Knecht und Zeugen: לְמַעַן תֵּדְעוּ וְתַאֲמִנוּ לִי וְתָבִינוּ כִּי־אֲנִי הוּא (V. 10b). Die Septuaginta übersetzt diesen Halbvers: ἵνα γνῶτε καὶ πιστεύσητε καὶ συνῆτε ὅτι ἐγώ εἰμι. Israel selbst soll demnach "erkennen und glauben und einsehen, daß Jahwe allein sein Gott und sein Heiland" (מוֹשִׁיעַ = σῴζων : V. 11) ist. Demgegenüber sind die Götter der Völker Nichtse (Jes 41,24). Es fällt das Nebeneinander der drei Verben יָדַע (γινώσκειν), הֶאֱמִין (πιστεύειν) und בִּין (συνίειν) auf. Glauben und Erkennen, Glauben und verständiges Einsehen gehören demnach eng zusammen. Treffend bemerkt K.ELLIGER: "'Glauben' schließt bei Dtjes also ein Wissen um Gott ein"[510]. Es geht konkret um das Erkennen, "daß Jahwe und kein anderer Gott Herr der Geschichte ist. Glauben heißt hier: eine Glaubenswahrheit als solche erkennen und anerkennen"[511]. *Jes 43,10* zeigt also, daß es um die Erkenntnis und Anerkenntnis Gottes als Glaubenswahrheit geht. Läßt sich ein solches Verständnis auch für Hebr 11,6bα wahrscheinlich machen? Will man Jes 43,10 als Folie für unseren Vers heranziehen, so darf zunächst nicht übersehen werden: Bei Deuterojesaja wird aus dem Kontext ohne weiteres ersichtlich, daß es bei der Erkenntnis und Anerkenntnis Gottes als Glaubenswahrheit um Jahwe als den Herrn der Geschichte und den Heiland Israels geht. Die Verbindung mit dem sich offenbarenden Herrn der Geschichte läßt sich auch für Hebr 11,5f ohne weiteres einsichtig machen, - der ganze Hebr steht, wie gezeigt

---

Inwiefern die Frage nach der Existenz Gottes bei den Empfängern des Hebr selbst eine Rolle spielte, läßt sich allerdings nicht feststellen. Daß die Ausführungen in Hebr 11,5b.6 auf den Verfasser zurückgehen, betonen auch diejenigen Exegeten, die in Hebr 11 eine jüdische Vorlage verarbeitet sehen: vgl. G.SCHILLE: Katechese 117f; G.THEISSEN: Untersuchungen 98 und M.RISSI: Theologie 106. Man kann daher diese für das Neue Testament einzigartige Argumentation des Hebr nicht mit aufgenommener Tradition erklären, die der Verfasser womöglich noch ohne viel Nachdenken in seinen Paradigmenkatalog eingearbeitet hätte.

508 Vgl. E.GRÄSSER: Glaube 133 Anm. 401.

509 Zur Gattungsbestimmung vgl. C.WESTERMANN: Jesaja 98f; H.WILDBERGER: אמן 193 und K.ELLIGER: Deuterojesaja 309ff.

510 Deuterojesaja 323. Ähnlich C.WESTERMANN: Das "Erkennen enthält in sich das Glauben, es ist glaubendes Erkennen oder erkennendes Glauben" (Jesaja 101). Die Nähe zum johanneischen πιστεύειν καὶ γινώσκειν (Joh 6,69) ist unübersehbar.

511 H.WILDBERGER: אמן 193.

wurde, unter der Überschrift des Abschnittes 1,1-4[512]. Ohne diese Konnotation jedenfalls - das steht fest - zeigt Hebr 11,6bα intellektualistische Züge, die - isoliert betrachtet - für philosophische Spekulationen offen zu sein scheinen. Dieser Eindruck würde dann noch verstärkt, wenn denjenigen Exegeten zuzustimmen wäre, die meinen, daß auch das *zweite Glied* (Hebr 11,6bβ) nicht über ein unvermitteltes Nebeneinander von alttestamentlich-jüdischem und allgemein-religiösem Vergeltungsglauben hinausführe[513]. Doch greift diese Einschätzung zu kurz. Die Wendung οἱ ἐκζητοῦντες αὐτόν weist in kultische Zusammenhänge, was sich aus der Bedeutung und Verwendung von ζητέω beziehungsweise ἐκζητέω ergibt[514]. Vor allem die Psalmen lassen erkennen, daß das ”Suchen (des Angesichts) Gottes” seinen Sitz im gottesdienstlichen Gebet hat. So heißt es in ψ 33,5:

> ἐξεζήτησα τὸν κύριον, καὶ ἐπήκουσέν μου
> καὶ ἐκ πασῶν τῶν παροικιῶν μου ἐρρύσατό με.

Auch ψ 13,2 (= 52,3) - also der Psalm, der davon spricht, daß nur die Toren die Existenz Gottes leugnen - handelt vom ”Suchen Gottes”:

> κύριος ἐκ τοῦ οὐρανοῦ διέκυψεν ἐπὶ τοὺς υἱοὺς τῶν ἀνθρώπων
> τοῦ ἰδεῖν εἰ ἔστιν συνίων ἢ ἐκζητῶν τὸν θεόν[515].

Es kann hier dahingestellt bleiben, ob der Hebr möglicherweise weitere vergleichbare Traditionen vor Augen hatte, in denen der Glaube an die Existenz Gottes verbunden war mit der Erkenntnis, daß das ”Suchen Gottes” im Gebet begleitet war von der Gewißheit der Erhörung, - oder ausgedrückt mit der Begrifflichkeit des Hebr: geprägt war von der Gewißheit der μισθαποδοσία. Spiegelt gar der ganze Vers 6b eine kultische Tradition wider, die die beiden Aspekte miteinander verbunden hatte? Soviel steht jedoch fest: ”In ... inhaltlicher ... Anlehnung an die LXX bezeichnet ἐκζητεῖν τὸν κύριον die Haltung des Frommen, der *nach Gott fragt* und sich um seine Gnade bemüht”[516]. Das Mühen um Gottes Gnade ist ausgerichtet auf den eschatologischen Lohn. Gott selbst wird als μισθαποδότης[517] - als ”Belohner” - den Gläubigen, die μέχρι τέλους ausharren, ihren Lohn gewähren. Wie in 10,35 und 11,26, wo von der eschatologischen μισθαποδοσία für die Glaubenden die Rede ist[518], denkt der Verfasser konkret an das eschatologische εἰσέρχεσθαι εἰς τὴν κατάπαυσιν.

---

[512] Vgl. oben S. 27ff. Daß Hebr 11,5f auf den Verfasser zurückgeht, ist unstrittig (vgl. oben Anm. 507).

[513] Vgl. etwa H.BRAUN 348.

[514] Zum bedeutungsgleichen Nebeneinander von Simplex und Kompositum vgl. H.GREEVEN: ζητέω 897,17ff.

[515] Daneben vgl. ψ 68,33; 76,3; Dtn 4,29 LXX und Am 9,12 (= Apg 15,17).

[516] H.GREEVEN: ζητέω 897,19f.

[517] Zu diesem neutestamentlichen Hapaxlegomenon vgl. H.PREISKER: μισθός 705.7 33f.

[518] Zu ἔνδικος μισθαποδοσία in 2,2 s. oben 47f.

Wir brechen hier unsere Auslegung ab und *fassen zusammen*:

(1) Henoch gehört in die Reihe der πρεσβύτεροι, denen aufgrund ihres Glaubens von Gott ein "gutes Zeugnis" zuteil wurde (V. 5b: μεμαρτύρηται = Passivum divinum).

(2) Daß Henoch πίστις hatte, weiß der Verfasser aus der Schrift! Denn von ihm bezeugt das Alte Testament (Gen 5,22.24 LXX), daß er Gott wohlgefallen hat. Aber ohne Glaube ist es unmöglich, Gottes Wohlgefallen zu finden (Hab 2,4 LXX = Hebr 10,38; 11,6a).

(3) Henoch wurde aufgrund seines Glaubens entrückt, τοῦ μὴ ἰδεῖν θάνατον. Der Hebr wendet sich mit dieser Aussage gegen eine im antiken Judentum aufkommende Diskreditierung der Person Henochs. Er gehört als Gerechter auf die Seite Gottes und steht damit im Gegenüber zu den Gottlosen seiner Zeit.

(4) Aus der Entrückung Henochs darf nicht geschlossen werden, daß er bereits vor dem Tag der Heilsvollendung in die unmittelbare Nähe Gottes eingegangen ist. Vielmehr wartet er - wie alle anderen Glaubenszeugen (11,39) - auf den Tag der Wiederkunft Jesu, - auf den Tag der Heilsvollendung.

(5) In Form einer allgemeinen Regel (11,6b) expliziert der Verfasser seine These von 11,1, wobei deutlich ist, daß sich die inhaltliche Bestimmung der πίστις nicht nur auf Henoch bezieht: Der Glaube an die Existenz Gottes (11,6bα) erweist sich als Ausgestaltung von 11,1b (πραγμάτων ἔλεγχος οὐ βλεπομένων), der Glaube an den Grundsatz der gerechten Vergeltung (11,6bβ) dagegen als eine solche von 11,1a (ἐλπιζομένων ὑπόστασις).

(6) Das erste Glied der inhaltlichen Näherbestimmung der πίστις - der Glaube an die Existenz Gottes - mutet für sich genommen ausgesprochen philosophisch an und begegnet so auch in der Stoa und bei Philo. Doch verbietet sich für den Hebr die Annahme einer religionsgeschichtlichen Überfremdung mit der möglichen Konsequenz einer spekulativen Gotteslehre aus drei Gründen:

(a) Der ganze "Brief" steht unter der Überschrift des Redens Gottes (1,1f): einst zu den Vätern durch die Propheten und in dieser Endzeit zu "uns" durch den Sohn. Der Hebr kennt *einzig* den Deus revelatus.

(b) Der Glaube an Gott, den Belohner der Gerechten (11,6bβ) und den Richter der Gottlosen (vgl. 2,2), gehört unmittelbar mit dem ersten Glied zusammen: Es geht nicht um Gott an sich - auch wenn die Auseinandersetzung mit dem theoretischen Atheismus im Umfeld der Adressaten und des Verfassers als mögliches Problem nicht schlichtweg abgestritten werden kann (= Philo). Vielmehr geht es um den Glauben an die Existenz des Gottes, der den bis zum Tag der Heilsvollendung treu und geduldig beim Wort der Verheißung Feststehenden die eschatologische σωτηρία zueignen wird.

(c) Wenn sich auch die Kontexte beider Verse nicht direkt vergleichen lassen, so geht doch das Verständnis von πιστεύειν in Hebr 11,6b sachlich dem in Jes 43,10 parallel: Es geht um das Kennen und Anerkennen einer Glaubenswahrheit, die nicht abseits der Offenbarung Gottes gewonnen werden kann.

(7) Den Abschluß bildet die *Paraphrase* von Hebr 11,5f:

> Aufgrund des Glaubens (an die Existenz des Gottes, der den bis zum Tag der Heilsvollendung geduldig Ausharrenden den Zutritt ins himmlische Allerheiligste als Lohn zueignen wird,) wurde Henoch entrückt, so daß

er den Tod nicht sah. Und er ward (auf der Erde) nicht (mehr) gefunden, denn Gott hatte ihn entrückt. Vor seiner Entrückung aber hat er (von Gott) das (gute) Zeugnis erhalten, daß er Gott wohlgefallen hat. Aber (so bezeugt die Schrift an anderer Stelle) ohne Glauben ist es unmöglich, (Gott) wohlzugefallen; – denn es ist für denjenigen, der Gott nahen will, notwendig zu glauben, daß er (Gott) ist und (zwar) daß er (derjenige ist, der) denen, die ihn (im Glauben und im gottesdienstlichen Gebet) suchen, (ganz gewiß) ein Belohner sein wird.

3. Hebr 11,7: Noahs Rettung um des Glaubens willen

Als dritten Zeugen der Urgeschichte nennt der Hebr Noah. Er lehnt sich mit seiner Reihenfolge Henoch – Noah an die vorgegebene Tradition des Alten Testaments und des antiken Judentums an[519]. Dreierlei sagt der Verfasser über Noah aus: (1) Im Glauben[520] baute Noah, nachdem er (von Gott) eine Weisung über noch nicht sichtbare Dinge erhalten hatte, in frommer Gottesscheu eine Arche zur Rettung seines Hauses. (2) Durch den Glauben gereichte er der gottlosen Welt zur Verurteilung. (3) Er gelangte in den Besitz der Rechtschaffenheit, die sich dem Glauben verdankt.

Diese Feststellungen bedürfen der Begründung: Es ist vorausgesetzt, daß (1) πίστει nicht auf χρηματισθείς[521], auch nicht auf χρηματισθείς und εὐλαβηθείς[522], sondern – mit der Mehrheit der Ausleger – allein auf εὐλαβηθείς κατεσκεύασεν bezogen werden muß. Noahs Glaube bildet nicht die Voraussetzung für den Empfang der göttlichen Weisung, sondern er steht für die gegenüber dem göttlichen Wort eingenommene Haltung. Treffend bemerkt daher schon THEODORET: ἡ πίστις γὰρ αὐτὸν παρεσκεύασε κατασκευάσαι τὴν κιβωτόν[523]. Unsere Auslegung impliziert (2), daß die Formulierung χρηματισθείς Νῶε περὶ τῶν μηδέπω βλεπομένων syntaktisch als Parenthese verstanden werden muß[524]. Es ist (3) entschieden, daß εὐλαβηθείς[525] weder die Besorgnis

---

[519] Neben der Übersicht zu den Paradigmenkatalogen (oben S. 85) vgl. Jub 4-10 und TestXII TB 10,6. Bei Afrahaṭ lesen wir (I 14): "Und Noah wurde, weil er glaubte, vor der Sintflut gerettet (ܢܘܚ ܕܝܢ ܡܛܠ ܕܗܝܡܢ ܡܢ ܛܘܦܢܐ ܐܫܬܘܙܒ)".

[520] Πίστει ist hier als Dativus modi aufzufassen: vgl. BDR § 198.

[521] So z.B. H.WINDISCH 100; O.MICHEL 387 und U.WILCKENS: Neues Testament z.St.

[522] F.DELITZSCH 539.

[523] PG 82, 760.

[524] Diese Beobachtung findet seit der Väterexegese bis in die neueren Auslegungen hinein breite Zustimmung. H.GROTIUS z.St. bezieht anders, wenn er schreibt: "Illa autem περὶ τῶν μηδέπω βλεπομένων ... recte construes cum εὐλαβηθείς [metuens]" (1053); vgl. auch E.RIGGENBACH 351f.

[525] Zu den Bedeutungen von εὐλαβεῖσθαι vgl. W.BAUER: Wb: 1) "sich fürchten, Angst haben, besorgt sein (636 s.v. 1); 2) "fromme Scheu haben" (ebd. s.v.2).

meint, in die Noah versetzt wurde[526], noch an fromme Vorsicht denken läßt[527], die er angesichts der noch nicht sichtbaren Ereignisse walten ließ. Vielmehr wird betont: Noah hat in "frommer Scheu" die Arche gebaut[528]. Dieses Verständnis zudem die Verwendung des Nomens εὐλάβεια in 5,7 und 12,28, wo die Bedeutung "Gottesfurcht" vorliegt. Für 11,7 ergibt sich diese Übersetzung auch durch den Kontext: Dem Verfasser liegt daran zu zeigen, daß Noahs Gehorsam, aufgrund dessen er die Arche baut, als Ausdruck seiner πίστις in seiner frommen Gottesfurcht und nicht in seiner Angst vor dem kommenden Gericht begründet liegt. Überdies wäre es vor dem Hintergrund des bislang Ausgeführten absurd anzunehmen, Angst und nicht das Vertrauen auf Gottes Verheißungswort könnte den Beweggrund für Noahs Handeln gebildet haben. Eine weitere exegetische Voraussetzung bildet (4) die Annahme, daß der mit δι' ἧς eingeleitete Relativsatz auf πίστει zu beziehen ist[529]. Schließlich bleibt (5) hinzuweisen auf die zu erörternde Frage, ob der mit καί eingeleitete Schlußsatz als selbständiger Satz oder als Fortsetzung des vorangehenden Relativsatzes angesehen werden muß.

Welche *Traditionen* hat der Verfasser aufgenommen? In erster Linie sind hier die alttestamentlichen Abschnitte Gen 6,8f und Gen 6,13 - 7,1 zu nennen. Allerdings sucht man dort vergeblich nach dem Stichwort der πίστις[530]. Woher weiß der Verfasser um den Glauben Noahs? Ein weiteres Mal kann die Antwort nur lauten: aus der Schrift! Wiederum gewinnt der Hebr dieses Wissen durch die zweite der sieben Middoth Hillels, durch eine *Gezera schawa*, und zwar - wenn wir recht sehen - erneut in zweifacher Hinsicht. In der priesterschriftlichen Geschichte von der Sintflut lesen wir (*Gen 6,9*):

"Noah war ein gerechter und vollkommener Mann (אִישׁ צַדִּיק תָּמִים)
unter seinen Zeitgenossen; mit Gott wandelte Noah (אֶת־הָאֱלֹהִים
הִתְהַלֶּךְ־נֹחַ)."

Die Septuaginta übersetzt diesen Vers:

Νωε ἄνθρωπος δίκαιος, τέλειος ὢν ἐν τῇ γενεᾷ αὐτοῦ· τῷ θεῷ εὐηρέστησεν Νωε.

---

[526] E.RIGGENBACH 347 und W.BAUER: Wb 636, s.v. 1; vgl. auch die Exegese der Kirchenväter, J.A.BENGELs, J.CALVINs und die Sicht von H.GROTIUS (s. oben Anm. 524) zur Stelle.

[527] So deuten z.B. F.DELITZSCH 539; B.F.WESTCOTT 358; H.VON SODEN 82; H.W.MONTEFIORE 191.

[528] Eine Vielzahl von Exegeten versteht so: z.B. H.WINDISCH 100; C.SPICQ II 345; F.W.GROSHEIDE 262; O.MICHEL 368.387f; F.F.BRUCE 285; O.KUSS 170 und W.R.G.LOADER: Sohn und Hoherpriester 102.

[529] Wie in 11,4 steht δι' ἧς für διὰ πίστεως. Die Annahme eines Bezuges auf κιβωτόν ist abwegig: zu den Vertretern vgl. H.BRAUN 351. Auch die Verbindung mit σωτηρίαν kann nicht ernsthaft erwogen werden.

[530] Vgl. dazu auch F.SCHRÖGER: Schriftausleger 215 Anm. 1.

Analog heißt es in der jahwistischen Sintfluterzählung in *Gen 7,1:*

> "Da sprach Jahwe zu Noah: 'Geh hinein, du mit deinem ganzen Hause in
> die Arche, denn dich habe ich vor mir gerecht befunden (רָאִיתִי
> צַדִּיק) in diesem Geschlecht."

Die Septuaginta gibt diesen Vers wieder:

> Καὶ εἶπεν κύριος ὁ θεὸς πρὸς Νωε Εἴσελθε σὺ καὶ πᾶς ὁ οἶκός σου εἰς τὴν
> κιβωτόν, ὅτι σὲ εἶδον δίκαιον ἐναντίον μου ἐν τῇ γενεᾷ ταύτῃ.

Der Verfasser des Hebr konnte demnach den Stellen Gen 6,9 und 7,1 LXX entnehmen, daß Noah ein ἄνθρωπος δίκαιος war. Er ist überhaupt der Erste, der im Alten
Testament ausdrücklich צַדִּיק / δίκαιος genannt wird. Aus Hab 2,4 LXX (= Hebr
10,38) weiß der Hebr, daß der Gerechte ἐκ πίστεως leben wird. So gelangte er auf
dem Weg eines Analogieschlusses zu der Einsicht, daß Noah, weil er ein ἄνθρωπος
δίκαιος (Gen 6,9; 7,1 LXX) war, πίστις hatte. Zum gleichen Ergebnis gelangt man,
wenn das Gewicht auf die Aussage in Gen 6,9 LXX gelegt wird, wonach Noah als
Gerechter Gott wohlgefallen hat (τῷ θεῷ εὐηρέστησεν). Da aber - wie der schriftkun-
dige Verfasser ebenfalls aus Hab 2,4 LXX (= Hebr 10,38) entnehmen konnte - nur
derjenige, der aus Glauben lebt und nicht vom Wort der Verheißung zurückweicht,
bei Gott Wohlgefallen findet, gelangt er zu dem folgerichtigen Schluß, daß Noah
diese πίστις gehabt haben muß[531].

Das Wissen um Noahs Gerecht-Sein, konnte der Verfasser überdies einem breiten
alttestamentlichen und altjüdischen Traditionsstrom entnehmen. In *Ez 14,14.20*
wird Noah zu den drei gerechten Männern gezählt, denen Jahwe verheißt: αὐτοὶ ἐν
τῇ δικαιοσύνῃ αὐτῶν σωθήσονται (Ez 14,14)[532]. Nach *Sir 44,17 LXX* wurde Noah vor
Gott als τέλειος δίκαιος erfunden (εὐρέθη = Passivum divinum). *Sap 10,4* nennt ihn ὁ
δίκαιος. Ihn steuert die σοφία mit Hilfe eines wertlosen Holzes. Es fällt auf, daß der
Fall Kains, des Ungerechten (ἄδικος), die Ursache für die Sintflut bildet und daß
Noah als Typus des Gerechten dem Brudermörder kontrastiert wird (10,3). Im *Buch
der Jubiläen* wird in *5,19* und *10,17* die vollkommene Gerechtigkeit Noahs betont:
"Denn gerecht war sein Herz auf allen seinen Wegen, gleichwie ihm geboten war
darüber. Und er hatte nicht übertreten von allem, was ihm angeordnet war" (5,19).
Von den zahlreichen Belegen in der Literatur des antiken Judentums[533] verdienen

---

[531] Von Noahs Glaube (אמנה) spricht R.JOCHANAN in BerR 32,6 (293) zu Gen
7,7, - freilich in ganz anderer Weise als der Hebr: "Noah mangelte es an Glauben
(מחוסר אמנה היה); denn wenn die Wasser nicht bereits bis zu seinen Knieen
gereicht hätten, wäre er nicht in die Arche hineingegangen".

[532] In Ez 14,20 heißt es: αὐτοὶ ἐν τῇ δικαιοσύνῃ αὐτῶν ῥύσονται τὰς ψυχὰς αὐτῶν.
Beide Verse sind augenfällige Belege für das in Hebr 10,38f Ausgesagte: Die δικαιοσύνη bzw. das δίκαιος-Sein führt zum Leben. Am Tage des Gerichts wird der glaubende Gerechte "sein Leben bewahren" (Hebr 10,39: εἰς περιποίησιν ψυχῆς).

[533] Vgl. Sib I 125; I 280; Jos., Ant. I 74f: Noah ist der Gerechte im Gegenüber
zum Geschlecht voller gottloser Bosheit; AntBibl 3,4f; 1QGenAp 6,2; ParJer 7,8. Eine
Zusammenstellung der Belege findet sich neuerdings auch bei M.G.STEINHAUSER:
Noah in his Generation 155f. Zum Themenkreis Noah und die Flut in den Apokryphen und Pseudepigraphen vgl. J.P.LEWIS: Interpretation of Noah 10-41.74-81.

die aus dem Schrifttum *Philos*[534] besondere Erwähnung. An einer ganzen Reihe von Stellen wird Noah das Epitheton ὁ δίκαιος beigelegt[535]. Er gehört zu einer Trias von Personen, denen von Gott Ehrungen zuteil wurden[536]: Enos als Typus dessen, der seine Hoffnung (ἐλπίς) allein auf Gott setzt, erhält als ἆθλον den Namen ἄνθρωπος. Henoch als Typus des Sich-Bekehrenden (μετάνοια)[537] erhält als Kampfpreise die ἀποικία und die μόνωσις, denn er wurde entrückt (Gen 5,24). Noah als Typus für die Gerechtigkeit (δικαιοσύνη) erhielt als Kampfpreise die Rettung vor der Flut und das Amt des Aufsehers über die Tiere in der Arche. Philo beurteilt Noah insgesamt jedoch ambivalent[538]: Einerseits nennt er ihn den πρῶτος δίκαιος[539], der alle Tugenden besitzt[540]. Andererseits nimmt er unter den Tugendhaften lediglich den zweiten Rang ein, denn er gelangte nur aufgrund eines Wettkampfes zu den Tugenden. Andere Weise hingegen "besitzen" die Tugenden als "glückliche Natur". Noch schwerer wiegt die Einschränkung, daß Noah nur im Gegenüber zu seinen gottlosen Zeitgenossen als vollkommen bezeichnet wird, nicht aber "ganz und gar" (καθάπαξ). Die späteren Weisen hingegen sind nicht nur besser im Gegenüber zu ihren Zeitgenossen, sondern sie bewahren die ihnen zukommende glückliche Natur unverändert (ἀδιάστροφον)[541]. Daneben begegnen auch Abschnitte, in denen Noahs hervorragende Stellung relativiert[542] und sogar kritisiert wird[543]. Angesichts derartiger Äußerungen wird man den Einfluß Philos auf Hebr 11,7 gering einzuschätzen haben.

Die *kontroverse Beurteilung* Noahs, wie sie Philo andeutet, hat ihre letzte Ursache in der Auslegung von Gen 6,8: "Noah fand Gnade vor dem Herrn." Diese Aussage

---

[534] Zur Interpretation Noahs durch Philo vgl. J.P.LEWIS: Interpretation of Noah 42-74.

[535] S. z.B. Det 105; Post 48.173f; Gig 5; Imm 140; Agr 2; Congr 90; Migr 125; Her 260; Praem 22f; Abr 46.

[536] Vgl. Praem 7-23; Philo hält sich ebenfalls an die biblische Abfolge Henoch - Noah.

[537] Dazu siehe oben zu Hebr 11,5f (S. 183f).

[538] In die Reihe der Philo eigentümlichen Etymologien gehört die Identifikation Noahs mit der "Ruhe" (ἀνάπαυσις), was seinen Grund - so urteilt Philo - in der hebräischen Wurzel נוח hat, von der נח abzuleiten ist: All III 77; vgl. Det 121. Etymologisch unerklärt bleibt bei Philo dagegen, weshalb er Noah den Beinamen ὁ δίκαιος verleiht. Vermutlich folgt er dabei der alttestamentlichen Tradition aus Gen 6,9 und 7,1 LXX; vgl. I.HEINEMANN, in: L.COHN u.a.: Philo von Alexandria. Werke in deutscher Übersetzung III 110 Anm. 1.

[539] Vgl. Congr 90.

[540] So Abr 31-35 mit Bezug auf Gen 6,9 LXX: Νωε ἄνθρωπος δίκαιος, τέλειος ὢν ἐν τῇ γενεᾷ αὐτοῦ.

[541] Vgl. Abr 36-40.

[542] Neben Abr 36ff vgl. Imm 74-76, wo Gen 6,8 - "Noah aber fand Gnade" - ausgelegt wird.

[543] Vgl. Agr 174-181 in Verbindung mit 125: Noah, der Gerechte, war zu schwach, um ans Ziel der "Landwirtschaftskunst" zu gelangen.

über Noah führte in der Auslegungs-Tradition zur Frage nach dem Grund für die gnädige Verschonung Noahs samt seiner Familie durch Gott. Die *Targumim zu Gen 6,8*[544] bieten hierfür unterschiedliche Erklärungen. Während sich das *TO* in seiner Übersetzung eng an die masoretische Vorlage hält[545], geben die palästinischen Targumim eine Begründung dafür, weshalb Noah Gnade fand. Das *TFrag* paraphrasiert Gen 6,8:

> "Aber Noah - weil er ein gerechter Mann war in seiner Generation
> (על דהוה צדיק בדריה) - fand Gunst und Gnade vor dem Herrn
> (אשכח חן וחסד קדם ייי)"[546].

Eine davon abweichende Begründung bietet *TN* zur Stelle:

> "Aber Noah - weil es in seiner Generation *keinen* Gerechten gab - fand Gnade und Gunst vor dem Herrn."

So sehr die Übersetzung von Gen 6,8 durch TN eine kritische Einschätzung der Person Noahs suggeriert, so sehr schließt es der Kontext aus. Bereits der nächste Vers, Gen 6,9, läßt keinen Zweifel an der positiven Beurteilung Noahs durch das Targum aufkommen, denn: "Noah war ein gerechter Mann; mit seinen guten Taten war er vollkommen in seinem Geschlecht; vor dem Herrn diente Noah in Aufrichtigkeit (נח גבר צדיק שלם בעבדה טבא הוו בדרוי קדם ייי פלח נח) בקושטא".

Was bei Philo in Ansätzen zum Ausdruck kommt, tritt in einer ganzen Reihe von *rabbinischen Zeugnissen*[547] offen zutage: Noah wird von einzelnen Rabbinen negativ beurteilt. Die überwiegende Mehrheit rabbinischer Texte bleibt allerdings ganz in den vorgezeichneten biblischen Bahnen und schildert Noah als einen gerechten Mann, der Gottes Wohlgefallen hatte. Es genügt, exemplarisch zwei Texte aus *Bereshit Rabba* zu zitieren, die zeigen, wie ambivalent Noah beurteilt wird. In *BerR 28,9 zu Gen 6,7 (267)* heißt es[548]:

> "Zu 'denn es gereut mich, daß ich sie geschaffen habe' (Gen 6,7) sagte
> R.Abba b. Kahana: 'Denn es gereut mich, daß ich sie gemacht habe' -
> und (wie verhält es sich mit) Noah (אתמהא)[549]? Selbst Noah, der von

---

[544] Zu den Charakteristika des Noah-Zyklus in den Targumim vgl. J.P.LEWIS: Interpretation of Noah 92-100.

[545] Die Übersetzung lautet: "Aber Noah fand Erbarmen vor dem Herrn (ונח אשכח רחמין קדם יוי). Im samaritanischen Pentateuchtargum zur Stelle heißt es (Ed. A.TAL: MS J): "Aber Noah wurde überschwemmt mit Wohlgefallen (אתשקע רעים) in den Augen Jahwes". Vgl. außerdem die Peschitta zur Stelle.

[546] So in MS P (Ed. M.L.KLEIN, S. 48). Vgl zu ähnlichen Begründungen AntBibl 3,4f; TPsJ z.St.; Yalq Reub 124; TN zu Gen 6,9; 7,1 und 9,20; TFrag zu Gen 9,20.

[547] Näheres bei J.P.LEWIS: Interpretation of Noah 121-155.

[548] Vgl. auch BerR 29,1 zu Gen 6,8 (268) und BerR 29,5 zu Gen 6,8 (270).

[549] Laut W.BACHER: Exegetische Terminologie ist אתמהא in Genesis Rabba "als ein mit einem Wort umschriebenes Fragezeichen zu betrachten" (II 236); vgl. dazu J.LEVY: Chaldäisches Wörterbuch 542 und W.JASTROW: Dictionary I 133 s.v.

ihnen übrigblieb, war nicht würdig (לא כדיי), sondern er fand (nur) Gnade: 'Und Noah fand Gnade vor dem Herrn' (Gen 6,8)."

Die Kontroverse unter den Rabbinen zeigt der folgende Zusammenhang:

"'Unter seinen Zeitgenossen': R.Juda und R.Nehemia unterscheiden sich; R.Juda sagte: 'Unter seinen Zeitgenossen war er gerecht. Wenn er aber im Geschlecht des Mose oder im Geschlecht des Samuel gelebt hätte, so wäre er nicht gerecht gewesen'[550]. ... R.Nehemia sagte: 'Wenn er schon unter seinen Zeitgenossen gerecht war, um wieviel mehr wäre er es gewesen in der Generation des Mose'"[551].

Der Qal-wa-chomer-Schluß des R.Nehemiah leitet über zu solchen Texten, in denen von Noah - im Anschluß an das Alte Testament - ein positives Bild gezeichnet wird. Der zitierte Midrasch paraphrasiert in Form einer für die Synagogenpredigt charakteristischen *dreifachen Peticha*[552] die Stelle *Gen 6,9*. Die Argumentation sei kurz skizziert: Nach der Eröffnung (Peticha) und dem Zitat von Prov 10,25; 12,7 und 14,11 erfolgt eine Auslegung dieser Stellen auf Noah und die Sintflutgeneration, ehe dann abschließend der Sedervers Gen 6,9 wiedergegeben wird. Das Ergebnis entspricht dem biblischen Befund: Noah, der אִישׁ צַדִּיק (Gen 6,9), hat Bestand in Ewigkeit (Prov 10,25). Seine nachkommenden Geschlechter bleiben bestehen (Prov 12,7; 14,11), während das Geschlecht der Sintflut dem einherfahrenden Sturmwind (Prov 10,25) nicht widerstehen kann, umgestürzt und vernichtet werden soll (Prov 12,7; 14,11)[553].

Wir unterbrechen den traditionsgeschichtlichen Überblick und *halten fest*: Der Hebr konnte einer breiten Tradition des antiken Judentums entnehmen: Noah war ein ἄνθρωπος δίκαιος. Die Annahme direkter oder indirekter Verbindungen zu den Traditionen Philos, der Targumim und des Rabbinats lassen sich weder nachweisen noch sind sie erforderlich. Daß der Verfasser seine Einsichten weitgehend aus dem Alten Testament gewonnen hat, wird deutlich, wenn wir nun in einem *dritten Arbeitsschritt* die *inhaltliche Näherbestimmung* der πίστις Noahs erörtern und nach dem Verhältnis der Aussagen zu Hebr 11,1 fragen. Noahs Glaube erweist sich nach Hebr 11,7 darin, daß er auf die Weisung Gottes (χρηματισθείς = Passivum divinum)[554] über die noch nicht sichtbare Katastrophe der Sintflut in "frommer Scheu" eine

---

[550] Die Nähe zu den Ausführungen Philos ist - trotz der Unterschiede im exegetischen Verfahren - evident; vgl. auch San 108a.

[551] So in BerR 30,9 (275), vgl. auch San 108a.

[552] Vgl. dazu P.SCHÄFER: Die Peticha - ein Proömium?, Kairos 12 (1970) 216 - 219; ebenso H.L.STRACK/G.STEMBERGER: Einleitung 230f.

[553] BerR zu Gen 6,9 (270). Aus der Fülle weiterer Belege, die in Noah einen אִישׁ צַדִּיק erblicken, seien genannt: BerR 30,7f (272f); 32,3 (290); 34,2 (314); ShemR 9,1 (20b); WaR 20,1 (26c); BamR 14,12 (62b); TanB נ‍ח § 3 (15b); TanB וישלח § 8 (84a); SER 16 (81); MTeh 34,1 (123a).

[554] Vgl. neben Hebr 8,5 und 12,25 auch Jer 33 (26),2; 36 (29),23; 37 (30),2 LXX; Mt 2,12.22; Apg 10,22; Jos.: Ant. III 212; V 42; X 13; XI 327f; XIV 231; Philo: Det 143; Mos II 238; der Beleg Cher 17, den O.MICHEL 387 Anm. 3 anführt, ist zu streichen.

Arche baute. Bei der Weisung Gottes denkt der Hebr an den in Gen 6,13 dem Noah bekanntgegebenen Entschluß Gottes, die Erde vernichten zu wollen. Der Hebr betont demnach - wie in 11,8 - den Gehorsam gegenüber Gottes Weisung: Noah baute (Gen 6,22) auf Gottes Befehl hin (6,14-21) die Arche zum Heil seines Hauses. Dieses gehorsame Handeln veranschaulicht die πίστις im Sinne von Hebr 11,1b: Daß Noah εὐλαβηθείς die Arche baute, qualifiziert seinen Glauben als πραγμάτων ἔλεγχος οὐ βλεπομένων. Bei den μηδέπω βλεπόμενα liegt der Ton auf dem zeitlich-futurischen Aspekt des Glaubens. Damit bietet Hebr 11,7 ein eindrückliches Beispiel für unsere These, daß der Verfasser bei den πράγματα οὐ βλεπόμενα die räumlich-ontologische Dimension mit der zeitlich-futurischen Dimension verschränkt[555]. Es bleibt die Frage, ob auch das erste Glied der "Definition" (11,1a) in 11,7 expliziert wird. Dies ist zu bejahen[556]: Die ἐλπιζομένων ὑπόστασις findet ihre Erläuterung in der Aussage: Noah baute die Arche εἰς σωτηρίαν τοῦ οἴκου αὐτοῦ. Noah erhofft nicht die Katastrophe, sondern die Rettung seines Hauses[557]. Noah und sein Haus stehen demnach unter der Zusage Gottes aus Hab 2,4 LXX (Hebr 10,38): "Mein Gerechter wird aus Glauben leben"[558].

Wie ist nun der mit δι' ἧς eingeleitete Relativsatz zu interpretieren? Das Alte Testament überliefert uns keine Reaktion Noahs auf die Ansage des vernichtenden Gerichtes. Noah handelt - soviel kann dem biblischen Zeugnis entnommen werden - in gehorsamem Glauben auf Gottes Weisung hin: "Durch diesen (Glauben) gereichte er der (gottlosen) Welt zur Verurteilung[559]". Man hat diese Aussage so verstanden, daß Noah in den Augen des Verfassers den ungläubigen und sündhaften Menschen als Folie eines vor Gott Gerechten diente: "Diese [Menschen] verurteilte ... Noah durch seinen Glauben, nämlich factisch, indem er die Strafwürdigkeit ihres Verhaltens durch den Contrast seines eigenen Verhaltens in's Licht setzte"[560]. Aber

---

[555] Vgl. oben zu 11,1 (S. 130). Es bleibt unerheblich, daß der πραγμάτων ἔλεγχος οὐ βλεπομένων auf das innerweltliche Ereignis der Sintflut zu beziehen ist.

[556] Anders urteilen H.STRATHMANN 142; G.W.BUCHANAN 187 und R.WILLIAMSON 110.

[557] Anders versteht O.MICHEL: "Das Zukünftige wird hier nicht erhofft, weil es sich um eine Katastrophe handelt" (387). Nach H.WINDISCH (101) darf μηδέπω βλεπόμενα nicht als Explikation von ἐλπιζόμενα (11,1a) aufgefaßt werden, denn der Ton liege nicht auf der Rettung Noahs sondern vielmehr auf dem in Gen 6,13 an Noah ergangenen Ratschluß Gottes, der Welt ein Ende zu bereiten.

[558] Bei Noah ist ζήσεται zweifach bestimmt: Er ist derjenige, der aufgrund seines Glaubens das Gericht der Sintflut *überlebt*. Abel hingegen erleidet um seines Glaubens willen den Märtyrertod. Beiden Glaubenszeugen, wie auch Henoch, der aus dem irdischen Leben entrückt wurde, ist die Verheißung des eschatologischen Lebens in der unmittelbaren Gottesgemeinschaft zugesagt. Auf Noah bezogen meint ζήσεται demnach das irdische *Über*leben *und* das eschatologische Leben.

[559] Wie in Mt 12,41.42 hat κατακρίνειν an unserer Stelle die Bedeutung: "zur Verurteilung gereichen". Dem von Jesus gescholtenen "bösen und ehebrecherischen Geschlecht" werden die Männer Ninives "zur Verurteilung gereichen, denn sie kehrten um aufgrund der Predigt Jonas" (Mt 12,41f); vgl. auch Sap 4,16.

[560] G.LÜNEMANN 355. Diese Auffassung findet bis in unsere Zeit hinein breite

diese Auslegung - für die der Wortlaut von Hebr 11,7 zu sprechen scheint - vermag nicht die Frage zu beantworten, inwiefern *der Glaube* - nicht das faktische Bauen der Arche - dem ungläubigen Kosmos[561] zur Verurteilung gereichte. Eine schlüssige Interpretation des Relativsatzes gelingt aber dann, wenn man ihn vor dem Hintergrund der jüdischen Haggada versteht, wonach Noah als Herold Gottes auftrat und dem κόσμος ἀσεβῶν (2Petr 2,5) predigte, was nach dem Ratschluß Gottes (Gen 6,13) über die Menschen kommen werde, wenn sie nicht von ihren gottlosen Taten umkehrten und sich zu Gott bekehrten. Daß Noah durch seine Verkündigung das κατάκριμα τοῦ κόσμου[562] bewirkt hat, lesen wir bei *Jos., Ant. I 72ff*[563]:

> „72 For seven generations these people continued to believe in God as Lord of the universe and in everything to take virtue for their guide; then ... they abandoned the customs of their fathers for a life of depravity. They no longer rendered to God His due honours ... 74 But Noah, indignant at their conduct and viewing their counsels with displeasure, urged them to come to a better frame of mind and amend their ways (ἔπειθεν ἐπὶ τὸ κρεῖττον τὴν διάνοιαν αὐτοὺς καὶ τὰς πράξεις μεταφέρειν)."

Das eindrücklichste Zeugnis von Noah, dem δικαοσύνης κῆρυξ, bieten die *Oracula Sibyllina I 127ff*[564]:

> "Gott selbst sprach zu ihm (Noah) vom Himmel herab folgende Worte: 'Noah, ermutige dich und predige allen Völkern Buße, damit sie alle gerettet werden (Νῶε, δέμας θάρσυνον ἑὸν λαοῖσί τε πᾶσιν κήρυξον μετάνοιαν, ὅπως σωθῶσιν ἅπαντες). Aber wenn sie nicht darauf achten, weil sie ein schamloses Empfinden haben, dann werde ich das ganze Geschlecht in gewaltigen Wasserfluten vernichten. Du aber baue dir alsbald, aus trockenem Holz gezimmert, ein hölzernes Haus, eine haltbare Wohnung; ich will es!'[565]."

Zustimmung: vgl. z.B. J.CALVIN z.St.; F.BLEEK II 2,751; F.DELITZSCH 540f; J.MOFFATT 168; W.H.MONTEFIORE 191; O.KUSS 170; R.MILLIGAN 394 und H.BRAUN 351.

[561] An unserer Stelle bedeutet ὁ κόσμος (vgl. 11,38; 2Petr 2,5) im johanneischen Sinn die "ungläubige Menschenwelt" (gegen B.WEISS 290). Ein anderes Verständnis ist in 4,3; 9,26 und 10,5 vorauszusetzen.

[562] Auch Philo: Her 260 nennt Noah einen Propheten, der Segnungen und Flüche über die nachfolgenden Geschlechter ausspricht. Doch Philo denkt hierbei an die nachsintflutlichen Geschlechter (vgl. Gen 9,25ff) und kommt als Parallele nicht in Betracht; zur Stellung Noahs im Gegenüber zu den Gottlosen vgl. außerdem Imm 74; Gig 3 und H.BRAUN 351.

[563] Text und Übersetzung nach H.St.J.THACKERAY (LCL) IV 33ff.

[564] Text und - mit einigen Abweichungen - Übersetzung nach A.KURFESS: Sibyllinische Weissagungen 38f. Zu den literarkritischen und redaktionsgeschichtlichen Fragen vgl. L.ROST: Einleitung 84ff und J.J.COLLINS: Sibylline Oracles, OTP I 317 - 472: 330f. Der für unsere Auslegung wichtige Text ist jüdischer Herkunft und läßt keinerlei Anzeichen für mögliche christliche Interpolationen erkennen.

[565] Vgl. außerdem I 150-198: Noah beginnt seine Verkündigung: "Männer, ungläubiges Volk ... Gott ... befahl mir, euch zu verkünden, damit ihr nicht untergeht

Schließlich bleibt hinzuweisen auf einen Abschnitt in dem schon mehrfach angeführten Midrasch *Bereshit Rabba*, wo es *zu Gen 6,9* heißt[566]:

> "Wo immer (das Wort) 'ein Mensch' erscheint, ist damit ein gerechter Mann gemeint, der (seine Generation) warnt ... R.Abba sagt: 'Der Heilige, gepriesen sei er, sprach: 'Ein Herold (כרוז אחד) stand für mich auf im Flutgeschlecht, das ist Noah."

Was die voranstehenden Texte für die Auslegung austragen, zeigen sehr schön die folgenden Sätze M.LUTHERs, der zu unserem Vers - ohne freilich auf die notierten Traditionen Bezug zu nehmen - bemerkt:

> "Zum zweiten (ist die Herrlichkeit des Glaubens Noas), daß er den Glauben so viel gepredigt hat, ohne doch gehört zu werden. Denn daß er gepredigt hat, ist gewiß aus 2. Petr 2,5, wo er ein 'Prediger der Gerechtigkeit' genannt wird ... Daß er aber nicht gehört ward, beweist der Ausgang der Dinge: eben alle sind umgekommen in der Flut. Denn so sie geglaubt hätten, wären sie nicht umgekommen. Deshalb war ihre größte Sünde der Unglaube, gleichwie Noas Gerechtigkeit in seiner höchsten Gläubigkeit bestand. Daher rühmt auch der Apostel in sehr feiner Weise nicht so sehr, daß er die Arche zubereitet, als vielmehr, daß er 'durch den Glauben die Arche zubereitet hat' ... Überdies (preist er), daß Noa durch den Glauben 'die Welt verdammt hat' nicht durch irgendein gutes Werk"[567].

Diese trefflichen Sätze sprechen für sich. Ihnen sind nur noch einige wenige Bemerkungen hinzuzufügen. Noahs Glaube, der dem κόσμος ἀσεβῶν (2Petr 2,5) zur Verurteilung gereichte, läßt sich m.E. nur vor dem Hintergrund der vorgeführten jüdischen Haggada sinnvoll verstehen. Noah - so kann im Anschluß an 2Petr 2,5 formuliert werden - wird verstanden als der δικαιοσύνης κῆρυξ, der im Vertrauen auf Gottes Wort seine Zeitgenossen zur Umkehr aufruft, - aber vergeblich. Nur so kann einsichtig gemacht werden, inwiefern Noahs πίστις das κατάκριμα τοῦ κόσμου bewirkte[568]. Weil Noah objektiv überführt ist von den πράγματα οὐ βλεπόμενα und weil er bei der verheißenen und erhofften σωτηρία feststeht, deshalb - so versteht es die jüdische Haggada, der sich der Hebr verpflichtet weiß - verkündigt er seinen gottlosen Zeitgenossen Gottes Ratschluß. Weil Noah glaubt, deshalb ist er gerecht "und (deshalb) gelangte er in den Besitz der Rechtschaffenheit, die aus dem Glauben kommt" (*11,7b*). Wir können nunmehr die am Anfang unserer Auslegung offen gebliebene Frage beantworten, ob der mit καί eingeleitete Schlußsatz einen selbstän-

---

in der Torheit (ὃς [θεός] μ' ἐκέλευσεν ἀγγέλλειν ὑμῖν, ἵνα μὴ φερσὶν ἐξαπόλησθε)" (I 150ff).

[566] BerR 30,7 (272f); vgl. auch BILL III 769.

[567] So in den Scholien zur Stelle (E. VOGELSANG 170f); vgl. außerdem H.VON SODEN 82f; H.WINDISCH 101; E.RIGGENBACH 352; J.Chr.K.VON HOFMANN 430f; J.HÉRING 105; P.ANDRIESSEN/A.LENGLET 192; A.STROBEL 213; P.E.HUGHES 464.

[568] Vgl. außerdem 1Petr 3,20; 1Clem 7,6; 8,4, die Kommentare von H.WINDISCH/H.PREISKER; W.GRUNDMANN und K.H.SCHELKLE zur Stelle sowie E.MASSAUX: Influence 28f.

digen Satz[569] oder die Fortsetzung des mit δι' ἧς beginnenden Relativsatzes[570] bildet. Um das entscheiden zu können, muß die Aussage dieses Satzes bedacht werden. Zunächst läßt sich festhalten, daß mit dem Begriff δικαιοσύνη gewiß nicht, wie bei Paulus, die von Gott geschenkte Heilsgabe gemeint sein kann. Schon rein sprachlich fällt auf, daß Paulus an keiner Stelle von der δικαιοσύνη κατὰ πίστιν (vgl. Hebr 11,13) spricht[571]. Die in ihrer Formulierung wohl sehr "paulinisch" klingende Wendung darf nicht über die tiefgreifende inhaltliche Differenz im Blick auf die Bedeutung von δικαιοσύνη in der Theologie der beiden neutestamentlichen Autoren hinwegtäuschen[572]. Wie aber ist es dann zu interpretieren, wenn sich eine am paulinischen Verständnis von δικαιοσύνη orientierte Auslegung verbietet[573]? Erschwert wird die Auslegung durch die Beobachtung, daß Noah nach dem Zeugnis des Alten Testamentes schon *vor* seinem Gehorsamsbeweis gerecht genannt wird (Gen 6,9)[574]. Dadurch scheint auch die zweite lexikalische Möglichkeit ausgeschlossen zu sein, δικαιοσύνη im Sinne von "Rechtschaffenheit" zu verstehen[575]. Denn woran - so ist zu fragen - will der Hebr erkannt haben, daß Noah aufgrund seines Gehorsams im Glauben von Gott als gerecht erkannt wurde, wenn dieses Epitheton über dem *ganzen* Leben des Glaubenszeugen gestanden hat? Ein plausibles Verständnis des Satzes καὶ τῆς κατὰ πίστιν δικαιοσύνης ἐγένετο κληρονόμος wird allerdings möglich, wenn man - wie in V. 7a - auch diese Worte des Hebr auf *Gen 6,22f* bezieht. In Gen 6,22 lesen wir: "Und Noah tat alles, was ihm Gott gebot." Das heißt: Noah baute in

---

[569] Vgl. F.DELITZSCH 540; J.Chr.K.VON HOFMANN 431; B.WEISS 290; F.W.GROSHEIDE 263 und G.W.BUCHANAN 177.

[570] Dafür spricht sich die Mehrzahl der Exegeten aus: vgl. F.BLEEK II 2, 753; H.VON SODEN 82; H.WINDISCH 100; E.RIGGENBACH 352; F.SCHRÖGER: Schriftausleger 215 Anm. 3; H.BRAUN 350f.

[571] Im Corpus Paulinum ist κατὰ πίστιν nur in Tit 1,1 und 1,4 belegt, und das in einem unserer Stelle nicht vergleichbaren Sinn. Die einschlägigen Stellen bei Paulus, an denen er δικαιοσύνη mit πίστις verbindet, sind durchgängig anders formuliert: ἡ δικαιοσύνη τῆς πίστεως (Röm 4,11); δικαιοσύνη πίστεως (Röm 4,13); ἡ δικαιοσύνη ἡ ἐκ πίστεως (Röm 9,30; 10,6); ἡ ἐκ θεοῦ δικαιοσύνη ἐπὶ τῇ πίστει (Phil 3,9).

[572] Dies ist v.a. gegenüber den älteren Auslegern festzuhalten: vgl. M.LUTHER: Scholien z.St.; J.CALVIN z.St.; J.A.BENGEL z.St.; F.BLEEK II 2, 752; F.DELITZSCH 541. Daß dieses Verständnis auch in neuerer Zeit nicht aufgegeben wurde, zeigen die Arbeiten von G.LÜNEMANN 355; A.SEEBERG 122; E.RIGGENBACH 353F; O.MICHEL 388 und A.STROBEL 215.

[573] Das Richtige zu dieser Frage steht bereits bei W.M.L.DE WETTE: "Dass nicht mit d[en] m[eisten] Ausll. ... h[ier] an die paulinische Rechtfertigung aus dem Glauben zu denken sei, hätte schon der Gebrauch des κατά statt ἐκ und der Umstand, dass gerade dem Abraham diese Gerechtigkeit nicht zugeschrieben wird, lehren sollen" (229). Auch E.GRÄSSER: Rechtfertigung 82 stimmt dem zu; vgl. auch O.KUSS 170; H.BRAUN 352. W.R.G.LOADER: Sohn und Hoherpriester wendet sich ebenfalls gegen die Annahme eines paulinischen Verständnisses. Abwegig ist freilich seine eigene Erklärung von δικαιοσύνη, wonach Gerechtigkeit "ein weiterer Begriff für das Heil, die himmlische Welt" sein soll (85).

[574] Vgl. H.STRATHMANN 142; O.KUSS 170 und H.BRAUN 352.

[575] Vgl. W.BAUER: Wb 389f, s.v.

gehorsamem Glauben die Arche und empfängt daraufhin von Gott das Zeugnis (Gen 7,1): "Geh in die Arche, du und dein ganzes Haus, denn dich habe ich gerecht erfunden vor mir zu dieser Zeit"[576]. So schließt sich der Kreis: Weil Noah glaubte, erhielt er von Gott das Zeugnis seiner Rechtschaffenheit (δικαιοσύνη), die sich dem gehorsamen Glauben verdankt[577]. Der Verfasser denkt also an die im Glauben sich bewährende Gerechtigkeit[578]. Noah "gelangte (durch den Glauben) in den Besitz" (ἐγένετο κληρονόμος) des göttlichen Zeugnisses seiner Rechtschaffenheit, wie es nur der Glaubende empfängt. Noah ist nicht nur der erste, der in der Schrift δίκαιος genannt wird, sondern er trägt für immer den Namen "der Gerechte"[579]. Aufgrund der voranstehenden Erwägungen spricht alles dafür, καὶ τῆς κατὰ πίστιν δικαιοσύνης ἐγένετο κληρονόμος als Fortsetzung des mit δι' ἧς eingeleiteten Relativsatzes aufzufassen. Der Sinn des ganzen Satzes steht dann klar vor Augen: Durch den Glauben gelangte Noah in den bleibenden Besitz des göttlichen Zeugnisses seiner Rechtschaffenheit, - einer Rechtschaffenheit, die Gott nur demjenigen zuspricht, der sich im gehorsamen Glauben bewährt hat.

Wir nehmen den ganzen Vers in den Blick und *paraphrasieren*:

> Im (gehorsamen) Glauben baute Noah - nachdem er (von Gott) eine Weisung über noch nicht sichtbare Dinge erhalten hatte - in frommer (Gottes-)Scheu eine Arche zur (erhofften) Rettung seines Hauses; durch ihn (den Glauben) gereichte er (indem er den Gottesspruch verkündete) der (gottlosen, weil ungehorsamen und unbußfertigen) Welt zur Verur-

---

[576] Sehr schön formuliert H.STRATHMANN: "Auch Noah empfing daher sein Zeugnis. Das wird so ausgedrückt, daß er Erbe der dem Glauben entsprechenden Gerechtigkeit wurde" (142).

[577] Diese Umschreibung von ἡ κατὰ πίστιν δικαιοσύνη läßt mit Bedacht die Frage offen, wie die Präposition κατά zu verstehen ist. Es bieten sich folgende Möglichkeiten an: (1) Sie steht für den Maßstab bzw. die Norm, so daß zu übersetzen ist: "die Gerechtigkeit, die dem Glauben gemäß ist" (A.STROBEL 214; H.STRATHMANN 142; U.WILCKENS: Neues Testament). (2) Sie steht für die Angabe des Grundes bzw. der Veranlassung, so daß gemeint ist: "die Gerechtigkeit aufgrund des Glaubens" (vgl. O.MICHEL 368; G.LÜNEMANN 355). Die Mehrheit der Exegeten entscheidet sich für die dritte, von E.RIGGENBACH 353 genannte Möglichkeit und sieht in der Wendung die Umschreibung des genetivus possessionis (BDR § 224,1; H.BRAUN 350.352) in der Bedeutung: "die Glaubensgerechtigkeit" (so E.RIGGENBACH ebd.; J.MOFFATT 168). Gegen die letztgenannte Möglichkeit spricht, daß dadurch einer durch die "Brille des Paulus" gelesenen Exegese unseres Verses Vorschub geleistet würde.

[578] Vgl. O.KUSS 170. Treffend faßt C.SPICQ diesen Sachverhalt zusammen (II 346): "La foi est le moyen par lequel on plaît à Dieu, et par lequel Noé a reçu de lui cette qualité de צַדִּיק attestée par l'Écriture".

[579] Im Hebr trifft auf die Verwendung von κληρονομεῖν und κληρονομία (1,2; 1,4.14.; 6,12.17; 9,15; 11,7.8.; 12,17) das zu, was W.FOERSTER im Blick auf das Vorkommen dieser Begriffe in der Septuaginta bemerkt: "Was die Verwendung dieser Wörter ... kennzeichnet, ist das Moment des *dauernden* Besitzes" (so in J.HERRMANN/W.FOERSTER: κλῆρος 777,43f [Hervorhebung im Original]). Vgl. dazu auch F.BLEEK II 2, 753; B.WEISS 298; H.W.MONTEFIORE 191; E.GRÄSSER: Rechtfertigung 82; H.BRAUN 352 und Chr.ROSE: Verheißung und Erfüllung 179f.

teilung und (durch ihn) gelangte er (den die Schrift als ersten und bleibend den "Gerechten" nennt) in den (dauerhaft) bleibenden Besitz der (von Gott über seinem Leben bezeugten) Rechtschaffenheit, die sich (ausschließlich) dem Glauben verdankt.

Überblicken wir die Auslegung von *Hebr 11,4-7*, so verdienen zwei Aspekte besondere Erwähnung. In der oben gebotenen Gliederung des Abschnittes 10,32 - 12,3 wurde bei den Glaubenszeugen Abel, Henoch und Noah als verbindendes Element ihre Stellung im Gegenüber zu ihren gottlosen Zeitgenossen angenommen[580]. Die Auslegung hat dieses Strukturelement bestätigt[581]. *Abel* ist der Typus des Gerechten im Gegenüber zu Kain, dem Typus des Gottlosen. *Henoch* gehört als Gerechter auf die Seite Gottes und ist darin der Antipode seiner gottlosen Zeitgenossen. Diese Feststellung trifft auch für *Noah* zu: Dem Ratschluß Gottes, der gottlosen Menschheit sein Ende zu bereiten, begegnet Noah im gehorsamen Glauben gegenüber den Weisungen Gottes und erfährt das göttliche Zeugnis seiner Rechtschaffenheit. Eine zweite Beobachtung ergibt sich aus dem bisher Gesagten: Abel *stirbt* um seines Glaubens willen den Märtyrertod. Henoch wird aufgrund seines Glaubens *entrückt*, so daß er den *Tod nicht sah*. Noah *überlebt* aufgrund seines Glaubens die Sintflutkatastrophe. Während also die Stellung der drei Glaubenszeugen im Gegenüber zu den Gottlosen das verbindende Moment darstellt, zeigt der Verfasser mit den jeweiligen Widerfahrnissen, welch unterschiedliche Konsequenzen Glauben haben kann. Im Eschaton jedoch - das steht für den Hebr fest - werden alle drei Glaubenszeugen wieder verbunden sein und am Tag der Wiederkunft Christi das Verheißungsgut der unmittelbaren Gottesgemeinschaft bleibend ererben.

VI. Hebr 11,8-12.17-19: Abrahams Glaube

Der Hebr fährt in seinem Paradigmenkatalog fort, indem er nach Abel, Henoch und Noah nun den Erzvater Abraham als weiteren Glaubenszeugen anführt[582]. Im folgenden gehen wir zunächst den vier Aussagen über Abraham (11,8.9f.11f.17-19) entlang und wenden uns im Anschluß daran den Versen 13 - 16 zu, in denen der Verfasser seine anaphorisch mit πίστει eingeleitete Beispielreihe (11,4-12.17-31) unterbricht.

---

[580] Vgl. oben S. 80.

[581] Das verbindende Moment im Blick auf die Glaubenshelden der Vorzeit ist demnach nicht in erster Linie ein "ernstes Suchen Gottes ..., das belohnt wurde" (so F.E.WIESER: Abrahamvorstellungen 31).

[582] Zur Abfolge Henoch - Noah - Abraham vgl. Sir 43,16ff; Jub 4-23; Philo: Praem 4ff; 1 Clem 9,2ff und Afrahaṭ I 14: "Und Abraham wurde durch seinen Glauben gesegnet, und er wurde ihm zur Gerechtigkeit angerechnet (ܘܐܙܕܕܩ ܘܐܬܒܪܟ ܐܒܪܗܡ ܒܗܝܡܢܘܬܗ); zum Nacheinander Noah - Abraham: Sap 10; Philo: Virt 198ff.

1. Hebr 11,8: Am Anfang - Abrahams Berufung und sein Auszug im Glauben an Gottes Verheißung wider die vorfindliche Realität

In Anlehnung an das Alte Testament beginnt der Verfasser seine Abraham-Schilderung mit der Geschichte seines Auszugs aus Ur in Chaldäa (Gen 12,1ff): Im gehorsamen Glauben folgt Abraham dem Ruf Gottes. Er zieht - dem göttlichen Verheißungswort folgend - aus seinem Vaterland und verläßt seine Verwandtschaft. Dies alles nimmt er auf sich trotz des ungewissen Zieles. Den *traditionsgeschichtlichen Hintergrund* unseres Verses bilden die alttestamentlichen Stellen *Gen 12,1.4 und Gen 15,6.7 LXX*[583]. Das Stichwort der πίστις hat der Verfasser - dies gilt auch für die folgenden Verse - Gen 15,6 LXX entnommen[584]. Der Inhalt des Glaubens Abrahams ergibt sich für den Verfasser aus folgenden Stellen: In Gen 12,1 LXX ergeht die Aufforderung Gottes an Abraham: ἔξελθε ἐκ τῆς γῆς σου καὶ ἐκ τῆς συγγενείας σου καὶ ἐκ τοῦ οἴκου τοῦ πατρός σου εἰς τὴν γῆν, ἣν ἄν σοι δείξω. Darauf nimmt Hebr 11,8 Bezug in der Formulierung: καλούμενος Ἀβραάμ ... ἐξελθεῖν εἰς τόπον. Abrahams Reaktion auf den göttlichen Ruf schildert Gen 12,4: καὶ ἐπορεύθη Αβραμ, καθάπερ ἐλάλησεν αὐτῷ κύριος. Der Hebr nimmt dies auf durch die Worte: Ἀβραὰμ ὑπήκουσεν[585] ... καὶ ἐξῆλθεν μὴ ἐπιστάμενος ποῦ ἔρχεται. Gen 15,7 schließlich wiederholt die Landverheißung aus Gen 12,1 mit den Worten: ἐγὼ ὁ θεὸς ὁ ἐξαγαγών σε ἐκ χώρας Χαλδαίων ὥστε δοῦναί σοι τὴν γῆν ταύτην κληρονομῆσαι, was in Hebr 11,8 anklingt, wenn es von Abraham heißt: er gehorchte dem Ruf Gottes auszuziehen an einen Ort, den er εἰς κληρονομίαν empfangen sollte[586]. Wesentliche Einsichten verdankt der Verfasser der Zusammenschau von Gen 12,1; 12,4; 15,6 und 15,7.

Daß Abraham πίστις hatte, konnte er freilich auch - wie bereits bei Abel, Henoch und Noah - durch *Analogieschluß* erheben. Dies wiederum in zweifacher Hinsicht. Zum einen weiß das Alte Testament davon, daß Abraham Gottes Wohlgefallen besaß. Was Gott in Gen 17,1 LXX von Abraham fordert - εὐαρέστει ἐναντίον ἐμοῦ -, bekennt Jakob in seinem Segensspruch über Joseph: Seine Väter Abraham und Isaak lebten Gott wohlgefällig (Gen 48,15 LXX). Wenn Abraham Gott wohlgefiel, dann hatte er auch Glauben, denn: χωρὶς δὲ πίστεως ἀδύνατον εὐαρεστῆσαι (Hebr 11,6; 10,38 = Hab 2,4). Kein anderes Bild ergibt sich, wenn man die zahlreichen Zeugnisse des antiken Judentums heranzieht, in denen Abraham als "Gerechter" bezeichnet wird: Nach Sap 10,5f erkannte die σοφία ... τὸν δίκαιον καὶ ἐτήρησεν αὐτὸν ἄμεμπτον θεῷ. Abraham war vollendet in seinem Werk und war angenommen in Gerechtigkeit

---

[583] Allein Gen 12,1 als Hintergrund anzunehmen, genügt nicht (gegen L.F.MERCADO: Sojourning 81ff.112f).

[584] Es ist demnach nur bedingt richtig, wenn E.RIGGENBACH 354; H.STRATHMANN 141; E.GRÄSSER: Glaube 43 Anm. 235; A.STROBEL 215 u.a. feststellen, daß Gen 15,6 an unserer Stelle unberücksichtigt bleibe. Daß der Verfasser Gen 15,6 nicht wörtlich zitiert, gründet in seinem Argumentationsduktus.

[585] Zum ὑπακούειν Abrahams vgl. Gen 22,18 und Gen 26,5 LXX; in Bezug auf Abrahams Auszug 1Clem 10,1f; MTeh 119,3 (244b). Daß L.F.MERCADO: Sojourning 84-92 den Glauben Abrahams in der Versuchung (Jub 17,17f; 19,8) vom Gehorsam bzw. der Rede von dessen πιστός-Sein trennt, überzeugt nicht.

[586] Vgl. auch ψ 104,11; 1Chr 16,18 und Jub 22,27.

alle Tage seines Lebens (Jub 23,10). Ihm hat Gott keine Buße auferlegt, denn als δί-καιος hat er nicht gesündigt (OrMan 8)[587]. Aus derartigen Zeugnissen über Abraham konnte der Verfasser den Glauben des Erzvaters erschließen, denn nur vom Gerechten wird ausgesagt, daß er "aus Glauben leben wird" (Hab 2,4 = Hebr 10,38).

Durch die Zusammenschau der vier notierten alttestamentlichen Stellen der Genesis (12,1.4; 15,6.7) gelangt der Verfasser zu der Einsicht: Abraham hat dem Ruf Gottes zum Auszug "im Glauben" gehorcht. Er setzt demnach schon für Gen 12,1ff voraus, was erst in Gen 15,6 als Haltung Abrahams beschrieben wird. Diese Annahme läßt sich auch in Texten des antiken Judentums nachweisen. Im *Buch der Jubiläen*[588] findet sich der älteste Beleg, der Abrahams zehn - von Gott verursachte - Versuchungen schildert[589]. In *Jub 17,17f* lesen wir[590]:

> "[17]Und der Herr wußte, daß Abraham gläubig war in aller seiner Trübsal, die er ihm genannt hatte. Denn er hatte ihn versucht mit seinem Land und durch Hungersnot. Und er hatte ihn versucht durch den Reichtum der Könige. Und er hatte ihn wiederum versucht durch seine Frau, als sie ihm geraubt wurde, und durch die Beschneidung. Und er hatte ihn versucht durch Ismael und durch Hagar, seine Sklavin, als er sie fortschickte. [18]Und in allem, wodurch er ihn versuchte, wurde er als glaubend erfunden. Und seine Seele war nicht ungeduldig, und er hat nicht gezögert, es zu tun, denn glaubend war er und liebend den Herrn."

Daß das Buch der Jubiläen an die zehn Versuchungen denkt, obwohl 17,17f nur deren sieben aufzählt, ergibt sich aus *19,8f*:

> "[8]Und diese [der Kauf der Grabstätte] ist die zehnte Versuchung, mit der Abraham versucht wurde. Und er wurde gefunden als glaubend, geduldigen Geistes. [9]Und er sagte kein Wort über die Rede von dem Land, von dem der Herr gesagt hatte, er werde es ihm geben und seinem Samen nach ihm. Sondern er erflehte eine Stätte dort, daß er seinen Leichnam begrabe. Denn er wurde als glaubend gefunden..."

---

[587] Weiter sind zu notieren: äthHen 93,5; Jub 16,26; ApcBar (syr) 58,1; Philo: All III 228; Her 94f; TestAbr 1 (Rez. A); Ber 9b; Meg 11a; tSot 6,6; SifDev ואתחנן § 33 (59); BerR 55,1 (584f); BamR 15,12 (66a); MTeh 34,1 (123a); 118,11 (242b) u.a.m.; zu vergleichen sind auch die Stellen, die zeigen, daß Abraham als πιστός bezeichnet wurde: Neh 9,8 LXX; Sir 44,20 LXX; 1Makk 2,52; Sib III 218ff.

[588] Das Buch stammt aus vorchristlicher Zeit und wird wohl Ende oder Mitte des zweiten Jahrhunderts v. Chr. vorgelegen haben: vgl. im einzelnen M.HENGEL: Judentum und Hellenismus 321 Anm. 444; K.BERGER: Das Buch der Jubiläen 300; R.H.CHARLES: The Book of Jubilees XIII und O.S.WINTERMUTE: Jubilees 44. Die Frage, ob Jub aus Ägypten oder aus Palästina stammt, wird in der jüngsten Forschung immer häufiger zugunsten der letztgenannten Möglichkeit entschieden: vgl. K.BERGER: ebd. 298f und O.S.WINTERMUTE ebd. 45.

[589] Vgl. O.MICHEL 389ff; zu den Versuchungen vgl. B.BEER: Leben Abrahams 190ff; BILL III 187.197; K.BERGER: Abraham 373,31ff; R.-P.SCHMITZ: Abraham III 383,10ff.

[590] Text nach K.BERGER: Das Buch der Jubiläen 418.420.422.

Zunächst ist festzuhalten: Abraham begegnete diesen Versuchungen im Glauben an Gottes Verheißung[591]. Dies gilt auch für die Versuchung seines Auszugs aus dem Land der Väter. In Jub 17,17 ist die Formulierung "versucht mit seinem Land" auf den Auszug Abrahams hin auszulegen. In den beiden zitierten Texten sind lediglich acht Versuchungen inhaltlich näher bestimmt. Eine weitere ergibt sich jedoch aus *Jub 18,14ff*:

> "[14]Und der Herr rief Abraham wiederum mit seinem Namen vom Himmel her ... [15]Und er sagte: 'Bei mir selbst habe ich geschworen, spricht der Herr, weil du dieses Wort getan hast und deinen erstgeborenen Sohn nicht geschont hast vor mir, den du lieb hast, daß ich dich mit Segen segnen will. Und mit Vermehrung will ich vermehren deinen Samen wie die Sterne des Himmels und wie den Sand des Meerufers ... [16]Und es werden gesegnet sein in deinem Samen alle Völker der Erde, dafür, daß du auf mein Wort gehört hast. Und ich habe es sie alle wissen lassen, daß du glaubenstreu warst in allem, was ich dir gesagt habe. Geh in Frieden!'."

Neben die Versuchung der Opferung Isaaks ist schließlich die der Unfruchtbarkeit Saras zu stellen[592], die in *Jub 14,21* berichtet wird:

> "Und Abram freute sich und ließ alle diese [in 14,1ff geschilderten] Dinge Sora, seine Frau, wissen. Und er glaubte, daß ihm Same zuteil würde. Aber sie gebar nicht."

Eine von der Anordnung im Jubiläenbuch abweichende Reihenfolge der zehn Versuchungen Abrahams begegnet in *rabbinischen Texten*. Sie betonen die *Standfestigkeit* des Erzvaters. Kurz und knapp heißt es in *mAv 5,3*[593]:

> "Durch zehn Versuchungen (עֲשָׂרָה נִסְיוֹנוֹת) wurde unser Vater Abraham versucht und er bestand sie alle (וְעָמַד בְּכֻלָּם), um zu bekunden, wie groß die Liebe unseres Vaters Abraham war"[594].

Ein Aufzählung der Versuchungen begegnet im Rabbinat erstmals in ARN A 33 (47b/48a) bzw. *ARN B 36 (47b)*. In der letztgenannten Version heißt es:

> "Durch zehn Versuchungen wurde unser Vater Abraham versucht, und er [stand fest in allem (ועמד בכולם)][595], - um kundzutun die Größe

---

[591] Vgl. die oben Anm. 587 genannten Stellen.

[592] Zu den beiden letztgenannten Versuchungen Näheres bei 11,11f.17ff.

[593] Text nach D.HOFFMANN: Mischnaiot IV 352. Vgl. auch die von K.MARTI/G.BEER: 'Aḇôṯ, Gießen 1927, 120f gebotenen Erläuterungen: Im Buch der Jubiläen sind die Unfruchtbarkeit Sara's (Jub 14,21) als achte und die Opferung Isaaks (Kap. 18) als neunte Versuchung einzuordnen.

[594] Der Wortlaut läßt erkennen, daß die Überlieferung von den zehn Versuchungen Abrahams in den Anfängen rabbinischer Traditionsbildung als festgeprägte Vorstellung vorlag.

[595] S.SCHECHTER ergänzt in seiner Edition diese Wendung sachgemäß in Anlehnung an mAv 5,3 (s.o.). Die Version A (47b) lautet an dieser Stelle: "Und er wurde in allen vollkommen erfunden (ובכולן נמצא שלם)".

unseres Vaters Abraham. Und dies sind sie: [In Ur in Chaldäa:] 'Geh aus deinem Vaterland und von deiner Verwandtschaft...!' (Gen 12,1). Beim Verlassen von Haran (Gen 12,4): 'Und es war eine Hungersnot im Land...' (Gen 12,10). Zwei im Zusammenhang mit Sara. [eine mit dem Pharao und eine mit Abimelech] (Gen 12,11ff; 20). Eine im Zusammenhang mit der Beschneidung (Gen 17,9). Eine im Zusammenhang mit den Opferhälften (Gen 15). Eine im Zusammenhang mit Isaak (Gen 22). Eine im Zusammenhang mit Jischmael (Gen 21,10)."[596]

Die Auflistung der Versuchungen ist nicht vollständig. Aus *ARN A 33* (47b/48) kann die vollständige Zahl der zehn Versuchungen erschlossen werden: Abgesehen von der Abweichung bei der dritten und vierten Versuchung - die Version A nennt anstelle der zweiten "Gefährdung der Ahnfrau" (Gen 20) die Versuchung im Zusammenhang mit Hagar (21,10) - führt die Parallelüberlieferung noch die Versuchung im Zusammenhang mit Abrahams Krieg gegen die feindlichen Könige (Gen 14,13ff) und die Versuchung im Ur der Chaldäer (Gen 15,7)[597] an. In allen genannten Texten wird der Glaube Abrahams hervorgehoben: Abrahams Feststehen bei Gottes Verheißungen wider die vorfindliche Realität läßt die Konnotation zu Hebr 11,1 erkennen. Während die rabbinischen Texte, die bereits in den ältesten Traditionsstufen (mAv 5,3) erkennen lassen, daß sie auf geprägte Vorstellungen zurückgreifen, um die "Standfestigkeit" des Erzvaters wissen, redet das vorchristliche Buch der Jubiläen expressis verbis von der Haltung des Glaubens, mit der Abraham den von Gott auferlegten Versuchungen begegnet und sich somit an Gottes Verheißungen hält. Eine dieser Versuchungen ist - so hatten wir gesehen - der Auszug Abrahams aus seinem Vaterland. Es kann keinen Zweifel geben: Der auctor ad Hebraeos ist mit seiner Aussage vom Glauben Abrahams bei seinem Auszug dieser Tradition des antiken Judentums verpflichtet.

Man hat in diesem Zusammenhang immer wieder zu Recht auf die sprachliche Nähe von Hebr 11,8 zum Schrifttum *Philos* hingewiesen[598]. Philo verbindet in *Migr 43f* - wie der Hebr - Gen 12,1 mit dem Glauben Abrahams (Gen 15,6):

---

[596] Zur Übersetzung vgl. A.J.SALDARINI: The Fathers according to Rabbi Nathan 213f.

[597] Darin kann man einen Hinweis auf die übertragene Bedeutung des Begriffes אוֹר (= "Feuer") erblicken. In MTeh 18,25 (77a) wird als erste Versuchung die aus Gen 15,7 genannt. Dabei wird das in der Tradition zweideutig aufgefaßte אוֹר durch אֵשׁ ersetzt. Die weitere Reihenfolge lautet hier (77a.b): eine (2) Versuchung im Blick auf Gen 12,1 (Auszug); zwei (3 und 4) sind zu entnehmen aus Gen 12,11 und Gen 20 (Sara); eine (5) aus Gen 16,2 (Sara - Hagar); eine (6) aus Gen 21,10 (Ismael); eine (7) aus Gen 14,14 (Krieg gegen die Könige); eine (8) aus Gen 17,10 (Beschneidung); eine (9) aus Gen 15 (zwischen den Opferhälften) und eine (10) aus Gen 22 (Isaak). Vgl. außerdem die Schilderung der zehn Versuchungen in PRE 26-31 (60b - 72a) und die Hinweise in BerR 55,1f (584ff); ShemR 15,27 (31c); 30,16 (54d); 44,4 (72c); BamR 14,11 (62a); 15,12 (66a); 18,21 (76d) u.ö.

[598] Vgl. z.B. C.SIEGFRIED: Philo von Alexandria 328; F.BLEEK II 2,758; H.WINDISCH 101; J.MOFFATT 101; C.SPICQ II 346; L.F.MERCADO: Sojourning 98ff.

"Mit Vorbedacht hat er aber in seinem Versprechen (τῇ ὑποσχέσει) nicht die Gegenwart, sondern die Zukunft gewählt; er sagt nicht 'welches ich dir zeige' (ἣν δείκνυμι), sondern 'welches ich dir zeigen werde' (Gen 12,1: ἣν σοι δείξω), und zwar zum Zeugnis des Glaubens, mit dem diese Seele an Gott glaubte (εἰς μαρτυρίαν πίστεως ἣν ἐπίστευσεν ἡ ψυχὴ θεῷ), da sie sich nicht wegen der Erfüllung dankbar zeigte, sondern in Erwartung der Zukunft. Denn die Seele, die sich von einer guten Hoffnung abhängig macht, welche noch über ihr schwebt, - die auch das für unzweifelhaft gegenwärtig betrachtet, was noch nicht da ist, nur wegen der Verläßlichkeit des Verheißenden, hat den Glauben, das vollkommene Gut, als Kampfpreis erlangt. Daher heißt es auch später: 'Abraham glaubte an Gott' (Gen 15,6) [... διὰ τὴν τοῦ ὑποσχομένου βεβαιότητα πίστιν, ἀγαθὸν τέλειον, ἆθλον εὕρηται· καὶ γὰρ αὖθις λέγεται, ὅτι "ἐπίστευσεν Ἀβραὰμ τῷ θεῷ"]".[599]

Philo schildert Abrahams πίστις als ein Feststehen bei Gottes Verheißung. Seine Seele hielt sich zu Gott, weil die Verläßlichkeit des Verheißungsgebers für ihn außer Frage stand. So nahe die Aussagen Philos bei dem stehen, was Hebr 11,8 von Abraham bezeugt, so sehr gehen die beiden Alexandriner in ihren Intentionen auseinander, - was nicht zuletzt in ihren unterschiedlichen eschatologischen Konzeptionen begründet liegt. In der Schrift *"De migratione Abrahami"* erscheint Abraham als ἄνθρωπος ψυχή, die auszieht (Migr 1f; Gen 12,1-3) aus dem σῶμα (Migr 3ff; vgl. Her 69ff) - womit Philo die γῆ aus Gen 12,1 allegorisch auslegt - und sich aufmacht in die γῆ der Tugend. Diese Wanderung ist die Abkehr vom Sinnlichen (τὸ αἰσθητόν) und die Rückkehr in das "väterliche Land" des heiligen Logos, d.h. des Vaters der Asketen (Migr 27f; vgl. All III 83f). In dieser γῆ τῆς ἀρετῆς erlangt er als Kampfpreis (τὸ ἆθλον) für seine ἐλπίς das vollkommene Gut (ἀγαθὸν τέλειον) des Glaubens [πίστις] (43f). Die Texte zeigen: Bei *Philo* meint der Glaube die Rückkehr der Seele ins himmlische Vaterland, ihrem Ursprungsort bei Gott[600]. Der Glaube wird zum *Ziel* der Auswanderung aus der Sinnlichkeit. Er bezeichnet das ἆθλον[601], das ἀγαθὸν τέλειον. Im *Hebr* dagegen - das haben unsere Ausführungen bislang gezeigt - meint πίστις die Haltung, in der der Mensch dem göttlichen Verheißungswort begegnet, an der gewissen Hoffnung bis zur Parusie festhält[602] und als Glaubender - und nur als solcher - am Tag der Heilsvollendung der eschatologischen σωτηρία teilhaftig werden wird[603]. Die Blickrichtung der beiden Autoren

---

[599] Zur Übersetzung siehe R.POSNER, in: L.COHN u.a.: Philo von Alexandrien. Werke in deutscher Übersetzung V 164.

[600] Vgl. dazu H.BRAUN: Das himmlische Vaterland 319ff; Ders.: Gott 41ff (dort weitere Belege!); S.SANDMEL: Philo's place in Judaism 152ff.170ff.189f und W.WIEFEL: Das dritte Buch über "Moses" 875ff.

[601] Zum Verständnis der πίστις als ἆθλον für Abraham vgl. auch Praem 27-31.49.

[602] So 3,12ff; 6,11; 10,22ff; 10,36ff.

[603] Es ist m.E. unzulässig, zwischen Philo und dem Hebr dadurch eine Analogie zu erkennen, daß man die bei Philo vorherrschende asketische Zielsetzung mit der Martyriumssituation der Gemeinde im Hebr in Beziehung zueinander bringt (gegen H.BRAUN: Das himmlische Vaterland 322f).

verläuft demnach - trotz aller Nähe in der Sprache und der Aufnahme alttestamentlicher Traditionen - genau entgegengesetzt[604]: Während für den Hebr die πίστις Abrahams den *Grund* darstellt, dem Ruf Gottes zu folgen, kommt der πίστις des Erzvaters im Kontext philonischer Erwägungen die Funktion des *Lohnes* für asketischen Lebenswandel zu. Damit ist zugleich die vielfach geäußerte Behauptung[605], daß der πίστις im Hebr - wie bei Philo[606] - der Charakter einer ἀρετή eigne, nachdrücklich zurückzuweisen.

Wie sehr sich die beiden Autoren in der Beurteilung des Glaubens Abrahams bei seinem Auszug aus Ur unterscheiden, zeigt auch der zweite Text, in dem Philo Auszug und πίστις Abrahams zueinander in Beziehung setzt. In seiner der Expositio legis[607] zuzuordnenden Schrift *"De virtutibus"* handelt Philo über die Tugend der εὐγένεια (187 - 227) und entfaltet dabei den stoischen Grundsatz ὅτι μόνος ὁ σοφὸς εὐγενής. Nicht die Abstammung von adligen Vorfahren, sondern einzig und allein der Besitz der Tugend verleiht den Adel (187 - 197). Diesen allgemeinen Grundsatz belegt Philo im folgenden mit zwei Beispielreihen (Paradigmenkatalog!): zunächst negativ - zum Erweis der Nutzlosigkeit edler Abstammung (198 - 210) - und dann positiv mit Beispielen tugendhafter Frauen und Männer (211 - 227: Abraham; Tamar; Silpa und Bilha). Von *Abraham* handelt der Abschnitt *211 - 219*: Der Erzvater ist trotz seiner unadligen Abstammung - von Geburt ist er der Sohn eines frevelhaften Chaldäers, der als Sterndeuter die Gestirne für Götter hält (211ff) - gleichwohl hochadlig (εὐγενέστατος: 218) und ein Muster an Adel für alle Proselyten (219), weil er (1) aus seinem Vaterland und aus seiner Verwandtschaft auswanderte in dem Wissen, daß ihm bei seinem Bleiben nur der Irrglaube an die vielen Götter bliebe. Mit seiner Auswanderung aber - so erkannte Abraham - verschwinde auch der Irrglauben aus seiner Seele (214). Er ist hochadlig, weil er (2) - vom Verlangen nach der Erkenntnis des Seienden erfüllt - mit Eifer an die Erforschung des Einen ging und nicht eher davon abließ, bis er klarere Anschauungen von seinem Dasein und seinem fürsorglichen Walten (ἡ ὕπαρξις αὐτοῦ καὶ πρόνοια) - nicht jedoch von seinem Wesen, denn das ist unmöglich (οὐχὶ τῆς οὐσίας - τοῦτο γὰρ ἀμήχανον) - gewonnen hatte. Deshalb heißt es von ihm, daß er an Gott glaubte (Gen 15,6) - als an die eine oberste Ursache. Mit dem Glauben als der sichersten Tugend (ἡ πίστις, ἡ τῶν ἀρετῶν βεβαιοτάτη) erwarb er alle anderen mit, so daß er für einen König gehalten wurde (215f). Er ist ferner εὐγενής, weil er (3) nach der Verwandtschaft mit Gott strebte und sich bemühte, Gottes Schüler zu werden, und an kein Geschöpf so glaubte, wie an den ungeschaffenen Vater aller Dinge (218).

Die voranstehende Paraphrase zeigt, wie weit Philo und Hebr - trotz sprachlicher Nähe und mancher Parallele im Detail - in der sachlichen Beurteilung des

---

[604] So auch A.SCHLATTER: Glaube 67 und R.WILLIAMSON: Philo 370.

[605] Vgl. dazu H.WINDISCH 108; C.SPICQ II 334; J.HÉRING 103; E.GRÄSSER: Glaube 62f.117f.142ff; H.BRAUN 106ff u.a.m.

[606] Zum Glauben als ἀρετή vgl. neben Migr 43f und Virt 215f auch Her 90f und Abr 270 (ἡ βασιλὶς τῶν ἀρετῶν).

[607] So W.WIEFEL: Das dritte Buch über "Moses" 867 im Anschluß an L.COHN: Einteilung 284-345.

Glaubens Abrahams auseinander liegen: (1) Der Grund des Auszugs ist nicht - wie in Migr 43f und Hebr 11,8 - die göttliche Verheißung, sondern die Angst, dem Irrglauben der Chaldäer verhaftet zu bleiben. (2) Die πίστις als ἡ τῶν ἀρετῶν βεβαιοτάτη ist das Ergebnis des unermüdlichen Forschens nach dem Einen. Ein Gedanke, der dem Hebr völlig fern ist. Glaube im Hebr ist nicht Glaube an die eine oberste Ursache, sondern Glaube an den sich offenbarenden Gott. (3) Allerdings können die Parallelen nicht übersehen werden, denn der Hebr spricht wie Philo vom Glauben an die Existenz Gottes (11,6) und vom Glauben an den Schöpfer (11,3). Doch sind auch hier deutliche Unterschiede festzuhalten[608].

Zum gleichen Ergebnis gelangt man schließlich bei Analyse der dritten Stelle im Schrifttum Philos, in der Abrahams Glaube mit seinem Auszug verbunden ist. Die dem allegorischen Kommentar zur Genesis zuzurechnende Schrift *"Quis rerum divinarum heres sit"* legt *Gen 15,2-18* allegorisch aus und fragt: Wer ist der Erbe der göttlichen Dinge? Antwort: Der vollkommen tugendhafte und gotterfüllte Weise! Als ein solcher wird Abraham in *Her 90 - 101* geschildert, wobei Philo von Gen 15,6 ausgeht. Abraham wird dargestellt als derjenige, der seinen νοῦς auf den Verheißungen aussprechenden Gott ausrichtet (90). Die πίστις, die vollkommenste aller Tugenden (91), versteht Philo als das Vertrauen auf den in Wahrheit allein vertrauenswürdigen Gott (93: μόνῳ δὲ πιστεῦσαι θεῷ τῷ καὶ πρὸς ἀλήθειαν μόνῳ πιστῷ). Dieser Glaube - der im Gegensatz steht zu dem Vertrauen auf das unzuverlässige Geschaffene (93)[609] - verdankt sich einer großen, erhabenen Gesinnung, die nicht durch Irdisches betört werden kann (93). Er ist das Werk der Gerechtigkeit (Gen 15,6), die sich fest und unverrückbar einzig und allein im 'Seienden' (= Gott) verankert (95). Abraham - so fährt Philo unter Bezug auf Gen 15,7 LXX fort - hat mit seinem Auszug aus der chaldäischen Himmelskunde bereits ein Verheißungsgut erlangt (96f: ἀγαθὸν ὑποσχέσεως). Zugleich empfing er die Verheißung für ein neues Gut, nämlich die Weisheit zu ererben (98: τὸ δὲ νέον ἀγαθὸν κληρονομῆσαι σοφίαν). Er setzte all sein Vertrauen auf Gott, den Beherrscher des Himmels und Lenker der ganzen Welt (99), und er vertraute fest darauf, daß er Erbe der Weisheit werden würde, denn das hat er aufgrund der göttlichen Verheißungen als sicher angenommen (101: κατὰ τὰς θείας ὑποσχέσεις βεβαίως κατείληφεν). Es bleibt *festzuhalten:* (1) Erneut wird Abrahams πίστις mit dem ἔξοδος (97) verbunden, wobei Philo diesmal - wie auch der Hebr in 11,8 - auf Gen 15,7 zurückgreift. (2) Philo interpretiert - wie der Hebr - Abrahams πίστις in Konnotation mit der göttlichen Verheißung (ὑπόσχεσις). (3) Wenn Philo jedoch den ἔξοδος als ἀγαθὸν ὑποσχέσεως versteht und zugleich die πίστις als das Vertrauen auffaßt, durch das Abraham auf das verheißene νέον ἀγαθόν vertraut, nämlich die Weisheit zu ererben, so ist der Unterschied zwischen beiden Autoren evident und bedarf nach dem bisher Gesagten keines weiteren Beweises.

---

608 Dazu Näheres bei R.WILLIAMSON: Philo 372ff.

609 Vgl. dazu all diejenigen Abschnitte bei Philo, in denen das Gottvertrauen dem τοῖς φαινομένοις πιστεύειν (Op 45f; Ebr 169; vgl. Conf 56f), dem ταῖς αἰσθήσεσιν πιστεύειν (Cher 65f), dem τοῖς κενοῖς ἀνθρωπίνοις πιστεύειν (All III 222-236: 228f) gegenübergestellt wird.

Wir fügen eine Beobachtung hinzu, die bislang zurückgestellt wurde: Der Hebr ändert - so hatten wir erkannt - gegenüber seiner alttestamentlichen Vorlage die Formulierung εἰς τὴν γῆν (Gen 12,1 LXX) in εἰς τόπον, was nicht ohne Grund geschieht. Für ihn steht fest, daß sich die dem Abraham gegebene Verheißung *nicht das irdische Kanaan* betrifft[610], sondern die *himmlische Welt* im Blick hat[611]. Präziser: Abraham wurde von der Verheißung an einen fremden Ort gewiesen, dessen Namen der Verfasser nicht nennt[612]. Dort ließ sich Abraham als Beisasse nieder, um das Offenbarwerden der himmlischen πόλις zu erwarten (11,9f) und um sie als αἰώνιος κληρονομία (9,15) in dauerhaften Besitz zu nehmen. Dabei denkt der Hebr an das eschatologische Eingehen in die κατάπαυσις.

Es kann nun auch eine Antwort gegeben werden auf die Frage, inwiefern die πίστις Abrahams in Hebr 11,8 die These in 11,1 veranschaulicht: Indem sich Abraham an die Verheißung Gottes hält, wonach er an dem ihm unbekannten τόπος das eschatologische Verheißungsgut zum ewigen Erbe empfangen soll, erweist sich seine πίστις als ἐλπιζομένων ὑπόστασις. Abraham folgt dem Ruf Gottes μὴ ἐπιστάμενος ποῦ ἔρχεται. Sein Gehorsam[613], aufgrund dessen er zu dem unbekannten und für ihn unsichtbaren Ort auszieht, bestimmt seinen Glauben als πραγμάτων ἔλεγχος οὐ βλεπομένων. Abrahams Glaube steht bei diesem ersten Beispiel aus der vita Abrahami unter der Überschrift: "Am Anfang - Der Glaube an Gottes Verheißung gegen die augenscheinliche Realität".

Wir fassen zusammen:

(1) Der Hebr schaut die alttestamentlichen Stellen Gen 12,1; 12,4; 15,6 und 15,7 in eins und entnimmt das Wissen um die πίστις Abrahams aus Gen 15,6.

(2) Sachliche Nähe zeigt er ferner zu den Überlieferungen des antiken Judentums - vor allem greifbar im Buch der Jubiläen -, wonach über Abrahams Leben als Überschrift steht: Er wurde in den zehn ihm von Gott auferlegten Prüfungen als glaubend erfunden. Der Auszug wird dabei als die erste Versuchung genannt.

(3) Die sprachliche - zum Teil auch sachliche - Nähe zu Philo, der wie der Hebr Abrahams Auszug mit seiner πίστις verbindet, rechtfertigt nicht die Annahme einer sachlich-inhaltlichen Beeinflussung des Hebr durch den alexandrinischen Religionsphilosophen[614]. Im Zentrum ihres Glaubensverständnisses sind beide Auto-

---

[610] So verstehen seit der Väterexegese viele Ausleger: vgl. z.B. J.CHRYSOSTOMUS; J.CALVIN und M.LUTHER jeweils z.St.; F.BLEEK II 2,757; G.LÜNEMANN 357; B.WEISS 291; E.RIGGENBACH 355 Anm. 9; O.MICHEL 392, D.A.HAGNER 172.

[611] Zu diesem Verständnis vgl. E.KÄSEMANN: Gottesvolk 11ff; L.F.MERCADO: Sojourning 95; O.HOFIUS: Katapausis 92f.146ff; Chr.ROSE: Verheißung und Erfüllung 179-182.

[612] Darauf weisen zu Recht hin: F.W.GROSHEIDE 263 und P.ANDRIESSEN/ A.LENGLET: "Welk land dit is, acht onze auteur niet van belang" (194).

[613] Abraham ist ein ὑπόδειγμα τῆς πειθείας bzw. ὑπακοῆς, das der ungläubigen Wüstengeneration - dem ὑπόδειγμα τῆς ἀπειθείας (4,11) - gegenübergestellt ist; vgl. hierzu auch H.MOXNES: Conflict 180 Anm. 202.189f.

[614] Treffend bemerkt dazu H.THYEN: "Schlüsse auf eine direkte Benützung Philos ... durch den Verfasser des Hebr ... [sind] nur unter grösstem Vorbehalt zu zie-

ren inkommensurabel, so daß unterstrichen werden kann, was R.WILLIAMSON am Ende seines Vergleiches zwischen Philo und Hebr 11 feststellt: "While there are some similarities of form and matter, the similarities of form are slight and insignificant and the similarities of matter no less insignificant and furthermore completely outweighed by fundamental differences"[615]. Bei Philo steht die πίστις Abrahams in engem Zusammenhang mit der Vorstellung von der himmlischen Herkunft der Seele und ihrem Verlangen nach der mystischen Versenkung in das reine Sein Gottes[616]. Derartige Anschauungen können aber im Hebr nicht nachgewiesen werden[617].

(4) Abrahams Glaube in Hebr 11,8 erweist sich als das "Feststehen bei Erhofftem", insofern er sich an Gottes Verheißung hält, die ihm das eschatologische εἰσέρχεσθαι εἰς τὴν κατάπαυσιν zusagt. Er beschreibt das "(objektive) Überführtsein von Dingen, die man nicht sieht", insofern er auszieht, ohne zu wissen, wohin er geht.

Den Abschluß bildet die *Paraphrase* von Hebr 11,8:

> "Im Glauben (an die göttliche Zusage, durch die ihm das eschatologische Verheißungsgut verheißen wurde,) gehorchte Abraham dem Ruf Gottes, auszuziehen an einen (ihm unbekannten) Ort (den er am Tag der Heilsvollendung) zum (ewigen) Erbe empfangen sollte; und er zog aus, ohne zu wissen, wohin er ging."

2. Hebr 11,9f: Der durch die Fremdlingschaft bestimmte Glaube Abrahams in Erwartung der eschatologischen Heilsgüter

Der Einzug in die γῆ τῆς ἐπαγγελίας beendet nicht Abrahams Zeit der Bewährung. Vielmehr zeigt Hebr 11,9f eine eigentümliche Spannung im Leben des Patriarchen: Er scheint am Ziel seiner Wanderung, - so möchte man meinen. Und dennoch ist es nicht so. Abraham ließ sich im Glauben[618] nieder als Beisasse in einem fremden und bewohnten Land. Er wohnte in Zelten mit Isaak und Jakob, den Miterben derselben Verheißung. Daß der Patriarch nicht das Ziel erreicht hat, zeigt auch V. 10: Im Glauben - so ist zu ergänzen - wartete er nämlich (γάρ) auf die

---

hen, denn in den allermeisten Fällen liegt sicher die Beeinflussung durch die Tradition der hellenistischen Synagogenpredigt näher als eine unmittelbare literarische Abhängigkeit" (Stil 118). Vgl. außerdem E.KÄSEMANN: Gottesvolk 40ff.51f; E.GRÄSSER: Glaube 144f und L.F.MERCADO: Sojourning 3f; vgl. auch HThR 60 (1967) 494f [gegen C.SPICQ I 39 - 91: 76ff].

[615] Philo 372.

[616] Vgl. dazu O.SCHMITZ: Abraham 114; A.SCHLATTER: Glaube 66; H.BRAUN: Gott 85f; Ders.: Das himmlische Vaterland 320ff.

[617] Es trifft daher nicht zu, wenn H.BRAUN (Das himmlische Vaterland 325) feststellt: "So wenig der Hebräerbrief die Gottesverwandtschaft der Seele explizit vertritt: total ausgeschieden hat er dies von dem Dualismus ihm zugebrachte Theologumenon nicht." Vgl. auch H.MOXNES: Conflict 181f und F.E.WIESER: Abrahamvorstellungen 34.122.

[618] Der Dativ πίστει ist wie in 11,7 als Dativus modi aufzufassen.

Stadt mit festen Fundamenten, deren Werkmeister und Erbauer Gott ist. Diese Stadt meint das himmlische Jerusalem. Der Hebr verlagert die noch ausstehende Erfüllung der Verheißung in die Transzendenz. Welchen *Traditionen* verdankt der Hebr seine Anschauungen? Im Blick auf die πίστις Abrahams gilt das zu 11,8 Gesagte analog, das heißt der Verfasser weiß aus Gen 15,6 LXX vom Glauben des Erzvaters. Auch hinter der Feststellung, daß Abraham - und mit ihm Isaak und Jakob - sich als Beisasse in der γῆ τῆς ἐπαγγελίας niederließ, stehen die *Vätergeschichten der Genesis*. Dort wird an zentralen Stellen vom Fremdlingsein der Erzväter im Land Kanaan berichtet. Wir beschränken uns auf exemplarische Belege. In Gen 15,13 LXX ergeht das Wort Gottes an *Abraham*: γινώσκων γνώσῃ ὅτι πάροικον (MT: גֵּר) ἔσται τὸ σπέρμα σου ἐν γῇ οὐκ ἰδίᾳ[619]. Der schwierige Text Gen 26,1-6 LXX[620] zeigt, daß die Abrahamverheißung auf Isaak übergegangen ist[621] und daß der Hebr das Fremdling-Sein *Isaaks* aus Gen 26,1-6 entnehmen konnte: καὶ παροίκει (MT: וְגוּר) ἐν τῇ γῇ ταύτῃ, καὶ ἔσομαι μετὰ σοῦ καὶ εὐλογήσω σε (26,3). Gleiches läßt sich auch über *Jakob* aussagen, von dessen Segnung durch Isaak Gen 28,1-5 LXX erzählt: ὁ δὲ θεός μου ... δῴη σοι τὴν εὐλογίαν Αβρααμ τοῦ πατρός μου ... κληρονομῆσαι τὴν γῆν τῆς παροικήσεώς σου (מְגֻרֶיךָ), ἣν ἔδωκεν ὁ θεὸς τῷ Αβρααμ[622] (28,3f). Schließlich sind in diesem Zusammenhang die Stellen zu nennen, die vom Beisasse-Sein der *Erzväter* berichten. Im "Abschluß der Toledot Esaus"[623] in Gen 37,1 LXX heißt es[624]: κατῴκει (MT: וַיֵּשֶׁב) δὲ Ιακωβ ἐν τῇ γῇ, οὗ παρῴκησεν ὁ πατὴρ αὐτοῦ (MT: מְגוּרֵי אָבִיו), ἐν γῇ Χανααν. Hier begegnen die beiden Begriffe παροικεῖν und κατοικεῖν (= Hebr 11,9) nebeneinander. Sie stehen dabei in einem gewissen Gegensatz zueinander[625]. Das Verb κατοικεῖν gibt das hebräische יָשַׁב wieder, während παροικεῖν das hebräische גּוּר übersetzt. Im Sprachgebrauch des Alten Testaments wird der erste Begriff in der Regel als Ausdruck für das Seßhaftwerden der Erzväter verwendet. Der zweite betont deren Fremdling-Sein[626]. Der Hebr jedoch verwendet in 11,9 *beide* Begriffe,

---

[619] Zum Fremdling-Sein Abrahams vgl. außerdem Gen 12,10; 17,8; 20,1; 21,23.34; 23,4 und 24,37.

[620] Vgl. dazu C.WESTERMANN: Genesis II 513ff.

[621] Dazu s. G.VON RAD: Genesis 217 und C.WESTERMANN ebd. 517f.

[622] Zu Jakob vgl. auch Gen 36,7 und 47,1.

[623] G.VON RAD: Genesis 217; vgl. H.GUNKEL: Genesis 395 und C.WESTERMANN: Genesis III 25f.

[624] Weitere Belege: Gen 35,27 und Ex 6,4.

[625] Vgl. dazu E.RIGGENBACH 355 Anm. 13 und O.MICHEL 392 Anm. 6.

[626] Diese Beobachtung trifft freilich nicht für alle Stellen der Septuaginta zu, an denen κατοικεῖν bzw. παροικεῖν vorkommt. Zum einen ist κατοικεῖν Begriff für den Aufenthalt Abrahams in Kanaan (Gen 13,12), obwohl an anderen Stellen doch gerade Abrahams Beisasse-Sein in Kanaan betont wird (s.o.). Zum andern gibt die Septuaginta an einer ganzen Reihe von Stellen die Wurzel יָשַׁב samt deren Derivate mit dem Stamm παροικ- wieder. Vgl. dazu E.HATCH/H.A.REDPATH: Concordance s.v.; L.F.MERCADO: Sojourning 25ff und K.L.SCHMIDT/M.A.SCHMIDT: πάροικος 841ff, die zu Recht auf das Phänomen hinweisen, daß an einzelnen Stellen in der Septuaginta κατοικεῖν belegt ist, wo man παροικεῖν erwarten sollte (ebd. 842,24ff), daß aber an anderen Stellen - v.a. Jer 29-51 - "mehrfach Varianten

um mit ihnen das Beisasse-Sein der Patriarchen auszudrücken. Dabei beschreibt παροικεῖν ganz traditionell das Fremdling-Sein. Aber auch κατοικεῖν drückt – entgegen der sonst üblichen Verwendung – durch die Verbindung mit ἐν σκηναῖς das Nomadentum aus und zeigt so an, daß sich die Patriarchen an dem unbekannten Ort "niederlassen" als Fremde ohne Bürger- und Heimatrecht[627].

Während demnach der Hebr nur zum Teil der traditionellen Begrifflichkeit folgt, behält *Philo* die grundsätzliche Differenzierung im Sprachgebrauch des griechischen Alten Testaments bei. Allerdings verwendet er die Worte παροικεῖν und κατοικεῖν in einer ihm eigentümlichen Weise. Drei Text-Beispiele sollen dies veranschaulichen. In *"Quis rerum divinarum heres sit"* 267 betont Philo, "daß Gott dem Freund der Tugend nicht zugibt, im Körper wie im Heimatland zu wohnen (κατοικεῖν οὐ δίδωσιν ὁ θεὸς ὡς ἐν οἰκείᾳ γῇ τῷ σώματι), sondern daß es ihm geziemt, darin wie in einem fremden Land zu weilen (ἀλλὰ παροικεῖν ὡς ἀλλοδαπῇ ἐπιτρέπει χώρᾳ)". Als Schriftbeweis hierfür nennt Philo Gen 15,13. In *"De agricultura"* 64f legt Philo Gen 47,4 (παροικεῖν, οὐ κατοικεῖν ἤλθομεν) aus: "In Wahrheit nämlich erhielt die Seele eines jeden Weisen den Himmel als Heimat, als Fremde aber die Erde (πᾶσα ψυχὴ σοφοῦ πατρίδα μὲν οὐρανόν, ξένην δὲ γῆν ἔλαχε). Und sie [die Seele] hält das Haus der Weisheit für ihr eigenes, für das fremde aber das des Körpers, in dem sie nur Gast zu sein glaubt (ᾧ καὶ παρεπιδημεῖν οἴεται)". Vom Beisasse-Sein der Weisen Abraham (Gen 23,4), Jakob (Gen 47,9), Isaak (Gen 26,2) und Mose (Ex 2,22) handelt Philo in *"De confusione linguarum"* 77 – 82: Die Seelen aller Weisen leben auf der Erde nur als Beisassen (76: παροικοῦντες). Sie sind niemals aus dem Himmel ausgewandert, sondern unternehmen aus Lust am Schauen eine Reise in die irdische Natur (77) und kehren nach genauer Betrachtung alles Sterblichen in den Himmel zurück, "da sie den himmlischen Kreis, in dem sie als Bürger leben, als [ihr] Vaterland erachten, den irdischen aber, in dem sie als Beisassen lebten, für die Fremde halten (78: πατρίδα μὲν τὸν οὐράνιον χῶρον ἐν ᾧ πολιτεύονται, ξένην δὲ τὸν περίγειον ἐν ᾧ παρῴκησαν νομίζουσαι). "Denn" – so fährt Philo fort – "für Auswanderer (τοῖς ἀποικίαν στειλαμένοις) wird an Stelle der Mutterstadt (μητρόπολις) diejenige (Stadt) zum Vaterland (πατρίς), die sie aufnahm. Für diejenigen aber, die nur eine Reise unternommen haben, bleibt es die (Stadt), die sie ausgesandt hat und zu der sie sich auch zurückzukehren sehnen (78: εἰς ἣν καὶ ποθοῦσιν ἐπανέρχεσθαι)". Diese These expliziert Philo im folgenden (79ff; Paradigmenkatalog!) an den Beispielen Abrahams (Gen 23,4), Jakobs (Gen 47,9), Isaaks (Gen 26,2) und Moses (Ex 2,22).

Die sprachliche Nähe der philonischen Texte zu Hebr 11,9f hat H.BRAUN zu der These veranlaßt, im Hebr werde wie bei Philo "das Wohnen in Zelten zum dualistischen Ausdruck für die Erwartung der himmlischen Stadt (11,9.10), die soziologische Fremdlingschaft im Lande Kanaan zur dualistischen Heimatlosigkeit auf

---

(οἰκεῖν, ἐνοικεῖν, παροικεῖν, μετοικεσία) darauf hinweisen, daß diese Übers[etzung] als ungenau empfunden wurde" (ebd. 842,31f).

[627] Diese ursprünglich für παροικεῖν belegte Bedeutung (vgl. K.L.SCHMIDT/ M.A. SCHMIDT: πάροικος 841,12; L.F.MERCADO: Sojourning 8ff.15ff.25ff.115) ist in Hebr 11,9 auch für κατοικεῖν ἐν σκηναῖς anzunehmen.

der Erde überhaupt (11,13)"[628]. Ihre sachliche Begründung finde diese Gemeinsam-
keit - so BRAUN - im Glaubensverständnis der beiden Alexandriner, wonach sich
der Glaube "im Gegensatz zu allem Sichtbaren und der ganzen Sinnenwelt ...
ausschließlich auf Gott richtet ... [und] der himmlischen Stadt zustrebt"[629]. So lege
sich die Schlußfolgerung nahe: "Daß auch im Hebräerbrief (11) der Glaube *die*
Haltung der der himmlischen Heimat Entgegenwandernden ist, bedarf nur gerade
der Erwähnung; so bekannt ist der Sachverhalt"[630]. So bekannt der Sachverhalt
auch sein mag, über seine Richtigkeit ist damit noch nicht entschieden. Wir
erörtern daher im folgenden die philonische Sicht im Vergleich mit dem Hebr und
berücksichtigen dabei das für die Erhellung des religionsgeschichtlichen Hinter-
grundes des Hebr so wichtige Problem von *Form und Inhalt*. Leitend sind hierbei
zwei m.E. kaum zu bestreitende Erkenntnisse: *Erstens* steht mit E.KÄSEMANN fest:
Es ist "keine echte Lösung des Problems [der religionsgeschichtlichen Hin-
tergründe], ... sich hinter dem Gegensatz: 'formal - inhaltlich'" zu verstecken, "weiß
man doch nie, wo die 'Form' endet und der 'Inhalt' anfängt"[631]. Dem muß nun aber
sofort eine *zweite* Erkenntnis beigeordnet werden: Es kann nicht fraglich sein, daß
die inhaltliche Näherbestimmung dessen, was zwei Autoren durch die Verwendung
der selben Terminologie aussagen, nur durch Beachtung des jeweiligen *Kontexts*
erhoben werden kann. Zum Problem Hebr - Philo stellt E.KÄSEMANN weiter fest:
"Absolut zuzugeben ist, daß Philo und Hebr. sich in verschiedener Ausrichtung
bewegen, daß darum eine direkte Abhängigkeit des letzteren vom ersteren
ausgeschlossen ist. Umgekehrt läßt aber die ... Verwandtschaft der Sprache und
einer Reihe von Vorstellungen ... die Frage wach werden, wie weit beide
Ausprägung verschiedener Art einer gemeinsamen Grundtradition darstellen".
Diese gemeinsame Grundtradition erblickt KÄSEMANN bekanntlich in den
gnostischen Erlösungslehren und dem damit verbundenen Motiv der Himmelsreise
der Seele[632], so daß er - mit Verweis auf Philo - zu dem Ergebnis gelangt: "Alle
Ausführungen des Hebr (gipfeln) zwar in der Darstellung des Hohenpriesteramtes
Christi ..., (empfangen) ihre tragende und die einzelnen Teile sinnvoll gliedernde
Basis aber vom Motiv des wandernden Gottesvolkes her"[633]. Daß damit die
religionsgeschichtliche Frage des Hebr keineswegs am Ziel ihrer Wanderschaft ist,

---

[628] Das himmlische Vaterland 321.

[629] Ebd. 322 unter Verweis auf die philonischen Stellen Her 26f.92f.

[630] Ebd. Zum Thema des der himmlischen Heimat entgegenwandernden Gottesvolkes im Hebr vgl. E.KÄSEMANN: Gottesvolk 9ff.18ff.40ff u.ö.; G.THEISSEN: Untersuchungen 98ff; E.GRÄSSER: Glaube 108ff; Ders.: Gottesvolk 160ff.165ff;
W.G.JOHNSSON: Pilgrimage 239-251 und N.WALTER: "Hellenistische Eschatologie"
im Neuen Testament 353.

[631] Gottesvolk 40. KÄSEMANN wendet sich gegen die Behauptung O.MICHELs:
"Hellenistisch ist die Form, nicht der Inhalt seiner Aussagen" ([7]1936, 175). In der
neuesten Auflage ([13]1975) findet sich diese Aussage nicht mehr, ohne daß MICHEL
sein berechtigtes Anliegen im Blick auf die Eschatologie des Hebr aufgegeben hätte
(423ff).

[632] Gottesvolk 40 und passim.

[633] Ebd 156 (im Original hervorgehoben).

wird durch das treffende Urteil von E.GRÄSSER deutlich: "Den ausgebildeten Erlösermythos der späten gnostischen Systeme zum hermeneutischen *Schlüssel* der Hebr-Exegese zu machen, wird nach dem derzeitigen Stand der Gnosisdebatte niemand mehr für sachgemäß halten[634]". Freilich hat GRÄSSER mit diesem Resümee der Vorstellung vom "wandernden Gottesvolk" keineswegs eine Absage erteilt. Im Gegenteil: Zum Hebr gehört aufgrund seiner "mit apokalyptischen Motiven aufbereiteten hellenistischen Eschatologie", die ihre "nächsten Parallelen neben Philo ... in 'Joseph und Aseneth' hat", das "Theologumenon von der 'Himmelsreise der Seele'" und das Motiv vom wandernden Gottesvolk konstitutiv hinzu[635].

Aus alledem ergibt sich: Wenn die Annahme eines gnostischen Hintergrunds als Schlüssel für die Hebr-Exegese hinfällig geworden und zugleich die Annahme einer direkten Beziehung zwischen Philo und dem Hebr zu verneinen ist, so bleibt die Frage nach dem traditionsgeschichtlichen Hintergrund nach wie vor offen[636]. Unser Diskurs war von der Frage ausgegangen, wie die sprachliche Nähe des Hebr zu den notierten Philo-Stellen zu beurteilen ist. Wir halten als *Zwischenergebnis* fest: Sowohl Philo als auch der Hebr verwenden den Begriff παροικεῖν als terminus technicus für das Theologumenon der Fremdlingschaft auf der Erde. Während jedoch Philo das Verbum κατοικεῖν verwendet, um das Seßhaft-Sein der Seele in der himmlischen πατρίς auszudrücken, dient derselbe Begriff dem Hebr - in Verbindung mit dem Dativ ἐν σκηναῖς - als Ausdruck für das nomadenhaften Beisasse-Sein der Patriarchen. Zu dieser rein sprachlichen Differenz tritt nun noch ein gewichtiger sachlicher Unterschied: Von einem Leib-Seele-Dualismus weiß der Hebr nachweislich nichts! Vielmehr ist der Philo eignende anthropologische Dualismus im Hebr "in seiner religionsphilosophischen Substanz gebrochen, wenn man bedenkt, daß im Hebr die himmlische Realität erst durch das eschatologische Heilshandeln Gottes im Sohn eine für den Menschen erreichbare Wirklichkeit ist und auch der Leib-Seele-Dualismus des Philo hier keinen Platz hat"[637]. Daß der Hebr dennoch *dieselben Begriffe* verwendet, die bei Philo zur Formulierung eben dieses Dualismus dienen, sagt noch nichts darüber aus, ob mit den Begriffen auch

---

[634] Gottesvolk 162 (Hervorhebung dort).

[635] Gottesvolk 166f gegen O.HOFIUS: Katapausis 146ff; H.M.SCHENKE: Rätsel des Hebräerbriefes 432. Vgl. außerdem A.VANHOYE: Longue marche 26. Auch F.LAUB, der die futurisch-apokalyptischen Aussagen des Hebr mit dessen alexandrinisch-hellenistisch anmutender Sprache in sachgemäße Beziehung zu setzen sucht (Bekenntnis 221-265), vermag im Hebr das Motiv vom wandernden Gottesvolk nicht zu finden (ebd. 248ff). Ablehnend außerdem C.VAN DER WAAL: 'The People of God' 90; vgl. auch A.OEPKE: Gottesvolk 59ff.74.

[636] O.HOFIUS hat in seinen Arbeiten 'Katapausis' und 'Vorhang' überzeugend gezeigt, daß für die mit den Begriffen κατάπαυσις und καταπέτασμα verbundenen Theologumena des Hebr ein gnostischer Hintergrund sich nicht nachweisen läßt.

[637] F.LAUB: Bekenntnis 258 Anm. 232 (gegen F.J.SCHIERSE: Verheißung 118ff). Dieses zutreffende Urteil von F.LAUB ist zu modifizieren: Der anthropologische Dualismus Philos ist in seiner religionsphilosophischen Substanz nicht nur gebrochen, sondern er kann im Hebr nicht einmal im Ansatz nachgewiesen werden.

dieselben Inhalte ausgesagt werden. Die sprachliche Nähe des Hebr zu Philo läßt sich immer noch am besten mit der gemeinsamen Herkunft beider Autoren aus dem alexandrinischen Milieu begründen. Diese Annahme bestätigen Sprache und Theologie der alexandrinischen Kirchenväter - allen voran CLEMENS ALEXANDRINUS (140[?] - 220[?] n.Chr.). Bei ihm kann unverkennbar dieselbe Begrifflichkeit wie bei Philo und im Hebr festgestellt werden. Daß der Kirchenvater freilich in manchen seiner Anschauungen näher bei Philo und der von ihm repräsentierten Symbiose jüdisch-alttestamentlichen Denkens gepaart mit mittelplatonisch-philosophischen Anschauungen als beim Hebr zu stehen kommt[638], hat seinen Grund in der Tatsache, daß man von CLEMENS im Blick auf das Christentum Analoges aussagen kann wie von Philo im Blick auf das Judentum: Er setzt "die Bemühungen von ... Justin dem Märtyrer und Athenagoras fort, das Christentum als Philosophie darzustellen"[639]. Es kann daher nicht verwundern, wenn sich in seinen Werken die platonisch-philosophische Unterscheidung von κόσμος νοητός und κόσμος αἰσθητός[640] genauso findet wie die Anschauung, daß die sichtbare Welt die εἰκών der intelligiblen Welt darstellt[641]. Auch die Vorstellung von der Himmelsreise der Seele läßt sich ebenso nachweisen[642] wie das Motiv der Fremdlingschaft der menschlichen Seele auf Erden[643].

Aus den Darlegungen kann m.E. nur *ein* Schluß gezogen werden: Hätte der Hebr seinen Lesern wirklich das schreiben wollen, was Philo über die Schöpfung, über den Leib-Seele-Dualismus und die damit verbundene Himmelsreise der Seele in die himmlische πατρίς dargelegt hat, so hätte er dafür ganz sicher andere Formulierungsmöglichkeiten zur Verfügung gehabt als die, die er gewählt hat. Wie das hätte aussehen können, zeigt beispielhaft CLEMENS ALEXANDRINUS. Die Stellung von Hebr 11,9f im Kontext von Kap. 11 bietet keinen Raum für die Annahme, in den

---

638 Dies zeigt bereits ein Blick in die Biblia Patristica I 519ff. Die Rückgriffe auf Philo sind schon rein numerisch sehr viel zahlreicher. Vgl. die Fußnoten in der Ausgabe von O.STÄHLIN/L.FRÜCHTEL/U.TREU und neben den in den folgenden Anmerkungen notierten Arbeiten auch: W.BOUSSET: Schulbetrieb passim; H.KUTTER: Clemens Alexandrinus 99f und M.MEES: Zitate 228-236.

639 A.MÉHAT: Clemens von Alexandrien 103,48f.

640 Diese Unterscheidung läßt sich m.E. im Hebr nicht nachweisen. Zu CLEMENS vgl. neben J.MEIFORT: Platonismus 11ff; J.BERNHARD: Methode 67ff; K.SCHMÖLE: Läuterung 51ff; S.R.C.LILLA: Clemens of Alexandria 189ff die Stellen Strom. V 93,4ff (2,387f); V 94,5 (2,388,2); Exc. 8,2 (3,101,23), sowie Ecl. 8,1 (3,139,1ff) und 81,1 (3,132,1f). Daneben kennt CLEMENS auch das Theologumenon von der creatio ex nihilo: vgl. H.-F.WEISS: Untersuchungen 153f; E.F.OSBORN: Philosophy 32ff und S.R.C.LILLA: Clement of Alexandria 195ff und die dort genannten Belege.

641 Vgl. Strom. V 93,4 (2,387,21ff) und S.C.R. LILLA: Clement of Alexandria 192.

642 Dazu vgl. R.MEIFORT: Platonismus 19ff; W.BOUSSET: Schulbetrieb 177 und S.R.C.LILLA: Clement of Alexandria 182ff.

643 So Strom IV 166,1f (2,302,7ff) im Zusammenhang mit 2Kor 5,1-3.7. Zur Fremdlingschaft vgl. außerdem 1Clem inscr.; PolykPhil inscr.; 2Clem 5,1; Diog 5,5; 6,8; VitPolyb 6; BASILIDES: Hom in Ps 32, PG 29, 336c; Comment. in Is 27, PG 30, 172c; CYRILL: Explanatio in Ps 14, PG 69, 805 u.a.m.

beiden Versen spiegele sich die philonische Vorstellung der Himmelsreise der Seele. Vielmehr ist davon auszugehen, daß der Hebr mit seiner Vorstellung vom Fremdling-Sein der Patriarchen den ersten Anknüpfungspunkt in den genannten alttestamentlichen Stellen gefunden hat.

Daß Abraham, und mit ihm Isaak und Jakob, als die Miterben derselben Verheißung, mit dem Erreichen der γῆ τῆς ἐπαγγελίας nicht am Ziel waren, betont der Verfasser in mehrfacher Hinsicht. Einmal indem er gegenüberstellt das "Wohnen in Zelten" - also das Wohnen in einer Wohnstatt, der das Charakteristikum des stets zum Aufbruch bereiten Nomadentums zukommt - und das Erwarten der auf festen Fundamenten ruhenden himmlischen Gottesstadt. Sodann wird es deutlich, wenn man beachtet, daß der Hebr die alttestamentliche Landverheißung in Bezug auf das irdische Kanaan uminterpretiert auf das himmlische Jerusalem (VV. 10.13.16; 12,22) und das himmlische Vaterland (VV. 14f). Dies zeigt das Verständnis von ἡ γῆ τῆς ἐπαγγελίας[644]. Die Ausleger verstehen die Worte durchweg so, als wollte der Verfassser sagen: Abraham ließ sich im Glauben nieder in dem Land, von dem die Verheißung sprach, also im verheißenen Kanaan[645]. Sehr viel naheliegender - und der Bedeutungslosigkeit Kanaans im Hebr eher gerecht werdend - ist jedoch eine andere Interpretation. Zu 11,8 hatten wir auf die bewußte Umformulierung von Gen 12,1 LXX durch den Verfasser hingewiesen. Anstelle vom Land Kanaan spricht der Hebr von einem unbestimmten τόπος. So ist es viel wahrscheinlicher, daß die Wendung ἡ γῆ τῆς ἐπαγγελίας wiederzugeben ist mit der Übersetzung "das Land, in das ihn die Verheißung wies". Es handelt sich also um jenen unbekannten Ort, in den die Verheißung den Patriarchen wies. Dort - nicht im Land Kanaan - soll er das verheißene "Erbteil" erhalten. Der Verfasser entnimmt der Abraham-Erzählung der Genesis, daß der Erzvater "auch nicht einen Fuß breit" (Apg 7,5) vom verheißenen Land zum Erbe erhalten hat[646]. Der Hebr versteht wie folgt: Gott hat Abraham, und mit ihm Isaak und Jakob - den Miterben derselben Verheißung (συγκληρονόμοι τῆς ἐπαγγελίας) - in seinem Verheißungs*wort* zugesagt, daß sie διὰ πίστεως am Tag der Heilsvollendung in Gottes κατάπαυσις eingehen werden[647].

Der Hebr setzt in 11,9 voraus, daß Abraham mit Sohn und Enkel zusammenwohn-

---

[644] Zum folgenden vgl. Chr.ROSE: Verheißung und Erfüllung 179-183. Dort findet sich auch die Erörterung der gängigen Forschungspositionen.

[645] Die Formulierung ἡ γῆ τῆς ἐπαγγελίας begegnet nicht in der Septuaginta, was nicht überrascht, denn der Begriff ἐπαγγελία hat keine alttestamentliche Vorgeschichte: vgl. J.SCHNIEWIND/G.FRIEDRICH: ἐπαγγέλλω 575,15ff. Dennoch ist das Theologumenon von der Verheißung Gottes im Judentum weit verbreitet. Der Ausdruck γῆ τῆς ἐπαγγελίας ist belegt in TestAbr 8; 20 bezogen auf Abraham und in TestAbr 3 bezogen auf Isaak (jeweils Rez. A).

[646] Es ist für ihn völlig unerheblich, daß Abraham nach dem Zeugnis von Gen 23,4.20 "ein ganz kleines Stück des verheißenen Landes - das Grabgrundstück" (G.VON RAD: Genesis 199) zu eigen wurde.

[647] Isaak und Jakob sind in die Abrahamverheißungen - Gen 12,7; 13,15; 15,8 und 17,8 - miteingeschlossen. Daß diese Verheißungen auch Abrahams Nachkommen zuteil wurden, berichten im Blick auf Jakob Gen 28,4 und Gen 35,12.

te, er demnach Jakob noch erlebt hat. Nach dem Bericht der Genesis war Abraham bei seinem Auszug aus Haran und dem Einzug ins Land Kanaan 75 Jahre alt (Gen 12,4f). Die Geburt Isaaks erlebte er im fortgeschrittenen Alter von 100 Jahren (Gen 17,17; 21,5). "Die Zeit der Lebensjahre Abrahams, die er gelebt hat, betrug 175 Jahre; und dann verschied Abraham und starb" - so heißt es in Gen 25,7f. Nimmt man zu diesen Daten noch die Angabe von Gen 25,26 hinzu - "Isaak war 60 Jahre alt, da sie (Esau und Jakob) geboren wurden" -, so ergibt sich, daß Abraham zum Zeitpunkt der Geburt der Söhne Isaaks 160 Jahre alt war und danach noch 15 Jahre lebte[648]. Die Überzeugung, daß Großvater, Sohn und Enkel zusammenlebten, läßt sich im Buch der Jubiläen 19,15ff und 20 - 23 expressis verbis nachweisen[649]. Außerdem setzen dies auch einige rabbinische Texte[650] und *TPsJ zu Gen 25,29* voraus:

> "An dem Tag, an dem Abraham starb, kochte Jakob ein Linsengericht,
> und er ging, um seinen Vater zu trösten."

Die Überzeugung der rabbinischen Texte und des Targums dürfte aus der Zusammenschau folgender Genesis-Stellen erwachsen sein: 12,4f; 17,17; 21,5; 25,7f und 25,26. Dieser Traditionszusammenhang dürfte auch bei der Aussage von Hebr 11,9 im Hintergrund gestanden haben[651]. Sie ist deshalb kaum als "Folge der starken Raffung der Geschichte in Hebr 11"[652] anzusehen.

Der Auslegung von *Hebr 11,10* kommt zentrale Bedeutung zu, - nicht zuletzt bietet dieser Vers einen der Schlüssel zum Verständnis der in der Hebr-Forschung umstrittenen Eschatologie des Hebr. Zumindest in der traditionsgeschichtlichen Auslegung von *V. 10a* scheint sich in der jüngeren Forschung ein Konsens abzuzeichnen. E.GRÄSSER, der in seiner jüngsten Arbeit zum Hebr nochmals mit allem Nachdruck betont, daß die Vorstellung vom "wandernden Gottesvolk" und das Motiv der "Himmelsreise der Seele" zu den unaufgebbaren Größen für die Hebr-Auslegung zu zählen seien, bestreitet nicht die Rezeption apokalyptischer Traditionen in 11,10[653]. Allerdings beschränkt er diese Rezeption auf die "zeitlich zielgerichtete

---

[648] Zur Sache vgl. auch G.VON RAD: Genesis 209.

[649] Vgl. dazu H.WINDISCH 101 und O.MICHEL 393.

[650] BB 16b: "'Da kam Esau vom Feld und war müde' (Gen 25,29). Hierzu wird gelehrt: 'An jenem Tag starb unser Vater Abraham, und unser Vater Jakob bereitete ein Linsengericht, um seinem Vater Isaak eine Trauermahlzeit zu bereiten'"; vgl. auch BerR 63,11 (694).

[651] Vgl. R.LE DÉAUT/J.ROBERT: Targum I 247 Anm. 23.

[652] So F.E.WIESER: Abrahamvorstellungen 32 Anm. 9.

[653] Vgl. dazu oben Anm. 630. Auch H.BRAUN leugnet das apokalyptische Element im Hebr nicht - allerdings steht für ihn fest: "Begrenzt ist ... die Einwirkung der Apokalyptik auf die Hb-Stadt" (357). Man fragt sich allerdings, was nach einer solchen Einschätzung das zahlreich gebotene Material aus apokalyptischen Texten soll, wenn BRAUN im Blick auf die philonischen Parallelen unmißverständlich klarlegt: "Aber daß diese Stadt nur in der Seele ihren Sitz hat (Som 2,250), nur durch die geistige Funktion der Seele faßbar ist (MigrAbr 5), könnte Hb von dem himmlischen Jerusalem und von dem himmlischen Vaterland nicht sagen 12,22 11,14-16" (ebd.). Dem kann man nur zustimmen!

Apokalyptik". Das apokalyptische Element betrifft - "trotz des breit rezipierten alexandrinischen Dualismus" - "vor allem die *Zeitvorstellung*: die Glaubenden ziehen nicht jetzt schon aus der vergänglichen Stadt in die himmlische, sondern die zukünftige suchen sie (13,13f) ... So kommt es zu der für unser Schreiben charakteristischen kunstvollen Verwobenheit von Kategorien der apokalyptischen Zeitlichkeit mit solchen der transzendenten Räumlichkeit. Ein besonders schönes Beispiel für solche Verschränktheit ist 11,10: Abraham *wartete* auf die Stadt, *die Gott selbst gebaut hat*. Durch diese Verwobenheit von zeitlicher Zukünftigkeit mit ontologischer Jenseitigkeit kommt es zu einer beträchtlichen Alterierung der eschatologischen Vorstellungen, die sie für einen apokalyptischen Interpretationszugriff untauglich macht"[654]. Sollte E.GRÄSSER mit diesen Darlegungen im Recht sein, so stellen sich folgende Fragen: Welche Bedeutung mißt der Hebr eigentlich den zeitlich-*futurischen* Aussagen bei, wenn doch die "Himmelsreise der Seele" und das Motiv vom "wandernden Gottesvolk" die *Gegenwart* der Glaubenden betrifft? Anders ausgedrückt: Wie stellt sich der Hebr die Heilsvollendung vor, wenn das Gottesvolk *schon jetzt*[655] unterwegs ist in die himmlische Welt? Im Blick auf den uns beschäftigenden Vers Hebr 11,10: Wie gelangt Abraham an das Ziel seiner Wanderschaft, wenn der Hebr von ihm aussagt, daß er auf (das Offenbarwerden der) himmlischen Stadt *wartete*? Müßte man dann nicht konsequenterweise antworten: er wartet(e) vergeblich, - denn "die Stadt kommt im Hb nie herab wie in der Apokalypse"[656]? Ein weiteres Problem ergibt sich: Alle Exegeten, die dem Hebr in irgendeiner Form die "hellenistische Eschatologie" zuweisen, gehen von einer weitreichenden Prämisse aus: Sie weiten das im Hebr *nachweislich* auf den kultischen Bereich eingeschränkte Urbild-Abbild-Denken[657] auf das ganze Weltbild des Hebr aus[658]. Wo - so ist zu fragen - spricht der Hebr davon, daß er die gesamte himmlische Welt als Urbild des irdischen Abbildes versteht? Und schließlich: Wie kann man feststellen: "Das Oben bereitgestellte Heil liegt im zeitlichen Voraus"[659], wenn doch für den Hebr "die heilvolle Zukunft ... *außerhalb*

---

[654] Gottesvolk 169 (Hervorhebungen dort); vgl. ebd. 174ff.

[655] Diese Deutung ergibt sich aus den philonischen Vorstellungen der himmlischen πατρίς, die E.GRÄSSER als "nächste Parallele" zum Hebr bezeichnet (Gottesvolk 166).

[656] H.BRAUN 356; vgl. L.F.MERCADO: Sojourning 98 - 102; E.GRÄSSER: Gottesvolk 164ff.

[657] Die Belege 8,5; 10,1 (σκιά), 8,5; 9,23 (ὑπόδειγμα); 9,9 (παραβολή) und 9,24 (ἀντίτυπος) sind durchweg auf den Gegensatz zwischen irdischem und himmlischem Allerheiligsten zu beziehen. Vgl. dazu O.HOFIUS: Vorhang 18f.50-58.69-73.

[658] Dies erfolgt zum Teil expressis verbis - z.B. E.GRÄSSER: Glaube 126f; Ders.: Gottesvolk 165.175; F.J.SCHIERSE: Verheißung 124; N.WALTER: "Hellenistische Eschatologie" im Neuen Testament 340f - zum Teil aber auch umschreibend: "Die 'Stadt' erscheint ... nicht als das im Himmel sich befindende Jerusalem der Apokalyptik, sondern als Gegenbild zur irdischen Wirklichkeit" (F.LAUB: Bekenntnis 258; vgl. H.BRAUN: Vaterland 321f; Ders.: 356).

[659] E.GRÄSSER: Gottesvolk 178 im Anschluß an H.BRAUN: Vaterland 324f.

der Schöpfung (liegt)"[660]? Diese Frage bedarf der Präzisierung: Vorausgesetzt, die Vorstellungen des Hebr haben ihre "nächste Parallele" bei Philo, so muß man doch sofort hinzufügen, daß für Philo die himmlische πόλις keineswegs eine himmlische Realität darstellt, die zu den Schöpfungswerken Gottes zählt[661].

Woran der Hebr denkt, wenn er feststellt, daß Abraham auf die Stadt mit festen Fundamenten wartete, ergibt sich zunächst aus 11,16: Er wartete auf die πόλις, die Gott den Glaubenden bereitet hat. Diese πόλις wird in der Zukunft offenbar werden (13,14). Es ist – mit den Worten von 12,22 ausgedrückt – die πόλις θεοῦ ζῶντος, Ἰερουσαλὴμ ἐπουράνιος. Abraham wartete also auf das Offenbarwerden des himmlischen Jerusalem, das Gott – wie 11,16 zweifelsfrei zeigt – bereits erschaffen hat (ἡτοίμασεν). Es gehört mithin zu den präexistenten, jetzt noch in der Transzendenz verborgenen Eschata, deren Inbesitznahme der Glaube erhofft. Das Hervortreten der präexistenten πόλις gehört zu den ἐλπιζόμενα. Im göttlichen Verheißungswort sind diese zugesagt. Der Glaube hält sich an die Treue dessen, der dieses Verheißungswort ausgesprochen hat, weil er von der Realität der Verheißungsgüter objektiv überführt ist. Demnach gehört die πόλις zugleich zu den πράγματα οὐ βλεπόμενα. Einmal mehr zeigt sich also die Verwobenheit von futurisch-eschatologischer mit transzendent-ontologischer Dimension. E.GRÄSSER hat daraus im Anschluß an N.WALTER[662] die mit den beiden Aspekten verbundenen eschatologischen Konzeptionen als "Jetzt/Dann Eschatologie" der Apokalyptik und "Oben/Unten Eschatologie" des Hellenismus bezeichnet, die einander de facto ausschließen. Die Prämissen vom wandernden Gottesvolk und der Himmelsreise der Seele begründen für GRÄSSER die Prävalenz der hellenistischen Eschatologie[663]. Wir gehen dieser Prämisse im Blick auf die πόλις nach.

H.BRAUN – und vor ihm A.CODY[664] und E.GRÄSSER[665] – betonen die Nähe des Hebr zum *Dualismus philonischer Provenienz*: "Die Stadt Gottes, die Stadt des Seienden, die in einer kampflosen Seele existiert, heißt Jerusalem (Som II 250). So

---

[660] Ebd. 170 (Hervorhebung dort); vgl. auch H.BRAUN 357.

[661] Vgl. hierzu K.L.SCHMIDT: Jerusalem 244ff und H.BRAUN: Vaterland 320f.

[662] "Hellenistische Eschatologie" im Neuen Testament 341. WALTER konstatiert darüber hinaus beim Hebr im Kernpunkt der Christologie, wo sich "temporales" und "vertikales" Denken stoßen, "eine logische Inkonsequenz im theologischen Denken des Autors" (ebd. 354). Die – nach eigenem Bekunden wohl vorläufige – Analyse WALTERs (ebd. 351-355) blendet allerdings zu viele Stellen des Hebr aus, um die Streitfragen in der Eschatologie des Hebr wirklich voranzubringen. Das gilt auch für seinen Artikel: "Hellenistische Eschatologie" im Frühjudentum 331-348. Auf die (ebd. 347 Anm. 69) in Aussicht gestellte größere Untersuchung zu diesem Thema darf man gespannt sein.

[663] Gottesvolk 164ff. Die Frage der Eschatologie des Hebr bedarf einer eigenständigen Untersuchung, so daß hier nicht umfassend darüber gehandelt werden kann, ob die beiden angesprochenen eschatologischen Konzeptionen in ein sinnvolles Miteinander (so M.HENGEL: Judentum und Hellenismus 460f) oder aber in ein schroffes Gegeneinander (so E.GRÄSSER ebd.) zu stellen sind.

[664] Heavenly Sanctuary 78ff.131-144.

[665] Glaube 126f und Ders.: Gottesvolk 168f.171.

spricht auch der Hebräerbrief davon, daß Abraham mit seiner Sippe in Zelten wohnen bleibt ... (11,10) ... (11,16) ... (12,22). Im Unterschied zu der vergänglichen, nicht bleibenden Stadt - man denkt an das negative Vaterland Philos [Congr 84-87; Her 274] - ist sie die künftige Stadt"[666]. Die philonischen Belege wurden bereits angesprochen[667], so daß nun das Wesentliche herausgestellt werden kann:

(1) Die himmlische πόλις wie die himmlische πατρίς gehören für Philo zum κόσμος νοητός: Wie ein δημιουργὸς ἀγαθός, der beim Bau einer wirklichen Stadt gemäß den einzelnen unkörperlichen Ideen (αἱ ἀσώματοι ἰδέαι) einer πόλις νοητή die körperlichen Gegenstände bildet, so ist das auch bei Gott zu denken: Bevor er die μεγαλόπολις, d.h. die sichtbare Welt baute, schuf er den κόσμος νοητός und bildete dann in Anlehnung an jenes παράδειγμα den κόσμος αἰσθητός. Wie die vom Baumeister zuvor entworfene Stadt nur in dessen Seele (τῇ τοῦ τεχνίτου ψυχῇ) existierte, so gab es den ἐκ τῶν ἰδεῶν κόσμος nur im göttlichen Logos (Op 18ff).

(2) Beide "himmlischen" Größen, die himmlische πατρίς wie die Stadt des Seienden (ἡ τοῦ ὄντος πόλις: Somn II 50) existieren in der Seele des Weisen (ebd. II 50.246ff; vgl. I 46; Spec II 45), so daß der Schluß naheliegt: "Es scheint ... diesem Denker Philo immer wieder der innerseelische Vorgang die Hauptsache zu sein"[668].

(3) Die gedachten Größen in den Seelen der Menschen sind die ἀρχέτυποι der aus Stein und Holz gebildeten. Die irdischen Städte und Staaten sind ihrerseits μιμήματα der Urbilder (Conf 107ff). Ein *solches* Urbild-Abbild-Denken bezogen auf die himmlische πόλις und die himmlische πατρίς liegt im Hebr nicht vor[669].

Die wenigen Hinweise lassen erkennen, daß es verfehlt ist, die Aussagen des Hebr

---

[666] Das himmlische Vaterland 320f. So auch H.MOXNES: Conflict 182. Unerklärlich bleibt, weshalb F.LAUB, dessen ablehnende Haltung gegenüber dem Leib-Seele-Dualismus philonischer Prägung im Hebr oben (S. 215 mit Anm. 637) zitiert wurde, ganz offensichtlich durch die Hintertür das Denken Philos in seine Erwägung wieder einträgt. Wie anders kann es verstanden werden, wenn er *einerseits* im Blick auf 11,10.13.16; 13,13f feststellt, daß "die dualistische Betrachtungsweise ... das Schriftzeugnis [vom nomadenhaften Dasein Abrahams] für die Fremdlingschaft in der Welt und die Suche nach der himmlisch-jenseitigen Heimat" verwende (Bekenntnis 258 mit Hinweis auf die ebd. 247f Anm. 195 aufgeführten Philo-Belege: Congr 84ff; Her 26f.82.274 [Himmlisches Vaterland] sowie Somn I 46.181; II 250; Congr 76ff; Agr 65 [himmlische Stadt]; vgl. auch ebd. 258 Anm. 232) und er *andererseits* zu eben den genannten Stellen (11,10.13.16; 13,13f) betont, daß das Beispielhafte der Glaubensvorbilder im unentwegten Ausharren auf das zeitliche Voraus der Heilsvollendung liegt (ebd. 259). Wie aber kann diese Sicht aufrechterhalten werden, wenn sich die beiden eschatologischen Konzeptionen ausschließen sollten? N.WALTER hat völlig recht, wenn er auf die Sonderstellung Philos innerhalb des hellenistischen Judentums hinweist ("Hellenistische Eschatologie" im Frühjudentum 336f.344 Anm. 30).

[667] Vgl. oben S. 213 und die bei K.L.SCHMIDT: Jerusalem 244ff und F.LAUB: Bekenntnis 247 Anm. 195 genannten Stellen.

[668] K.L.SCHMIDT: Jerusalem 247. Von einer himmlischen πόλις mit festen Fundamenten weiß Philo demzufolge nichts. Vgl. H.STRATHMANN: πόλις 527f; R.WILLIAMSON: Philo 268-276.

[669] So auch G.THEISSEN: Untersuchungen 104. Was THEISSEN dort zu 13,12f festhält, gilt genauso für 11,10.14.16; 12,22 (vgl. ebd. 104f).

über die himmlische πόλις und die himmlische πατρίς vor dem Hintergrund der er-örterten philonischen Texte zu verstehen[670]. Vielmehr dürfte die Vielzahl von Exe-geten im Recht sein, die hier einen Einfluß der altjüdischen Apokalyptik annehmen und bei der Wendung ἡ τοὺς θεμελίους ἔχουσα πόλις an die im antiken Judentum und im Urchristentum vielfach bezeugte Vorstellung des in der Transzendenz bereits jetzt real existierenden himmlischen Jerusalem[671] denken[672]. Wir beschränken uns auf einige wenige Texte[673]. Zunächst 4Esr 7,26b:

---

[670] Die Anschauungen Philos lassen sich im alexandrinischen Milieu erst wieder bei CLEMENS ALEXANDRINUS nachweisen (vgl. K.L.SCHMIDT: Jerusalem 239f). Zum Verhältnis Philo - Hebr in diesem Punkt vgl. auch C.SIEGFRIED: Philo 329. Zur philonischen Eschatologie sei verwiesen auf J.AMIR: Die messianische Idee 195ff; U.FISCHER: Eschatologie 184-213 und die Arbeiten von H.C.C.CAVALLIN: Life after Death 135ff und Leben nach dem Tode 288ff (dort weitere Literatur!).

[671] Zum Grundsätzlichen vgl. BILL. III 573.796; P.VOLZ: Eschatologie 373-376; R.KNOPF: Himmelsstadt 213-219; F.G.MOORE: Judaism II 340ff; K.L.SCHMIDT: Jeru-salem 207-248; W.BOUSSET/H.GRESSMANN: Religion 284f; H.BIETENHARD: Himm-lische Welt 192-204; H.STRATHMANN: πόλις 530ff; E.LOHSE: Σιών 324f.336f; H.SCHLIER: Galater 221-225; S.SAFRAI: The Heavenly Jerusalem 11-16; H.D.BETZ: Galatians 246ff; Ders.: Lukian 92-96; E.SCHÜRER: History II 529f. Für das Rabbinat vgl. die bei G.SCHIMANOWSKI: Weisheit 207-298 passim und B.EGO: Himmel 46-61 genannten Belege, wonach das himmlische Heiligtum zu den sieben praemundan von Gott erschaffenen Dingen zählt.

[672] Vgl. hierzu insbesondere H.BIETENHARD: Die himmlische Welt; H.STRATH-MANN: πόλις 531; G.JEREMIAS: Lehrer der Gerechtigkeit 246ff; O.HOFIUS: Katapau-sis 56.91f.146ff.219 Anm. 883.221 Anm.921.258; O.MICHEL 393ff.514ff; M.RISSI: Theologie 44. Auch H.BRAUN 356f bringt apokalyptischen Einfluß "begrenzt" in Ansatz. Wie wenig überzeugend allerdings die Annahme einer bloß teilweisen Be-einflussung des Hebr durch die Apokalyptik ist, wird bei L.F.MERCADO: Sojourning deutlich: Zu 11,8 und 11,10 konstatiert MERCADO apokalyptischen Einfluß (94-98.126-129). Aber: Aufgrund der "dualistic theologico-philosophical (sic!) Welt-anschauung represented in Philo of Alexandria", der sich der Hebr verpflichtet weiß (98.129), kann es im Sinne des Hebr kein zukünftig-irdisches Jerusalem geben (ebd.), denn: "Due to the Middle-Platonic scheme within which our author operates, he can conceive the heavenly city neither as coming down, nor as existing in a material way above ... Θεμέλιοι can only mean for him that the invisible, transcendental heavenly city is unshakable (ἀσάλευτος; Heb 12:28) and abiding (μένουσα; 13:4)" (129). Begründet sieht MERCADO (99-101) seine Annahmen in drei Zusammenhängen innerhalb des Hebr: Das "middle-platonic" Weltbild des Hebr ruht erstens auf dem im Anschluß an H.KÖSTER interpretierten Begriff ὑπόστασις; es ist zweitens begründet im Urbild-Abbild-Denken des Hebr (8,1f.5; 9,23f; 10,1), das MERCADO ohne Angabe von Gründen auf das ganze Weltbild des Hebr ausweitet; als drittes Argument nennt er das platonisch-philonische Schöpfungs-denken, das angeblich Hebr 11,3 zugrunde liege. Keines der Argumente überzeugt.

[673] Weitere Beispiele sind übersichtlich zusammengestellt bei G.JEREMIAS: Lehrer der Gerechtigkeit 245ff und O.HOFIUS: Katapausis 51ff.60ff.91ff.

"Dann wird die jetzt unsichtbare Stadt erscheinen und das jetzt verborgene Land sich zeigen."

Et apparebit sponsa[674] et apparescens civitas, et ostendetur quae nunc subducitur terra.

Ähnliche Aussagen begegnen in *4Esr 8,52* und *10,27*[675]:

"(8,52) Denn für euch ist das Paradies eröffnet (apertus est paradisus), der Baum des Lebens gepflanzt (plantata est arbor vitae), die zukünftige Welt bereitet (paratum est futurum tempus), die Seligkeit vorbereitet (praeparata est habundantia), die Stadt erbaut (aedificata est civitas), die Ruhestatt zugerichtet (probata est requies), die Güte vollkommen gemacht (perfecta est bonitas), die Weisheit zuvor vollendet (ante perfecta sapientia)."

"(10,27) Und ich sah, und siehe, da war die Frau für mich nicht mehr zu sehen, sondern eine Stadt war erbaut (civitas aedificabatur), und es zeigt sich ein Ort mit gewaltigen Grundmauern (et locus demonstrabatur de fundamentis magnis)".

In den Texten geht es um die in der Transzendenz erbaute Stadt - das himmlische Jerusalem -, die für die Heilsgemeinde bereits jetzt zubereitet ist. Sie - wie das verborgene Land für die natürliche Wahrnehmung jetzt noch unsichtbar - wird bei der Endvollendung offenbar werden. In ihr, dem Paradies, werden die Gerechten "Wonne und Ruhe" finden, die Sünder jedoch werden "niemals hineinkommen"[676]. 4Esr 10,27 nennt als Kennzeichen des himmlischen Jerusalem die fundamenta magna, was den θεμέλιοι in Hebr 11,10 entspricht. Es kann nicht zweifelhaft sein: Die Vorstellung des auf festen Mauern gegründeten himmlischen Jerusalem entstammt der apokalyptischen Tradition, was sich auch aus Apk 21,14.19 ergibt. Darüber hinaus zeigt ein Vergleich mit den jüdisch-hellenistischen *Oracula Sibyllina*, daß es nicht zu überzeugen vermag, im Blick auf Hebr 11,10 von "einer beträchtlichen Alterierung der eschatologischen Vorstellungen" zu sprechen, "die sie für einen apokalyptischen Interpretationszugriff untauglich macht"[677]. Was deren Eschatologie anbetrifft, so läßt sich im Blick auf die Bücher III, IV und V feststellen: "In den jüdischen Teilen der Or.Sib. dominiert völlig eine kollektiv-apokalyptische Eschatologie, und zumindest in einem Buch kommt ein klarer Auferstehungsglaube zum Ausdruck. Man wird deshalb sagen können, daß diese wahrscheinlich alexandrinisch-jüdischen Dokumente einen wirklichen Gegenpol

---

[674] Zu der irrtümlichen Lesart von Lat, die wohl auf einen Schreibfehler (ἡ νύμφη φαινομένη πόλις aus ἡ νῦν μὴ φαινομένη πόλις) zurückgeht, vgl. H.GUNKEL APAT II 370 Anm. d; R.H.CHARLES: APOT II 582 Anm. d; J.SCHREINER: JSHRZ V.4, 344 ad. loc., Anm. a.

[675] Vgl. außerdem 4Esr 7,36.119ff; 10,42.44.50ff und 13,36. Zu ApcBar (syr) 4,1ff und AntBibl 23,6ff s. unten zu 11,13ff. Die Übersetzung folgt weitgehend J.SCHREINER: JSHRZ V.4, 368.380. Requies in 8,52 wird mit O.HOFIUS: Katapausis 62.91 lokal als "Ruhestatt" verstanden.

[676] Vgl. neben O.HOFIUS: Katapausis 60-63 die ebd 62f genannten Stellen 4Esr 7,26.36.38.119f.121.124; 10,54; 13,36.

[677] E.GRÄSSER: Gottesvolk 169.

zur Eschatologie Philos bilden"[678]. Wir lesen in *Sib V 249ff*: Für die Heilszeit ist den "glückseligen Juden, dem göttlich-himmlischen Geschlecht" verheißen, daß sie "wohnen ringsum die Stadt Gottes (πόλις θεοῦ) inmitten der Erde". Von dieser Stadt Gottes heißt es dann, daß sie "bis nach Joppe von einem τεῖχος μέγα umgeben" sein wird. Hier ist nicht expressis verbis vom himmlischen Jerusalem die Rede. Dennoch kann der Text Hebr 11,10 verglichen werden[679], denn: die Sib denken *erstens* an den futurisch-eschatologischen Heilsort; sie wissen *zweitens* darum, daß dieser Heilsort die von Gott erbaute Stadt ist, deren Charakteristikum *drittens* die Festigkeit ausmacht[680].

Schließlich bleibt *TestHi 33,2ff* zu nennen. Dieser Text, der für unseren Zusammenhang bislang kaum Beachtung fand, soll nach dem Urteil N.WALTERs "sachlich gleichartig" wie Hebr 12,22 eine "hellenistische Eschatologie" vertreten[681]. Er bietet eine bemerkenswerte Parallele zu der dem Hebr eigentümlichen Verlagerung der Verheißungserfüllung in die Transzendenz[682]:

> "[2]Schweigt! Ich werde euch nun zeigen meinen Thron und seine Pracht, die im (himmlischen) Heiligtum (ἐν τοῖς ἁγίοις)[683] ist; [3]Mein Thron ist im Überirdischen (ἐν τῷ ὑπερκοσμίῳ); und seine Herrlichkeit und Pracht sind zur Rechten des Vaters. [4]Die ganze Welt wird vergehen (παρελεύσεται) und ihre Herrlichkeit wird vernichtet, und die ihr anhängen, werden mit ihr untergehen, [5]mein Thron aber steht im heiligen Land (ἐν τῇ ἁγίᾳ γῇ), und seine Herrlichkeit ist in der Welt des Unveränderlichen (ἡ δόξα αὐτοῦ ἐν τῷ αἰῶνί ἐστιν τοῦ ἀπαραλλάκτου)."

---

[678] So H.C.C.CAVALLIN: Leben nach dem Tode 293-295: 295; vgl. zur Eschatologie der Sib auch J.AMIR: Die messianische Idee 199-203; N.WALTER: "Hellenistische Eschatologie" im Frühjudentum 337f, der konzediert, "daß in bestimmten Schichten auch der alexandrinischen Judenschaft durchaus apokalyptische Enderwartungen herrschten" (338). Es ist zu ergänzen: Auch im Christentum alexandrinischer Provenienz gab es solche Erwartungen. Im übrigen ist zuzustimmen, wenn N.WALTER ebd. 338 festellt, "daß formale literarische Merkmale noch nicht ohne weiteres für die Zuordnung zu einem bestimmten Typ von Eschatologie maßgebend sein können". Unter dieser Prämisse bedarf WALTERs eigenes Urteil im Blick auf den Hebr (ebd. 339; vgl. auch Ders.: "Hellenistische Eschatologie" im Neuen Testament 340ff.351ff) einer kritischen Überprüfung.

[679] Vgl. G.JEREMIAS: Lehrer der Gerechtigkeit 246f; U.FISCHER: Eschatologie 117f.

[680] G.JEREMIAS: Lehrer der Gerechtigkeit 245ff verweist außerdem auf Herm: vis III; sim IX [vgl. dazu R.KNOPF: Himmelsstadt 216ff], sowie auf 1QH 6,24ff und 1QS 8,7ff. In den Qumran-Texten wird die Gemeinde selbst als himmlisches Jerusalem bzw. als Tempel verstanden (ebd. 248). Vgl. auch J.MAIER: Texte II 93f und O.HOFIUS: Katapausis 219 Anm. 883.

[681] "Hellenistische Eschatologie" im Frühjudentum 339.

[682] Zum Text s. die Editionen von S.P.BROCK und R.A.KRAFT; zur Übersetzung B.SCHALLER: JSHRZ III.3 und R.P.SPITTLER: OTP I 829 - 868.

[683] Mit B.SCHALLER (ebd. ad loc. Anm. 2d) ist τοῖς ἁγίοις als Dativ Plural des neutrischen τὰ ἅγια aufzufassen (anders: R.P.SPITTLER: OTP I 855).

Der Text zeigt die Verschränkung von transzendent-ontologischer (33,2f.5) mit futurisch-eschatologischer Dimension (33,4). Der eschatologische Aspekt läßt sich überdies in der ganzen Schrift nachweisen, etwa wenn in 4,9 Hiob die Zusage erhält: "Du wirst auferweckt werden in der Auferweckung"[684]. Andererseits kann das "hellenistische" Element nicht übersehen werden. Von Hiobs Kindern wird gesagt, daß sie direkt in den Himmel aufgenommen wurden (39,8 - 40,3). Hiob selbst stirbt, sein Leib wird zu Grabe getragen (52,11; 53,5ff), seine Seele aber fährt nach Osten, ins dort vorgestellte Paradies (52,10). Diese Aussage scheint an die Himmelsreise der Seele zu denken. Doch kann sie sehr wohl mit der Vorstellung verbunden werden, daß Hiobs Seele bis zum Tag der Endvollendung im Himmel schläft und bei der Auferweckung (4,9!) wieder mit dem auferweckten Leib vereinigt wird[685]. Daß diese Vorstellung im TestHi vorauszusetzen ist, legt auch die Aussage in 52,10 nahe[686].

In *rabbinischen Texten* findet sich neben der Vorstellung eines praemundan von Gott erschaffenen himmlischen Heiligtums nur in den jüngeren Midraschim das Theologumenon der präexistenten Stadt in der vom Hebr vertretenen Form[687]. Sie können für unsere Zwecke vernachlässigt werden. Gleiches gilt auch für diejenigen alttestamentlichen und jüdischen Texte, die von der Wiederaufrichtung bzw. Erneuerung des irdischen Jerusalem[688] oder auch vom Land Kanaan als Gegenstand es-

---

[684] Vgl. außerdem 40,4, wo es von Hiobs Frau heißt: "Jetzt weiß ich, daß Gott meiner gedenkt. Ich werde auferstehen und in die (himmlische) Stadt gehen (εἰσελεύσομαι εἰς τὴν πόλιν) und (dort) ein wenig schlafen und (dann) den Lohn erhalten für meine Knechtschaft".

[685] Zu dieser Vorstellung im antiken Judentum vgl. J.JEREMIAS: Zwischen Karfreitag und Ostern 328ff; Ders.: ᾅδης 147; Ders.: παράδεισος 765f.

[686] Vgl. auch H.C.C.CAVALLIN: Leben nach dem Tode 238ff. Auf die Parallelen in ApcEl 20,12ff; 21,6 kann nur noch anmerkungsweise hingewiesen werden. Auch wenn man davon auszugehen hat, daß 19,1 - 24,13 stark christlich gefärbt ist (W.SCHRAGE: JSHRZ V.3, 206), wird man kaum bestreiten können, daß das Theologumenon von der Verheißung der transzendenten Heilsgüter der jüdischen Apokalyptik entstammt. Zum endzeitlichen Ruheort vgl. O.HOFIUS: Katapausis 66f.

[687] Vgl. Midrash Wayosha (BhM I 55,23ff): "Laß Jerusalem vom Himmel herabfahren (תוריד ירושלם מן השמים)"; Maʿase Daniʾel (BhM V 128): "Und an die Stelle von Jerusalem, daß zerstört ist, kommt Jerusalem, das erbaut ist, vom Himmel herab ..."; vgl. dazu B.EGO: Himmel 103 Anm. 138; Nistarot de R.Shimʿon (BHM III 80,26f): "Und Jerusalem, vollkommen erbaut, wird vom Himmel herabkommen...": dazu B.EGO: ebd.; HebrApkEl (BHM III 67,29ff): Es sprach Elijahu, sein Andenken sei gesegnet: 'Ich sehe eine schöne und große Stadt, die vom Himmel herabkommt, und die erbaut ist, denn es heißt: 'Jerusalem, das erbaut ist als eine Stadt, die zusammengefügt ist' (Ps 122,3) ...": vgl. B.EGO: Himmel 25f und die dort 143ff notierten Texte. Hervorzuheben ist Tan פקודי § 1 (171b): "Und David sprach: 'Jerusalem, das erbaut ist als eine Stadt, die zusammengefügt ist' (Ps 122,3), das heißt: als eine Stadt, die der Herr erbaute"; weitere Belege bei BILL. III 573.796.

[688] Vgl. Ez 48,30-35; Jes 54,11ff; Sach 2,1ff; Tob 13,16; 14,15; äthHen 90,29f; TestXII TD 5,12f; bTaan 5a und P.VOLZ: Eschatologie 371f und BILL. III 573.

chatologischer Hoffnung[689] reden. Das für den Hebr so zentrale Theologumenon der Präexistenz der noch ausstehenden Eschata findet sich in diesen Texten nicht.

Wir brechen unseren Überblick ab und ziehen die *Schlußfolgerungen*: Die genannten Parallelen - selbst diejenigen, die in der Forschung mitunter als Repräsentanten einer "hellenistischen Eschatologie" angesehen werden - zeigen, daß der Hebr mit seiner Vorstellung vom präexistenten himmlischen Jerusalem an eine breite Tradition des antiken Judentums anknüpfen konnte. Soweit dürfte in der neueren Forschung Einigkeit bestehen. Gegen zahlreiche Exegeten halten wir ferner fest: Letzte Zweifel, ob der Hebr der apokalyptischen Tradition verpflichtet ist, beseitigt das vielfach nicht genügend beachtete Verbum ἐκδέχεσθαι. Was oben angedeutet wurde, ist nun nochmals herauszustreichen: Wenn man dem Verfasser nicht vorschnell und unbegründet "eine logische Inkonsequenz im theologischen Denken"[690] unterstellen will, wird man in der Aussage von Hebr 11,10 - Abraham *wartete* auf die Stadt - einen Schlüssel für die eschatologischen Anschauungen des Hebr zu erblicken haben. Die Heilsvollendung liegt für den Hebr ohne jeden Zweifel in der Zukunft[691]. Wie aber hat man sich dann die Heilsvollendung vorzustellen, wenn der Hebr einerseits das "wartende Gottesvolk" (11,10) und andererseits das "wandernde Gottesvolk" voraussetzt[692]? Die Verbindung von futurisch-eschatologischer und räumlicher-ontologischer Dimension ist - das zeigen die bislang dargelegten Texte mit aller Klarheit - in der apokalyptischen Tradition gegeben. Auf der anderen Seite läßt sich die religionsgeschichtlich fest geprägte Vorstellung vom wandernden Gottesvolk[693] im Hebr weder philologisch - so kann im Blick auf Hebr 11,9f festgehalten werden - noch theologisch nachweisen. Sie kann daher auch nicht zum Basismotiv des Hebr erhoben werden.

Unsere Auslegung wird auch nicht durch die beiden Epitheta Gottes in *11,10b* in Frage gestellt: Die Bezeichnung Gottes als Werkmeister und Erbauer der himmlischen πόλις hat in vielen Texten Parallelen. Die Begriffe τεχνίτης[694] und δημιουργός[695] werden bei Philo, Josephus, Plutarch, den Apostolischen Vätern und den Kirchenvätern - insbesondere denen Alexandriens[696] - im Zusammenhang mit Gottes

---

[689] Neben Ez 37,25; 40 - 48: 47,13ff; Jes 57,13; 60,21; 65,9; äthHen 5,7; ApcBar (syr) 32,4; 4QPs 37 II 4.8; III 9ff vgl. P.VOLZ: Eschatologie 410ff.

[690] N.WALTER: "Hellenistische Eschatologie" im Neuen Testament 354.

[691] Das bestreiten auch H.BRAUN: Vaterland 324; N.WALTER: Christologie 74ff und E.GRÄSSER: Gottesvolk 169 nicht.

[692] Es ist im übrigen keineswegs richtig, wenn M.RISSI dieser Alternative auszuweichen sucht mit der Feststellung: "Ob man vom 'wandernden' oder vom 'wartenden' Volk sprechen möchte, macht keinen großen Unterschied" (Theologie 17).

[693] Auf das Faktum der festen Prägung weist zu Recht E.GRÄSSER: Gottesvolk 162 hin. Das aber heißt: Im Hinblick auf das wandernde Gottesvolk gibt es kein "sowohl als auch", sondern nur ein "entweder - oder".

[694] Vgl. dazu H.-F.WEISS: Kosmologie 52-55 und H.BRAUN 357.

[695] Belege bei W.THEILER: Demiurgos 694ff und H.-F.WEISS: Kosmologie 44ff.

[696] Vgl. CLEMENS ALEXANDRINUS: Strom. III 69,4 (2,227,24) und IV 116,1 (2,299,17) für τεχνίτης sowie Strom. I 52,1ff (2,34,5ff) und Protr. 1,7,3 (2,7,31) für δημιουργός.

Schöpfungshandeln verwendet. Man kann von ihrem Vorkommen in Hebr 11,10 nicht auf die philonisch-platonische Schöpfungslehre zurückschließen.

Im Rahmen unserer methodischen Vorgabe bleibt noch die Frage, inwiefern Hebr 11,9f als *Explikation von 11,1* angesehen werden kann. Abraham wartete im Land, in das ihn die Verheißung wies, auf das Offenbarwerden der himmlischen πόλις. Darin erweist sich seine πίστις als ἐλπιζομένων ὑπόστασις. Indem er auf das Offenbarwerden der noch nicht sichtbaren himmlischen Stadt wartete, zeigt er zugleich, daß er von der Realität dieses Verheißungsgutes objektiv überführt ist. Seine πίστις ist demnach auch ein πραγμάτων ἔλεγχος οὐ βλεπομένων.

Wir fassen zusammen:

(1) Der Hebr geht davon aus, daß Abraham, obwohl er sich niederließ in dem Land, in das ihn die Verheißung gewiesen hat, noch nicht am Ziel ist. Er wurde der Heilsvollendung noch nicht teilhaftig. Daraus folgt: Der Hebr sieht die alttestamentlichen Verheißungen in einem neuen Licht. Er verlagert die Verheißungsgüter in die Transzendenz. Dort sind sie als präexistente, von Gott geschaffene Realitäten vorgestellt. Glaubend erwartet Abraham deren Offenbarwerden. So läßt sich die zweite Station aus der vita Abrahami zusammenfassen unter der *Überschrift*: Der durch die "Fremdlingschaft" bestimmte Glaube Abrahams in Erwartung der eschatologischen Heilsgüter.

(2) Die Verschränkung von futurisch-eschatologischem und transzendent-ontologischem Aspekt schließt die Annahme einer traditionsgeschichtlichen Verbindung des Hebr mit Philo von vornherein aus, denn bei Philo sucht man den temporal-eschatologischen Aspekt - abgesehen vielleicht von Praem 165 - 172 - vergeblich.

(3) Das Theologumenon der in der Transzendenz schon jetzt für die Heilsgemeinde bereitgestellten Verheißungsgüter hat seine nächste Parallele in apokalyptischen Texten, findet sich aber auch in Texten, die dem hellenistischen Milieu entstammen (Sib) oder aber ihm zumindest nahestehen (TestHi). Die herangezogenen Texte verbieten es, das Urbild-Abbild-Denken im Hebr über die kultischen Zusammenhänge hinaus auf das ganze Weltbild des Hebr auszuweiten. Nur wenn man dies tut, kann man im Hebr einen "hellenistischen Dualismus" verankert sehen.

(4) Das vielfach verhandelte "Form-Inhalt-Problem" darf nicht übersehen werden[697]. Aber es wird gerade dann nicht ignoriert, wenn man feststellt, daß die selbe

---

[697] Wie schwierig es freilich im Blick auf die Begrifflichkeit des Hebr zu lösen ist, mögen zwei Aussagen E.GRÄSSERs veranschaulichen: *Einerseits* betont E.GRÄSSER, daß "die Übernahme einer genuin nicht-biblischen, nicht-apokalyptischen Terminologie ein Indiz für die veränderte Einstellung auf die Zukunft" darstelle (Glaube 173f), denn "mit fremder Terminologie (werden) immer auch fremde Vorstellungsinhalte übernommen" (ebd. 174 Anm. 148). *Andererseits* kommt er in seiner Auslegung von Hebr 12,25-28 zu dem Ergebnis: "Mit der apokalyptischen Zwei-Äonen-Lehre hat diese Eschatologie [des Hebr] nur noch die Form gemeinsam: Es findet eine radikale Wende der Verhältnisse statt. Inhaltlich aber besteht diese Wende nicht mehr darin, daß eine alte Schöpfung verschwindet, um einer neuen Platz zu machen (so die heilsgeschichtliche Sicht der Apokalyptik), sondern sie besteht in der 'Ausschaltung des Erschütterbaren' zum Zwecke der öffentlichen Sichtbarmachung des Ewigen" (Gottesvolk 173).

Begrifflichkeit noch gar nichts über deren inhaltliche Verwendung aussagt. Diese ist vielmehr im jeweiligen Einzelfall vom Kontext her zu bestimmen. So meint eben die himmlische πόλις und die himmlische πατρίς bei Philo etwas ganz anderes als in der Apokalyptik und im Hebr, obwohl gerade letzterer die selben Begriffe wie Philo verwendet. Ähnliches ist auch im Blick auf die Begriffe τεχνίτης und δημιουργός (11,10) festzustellen. Dies gilt auch für die Schöpfungslehre (11,3).

Wir *paraphrasieren* 11,9f:

> ”Im Glauben (an die verheißenen Eschata, von deren Realität im Himmel Abraham objektiv überführt war,) ließ er sich nieder in dem Land, in das ihn die (göttliche) Verheißung wies (– und er ließ sich dort nieder –) wie in einem fremden, indem er (wie ein Nomade) in Zelten wohnte zusammen mit Isaak und Jakob, den Miterben der selben (göttlichen) Verheißung; (im Glauben an das Offenbarwerden der verheißenen Eschata) wartete er nämlich auf die (für den Tag der Endvollendung bereit gehaltene) Stadt mit festen Fundamenten, deren Werkmeister und Erbauer Gott ist.”

3. Hebr 11,11f: Abrahams Glaube an das Zukunft verheißende Wort Gottes

Zu Beginn sind einige Bemerkungen zur *Textüberlieferung von Hebr 11,11* erforderlich. Umstritten ist bekanntlich die textkritische Beurteilung der Wendung αὐτὴ Σάρρα στεῖρα[698]. Mit M.BLACK[699] ist die Ursprünglichkeit der genannten Formulierung vorauszusetzen. Diese Entscheidung erfolgt im Wissen um die fragliche Ursprünglichkeit des Adjektivs στεῖρα[700] und des nicht zu übersehenden ”very high degree of doubt”[701] der in NA[26] und GNT[3] abgedruckten Textlesart. Für diese Annahme spricht in *erster Linie* die kunstvolle Komposition von Hebr 11. Wollte man Sara als Subjekt annehmen[702], würde die Argumentation des Verfassers in

---

[698] Zwischen vier Lesarten muß entschieden werden: (1) αὐτὴ Σάρρα lesen 𝔓[13vid]; ℵ; A; D²; 𝔐; (2) αὐτὴ Σάρρα στεῖρα οὖσα lesen P und wenige Minuskeln; (3) αὐτὴ Σάρρα ἡ στεῖρα findet sich bei D¹ und gleichfalls wenigen Minuskeln. Diese drei Lesarten haben gemeinsam: Sie fassen Sara als Subjekt zu ἔλαβεν auf. Die vierte Lesart, αὐτὴ Σάρρα στεῖρα – überliefert von 𝔓[46]; D*; Ψ; latt und (sy) –, läßt das Subjekt zumindest offen.

[699] Critical and exegetical notes 41f. Vgl. außerdem B.M.METZGER: Commentary 672f; O.HOFIUS: Unabänderlichkeit 135 und Chr.ROSE: Verheißung und Erfüllung 183.

[700] Zu diesem Problem und zu den Zeugen der unterschiedlichen Lesarten vgl. B.M.METZGER: Commentary ebd. und H.BRAUN 358f.

[701] So die Bewertung der mit {D} versehenen Lesarten im GNT[3] XIII. Zu Hebr 11,11 vgl. B.M.METZGER: Commentary ebd.

[702] Aus der großen Zahl von Exegeten, die στεῖρα als sekundäre Hinzufügung ansehen und *zugleich* in Σάρρα das Subjekt des Verses erblicken, seien stellvertretend genannt: J.CHRYSOSTOMUS (PG 63) 162; J.MOFFATT 171; C.SPICQ II 349; O.KUSS 171f; F.F.BRUCE 293.299; G.DAUTZENBERG: Glaube 163; A.VANHOYE: Structure 186

doppelter Hinsicht gesprengt: *Zunächst* ergibt sich aus dem Kontext ganz eindeutig, daß sowohl in den Versen 8 - 10 als auch in V. 12 Abraham als Subjekt genannt (V. 8) bzw. vorausgesetzt (V. 12) ist[703]. Nimmt man die Verse 17 - 19 hinzu, in denen Abraham ebenfalls als Glaubensbeispiel angeführt wird, so wird deutlich, daß der Verfasser der vita des Patriarchen eine viergliedrige Explikation seiner These in Hebr 11,1 entnimmt. Dieser Anzahl von Gliedern aus dem Leben Abrahams entspricht - und das ist als zweites kompositorisches Argument anzuführen - die Anzahl von vier Gliedern aus dem Leben des Mose (VV. 23 - 28). Der Verfasser stellt zwischen beiden Glaubenszeugen auch eine inhaltliche Parallelität her[704]. Ein *zweites* Argument spricht für die Ursprünglichkeit der bevorzugten Lesart: Sowohl in der profanen Gräzität als auch im hellenistischen Judentum bezeichnet καταβολὴ σπέρματος[705] ausschließlich die *männliche* Geschlechtsfunktion. Der Hebr denkt an die Zeugungskraft[706] und nicht etwa an die "Begründung von Nachkommenschaft"[707]. Wie sehr Hebr 11,11 Abraham als Subjekt erfordert, zeigt überdies V. 12, der syntaktisch zur Begründung (διό) von V. 11 dient. Es ist demnach *sprachlich und sachlich* ausgeschlossen, die Aussage von V. 12 auf Sara zu beziehen[708]. Schließlich zeigt *drittens* auch der Abschnitt Hebr 6,12 - 15, daß für den Verfasser nur Abraham als Subjekt der πίστις in Betracht kommt[709]. Im Anschluß an den allgemeinen Satz 6,12, der ganz grundsätzlich die der eschatologischen εἴσοδος εἰς τὴν κατάπαυσιν angemessene Haltung der πίστις und μακροθυμία betont, expliziert der Verfasser diesen Grundsatz an der Person des Abraham. In 6,13-15 wird Abraham als Paradigma der in V. 12 beschriebenen Glaubenshaltung angeführt: Gott hat ihm die Sohnes- und Nachkommensverheißung (6,13: ἐπαγγειλάμενος ὁ θεός) zugesagt und durch seinen Eidschwur (6,14 = Gen 22,16f LXX) bekräftigt. 6,15 schließlich stellt fest: "Und so geduldig ausharrend (οὕτως μακροθυμήσας), erlangte er (Abraham), was ihm verheißen war (ἐπέτυχεν τῆς ἐπαγγελίας)". Von

---

und A.STROBEL 211.215. Einen Eindruck davon, in welche exegetische Schwierigkeiten man kommt, wenn man Sara als Subjekt annimmt, zeigen die Ausführungen von F.F.BRUCE 299f und O.KUSS 172.

[703] Mit O.HOFIUS: Unabänderlichkeit 135 und H.BRAUN 358.

[704] Das ist im Zusammenhang mit der Auslegung von 11,23-28 noch zu erörtern. Vgl. dazu auch die Gliederungsübersicht oben S. 80f.

[705] Dazu siehe F.HAUCK: καταβολή 623,24ff; O.HOFIUS: καταβολή 631 und H.BRAUN 358.

[706] Neben den Belegen bei Philo - Ebr 211; Cher 49 und Op 132 - vgl. die Stellen bei J.J.WETTSTEIN z.St. (II 425f); F.HAUCK: καταβολή 623,4ff und H.BRAUN 359. V.a. s. ApcEsr 5,12: "Wie ein Bauer die Getreidesaat auf die Erde streut (καταβάλλει τὸν σπόρον τοῦ σίτου ἐν τῇ γῇ), so senkt der Mann seinen Samen in das Land der Frau (καταβάλλει τὸ σπέρμα αὐτοῦ ἐν τῇ χώρᾳ τῆς γυναικός)" (zum Text s. K.VON TISCHENDORF: Apocalypses apocryphae 30).

[707] So O.KUSS 171; vgl. u.v.a. auch F.F.BRUCE: "By faith even Sarah herself received power to conceive seed ..." (293) und A.STROBEL: "Durch Glauben bekam sogar Sara selber Kraft, Nachkommenschaft zu begründen ..." (211).

[708] Vgl. E.RIGGENBACH 359 und H.WINDISCH 101.

[709] Vgl. hierzu Chr.ROSE: Verheißung und Erfüllung 65ff.183.

Abraham, dem Empfänger der Sohnes- und Nachkommensverheißung, wird Geduld und Glaube an die göttliche Verheißung verlangt. Nimmt man alle Argumente zusammen, so kann es nicht fraglich sein: Als Subjekt der Aussagen in Hebr 11,11f kommt nur Abraham in Betracht![710] Deshalb ist m.E. auch die vielfach vertretene, grundsätzlich mögliche Ansicht zurückzuweisen, wonach αὐτὴ Σάρρα als Dativ (αὐτῇ Σάρρᾳ = "samt Sara") zu lesen und die Frau Abrahams "in 'durch Glauben' einbezogen und aufgewertet" sei[711]. Diese Ansicht wird sprachlich der Bedeutung von καταβολὴ σπέρματος nicht gerecht[712]. Auch läßt sich traditionsgeschichtlich kein Text nachweisen, der eine solches Verständnis rechtfertigen könnte.

---

[710] Man hat mit gutem Grund darauf aufmerksam gemacht, daß die Schrift von Sara erzählt, "sie habe durch ihr Lachen Mißtrauen gegen das göttliche Verheißungswort bekundet und nachher aus Furcht ihren Unglauben abgeleugnet (Gen 18,12)" [E.RIGGENBACH 359]. Der Text gibt keinen Anhalt dafür, daß der Hebr die Exegese Philos von Gen 18,12 teilt. Man kann sich deshalb nicht auf Mut 166; All III 218; Abr 112; Quaest in Gn IV 17 berufen: vgl. z.B. H.MOXNES: Conflict 183. Es ist überdies mehr als zweifelhaft, ob der Hebr bei der Abfassung von Hebr 11,11 die Allegorie Philos im Gedächtnis hatte, wonach "Sarah, Virtue or Sophia, paradoxically sows seed of learning", so daß "we can readily understand why a phrase like καταβολὴ σπέρμα, associated in his mind with the figure Sarah, has slipped into his homily" - so S.G.SOWERS: Hermeneutics 135 unter Verweis auf Abr 100f und Fug 51f. Eine interessante, aber gleichwohl nicht überzeugende Interpretation von Hebr 11,11f bietet J.SWETNAM: Jesus and Isaac 98ff. Es genügt hier, auf vier Irrtümer SWETNAMs einzugehen: (1) Er versteht σπέρμα im Sinne von "spiritual seed". Daß der Hebr σπέρμα (Ἀβραάμ) "geistlich" auffassen kann, zeigt Hebr 2,16. Aber in 11,11f besteht dafür kein Anlaß. Es geht in 11,11f ohne jeden Zweifel um den Glauben an die in Isaak erfüllte Sohnes- und Nachkommensverheißung (vgl. Chr. ROSE: Verheißung und Erfüllung 70 Anm. 60; 183); (2) SWETNAM wird m.E. der Bedeutung von καταβολὴ σπέρματος nicht gerecht, wenn er schreibt: "By faith Sarah succeeds in producing Abraham's 'seed', i.e., she assumes the function of the male with the regard to Abraham's biological offspring and thus assumes a certain parity with him" (a.a.O. 100f). (3) SWETNAM übersieht die Spannung, die zwischen V. 11 und V. 12 entsteht, wenn Sara das Subjekt von V. 11 ist. (4) Es bleibt ein Rätsel, woher SWETNAM weiß, daß im Verständnis des Hebr Sara die Empfängerin der Sohnesverheißung sein soll: "At the time Sarah received the promise of Isaac's birth she did not have the example of Abraham's faith at the sacrifice of Isaak to inspire her" (ebd. 100). Dies ist umso verwunderlicher, als er an anderer Stelle darauf hinweist, daß "promises (ἐπαγγελίαι) in Hebrews are received by Abraham (6:12-15, 7:6, 11:9, 11:11) ... " (89).

[711] So H.BRAUN 359. BRAUN und andere Exegeten - vgl. u.v.a. E.RIGGENBACH 359; H.WINDISCH 101; O.MICHEL 396; M.Rissi: Theologie 109; R.E.WIESER: Abraham-vorstellungen 124 (vgl. dagegen ebd. 32f Anm. 11) - erblicken in αὐτῇ Σάρρᾳ einen dativus sociativus und streichen das unsichere στεῖρα als Glosse.

[712] Die Vertreter der These schweigen sich entweder über dieses Problem aus (so z.B. H.WINDISCH 101 und O.MICHEL 396) oder lassen die korrekte Zuordnung von καταβολὴ σπέρματος in der Schwebe: so E.RIGGENBACH 359f; aber auch H.BRAUN 358f überzeugt nicht.

Schließlich zeigt unsere Auslegung, wie wenig überzeugend es ist, Hebr 11,11a der "Vorlage" des Hebr zuzurechnen und 11,11b als Interpretament des Verfassers zu verstehen[713].

Ist demnach die Frage des Subjektes zugunsten Abrahams entschieden, so hat im Blick auf den Glauben des Patriarchen das bereits Festgestellte auch hier Gültigkeit. Der Verfasser gewinnt das *Stichwort* der πίστις des Erzvaters aus Gen 15,6 LXX. Diese Feststellung trifft für unsere Stelle in besonderer Weise zu, da sich der Glaube Abrahams in Gen 15,6 ja auf die Sohnes- (Gen 15,4) und die Nachkommensverheißung (Gen 15,5) bezieht[714]. Welchen *Traditionen* ist der Hebr ferner verpflichtet? Die Aussagen rekurrieren auf eine Vielzahl von *alttestamentlichen Texten*, die im folgenden in Kürze aufgelistet seien. Zunächst weiß der Verfasser aus Gen 11,30 LXX (καὶ ἦν Σαρα στεῖρα) und Gen 16,1f um Saras Unfruchtbarkeit. Er nimmt darauf fast wörtlich Bezug: αὐτὴ Σάρρα στεῖρα. Gen 17,17 und 18,11 geben Auskunft über das hohe Alter Abrahams (100 Jahre) und Saras (90 Jahre); der Stammutter erging es nicht mehr "nach der Frauen Weise" (Gen 18,11). Sachlich das Gleiche betont der Hebr in V. 11 und in V.12 im Blick auf Abraham: Er hatte das Alter der Zeugungsfähigkeit überschritten (V.11: παρὰ καιρὸν ἡλικίας), er war in seiner Zeugungskraft schon "erstorben" (V.12: ἀφ' ἑνὸς ... νενεκρωμένου). Von Saras Schwangerschaft und der Geburt Isaaks entsprechend der göttlichen Verheißung an Abraham berichten die ersten beiden Verse in Gen 21: Die Tatsache der Erfüllung der Sohnesverheißung betont der Hebr in V. 11: Abraham empfing die Kraft zur Zeugung außerhalb seines zeugungsfähigen Alters. Die Verheißung des Sohnes und die in Isaak begründete Verheißung der Nachkommenschaft wird in der Genesis nach 12,2 mehrfach wiederholt: Gen 15,1-5; 17,6.15f.21; 18,10.13f und 22,16f. Der Hebr ist den genannten Texten verpflichtet: In V. 11 bezieht er sich auf die *Sohnesverheißung*. In V. 12 hingegen unterstreicht er die Erfüllung der *Nachkommensverheißung*, wobei er folgende alttestamentliche Stellen (Septuaginta) vor Augen hatte: Gen 15,5; Gen 22,17 : ... ἦ μὴν εὐλογῶν εὐλογήσω σε καὶ πληθύνων πληθυνῶ τὸ σπέρμα σου ὡς τοὺς ἀστέρας τοῦ οὐρανοῦ καὶ ὡς τὴν ἄμμον τὴν παρὰ τὸ χεῖλος τῆς θαλάσσης; Gen 32,13: ...θήσω τὸ σπέρμα σου ὡς τὴν ἄμμον τῆς θαλάσσης, ἢ οὐκ ἀριθμηθήσεται ἀπὸ τοῦ πλήθους; Ex 32,13: πολυπληθυνῶ τὸ σπέρμα ὑμῶν ὡσεὶ τὰ ἄστρα τοῦ οὐρανοῦ τῷ πλήθει; Dtn 1,10; 10,22 und Dan 3,36: πληθῦναι τὸ σπέρμα αὐτῶν ὡς τὰ ἄστρα τοῦ οὐρανοῦ καὶ ὡς τὴν ἄμμον τὴν παρὰ τὸ χεῖλος τῆς θαλάσσης. Die vielfältigen wörtlichen Anklänge zeigen, daß der Verfasser mit seinen Aussagen in einer breiten alttestamentlichen Tradition steht. Inwiefern ist Abrahams πίστις in 11,11f Explikation von ἐλπιζομένων ὑπόστασις, πραγμάτων ἔλεγχος οὐ βλεπομένων? Zunächst ist hier auf den Text *Gen 15,1-6* hinzuweisen, dem der Schreiber des Hebr entnehmen konnte: Abraham setzte sein Vertrauen auf die von Jahwe zugesagte Sohnes- und Nachkommens-Verheißung. Weil "er ... den für treu (hielt), der die Verheißung gegeben hatte" (Hebr 11,11b: πιστὸν ἡγήσατο τὸν ἐπαγγειλάμενον), erweist sich seine πίστις als ἐλπιζομένων ὑπόστασις, πραγμάτων ἔλεγχος οὐ βλεπομένων. Während also Abraham nach dem Zeugnis von Gen 15,1-6 als Glaubender im Sinne von Hebr 11,1 erscheint, stellen sich diesem Verständnis die späteren Aussagen von *Gen 17,16ff* entgegen.

---

[713] So G.SCHILLE: Katechese 117.

[714] Vgl. die Kommentare von G.VON RAD 142f und C.WESTERMANN II 263f.

Auf die Erneuerung und Bestärkung der Sohnes- und Nachkommensverheißung durch Jahwe (Gen 17,16) reagiert Abraham mit "geradezu schauerliche[m] Lachen" (Gen 17,17). Doch nicht nur das. "Abraham versucht," - wie G.VON RAD sehr schön zu Gen 17,18 bemerkt - "dem ihm Unfaßlichen auszuweichen und Gottes Interesse ... auf das schon Gegebene und Sichere, d.h. auf Ismael, abzulenken"[715]. Der Text läßt erkennen: Abraham hält sich nicht an das Wort der Verheißung. Mit den Worten des Hebr ausgesagt: er weicht zurück vom Wort der Verheißung und erweist sich so als einer, der nicht von unsichtbaren Dingen objektiv überführt ist. Wie ist die Spannung zwischen den Texten zu beurteilen? Lassen sich Traditionen nachweisen, die - wie der Hebr[716] - darum wissen, daß Abraham auch bei der erneuten Sohnes- und Nachkommenszusage dem göttlichen Verheißungswort vertraute?

Dieses Problem wird in den Kommentaren so gut wie nicht bedacht. Dabei scheidet von vornherein die Vermutung aus, daß der Hebr Gen 17,16ff nicht gekannt hat. Eine mögliche Lösung ergibt sich, wenn man die Wiedergabe von Gen 17,17 in den *Targumim* beachtet. Die Spannung zwischen Gen 15,5f und Gen 17,17 ließe sich dann aufheben, wenn der Hebr der gleichen Tradition verpflichtet wäre, wie sie im *TO zu Gen 17,17* belegt ist. Das Targum übersetzt diesen Vers:

"Und Abraham fiel auf sein Angesicht und freute sich (וחדי) und dachte in seinem Herzen: 'Soll einem Hundertjährigen ein Kind geboren werden und soll Sara, die Neunzigjährige, noch gebären?'"

Nach dieser Überlieferung reagiert der Patriarch mit *Freude* (חדא) auf die erneute Zusage Gottes[717]. Die Freude Abrahams erweist sich als Ausdruck seines Glaubens. Eine Abschwächung des Masoretischen Textes begegnet in den anderen Targumim. TN, TPsJ und das samaritanische Pentateuchtargum geben das hebräische Wort צחק - "lachen" - mit תמה - "sich wundern" - wieder. Die Targumim nehmen durch diese Wiedergabe dem ungläubigen Lachen Abrahams die anstößige Spitze. Folgt man TO zu Gen 17,17, so ergibt sich ein spannungsfreies Nebeneinander von Gen 15,5f und Gen 17,17. Dennoch legt sich eher die Vermutung nahe, daß der Verfasser - analog zu Hebr 11,8[718] - auf eine Tradition Bezug nimmt, wie sie zum ersten Mal das vorchristliche *Jubiläenbuch* überliefert. Nach dem Zeugnis von

---

[715] Genesis 159.

[716] Auch *Paulus* nimmt in Röm 4,17ff auf Gen 15,5f und Gen 17,17 Bezug, wenn er von Abraham bezeugt, daß dieser "gegen alle Hoffnung daran glaubte, daß er Vater vieler Völker werde, dem (Schrift-)Wort (Gen 15,5 LXX) entsprechend: 'So zahlreich wird deine Nachkommenschaft sein'. Ja, ohne im Glauben schwach zu werden", so fährt Paulus fort, "richtete er den Blick auf seinen erstorbenen Leib, war er doch fast hundertjährig, und auf den erstorbenen Mutterschoß Saras" (Röm 4,18f). Bis in den Wortlaut hinein ist die Nähe zu unserer Stelle deutlich. Beide Autoren wissen darum, daß Abraham dem göttlichen Verheißungswort "glaubte". Und dies, obwohl er nicht mehr zeugungsfähig und Sara nicht mehr empfängnisfähig war.

[717] Vgl. auch TFrag z.St. sowie H.MOXNES: Conflict 158ff; F.E.WIESER: Abrahamvorstellungen 167ff.

[718] Vgl. dazu (und zu den rabbinischen Parallelen) oben S. 204ff.

Jub 17,17 und 19,8 wird Abraham als der in zehn Versuchungen geduldig Glaubende beschrieben. Die achte Versuchung ist nach *Jub 14,21* die Unfruchtbarkeit Saras:

> "Und Abram freute (!)[719] sich und ließ alle diese [in 14,1ff geschilder-
> ten[720]] Dinge Sora, seine Frau wissen. Und er glaubte, daß ihm Same zu-
> teil wurde. Aber sie gebar nicht."

Es läßt sich - das zeigt der Text deutlich - in vorchristlicher Zeit eine Tradition
nachweisen, die expressis verbis vom Glauben Abrahams im Zusammenhang mit
der Sohnes- und Nachkommensverheißung spricht. Vor diesem Hintergund läßt sich
Abrahams πίστις näher bestimmen: In seinem Feststehen bei den Verheißungen -
auch gegen die Realität der Unfruchtbarkeit Saras wie auch gegen die Realität seines Erstorben-Seins - hält er Gott für treu und vertraut auf ihn[721]. In seinem Standhalten wider diese vorfindliche Realität hält sich Abraham an das Zukunft verheißende Wort. Sein Glaube erweist sich somit als ἐλπιζομένων ὑπόστασις, πραγμάτων
ἔλεγχος οὐ βλεπομένων. Solchem Glauben - und darin folgt der Hebr den Texten des
antiken Judentums, die von den zehn Versuchungen Abrahams berichten - wird
Lohn verheißen und geschenkt. Von einem einzigen[722], in seiner Zeugungskraft Erstorbenen stammt die unübersehbare Zahl von nachfolgenden Geschlechtern ab.

Wir brechen hier ab: Das dritte Glaubensbeispiel aus dem Leben Abrahams(!)
betont den Glauben des Patriarchen an die Sohnes- und Nachkommens-Verheißung.
Wider die Realität der Unfruchtbarkeit Saras und wider die Realität seines Erstorben-Seins hält er sich an das Zukunft verheißende Wort. Der Text kann abschießend
paraphrasiert werden:

> Durch (seinen) Glauben (an das Zukunft verheißende Wort Gottes) - und
> (dies,) obgleich Sara ihrerseits unfruchtbar war - empfing er (Abra-
> ham) die Kraft zur Zeugung, und das trotz seines Lebensalters (das
> längst über die Zeit der Zeugungsfähigkeit hinaus war); denn er hielt
> den für treu, der die (Sohnes- und Nachkommens-)Verheißung gegeben
> hatte. Deshalb stammen von einem einzigen (Manne) - und zwar von
> einem (in seiner Zeugungskraft) schon Erstorbenen - (so viele Nachkom-
> men) ab wie die Sterne des Himmels an Menge und wie der Sand am
> Meeresufer, der unzählbar ist.

---

[719] Vgl. dazu auch Jub 15,17.

[720] M.E. bezieht sich der Glaube Abrahams auf die Geburt Isaaks und nicht auf
die in Jub 14,22ff geschilderte Geburt Ismaels.

[721] Vgl. auch Philo: Abr 273; Zur Treue Gottes (πιστός) vgl. außerdem Hebr
10,23 und O.HOFIUS: Unabänderlichkeit 141ff.

[722] Zu ἀφ' ἑνός vgl. Jes 51,2 (εἷς ἦν, ... καὶ ἐπλήθυνα αὐτόν); Mal 2,15 MT; Ez 33,24.

4. Hebr 11,17-19: Abrahams Glaube an die aus dem Tode errettende Auferweckung

Das vierte Beispiel aus dem Leben des Patriarchen bildet zweifellos den Höhepunkt der vita Abrahami in fide. Mit der ῾Aqedat Yiṣḥaq[723] wird Abrahams Glaube in höchstem Maße von Gott auf die Probe gestellt. Die nachstehenden Erörterungen dienen der Beantwortung folgender Fragen: (1) Woher weiß der Verfasser um Abrahams πίστις ἐν πειρασμῷ? (2) Wie interpretiert er die ῾Aqedat Yiṣḥaq und auf welche Traditionen nimmt er Bezug? (3) Inwiefern sind die Verse 17 - 19 Explikation der These 11,1?

Im Blick auf die *erste Frage* gilt das zu 11,8-12 Gesagt analog: der Verfasser verdankt das Stichwort der πίστις *Gen 15,6*. Doch das Wissen um Abrahams Glaube ἐν πειρασμῷ war überdies im antiken Judentum weit verbreitet[724]. Die Apokryphen des Alten Testaments handeln davon an zwei markanten Stellen. Dabei ist es bezeichnend, daß sowohl *Sir 44,20 LXX* als auch *1Makk 2,52* - wie Hebr 11,17-19 - die ῾Aqedat Yiṣḥaq im Rahmen eines "Paradigmenkataloges" anführen. Beide Stellen bezeugen - in sachlicher Parallele zu Hebr 11,17 -, daß Abraham ἐν πειρασμῷ als πιστός erfunden wurde. 1Makk 2,52 läßt eine Verbindung von Gen 15,6 mit Gen 22,1ff erkennen, wenn es heißt: Αβρααμ οὐχὶ ἐν πειρασμῷ εὑρέθη πιστός, καὶ ἐλογίσθη αὐτῷ εἰς δικαιοσύνην[725]. Vom Glauben Abrahams bei der ῾Aqedat Yiṣḥaq weiß auch - darauf wurde schon mehrfach hingewiesen - das pseudepigraphe *Buch der Jubiläen*. Die von Gott geforderte Hingabe des "erstgeborenen Sohnes" ist nach der Zählung des Jubiläenbuches die neunte von zehn Versuchungen[726]. Sie steht wie alle Versuchungen Abrahams unter dem Zeugnis von *Jub 17,17f*: Abraham wurde als glaubend erfunden[727]. In Bezug auf die Opferung Isaaks sind *Jub 17,15f* und *Jub 18,15f* von Bedeutung. Dort heißt es:

"(17,15) Und es war in der siebenten Jahrwoche ..., da war eine Stimme im Himmel wegen Abrahams, daß er glaubend sei in allem, was er zu

---

723   Im folgenden wird diese Wendung nicht als terminus technicus für "a haggadic presentation of the vicariously atoning sacrifice of Isaac" verwendet (so Ph.R.DAVIS/B.D.CHILTON: Akedah 515) sondern als Zusammenfassung für die alttestamentliche Geschichte von Gen 22 und die darauf Bezug nehmenden Traditionen des antiken Judentums.

724   Schon Gen 22,1 bezeugt die Versuchung Abrahams durch Gott: ὁ θεὸς ἐπείραζεν τὸν Αβρααμ. In Hebr 11,17 wird durch das Passivum divinum πεπειρασμένος Gott als der Urheber der Versuchung benannt.

725   Zur Verbindung von Gen 22 mit Gen 15,6 vgl. auch Philo: Imm 4. Hier und in Somn I 194; Abr 168; 196 nennt Philo Isaak den geliebten (ἀγαπητός) - er folgt dabei Gen 22,2.12 LXX - und einzigen (μόνος) Sohn bzw. Sprößling der Seele. Der Hebr und auch Jos., Ant. I 222 folgen dagegen dem Masoretischen Text und geben יְחִידְךָ (Gen 22,2) mit μονογενής wieder; so auch TO; TPsJ und TN zu Gen 22,2.

726   Zur Zählung und Anordnung in Jub und der davon abweichenden Reihenfolge in den bereits angesprochenen rabbinischen Texten s. oben S. 204ff zu Hebr 11,8 und K.BERGER: Das Buch der Jubiläen 418 Anm. 17b. In TN und TFrag zu Gen 22,1 wird die ῾Aqedat Yiṣḥaq als zehnte Versuchung aufgeführt.

727   Zum Text s. oben S. 204; zur Übersetzung K.BERGER.

ihm geredet habe, und daß er Gott liebe. In aller Trübsal sei er glaubend. (16) Und es kam ... der Fürst Mastema und sagte vor Gott: 'Siehe,
Abraham liebt den Isaak, seinen Sohn, und er freut sich über ihn vor
allen. Sage ihm, er solle ihn hinaufbringen als Brandopfer auf den
Altar! Und du wirst sehen, ob er dieses Wort tut. Und du wirst wissen,
ob er glaubend ist in allem, womit du ihn versuchst.' ... (18,15) Und er
[der Herr] sagte: 'Bei mir selbst habe ich geschworen, spricht der Herr,
weil du dieses Wort getan hast und deinen erstgeborenen Sohn nicht
geschont hast vor mir, den du lieb hast, daß ich dich mit Segen segnen
will ... (16) Und es werden gesegnet sein in deinem Samen alle Völker
der Erde, dafür, daß du auf mein Wort gehört hast. Und ich habe es sie
alle wissen lassen, daß du mir glaubenstreu warst in allem, was ich dir
gesagt habe. Geh in Frieden!'"

Die voranstehenden Texte zeigen, daß der Hebr einer breiten Tradition des antiken
Judentums folgt, wenn er von Abrahams πίστις im Zusammenhang mit der ʿAqedat
Yiṣḥaq spricht[728].

Wir wenden uns der *zweiten Frage* zu: Wie interpretiert der Verfasser die ʿAqedat Yiṣḥaq und welchen Traditionen ist er dabei verpflichtet? In der Auslegung
unserer Stelle hat man bislang kaum beachtet, daß der Hebr in einer für die Bibel
einzigartigen Weise vom *erfolgten Vollzug* der Opferung Isaaks ausgeht[729]. Für diese Auslegung spricht philologisch zunächst das Perfekt προσενήνοχεν, dem man
dann nicht gerecht wird, wenn man in ihm lediglich das bleibende Vorbild als
Ausdruck des nachwirkenden Perfekts ausgesagt sehen will[730]. Der resultative Charakter des Perfekts wird in der Auslegung häufig nicht anerkannt. Der Verfasser
habe - so urteilen die einen - den alttestamentlichen Text in der Weise verstanden,
daß es nicht auf den blutigen Vollzug des Opfervorgangs ankäme, sondern darauf,
daß die "Opferung Isaaks für das Urteil des Betrachters bereits über das Stadium
des Entschlusses hinausgekommen und zum Ereignis geworden" wäre[731]. Andere
verstehen das Perfekt als "Schriftperfekt", das "beschreibend ausführt, was vorher
als in der Schrift vorliegende Thatsache hingestellt war"[732]. Wieder andere betonen

---

[728] Einen Überblick darüber, welch große Rolle Abrahams Gehorsam und
Glaube bei der Opferung Isaaks in rabbinischen Quellen spielt, geben BILL. III
188-201; L.GINZBERG: Legends I 279-286 und F.E.WIESER: Abrahamvorstellungen
161ff.

[729] So R.J.DALY: Soteriological Significance 67. Gegen die These von R.J.DALY
wenden sich - freilich ohne zureichende Begründung - Ph.R.DAVIS/B.D.CHILTON:
Akedah: "Daly claims that 'the sacrifice of Isaac is spoken of as having been com-
pleted προσενήνοχεν' .. ignoring the occurrence of the imperfect of the same verb in
the following clause" (529).

[730] So O.MICHEL 401 ("Das Perfekt hat 'vorbildliche' Bedeutung") im Anschluß
an BDR § 342,3.

[731] So E.RIGGENBACH 364 Anm. 34; vgl. u.v.a. W.M.L.DE WETTE 231; F.BLEEK
II 2, 781; G.LÜNEMANN 361; B.WEISS 299; H.VON SODEN 85; B.F.WESTCOTT 367;
C.SPICQ II 353 und J.SWETNAM: Jesus and Isaac 122.

[732] So J.Chr.K. VON HOFMANN 439f; vgl. auch H.BRAUN 369.

die Bereitschaft Abrahams zum Opfer des geliebten Sohnes[733]. Mit den genannten Deutungen verbindet man häufig die Ansicht, daß das Imperfekt προσέφερεν als Imperfekt de conatu aufzufassen sei[734]. Der Wortlaut von Hebr 11,17 findet jedoch sprachlich seine natürlichste Erklärung, wenn man mit dem Perfekt προσενήνοχεν die Tatsächlichkeit des Geschehens bezeichnet findet und mit dem Imperfekt προσέφερεν dann das Besondere des Geschehens geschildert sieht[735]. Das Perfekt legt also die Auslegung nahe, daß Abraham nach der Meinung des Hebr seinen Sohn *tatsächlich* geopfert hat[736]. Lassen sich exegetische Argumente für die gegebene Interpretation anführen?

K.WEISS hat in seiner Untersuchung des Begriffes προσφέρω herausgearbeitet, daß der Begriff innerhalb der Septuaginta "in den meisten Fällen ... als Wiedergabe von קרב hi ... Terminus der Opfersprache"[737] ist, wobei sich Darbringungs- und eigentlicher Opferakt unterscheiden lassen. Demnach bedeutet das "Wort ... im Hebräerbrief immer *das Opfer vollziehen*, nicht das Darbringen der Opfergaben zum Altar oder Priester"[738]. Es gibt somit keinen plausiblen Grund, weshalb der Hebr im tractatus de fide von seinem sonstigen Sprachgebrauch abweichen sollte[739]. Dies belegt auch Hebr 11,4, wo es von Abel heißt: Πίστει πλείονα θυσίαν Ἄβελ παρὰ Κάϊν προσήνεγκεν τῷ θεῷ. Es gibt keinen Zweifel, daß προσφέρω im Hebr das vollzogene Opfer meint. Dies gilt auch für Hebr 11,17[740]. Widerspricht dieser Interpretation die Aussage αὐτὸν ἐν παραβολῇ ἐκομίσατο? Nur dann, wenn ἐν παραβολῇ adverbial aufgefaßt und folglich mit "gleichsam" wiedergegeben werden müßte[741]. Einem solchen Verständnis trat jedoch schon E.RIGGENBACH mit Recht entgegen: Wollte man ἐν παραβολῇ mit "gleichsam" wiedergeben, so würde "die Belohnung, welche Abraham empfing, ... hinter seinem Glauben zurückbleiben. Er hätte eine Totenerweckung erwartet und nur gleichsam eine solche erlebt, indem ihm sein dem Tod bereits verfallener Sohn, ohne den Tod gekostet zu haben, zurückgegeben wurde. Ohnehin ist diese Fassung von ἐν παραβολῇ sprachlich nicht zu belegen"[742]. Aus

---

[733] Dieses Verständnis weist schon zu Recht F.BLEEK II 2, 781 zurück.

[734] Vgl. z.B. J.H.MOULTON: Grammar III (1963) 65; J.MOFFATT 176; O.MICHEL 402 und J.SWETNAM: Jesus and Isaac 122; W.SCHENK: προσφέρω, EWNT III (1983) 429; M.RISSI: Theologie 110 Anm. 33; H.-F.WEISS 596f.

[735] Vgl. BDR § 327₁.

[736] Zum Perfekt προσενήνοχεν bemerkt H.-F.WEISS (597): Es bezeichnet "in jedem Falle die bereits vollzogene Handlung".

[737] Art. προσφέρω 67,19f.

[738] So zutreffend K.WEISS ebd. 69,28f (Hervorhebung im Original).

[739] Das Verb προσφέρω kommt im Hebr 20mal vor. Das davon abgeleitete Nomen προσφορά 5mal; vgl. außerdem ἀναφέρω in Hebr 7,27 [2mal]; 9,28 und 13,15.

[740] An diesem Verständnis ändert sich m.E. auch dann nichts, wenn man mit G.SCHILLE (Katechese 124f) und M.RISSI (Theologie 106f.110) Hebr 11,17 einer vom Verfasser aufgenommenen "Vorlage" zuweisen will.

[741] Wörtlich meint ἐν παραβολῇ "gleichnisweise".

[742] RIGGENBACH 365.

diesen zutreffenden Beobachtungen hat RIGGENBACH allerdings nicht die richtigen Konsequenzen gezogen. Wie jedoch ist die schwierige Formulierung zu verstehen? Hier hilft die zweite Stelle weiter, an der παραβολή im Hebr vorkommt. In *Hebr 9,9* wird das irdische Heiligtum (πρώτη σκηνή; vgl. 9,2.6) eine παραβολή für den καιρὸς ἐνεστηκώς genannt. Solange die πρώτη διαθήκη Bestand hat, werden Gaben und Opfer dargebracht werden, die den am Kult Teilnehmenden nicht im Gewissen vollenden können. Die im irdischen Heiligtum von den levitischen Priestern dargebrachten Gaben und Opfer vermögen keine Sündenvergebung zu bewirken. Sie erwirken lediglich kultische Reinheit, aber keine vollkommene Gottesgemeinschaft. Die in der πρώτη σκηνή vollzogenen Riten sind ein "Gleichnis" bzw. ein "Sinnbild" für den gegenwärtigen alten Äon in seiner Unvollkommenheit. Demgegenüber vermag erst der mit dem Hohenpriester Christus anhebende καιρὸς διορθώσεως (9,10) die wahre Sündenvergebung zu erwirken und die volle Gottesgemeinschaft herzustellen[743]. Für unsere Auslegung folgt aus dem Sprachgebrauch von παραβολή in Hebr 9,9: In gleicher Weise wie die in der πρώτη σκηνή vollzogenen Riten ein "Gleichnis" bzw. ein "Sinnbild" für den unvollkommenen alten Äon darstellen, in gleicher Weise erhielt Abraham seinen Sohn Isaak als "Gleichnis", als "Sinnbild"[744], zurück. Diese Beobachtung ist nun noch in zweifacher Hinsicht zu präzisieren: Abraham hat im Glauben seinen Sohn dargebracht, weil er fest damit rechnete, daß Gott die Macht habe, auch von den Toten aufzuerwecken. Abrahams Glaube erweist sich als Glaube an die Auferweckung der Toten. Daher (ὅθεν)[745] - weil Abraham auf Gottes Macht, Tote auferwecken zu können, vertraute - empfing er Isaak "als Gleichnis" bzw. "als Sinnbild" wieder. Als Sinnbild wofür? Der Kontext legt es m.E. nahe, hierbei an die Auferstehung zu denken, so daß nach ἐν παραβολῇ der Genitiv ἀναστάσεως ergänzt werden muß[746]. So ergibt sich die Aussage: Abraham empfing Isaak als Sinnbild für die noch ausstehende Auferweckung wieder. Isaak ist - so der Hebr - für Abraham "Gleichnis ... aller kommenden Erfüllung, die als zukünftig und unsichtbar wieder nur im Glauben ergriffen werden kann"[747]. Trifft diese Auslegung zu, so schließt sie aus, ἐν παραβολῇ typologisch zu deuten, demzufolge der Hebr Isaak "als ein Sinnbild

---

[743] Zur Diskussion und Auslegung des ausgesprochen schwierigen Abschnittes vgl. O.HOFIUS: Vorhang 60-65.

[744] So auch W.BAUER: Wb5 s.v. παραβολή, Sp. 1214, der an unserer Stelle ἐν παραβολῇ übersetzt: "als ein Sinnbild".

[745] Ὅθεν ist schlußfolgernd, begründend, aufzufassen und entspricht somit διό in 11,12.16: vgl. E.RIGGENBACH 364f; C.SPICQ II 354; J.SWETNAM: Jesus and Isaac 119 und H.BRAUN 372. Abzulehnen ist die lokale Interpretation, die schon von H.GROTIUS z.St. und dann auch von A.THOLUCK 384; W.M.L.DE WETTE 231; F.BLEEK II 2, 785; A.SEEBERG 124; B.F.WESTCOTT 368 u.a.m. vertreten wird.

[746] So auch E.RIGGENBACH 365; O.MICHEL 402f.

[747] O.KUSS 175; vgl. auch H.STRATHMANN 144 und H.BRAUN 372.

(des gewaltsamen Todes u. der Auferweckung Christi)" verstünde[748]. Ein derartig *typologisch-christologisches* Denken[749] liegt in Hebr 11,17-19 *nicht* vor[750].

Daß nach der Auffassung des Hebr Isaak tatsächlich tot war, zeigt schließlich auch der Sprachgebrauch von κομίζομαι. Das Verb kann bedeuten: "empfangen", "erhalten", "erlangen" o.ä. Es kann aber auch als Ausdruck dafür stehen, daß man etwas, was man bereits im Besitz, dann aber verloren oder hergegeben hatte, wieder "zurückerhält". In Hebr 11,19 liegt die letztere Bedeutung vor. Auf zwei eindrückliche Parallelen dieses Sprachgebrauchs sei kurz hingewiesen. Bei *Josephus, Bell. II 153*, heißt es: "Unter Schmerzen lächelnd und der Folterknechte spottend gaben sie freudig ihr Leben dahin (προσφερόντων) in der Zuversicht, es wieder zu empfangen (κομιούμενοι)". In *2Makk 7,29* redet die Mutter dem Jüngsten der sieben Söhne Mut zu, indem sie ihn zum Martyrium auffordert mit den Worten: "Fürchte diesen Henker [= Antiochos] nicht, sondern nimm, Deiner Brüder würdig, den Tod auf Dich, damit ich Dich in der Zeit der Barmherzigkeit mit Deinen Brüdern wiederempfangen werde (κομίσωμαί σε)"[751]. Beide Texte verwenden κομίζομαι als Begriff für die Auferstehungshoffnung. Hierin zeigt sich dann auch der Unterschied zu Hebr 11,19: Während Josephus und 2Makk 7,29 von einer auf die Zukunft gerichteten Auferstehungshoffnung sprechen, betont Hebr 11,19 durch den Aorist ἐκομίσατο, daß Abraham seinen Sohn Isaak aufgrund seines Glaubens an die Totenauferweckung als "Sinnbild" für die eschatologische Totenauferweckung bereits zurückempfangen hat.

Die voranstehenden Erwägungen zeigen, daß sich die exegetische These rechtfertigen läßt: Der Verfasser setzt voraus, daß Isaak wirklich tot war. Im einzelnen ergab sich: (1) Das Perfekt προσενήνοχεν betont die Tatsächlichkeit des Opfervorganges. Das Imperfekt προσέφερεν schildert das Besondere des Geschehens. Es ist jedoch nicht Ausdruck für den konativen Charakter der Aqeda. (2) Der Hebr verwendet προσφέρω samt seiner Derivate und Synonyme *stets*, um damit den *vollzogenen Opfervorgang* auszudrücken. (3) Ferner zeigt auch ἐκομίσατο in 11,19, daß der Verfasser bewußt das Tempus des Aorists gewählt hat. Es bleibt demnach m.E. nur eine Schlußfolgerung - so kühn sie auch sein mag: Der Hebr denkt daran, daß Abraham seinen getöteten Sohn Isaak aufgrund seines Glaubens an Gottes totenerweckende Macht zurückempfangen hat. (4) Schließlich widerspricht diesem Ergebnis auch nicht die schwierige Wendung ἐν παραβολῇ: Daß Abraham den Isaak wieder zurückempfangen hat, war für ihn das "Sinnbild" für die eschatologische Totenauferweckung.

---

[748] So W.BAUER a.a.O. (Anm. 744) 1214.

[749] Diese Deutung gibt es seit den Kirchenvätern bis in unsere Zeit hinein: Einen Überblick über die vertretenen Ansichten geben C.SPICQ (1953) II 354 und H.BRAUN 372; zu dieser Auslegung vgl. z.B. C.SPICQ II 354; ders. (1977) 191; J.HÉRING 108; F.F.BRUCE 312; A.STROBEL 219 und J.SWETNAM: Jesus and Isaac 122f.

[750] Zutreffend bemerkt M.RISSI: "Da die Aqeda im Hebr kein Symbol des Christustodes ist, läuft die ganze Interpretation in J.SWETNAM, Jesus and Isaac, 1981, auf falschen Bahnen" (Theologie 110 Anm. 34). Vgl. auch H.-F.WEISS 598.

[751] S. ferner Gen 38,20 LXX; 2Makk 7,11; 3Makk 7,22 und bei Philo: Jos 210.231.

Die Auffassung des Hebr ist - so ungewöhnlich sie sein mag - nicht ohne Parallele. Die Überlieferung und Interpretation der ʿAqedat Yiṣḥaq in den Texten des antiken Judentums wurde schon vielfach untersucht[752]. Wir beschränken uns dabei auf Texte, die die ʿAqedat Yiṣḥaq in analoger Weise interpretieren und die derselben Traditon verpflichtet zu sein scheinen wie der Hebr. Als Ausgangspunkt wählen wir den in neutestamentliche Zeit zu datierenden *Liber Antiquitatum Biblicarum*[753], wo es in der Gottesrede an Bileam in *18,5* heißt:

> "Und er (Gott) sprach zu ihm (Bileam): 'Habe ich nicht so über dieses Volk zu Abraham gesprochen und in einer Erscheinung gesagt: 'Es wird deine Nachkommenschaft sein wie die Gestirne des Himmels', als ich ihn erhob über das Firmament? Und ich zeigte ihm die Ordnungen aller Sterne, und seinen Sohn verlangte ich zum Brandopfer, und er brachte ihn herbei, damit er auf dem Altar hingelegt würde; ich aber gab ihn seinem Vater zurück (ego autem reddidi eum patri suo), und weil er nicht widersprach, wurde die Darbringung in meinem Angesicht wohlgefällig, und vermöge seines Blutes erwählte ich diese [die Israeliten] (pro sanguine eius elegi istos)"[754].

Der Wendung "pro sanguine eius" kommt erhebliche Bedeutung zu. Die alttestamentliche Perikope von der Opferung Isaaks weiß bekanntlich nichts vom vergossenen Blut des Abraham-Sohnes. Man wird demnach annehmen dürfen, daß Pseudo-Philo - im Gegensatz zu Gen 22 - den *Vollzug* der Aqeda voraussetzt[755]. Nicht ganz so eindeutig ist hingegen der Befund in *AntBibl 40,2*:

---

[752] Eine Sichtung des umfangreichen Textmaterials zur ʿAqedat Yiṣḥaq im antiken Judentum findet sich v.a. in folgenden Arbeiten: Sh.SPIEGEL: The Last Trial passim; G.VERMES: Scripture and Tradition in Judaism 193-227; R.LE DÉAUT: La Nuit pascale 133-212; G.STEMBERGER: Patriarchenbilder 50-71; R.-P.SCHMITZ: Aqedat Jiṣḥaq passim; R.J.DALY: Soteriological Significance 45-53; P.R.DAVIES/B.D.CHILTON: Akedah 517-529; J.SWETNAM: Jesus and Isaac 23-80.

[753] Die zeitliche Nähe des Hebr zu AntBibl steht fest. L.ROST: Einleitung 147 und Chr. DIETZFELBINGER: Pseudo-Philo (Diss.) 189ff und Antiquitates Biblicae, JSHRZ II.2, 95f nehmen eine Abfassung nach 70 n.Chr. an; P.-M.BOGAERT: Les Antiquités Bibliques II 66 - 74 und D.J.HARRINGTON: Pseudo-Philo, OTP II (1983) 299 plädieren für eine Datierung der Abfassung vor 70 n.Chr. Letztgenannter erwägt sogar "135 B.C. as the earliest possible date for the composition of the work" (299).

[754] Text nach D.J.HARRINGTON: Les Antiquités Bibliques I 150; zur Übersetzung siehe Chr.DIETZFELBINGER: Antiquitates Biblicae 146.

[755] Diese Einschätzung findet in jüngster Zeit breite Zustimmung: vgl. G.VERMES: Scripture and Tradition 205f; R.LE DÉAUT: La présentation targumique 569 (mit Verweis auf Hebr 11,17: προσενήνοχεν); Ders.: La Nuit pascale 193f; G.STEMBERGER: Patriarchenbilder 67; Ch.PERROT/P.-M.BOGAERT: Les Antiquités Bibliques II 126; Chr.DIETZFELBINGER: Pseudo-Philo (Diss.), 19.225; Ders.: Antiquitates Biblicae 146 Anm. 5e; R.J.DALY: Soteriological Signifcance 62f; R.-P.SCHMITZ: Aqedat Jiṣḥaq 11 und J.SWETNAM: Jesus and Isaac 50f Anm. 215; vgl. auch 122 Anm. 204. Anders, jedoch nicht überzeugend P.R.DAVIES/B.D.CHILTON: Akedah 528 und D.J.HARRINGTON: Pseudo-Philo 325 Anm. g.

"Da sagte ihm Seila, seine [Jephtas] Tochter: 'Und wer ist es, der beim Sterben betrübt ist, wenn er das Volk befreit sieht? Oder bist du uneingedenk (dessen), was in den Tagen unserer Väter geschehen ist, als der Vater den Sohn zum Brandopfer hinlegte, und er widersprach ihm nicht (inponebat in holocaustum, et non contradixit), sondern sich freuend stimmte er ihm zu, und es war (der), der dargebracht wurde (offerebatur), bereit und (der), der darbrachte (offerebat), fröhlich.'"

Der Text folgt - abweichend von AntBibl 18,5 - Gen 22,9: Abraham legt Isaak zum Brandopfer hin. Freilich könnte die Eingangsfrage Seilas den Schluß nahelegen, sie führe die ʿAqedat Yiṣḥaq als Beispiel an, um damit zu zeigen, daß sie in der gleichen Weise wie Isaak - um dessen Todes (= Blutes) willen Gott die Israeliten erwählte (18,5) - bereit sei, für die Erfüllung des Jephta-Gelübdes (39,11) zu sterben. Im Anschluß an die biblische Vorlage im Buch der Richter (Ri 11,30f.34.39) berichtet der Verfasser der Antiquitates Biblicarum vom Vollzug der Opferung Seilas: "Und nachdem sie (Seila) dies gesagt hatte, kehrte Seila zu ihrem Vater zurück und er tat, was immer er gelobt hatte, und er brachte sie als Brandopfer dar (obtulit holocaustomata)" (40,8). Der Kontext macht es demnach wahrscheinlich, daß AntBibl auch in 40,2 den Tod Isaaks voraussetzt[756], denn nur unter dieser Prämisse wird die ʿAqedat Yiṣḥaq als Paradigma für die zum Letzten entschlossene Hingabebereitschaft Seilas sinnvoll. Letzte Gewißheit kann hier jedoch nicht erzielt werden[757].

Auch in *rabbinischen Quellen* begegnet die Vorstellung vom Vollzug der ʿAqedat Yiṣḥaq schon sehr früh. In dem sehr alten[758] halakhischen Midrasch *Mekhilta d'Rabbi Jischmael* ist an zwei Stellen im Traktat Pisḥa vom "Blut der Bindung Isaaks" (דם עקדתו של יצחק) die Rede.
In *Pisḥa 7 zu Ex 12,13* (HOROVITZ/RABIN 24f) heißt es:

"Eine andere Erklärung: 'Und ich sehe das Blut', d.h.: Ich werde sehen das Blut der Bindung Isaaks (דם עקדתו של יצחק), wie es heißt: 'Und Abraham nannte jenen Ort: Der Herr wird sehen (Gen 22,14). Weiterhin wird gesagt: 'Und beim Verderben reute es ihn ... (1Chr 21,15)'. Was sah er? Er sah das Blut der Opferung Isaaks, denn es heißt: 'Gott wird für sich ersehen das Lamm' (Gen 22,8)".

In *Pisḥa 11 zu Ex 12,23* (HOROVITZ/RABIN 39) lesen wir:

"Eine andere Erklärung: 'Und er sieht das Blut', d.h.: Er sieht das Blut der Bindung Isaaks (דם עקדתו של יצחק), wie es heißt: 'Und Abraham nannte jenen Ort: Der Herr wird sehen (Gen 22,14)'. Und es steht geschrieben: 'Und beim Verderbem im Volk sah er ... (1Chr 21,15)'. Was sah er? Er sah das Blut der Opferung Isaaks, denn es heißt: 'Gott wird für sich ersehen das Lamm zum Brandopfer (Gen 22,8)'".

---

[756] Vgl. dazu Chr.DIETZFELBINGER: Antiquitates Biblicae 212 Anm. c und Ders.: Pseudo-Philo (Diss.) 225.

[757] Gleiches gilt für 32,3f, wo ein drittes Mal von der ʿAqedat Yiṣḥaq in den AntBibl gehandelt wird. Hier ist der Tod Isaaks jedenfalls nicht vorausgesetzt.

[758] Zur Datierungsfrage vgl. H.L.STRACK/G.STEMBERGER: Einleitung 238f.

Beide Texte handeln - entgegen der biblischen Tradition von Gen 22 - vom Vergießen des Blutes Isaaks. Sie tun dies nicht in einschränkender Form wie andere Texte, die betonen: "Isaak hat ein Viertel seines Blutes auf dem Altar vergossen" (יצא ממנו רביעית דם על גבי המזבח)[759]. Da MekhY an beiden Stellen keinen Hinweis auf ein lediglich teilweises Vergießen des Blutes Isaaks enthält, legt sich nahe, an das vollzogene Opfer zu denken.

Diese Vorstellung läßt sich auch *PRE 31* entnehmen, einem Midrasch, der in seiner Endredaktion freilich viel zu spät ist[760], als daß hier direkte traditionsgeschichtliche Linien zu Hebr 11,17ff gezogen werden könnten. Dennoch lohnt sich ein Vergleich, weil hier - wie im Hebr - das Theologumenon vom vollzogenen Opfer und der anschließenden Auferweckung Isaaks belegt ist:

> "Als das Messer Isaaks Hals berührte, entfloh und schied seine Seele; als
> er (Gott) aber seine Stimme zwischen den beiden Cheruben hören ließ
> und sprach: 'Strecke deine Hand nicht aus gegen den Knaben' (Gen
> 22,12), kehrte die Seele in seinen Leib zurück, und er (Abraham) band
> ihn los, und Isaak stand auf seinen Füßen. Da erkannte Isaak die Auferstehung der Toten aus der Tora, daß alle Toten dereinst wieder aufleben
> werden. Zur selben Stunde öffnete er (seinen Mund) und sprach: 'Gepriesen seist du, Herr, der du die Toten lebendig machst!'"[761].

Die Verbindung der Aqeda mit der Auferstehungshoffnung findet sich in weiteren rabbinischen Texten, so zum Beispiel in *PesK Suppl. 1* (MANDELBAUM 451)[762]:

> "Durch das Verdienst Isaaks, der sich selbst auf dem Altar darbrachte,
> wird der Heilige, gepriesen sei Er, einst die Toten lebendig machen, wie
> es heißt: 'Zu hören das Seufzen der Gefangenen und loszumachen die
> Kinder des Todes' (Ps 102,21)".

Auch der Midrasch *LeqT zu Gen 31,42* (BUBER 161) enthält das Theologumenon von der Auferweckung des Erzvaters[763]:

> "'Und die Furcht Isaaks' [פחד יצחק] (Gen 31,42) - denn er fürchtete
> sich auf dem Altar, als er gebunden wurde, und es flog seine Seele
> davon, und der Heilige, gepriesen sei Er, brachte sie zurück mit dem
> Tau der Auferstehung (בטללי תחיה)".

In Verbindung mit der zweiten Benediktion des Achtzehnbitten-Gebets begegnet

---

[759] MekhSh zu Ex 6,2 (EPSTEIN/MELAMED 4); vgl. auch Tan וארא § 23 (39b):
"Beide (Abraham und Isaak) erbauten ... den Altar, und er (Abraham) band ihn
(Isaak) auf den Altar und nahm das Messer, um ihn zu schlachten, damit ein Viertel
von seinem Blut (יצא ממנו רביעית דמו) hervorfliesse"; vgl. auch MHG Ber 353.

[760] Zur Datierungsfrage vgl. H.L.STRACK/G.STEMBERGER: Einleitung 298f.

[761] Zur Übersetzung s. Bill. III 746 und G.STEMBERGER: Patriarchenbilder 64.

[762] Zur Datierung H.L.STRACK/G.STEMBERGER: Einleitung 272f.

[763] Zur Datierung H.L.STRACK/G.STEMBERGER: Einleitung 318f; zur Sache
R.-P.SCHMITZ: Aqedat Jiṣḥaq 11.

die gleiche Tradition in dem mittelalterlichen halachischen Kompendium zur Liturgie, in *Shibbole ha-Leqet*[764]:

> "Als Isaak, unser Vater, auf dem Altar geopfert wurde, und er wurde zur Fettasche gemacht, und seine Asche wurde auf den Berg Moria geworfen, brachte der Heilige, gepriesen sei Er, über ihn Tau und er machte ihn lebendig. Deshalb sagt David: 'Wie der Tau des Hermon, der auf die Berge Zions herabfällt' (Ps 133,3) - wie der Tau, mit dem er Isaak, unseren Vater, lebendig gemacht hat. Sofort begannen die Dienstengel und sprachen: 'Gepriesen seist du, Gott Israels, der du die Toten lebendig machst!'".

Neben die Texte, die vom vergossenen Blut Isaaks handeln, sind nun noch andere zu stellen: Eine große Zahl rabbinischer Quellen redet von der *"Asche"* (אפר) bzw. dem *"Staub Isaaks"* (עפר יצחק). Stellvertretend für andere steht *Zev 62a*. Im Anschluß an das Zitat von 1Chr 21,31 - "Und David sprach: 'Dies hier ist die Wohnstätte Gottes, des Herrn, und dies ist der Altar für die Brandopfer Israels'" - folgen die Auslegungen:

> "Beim Tempel war der Grundriß zu erkennen, woher aber kannten sie (den Platz) für den Altar? Es sprach R. Eleazar: 'Sie sahen einen erbauten Altar und neben ihm den Erzfürsten Michael stehen und Opfer darbringen. R. Jiṣḥaq, der Schmied, erklärte: 'Sie sahen an dieser Stelle die Asche Isaaks liegen'".

In *Ber 62b* findet sich folgende Überlieferung:

> "'Beim Würgen sah der Herr und es reute ihn' (1Chr 21,15). Was sah er? Es sagte Rab: 'Er sah unseren Vater Jakob, denn es heißt: 'Und es sagte Jakob, als er sie sah' (Gen 32,3).' Und Schmuel sagte: 'Die Asche Isaaks sah er, denn es heißt: 'Gott wird sich ein Schaf aussehen' (Gen 22,9)'. R. Jiṣḥaq Napacha: 'Das Sühngeld sah er...'".

Schließlich ist zu nennen *MHG Ber 360*:

> "Obwohl Isaak nicht gestorben war, betrachtet ihn die Schrift als ob (כאלו) er gestorben wäre und seine Asche (אפרו) auf dem Altar ausgestreut läge. Dies ist der Grund, weshalb es heißt: 'Und Abraham kehrte zurück zu den jungen Männern' (Gen 22,19)".

Die letztgenannte Tradition geht eindeutig vom fiktiven Vollzug der Opferung aus und kommt daher als Parallele zu Hebr 11,17ff nicht in Betracht[765].

Besondere Beachtung haben in jüngster Zeit die *Targumim zu Gen 22* erfahren[766]. Für unsere Zwecke genügt es, die aramäischen Bibelübersetzungen darauf-

---

[764] Shibbole ha-Leqet §18, ed. S.K.MIRSKY 188; vgl. BHM V, 54 (mit geringen Abweichungen). Zum literarischen Charakter des Werkes vgl. R.POSNER: Anav, Zedekiah ben Abraham 939f.

[765] Vgl. hierzu MekhY beshallaḥ 4 zu Ex 14,15 (HOROVITZ/RABIN 100); Taan 16a; BhM V 157; BerR 49,11 (513); 94,5 (1174ff); WaR 36,5 (849f); Tan וירא § 23 (30b/31a).

[766] Zu nennen sind hier die Arbeiten von P.GRELOT: Tosephta targoumique sur Genèse XXII, S. 5-26; G.VERMES: Scripture and Tradition 193ff; R.LE DÉAUT: La pré-

hin zu untersuchen, ob sie den Vollzug der Opferung Isaaks voraussetzen. Erwäh-
nenswert sind hierfür zwei Passagen, die es verdienen, im Wortlaut wiedergegeben
zu werden. Zunächst *TN zu Gen 22,14*:

"Und Abraham diente und betete im Namen des Wortes (מַמְרֵיה) des
Herrn und er sprach: 'Ich bitte dich bei der Barmherzigkeit von vor dir,
Herr! Alles ist vor dir offenbart und bekannt: es gab in meinem Herzen
keine Geteiltheit in der früheren Zeit als du zu mir sprachst, daß ich
meinen Sohn Isaak opfern solle (לְמִקְרְבָא), ihn zu Staub und Asche zu
machen vor dir (לְמֶעֱבַד יָתֵה עֲפַר וּקְטַם). Vielmehr bin ich sofort
früh am Morgen aufgestanden und habe frühzeitig dein Wort ausgeführt mit Freude und habe deine Anordnung erfüllt. Aber nun, wenn
seine Söhne in einer Stunde der Drangsal stehen, dann mögest du dich
erinnern an die Bindung ihres Vaters Isaak (תֶּהֱוֵי מִדְכַּר עֲקֶדְתֵּיה
דְיִצְחָק אֲבוּהוֹן)[767] und auf die Stimme ihres Gebetes hören und ihnen
antworten und mögest sie entrinnen lassen vor aller Drangsal; denn die
Geschlechter, die bereitstehen, nach ihm aufzustehen, werden sagen:
'Auf dem Berg des Heiligtums des Herrn, wo Abraham Isaak, seinen
Sohn, dargebracht hat (קרב), auf diesem Berg wurde ihm offenbart
die Herrlichkeit der Shekhina des Herrn'".

Bemerkenswert ist ferner *TPsJ zu Gen 22,20*:

"Und es geschah nach diesen Dingen, daß - nachdem Abraham Isaak gebunden hatte (דִיכְפַת אַבְרָהָם יָת יִצְחָק) - der Satan kam (אֲזַל
שָׂטָנָא) und Sara verkündigte, daß Abraham Isaak geschlachtet hatte
(דְאַבְרָהָם נְכַס יָת יִצְחָק). Und Sara fuhr auf, stieß einen Schrei aus
und erstickte und starb aus Gram. Und Abraham kam, und als er auf
dem Weg rastete, wurde Abraham mitgeteilt: 'Siehe, auch Milka hat geboren! Sie ist genesen durch das Verdienst ihrer Schwester, um deinem
Bruder Nahor Söhne zu gebären'."

TN kennt zwar die Tradition, wonach Gott dem Abraham den Befehl gibt, seinen
Sohn "zu Staub und Asche" zu machen[768]. Abraham betont auch seinen Gehorsam
gegenüber dem Befehl Gottes. Dennoch gibt es im weiteren Verlauf der Antwort Abrahams keinen Hinweis auf den Vollzug des göttlichen Befehls. Auch der Kontext
von TN und TFrag zu Gen 22,8-13 läßt nicht an einen realen Vollzug der Opferung
Isaaks denken. Dies gilt auch für den nur in TPsJ zu Gen 22,20 überlieferten Hinweis, daß Sara durch den Satan die Nachricht vom Vollzug der Tötung erhält. Die
Aussage dient vielmehr der Erklärung für den in Gen 23,1ff ansonsten völlig
unvermittelt geschilderten Tod Saras.

---

sentation targumique 564ff; Ders: La Nuit pascale 133-178; J.BOWKER: Targums
224-234; M.McNAMARA: New Testament 164-168; R.J.DALY: Soteriological Significance 50-54; J.SWETNAM: Jesus and Isaac 58-66. Die Diskussion zusammenfassend
R.HAYWARD: Present State 127-150.

[767] An dieser Stelle ergänzt TFrag (MS V): "und ihnen ihre Sünden erlassen und
vergeben und ...". Ansonsten ist der Text in TFrag mit dem von TN nahezu identisch.

[768] In TPsJ fehlt jeglicher Hinweis auf "Staub und Asche Isaaks".

Die voranstehenden Texte haben gezeigt:

(1) Der Hebr steht mit seiner Ansicht, daß die Opferung Isaaks tatsächlich vollzogen wurde, nicht allein. Vielmehr lassen sich eine ganze Reihe von Parallelen nennen, die zum Teil sehr alte Traditionen enthalten. Wenn die vorgeschlagene Analyse von AntBibl 18,5f und 40,2 zutrifft, so kann diese Vorstellung im antiken Judentum zumindest bis in neutestamentliche Zeit zurückverfolgt werden.

(2) Der Hebr hat freilich gegenüber diesen Traditionen der ʿAqedat Yiṣḥaq einen völlig eigenständigen Akzent. Er folgt der alttestamentlichen Erzählung der Genesis, wenn er der Opferung Isaaks keine verdienstvolle Wirkung zuspricht. Es wäre absurd, wollte man im Hebr vor dem Hintergrund der Hohepriester-Christologie in der ʿAqedat Yiṣḥaq einen Typus für das hohepriesterlichen Selbstopfer Christi erkennen. Dem Hebr geht es in seinem λόγος τέλειος (7,1 - 10,18) ja gerade darum, die Unzulänglichkeit der πρώτη διαθήκη nachzuweisen. So kann die Schlußfolgerung nur lauten: Hebr 11,17ff "referred to the offering of Isaac, *not* as a prototype of the Crucifixion (and sacrificial death) of Christ, but as an example of faith"[769]. Eine soteriologische Funktion Isaaks kann dem Hebr nicht entnommen werden. Insofern ist die Diskussion darüber, ob und inwiefern die Opferung Isaaks unter das Thema "Redemption and Genesis 22" zu subsumieren ist[770], im Blick auf Hebr 11,17ff fehl am Platze.

Inwiefern - so ist *drittens* zu fragen - sind die Verse 11,17-19 Explikation der These in 11,1? Abraham empfing Isaak als Lohn für seinen Glauben, mit dem er sich an die Verheißung Gottes hielt. Davon handelt der Hebr in 11,11f. In den Versen 17 - 19 erörtert er die Bereitschaft Abrahams, seinen einzigen Sohn[771] Gott darzubringen. Abraham verweigert sich der Prüfung Gottes nicht und brachte seinen Sohn dar (11,17a). Die dadurch zum Ausdruck kommende Schwere der von Gott auferlegten Prüfung ist deutlich, denn mit Isaak war die Erfüllung der Nachkommensverheißung verbunden: Abraham[772] empfing das göttliche[773] Verheißungswort: ἐν Ἰσαὰκ κληθήσεταί σοι σπέρμα (11,17b.18). So steht Gotteswort gegen Gotteswort: der göttliche Befehl gegen das Wort der Verheißung. Abraham hält sich jedoch wider die offensichtliche Annullierung der Verheißung durch die Realität des Todes an die Treue Gottes über den Tod hinaus. Sein Glaube richtet sich auf die Macht Gottes, Tote auferwecken zu können. Deshalb erhält er auch seinen Sohn zurück (11,19). Insofern er objektiv davon überführt ist, daß Gott Tote auferwecken kann, erweist

---

[769] So J.BOWKER: Targums and Rabbinic Literature 232 (Hervorhebung dort).

[770] Vgl. G.VERMES: Scripture and Tradition 193ff. Ebenso R.LE DÉAUT: La Nuit pascale 202ff; G.STEMBERGER: Patriarchenbilder 64ff; R.J.DALY: Soteriological Significance 63ff; J.SWETNAM: Jesus and Isaac 83ff.86ff.119ff. Zur Diskussion über die soteriologische Funktion der ʿAqedat Yiṣḥaq vgl. ferner: Ph.R.DAVIS/B.D.CHILTON: Akedah 514ff.529ff; Ph.R.DAVIS: Passover 59-67; B.D.CHILTON: Isaac 78-88; R.HAYWARD: Present State 127ff.148ff.

[771] Vgl. Anm. 725. Die anderen Söhne Abrahams sind für den Hebr nicht existent. Eine eindrückliche Begründung dafür, weshalb Ismael als Verheißungsträger nicht in Betracht kommt, bietet TPsJ zu Gen 22,1.

[772] Das Partizip ὁ ἀναδεξάμενος (11,17) ist auf Abraham zu beziehen.

[773] Das Passiv ἐλαλήθη in 11,18 ist Passivum divinum.

sich seine πίστις als πραγμάτων ἔλεγχος οὐ βλεπομένων. Insofern er sich aufgrund dieser Überzeugung nicht scheut, seinen Sohn darzubringen, hält er sich an die Treue der Verheißung Gottes wider alle Realität: seine πίστις erweist sich darin als ἐλπιζομένων ὑπόστασις. Es muß hier nicht weiter ausgeführt werden, daß die Formulierung in Hebr 11,19a - λογισάμενος ὅτι καὶ ἐκ νεκρῶν ἐγείρειν δυνατὸς ὁ θεός - sachlich nahe bei den paulinischen Aussagen von Röm 4,17b und 2Kor 1,9 steht. Nur soviel sei bemerkt: In *Röm 4,17b* erscheint die πίστις Abrahams an die Totenauferweckung verbunden mit dem Theologumenon der creatio ex nihilo: Von Abraham heißt es, daß er an Gott glaubte als an den, ῾der die Toten lebendig macht und das Nichtseiende ins Dasein ruft᾿ (τοῦ ζῳοποιοῦντος τοὺς νεκρούς καὶ καλοῦντος τὰ μὴ ὄντα ὡς ὄντα)[774]. Die Schilderung der πίστις Abrahams in Hebr 11,19a steht sprachlich näher bei *2Kor 1,9*, wo Paulus innerhalb der Eulogie (2Kor 1,3-11) von seiner Bedrängnis berichtet, die er in der Provinz Asia erfahren hat und die ihn am Leben verzweifeln ließ: "Wir hatten selbst" - so heißt es in V. 9 - "das Todesurteil für uns bereits gesprochen, damit wir unser Vertrauen nicht auf uns selbst setzten, sondern auf Gott, der die Toten auferweckt" (πεποιθότες ... ἐπὶ θεῷ τῷ ἐγείροντι τοὺς νεκρούς). Es ist hinlänglich bekannt, daß diese Formulierungen und Gottesprädikationen der jüdischen Liturgie entstammen, wofür die zweite Benediktion des Achtzehnbittengebets ein schönes Beispiel bietet: בָּרוּךְ אַתָּה יי מְחַיֵּה הַמֵּתִים [775]. In griechischer Sprache ist die Aussage belegt in *JosAs 20,7*: Die Familie von Aseneth gibt Gott die Ehre, ihm als dem ῾Gott, der die Toten lebendig macht᾿ (τῷ θεῷ τῷ ζῳοποιοῦντι τοὺς νεκρούς). Röm 4,17b ist damit nahezu wortwörtlich identisch[776], so daß - wie auch zu den Formulierungen in 2Kor 1,9 und in Hebr 11,19[777] - traditionsgeschichtliche Verbindungslinien gezogen werden können.

Wir stehen am Ende unserer Auslegung und können die drei Verse *übersetzen*:

> (11,17) Im Glauben (an die totenerweckende Macht Gottes) hat Abraham den Isaak (als Opfer) dargebracht, als Gott ihn prüfte, und er brachte (im Vertrauen auf die Treue des verheißenden Gottes) den einzigen Sohn dar, - er (Abraham), der doch die Verheißung (die Gott durch seinen Befehl zu annullieren schien) empfangen hatte, (18) zu dem (ja) Gott gesagt hatte: ῾In Isaak soll deine Nachkommenschaft genannt werden᾿, - (19) denn er rechnete (fest) darauf, daß Gott die Macht habe, auch von den Toten aufzuerwecken; deshalb empfing er (Abraham - als Lohn für seinen Glauben -) ihn (den geopferten Sohn) als Sinnbild (für die eschatologische Auferweckung der Toten) wieder.

---

[774] Zur Sache vgl. neben den Kommentaren von E.KÄSEMANN; H.SCHLIER und U.WILCKENS (jeweils z.St.) O.HOFIUS: Parallele 93f.

[775] Text nach W.STAERK: Altjüdische liturgische Gebete (KlT 58), Berlin ²1930, 15; vgl. auch O.HOFIUS: Parallele 93f.

[776] Neben den beiden genannten Stellen vgl. auch JosAs 8,9; 1Sam 2,6; 2Kön 5,7; Näheres bei E.KÄSEMANN: An die Römer 115f und O.HOFIUS: Parallele 93.

[777] Es ist gut vorstellbar, daß Paulus und der Hebr das übliche Verb ζῳοποιεῖν durch ἐγείρειν ausgetauscht haben.

Überblicken wir abschließend nochmals kurz alle *vier Beispiele* aus dem Leben des Patriarchen, so zeigt sich, daß jede Episode aus seiner Vita einen besonderen Aspekt seines Glaubens betont. Der Chronologie folgend steht am Anfang (11,8) die Berufung Abrahams und sein Auszug im Glauben wider die Realität des ungewissen Zieles. Das Land, in das ihn die Verheißung wies (ἡ γῆ τῆς ἐπαγγελίας), war jedoch nicht das verheißene Land. Vielmehr schildert der Hebr in 11,9f den durch die Fremdlingschaft bestimmten Glauben Abrahams als einen Glauben in Erwartung der eschatologischen Heilsgüter. Dem gehorsamen Glauben wurde die endgültige Vollendung nicht zuteil. Anders verhält es sich dagegen mit der Verheißung, die sich auf die irdisch-immanente Erfüllung bezieht: Hebr 11,11f schildert Abrahams Glaube an das in der Geburt seines Sohnes erfüllte Verheißungswort Gottes, das ihm und seinen Nachkommen eine segensreiche Zukunft eröffnet. Um so schwerer wiegt der göttliche Befehl, den einzigen Sohn als Opfer darzubringen. Damit scheint Gott sein Verheißungswort zu annullieren. Doch auch in dieser Grenzsituation menschlichen Lebens hält sich der Patriarch an die Treue des verheißenden Gottes. Die Verse 11,17ff bilden den unverkennbaren Höhepunkt der vita Abrahami in fide. In ihnen wird Abrahams πίστις dargestellt als Glaube an die totenerweckende Macht Gottes, der ebenfalls belohnt wird: Abraham erhält - und darin kommt die ganze Kühnheit der Aussagen des Hebr zum Ausdruck - den Isaak von den Toten zurück. Daß Abraham den Isaak als "Sinnbild" für die eschatologische Totenauferweckung (κρείττων ἀνάστασις: 11,35) zurückerhält, läßt erkennen: die eschatologische Vollendung steht noch aus. Der Betonung dieser Erkenntnis des Hebr dient der Abschnitt 11,13-16, dem wir uns nun zuwenden.

VII. Hebr 11,13-16: Der Glaube der Patriarchen angesichts der ausstehenden Heilsvollendung und wider die irdische Fremdlingschaft

Der Abschnitt 11,13-16 unterbricht in auffälliger Weise die jeweils durch das anaphorische πίστει eingeleitete Beispielreihe[778]. Diese Beobachtung erlaubt es keineswegs - das hat unsere bisherige Auslegung gezeigt -, zwischen einer verwendeten "Vorlage" und Hinzufügungen des Verfassers zu unterscheiden[779]. Weder stilistische Merkmale noch inhaltliche Aspekte erfordern eine solche Annahme. Vielmehr nimmt der Hebr in seinem Paradigmenkatalog eigenständig zahlreiche Traditionen des Alten Testaments und des antiken Judentums auf, um anhand der "Wolke der Zeugen" der πρώτη διαθήκη sein Glaubensverständnis (11,1) zu veranschaulichen. Die angeführten exempla fidei sollen die angefochtenen Christen zur

---

[778] Zu der Beobachtung, daß der Hebr bei seinen zusammenfassenden Ausführungen die Anapher πίστει durch κατὰ πίστιν ersetzt, bemerkt H.-F.WEISS treffend: "Κατὰ πίστιν, 'nach Maßgabe des Glaubens', nimmt das für 'diese alle' geltende πίστει ... auf" (589).

[779] So M.RISSI: Theologie 106; vgl. ebd. 109f. Diese Ansicht begegnet erwartungsgemäß bei all denjenigen Exegeten, die in Hebr 11 ein jüdische "Vorlage" verarbeitet sehen: vgl. G.SCHILLE: Katechese 119f; G.THEISSEN: Untersuchungen 98f; O.MICHEL 371f.397; F.E.WIESER: Abrahamvorstellungen 30 und zuletzt H.-F.WEISS 589.

Nachahmung ermuntern. Es ist somit festzuhalten: Die Ausführungen von Kapitel 11 stammen insgesamt aus der Feder des traditionskundigen Autors. Gleichzeitig kann nicht übersehen werden: Der Verfasser unterbricht in 11,13-16 seine Vorgehensweise aus einem wichtigen theologischen Grund. Weshalb der Verfasser gerade hier diesen Einschub vornimmt, läßt sich freilich nicht leicht beantworten. Was ist die *Aussage* des Abschnitts? Zunächst steht fest: Die Glaubenszeugen sind gestorben, ohne die ἐπαγγελίαι erlangt zu haben. Der "Exkurs" hebt die noch ausstehende Vollendung der Glaubenszeugen hervor. Darin berührt er sich mit den Abschlußversen in *11,39 f.* Die Parallelität beider Textzusammenhänge läßt sich verdeutlichen:

Der Formulierung in 11,13 - κατὰ πίστιν ἀπέθανον οὗτοι πάντες, μὴ λαβόντες τὰς ἐπαγγελίας - entspricht in 11,39 die Aussage οὗτοι πάντες μαρτυρηθέντες διὰ τῆς πίστεως οὐκ ἐκομίσαντο τὴν ἐπαγγελίαν. Ausstehende Heilsvollendung und Gewißheit der Verheißungserfüllung korrespondieren einander. Im Abschnitt 11,13-16 betont dies V. 16b: Gott steht zu seinen Verheißungen. Er schämt sich nicht, der Gott der Glaubenden genannt zu werden. Der Lohn derer, die sich auf den verheißenden Gott verlassen, ist die bereitete Stadt. Dem entspricht in 11,40 die Aussage, daß Gott die Glaubenden der πρώτη διαθήκη nicht ohne die Christen zur Vollendung führen wollte. Der Umkehrschluß aus dieser Aussage macht deutlich: daß Gott die Wolke der Zeugen nicht ohne die Christen zur Vollendung führen wollte, impliziert, daß er sie *zusammen mit* den Christen zur Vollendung führen will. Sachlich entspricht also die Aussage in 11,16 - ἡτοίμασεν αὐτοῖς πόλιν - der Formulierung in 11,40: ἵνα μὴ χωρὶς ἡμῶν τελειωθῶσιν. Beide Aussagen zielen auf die eschatologische Vollendung aller Glaubenden der πρώτη und der καινή διαθήκη.

Bevor wir uns den konkreten Problemen der Auslegung zuwenden, sind die *weiteren Aussagen* des Abschnitts kurz zusammenzufassen. Die gestorbenen Glaubenszeugen haben die ἐπαγγελίαι zwar nicht erlangt, aber sie haben sie von ferne gesehen und gegrüßt. Die Aussage läßt erkennen, daß es sich bei den ἐπαγγελίαι um Verheißungs*güter* handeln muß. Diese Heilsgüter vor Augen haben sie bekannt, daß sie auf Erden Fremde und Gäste sind, die sehnsüchtig die himmlische πατρίς und die von Gott bereitete himmlische πόλις erwarten. Dem Bekenntnis der Glaubenszeugen (V. 13) entspricht das Bekenntnis Gottes zu den Vätern (V. 16): "Es gehört zur Feinheit dieses Abschnittes, daß einer feierlichen ὁμολογία der Erzväter in 11 13 eine entsprechende ὁμολογία Gottes zu den Erzvätern in 11 16 folgt"[780].

Es wurde schon darauf hingewiesen, daß in den VV. 13 - 16 kein neues exemplum fidei angeführt wird. Es tritt daher auch die Frage nach der konkreten inhaltlichen Explikation der πίστις im Leben eines Glaubenszeugen in den Hintergrund. Dies erfordert eine Änderung unseres Modus procedendi. Wir fragen im einzelnen: (1) Wer sind die οὗτοι πάντες? (2) Was versteht der Verfasser unter den ἐπαγγελίαι? (3) Auf welche Traditionen nimmt der Hebr Bezug?

Mit der Antwort auf die *erste Frage* wird auch der Sinn der "Einschaltung" von 11,13-16 deutlich werden. Bezieht sich οὗτοι πάντες auf alle bisher genannten Zeu-

---

[780] So sehr schön O.MICHEL 400.

gen, also auf 11,4-12[781], oder umfaßt die Wendung lediglich die in 11,8-12 Genannten, also Abraham und seine Nachkommen[782]? Die Darlegungen des Verfassers über
Henoch (11,5) lassen die erste Möglichkeit ausscheiden. Wohl ist auch Henoch unter
die Aussage zu subsumieren: μὴ κομισάμενοι τὰς ἐπαγγελίας. Von ihm kann aber
nicht gesagt werden, daß er κατὰ πίστιν gestorben ist, denn er wurde von Gott
aufgrund seines Glaubens entrückt, so daß er den Tod nicht sah. Somit ist der zweiten Möglichkeit der Vorzug zu geben. Dafür spricht auch die Tatsache, daß erst Abraham und seinen Nachkommen die Verheißung der γῆ zuteil wurde. Für die zweite
Möglichkeit sprechen auch die *sprachlichen* Anklänge des Abschnitts 11,13ff an die
Verse 11,8ff: Der Begriff der ἐπαγγελία begegnet in 11,9 und in 11,13; die von Gott
geschaffene (himmlische) πόλις erscheint in 11,10 und in 11,16. Die Aussage, daß
sich die Patriarchen als Beisassen niederließen im Land, in das die Verheißung wies
(11,9), findet ihre *sachliche* Aufnahme im Bekenntnis der Patriarchen: ὅτι ξένοι καὶ
παρεπίδημοί εἰσιν ἐπὶ τῆς γῆς (11,13) und in dem Hinweis, daß sich die Patriarchen
durch ihr Bekenntnis als solche zu erkennen geben, die die himmlische πατρίς
herbeisehnen (11,14). Die sprachlichen und sachlichen Analogien zwischen 11,8ff
und 11,13ff sind von einigem Gewicht. *Zunächst* dürfte damit der Streit, ob in Hebr
11,8-16 die Terminologie des "wandernden" oder des "wartenden Gottesvolkes" vorliegt, zugunsten der letzteren Annahme zu entscheiden sein[783]. Denn - das ergibt
sich zwingend aus der Parallelität der Aussagen -, wenn es in 11,10 von Abraham
heißt, daß er im Land, in das ihn die Verheißung wies (11,9), auf das Offenbarwerden der von Gott erbauten Stadt *wartete* (ἐξεδέχετο), so muß Entsprechendes für
die beiden Verben ἐπιζητεῖν (11,14) und ὀρέγεσθαι (11,16) gelten. Die Patriarchen
sehnen die himmlische πατρίς herbei, sie erwarten sehnsüchtig das unvergleichlich
bessere (κρείττων), weil himmlische Vaterland (ἐπουράνιος sc. πατρίς). Eine *zweite*
Schlußfolgerung ergibt sich aus unseren Beobachtungen: Die sprachliche
Verbindung zwischen 11,8ff und 11,13ff zeigt einerseits, daß οὗτοι πάντες auf
Abraham und seine Nachkommen zu beziehen ist. Sie läßt andererseits den theologischen Grund erkennen, weshalb der Verfasser das Abrahambeispiel gerade an
dieser Stelle durch seine Ausführungen unterbricht. Er unterstreicht durch den
Abschnitt 11,13ff das für ihn entscheidende Theologumenon der Transzendierung
der irdischen Verheißungsgüter, das in 11,8ff schon deutlich zur Sprache kam.
Weshalb unterbricht er aber ausgerechnet *vor* 11,17ff? Hier dürfte die thema-

---

[781] So viele Kirchenväter [vgl. H.BRAUN 362]; H.WINDISCH 101; L.F.MERCADO:
Sojourning 62; O.KUSS 173; H.BRAUN 362; M.RISSI: Theologie 109.

[782] So die Mehrzahl der Ausleger: vgl. z.B. E.RIGGENBACH 361; O.MICHEL 397;
G.THEISSEN: Untersuchungen 98; R.NEUDECKER: Heilsgeschichte 161; P.ANDRIES-
SEN/P.LENGLET 197; C.SPICQ (1977) 188; H.-F.WEISS 589.

[783] Mit O.HOFIUS: Katapausis 148 gegen E.GRÄSSER: Gottesvolk 177. Wenn
man davon ausgeht, daß der Hebr einerseits in 11,10 (und in 9,28) "einen Ausdruck
eschatologischen Wartens" benutzt, andererseits in 11,14 und 13,14 (ἐπιζητεῖν) sowie
in 11,16 (ὀρέγεσθαι) Termini des aktiven Hinstrebens und Suchens verwendet, "die
das Motiv der Himmelswanderschaft nicht *ausschließen*, sondern zwingend verlangen" (E.GRÄSSER ebd. 178), gerät man in die Aporie, zwei einander ausschließende
Konzeptionen von Eschatologie innerhalb des Hebr annehmen zu müssen. Vgl. dazu
oben S. 220-228.

tische Verknüpfung der Verse 11,17ff mit 11,20ff leitend gewesen sein. Unsere Auslegung von 11,17ff hat gezeigt, daß es beim letzten Abraham-Beispiel um den Glauben des Patriarchen an die Errettung aus dem Tode geht. Das ist - was es noch zu zeigen gilt - auch die inhaltliche Näherbestimmung der πίστις in 11,20ff: Der Glaube Isaaks (11,20), Jakobs (11,21) und Josephs (11,22) wird geschildert als ein Glaube angesichts des Todes. Wenn unsere Beobachtungen zutreffen, so ist die Annahme keineswegs zwingend, daß man '"diese alle' ... nicht auf Abraham und seine Nachkommen einschränken (kann), denn der Verfasser benützt dieselbe Wendung noch einmal in seinem abschließenden Wort 11,39, das sich auf das ganze Kapitel bezieht"[784].

Die *zweite Frage* kann schnell beantwortet werden[785]. Unsere bisherige Analyse läßt am Verständnis der ἐπαγγελίαι keine Zweifel aufkommen. Die verstorbenen Patriarchen haben die ἐπαγγελίαι von ferne gesehen und gegrüßt (11,13). Daraus ist zu schließen, daß es sich demnach nur um Verheißungs*güter* handeln kann. Der Hebr denkt an die himmlische πατρίς (11,14) und die himmlische, von Gott den Gläubigen für den Tag der Heilsvollendung bereitete πόλις (11,16; vgl. 11,10)[786]. Sie gehören zu den ἐλπιζόμενα und den πράγματα οὐ βλεπόμενα (11,1). Der Verfasser denkt dabei in letzter Konsequenz erneut an das eschatologische εἰσέρχεσθαι εἰς τὴν κατάπαυσιν.

Inwiefern aber kann der Verfasser sagen, daß die verstorbenen Glaubenszeugen die eschatologischen Verheißungsgüter von ferne gesehen und gegrüßt haben? Damit stehen wir vor der *dritten Frage*: Welchen *Traditionen* ist der Hebr verpflichtet? Hierbei wird ein weiteres Mal ersichtlich, daß der Hebr die alttestamentlichen Verheißungen der Genesis transzendiert. In *Gen 13,15* wird davon berichtet, daß Gott dem Abraham das irdische Verheißungsgut zeigt, das Land, das er und seine Nachkommen für ewige Zeiten besitzen sollen: πᾶσαν τὴν γῆν, ἣν σὺ ὁρᾷς, σοὶ δώσω αὐτὴν καὶ τῷ σπέρματί σου ἕως τοῦ αἰῶνος. Darüber hinaus läßt sich im antiken Judentum eine weitverbreitete Tradition nachweisen, wonach Abraham auch die eschatologischen Verheißungsgüter von ferne gesehen und gegrüßt hat. Den Ausgangspunkt für diese Erkenntnis bildet der Abschnitt *Gen 15,7-17*: Nachdem Gott dem Abraham die Sohnes- und Nachkommensverheißung gegeben hat und dieser auf die göttliche Zusage mit Vertrauen reagierte (Gen 15,1-6), befiehlt Gott dem Patriarchen, "Zurüstungen für ein geheimnisvolles Zermoniell zu treffen"[787]. Abraham gehorcht dem Befehl und breitet die zweigeteilten Tierhälften jeweils gegenüberliegend auf der Erde aus (Gen 15,9ff), um dann bei Sonnenuntergang in einen wundersamen Tiefschlaf zu verfallen (15,12). Es ist ein Schlaf, der ihn "zu einem Wachsein höherer Art öffnet, nämlich zu einem Offenbarungsempfang"[788].

---

784   M.RISSI: Theologie 109. Der Hinweis auf die Parallelität von 11,13ff und 11,39f reicht für die Bestimmung dessen, an welchen Personenkreis der Verfasser mit οὗτοι πάντες denkt, allein nicht aus. Der Kontext muß beachtet werden.

785   Vgl. dazu Chr.ROSE: Verheißung und Erfüllung 184f.

786   Vgl. auch L.F.MERCADO: Sojourning 160-168: 168.

787   G.VON RAD: Genesis 144.

788   G.VON RAD: Genesis 145.

Für unsere Fragestellung von Bedeutung ist *Gen 15,17*: "Als aber die Sonne unterge-gangen und es ganz finster geworden war, da zeigte sich ein rauchender Backofen und eine Feuerfackel, das ging zwischen diesen Stücken hindurch". Diese Schilde-rung der Theophanie war in der Tradition Ausgangspunkt für die Annahme, daß Abraham - während seines Wunderschlafes in der "Nacht zwischen den Opferhälf-ten" -, wie auch seine Nachkommen, in einer Vision die himmlische Welt und die eschatologischen Heilsgüter schauen durften. Aus neutestamentlicher Zeit stammt *AntBibl 23,6.8*:

> "(6) Da sprach ich zu ihm: 'Nimm für mich ein dreijähriges Rind und eine dreijährige Ziege und einen Widder von drei Jahren, auch eine Turteltaube und eine junge Taube.' Und er nahm diese, wie ich ihm befohlen hatte. Ich aber sandte Schlaf auf ihn, und mit Schrecken umgab ich ihn, und vor ihn (stellte ich) den Ort des Feuers, an dem gesühnt werden sollen die Werke derer, die Bosheit gegen mich tun, und ich zeigte ihm die Feuerfackeln, woher die Gerechten erleuchtet werden sollen, die mir geglaubt haben ... (8) Und ich gab ihm [Abraham] Isaak und bildete ihn im Mutterleib derjenigen, die ihn gebar, und befahl ihm, daß er ihn mir rascher herstellen und hergeben solle im siebten Monat. Und deswegen: jede Frau, die im siebten Monat gebären wird, deren Sohn wird leben, weil ich über ihn meine Herrlichkeit ausgerufen und ihm die neue Welt gezeigt habe (quoniam super eum vocavi gloriam meam et novum ostendi seculum)."

Der Text läßt erkennen: Abraham hat den Ort des eschatologischen Gerichts ge-schaut, an dem einst die Sünden der Frevler gesühnt werden und von dem her die Glaubenden erleuchtet werden. Die Vermutung liegt nahe, hier an die Gehenna zu denken, was sich deutlich den weiteren Paralleltexten entnehmen läßt. Probleme bereitet die Schlußwendung quoniam super eum vocavi gloriam meam et novum ostendi seculum. Auf wen ist eum zu beziehen? Abraham scheidet aufgrund der grammatischen Struktur des ganzen Abschnitts aus, so daß entweder Isaak oder das im siebten Monat geborene Kind in Betracht kommt. Letzte Gewißheit kann hier zwar nicht erzielt werden, doch dürfte die Wahrscheinlichkeit größer sein, daß Pseudo-Philo hierbei an Isaak gedacht hat[789]. Trifft dies zu, so hat Gott auch dem Isaak die kommende Welt gezeigt. Dies entspricht dem Duktus von Hebr 11,13. Isaak als συγκληρονόμος τῆς ἐπαγγελίας hat - wie Abraham - die eschatologischen Heils-güter von ferne gesehen und gegrüßt. Diese Einsicht stützt die Annahme, daß mit οὗτοι πάντες nur Abraham und die συγκληρονόμοι τῆς ἐπαγγελίας gemeint sein kön-nen. Als weiterer Text ist *ApcBar(syr) 4,1-7* anzuführen:

> "(1) Und der Herr sprach zu mir (Baruch): 'Diese Stadt (Jerusalem) wird eine Zeitlang preisgegeben, das Volk wird eine Zeitlang gezüchtigt, und die Welt wird nicht vergessen werden. (2) Oder meinst du vielleicht, dies sei die Stadt, von der ich gesagt habe: 'In meine Handflächen habe

---

[789] So Chr.DIETZFELBINGER: Antiquitates Biblicae 165 Anm. 8c. Demgegen-über halten C.PERROT/P.M.BOGAERT: Pseudo-Philon: Les Antiquités Bibliques "des enfants du septième mois en général, privilégiés par Dieu et considérés comme pro-phètes" als Objekt für die "hypothèse ... la plus simple" (II 148).

ich dich gezeichnet?' [Jes 49,16] (3) Nicht ist es dieser Bau, der nun in eurer Mitte auferbaut. Es ist bei mir, was offenbar werden wird, was hier schon seit der Zeit bereitet ward, in der das Paradies zu schaffen ich beschlossen hatte (ܠܠܘ ܟܝܠܐ ܟܝܘܢ ܘܘ ܘܟܝܘܟܢܐ ܕܢܐ ܟܢܐ ܢܘܢܢ ܟܢܢܢ ܟܘ ܘܘܘ ܘ

ܟܘܢܗܟܐ ܗܗܝܟܝ ܘܗܘܘܢ ܗܘ ܘ ܘܘܘܘܢ ܟܟܝ ܗܗ ܘ ܘܗܘܟܢܐ ܘ ܘܗܝ ܗܘ). (4) Und ich habe es Adam gezeigt, bevor er sündigte; als er aber das Gebot übertreten hatte, wurde es ihm weggenommen, genauso wie das Paradies. (5) Und danach zeigte ich es meinem Knechte Abraham, in der Nacht, zwischen den Opferhälften. (6) Und weiter zeigte ich es Mose auf dem Berge Sinai, als ich ihm das Bild des (Stifts-)Zeltes zeigte und aller seiner Geräte. (7) Siehe, (so) ist es nun bewahrt bei mir gleichwie das Paradies."

Die Apokalypse nennt als Zeitpunkt der Schau Abrahams die Nacht zwischen den Opferhälften (4,5). Abraham schaut das himmlische Jerusalem und den himmlischen Tempel, was sich zweifelsfrei aus dem Textzusammenhang ergibt. Gott weist weg vom irdischen Jerusalem auf das Jerusalem, das er in seine Handflächen gezeichnet hat (Jes 49,16); das befindet sich in der Transzendenz und wird in der Endvollendung vom Himmel her sichtbar werden[790].

Von den zahlreichen weiteren Texten[791], die die Vision bezeugen, sollen ausführlich nur noch die *Targumim zu Gen 15,17* zu Wort kommen. Während sich TO weitgehend an den hebräischen Text hält, erweitern TPsJ, TN und TFrag die biblische Vorlage erheblich. In *TFrag (MS P)*[792] heißt es:

"'Und es war': Und siehe, die Sonne war im Begriff unterzugehen, und Dunkelheit trat ein. Und siehe, Abram sah: Während Sessel hingestellt und Thronsessel aufgerichtet wurden, - siehe, da war Gehinnam, die bereitet wurde für die Gottlosen für die kommende Welt (לרשיעיא לעלמא דאתי); sie war wie ein Schmelzofen, von dem feurige Funken und Feuerflammen aufsteigen, - mittenhinein fielen alle Gottlosen, weil sie während ihres Lebens gegen das Gesetz rebelliert hatten; aber die Gerechten (צדיקיא), weil sie es bewahrten, werden von der Drangsal gerettet (מן עקתא ישתזבון). All dies wurde Abram gezeigt, als er zwischen diesen Stücken hindurchging."

Wie all die anderen zitierten Texte des antiken Judentums kennt auch das Targum die Tradition, daß Abraham in der "Nacht zwischen den Opferhälften" die himmli-

---

[790] Auch Mose - so heißt es in V. 6 - schaut die Eschata auf dem Berg Sinai. Im Hintergrund steht dabei Ex 25,9.40. Ähnliche Aussagen über Moses Schau der Eschata und der himmlischen Welt begegnen in ApcBar (syr) 59,4.9; 4Esr 14,4ff; AntBibl 11,15; 19,10f: dazu vgl. Chr.DIETZFELBINGER: Pseudo-Philo (Diss.) 136f.

[791] Z.B. ApcAbr 15-29; TestAbr (Rez. A) 10ff. Es sei angemerkt, daß auch TestAbr (Rez. A) 2,6 von einer himmlischen Stadt spricht: ὁ δὲ ἀρχιστρατηγός ἔφη· ἐγώ, δίκαιε ἄνθρωπε, ἐκ τῆς μεγάλης πόλεως ἔρχομαι· παρὰ τοῦ μεγάλου βασιλέως ἀπεστάλην (Ed. F.SCHMIDT [TSAJ 11] 100). Aus der großen Zahl von rabbinischen Texten seien genannt: MekhY Jithro § 9 zu Ex 20,18 (236); BerR 44,17 (438); BerR 44,21 (443); ShemR 51,7 (81b); PesR 15 (FRIEDMANN 67a) und TanB חיי שרה (236). Vgl. auch Joh 8,56.

[792] Ed. M.L.KLEIN 51. Ein ähnlicher Wortlaut findet sich in TN.

sche Welt und die Eschata gezeigt wurden. Die Kenntnis dieser Tradition muß auch beim Hebr vorausgesetzt werden: Abraham und seine Nachkommen haben die Eschata, die ἐλπιζόμενα und πράγματα οὐ βλεπόμενα geschaut.

Die Patriarchen haben die Eschata von ferne gesehen und gegrüßt und deshalb bekannt[793], daß sie ξένοι καὶ παρεπίδημοι ... ἐπὶ τῆς γῆς sind. Der Verfasser nimmt hier auf alttestamentliche Überlieferung Bezug. In Gen 23,4 LXX bekennt Abraham gegenüber den Hethitern: πάροικος καὶ παρεπίδημος ἐγώ εἰμι μεθ' ὑμῶν. Der Psalmbeter weiß sich - wie die Väter - als Fremdling und Gast auf Erden: πάροικος ἐγώ εἰμι παρὰ σοὶ καὶ παρεπίδημος καθὼς πάντες οἱ πατέρες μου (ψ 38,13). Nach dem Zeugnis der Chronik bekennt David: πάροικοί ἐσμεν ἐναντίον σου καὶ παροικοῦντες ὡς πάντες οἱ πατέρες ἡμῶν· ὡς σκιὰ αἱ ἡμέραι ἡμῶν ἐπὶ γῆς ... (1Chr 29,15 LXX)[794].

Hier zeigt sich ein weiteres Mal die Vorliebe des Verfassers für die Verlagerung der Verheißungserfüllung in die Transzendenz. Wenn sie an die irdische γῆ gedacht hätten, von der sie ausgezogen waren, dann hätten sie Zeit gehabt[795], dorthin zurückzukehren. Die Aussage von 11,15 zeigt: Wenn die Patriarchen umgekehrt wären, hätten sie sich - wie die Wüstengeneration[796] - als ὑπόδειγμα τῆς ἀπειθείας (4,11) erwiesen[797]. Für den Hebr ist jedoch das Bekenntnis der Patriarchen Ausdruck ihres Glaubens, der von den πράγματα οὐ βλεπόμενα objektiv überführt ist und unbeirrt an den ἐλπιζόμενα festhält. So kann von ihnen gesagt werden, daß sie κατὰ πίστιν gestorben sind. Und insofern gehört auch die Zusammenfassung Hebr 11,13-16 zu den ὑποδείγματα τῆς πίστεως (11,4ff). Der Glaube der Patriarchen richtet sich auf die unvergleichlich bessere[798], weil himmlische πατρίς und himmlische πόλις[799]. Wir schließen unsere Auslegung ab und *übersetzen* den Text:

(13) Dem Glauben gemäß (d.h. als Glaubende) sind diese alle (Abraham und seine Nachkommen als Miterben derselben Verheißung) gestorben, ohne die (eschatologischen) Verheißungsgüter erlangt zu haben. Sie haben sie vielmehr nur von fern gesehen und gegrüßt und (deshalb) be-

---

[793] Das Partizip ὁμολογήσαντες ist m.E. konsekutiv zu verstehen.

[794] Vgl. auch Gen 24,37 LXX; ψ 118,19 und die oben S. 212 genannten Stellen.

[795] Zur Konstruktion des Irrealis im Hebr vgl. neben 11,15 außerdem 4,8; 7,11; 8,4; 8,7 und 10,2.

[796] Vgl. Ex 13,17 und Num 14,3f. Beide Stellen können als Hintergrund für unseren Vers angesehen werden. In der Sache entspricht ἀναστρέφειν - so gibt die Septuaginta das hebräische שוב an den genannten Stellen wieder - dem Verbum ἀνακάμπτειν in Hebr 11,15.

[797] Die VV. 15f sind betont adversativ gegenübergestellt: νῦν δέ betont im Unterschied zum Irrealis von V. 15 die Realität des glaubenden Festhaltens der Patriarchen an transzendenten Eschata.

[798] Zu diesem Verständnis von κρείττων vgl. Chr.ROSE: Verheißung und Erfüllung 73f Anm.77.

[799] Zur Traditionsgeschichte dieser Aussagen des Hebr wurde bereits oben (S. 220ff) das Wesentliche gesagt. Dort findet sich auch die Erörterung über das Verhältnis des Hebr zu Philo.

kannt, daß sie Fremde und Gäste auf Erden sind. (14) Die aber solches sagen, die geben (mit ihrem Bekenntnis) zu erkennen, daß sie sie sich nach einem Vaterland sehnen. (15) Und wenn sie (dabei) an jenes (irdische Vaterland) gedacht hätten, von dem sie ausgezogen waren, dann hätten sie ja Zeit gehabt, (dorthin) zurückzukehren. (16) In Wahrheit aber tragen sie Verlangen nach einem (unvergleichlich) besseren (Vaterland), nämlich nach dem himmlischen. Darum (weil die Patriarchen bekannt haben, daß sich ihre Sehnsucht nach dem himmlischen Vaterland richtet,) schämt sich Gott ihrer nicht, ihr Gott genannt zu werden; denn er hat ihnen (und allen Glaubenden) eine (himmlische) Stadt bereitet (die am Tag der Heilsvollendung sichtbar werden wird und in die sie dann eingehen werden).

VIII. Hebr 11,20-22: Der Glaube im Angesicht des Todes

Der Verfasser hält sich bei den folgenden drei Gliedern weiterhin an die Abfolge der alttestamentlichen Heilsgeschichte, wenn er in 11,20-22 auf Isaak, Jakob und Joseph zu sprechen kommt. Die Beispiele sind - wie schon die Verse 11,4-7 - durch ein *gemeinsames Thema* verbunden, das bereits in 11,17ff zur Sprache kam: Es geht um die πίστις angesichts des bevorstehenden Todes der Väter.

1. 11,20: Isaaks Weitergabe des Segens im Glauben an die Verheißungserfüllung

Wir folgen unserer methodischen Vorgabe: Woher weiß der Verfasser um die πίστις des Erzvaters? Auf welche Traditionen greift er zurück? Und schließlich: Inwiefern dient 11,20 der Explikation der Grundthese in 11,1?

Wie bei der Mehrzahl der Paradigmen gelangt man im Blick auf die πίστις Isaaks zum nunmehr bekannten Ergebnis: Das Alte Testament redet an keiner Stelle vom Glauben des Abraham-Sohnes. Dennoch steht auch hier außer Frage, daß der Hebr dieses Wissen der ihm vorgegebenen Tradition verdankt. Für den Hebr steht fest: χωρὶς δὲ πίστεως ἀδύνατον εὐαρεστῆσαι (11,6; vgl. 10,38 = Hab 2,4 LXX). Wo aber von einem Menschen ausgesagt wird, daß er Gott wohlgefallen habe, von dem kann auch festgestellt werden, daß er πίστις hatte. Im Bekenntnis Jakobs über seine Vorfahren heißt es: ὁ θεός, ᾧ εὐηρέστησαν οἱ πατέρες μου ἐναντίον αὐτοῦ Αβρααμ καὶ Ισαακ (Gen 48,15 LXX). Die Tatsache, daß Isaak Gottes Wohlgefallen gefunden hatte, führt zu dem Schluß: Isaak hatte Glauben. Zum selben Ergebnis gelangt man, wenn man beachtet, daß das antike Judentum Isaak als צדיק bezeichnete[800]. Der Hebr gewinnt somit durch exegetischen Analogieschluß (*Gezera schawa*) die Einsicht: Schrift und Tradition bezeugen Isaaks πίστις.

---

[800] Vgl. hierzu SifBam pineḥas 133 (HOROVITZ 176); PesK 3,1 (MANDELBAUM 37); PesR 5 (FRIEDMANN 18b); WaR 2,10 (MARGULIES 49f) und BamR 11,2 (42b) und R.MACH: Zaddik 243. Bei Afraḥaṭ I 14 heißt es von Isaak: "Isaak wurde, weil er glaubte, geliebt" (Übersetzung s. P.BRUNS 92).

Die Frage nach den aufgenommenen *Traditionen* scheint schnell beantwortet zu sein. In *Gen 27,27-29.38-40* wird berichtet, daß Isaak seine beiden Söhne segnet. Der kundige Leser erkennt jedoch sofort, daß genau genommen nur im Blick auf Jakob (Gen 27,27ff) von einem Segen die Rede sein kann. Die traditionsgeschichtliche Fragestellung kann sich demnach nicht einfach damit begnügen, auf die Genesis hinzuweisen. Inwiefern kann der Hebr formulieren: πίστει καὶ περὶ μελλόντων εὐλογήσεν Ἰσαὰκ τὸν Ἰακὼβ καὶ τὸν Ἠσαῦ? Eine gänzlich befriedigende Antwort fällt in Bezug auf Esau schwer. Anders bei Jakob. Der jüngere der beiden Brüder empfängt den Erstgeburtssegen (Gen 27,27ff). Wenn der Hebr betont, daß Isaak den Jakob περὶ μελλόντων segnete, so erläutert zunächst 11,9 die Aussage unseres Verses: Isaak ist der συγκληρονόμος τῆς ἐπαγγελίας τῆς αὐτῆς. Er partizipiert an den Verheißungen, die Gott seinem Vater Abraham gegeben hat. Doch auch Jakob ist nach dem Zeugnis von Hebr 11,9 Miterbe derselben Verheißung. Für die Auslegung von 11,20 bedeutet dies: Isaak segnete den Jakob im Blick auf das Zukünftige. Das heißt, Isaak gibt seinem Sohn den göttlichen Segen weiter, den er von seinem Vater Abraham empfangen hat. Er tut dies in der Gewißheit, daß Gott die dem Abraham gegebene Verheißung erfüllen wird. Jakob wird - wie auch Isaak selbst aufgrund seiner πίστις - am Tag der Heilsvollendung der πράγματα μέλλοντα[801] teilhaftig werden. Wie bei allen Glaubenszeugen denkt der Hebr auch hier letztlich an das mit dem Sichtbarwerden der οἰκουμένη μέλλουσα (2,5) verbundene εἰσέρχεσθαι εἰς τὴν κατάπαυσιν (4,1-3). Läßt sich dieses Verständnis traditionsgeschichtlich erweisen? Der Erstgeburtssegen, den Isaak seinem jüngeren Sohn zuspricht[802], zeigt deutlich sprachliche Anklänge an die Abrahamsverheißung in Gen 12,3: die Formulierung ὁ καταρώμενός σε ἐπικατάρατος, ὁ δὲ εὐλογῶν σε εὐλογημένος (Gen 27,29) entspricht fast wörtlich Gen 12,3 καὶ εὐλογήσω τοὺς εὐλογοῦντάς σε καὶ τοὺς καταρωμένους σε καταράσομαι. Wie traditionell die Verbindung von Abrahamsverheißung und Erstgeburtssegen in Bezug auf Jakob ist, zeigt das Buch der Jubiläen. Es zitiert in 26,21ff den Segen aus Gen 27,27ff. In *Jub 26,24* heißt es:

> "Sei Herr für deine Brüder! Und die Kinder deiner Mutter sollen dich
> kniefällig verehren. Und der Segen, mit dem mich gesegnet hat der
> Herr und gesegnet hat meinen Vater Abraham, er sei dir und deinem
> Samen bis in Ewigkeit. Wer dich verflucht, sei verflucht, und wer dich
> segnet, sei gesegnet."

Daß das Buch der Jubiläen die Weitergabe der Abrahamsverheißungen an Jakob voraussetzt, ergibt sich besonders eindrücklich aus *Jub 19,15-30*, wo Abraham(!)[803] nach einer Rede an Rebekka (VV. 17-25) seinen Enkel segnet (26-29):

---

[801] Völlig zu Recht weist J.MOFFATT 178 darauf hin, daß zu περὶ μελλόντων ein πραγμάτων zu ergänzen ist.

[802] Der Verfasser ignoriert die Erschleichung dieses Segens (Gen 27,1-26). Er hält sich allerdings in seiner Formulierung von Hebr 11,20 ganz an die durch die Genesis vorgegebene Reihenfolge der "Segnungs"-Berichte.

[803] Es wurde bereits oben S. 217f (zu Hebr 11,9) darauf hingewiesen, daß der Hebr der auch in Jub 19 überlieferten Tradition verpflichtet sein dürfte, wonach Abraham seinen Enkel Jakob noch erlebt hat.

"(26) Und er [Abraham] rief Jakob vor den Augen der Rebekka, seiner Mutter. Und er küßte ihn und segnete (ihn) und sagte: (27) 'Jakob, mein geliebter Sohn, den meine Seele liebt. Es segne dich Gott von oberhalb des Firmaments, und er gebe dir alle Segnungen, mit denen er den Adam gesegnet hat und den Henoch und den Noah und den Sem. Und alles, soviel wie er zu mir geredet hat, und alles, soviel er gesagt hat, mir zu geben, lasse er haften an dir und an deinem Samen (und) bis in Ewigkeit, wie Tage des Himmels über der Erde sind."

Die beiden Schriften unterscheiden sich in einem wesentlichen Punkt: Die Weitergabe der Abrahamsverheißung an Jakob bezieht sich im Hebr - anders als im Jub - auf die in der Transzendenz vorgestellten eschatologischen Heilsgüter.

Wie aber kann der Hebr feststellen: πίστει εὐλόγησεν Ἰσαὰκ ... τὸν Ἠσαῦ? *Isaak* segnet nach dem Zeugnis des Hebr aufgrund seines Glaubens den Esau im Hinblick auf die zukünftigen Dinge. Im Hintergrund der Aussage von Hebr 11,20 steht in erster Linie *Gen 27,38ff*. Inwiefern bietet der alttestamentliche Text Anknüpfungspunkte? Zunächst kann nicht übersehen werden: Der Erstgeburtssegen ist vergeben! "Isaak hat seinen Lieblingssohn nicht durch irgendeinen annähernd gleichwertigen Segen entschädigen können"[804]. Sprachlich fällt dabei auf: Der Bitte Esaus - εὐλόγησον δὴ κάμέ (Gen 27,38 LXX) - kann Isaak nicht entsprechen. Die Rede Isaaks an seinen älteren Sohn wird - anders als bei Jakob (Gen 27,27: ηὐλόγησεν αὐτόν) - nicht als Segen eingeführt. Sie erscheint als "Antwort" auf die Bitte Esaus: ἀποκριθεὶς δὲ Ισαακ (Gen 27,39). In der Sache erweist sich die Antwort als "negativer Segen", der die Herrschaft Jakobs über Esau ansagt. Dennoch ist die Ansage der Zukunft Esaus kein Fluch. Dies zeigt zum einen das Fehlen jeglicher "Fluch-Terminologie"[805]. Zum andern verbietet auch der sachliche Gehalt der Isaak-Rede die Annahme, es könnte sich in Gen 27,38ff um einen Fluch handeln. Es fehlt das für den Fluch konstitutive Element der angesagten Vernichtung. Vielmehr erfährt Esau von seinem Vater die Verheißung, daß er leben soll: ἐπὶ τῇ μαχαίρῃ σου ζήσῃ (Gen 27,40a). Verglichen mit der Zusage an Jakob steht Esau das härtere, weil mit dem Schwert erkämpfte, Leben bevor. Aber es ist eben auch nicht die Vernichtung. Was auf den ersten Blick negativ anmutet, gewinnt bei näherem Zusehen einen durchaus positiven Sinn: Es geht hier in "kühner Weise" um die "erweiterte Bedeutung des Segensbegriffes ..., der Segen als verheißene Lebenskraft: 'du wirst leben'"[806]. Daß der Esau-"Segen" nicht nur negativ verstanden werden darf, zeigt auch Gen 27,40b: Gott begrenzt die Herrschaft Jakobs über seinen Bruder. Es wird der Tag kommen, an dem sich Esau vom Joch des Bruders befreien kann. Die Zuweisung des Lebensraumes für Esau und das Ende der Herrschaft Jakobs über seinen Bruder: diese beiden Aspekte zeigen, daß die alttestamentliche Erzählung die "Segnung" Esaus - Brauchtum und Recht kühn erweiternd - durchaus positiv darstellt. Vor dem Hintergrund dieses Verständnisses von Gen 27,38ff kann sehr wohl angenommen werden, daß der Hebr der "Segnung" Esaus derart positive Momente abgewonnen hat. Und dennoch bleiben Ungereimtheiten: Wie kann der Verfasser im Blick auf Esau sagen πίστει ... περὶ

---

[804] G. VON RAD: Genesis 224.

[805] Zur Gegenüberstellung von "Segen" und "Fluch" s. Dtn 27ff.

[806] So sehr schön C.WESTERMANN: Genesis II 539.

μελλόντων εὐλόγησεν ᾿Ισαάκ? Es gibt m.W. keinen Beleg dafür, daß Esau - wie Jakob - an den Abrahamsverheißungen partizipiert. Für den Hebr ist Esau vielmehr ein πόρνος ἢ βέβηλος, der um einer einzigen Speise willen sein Erstgeburtsrecht dahingab und der, als er hinterher den Segen ererben wollte, verworfen wurde, denn er fand keinen Raum zur Umkehr, obwohl er sie unter Tränen suchte (Hebr 12,16f). Esau erweist sich in den Augen des Verfassers als ein Beispiel für den vollzogenen Abfall. Mit dieser Einschätzung folgt der Hebr der jüdischen Haggada, die in Esau einen dem Tode geweihten Frevler sieht, der vom Gott Abrahams abgefallen ist. Die einschlägigen Aussagen bietet erneut das Buch der Jubiläen. In *Jub 26,34* prophezeit Isaak in seinem "Segen":

> "Und durch dein Schwert wirst du leben, und deinem Bruder sollst du dienen. Und es wird sein, wenn du groß bist und sein Joch von deinem Nacken entfernst, dann wirst du ein Vergehen begehen, das ganz zum Tode ist. Und all dein Same wird ausgerottet werden unter dem Himmel."

Der "Segen" wird unter der Hand zur Androhung des Verderbens. Esau erscheint als ein εἰς ἀπώλειαν (vgl. Hebr 10,39) bestimmter Mensch. Weshalb -, das ergibt sich aus *Jub 35,13f*:

> "(13) Und Isaak sagte zu ihr [Rebekka]: '... Ich liebte Esau zuerst mehr als Jakob, seit seiner Geburt, und jetzt liebe ich Jakob mehr als Esau, denn er hat vervielfältigt das Bösestun seiner Werke. Und an ihm ist keine Gerechtigkeit, denn alle seine Wege sind Unrecht und Unterdrückung. Und Gerechtigkeit ist nicht um ihn. (14) Jetzt aber ist mein Herz erschüttert wegen seiner Werke, und er und sein Same sind nicht zur Rettung (bestimmt), denn sie werden vernichtet werden von der Erde und vertilgt werden unter dem Himmel. Denn den Gott Abrahams hat er verlassen. Und er geht hinter seinen Frauen her, hinter der Unreinheit und hinter ihrem Irrtum, er und seine Söhne."

Die Nähe zum Hebr ist offenkundig. Esau wird dem Verderben anheimfallen, weil er vom Gott Abrahams abfällt und die Hurerei und den gottlosen Frevel vorzieht. An ihm findet sich - im Gegensatz zu Jakob - keine Gerechtigkeit. Er ist - so weiß es die Tradition - ein Leugner der Eschata. Esau bestreitet - wie Kain[807] - den Grundsatz der gerechten Vergeltung, und er leugnet die Auferstehung der Toten. Dies bezeugt *TPsJ zu Gen 25,29.32.34*:

> "(29) An dem Tag, an dem Abraham starb, kochte Jakob ein Linsengericht, und er ging, um seinen Vater zu trösten. Und Esau kam erschöpft vom freien Feld, denn er hatte an diesem Tag fünf Übertretungen begangen: er hat Götzendienst getan, unschuldiges Blut vergossen, er ging zu einer verlobten Jungfrau ein, er leugnete das Leben in der

---

[807] Vgl. im einzelnen die Auslegung von Hebr 11,4 (S. 170ff). Die Parallelen zwischen den beiden Brüderpaaren ist im übrigen sehr aufschlußreich. Es fällt auf, daß jeweils der jüngere Bruder der Gerechte (Abel - Jakob), der ältere aber der Ungerechte ist (Kain - Esau). Wie der Brudermörder Kain wird auch der Frevler Esau von Gott nicht sofort der Vernichtung preisgegeben: Gott ermöglicht beiden - trotz ihrer eschatologischen Verdammung - neues irdisch-immanentes Leben.

kommenden Welt (כפר בחיי עלמא דאתי) und er verachtete das Erstgeburtsrecht ... (32) Esau sprach: 'Siehe, ich gehe hin, um zu sterben; und ich werde nicht wieder leben in einer anderen Welt (ולית אנא חיי תוב בעלם אוחרן); was soll ich da mit dem Erstgeburtsrecht und dem Anteil an der Welt, von der du sprichst ...' (34) Und Jakob gab dem Esau Brot und das Linsengericht, und er aß und trank, und er stand auf und ging davon und verachtete so das Erstgeburtsrecht und den Anteil an der kommenden Welt."

Der Hebr dürfte in 12,16f Traditionen voraussetzen, wie sie das Targum und andere jüdische Texte[808] belegen: Esau leugnet die Eschata und erweist sich so als Apostat, er ist – wie die Wüstengeneration – ὑπόδειγμα τῆς ἀπειθείας (4,11). Nach der Auffassung des Hebr gibt es für ihn keine Umkehr mehr und demnach auch keinen Zutritt zur göttlichen κατάπαυσις. Wie aber läßt sich vor diesem Hintergrund Hebr 11,20 verstehen? Hier führt die Wendung κληρονομῆσαι τὴν εὐλογίαν (12,17) weiter. Der Sprachgebrauch des Hebr gibt Aufschluß darüber, inwiefern der Verfasser sagen kann, daß Isaak auch den Esau περὶ μελλόντων gesegnet hat. Die Begriffe κληρονομεῖν, κληρονομία und κληρονόμος sind im Hebr durchweg mit dem Moment des Festen, Dauerhaften und Unwiderruflichen verbunden[809]. So auch in Hebr 12,16. Demnach kann der Sinn von Hebr 11,20 und 12,16 nur sein: Esau wurde zwar von Isaak gesegnet (11,20) – damit greift der Hebr auf Gen 27,38ff zurück –, aber Esau "ererbte" den Segen nicht (12,16f). Der Segen wurde wohl ausgesprochen, aber er ging nicht bleibend in den Besitz Esaus über, weil dieser nicht am Wort der Verheißung festhielt. Konkret sind es die eschatologischen Verheißungen, deren Erfüllung Esau leugnet, so daß er das Los der Wüstengeneration und des Brudermörders Kain teilt. Trifft diese Interpretation zu, so kann der Aussage von 11,20 auch im Hinblick auf Esau ein sinnvolles Verständnis abgewonnen werden: Nach dem Urteil des Hebr hat Isaak auch den Esau περὶ μελλόντων gesegnet. Dieser aber hat den Segen nicht bleibend ererbt. Sein Abfall drängt ihn aus dem Kreis derer, die am Tag der Heilsvollendung in die göttliche κατάπαυσις eingehen.

Inwiefern erweist sich Hebr 11,20 als Explikation der These in 11,1? Isaak gab im Wissen um seinen bevorstehenden Tod (vgl. Gen 27,1f) den Segen weiter in der Gewißheit: Gott wird die dem Abraham gegebene Verheißung erfüllen[810]. Dabei ist sicher vorauszusetzen, daß Isaak in den Augen des Verfassers von der Existenz der πράγματα οὐ βλεπόμενα objektiv überführt war und so unbeirrt an den ἐλπιζόμενα festhielt, indem er den Abraham-Segen weitergab an seine Söhne. Der Glaube an die eschatologischen πράγματα μέλλοντα erweist 11,20 als Explikation von 11,1. Es ist daher nicht richtig, wenn man die πίστις bestimmt: "Es ist ein Glaubensakt, wenn Isaak den jüngeren Sohn (Gen 27,27ff) vor dem älteren (Gen 27,39f) segnet und bevorzugt"[811]. Es geht dem Verfasser auch keineswegs um das (irdisch-immanente)

---

808 Vgl. neben TFrag zu Gen 25,34 (MSS P und V) BILL. III 748f.

809 Zur näheren Begründung vgl. Chr.ROSE: Verheißung und Erfüllung 180f.

810 Vgl. dazu auch B.WEISS 301; A.SEEBERG 125; J.MOFFATT 178; Th.H.ROBINSON 166; R.NEUDECKER: Heilsgeschichte I 180; Ph.E.HUGHES 487; D.A.HAGNER 179.

811 O.MICHEL 404; ähnlich O.KUSS 175; F.SCHRÖGER: Schriftausleger 220; A.STROBEL 219 und J.SWETNAM: Jesus and Isaac 93.

Schicksal der beiden Söhne[812]. Bei beiden Interpretationen bleibt letztlich offen, inwiefern 11,20 die These in 11,1 veranschaulicht. Dem Hebr liegt ausschließlich an den Eschata. Ihre Verheißung ist denn auch der Inhalt des Isaak-Segens[813], der beiden Söhnen zuteil wird. Aber nur Jakob wird am Tag der Heilsvollendung in den bleibenden Besitz der Heilsgüter gelangen. Esau hingegen bleibt aufgrund seines Abfalls vom Heil ausgeschlossen.

> Aufgrund des Glaubens segnete auch Isaak (angesichts seines bevorstehenden Todes zuerst) Jakob und (danach) Esau (indem er ihnen) im Hinblick auf die zukünftigen (eschatologischen) Dinge (den Segen seines Vaters Abraham weitergab).

2. 11,21: Jakobs Weitergabe des Segens im Glauben an die Verheißungserfüllung

Die Erörterung des *ersten* Arbeitsschrittes kann kurz ausfallen: Das Alte Testament spricht an keiner Stelle von der πίστις Jakobs[814]. Vom "Gläubig-Sein" Jakobs handelt jedoch *Jub 27,17*. In der Rede Isaaks an Rebekka heißt es:

> "Fürchte nicht seinetwegen, meine Schwester, denn rechtschaffen auf seinem Wege ist er, und vollkommen ist er, ein gläubiger Mann ist er, und er wird nicht umkommen! Weine nicht!"

Auch wenn nach unseren bisherigen Darlegungen feststeht, daß der Verfasser die Traditionen des Jubiläenbuches gekannt hat, dürfte es viel wahrscheinlicher sein, daß er auch in Bezug auf Jakob durch exegetischen Analogieschluß (Gezera schawa) um dessen Glauben wußte. Die Bezeichnung Jakobs als eines ἄνθρωπος δίκαιος (צדיק איש) konnte der Hebr sowohl der Schrift als auch einer breiten Tradition des antiken Judentums entnehmen. Der älteste Beleg für diese Anschauung begegnet im Paradigmenkatalog von Sap 10. *Sap 10,10* enthält folgendes Summarium der Jakobstradition:

> "Den Gerechten (δίκαιον), der vor dem Zorn des Bruders auf der Flucht war, führte sie auf geraden Wegen. Sie zeigte ihm das Reich Gottes (βασιλείαν θεοῦ) und gab ihm die Erkenntnis des Heiligen."

Jakob, dem Gerechten, werden die Eschata gezeigt. Auch das *Jubiläenbuch* nennt Jakob einen "vollkommenen und rechtschaffenen" Mann[815]. Darüber hinaus ergibt

---

[812]   Vgl. F.BLEEK II 2,790; G.LÜNEMANN 365; E.RIGGENBACH 367 u.a.m.

[813]   Eine interessante These hat R.P.MÉDEBIELLE in seinem weitgehend vergessenen Kommentar aus dem Jahre 1951 geäußert: "De la sorte Jacob reçut l'héritage des bénédictions messianiques, et Esaü seulement des bénédictions terrestres" (355). Diese Ansicht ließe sich auch anhand einer ganzen Reihe von Texten aus der jüdischen Haggada erhärten (vgl. neben BerR 67,5 [760] L.Ginzberg: Legends I 338f; V 286). Aber mit dieser Interpretation läßt sich Hebr 11,20 nicht als ganzer Vers unter die These in 11,1 subsumieren.

[814]   Bei Afrahaṭ I 14 lesen wir: "Jakob wurde wegen seines Glaubens bewahrt".

[815]   Vgl. neben 27,17 auch 19,13 und 35,12.

sich aus der Gegenüberstellung "Esau - Jakob", daß der jüngere Isaak-Sohn auf der Seite der Gerechtigkeit steht, während an Esau keine Gerechtigkeit ist[816]. Daß Jakob im antiken Judentum das Epitheton צדיק אישׁ zukam, zeigen auch einige Stellen im rabbinischen Schrifttum. Die vermutlich älteste findet sich in *MekhY 'amaleq 2* (HOROVITZ/RABIN 182). Zu Ex 17,14 - "und lege es in die Ohren Josuas" - heißt es dort:

> "R. Eleazar von Modaim sagt: 'Dies ist einer von den vier Gerechten (מארבעה צדיקים), denen ein Hinweis gegeben wurde. Zwei von ihnen beachteten (den Hinweis), und zwei von ihnen beachteten ihn nicht: Mose wurde ein Hinweis gegeben, und er beachtete ihn nicht. Jakob wurde ein Hinweis gegeben, und er beachtete ihn nicht. David und Mordechai jedoch beachteten den Hinweis, der ihnen gegeben wurde'."

Setzt man voraus, daß der Hebr diese und andere[817] Traditionen gekannt hat, so darf angenommen werden, daß er aus dem Wissen um Jakobs Gerechtigkeit in der bekannten Art und Weise geschlossen hat: Jakob zählt zu denjenigen, von denen der Prophet sagen kann: ὁ δὲ δίκαιός μου ἐκ πίστεως ζήσεται (Hab 2,4 LXX = Hebr 10,38). Der Verfasser verdankt somit das Wissen um Jakobs πίστις der Schrift und dem antiken Judentum.

Die in Hebr 11,21 aufgenommenen *Traditionen* lassen sich nur schwer benennen. Das liegt nicht zuletzt an der eigenwilligen Interpretation der Jakobsgeschichten durch den auctor ad Hebraeos. Soviel kann jedoch festgehalten werden: Die Bemerkung, Jakob habe ἀποθνήσκων einen jeden der Söhne Josephs gesegnet, nimmt auf *Gen 48,21 LXX* Bezug[818]: Ἰδοὺ ἐγὼ ἀποθνήσκω, καὶ ἔσται ὁ θεὸς μεθ' ὑμῶν καὶ ἀποστρέψει ὑμᾶς εἰς τὴν γῆν τῶν πατέρων ὑμῶν. Dabei dürfte der Verfasser nicht - wie häufig angenommen - nur an die ersten drei Worte der Genesisstelle angeknüpft haben[819]. Vielmehr steht der ganze Vers im Hintergrund seiner Ausführungen. Es hat in der Auslegungsgeschichte immer wieder Verwunderung hervorgerufen, daß der Hebr aus dem Leben des Patriarchen ausgerechnet die Segnung seiner Enkel Ephraim und Manasse aus Gen 48,17-20 aufgegriffen und das so wichtige Kapitel 49 übergangen hat. Die Frage nach dem Grund für dieses außerge-

---

[816] Vgl. neben Jub 35,13f auch die Auslegung von Hebr 11,20 (oben S. 256f). Zu vergleichen sind auch die Passagen in Jub, in denen Jakob gesegnet wird: Abraham erbittet von Gott für Jakob den "Samen der Gerechtigkeit" (22,11) und die Stärke, "Gerechtigkeit zu tun" (22,10). Rebekka segnet ihn mit den Worten: "Er (Gott) soll dir geben, mein Sohn, den Weg der Gerechtigkeit, und deinem Samen soll er Gerechtigkeit öffnen".

[817] Vgl. OrMan 8; Ket 111a [dazu unten Anm. 829]; BerR 63,8 (692); SEZ 1 (170) und R.MACH: Zaddik 242.

[818] Darauf machen zu Recht aufmerksam F.BLEEK II 2, 792; G.LÜNEMANN 365; B.WEISS 301; B.F.WESTCOTT 370 und E.RIGGENBACH 367.

[819] Gen 48,21a besitzt in Gen 47,29 LXX eine sachliche Parallele: ἤγγισαν δὲ αἱ ἡμέραι Ισραηλ τοῦ ἀποθανεῖν.

wöhnliche Vorgehen drängt sich auf. Zunächst springt die Parallelität der Argumentation von Hebr 11,20 und 11,21 sofort ins Auge: dort wie hier erfahren zwei Brüder Segnungen für die Zukunft[820]. Einen weiteren Grund für die Nichtberücksichtigung von Gen 49 bildet wohl das wörtliche Zitat aus Gen 47,31 LXX in V. 21b. Ein Blick in die Auslegungen der Stelle zeigt das große Rätselraten um den Sinn der Aufnahme des Genesis-Verses in Hebr 11,21[821]. Für den Verfasser ist er offensichtlich von so großer Wichtigkeit, daß er durch das Ephraim-Manasse-Beispiel eine Verbindung der beiden Genesis-Kapitel 47 und 48 hergestellt und daher das bedeutendere Kapitel 49 übergangen hat. Läßt sich hierfür eine plausible Begründung finden? J.H.A.EBRARD vermutet, der Hebr habe die Worte aus Gen 47,31 LXX zitiert, "um durch sie den im Pentateuch belesenen Leser an den *Context* derselben zu erinnern. Im Contexte jener Stelle *1 Mos. 47* wird nämlich erzählt, wie *Jakob* Befehl gab, seine Gebeine nach Canaan zu bringen; so leiten denn diese Worte ganz natürlich hinüber zu dem V. 22 erzählten analogen Befehl *Josephs*"[822]. Diese Erwägungen haben in der Tat einiges für sich, aber sie vermögen *so* die Aufnahme von Gen 47,31 LXX durch den Verfasser nicht hinreichend zu begründen. Die Auslegung hat den Rahmen von Hebr 11 zu beachten. Deutlich ist hierbei: Jakob beugt sich über die Spitze seines Stabes, um Gott anzubeten[823]. Welche Bedeutung aber hat der "Stab Jakobs"? Eine große Zahl von Exegeten denkt an eine Formulierung, die die Altersschwäche Jakobs zum Ausdruck bringe: "Er ist offenbar so schwach, daß er das ehrfürchtige sich Beugen nicht mehr, wie in gesunden Tagen, bis zur Erde (Gn 33,3), sondern nur noch über die Spitze seines Stabes vollziehen kann"[824]. Damit kann jedoch die Funktion des Zitats innerhalb von Hebr 11 nicht befriedigend erklärt werden. Eine sinnvolle Deutung ergibt sich allerdings dann, wenn man bedenkt, welchen Sinn der "Stab Jakobs" an der einzigen alttestamentlichen Stelle hat, an der davon die Rede ist: In *Gen 32,11* ist der Stab ein Kennzeichen der Wanderschaft Jakobs. Es geht beim Beten über dem Stab demnach nicht um die

---

[820] Die von nahezu allen Auslegern vertretene Ansicht, daß es bei beiden Beispielen um die Bevorzugung des jeweils jüngeren Bruders gehe, mag für die alttestamentlichen Vorlagen (Gen 27 und Gen 48) gelten. Für den Hebr trifft das allenfalls für Jakob und Esau zu: Von einer Bevorzugung Ephraims spricht der Verfasser jedenfalls nicht: vgl. auch J.Chr.K. VON HOFMANN 442 und H.BRAUN 374. Es geht um den Segen eines jeden der Joseph-Söhne.

[821] Stellvertretend für andere: G.W.BUCHANAN bemerkt zu der Aufnahme von Gen 47,31 LXX durch den Verfasser: "In his report of Joseph (sic!), the author of Hebrews copied directly the LXX version of Gen 47:31, which does not make much sense" (196).

[822] 367 (Hervorhebungen dort); vgl. auch J.Chr.K. VON HOFMANN 442.

[823] Die von den Kirchenvätern, M.LUTHER in seinem Neuen Testament von 1542 und von J.CALVIN z.St. vertretene Ansicht, daß es um eine Huldigung Josephs gehe, wird heute zu Recht nicht mehr vertreten: vgl. H.BRAUN 374. Abwegig ist auch die These, der Hebr denke zugleich an die Huldigung Josephs und die Anbetung Gottes: so P.ANDRIESSEN/A.LENGLET 201.

[824] H.BRAUN 374; vgl. J.A.BENGEL z.St. und F.BLEEK II 2, 793; G.LÜNEMANN 365; H. VON SODEN 86; E.RIGGENBACH 367; O.KUSS 175; F.SCHRÖGER: Schriftausleger 221f.

Schwäche Jakobs[825], denn "daß sich Jakob bei seinem Beten vor Schwäche auf seinen Stab gestützt habe, wäre nicht geeignet, als ein Thema des Glaubens angeführt zu werden ... Er beugt sich (vielmehr) auf den Stab nieder, an dem er durchs Leben gegangen ist (Gen 32,11), und betet zu Gott, der ihn durch dasselbe hindurchgeführt und an das Ende seiner Pilgerschaft gebracht hat, jenseits dessen er sich des Heils getröstet, auf welches er hofft"[826]. Hier liegt in der Tat der Schlüssel für das Verständnis des Verses.

Das wird vollends deutlich, wenn wir - *drittens* - nach dem Bezug von Hebr 11,21 zur These in 11,1 fragen. Hierfür sind folgende Aspekte zu bedenken: Zunächst darf der *Kontext* unseres Verses nicht übergangen werden. In *Hebr 11,9* wird Jakob ein συγκληρονόμος τῆς ἐπαγγελίας τῆς αὐτῆς genannt. Unsere Auslegung von 11,9f hat gezeigt, daß der Verfasser hierbei an die in der Transzendenz vorgestellten eschatologischen Verheißungsgüter denkt. In *11,13-16* betont der Hebr die noch ausstehende Verheißungserfüllung. Die Patriarchen - also auch Jakob - starben gemäß ihres Glaubens, ohne die Verheißungsgüter erlangt zu haben. Sie ersehnten deren Offenbarwerden. In *11,21* nun legt der Verfasser dar, daß Jakob aufgrund des Glaubens vor seinem Tod die Joseph-Söhne gesegnet und über der Spitze seines Stabes Gott angebetet hat. Berücksichtigt man die o.g. Verse, so kann der Sinn der Aussage nur folgender sein: Jakob der Miterbe der Abrahamsverheißung gibt den Segen seines Vaters (vgl. 11,20) an seine Enkel Ephraim und Manasse weiter in der Gewißheit der zukünftigen Erfüllung der göttlichen Verheißungen. Er dokumentiert durch sein Gebet über der Spitze des Stabes, daß er selbst zwar am Ende seiner irdischen Wanderschaft angelangt ist, er jedoch die Erfüllung der eschatologischen Verheißung noch nicht erfahren hat. Sein Gebet ist demnach Anbetung des Gottes, der über den Tod hinaus die noch nicht eingetretene eschatologische Verheißungserfüllung bewirken kann und wird. Hebr 11,21 expliziert insofern die These in *11,1b*, als Jakob von der Realität der πράγματα οὐ βλεπόμενα objektiv überzeugt ist. Der Hebr betont diesen Aspekt des Glaubens mit der Aufnahme von *Gen 47,31 LXX*: Jakob - noch nicht am Ziel - betet zu Gott in der Gewißheit der eschatologischen Verheißungserfüllung und im Wissen um das Offenbarwerden

---

[825] Der Hinweis auf die jüdische Haggada über den "Stab Jakobs" hilft hier auch nicht weiter: P.ANDRIESSEN/A.LENGLET 201; M.RISSI: Theologie 110 und H.-F.WEISS 600 gegen O.MICHEL 404; R.NEUDECKER: Heilsgeschichte I 181. Anders könnte es jedoch sein im Hinblick auf Jakobs Glaube an die kommende Welt und die Auferstehung der Toten (dazu unten Anm. 828).

[826] So sehr schön J.Chr.K. VON HOFMANN 443; eine vorzügliche Begründung für diese Sicht bietet auch C.SPICQ (1977): "Jacob adore Dieu en s'inclinant et prenant appui sur le bâton du pèlerin (Gn 32,11), signe qu'il professait la foi en la cité future" (191); zustimmend auch J.S.JAVET 134; O.MICHEL 404 und P.ANDRIESSEN/A.LENGLET 201; erwogen von J.HÉRING 108; H.W.MONTEFIORE 201 und R.NEUDECKER: "Jakob würde darum auch im Angesicht des Todes zu verstehen geben, dass er Fremdling und Pilger geblieben ist auf Erden und noch immer auf der Suche der eigentlichen Heimat ist" (Heilsgeschichte I 181f). Die Vorstellung von der *Suche* nach der eigentlichen Heimat findet sich m.E. im Hebr nicht. Vielmehr weiß Jakob - πίστει - um seine eigentliche Heimat. O.KUSS (175) lehnt das dargelegte Verständnis ab, - allerdings ohne Begründung.

der Eschata am Tag der Heilsvollendung. Der Vers expliziert insofern die These in *11,1a*, als Jakob an den ἐλπιζόμενα bis zu seinem Tod unbeirrbar festhält: Der Hebr denkt an diesen Aspekt des Glaubens, wenn er formuliert, daß Jakob, als er im Sterben lag, die Söhne Josephs segnete. Die Weitergabe des Segens angesichts des Todes in der Gewißheit der zukünftigen Erfüllung betont sein Festhalten am Wort der Verheißung. Abschließend ist nun nochmals auf die traditionsgeschichtliche Fragestellung zurückzukommen: Der Hebr denkt bei der Segnung von Ephraim und Manasse nicht an die Bevorzugung des jüngeren vor dem älteren Enkel, sondern - und nur das allein ermöglicht eine konsistente Einordnung der Ausführungen von 11,21 in das ganze Kapitel - an die Weitergabe der Abrahamsverheißungen. Genau dies ist auch der Sinn der bereits notierten Stelle *Gen 48,21 LXX*. Man muß freilich sofort hinzufügen: Wie in anderen Zusammenhängen (vgl. 11,8; 11,9f) transzendiert der Hebr die alttestamentlichen Verheißungen[828]. Wenn Gen 48,21 als traditionsgeschichtlicher Hintergrund für Hebr 11,21 anzunehmen ist - und dafür spricht nach unserer Auslegung vieles -, dann hat der Hebr die Worte καὶ ἔσται ὁ θεὸς μεθ' ὑμῶν καὶ ἀποστρέψει ὑμᾶς εἰς τὴν γῆν τῶν πατέρων ὑμῶν nicht auf das irdische Kanaan, sondern auf die kommende himmlische Welt bezogen[829].

> Aufgrund des Glaubens (an die eschatologischen Verheißungsgüter) segnete Jakob (- der Miterbe der Abrahamsverheißungen -), als er im Sterben lag, einen jeden der Söhne Josephs (, indem er ihnen - in der Gewißheit der am Tag der Heilsvollendung eintretenden Erfüllung der eschatologischen Verheißungen - den Segen seines Vaters weitergab) und neigte sich (vor Gott) über die Spitze seines Stabes.

3. 11,22: Im Glauben trifft Joseph Vorkehrungen für das Eschaton

Für das *kompositorische* Nacheinander von Jakob und Joseph lassen sich drei Gründe nennen. Zunächst fällt die Stichwortverknüpfung zwischen V. 21 und V.22 auf: In V. 21 schildert der Hebr die Segnung der Söhne Josefs (υἱῶν 'Ιωσήφ). In V. 22 wird Joseph selbst ('Ιωσήφ) als Glaubenszeuge genannt. Sodann ist die sachliche

---

[828] Auch E.RIGGENBACH 367 und J.S.JAVET 133f weisen auf den Glauben Jakobs hin, der sich auf die Erfüllung der Landverheißung richtet. Die Transzendierung der Verheißungserfüllung durch den Hebr wird jedoch nicht beachtet.

[829] Diese Interpretation könnte der Verfasser Traditionen verdanken, die vom Glauben Jakobs an die Eschata Zeugnis geben: Jakob glaubte - im Gegensatz zu seinem Bruder Esau - an die Existenz der kommenden Welt und an die Auferstehung der Toten: PesR 12,4 (47b/48a); TanB tol^edot § 4 (126); SEZ 19 (26/27); Yalq I zu Gen 25,30 § 111 (34a); vgl. L.GINZBERG: Legends I 313.319f; V 271.277. In Ket 111a heißt es zu Gen 47,30: "Unser Vater Jakob wußte, daß er ein vollendeter Gerechter war, und, da die Toten auch außerhalb des Landes [Israel] auferstehen, - weshalb also belästigte er nun seine Söhne? Vielleicht, weil er der Höhlen nicht für würdig befunden wurde!" Unsere Auslegung von Hebr 11,4 hat gezeigt, daß der Verfasser um derartige Vorstellungen gewußt haben dürfte. Auf gesichertem Boden stehen solche Überlegungen, wenn man bedenkt, daß bereits Sap 10,10 Jakobs Wissen um die Eschata hervorhebt.

Parallelität der beiden Verse hervorzuheben. Aufgrund des Glaubens geben Jakob und Joseph angesichts des bevorstehenden Todes den Befehl, ihre Gebeine nach dem Tod ins Land Kanaan zu überführen[830]. Schließlich verdient es Beachtung, daß der Hebr mit dem Stichwort der ἔξοδος das Thema nennt, das im folgenden (VV. 23 - 28) anhand der Gestalt des Mose expliziert wird. Die letzten Worte Josephs bilden den Abschluß der Genesis. Im Buch Exodus ist Mose die herausragende Persönlichkeit. So schafft der Hebr einerseits einen sehr kunstvollen Übergang von 11,21 zu 11,22 und andererseits die Verknüpfung des Abschnitts 11,20-22 mit den Versen 23-28.

Woher - so fragen wir - weiß der Hebr um die πίστις des Joseph[831]? Wie schon bei der Mehrzahl der genannten exempla fidei lautet die Antwort: aus Schrift und Tradition! Durch exegetischen Analogieschluß (*Gezera schawa*) konnte der Verfasser zu der Einsicht gelangen, daß Joseph πίστις hatte. Die im folgenden genannten Texte und Traditonen zeigen, daß Joseph schon in vorchristlicher Zeit das Epitheton ἄνθρωπος δίκαιος bzw. אִישׁ צַדִּיק beigelegt wurde. Im weisheitlichen Paradigmenkatalog der Sapientia Salomonis, der im übrigen - wie der Hebr - die Reihenfolge Jakob - Joseph aufweist[832], findet sich der älteste Beleg hierfür. In *Sap 10,13* heißt es von Joseph:

"Sie [die Weisheit] ließ den Gerechten (δίκαιον) nicht im Stich, als er verkauft wurde, sondern errettete ihn aus der Sünde."

Auch die Testamente der zwölf Patriarchen nennen Joseph in *TB 5,5*[833] ὁ δίκαιος:

"Wenn einer eine gerechte Seele verrät, betet der Gerechte (ὁ δίκαιος προσεύχεται). Und wenn er für kurze Zeit erniedrigt wird, so erscheint er nach nicht langer Zeit strahlender, wie Joseph, mein Bruder, gewesen ist."

Der Kontext zeigt, daß Joseph als Beispiel eines Gerechten angeführt wird, der die Zeit der Erniedrigung siegreich und strahlend übersteht. In einer großen Zahl von *rabbinischen* Texten[834] lassen sich vergleichbare Aussagen über Joseph nachweisen:

---

[830] Bei Jakob ist dieses Motiv freilich nur im Hintergrund mit zu bedenken. Expressis verbis nimmt der Hebr auf Gen 47,30 keinen Bezug. Vgl. dazu oben S. 260.

[831] Bei Afrahaṭ I 14 heißt es von Joseph (Übersetzung n. P.BRUNS 92): "Josef wurde wegen seines Glaubens versucht an den Haderwassern, doch wurde er von seiner Versuchung errettet".

[832] Zu dieser Abfolge vgl. außerdem 4Makk 18,11; Apg 7,12ff; 1Clem 4,8f; Afrahaṭ I 14.

[833] Zur Frage, ob Test XII TB 5,4f zur ursprünglichen Überlieferung gehörte oder aber von einem Redaktor hinzugefügt wurde, vgl. J.BECKER: Untersuchungen 248. Der Bezeichnung Josephs als ἄνθρωπος δίκαιος entspricht in JosAs 4,7 die Wendung ἀνὴρ θεοσεβής.

[834] Vgl. tBer 4,16 (LIEBERMAN 23); Yom 35b; Sot 36b; Meg 13b; Ket 111a; BerR 84,17 (1021); 93,7 (1161); 95,4 (1190); ARN A 16 (SCHECHTER 63; vgl. 160); PesR 3,4 (12a). Weitere Belege und Einzelheiten bei R.MACH: Zaddik 243; L.GINZBERG: Legends II 1f; V 324f. Die Bezeichnung Josephs in den Targumim als גְּבַר חֲסִידָא entspricht in der Sache dem Epitheton אִישׁ צַדִּיק ; dazu M.NIEHOFF: Joseph 236f.

er ist ein צַדִּיק אִישׁ . Der Hebr verdankt demnach – wie bei den anderen Glaubensbeispielen – einer breiten Überlieferung seine exegetische Einsicht: Joseph war ein Gerechter. Da es keinen Gerechten ohne πίστις gibt (Hab 2,4 = Hebr 10,38; 11,6), muß auch Joseph πίστις gehabt haben[835].

An erster Stelle der aufgenommenen *Traditionen* steht *Gen 50,24ff LXX*. Das Partizip τελευτῶν ist Gen 50,26 entlehnt: καὶ ἐτελεύτησεν (vgl. Gen 50,24: ἐγὼ ἀποθνήσκω); die Wendung περὶ τῆς ἐξόδου τῶν υἱῶν Ἰσραήλ entspricht sachlich der Aussage von Gen 50,24f[836]. Joseph – so der Verfasser – denkt an den Exodus der Söhne Israels aus Ägypten[837]. Die Anweisung Josephs über seine Gebeine – περὶ τῶν ὀστέων αὐτοῦ ἐνετείλατο – bezieht sich auf Gen 50,25: "Wenn Gott sich euer annehmen wird, συνανοίσετε τὰ ὀστᾶ μου ἐντεῦθεν μεθ' ὑμῶν"[838]. Die angeführten Belege zeigen, wie sehr der Hebr der Genesiserzählung verpflichtet ist. Die ihm eigentümliche Auslegung der Tradition kann freilich auch hier nicht übersehen werden. Das zeigt unser *dritter* Arbeitsschritt.

Inwiefern kann der Verfasser den ihm vorgegebenen Traditionen das leitende Thema von Kapitel 11 entnehmen? Wie bestimmt er die πίστις Josephs? Die letzten Worte Josephs zeigen sein Vertrauen und seine Zuversicht, daß Gott die dem Abraham und seinen Nachkommen gegebene Landverheißung erfüllen wird. Er denkt (μνημονεύω) – darin koinzidieren die vorgegebenen Traditionen und der Hebr – an den Exodus des Volkes Israel. Anknüpfungspunkt hierfür dürfte Gen 15,16 sein. Es geht um die Erfüllung der Zusage, daß Gott sein Volk zurückführen wird ins Land Kanaan[839]. Joseph weiß – um es mit den Worten von *Test XII TJos 20,1* auszu-

---

[835] Auch Philo spricht in Migr 18 vom πιστεύειν Josephs in Verbindung mit Gen 50,24: Es ist – so Philo – des Gedenkens an Joseph würdig, daß dieser darauf vertraute, daß 'Gott gedenken werde' (Gen 50,24) des zum Schauen berufenen Geschlechts [= Israel] (τὸ πιστεῦσαι ὅτι "ἐπισκέψεται ὁ θεὸς" τὸ ὁρατικὸν γένος). Die Fortsetzung des Textes – Joseph vermochte die sterblichen Teile der Seele zu trennen von den unvergänglichen und ließ die Begierden des Körpers in Ägypten zurück – zeigt, daß Philo – anders als der Hebr – in Joseph ein Beispiel des Tugendhaften erblickt, der die gottfeindliche Materie hinter sich läßt. Im Leib-Seele-Dualismus Philos gründet die Allegorisierung der Gebeine Josephs (Migr 17). Eine Verbindung mit dem Hebr verbietet sich.

[836] Die Formulierung περὶ τῆς ἐξόδου geht auf Gen 50,24 zurück: Joseph vertraut auf die Treue Gottes, der zu seinen Verheißungen stehen wird: ἀνάξει ὑμᾶς ἐκ τῆς γῆς ταύτης εἰς τὴν γῆν, ἣν ὤμοσεν ὁ θεὸς τοῖς πατράσιν ἡμῶν Αβρααμ καὶ Ισαακ καὶ Ιακωβ.

[837] An sprachlichen Parallelen zu ἡ ἔξοδος vgl. ψ 104,38; 113,1; Test XII TJos 20,6 (c); TS 8,4; Jos., Ant. V 72; zu υἱοὶ Ἰσραήλ vgl. Gen 50,25; Jos 24,32; Test XII TJos 20,6 (c); Philo: Migr 15.151; Mos II 248 und H.BRAUN 375.

[838] Vgl. Ex 13,19; Jos 24,32; Sir 49,15 LXX; Jub 46,5f; Jos., Ant. II 200; Test XII TS 8,4; TJos 20,1ff zeigt, daß Joseph an den Exodus dachte: καὶ ἐν τῇ ἐξόδῳ τῶν υἱῶν Ἰσραὴλ ἐξ Αἰγύπτου συνήγαγον τὰ ὀστᾶ Ἰωσήφ. Zu ἐντέλλομαι vgl. Test XII TJos 20,4 vl d: Ἰωσὴφ καὶ ἐντειλάμενος τοῖς υἱοῖς αὐτοῦ.

[839] Diese Auslegung findet breite Zustimmung unter den Exegeten: vgl. F.BLEEK II 2,795; W.M.L. DE WETTE 232; G.LÜNEMANN 366; J.Chr.K. VON HOF-

drücken, die Joseph an seine Söhne und Brüder richtet -, "daß nach meinem Ende (μετὰ τὴν τελευτήν μου) ... Gott ... euch zu den Verheißungen eurer Väter hinführen [wird] (ἐπάξει ὑμᾶς εἰς τὰς ἐπαγγελίας τῶν πατέρων ὑμῶν)". Der Hebr freilich - und das steht nach dem bisher Dargelegten fest - erblickt in der Rückführung in die γῆ τῆς ἐπαγγελίας nicht die Erfüllung der göttlichen Verheißungen. Vielmehr erkennt er in Kanaan - dem Land, in das die Verheißung wies - den Ort, an dem Joseph die Auferstehung der Toten erhofft. Nach dem Verständnis des Verfassers geht es Joseph mit der Anweisung über seine Gebeine nicht primär - wie in der Genesis - um die Überführung der sterblichen Überreste zur Grabstätte seiner Väter[840], sondern vielmehr um dessen Hoffnung auf die Endvollendung. Für die Auslegung von Hebr 11,22b folgt daraus: die Anweisung Josephs gründet in seiner πίστις an die Totenauferweckung[841]. Weil Joseph objektiv von der ausstehenden Heilsvollendung überführt ist, gibt er Anweisungen über seine Gebeine. In der Terminologie von Hebr 11,1 formuliert: Insofern Joseph des Zukünftigen gewiß ist, er an den Auszug der Israeliten und an die in der γῆ τῆς ἐπαγγελίας sich vollziehende Heilsvollendung denkt, erweist sich seine πίστις als πραγμάτων ἔλεγχος οὐ βλεπομένων (Hebr 11,1b). Weil er des Zukünftigen gewiß und von der Totenauferweckung objektiv überführt ist[842], deshalb gibt er Anweisung bezüglich seiner Gebeine. Diese Haltung erweist seine πίστις als ἐλπιζομένων ὑπόστασις (Hebr 11,1a). Damit reiht sich das Beispiel Josephs ein in die Liste derer, die ihren Glauben ausrichten auf die eschatologische Verheißungserfüllung. Es geht in 11,22 - so wenig wie im gesamten Kapitel 11 - keineswegs um "some kind of messianic interpretation"[843], sondern um die dem göttlichen Verheißungswort gegenüber angemes-

---

MANN 444; B.WEISS 302; E. RIGGENBACH 368; F.F.BRUCE 314; P.ANDRIESSEN/ A.LENGLET 202.

[840] Über die traditionellen Lokalisierungen des Joseph-Grabes informiert umfassend M.WILCOX: Bones of Joseph 114 - 130. Das von WILCOX zahlreich herangezogene Material ist allerdings m.E. für den Hebr ohne jede Bedeutung. Hebr 11,22 bietet keinen Anhalt dafür, daß der Verfasser an der Lokalisierung der letzten Ruhestätte Josephs ein Interesse gehabt hätte.

[841] Vorausgesetzt ist hierbei die Vorstellung des antiken Judentums, wonach bei der Totenauferstehung die Gebeine und die Seele des Menschen wieder vereint werden. Näheres unten zu 11,39f.

[842] Daß die letzten Worte Josephs (Gen 50,24f) vom Hebr als Zeichen seines Glaubens an die eschatologische Verheißungserfüllung verstanden werden, unterstreicht die treffliche Formulierung von J.S.JAVET: "Il [Joseph] sait, par cette foi, que son peuple sortira d'Egypte pour entrer en possession de Canaan. Et parce qu'il n'oublie pas que comme ses pères il et étranger et voyageur, il renonce à la splendeur des tombeaux égyptiens, afin que ce soit dans la Terre promise que ses os attendent la résurrection des corps" (134). Die ausstehende Verheißungserfüllung betonen zu Recht: O.MICHEL 405; O.KUSS 175; C.SPICQ (1977): "La promesse de l'héritage s'est réalisée pour celui qui pérégrina même après la mort" (192) und Ph.E. HUGHES 491f.

[843] M.WILCOX: Bones of Joseph 115. Im Hintergrund steht bei WILCOX eine nicht zutreffende Interpretation von Hebr 11,1: "The promises made to the forefathers are seen as being 'realised' in the Christ event" (ebd. 115). Zum messianischen Verständnis vgl. auch F.W.GROSHEIDE 272. Abzulehnen ist außerdem das Verständ-

sene Haltung. Daß Joseph an die Auferstehung der Toten glaubte, - davon weiß auch das rabbinische Judentum. Im synagogalen Homilienmidrasch *Pesiqta Rabbati*, dessen endgültige Redaktion allerdings Jahrhunderte nach dem Neuen Testament anzunehmen ist[844], wird in *12,5 (49b)*[845] Ex 13,19 mit dem Theologumenon der Auferstehungshoffnung verbunden:

> "Eine andere Auslegung [zu Ps 9,6]: 'Joseph bekannte (seinen Glauben) an die Auferstehung der Toten (בתחיית המתים הודה), (denn es heißt:) 'Gewiß wird sich Gott um euch kümmern (פָּקֹד יִפְקֹד אֱלֹהִים אֶתְכֶם); führt dann meine Gebeine mit euch hinauf' (Ex 13,19). Esau aber leugnete die Auferstehung der Toten, (denn es heißt:) 'Siehe, ich muß ja doch sterben usw.' (Gen 25,32). Der Heilige, gepriesen sei er, sprach: 'Laßt Joseph kommen, der (seinen Glauben) an die Auferstehung der Toten bekannte. Von Esau aber fordert er Vergeltung (ויפרע מן עשׂו), (- von ihm,) der die Auferstehung der Toten leugnete'".

Daß dieser Text für eine direkte traditionsgeschichtliche Verbindung kaum in Betracht kommt, wird man nicht bestreiten können. Dennoch spricht einiges dafür, daß wir eine alte Tradition vor uns haben, in der Ex 13,19 mit der Auferstehungshoffnung verknüpft wird. Entscheidend ist, daß PesR offensichtlich eine Interpretation voraussetzt, in der die beiden Elemente der Figura etymologica פָּקֹד יִפְקֹד je für sich ausgelegt werden. So versteht bereits der frühe halachische Midrasch der Mekhilta. Die genannte Figura etymologica aus Ex 13,19 wird in *MekhY beshallaḥ 1* (80) in der gleichen Weise ausgelegt[846]:

> "'Gewiß wird sich Gott um euch kümmern' (Ex 13,19). Er hat sich um euch gekümmert in Ägypten, und er wird sich um euch kümmern am Meer; hat er sich um euch gekümmert am Meer, wird er sich um euch kümmern in der Wüste. Hat er sich um euch gekümmert in der Wüste, wird er sich um euch kümmern an den Bächen Arnons. Hat er sich um euch gekümmert in dieser Welt, wird er sich um euch kümmern in der kommenden Welt (ויפקוד אתכם בעולם הבא)."

Die eschatologisch orientierte Auslegung ist evident. Man darf freilich nicht übersehen, daß die Mekhilta in diesem Zusammenhang Ex 13,19 nicht expressis verbis mit Joseph und Esau verbindet. Das dürfte erst in der späteren Tradition erfolgt sein. Gewiß, - eine direkte traditionsgeschichtliche Linie wird man zwischen dem Hebr und den genannten Texten nicht herstellen dürfen. Dennoch steht für den Hebr

---

nis von B.F.WESTCOTT, wonach "the Faith of Joseph was national at once and personal ... The personal charge was fulfilled: Ex. XIII.19; Josh. XXIV.32" (372); ähnlich F.DELITZSCH 565. Für den Hebr erschöpfen sich die letzten Worte Josephs aus Gen 50,24 nicht in Ex 13,19 und Jos 24,32. Damit bliebe m.E. unverständlich, weshalb der Hebr Joseph als Explikation von 11,1 aufgenommen hat. Abwegig ist G.SCHILLE: Katechese 126.

844   Vgl. hierzu im einzelnen H.L.STRACK/G.STEMBERGER: Einleitung 273ff.

845   Auf diesen Text verweist auch M.WILCOX: Bones of Joseph 130 Anm. 49.

846   Zur Sache vgl. W.G.BRAUDE: Pesikta Rabbati (YJS 18) I 229 Anm. 46 und J.Z.LAUTERBACH: Mekilta de-Rabbi Ishmael I 182 Anm. 19.

außer Frage, daß Joseph seine Anweisungen wegen seiner Gebeine nur deshalb gibt, weil er an die endzeitliche Totenauferweckung der Toten glaubt. Allein diese πίστις ist für den Verfasser der Grund, Joseph aus der Zwölfer-Zahl der Jakobsöhne herauszugreifen.

Aufgrund des Glaubens (an die eschatologische Totenauferweckung) dachte Joseph, als er im Sterben lag, an den Auszug der Israeliten (aus Ägypten) und gab Anweisungen wegen seiner Gebeine.

Blicken wir abschließend zurück auf die drei Verse Hebr *11,20-22*, so hat die Auslegung unsere Gliederung bestätigt[847]. Der Hebr hat die Glaubenszeugen Isaak, Jakob und Joseph verbunden durch das gemeinsame Thema: die πίστις der Väter in ihrer Sterbestunde. Sie halten sich angesichts des Todes unbeirrbar an die göttliche Verheißung, weil sie von der Existenz und dem Offenbarwerden der Eschata objektiv überzeugt sind.

IX. Hebr 11,23-28: Der Glaube Moses

Vorweg einige Bemerkungen zur *Komposition* des Abschnitts 11,23-28: Es wurde bereits festgestellt, daß der Hebr das Stichwort der ἔξοδος aus 11,22 in 11,23ff aufgreift und näher entfaltet. Hinzu kommt die Beobachtung, daß der Verfasser die drei voranstehenden Glieder – Glaube angesichts des Todes (11,20-22) – dem ersten Beispiel aus der vita Mosis kontrastiert: Dem Tod der Patriarchen wird die Geburt Moses (γεννηθείς) gegenübergestellt[848]. Es lassen sich weitere Gesichtspunkte anführen, die anzeigen, wie sorgfältig der Autor dieses 11. Kapitel komponiert hat und wie viel ihm an einer kongruenten und kohärenten Abfolge seines Paradigmenkataloges liegt: Den drei thematisch verbundenden Gliedern Abel – Henoch – Noah (11,4-7) folgen vier Glieder aus der vita Abrahami (11,8-12.17-19), die je für sich einen besonderen Aspekt aus dem Leben des Patriarchen hervorheben. Den thematisch zusammengefaßten drei Gliedern Isaak – Jakob – Joseph (11,20-22) schließt der Verfasser erneut vier Glieder an[849]. Der Abschnitt 11,23-28(!) behandelt die vita Mosis in fide[850]. Es trifft daher m.E. nicht zu, wenn eine Vielzahl von Exegeten die Zäsur erst nach 11,29[851] bzw. nach 11,31[852] vornimmt. Die feinsinnige

---

[847] Formgeschichtlich erinnern die Verse an die jüdische Testament-Literatur. Vgl. dazu H.MOXNES: Conflict 180 Anm. 200; zur Gattung im Grundsätzlichen vgl. J.BECKER: Untersuchungen 158ff; A.B.KOLENKOW: Genre Testament 57ff.

[848] Vgl. A.VANHOYE: Structure 189; R.NEUDECKER: Heilsgeschichte I 184.

[849] Zu dieser Abfolge s. auch O.MICHEL 406 und M.RISSI: Theologie 107.

[850] So auch F.F.BRUCE 315ff; R.A.CULPEPPER: Superior Faith 385f.

[851] J.MOFFATT 178ff; Th.H.ROBINSON 167ff; H.W.MONTEFIORE 202ff; D.A.HAGNER 182ff und H.BRAUN 376.

[852] Siehe B.WEISS 302ff; A.SEEBERG 125f; P.ANDRIESSEN/A.LENGLET 202ff; O.KUSS 176f; A.VANHOYE: Structure 189f; R.NEUDECKER: Heilsgeschichte I 184ff; G.W.BUCHANAN 197ff.

Komposition wird noch deutlicher werden, wenn man die vier Beispiele aus der vita Mosis mit den vier Stationen aus der vita Abrahami vergleicht.

1. Hebr 11,23: Am Anfang - der Glaube an Gottes Verheißung wider die vorfindliche Realität

Das grammatische Subjekt von V. 23 bildet Mose, das sachliche Subjekt hingegen sind die πατέρες des Mose. Wir untersuchen *zunächst* die Frage: Woher weiß der Hebr um die πίστις der Eltern[853] des Mose? Im Alten Testament sucht man vergeblich nach einem Hinweis auf den Glauben der beiden. Amram und Jochebed (Ex 6,20) kommt überhaupt im Alten Testament nur geringe Bedeutung zu. Sie erscheinen nur in genealogischen Zusammenhängen[854]. Lassen sich außerbiblische Traditionen nennen, mit deren Hilfe der Verfasser die πίστις der Mose-Eltern erschließen konnte? Die vorchristliche *Abschiedsrede Amrams* (4Q'Amram)[855] schildert in R 2,9 - 4,2 das Traumgesicht Amrams[856]. Der Vater Moses wird Zeuge einer großen Gerichtsverhandlung, die zwei Engel, Belial und Michael, über ihn abhalten. Belial ist von Gott ermächtigt über die ganze Finsternis. Michael, von Gott über das Licht ermächtigt, spricht zu Amram (R 3,15 - 4,7):

"[15] ... Und ich [bin (von Gott) ermächtigt über das ganze Licht ....[16]...] von den obersten bis zu den untersten. Ich habe Macht über das ganze Licht und alle [...]. Und ich habe Macht über die Menschen. 4[1] [... Über alle Söhne des Lichtes (על כול בני נהו רא) wurde ich (von Gott ermächtigt ... [... [5] ...] zu euch, ihr Söhne des Segens (בני ברכתא), [... [7] ...] die Söhne des rechten Handelns (... בני צ דקתא)."

Für unsere Zwecke bedeutsam ist ferner *4Q'Amram R 7,18*. Dort heißt es von den Auserwählten Gottes:

"[Nach Abraham, Isaak, Jakob, Levi, Qahat und mir (= Amram) wird Aaron] [18]ein siebter sein unter den Menschen seines Wohlgefallens [und] seiner Ehre [באנוש רעות]ה וי[קרה]."

Amram - das können wir den beiden Texten entnehmen - gehört zu den "Söhnen des rechten Handelns" (בני צדקתא) und er hat Gottes Wohlgefallen. Daß Amram bei Gott Wohlgefallen gefunden hatte, wird auch in *AntBibl 9,7* berichtet:

---

[853] Mit der Mehrzahl der Ausleger ist πατέρες auf die Eltern und nicht auf Vater und Großvater des Mose (so J.A.BENGEL z.St.) zu beziehen.

[854] Amram erscheint in Ex 6,18.20[2x]; 1Chr 5,28; 6,3; 23,12.13; 24,20 (Αμβραμ) und in Num 3,19; 26,58.59; Esr (2 Esdr) 10,34 (Αμραμ); Jochebed (LXX: Ιωχαβεδ) wird nur in Ex 6,20 und Num 26,59 namentlich genannt.

[855] "Die ... Abschiedsrede ... des Amram ... des Vaters von Mose und Aaron, ist eine priesterliche Apokalypse. Sie wurde spätestens in der 1. Hälfte des 2.Jh.s v. Chr. verfaßt" (K.BEYER: Die aramäischen Texte 210).

[856] Zum Text, zur Übersetzung und zur Zitierweise s. K.BEYER: Die aramäischen Texte 210-213. Vgl. auch J.T.MILIK: 4Q Visions de 'Amram 77-97.

"Es fand also vor dem Angesicht Gottes das Wort Gefallen (placuit verbum), das Amram erwog. Und Gott sprach: 'Darum weil vor meinem Angesicht das Denken Amrams Gefallen fand (placuit ante conspectum meum cogitatio Amre) ..., darum siehe jetzt: was von ihm gezeugt werden wird, soll mir dienen und durch ihn werde ich Wunder tun im Haus Jakob ...'."

Der Kontext - AntBibl 9,1ff - zeigt, daß es um Amrams furchtlose Haltung gegenüber dem Edikt des Pharao geht. Diese Haltung, die sich in den Worten vor den versammelten Ältesten kundtut, findet Gottes Wohlgefallen. Es muß im Blick auf unsere Fragestellung im einzelnen nicht mehr vorgeführt werden, was das für den Hebr bedeuten konnte: Wer Gerechtigkeit übt, das heißt, wer ein "Gerechter" ist, und wer Gottes Wohlgefallen gefunden hat, bei dem muß auch πίστις sein. Diesen Befund bestätigen *rabbinische Quellen*: In einigen werden die Mose-Eltern als Gerechte bezeichnet. So gehört Amram nach *PesK 1,1* zu den sieben Gerechten, die die Schechina - nachdem diese durch die sündigen Menschengeschlechter seit Adam bis in die siebte Himmelssphäre vertrieben wurde - auf die Erde zurückführen[857]. Auch Jochebed - die Mutter Moses - wird zu den Gerechten gezählt. Nach *ShemR 1,25* (6d) erhält sie Mose als Lohn für ihren Widerstand gegenüber dem Befehl des Pharao zurück[858]. Ob der Hebr derartige Traditionen kannte, die um das "Gerecht-Sein" der Mose-Eltern wußten, muß offen bleiben. Zumindest im Blick auf Amram kann es - aufgrund der "Abschiedsrede des Amram" und AntBibl 9,7 - vermutet werden.

Wir stehen vor dem *zweiten* Arbeitsschritt. Auf welche *Traditionen* nimmt der Verfasser Bezug? Hier ist in erster Linie Ex 2,1ff LXX zu nennen: Die Aussage, daß Mose nach seiner Geburt[859] drei Monate von seinen Eltern verborgen wurde, weil sie sahen, daß der Knabe schön war, entstammt Ex 2,2 LXX, wo es heißt: ἰδόντες δὲ αὐτὸ ἀστεῖον ἐσκέπασαν αὐτὸ μῆνας τρεῖς. Der Verfasser folgt der LXX gegen den Masoretischen Text, wo allein die Mutter der Schönheit des Kindes gewahr wird und es drei Monate lang verbirgt. Die LXX hingegen nennt das Subjekt im Plural (ἰδόντες; ἐσκέπασαν). Wie in der LXX und in der hellenistischen Tradition[860], so sind auch im

---

[857] "Amram trat auf und führte sie (die Schechina) durch sein Verdienst in die erste Sphäre. Und es stand Mose auf und führte sie zurück auf die Erde. Darum heißt es: 'Und es war an dem Tag als Mose vollendet hatte ... (Num 7,1)'" (MANDELBAUM 2f). Die gleiche Tradition findet sich in PesR 5,7 (18b) und BerR 19,7 (176). Auch in ShemR 1,13 (4c) wird Amram צדּיק genannt. Weitere Belege finden sich bei R.BLOCH: Gestalt des Mose 112ff.

[858] "Und die Tochter des Pharao sprach zu ihr: 'Nimm diesen Knaben mit dir ...; ich will dir deinen Lohn geben!' (Ex 2,8). Es sprach R. Ḥama b. Ḥanina [um 260 p.]: 'Nicht allein, daß sie den Gerechten das wiedergeben, was sie verloren haben; sie [die Gerechten] werden darüber hinaus noch belohnt."

[859] Zu γεννηθείς vgl. Philo, Mos I 9: Mose zeigte gleich nach der Geburt das edlere Aussehen als die Kinder gewöhnlicher Leute (γεννηθεὶς οὖν ὁ παῖς εὐθὺς ὄψιν ἐνέφαινεν ἀστειοτέραν ἢ κατ' ἰδιώτην).

[860] Vgl. Philo, Mos I 9: die Eltern (οἱ γονεῖς) des Mose ließen die Befehle (τὰ κηρύγματα) des Herrschers so lange, wie möglich unbeachtet. Auch Jos., Ant. II 218 denkt an die Eltern als Subjekt: τρεῖς μῆνας παρ' αὐτοῖς τρέφουσι λανθάνοντες.

Hebr die Eltern[861] des Mose das Subjekt des Verbergens[862]. Mit der Formulierung οὐκ ἐφοβήθησαν τὸ διάταγμα τοῦ βασιλέως rekurriert der Hebr auf Ex 1,15ff. Das διάταγμα des Königs[863] – die männlichen Kinder der Hebräer zu töten – findet sich in der Sache in Ex 1,16.22. Der Begriff selbst begegnet zwar im Buch Exodus nicht, wohl aber in Sap 11,7 unter Bezugnahme auf das Dekret des Pharao: Gott ließ die Ägypter in den Fluten des Meeres umkommen, um die "kindesmörderische Anordnung" (τὸ διάταγμα τὸ νηπιοκτόνον) zu bestrafen. Auch der Hinweis, daß sich die Eltern nicht fürchteten, dürfte der Verfasser – was bislang in der Auslegung nicht beachtet wurde – dem Exodusbuch entnommen haben. In Ex 1,17 LXX wird die Reaktion der hebräischen Hebammen auf die Anordnung des Pharao geschildert: ἐφοβήθησαν δὲ αἱ μαῖαι τὸν θεὸν καὶ οὐκ ἐποίησαν καθότι συνέταξεν αὐταῖς ὁ βασιλεὺς Αἰγύπτου. Die Hebammen widerstehen, weil sie ihre Gottesfurcht über das Dekret des Pharao stellen. Nun ist damit freilich noch kein Bezug zur Aussage des Hebr gegeben, wonach die Eltern des Mose den Befehl des Königs nicht fürchteten. Hier geht der Verfasser über den biblischen Text hinaus und greift auf außerbiblische Traditionen zurück, die Jochebed – die Mutter Moses – mit einer der hebräischen Hebammen identifizieren. Diese Tradition findet sich bereits in sehr alten Texten. Nach der Überlieferung in SifBam beha'olöteḳa 78 (HOROVITZ 74f) wird Jochebed mit der in Ex 1,15 namentlich genannten Siphra identifiziert, Miriam dagegen mit Puah[864]. Dieselbe Tradition begegnet auch in den Targumim. In TFrag zu Ex 1,15[865] heißt es:

> "Und der König der Ägypter sprach zu den hebräischen Hebammen, von denen die eine Siphra – das war Jochebed – und die andere Puah – das war Miriam – hieß."

Setzt man voraus, daß der Hebr um diese Identifizierung wußte, so kann man festhalten: Die Aussage des Hebr, daß sich die Eltern des Mose nicht fürchteten, verdankt der Verfasser seiner Exegese von Ex 1,17. Die Mutter Moses – eine der hebräischen Hebammen – widersteht aufgrund ihrer Gottesfurcht dem Pharao-Edikt. Damit ist nun schon angedeutet, was es im dritten Arbeitsschritt zu erörtern gilt.

Wie bestimmt der Hebr die πίστις der Mose-Eltern? Inwiefern expliziert Hebr 11,23 die These in 11,1? Für die Beantwortung dieser Fragen ist die Struktur des

---

861 Der ungewöhnliche Gebrauch von οἱ πατέρες – auch der Hebr verwendet den Begriff sonst immer im Singular für "Vater" (im Blick auf Gott: 1,5 und 12,9; vgl. auch 7,10; 12,7;) bzw. im Plural für "die Väter" (1,1; 3,9; 8,9 und 12,9) – findet sich nur hier im Neuen Testament. Zu den außerbiblischen Parallelen – z.B. Plato, Leg. VI 772e.773a – s. J.J.WETTSTEIN II 428 und F.DELITZSCH 566.

862 Das Verb ἐκρύβη entstammt Ex 2,3 LXX: ἐπεὶ δὲ οὐκ ἠδύναντο (Plural!) αὐτὸ ἔτι κρύπτειν.

863 Die Wendung τὸ διάταγμα (τοῦ βασιλέως) ist terminus technicus für einen behördlichen Erlaß: vgl. neben II Esr 7,11; Philo, Decal 4; Jos., Bell. II 216; Ant XI 215; XIV 198.215; XVI 165 u.ö. C.SPICQ II 357 und H.BRAUN 377.

864 Vgl. Sot 11b; ShemR 1,13 (4b) und L.GINZBERG: Legends V 393 Anm. 17.

865 Ed. M.L.KLEIN 161. Vgl. TPsJ (Ed. D.RIEDER) z.St. und TN v.l. zu Ex 1,15.

Verses genau zu beachten. V. 23a enthält die These: Aufgrund des Glaubens der Eltern wurde Mose drei Monate von ihnen verborgen gehalten. Dieser Aussage folgt in V. 23b eine doppelte Begründung: Sie taten dies, weil sie sahen, daß der Knabe schön war und weil sie den Erlaß des Königs nicht fürchteten. Der mit καί eingeleitete V. 23bβ führt den mit διότι eingeleiteten Begründungssatzes in V. 23bα fort[866]. Die *erste Begründung* für das im Glauben vollzogene Verbergen ist der Hinweis auf die Schönheit des Mose. Der Verfasser denkt hierbei nicht nur an die äußerliche Schönheit[867]. Vielmehr ist die Schönheit des Knaben ein Indiz für die göttliche Erwählung[868]. Sie ist Kennzeichen dafür, daß Mose als ein vor Gott Gerechter[869] verstanden wird. Der Hebr sieht - wie Apg 7,20 (ἀστεῖος τῷ θεῷ) - in ihm den Gottwohlgefälligen[870]. Die Eltern erkennen in seiner Schönheit, daß Gott mit ihrem Sohn Großes vorhat[871]. Die *zweite Begründung* des Verfassers steht mit der ersten in unmittelbarem Zusammenhang: die Eltern fürchten das διάταγμα des Königs nicht. Trifft das oben zum Begriff der πίστις Gesagte zu, so kann festgehalten werden: Der Hebr wußte um die Furchtlosigkeit Jochebeds, insofern sie eine der in Ex 1,15ff genannten hebräischen Hebammen war. Konnte er dies auch im Blick auf Amram sagen? Das Buch Exodus gibt hierzu keine Aufschlüsse. Nach der hellenistischen Tradition verbergen die Eltern aus Furcht ihren Sohn: *Philo* betont ihre Furcht, aufgrund derer sie ihren Sohn aussetzen, um nicht das ganze Volk ins Verderben zu

---

[866] Demgegenüber betonen F.BLEEK II 2, 798; G.LÜNEMANN 367; E.RIGGENBACH 369 Anm. 54 und F.W.GROSHEIDE 272, daß V. 23bβ vom Hauptsatz abhängig sei. Auch H.BRAUN lehnt die Parallelisierung der beiden Teilsätze mit dem Hinweis ab, διότι regiere wie in 11,5 nur einen Satz (377).

[867] Diese Bedeutung von ἀστεῖον steht im Vordergrund folgender Septuaginta-Stellen: Ex 2,2; Jdt 11,23 und ZusDan 7. In Ri 3,17 meint der Begriff "fett", "wohlgenährt", in 2Makk 6,23 "schlau", "klug". Bei Philo ist ἀστεῖος (109 Belege) in der Hauptsache Ausdruck für den Tugendhaften: im Blick auf Mose vgl. Mos I 9; I 18.48; Congr 131 und Conf 106: Er ist der von Geburt an tugendhafte Edle, - in seiner Gestalt schöner als die Kinder gewöhnlicher Leute (dazu oben Anm. 860). Daß der Hebr und Philo in der Sache nichts miteinander gemein haben, betont zu Recht R.WILLIAMSON: Philo 469f. Vgl. zum Begriff auch C.SPICQ: Notes I (1978) 152f.

[868] Hierzu siehe 1Sam 9,2 und vor allem 1Sam 16,9ff. In JosAs wird die Schönheit Josephs als Zeichen seiner "Gottessohnschaft" herausgestellt: vgl. neben JosAs 6,3f; 13,13f u.ö. grundsätzlich O.BETZ: Geistliche Schönheit 76ff. Zu Hebr 11,23 vgl. O.MICHEL 407; H.STRATHMANN 145; R.NEUDECKER: Heilsgeschichte I 186; C.SPICQ (1977) 192; T.SAITO: Mosevorstellungen 105; M.R.D'ANGELO: Moses 39; Ph.E.HUGHES 492 und M.RISSI: Theologie 110.

[869] R.MACH: Zaddik 32.100ff und O.BETZ: Geistliche Schönheit 71ff.

[870] Vgl. auch M.R.D'ANGELO: Moses 39f. Man kann erwägen, ob der Hebr und Lukas dabei sprachlich an Num 22,32 LXX anknüpfen: vgl. O.MICHEL 407 Anm. 3. Jedenfalls gibt dieses Verständnis von ἀστεῖος einen wichtigen Hinweis für die Beantwortung der Frage, woher der Hebr um die πίστις des Mose (VV. 24ff) weiß.

[871] Mit den Worten von F.F.BRUCE (317) ausgedrückt: "There was something about the appearance of the child which indicated that he was no ordinary child, but one destined under God to accomplish great things for his people".

ziehen. Sie lassen ihr Kind - so Philo - angesichts der ungewissen Zukunft (ἀγνοίᾳ τοῦ μέλλοντος) mit großem Jammer zurück[872]. Nach dem Zeugnis des *Josephus* verheißt Gott dem Amram im Traum die Geburt eines Knaben, der die Hebräer aus der ägyptischen Knechtschaft befreien werde. Den Inhalt des nächtlichen Traums erzählt Amram seiner im dritten Monat schwangeren Frau Jochebed. Nach der Geburt ziehen sie den Knaben drei Monate heimlich auf. Dann aber - getrieben von der Furcht Amrams vor dem Zorn des Königs - holen sie das Kind aus dem häuslichen Versteck, damit der Knabe nicht entdeckt werde, der König Amram samt seinem Sohn umbringen lasse und so die Verheißung Gottes zunichte gemacht werde (τοῦ θεοῦ τὴν ἐπαγγελίαν ἀφανίσειεν). Daher entschließt sich Amram, das Heil und die Fürsorge für den Knaben (τὴν τοῦ παιδὸς σωτηρίαν καὶ πρόνοιαν) besser Gott anzuvertrauen, als ihn noch länger versteckt zu halten. Denn so gefährde er nicht nur den heimlich aufgezogenen Knaben, sondern auch sich selbst. Gott aber habe es in der Hand, für die Sicherheit des Kindes zu sorgen und könne so den Erweis dafür bringen, daß nichts von dem, was er verheißen hatte, sich als falsch erweise[873]. Während bei Philo allein die Furcht das Handeln der Eltern bestimmt, berichtet Josephus auch vom Vertrauen Amrams auf Gottes Zusagen. Für die Darstellung des Josephus kann demnach festgestellt werden, was F.DELITZSCH im Blick auf Hebr 11,23 formuliert: "Das königliche Gebot ... lautete auf Tödtung aller männlichen Geburten der israelitischen Frauen, die Eltern Mose's aber überwanden im Glauben die Furcht vor diesem Gebot"[874]. Es ist nicht auszuschließen, daß der Hebr an die *Überwindung* der Furcht denkt, so daß die Furchtlosigkeit die *Folge* des Glaubens bezeichnete[875]. Nach dem Bericht des Josephus erfährt Amram im Traum von Gott die bevorstehende Geburt des Befreiers Israels. In der palästinischen Tradition erlangt Miriam, die Schwester Moses, in einer Vision Kenntnis von der bevorstehenden Geburt ihres Bruders. Sie berichtet davon ihren Eltern, und Amram nimmt seine Frau Jochebed wieder zu sich, um mit ihr - von der er sich wegen der Verordnung des Pharao getrennt hatte - ein Kind zu zeugen, das der Befreier des versklavten Volkes sein soll. Die älteste Fassung dieser haggadischen Tradition findet sich in *AntBibl 9,10*:

> "Und der Geist Gottes fiel auf Maria bei Nacht, und sie sah einen Traum, und sie erzählte (ihn) ihren Eltern am Morgen und sprach: 'Ich sah in dieser Nacht, und siehe, ein Mann stand da in leinenem Gewand und sprach zu mir: 'Geh und sag deinen Eltern: Siehe, was geboren wird von euch, soll ins Wasser geworfen werden, weil durch ihn das Wasser aus- getrocknet werden wird. Und ich werde durch ihn Zeichen tun und mein Volk retten, und er wird immer seine Führerschaft ausüben'.' Und als Maria ihren Traum erzählt hatte, glaubten ihre Eltern ihr nicht (non crediderunt ei parentes eius)."

---

872 Mos I 10ff.

873 Jos., Ant. II 210-220.

874 566; vgl. auch B.F.WESTCOTT 373; H.WINDISCH 103 und O.MICHEL 407f.

875 E.RIGGENBACH betont, daß "die Furchtlosigkeit nicht Grund, sondern Fol- ge des Glaubens war" (369 Anm. 54).

Die ungläubige Reaktion der Eltern bezieht sich bei Pseudo-Philo auf das von Maria (= Miriam) berichtete Schicksal des Knaben. Dem stehen jedoch gegenüber die Ausführungen über Amrams "Glaube" in *AntBibl 9,3-5*: Amram läßt sich vom Befehl des Königs nicht einschüchtern. Er nimmt seine Frau zu sich und zeugt mit ihr Kinder im Vertrauen darauf, daß Gott sich seinem erniedrigten Volk zuwenden und es befreien werde. Auf die furchtlose Rede Amrams vor den versammelten Ältesten des Volkes, die Gottes Wohlgefallen gefunden hat, antwortet Gott mit der Verheißung des Retters[876]. In der *rabbinischen Literatur* findet sich bereits im sehr frühen halachischen Midrasch der *MekhY shirata 10* (HOROVITZ/RABIN 151) die Tradition von der Vision Miriams in einer etwas anderen Form:

"'Und es nahm Miriam, die Prophetin ...' (Ex 15,20). Wo finden wir denn, daß Miriam eine Prophetin war? (Allein daraus,) daß sie zu ihrem Vater sprach: 'Du bist dazu ausersehen, einen Sohn zu zeugen, der Israel aus der Hand der Ägypter erretten wird.' Sofort (im Anschluß daran steht geschrieben): 'Und es ging ein Mann aus dem Hause Levi und nahm (eine Tochter Levis zur Frau). Die Frau ward schwanger und gebar einen Sohn u.s.w. Und sie konnte ihn nicht länger verbergen ... usw.' (Ex 2,1ff). Da fuhr sie ihr Vater an und machte ihr Vorwürfe: 'Meine Tochter, was ist mit deinen Prophezeiungen?' Sie aber hielt weiter an ihrer Prophezeiung fest, wie (die Schrift) sagt: 'Und seine Schwester stellte sich von ferne, um zu sehen, was mit ihm geschehen würde' (Ex 2,4)."

Der Text läßt deutlich erkennen, daß sich Amrams kleingläubige Haltung nicht auf die Ankündigung der Geburt des Mose bezieht. Vielmehr nimmt sich Amram, der nicht namentlich genannt wird, aufgrund der Prophezeiung eine Frau aus dem Hause Levi und zeugt einen Sohn. Erst als sie den Knaben aussetzen müssen, reagiert Amram ungehalten. Er sieht darin die Annullierung der göttlichen Verheißung. So kann festgehalten werden: "Die Weissagung der Mirjam war demnach der Anlaß, daß Amram seine Gattin zurücknahm, von der er sich wegen der Verordnung Pharaos getrennt hatte"[877].

Wie sind die dargelegten Texte im Blick auf Hebr 11,23 zu interpretieren? Daß sich die Eltern des Mose "*aufgrund des Glaubens* nicht vor dem Befehl des Königs fürchteten", wird dann deutlich, wenn man voraussetzt, daß der Hebr die vielgestaltige jüdische Haggada von der Ankündigung der Geburt des Mose kannte und sie verarbeitet hat[878]. Bezogen auf Jochebed geschieht dies dadurch, daß der Verfasser Ex 1,17 auf die Mose-Mutter hin auslegt. Bezogen auf Amram stellt sich es sich wie folgt dar: Amram ignoriert im Wissen um die göttliche Verheißung das Edikt des Pharao und nimmt sich eine Frau aus dem Hause Levi, um den zukünftigen Retter des versklavten Volkes zu zeugen. Trifft diese Auslegung zu, so ist die πίστις der Mose-Eltern dahingehend zu bestimmen: Sie wissen aufgrund der Ankündigung der

---

[876] AntBibl 9,7ff.

[877] R.BLOCH: Gestalt des Mose 112. Vgl. außerdem die ebd. 111 Anm. 26f genannten Parallelen: Meg 14a; Sot 12b-13a; ShemR 1,22 (6a); BamR 13,20 (55d) u.a.m.

[878] So urteilt auch M.R.D'ANGELO: Moses 40f.

Geburt ihres Sohnes um dessen Bedeutung für das versklavte Volk. Sie halten sich an die göttliche Verheißung, daß ihr Sohn von Gott zum Retter seines Volkes ausersehen wurde. Deshalb widersetzen sie sich dem διάταγμα τοῦ βασιλέως und verbergen den Jungen im Glauben auf die Treue des verheißenden Gottes. Sie nehmen es - wider die vorfindliche Realität - ernst, daß das ihnen geschenkte Kind der Befreier Israels ist. In diesem Wissen - und damit expliziert der Hebr seine These in 11,1b - erweist sich die πίστις als πραγμάτων ἔλεγχος οὐ βλεπομένων. Es geht um den Glauben an die Realität der Befreiung des geknechteten Volkes. Indem die Eltern das διάταγμα τοῦ βασιλέως ignorieren und sich an das heilsame Wort der Verheißung (Josephus!) halten, erweist sich ihre πίστις als ἐλπιζομένων ὑπόστασις.

Es bleibt nun noch der Hinweis darauf, daß sich mit der oben vorgenommenen Erklärung deutliche Parallelen zum *Abraham-Beispiel* in 11,8 ergeben: Wir hatten die πίστις Abrahams bestimmt als Glauben an Gottes Verheißung wider die vorfindliche Realität[880]. Analoges läßt sich auch im Blick auf das erste Beispiel der vita Mosis in fide formulieren: Indem die Eltern ihre Menschenfurcht im Glauben überwinden (vgl. auch V. 27), begegnen sie im Vertrauen auf die Treue des verheißenden Gottes dem Edikt des Pharao[881]. Somit steht fest: Bei Abraham (11,8) und Mose (11,23) steht am Anfang der Glaube an die Verheißung Gottes gegen die vorfindliche Realität!

> "Aufgrund des Glaubens (an die in der Ankündigung der Mose-Geburt ergangene Verheißung, daß Mose der von Gott gesandte Befreier seines Volkes sein werde,) wurde Mose nach seiner Geburt drei Monate lang von seinen Eltern verborgen gehalten, weil sie sahen (und darin ein Zeichen seiner Erwählung erkannten), daß der Knabe schön war und (weil) sie sich vor dem Befehl des Königs nicht fürchteten."

2. Hebr 11,24-26: Der durch die Fremdlingschaft in Ägypten bestimmte Glaube Moses in Erwartung der eschatologischen Heilsgüter

Am Beginn der vita Mosis in fide steht für den Hebr der Glaube der Mose-Eltern. Erst in 11,24-26 kommt Moses eigene πίστις zur Sprache. Vorab ist kurz auf die *Struktur* der drei Verse einzugehen. Die VV. 24f bilden den Hauptsatz: V. 24 enthält den eigentlichen Hauptsatz, der in V. 25 durch einen dem Hauptsatz koordinierten Partizipialsatz weitergeführt wird. V. 26 hingegen ist als begründender Partizipialsatz zu den VV. 24f aufzufassen. Obwohl die Verse 25 und 26 formal parallel strukturiert sind, ist V. 26 gegenüber V. 25 syntaktisch subordiniert[882]. Hinzu-

---

[880] Vgl. dazu oben S. 203ff.

[881] Die Furchtlosigkeit der Eltern ist somit primär nicht Folge des Glaubens (gg. E.RIGGENBACH 369 Anm. 54), auch nicht der Grund des Glaubens, sondern vielmehr *Ausdruck* des Glaubens.

[882] Zutreffend bemerkt E.RIGGENBACH 370: "Den Beweggrund für Mosis Verhalten gibt der Participialsatz v. 26 an, der trotz der formalen Übereinstimmung mit v. 25 die Begründung der Aussage nachbringt."

weisen ist auf die chiastische Anordnung von V. 25f[883]: Die Wendung συγκακουχεῖσ-θαι τῷ λαῷ τοῦ θεοῦ (V. 25a) entspricht der Formulierung ὁ ὀνειδισμὸς τοῦ Χριστοῦ (V. 26b). Es geht um das Thema des Leidens. Den vergänglichen Genuß der Sünde betont πρόσκαιρον ἔχειν ἁμαρτίας ἀπόλαυσιν (V. 25b); mit anderen Worten stellt V. 26a sachlich das Gleiche heraus: die Schmach Christi hält Mose für einen "unvergleich-lich größeren Reichtum als die Schätze Ägyptens" (μείζονα πλοῦτον ἡγησάμενος τῶν Αἰγύπτου θησαυρῶν).

Im Rahmen unserer Vorgabe fragen wir *erstens*, woher der Verfasser um die πίστις des Mose weiß[884]. Eine Antwort kann in doppelter Hinsicht gegeben werden: Die Mose-Erzählungen des Pentateuch wissen nichts von seiner πίστις. Als mögli-cher traditionsgeschichtlicher Hintergrund können jedoch die Ausführungen im "Lobpreis der Väter" (Sir 44 - 50) in *Sir 45,1ff* in Betracht gezogen werden: Mose ist der von Gott und den Menschen Geliebte (45,1). Durch seine Worte tat Gott Wunder-zeichen. Gott zeigte ihm seine Doxa (45,3), und ἐν πίστει καὶ πραΰτητι heiligte er ihn, und er erwählte ihn aus allem Fleisch (45,4). Mit der Formulierung ἐν πίστει greift Jesus Sirach auf Num 12,7 LXX zurück, wo Gott von Mose aussagt: "er ist treu über mein ganzes Haus" (ἐν ὅλῳ τῷ οἴκῳ μου πιστός ἐστιν). Wenn Sir 45,4 - wie Num 12,7 LXX - primär auf die Treue Moses abhebt, so ist damit eine Feststellung getroffen, die in Hab 2,4 LXX mit der Verheißung des Lebens verbunden wird: ὁ δὲ δίκαιός μου ἐκ πίστεως ζήσεται. Setzt man beide Traditionszusammenhänge zueinander in Bezie-hung, so läßt sich folgern: Mose ist der Gott gegenüber treue Erwählte, der - um mit Hab 2,4 LXX (= Hebr 10,38) zu reden - "aufgrund seines 'Glaubens' leben wird". In seiner Treue ist die göttliche Erwählung begründet, so daß man die Wendung ἐν πίστει ... ἐξελέξατο αὐτόν (Sir 45,4) wiedergeben kann: "Aufgrund seiner Treue ... er-wählte er [Gott] ihn". Moses Treue, seine Verläßlichkeit und Standhaftigkeit sind der Grund für die Erwählung. Wie bedeutsam die Treue Moses für den Hebr ist, wird auch noch in anderem Zusammenhang deutlich: In *3,1-6* stellt der Verfasser Jesus den "Gesandten und Hohenpriester unseres Bekenntnisses" (3,1), Mose gegenüber. Beide sind die von Gott eingesetzten Offenbarungsmittler[885]. Jesus ist der treue Hohepriester (2,17; 3,2). Mose ist πιστὸς ἐν ὅλῳ τῷ οἴκῳ αὐτοῦ ὡς θεράπων (3,5 = Num 12,7 LXX). Gewiß darf nicht übersehen werden, daß in Hebr 3,1ff - wie auch in Num 12,7 LXX und Sir 45,4 LXX - im Blick auf Mose eine andere Nuance der Begriffe πιστός und πίστις (= אֱמוּנָה) angesprochen ist, als an den Stellen, an denen der alttestamentliche Glaubensbegriff in theologisch gefülltem Sinne verwendet wird[886]. Es geht an den genannten Stellen primär um die "Zuverläs-sigkeit", die "Glaubwürdigkeit" Moses als des von Gott erwählten Zeugen, dessen

---

[883] A.VANHOYE spricht von einer "symétrie concentrique" (Structure 190); vgl. R.NEUDECKER: Heilsgeschichte I 185f und H.BRAUN 379.

[884] Bei Afrahaṭ I 14 heißt es: "Auch Mose hat im Glauben viele staunenswerte Machttaten vollbracht" (Übersetzung P.BRUNS 92). Zur engen Berührung mit dem Hebr s. unten bei 11,27.

[885] Vgl. O.HOFIUS: Katapausis 150 Anm. 936; E.GRÄSSER: Glaube 19f und Ders.: Mose und Jesus 14.

[886] Vgl. dazu oben zu 11,1 (S. 135ff).

Zeugnis, weil ein von Gott bestätigtes, absolut zuverlässig ist. Man mag demnach zögern, den Schluß zu ziehen, der Hebr habe aus Num 12,7 LXX und Sir 45,4 LXX um die πίστις des Mose gewußt. In der Sache jedoch berühren sich die Aussagen über das πιστός-Sein Moses (Num 12,7 LXX; Sir 45,4 LXX; Hebr 3,2.6) sehr eng mit 11,24ff[887].

Eine zweite Möglichkeit ergibt sich, wenn man davon ausgeht, daß der Hebr Traditionen kannte, die Mose als ἄνθρωπος δίκαιος bzw. als צַדִּיק אִישׁ bezeichnen[888]. Das Vorgehen des Verfassers ist bekannt und muß nicht mehr im einzelnen erläutert werden. Wenn der Hebr um derartige Traditionen wußte, so konnte er zu dem Ergebnis gelangen: Weil Mose ein Gerechter war, deshalb muß er auch πίστις gehabt haben (Hebr 10,38 = Hab 2,4 LXX).

Damit wenden wir uns dem *zweiten* Arbeitsschritt zu: Welchen *Traditionen* ist der Hebr verpflichtet? Der engste Bezug besteht zu *Ex 2,10ff LXX*. Doch nicht alle Aussagen finden einen Anhaltspunkt in der alttestamentlichen Perikope. Der Verfasser verarbeitet auch die jüdische Moselegende und andere alttestamentliche Traditionen. Die Formulierung Μωϋσῆς μέγας γενόμενος (11,24a) findet sich - in anderer Anordnung - wörtlich in Ex 2,11 LXX[889]. Dagegen weiß der biblische Text nichts davon, daß Mose die Adoption[890] durch die Pharaotochter ablehnte. Die Wendung ἠρνήσατο λέγεσθαι[891] υἱὸς θυγατρὸς Φαραώ entstammt nur zum geringsten Teil dem Buch Exodus. Sprachlich knüpft der Hebr in gewisser Hinsicht an die Formulierung aus Ex 2,10 LXX an: Moses Mutter brachte ihren Sohn, als er zur Reife gekommen war, zur Tochter des Pharao, "und er wurde ihr zum Sohn" (καὶ ἐγενήθη αὐτῇ εἰς υἱόν)[892]. Daß sich Mose jedoch dieser Adoption bewußt verweigerte, entnimmt der Hebr der jüdischen Moselegende. Während der biblische Bericht (Ex 2,11ff) in der Tötung des Ägypters eher eine schicksalhafte Verstrickung Moses in das Geschick seines Volkes sieht, erkennt schon CHRYSOSTOMUS im Verbum ἀρνέομαι einen Hinweis auf das *willentliche* Verlassen des ägyptischen Königshofes. Mose will seinen unterdrückten Volksgenossen beistehen[893]. Den sachlichen Hinter-

---

[887] Vgl. auch E.GRÄSSER: Mose und Jesus 14f.

[888] Vgl. dazu tSot 6,7 (LIEBERMAN 187); MekhY ʿamaleq § 3 (192) zu Ex 18,3; Meg 11a; Sot 12a; MTeh 105,2 (BUBER 449); ShemR 1,27 (6d); TanB פן §1 (14b); weitere Stellen bei L.GINZBERG: Legends VI 360 Anm. 39; R.MACH: Zaddik 243 und A.SCHLATTER: Matthäus 688. Vgl. auch L.GINZBERG: Legends III 427; IV 34.

[889] Analoge Formulierungen finden sich bei Philo, Mos I 25 (τοὺς ὅρους τῆς παιδικῆς ἡλικίας ὑπερβαίνων); Jos., Ant. II 238 (παρελθὼν εἰς ἡλικίαν) und in Jub 47,9: Die Tochter des Pharao führte Mose, nachdem er groß geworden war, ins Haus des Pharao.

[890] Zur Adoption Moses vgl. E.LOHSE: υἱός 360 Anm. 156; M.R.D'ANGELO: Moses 42f und die in Anm. 892 genannten Stellen.

[891] Zu ἀρνέομαι mit Infinitv vgl. Sap 12,27; 16,16 und 17,10.

[892] Vgl. hierzu Sib III 253f; Philo, Mos I 19.32; Jos., Ant. II 231; AntBibl 9,16; Jub 47,9; Apg 7,21 und BILL. III 746.

[893] PG 63 z.St.

grund hierfür bilden Texte, wie sie etwa bereits in vorchristlicher Zeit der *Tragiker Ezechiel 32 - 41* enthält[894]. Dort spricht Mose:

>"(32) Als ich aber aus dem Säuglingsalter heraus war (ἐπεὶ δὲ καιρὸς νηπίων παρῆλθέ μοι), (33) brachte mich meine Mutter zum Palast der Königstochter, (34) nachdem sie (mir) alles erzählt und mir (35) meine Abkunft und Gottes Verheißungen (θεοῦ δωρήματα) genannt hatte ... (39) Als aber die Zeit erfüllt war, (40) da verließ ich den königlichen Palast; zu Taten nämlich (41) trieb mich mein Sinn und die Verschlagenheit des Königs [ἐξῆλθον οἴκων βασιλικῶν (πρὸς ἔργα γὰρ θυμός μ' ἄνωγε καὶ τέχνασμα βασιλέως)]."

Das Unrecht, das der Pharao dem Gottesvolk antat, ist auch nach *ShemR 1,26 ff* der Beweggrund für Moses willentliches Verlassen des Königshofes. Der Midrasch paraphrasiert Ex 2,10a: Moses Mutter brachte den Knaben an den königlichen Hof. Die Tochter Pharaos küßte, umarmte und liebte ihn, als ob er ihr eigener Sohn wäre. Und sie ließ ihn nicht mehr aus dem Palast des Königs gehen[895]. Mose aber ergreift bewußt die Partei für das unterdrückte Volk (*ShemR 1,27* [7a]):

>"'Und [Mose] sah ihre Fronarbeiten' (Ex 2,11). Was meint hier 'und er sah?'. [Es meint:] Er sah auf ihre Fronarbeiten, weinte und sprach: 'Weh mir um euretwillen; möge es doch sein, daß ich für euch sterbe!' -, denn es gibt keine anstrengendere Arbeit, als die mit Lehm. Und er lud den Lehm auf seine Schultern und stand jedem von ihnen bei".

Der bewußten Abkehr vom Königshof korrespondiert die Bereitschaft Moses, "lieber mit dem Volk Gottes Unterdrückung zu erleiden als einen zeitweiligen Genuß der Sünde zu haben" (11,25). Das willentliche Hinausgehen Moses und sein Mitleiden mit dem Volk gründen nach der Tradition in dem vom Pharao herbeigeführten Unrecht[896]. In der Wendung συγκακουχεῖσθαι τῷ λαῷ τοῦ θεοῦ wird man eine Anspielung auf Ex 1,11 zu erblicken haben[897]. Dort heißt es, daß die Ägypter Fronvögte über das Volk Gottes setzten, ἵνα κακώσωσιν αὐτοὺς ἐν τοῖς ἔργοις.

Während die weiteren Aussagen in Hebr 11,25b.26aα.b im Alten Testament keinen Anhalt besitzen und der Feder des Verfassers entstammen dürften, ist der altte-

---

[894] Zur zeitlichen Einordnung von TragEz vgl. E.VOGT: Tragiker Ezechiel (JSHRZ IV.3), Gütersloh 1983, 117. Der Text entstammt R.KANNICHT/B.SNELL: Tragicorum Graecorum Fragmenta 1, Göttingen ²1986, 290; zur Übersetzung s. E.VOGT ebd. 122f.

[895] ShemR 1,26 (6d); vgl. M.R.D'ANGELO: Moses 43f.

[896] Auch nach dem Zeugnis Philos (Mos I 33.40.149) verläßt Mose die Pharaotochter um des Unrechtes willen, das der Pharao am Gottesvolk verübt. Er geht, um den Hebräern beizustehen.

[897] Vgl. M.R.D'ANGELO: Moses 45. Das Simplex κακουχεῖσθαι erscheint im Hebr in 11,37 und 13,3: sprechen diese Belege nicht gegen eine mögliche Zuweisung von V. 25 zur "Vorlage"? Im Blick auf Hebr 11,24-26 sieht man gern in V. 26 die Handschrift des Verfassers, wohingegen 11,24f auf die "Vorlage" zurückzuführen sei: vgl. u.a. G.THEISSEN: Untersuchungen 98ff; T.SAITO: Mosevorstellungen 103ff (zu seiner Auslegung vgl. unten Anm. 920); O.MICHEL 409f; M.RISSI: Theologie 111.

stamentliche Hintergrund der auffälligen Wendung ὁ ὀνειδισμὸς τοῦ Χριστοῦ längst erkannt[898]. Es genügt für unsere Zwecke, die wichtigsten Passagen von ψ 68 und ψ 88 aufzuführen. In dem für die neutestamentliche Christologie so zentralen ψ 68[899] erscheint fünfmal das Nomen ὀνειδισμός (VV. 8.10.11.20 und 21) und einmal das Verb ὀνειδίζομαι (V. 10). Die Wendung ὁ ὀνειδισμὸς τοῦ Χριστοῦ findet sich jedoch hier genausowenig wie in ψ 88,51f. Allerdings sind im letztgenannten Psalm die sprachlichen Anklänge an die genannte Wendung nicht zu übersehen. Der Beter fleht zu Gott:

51 μνήσθητι, κύριε, τοῦ ὀνειδισμοῦ τῶν δούλων σου,
      οὗ ὑπέσχον ἐν τῷ κόλπῳ μου, πολλῶν ἐθνῶν,
52   οὗ ὠνείδισαν οἱ ἐχθροί σου, κύριε,
      οὗ ὠνείδισαν τὸ ἀντάλλαγμα τοῦ χριστοῦ σου.

Die LXX-Version weicht an einer wichtigen Stelle vom Masoretischen Text ab: während letzterer in V. 52b liest "womit sie [die Feinde] schmähen die Fußspuren deines Gesalbten (עִקְּבוֹת מְשִׁיחֶךָ)", heißt es in der griechischen Fassung: "womit sie schmähen 'das Tauschmittel' deines Gesalbten (τὸ ἀντάλλαγμα τοῦ χριστοῦ σου). Der Sinn der LXX-Version ist kaum auszumachen, was für unsere Zwecke auch dahingestellt bleiben kann. Soviel läßt sich jedoch sagen: Die Formulierung des Hebr über den ὀνειδισμὸς τοῦ Χριστοῦ hat in ψ 88,51f deutliche Bezugspunkte. Während es im Psalm wohl um Schmähungen geht, mit denen die Völkerwelt den von Gott gesalbten König verhöhnt[900], betont der Hebr, daß Mose die "Schmach Christi" (13,12f; vgl. 12,2) erduldet hat. Was der Verfasser damit konkret meint, wird im folgenden zu untersuchen sein, wenn wir nun - drittens - danach fragen, inwiefern Hebr 11,24-26 als Explikation der These in 11,1 angesehen werden kann.

Im Zusammenhang damit bedenken wir den Argumentationsduktus der drei Verse. Aufgrund des Glaubens - so die erste Aussage (V. 24) - hat Mose willentlich und aus freien Stücken die königliche Adoption durch die Pharaotochter verschmäht. Mose wollte lieber mit dem Volk Gottes Unterdrückung erleiden, als einen zeitweiligen Genuß[901] der Sünde zu haben[902]. Mose hat den königlichen Hof verlas-

---

[898] Nahezu alle Kommentare verweisen auf die sprachlichen Parallelen in ψ 68,10 und ψ 88,51f. Vgl. dazu außerdem C.SPICQ: Notes II (1978) 623-625; K.H.SCHELKLE: Passion Jesu 109f und M.R.D'ANGELO: Moses 48ff.

[899] Vgl. die Anspielungen und Zitate in Mk 15,23.36 par. Mt 27,34.48; Lk 23,36; Joh 2,17; 15,25; 19,28; Apg 1,20; Röm 11,9f; 15,3 u.a.m.

[900] Vgl. im einzelnen H.J.KRAUS: Psalmen II 624f.

[901] Zu ἀπόλαυσις vgl. neben TestXII TJos 5,4; VitProph 1,5 [vgl. A.-M.DENIS: Concordance s.v.]; 1Tim 6,17; J.J.WETTSTEIN II 352; F.BLEEK II 2,801 und H.BRAUN 379.

[902] Zur Formulierung des Hebr - bezogen auf Mose - gibt es bis in den Wortlaut hinein eine Parallele bei Josephus - dort jedoch bezogen auf Joseph: vgl. E.RIGGENBACH 370 Anm. 58; C.SPICQ II 358 und O.MICHEL 409. In Ant II 50f schildert Josephus den tapferen Widerstand Josephs gegen das verführerische Ansinnen der

sen, um das Joch des Frondienstes auf sich zu nehmen. Mit diesem Schritt aus dem königlichen Hof hat sich Mose auf die Seite des Volkes Gottes und damit auf die Seite Gottes selbst gestellt. Er gibt damit zu erkennen, daß er lieber ein *Fremdling* in Ägypten sein wollte, als den zeitweiligen Genuß der Sünde zu kosten. Was ἁμαρτία in diesem Zusammenhang meint, beschreibt bereits A.THOLUCK treffend: "Hätte Mose es vorgezogen, als ägyptischer Prinz erzogen zu werden, so hätte er auch von dem Glauben seiner Väter lassen müssen, daher wird man ἁμαρτία auch hier, wie 10,26 und 3,17 wenigstens vorzüglich auf den Abfall zu beziehen haben"[903]. Sünde im Sinne von *Hebr 11,25* ist Abfall von Gott und seiner Verheißung. Für die inhaltliche Bestimmung der πίστις des Mose folgt daraus: Mose erweist sich, indem er nicht den kurzweiligen[904] Genuß des "Reichtums der Schätze Ägyptens" wählte, als einer, der sich treu auf die Seite Gottes stellt, d.h. für den Hebr: Mose weicht nicht zurück vom Wort der Verheißung (10,38)[905]. Er hat nichts zu schaffen mit dem "Zurückweichen zum Verderben" (10,39).

Frau des Pharao: "Er widerstand ihren Bitten und gab ihren Drohungen nicht nach. Er wollte lieber Unrechtes erleiden und Feindseligkeit erdulden als vorübergehende Befriedigung zu gewinnen, indem er sich der Leidenschaft hingibt. Denn dadurch würde er sich - dessen war er sich bewußt - den rechtmäßigen Tod zuziehen (καὶ παθεῖν ἀδίκως καὶ ὑπομένειν τι τῶν χαλεπωτέρων εἵλετο μᾶλλον ἢ τῶν παρόντων ἀπολαύειν χαρισάμενος ἐφ' οἷς ἂν αὐτῷ συνειδῇ δικαίως ἀπολουμένῳ)". Nicht nur die sprachlichen Parallelen sind auffallend, sondern auch die sachliche Nähe beider Zusammenhänge: Joseph zieht - wie Mose in 11,25 - das Leiden dem zeitweiligen Genuß der Sünde vor. Hätte Joseph dem Ansinnen der Frau des Pharao nachgegeben, so hätte das für ihn den Tod bedeutet. Mose hätte seinerseits im Falle seines Abfalls (= ἁμαρτία) das Los der Wüstengeneration teilen müssen: er wäre definitiv von Gottes Ruhestätte ausgeschlossen worden. In beiden Texten lautet der Tenor der Aussage: Hingabe an den kurzweiligen Genuß der Sünde zieht den Tod nach sich. Im Hebr ist damit die eschatologische ἀπώλεια (10,39) gemeint. Eine interessante Parallele zu Hebr 11,26 bietet auch *TestHi 18,5ff*: Hiob erinnert sich an die ihm zugesagten Verheißungen (τὰ ἐγκώμια). Nach der Schau der verheißenen himmlischen πόλις (V. 6) bekennt Hiob: "Ich will alles verlieren, wenn ich nur in diese Stadt komme, um Besseres zu ererben als die Ladung und das Schiff (θέλω ἀπολέσθαι τὰ πάντα μόνον εἰσελθεῖν εἰς τὴν πόλιν ταύτην ἵνα κληρονομήσω τὰ κρείττονα τῶν σκευῶν καὶ τοῦ πλοίου). So achtete ich auch das Meinige für nichts im Vergleich mit jener Stadt, von der der Engel zu mir geredet hatte (οὕτως κἀγὼ ἡγησάμην τὰ ἐμὰ νῦν οὐδὲν ὡς προσεγγίζειν τῇ πόλει περὶ ἧς λελάληκέν μοι ὁ ἄγγελος)". Hiob erachtet die eschatologische Stadt für das unvergleichlich bessere Gut im Gegensatz zu den irdischen Besitztümern eines Schiffes samt seiner Ladung (vgl. V. 7).

[903] 386. Vgl. auch F.BLEEK II 2, 801; G.LÜNEMANN 368; F.DELITZSCH 568; H.WINDISCH 103; C.SPICQ II 358; H.W.MONTEFIORE 203; F.F.BRUCE 319; O.KUSS 176; F.SCHRÖGER: Schriftausleger 223 Anm. 3 und R.NEUDECKER: Heilsgeschichte I 187.

[904] Zum Gebrauch von πρόσκαιρος vgl. J.J.WETTSTEIN I 402f und JosAs 12,15; 4Makk 15,8; TestAbr A 14,15; Mk 4,17 par. Mt 13,21 und v.a. 2Kor 4,18. Siehe außerdem Jos., Ant. II 51 (τῶν παρόντων ἀπολαύειν) oben Anm. 902.

[905] Völlig richtig bemerkt J.CALVIN zu 11,24: Mose glaubte an die göttliche Zusage, an den Abraham-Segen. Diesen unsichtbaren Segen zog er dem Bleiben am königlichen Hof vor; ähnlich auch F.BLEEK II 2, 800. Daß Mose um die Verheißungen Gottes wußte, ergibt sich aus TragEz 34f (siehe oben).

Die Begründung für diese Haltung enthält V. 26a: Er erachtete den ὀνειδισμός τοῦ Χριστοῦ für einen größeren Reichtum als allen Wohlstand, den er am Hofe des Pharao hätte genießen können. Welche Bedeutung hat für den Verfasser die Wendung "Schmach Christi"? Bereits CHRYSOSTOMUS hat die beiden grundsätzlichen Erklärungsmöglichkeiten aufgezeigt. Danach meint die "Schmach Christi" erdulden entweder, den ὀνειδισμός ὄν ὁ Χριστός ὑπέμεινεν, also wie Christus zu leiden, oder aber den ὀνειδισμός ὄν διά τόν Χριστόν ὑπέμεινεν, d.h. um Christi willen zu leiden[906]. Die letztgenannte Möglichkeit setzt voraus, daß Mose eine lebendige Christuserwartung hatte[907], daß also das Leiden des Mose bezogen ist auf den leidenden Christus "nach der Idee der Einheit des A. und N.T. und des schon in jenem waltenden ewigen Christus (Logos)"[908]. In Bezug auf Mose folgt daraus: Die "Schmach Christi ist ihm die Schmach des in seinem mit ihm geeinigten Volke als Logos gegenwärtigen und da seine Menschwerdung, dessen Stätte es werden soll, typisch ankündigenden Christus"[909]. Nach dem Urteil F.SCHRÖGERs darf "sogar vermutet werden, daß sich der Verfasser Moses mit dem präexistenten Christus identisch vorstellt, und Moses schon damals die Schmach getragen hat, die dann Christus trug und die Gemeinde jetzt tragen muß"[910]. Der Sinn wäre dann: Weil schon die alttestamentliche Gottesgemeinde ihre Entstehung dem präexistenten Messias verdankt (3,3), war jede Mißhandlung an diesem Volk eine Schmähung des Messias. Mose hätte dann diese Schmach des Messias vorweggetragen[911]. Diese Deutung wird jedoch zu Recht zurückgewiesen[912]. Die Mehrheit der Ausleger folgt daher mit guten Gründen der erstgenannten Ansicht, Mose habe ὡς Χριστός gelitten[913].

Die Feststellung, Mose habe wie Christus gelitten, wird in der Regel typologisch verstanden: "Die Schmach, die Moses um seines Volkes willen auf sich nimmt, wird zu einem 'Zeichen' für die Schmach, die der Christus für sein Volk auf sich nimmt (122)"[914]. Es gehe beiderseits um die "religiöse Bedrängnis durch Feinde des Gottesvolkes"[915]. Damit stellt sich die Frage nach dem Tertium comparationis zwischen

---

[906] PG 63, 181; vgl. auch die späteren Auslegungen der Kirchenväter und F.BLEEK II 2, 802f.

[907] So J.A.BENGEL z.St.

[908] So W.M.L.DE WETTE 233.

[909] So F.DELITZSCH 571.

[910] Schriftausleger 223.

[911] Vgl. zu diesem Verständnis auch B.WEISS 304; H.VON SODEN 87; E.RIGGENBACH 371; H.WINDISCH 103 und W.MANSON 80.

[912] O.MICHEL 409.

[913] CHRYSOSTOMUS ebd.; THEODORET: PG 82, 765; J.CALVIN z.St.; F.BLEEK II 2, 803; A.THOLUCK 386; G.LÜNEMANN 368; A.SEEBERG 125; J.MOFFATT 180; J.HÉRING 109; H.W.MONTEFIORE 203; O.KUSS 177; O.MICHEL 410 Anm. 3; W.R.G.LOADER: Sohn und Hoherpriester 74.114; H.BRAUN 381 u.a.m.

[914] O.MICHEL 410 Anm. 3. Vgl. u.v.a. J.JEREMIAS: Μωυσῆς 876,14f; H.W.MONTEFIORE 203; W.R.G.LOADER: Sohn und Hoherpriester 74.114; A.DESCAMPS: Moses 202f und H.CAZELLES: Moïse 155.

[915] H.BRAUN 381.

Mose und Christus. Dieses wird - so formuliert J.JEREMIAS - "darin bestehen, daß Moses die Ehre des Sohnes der Königstochter freiwillig preisgab, um mit seinem Volke zu leiden (V 25), ebenso wie Christus bei seiner Menschwerdung freiwillig die himmlische Herrlichkeit des Gottessohnes preisgab und die Schmach der Erniedrigung (2,7.9.14) auf sich nahm. Wieder [- wie in Apg 7,17-44 -] ist hier Moses Typus des leidenden Christus"[916]. Erfordert Hebr 11,24-26 die typologische Deutung? M.E. sind die von JEREMIAS zur Begründung seiner These miteinander verglichenen Texte Apg 7,17-44 und Hebr 11,24-26 in einem wesentlichen Punkt inkomparabel: Es geht in der Stephanusrede um Mose als den endzeitlichen Propheten im Sinne von Dtn 18,15.18 (Apg 7,37), der "von der Urgemeinde als Ankündigung des *leidenden Messias* verstanden worden ist, dessen Typus der leidende Moses ist"[917]. Apg 7 hat demnach ein christologisches Interesse. Demgegenüber hat Hebr 10,32 - 12,3 ein paränetisches Interesse. Im Kontext des Abschnittes 10,32 - 12,3 bereitet Hebr 11,26 das Kerygma von 12,2 vor[918]: Christus erduldete das Kreuz, die Schmach nicht achtend (ὑπέμεινεν σταυρὸν αἰσχύνης καταφρονήσας). Durch die Erwähnung des Namens Christi erscheint die Entscheidung des Mose für sein Volk wohl als markantestes Ereignis der ganzen in Hebr 11 erwähnten Geschichte[919]. Aber der *Vergleichspunkt* zwischen Mose und Christus ist keinesfalls ihre jeweilige heilsgeschichtliche Bedeutung, sondern ihre *gehorsame Haltung*. Man wird demnach auf eine typologische Deutung besser verzichten[920]. Dieses Verständnis bestätigt *Hebr 13,13*: Es geht dort nicht darum, daß die Christen die Christusschmach auf sich nehmen sollen - das können sie gar nicht -, sondern es geht um die Erkenntnis, daß die Christen nicht ohne Schmach um Christi willen existieren können. Genau diese Erfahrung hat *10,33* vor Augen. Die Adressaten haben um Christi willen Schmähungen geduldig ertragen. Statt nun in Zeiten der Anfechtung vom Wort der Verheißung zurückzuweichen und so vom lebendigen Gott abzufallen, sollen sie sich Mose als exemplum fidei vor Augen halten. Er hat(!) der Gefahr des Abfalls widerstanden und so "dieselbe Schmach wie Christus" auf sich genommen.

Den Grund für diese Haltung nennt *11,26b*: "Denn er sah auf die μισθαποδοσία". Was damit gemeint ist, dürfte nach unseren bisherigen Ausführungen deutlich ge-

---

[916] Μωϋσῆς 876,10ff (Eintragung entstammt 873,5ff); vgl. auch R.NEUDECKER: Heilsgeschichte I 188 und M.R.D'ANGELO: Moses 53.

[917] So J.JEREMIAS: Μωϋσῆς 873,5ff (Hervorhebung dort); vgl. zu Apg 7,34ff die Kommentare von E.HAENCHEN; A.WEISER; G.SCHNEIDER und R.PESCH.

[918] Vgl. O.MICHEL 410.

[919] Vgl. A.VANHOYE: Structure 190 Anm. 1 und R.NEUDECKER: Heilsgeschichte I 188.

[920] Eine typolologische Deutung lehnen auch T.SAITO: Mosevorstellungen 106 und M.RISSI: Theologie 111 ab. Die Argumentation von SAITO ist allerdings fragwürdig, wenn er behauptet: Die Ansicht von J.JEREMIAS, wonach Mose in gleicher Weise auf den Königssohntitel verzichte wie Jesus sich der himmlischen Herrlichkeit des Gottessohnes entäußere, sei "unhaltbar, denn v 24f gehört zur jüdischen Tradition" (ebd. 216 Anm. 602). Hier wird m.E. die Problematik einer Trennung von "Vorlage" und Redaktion des Verfassers deutlich sichtbar.

worden sein. Mose hat dieselbe Schmach wie Christus deshalb für größeren Reichtum als die Schätze Ägyptens erachtet, weil er auf die eschatologischen Heilsgüter geblickt hat[921]. Hier ist noch auf eine interessante Beobachtung aufmerksam zu machen. In *TFrag zu Ex 2,12* heißt es[922]:

> "'Und er wandte sich um' (ויפן): Und Mose betrachtete durch den Heiligen Geist die zwei Welten (ואסתכל משה ברוח קודשא בתרי עלמיא), und er sah, daß aus diesem Ägypter kein Proselyt erstehen sollte. Und er tötete den Ägypter und vergrub ihn im Sand".

Nach diesem Text hat Mose die kommende Welt gesehen[923]. Daß Mose die Eschata geschaut hat, läßt sich auch Texten aus neutestamentlicher Zeit entnehmen: Nach *ApcBar (syr) 4,6* hat Gott Mose die himmlische Stadt gezeigt (vgl. auch 59,4.9)[924]. Bei der zitierten Targumstelle ist besonders der Zusammenhang mit Ex 2,12 bemerkenswert. Mose verläßt den Königshof im Wissen um die Eschata! Im Hebr meint die eschatologische Belohnung (μισθαποδοσία) die αἰώνιος σωτηρία (5,9); es ist die αἰώνιος κληρονομία (9,15), deren die standhaft Glaubenden teilhaftig werden. Das eschatologische Heil ist das unvergleichlich bessere Gut, weil es - im Gegensatz zum zeitweiligen Genuß der Schätze Ägyptens - ewigen Bestand hat[925].

Die Frage nach dem Tertium comparationis zwischen Christus und Mose kann noch präzisiert werden, wenn man *11,24-26* zu *12,2* in Beziehung setzt: Nach 12,2 hat Christus ἀντὶ τῆς προκειμένης αὐτῷ χαρᾶς das Kreuz erduldet. Die Wendung ἡ προκειμένη αὐτῷ χαρά ist wie folgt aufzufassen: Es geht dabei um die dem Incarnatus von Gott "in Aussicht gestellte Freude". Der Verfasser denkt an "das verheißene Hoffnungsgut" (ἡ προκειμένη ἐλπίς: 6,18), das Christus - und darin liegt ein ganz wesentlicher Unterschied zu Mose - als einziger bislang in Besitz genommen *hat*. Er ist als der πρόδρομος (6,20) ins himmlische Allerheiligste vorausgegangen. Im Blick auf unsere Fragestellung folgt daraus: So wie Christus um der vor ihm liegenden Freude willen die Schmach des Kreuzes ertragen hat (12,2), so hat Mose um der μισθαποδοσία willen "dieselbe Schmach wie Christus" erduldet. Trifft dies zu, so wird unsere Auslegung bestätigt. Christus und Mose haben um des eschatologischen Heiles willen die αἰσχύνη, den ὀνειδισμός, auf sich genommen. Sie sind also vergleichbar im Blick auf ihre *gehorsame Haltung* um des eschatologischen Zieles willen. Sie sind nicht vergleichbar, was ihre Person und ihre heilsgeschichtliche Be-

---

[921] Vgl. dazu 10,35: μισθαποδοσία, 11,6: Gott als μισθαποδότης und die Ausführungen zu 11,1: die μισθαποδοσία ist sachlich identisch mit den ἐλπιζόμενα und den πράγματα οὐ βλεπόμενα. Bemerkenswert ist das durativ oder auch iterativ aufzufassende Imperfekt ἀπέβλεπεν (vgl. H.BRAUN 381): Während seiner Existenz als Fremdling in Ägypten sah Mose *dauernd* auf die eschatologischen Heilsgüter.

[922] So in MS P (Ed. M.L.KLEIN 70). Diese Paraphrase begegnet in TN als Marginale zu Ex 2,12.

[923] Vgl. im einzelnen M.McNAMARA: Targum and Testament 134.

[924] Zum Text siehe oben S. 251 (zu 11,13-16).

[925] Zur Gegenüberstellung von πρόσκαιρος und αἰώνιος vgl. 2Kor 4,18: τὰ γὰρ βλεπόμενα πρόσκαιρα, τὰ δὲ μὴ βλεπόμενα αἰώνια.

deutung anlangt. Christus als der Sohn und treue Hohepriester gehört schon seit ewigen Zeiten auf die Seite Gottes. Als der Präexistente hat er sich um der Versöhnung der Menschen willen erniedrigt und wurde er von Gott erhöht. Er ist schon jetzt in der unmittelbaren Gottesnähe und sitzt zur Rechten Gottes. Der Eintritt ins himmlische Allerheiligste steht dagegen für alle Glaubenden noch aus.

Damit kann nun endgültig unsere dritte Frage beantwortet werden: Mose hat der Gefahr des Abfalls (ἁμαρτία) widerstanden. Im Verzicht auf die Sohnes-Würde der Königstochter stellt er sich treu auf die Seite des Gottesvolkes und wird zum *Fremdling* in Ägypten. Er tut dies im Vertrauen auf die eschatologische μισθαποδοσία, von deren Existenz er objektiv überzeugt war. So erweist sich seine Haltung als πραγμάτων ἔλεγχος οὐ βλεπομένων. Weil und insofern er auf die μισθαποδοσία schaute und sich der Sünde des Abfalls (ἁμαρτία = ὑποστολή: 10,38f) standhaft widersetzte, erweist sich seine πίστις als ἐλπιζομένων ὑπόστασις[926].

Vor der abschließenden Paraphrase der Verse 11,24-26, ist das zweite Beispiel der vita Moses in fide zum zweiten *Abraham-Beispiel* in Beziehung zu setzen. Unsere Auslegung hat die vorläufige Gliederung bestätigt. Der Hebr parallelisiert die beiden Gestalten der Heilsgeschichte auch in seinem zweiten Beispiel: Es geht bei Abraham (11,9f) und bei Mose (11,24-26) um den durch die Fremdlingschaft bestimmten Glauben in Erwartung der eschatologischen Heilsgüter.

> (24) Aufgrund des Glaubens (an die eschatologische Heilsvollendung) verschmähte es Mose, als er groß geworden war, ein Sohn der Tochter des Pharao genannt zu werden, (25) und er wollte lieber mit dem Volk Gottes Unterdrückung erleiden als (von Gott und seiner Verheißung abzufallen, um) einen zeitweiligen (und vergänglichen) Genuß der Sünde zu haben. (26) Und er erachtete es für einen größeren Reichtum, die(selbe) Schmach (wie) Christus (zu erdulden), denn er sah auf die (eschatologische) Belohnung.

3. Hebr 11,27: Moses Glaube an das Zukunft verheißende Wort Gottes

Im Hinblick auf den *ersten* Arbeitsschritt - woher weiß der Verfasser um die πίστις des Mose? - kann auf bereits Gesagtes verwiesen werden[927]. Wir erörtern - *zweitens* - die Frage nach den aufgenommenen *Traditionen*. Das dritte Beispiel aus der vita Mosis in fide fügt sich chronologisch nicht ohne weiteres in die alttestamentliche Abfolge der Mose-Erzählungen ein (vgl. Apg 7,23ff). Vielmehr herrscht seit frühesten Zeiten Uneinigkeit darüber, worauf die Aussage κατέλιπεν Αἴγυπτον

---

[926] Damit hat sich unsere These bestätigt: Moses πίστις ist im wesentlichen bestimmt durch sein πιστός-Sein. Man kann also durchaus erwägen, ob der Hebr nicht aus Num 12,7 LXX auf Moses πίστις schließen konnte.

[927] Vgl. das oben S. 275f zu Hebr 11,24ff Dargelegte. Bei Afrahaṭ (I 14) lesen wir über Mose (n. P.BRUNS 92): "Im Glauben hat er Ägypten mit zehn Plagen vernichtet. Ebenso teilte er im Glauben das Meer und ließ sein Volk hindurchziehen, die Ägypter aber versenkte er darin".

μὴ φοβηθεὶς τὸν θυμὸν τοῦ βασιλέως zu beziehen ist. Dabei stehen die Alternativen fest: Denkt der Verfasser an Moses Flucht nach Midian und bezieht er sich dabei auf Ex 2,14f? Träfe das zu, so erhebt sich sofort die Frage: Wie kann der Hebr darauf rekurrieren, wo doch der alttestamentliche Text die Furcht Moses (Ex 2,14 LXX: ἐφοβήθη δὲ Μωυσῆς) als Beweggrund für die Flucht nach Midian angibt? Legt sich deshalb die Vermutung nahe, daß der Hebr den in Ex 5 - 15 geschilderten Exodus des Volkes Israel unter der Führung des Mose vor Augen hat? Dann ergibt sich jedoch das Problem, wie 11,27 zu den folgenden Versen - der Schilderung des Passa (V. 28) und der nochmaligen Erwähnung des Exodus (V. 29) - in Beziehung zu setzen ist. Als dritte Möglichkeit kann man in Betracht ziehen, daß der Hebr beide Ereignisse in eins sieht. Doch auch bei dieser Erwägung kann die Auslegung nicht von Ex 2,14f absehen. Eine Vielzahl von Exegeten hat sich für die erste Möglichkeit entschieden und auf unterschiedlichen Wegen versucht, Ex 2,14 mit Hebr 11,27 zu harmonisieren: CHRYSOSTOMUS bezieht die Wendung μὴ φοβηθεὶς τὸν θυμὸν τοῦ βασιλέως nicht auf die Flucht des Mose, sondern darauf, daß Mose wieder vor den Pharao trat (Ex 5ff)[928]. J.A.BENGEL unterscheidet - ohne Angabe von Gründen - zwischen timere und vereri: "Wohl fürchtete er ihn (timebat ille quidem), Ex 2,14, aber er scheute ihn nicht (et tamen non verebatur). Er fürchtete sich und floh; er fürchtete sich nicht und fragte nicht danach, wie der König die Ermordung des Ägypters oder die Flucht des Mose aufnehmen würde. Das war aufgrund des Glaubens, durch den er danach dem König sehr tapfer widerstand." G.LÜNEMANN differenziert zwischen einer objektiven und einer subjektiven Furcht: "Im Bericht des Exodus [Ex 2,14] wird von einer Furcht des Mose nur in objectiver Beziehung gesprochen, während die Furchtlosigkeit, welche der Briefverfasser meint, rein dem subjectiven Gebiete angehört". Der Glaube Moses äußere sich - so LÜNEMANN - in seinen berechtigten Schritten zur Lebensrettung. Es sei damit sehr wohl vereinbar, "dass er, im Bewusstsein, zum Retter seines Volkes erkoren zu sein, und im Vertrauen auf Gott ... über alle Furcht vor dem Zorn eines irdischen Königs innerlich oder seiner Gemüthsstimmung nach sich erhoben fühlte"[929]. Nach F.DELITZSCH muß man - ungeachtet der Aussage von Ex 2,14f - unterscheiden "zwischen φυγεῖν aus Furcht und καταλιπεῖν ohne Furcht", denn: "dass er ... Aegypten verliess κατέλιπε, ohne nach dem König zu fragen, das that er μὴ φοβηθείς ohne den gesteigerten Zorn zu fürchten, dem er durch diese selbstwillige Zerreissung seines Verhältnisses zum äg. Hof anheimfiel"[930]. Es hilft auch nicht weiter, wenn man annimmt, der Hebr habe - wie die rabbinische Tradition - die Flucht des Mose gerechtfertigt[931] - oder aber - wie Philo[932], Josephus[933] und andere jüdisch-helleni-

---

[928] PG 63, 181.

[929] So 369. Ähnlich Ph.E.HUGHES 497ff: 499; D.GUTHRIE 240 u.a.m.

[930] So 573. Vgl. dazu auch Philo, All III 14 und Mos I 49.

[931] Vgl. hierzu MekhY 'amaleq § 3 (192) zu Ex 18,4f; ARN A 20 (SCHECHTER 72); TanB יעסמ § 1 (81 a); ShemR 1,31 (7 c/d); BamR 23,1 (83 b); DevR 2,26-27 (103 c/d) und ShirR 7,5 § 1 (36 d).

[932] All III 14; Zum Verhältnis Philo - Hebr vgl. E.GRÄSSER: Glaube 133ff; R.WILLIAMSON: Philo 474-479; H.-F.WEISS 609f.

[933] Ant. II 254f.

stische Schriftsteller[934] – entgegen dem biblischen Text die Cleverness und Überlegenheit des Mose gegenüber dem Pharao herausstellen wollen[935]. Von alledem sagt der Hebr nichts. Schließlich ist noch hinzuweisen auf die – völlig unwahrscheinliche – Lösung von W.M.L.DE WETTE, der die Frage stellt: "Ist es aber nicht erlaubt anzuerkennen, was offen vorliegt, näml. dass der Verf. jenes ἐφοβήθη δὲ **M.** 2 Mos 2,4 (sic!) sich nicht erinnerte?"[936]. Nach DE WETTE erheben sich drei Einwände gegen die Annahme, Hebr 11,27 sei auf den Exodus auszulegen. Sie wurden in der Folgezeit von vielen Auslegern, die eine Deutung auf den Exodus ablehnen, übernommen. Zunächst spreche dagegen die chronologische Anordnung, denn V. 29 handle vom Auszug. Sodann widerspreche dieser These der Sprachgebrauch von κατέλιπε, und schließlich habe nach Ex 12,31 der Pharao selbst die Flucht befohlen, so daß von einem furchtlosen Auszug gegen den Widerstand des Pharaos nicht die Rede sein könne[937].

Sind diese Argumente stichhaltig? Oder läßt sich die Deutung auf den Exodus begründen? Zum *ersten Einwand*: Das chronologische Argument trifft nur dann zu, wenn man von einer streng chronologischen Anordnung in Hebr 11 auszugehen hat und darüber hinaus 11,27 im Falle seiner Auslegung auf den Exodus tatsächlich als Dublette zu V. 29 angesehen werden muß. Daß der Hebr in seinem tractatus de fide nicht durchgängig streng chronologisch vorgeht, zeigt Hebr 11,8-21. Dort wird in den VV. 13 - 16 der Paradigmenkatalog unterbrochen, um Feststellungen zu treffen, die nachweislich auch auf die erst in 11,20ff genannten Glaubens-Zeugen zu beziehen sind: Abraham und seine Nachkommen (Isaak [11,20]; Jakob [11,21] = 11,9) sind gestorben, ohne die Verheißungsgüter empfangen zu haben. Auch die Abschnitte 11,30f und 11,32-38 sind nicht streng chronologisch angeordnet. Ferner: Hebr 11,27 ist von 11,29 dadurch unterschieden, daß hier Mose als Subjekt der πίστις erscheint, dort aber die Israeliten[938]. Der Sprachgebrauch von κατέλιπεν - das spricht gegen das *zweite Argument* - schließt keineswegs die Deutung auf den Exodus aus. Dies zeigt sich sowohl bei Josephus als auch bei Philo: beide Schriftsteller verwenden καταλείπειν im Blick auf den Exodus[939]. Schließlich fällt auch das *dritte*

---

[934] Vgl. Artapanus F 3 (A.-M.DENIS PVTG III 186ff; EUSEBIUS: Praeparatio Evangelica IX 27,1-37 [GCS 43,1; 519-524]).

[935] So M.R.D'ANGELO: Mose 56ff. Dieses Ergebnis von D'ANGELO verwundert umso mehr, als sie zutreffend den Bezug von Hebr 11,27b zu Ex 3,3ff herausstellt (ebd. 56). Vgl. auch R.WILLIAMSON: Philo 474f.

[936] 234. Vgl. ebenso J.MOFFATT 181f; Th.H.ROBINSON 169. B.WEISS 305 behauptet, der Verfasser rekurriere nicht auf eine spezielle Veranlassung.

[937] Ebd. 233f; vgl. G.LÜNEMANN 369f; F.DELITZSCH 572ff; B.WEISS 305 Anm. *. Zur Auslegung von Hebr 11,27 in Bezug auf die Flucht des Mose nach Midian vgl. E.GRÄSSER: Glaube 134; C.J.BARBER: Moses 21f; R.MILLIGAN 412ff.

[938] Es ist deshalb wichtig, die Abschnitte 11,23-28 und 11,29-31 sorgfältig auseinanderzuhalten. Eine Abtrennung des Mose-Beispiels erst nach 11,29 ist somit abzulehnen.

[939] Jos., Ant. II 318; IV 78 und Philo, Mos I 149. Bei Jos., Ant. IV 78, wird der Auszug umschrieben: ἀφ' οὗ τὴν Αἴγυπτον κατέλιπε (Singular!) μηνὸς δὲ Ξανθικοῦ. Hinzuweisen ist auf die griechischen Fragmente zum Jubiläenbuch, wo es von

Argument dahin, wenn man Ex 12,31 - dem königlichen Befehl zum Auszug - Ex 14,5 entgegenhält: Und dem König von Ägypten wurde mitgeteilt, daß das Volk geflohen war (ὅτι πέφευγεν ὁ λαός); da wandte sich das Herz des Pharao und seiner Leute gegenüber dem Volk.

Keiner der genannten Einwände vermag überzeugend die Deutung auf den Exodus auszuschließen. Allerdings bleibt nach wie vor eine Frage unbeantwortet: Auch wenn man voraussetzt, daß der Hebr nicht durchgängig streng chronologisch vorgeht, so wirkt es doch störend, daß er erst *nach* dem Auszug die Einsetzung des Passa (Hebr 11,28) berichtet. Folgt man dem Buch Exodus - Passaeinsetzung in Ex 12; Auszug in Ex 13ff -, so müßte die Reihenfolge doch umgekehrt lauten. Hier hilft m.E. die Begründung in *Hebr 11,27b* weiter: τὸν γὰρ ἀόρατον ὡς ὁρῶν ἐκαρτέρησεν. Das Epitheton ὁ ἀόρατος auf Gott bezogen sucht man im Alten Testament vergeblich. Der Hebr schließt sich mit dieser Formulierung jüdisch-hellenistischem Sprachgebrauch an: Insbesondere Philo bezeichnet Gott an zahlreichen Stellen als "unsichtbar": "Gott, der große Lenker des Weltalls, ist selbst unsichtbar (ἀόρατός τε γάρ ἐστιν αὐτός), sieht aber alles"[940]. Für Philo ist die "unsichtbare Seele (des Menschen) die irdische Behausung des unsichtbaren Gottes" (οἶκον οὖν ἐπίγειον τὴν ἀόρατον ψυχὴν τοῦ ἀοράτου θεοῦ)"[941]. Der Hebr teilt ganz ohne Zweifel die für das hellenistische, aber auch das palästinische Judentum[942] fundamentale und prinzipielle Lehre von der Unsichtbarkeit Gottes[943]. Mose hat ihn - so der Hebr - nicht gesehen, denn er ist ἀόρατος. Wenn aber von Mose ein ὡς ὁρῶν des Unsichtbaren ausgesagt wird, so liegt es wohl doch am nächsten anzunehmen, daß der Verfasser hierbei auf *Ex 3,3ff* anspielt[944]. In der Berufungsgeschichte des Mose (Ex 3,1-22) am Gottesberg, dem Berg Horeb (Ex 3,1), ergeht Gottes Verheißung an Mose (Ex 3,7-10): Er soll das geknechtete Volk aus der Fremdlingschaft herausführen. Gottes Verheißungswort empfängt Mose am brennenden Dornbusch. Die Theophanie zwingt Mose, sein Angesicht zu verhüllen. Im Anschluß an die göttliche Selbstvorstellung - Ἐγώ εἰμι ὁ θεὸς τοῦ

Moses Auszug heißt: καταλιπὼν δὲ Μωϋσῆς τὰς κατ᾽ Αἴγυπτον διατριβὰς εἰς τὴν ἔρημον ἐφιλοσόφει ... (A.-M.DENIS: PVTG III 100). Es geht hierbei allerdings um seinen Auszug nach Midian.

[940] Op 69; vgl. zu diesem absoluten Sprachgebrauch: All III 206; Sacr 133; Decal 120; Spec I 20.46; Gai 290; Quaest in Ex II 37; Jos., Bell VII 346; Hen(sl) 48,5; Sib III 12; PGM VII 961; XII 265; XIV 16 (Ed. K.PREISENDANZ); im Neuen Testament nur in Hebr 11,27 (sachlich vgl. Röm 1,20; 1Tim 6,16; Joh 1,18; 5,37; 6,46; 1Joh 4,12.20).

[941] Cher 101; weitere Belege in Verbindung mit θεός: Det 86; Post 15; Conf 138; Somn I 72; Decal 60; Gai 318; VitAd 35,3 (K. VON TISCHENDORF 19); TestAbr A 16,3f (vgl. A 9,7); PGM V 123; XII 368; XII 455; XIII 71; Kol 1,15; 1Tim 1,17; 2Clem 20,5; IgnMagn 3,2 und Herm, Vis. I,3,4 (v.l.).

[942] Vgl. hierzu z.B. BILL. I 206ff; II 362f.437f; III 31f.656.

[943] Weitere Belege bei W.BAUER: Wörterbuch s.v. ἀόρατος, Sp. 156; W.MICHA-ELIS: ὁρατός 369-371; J.MOFFATT 181f; E.FASCHER: Deus invisibilis, passim; E.GRÄSSER: Glaube 134ff und H.BRAUN 383.

[944] Auf Ex 3,3ff verweisen: H.VON SODEN 88; C.SPICQ II 359; J.HÉRING 109; C.SPICQ (1977) 193f; M.R.D'ANGELO: Moses 56; A.STROBEL 221. F.F.BRUCE 323 und H.-F.WEISS 610 lehnen einen Bezug expressis verbis ab.

πατρός σου, θεὸς Αβρααμ καὶ θεὸς Ισαακ καὶ θεὸς Ιακωβ (Ex 3,6a) - reagiert Mose mit der ehrfürchtigen Abwendung seines Angesichts: ἀπέστρεψεν δὲ Μωυσης τὸ πρόσωπον αὐτοῦ· εὐλαβεῖτο γὰρ κατεμβλέψαι ἐνώπιον τοῦ θεοῦ (Ex 3,6b). Was W.H.SCHMIDT zu Ex 3,4.6 feststellt, ist auch für den Hebr erhellend: "Moses Furcht, Gott zu 'sehen' (6b), ist ... Reaktion auf eine ... worthafte ... Offenbarung Gottes (4b.6a)"[945]. Im Blick auf den Hebr kann man sagen: Es geht nicht um Moses unmittelbare Gottesschau mit den Augen der Vernunft. Sondern darum, daß Mose Gott - gleichsam als sähe er ihn (ὡς ὁρῶν) - in seinem Verheißungswort erkennt als den Gott, der ihn, den Erwählten, dazu beruft und befähigt, das Volk aus der Knechtschaft in die γῆ τῆς ἐπαγγελίας zu führen (vgl. Ex 3,8). Trifft dies zu, so beginnt für den Hebr der Exodus nicht erst mit Ex 13, auch nicht mit Ex 10 oder vielleicht mit Ex 5[946], sondern für den Hebr *beginnt der Exodus mit Ex 3*! Dies ermöglicht eine konsistente Auslegung von Hebr 11,27: Das Exodus-Geschehen nimmt für den Verfasser mit der Berufung des Mose zum Volksführer am Gottes-berg seinen Anfang. So gesehen leuchtet es sofort ein, weshalb der Hebr die Erzählung von der Einsetzung des Passa (Ex 12; Hebr 11,28) *nach* dem Exodus (11,27) einfügt: Die Einsetzung ist eines der herausragenden Ereignisse der mit Ex 3 beginnenden Exodus-Erzählung. Dabei darf nicht außer acht gelassen werden, daß 11,27 im Hinblick auf Mose formuliert wurde. Der Glaube des Volkes beim Auszug (11,29) stellt demnach für den Hebr ganz folgerichtig einen eigenen Aspekt innerhalb des Paradigmenkataloges dar. Mit den Worten H.VON SODENs kann festgehalten werden: Die VV. "28 und 29 heben gegenüber dem summarischen Be-richt 27 nur die zwei berühmtesten Einzelereignisse hervor"[947].

Es bleibt *drittens* die Frage: Inwiefern kann 11,27 als *Explikation der These in 11,1* angesehen werden? Eine sachgemäße Antwort hierauf muß zuallererst die Be-deutung von ἐκαρτέρησεν beachten. Das neutestamentliche Hapaxlegomenon καρτε-ρεῖν wird im biblischen und außerbiblischen Schrifttum transitiv und intransitiv verwendet. Die weitaus überwiegende Mehrheit der Exegeten[948] denkt bei unserer Stelle an einen intransitiven Gebrauch im Sinne von "standhalten", "standhaft

---

945 W.H.SCHMIDT: Exodus 123. Vgl. auch Sir 45,3ff.

946 Vgl. dazu E.RIGGENBACH 372f.

947 88. Vgl. F.BLEEK II 2,805f; J.H.A.EBRARD 368; J.Chr.K.VON HOFMANN 445f und E.RIGGENBACH 372f.

948 Vgl. stellvertretend F.BLEEK II 2, 807; A.THOLUCK 386; W.M.L.DE WETTE 234; G.LÜNEMANN 370; F.DELITZSCH 573; C.SPICQ II 359; J.HÉRING 109; R.NEU-DECKER: Heilsgeschichte I 190 und O.MICHEL 411f. Das seit LUTHERs Übersetzung gängige transitive Verständnis - er hielt sich an den Unsichtbaren - (vgl. z.B. J.A.BENGEL z.St. und J.H.A.EBRARD 368) wird heute nicht mehr vertreten. Abzuleh-nen ist auch das von H.BRAUN im Anschluß an W.BAUER: Wörterbuch s.v. gewonne-ne Verständnis, wonach das Verb die Bedeutung habe "dauernd etwas tun" (383). Das Partizip ὁρῶν bei καρτερέω gebe nicht - so BRAUN - den begleitenden Umstand an, sondern das, worin jemand ausdauere oder beharrlich sei. Im Blick auf Hebr 11,27 folge daraus: *"den Unsichtbaren hatte er dauernd gleichsam* (näml. im Glauben) *vor Augen"* (W.BAUER: Wörterbuch s.v., Sp. 801).

sein", "fest sein", "beharrlich sein"[949]. Die deutlichste Parallele zum Sprachgebrauch des Hebr findet sich in *Sir 2,2f*:

"(2) Mache dein Herz weit und halte stand (εὔθυνον τὴν καρδίαν σου καὶ καρτέρησον). (3) Verbinde dich fest mit ihm und falle nicht ab, damit du an deinem Ende erhöht werdest (κολλήθητι αὐτῷ καὶ μὴ ἀποστῇς ἵνα αὐξηθῇς ἐπ' ἐσχάτων σου)."

Der Textzusammenhang zeigt, daß καρτερεῖν das Antonym zu ἀποστῆναι bildet. Nicht anders ist es im Hebr: καρτερεῖν in Hebr 11,27 ist deckungsgleich mit μακροθυμεῖν (6,15), ὑπομένειν (10,32; 12,2f) und den jeweils abgeleiteten Nomina (μακροθυμία : 6,12; ὑπομονή: 10,35; 12,1). Als Antonym zu ὑποστέλλειν (10,38; vgl. ὑποστολή in 10,39) betont das Verb - wie die Begriffe πίστις und ὑπόστασις - das standhafte Ausharren. Man kann also feststellen: Es "korrespondiert dem πίστει von 11,27a das Prädikat ἐκαρτέρησεν 11,27b"[950]. Woran jedoch denkt der Verfasser konkret? Im Anschluß an die geäußerte Vermutung, 11,27a sei auf den mit Ex 3 beginnenden Exodus auszulegen, legt sich folgender Gedankengang für den Hebr nahe: Mose hatte die Verheißung, daß Gott mit ihm sein werde, wenn er das Volk aus der Knechtschaft führe. An dieses Wort hielt sich Mose wider die Realität des königlichen Zorns[951]. Gleichsam als sähe (ὡς ὁρῶν) er den Unsichtbaren, traute er auf Gottes Hilfe beim Auszug! Damit ist nun die Explikation von Hebr 11,1 evident: Weil Mose von Gottes Nähe und seiner Hilfe objektiv überführt war, deshalb beharrte er beim göttlichen Verheißungswort und hielt stand. Insofern Mose auf "den Unsichtbaren" schaute, "gleichsam als sähe er ihn", erweist sich seine πίστις als πραγμάτων ἔλεγχος οὐ βλεπομένων. Nur wenn man beachtet, daß ὡς ὁρῶν - als Begleitumstand des Standhaltens Moses - gerade nicht auf das noetische Wahrnehmen Gottes abzielt, kann Hebr 11,27b als Explikation von 11,1b verifiziert werden: es geht um das objektive Überführtsein Moses von der Realität des unsichtbaren Gottes, der

---

[949] Vgl. außerdem Hi 2,9; 4Makk 9,28; 10,1; 13,11; 14,9; Jos., Ant. III 208; VII 310; IX 287; XIV 70; XVI 208; Bell. I 535; TestHi 4,10. Das Nomen καρτερία ist sehr oft in der Bedeutung "Standhaftigkeit", "Beharrlichkeit", "Ausharren" o.ä. belegt: vgl. 4Makk 15,28.30; 16,14; Philo, Cher 78.96; Somn II 38; Mos I 154; Jos., Ant. II 256; III 15; Bell. I 148; II 138; VII 417; Ap. I 182; II 123; II 146 und TestHi 27,3f.

[950] G.DAUTZENBERG: Glaube 171. E.GRÄSSER: Glaube 134ff berücksichtigt das Prädikat καρτερεῖν in seiner Auslegung nicht. Dies hat Folgen: Weil für den Hebr - so argumentiert GRÄSSER - der Glaube "in 11,1.6.27 ... seine Eigenheit nicht (wie bei Paulus) von der Gnade Gottes, sondern von der Unsichtbarkeit Gottes her empfängt", deshalb "bewegt sich die Explikation der Pistis offensichtlich nicht mehr im Raume biblischen Glaubensverständnisses, sondern ist gesteuert von ... Erkenntnistheorien hell.-philosophischer Provenienz." Dies "bestätigt ... der Sprachgebrauch in 11,27: ὁ ἀόρατος als Gottesbezeichnung ist sowohl sprachlich ... als auch gedanklich ... genuin griechische Ausdrucksweise" (134f). GRÄSSER erkennt darin einen "Reflex philosophischer Traditionen", der die Vermutung nahelegt, daß die Schriftallegorese Philos, wie sie z.B. in Mut 7; Mos I 150 belegt ist, dem Hebr "im Gedächtnis waren, als er 11,27 formulierte" (135f).

[951] Das eindrücklichste Zeugnis hierfür bietet Ex 14,13f! Mose ermahnt das Volk zur Standhaftigkeit, denn Gott wird helfen: θαρσεῖτε· στῆτε καὶ ὁρᾶτε τὴν σωτηρίαν τὴν παρὰ τοῦ θεοῦ.

seine Hilfe verheißen hat. Insofern Mose auf Gottes Hilfe beim Auszug traute, sich an das göttliche Verheißungswort hielt und dem Zorn des Pharao widerstand, erweist sich seine πίστις zugleich als ἐλπιζομένων ὑπόστασις.

Schließlich zeigt ein Vergleich mit dem dritten Paradigma aus der *vita Abrahami in fide* (11,11f) die bewußte Parallelisierung der beiden herausragenden Glaubenszeugen: Abraham hält sich wider die Realität der Unfruchtbarkeit Saras und wider die Realität des Erstorbenseins seiner Zeugungskraft an das Zukunft verheißende Wort Gottes. Sein Glaube erweist sich als Glaube an die Sohnes- und Nachkommensverheißung. Mose hält sich wider die Realität des Zornes Pharaos an das Hilfe verheißende Wort des unsichtbaren Gottes. Sein Glaube erweist sich als Trauen auf die göttliche Hilfe beim Auszug.

> Aufgrund des Glaubens (an das Zukunft verheißende Wort Gottes) verließ er (als von Gott berufener Führer des Volkes Gottes) Ägypten, ohne den Zorn des Königs zu fürchten. Denn gleichsam als sähe er den Unsichtbaren, hielt er stand.

4. Hebr 11,28: Moses Glaube an die Errettung vor dem Tode, – der Vollzug des Passa und die Bestreichung der Türpfosten mit Blut.

Das vierte und letzte Beispiele aus der vita Mosis in fide hebt aus dem Exodusgeschehen den Vollzug des Passa und die Türpfostenbestreichung hervor. Hebr 11,28 gehört zweifellos zum Abschnitt 11,23-28 und nicht zu den folgenden Versen. Nur wenn man V. 28 mit den VV. 29ff verbindet, muß der Wechsel vom Singular (V. 28) in den Plural (V. 29f) als störend empfunden werden[952]. Sprachlich fällt das vom Verfasser auch in 1,1f verwendete Stilmittel der π-Alliteration auf: πίστει - πεποίηκεν - πάσχα - πρόσχυσιν - πρωτότοκα[953].

Wir erörtern sogleich die Frage nach dem *traditionsgeschichtlichen Hintergrund* von Hebr 11,28. Hierfür ist in erster Linie *Ex 12*, insbesondere die *Verse 21 - 23* zu nennen: Die Wendung ποιεῖν τὸ πάσχα findet sich in Ex 12,48 und an einigen anderen alttestamentlichen Stellen[954] als Ausdruck für die Feier des Passa-Festes. Der für Hebr 11,28 wichtige Abschnitt Ex 12,21-23 enthält die synonyme Formulie-

---

[952] A.VANHOYE 190f und R.NEUDECKER: Heilsgeschichte I 192f.

[953] Vgl. F.W.GROSHEIDE 275; J.MOFFATT 182; H.BRAUN 384. Zeigt nicht auch diese kunstvolle Sprache im Zusammenhang mit den weiteren, im Hebr verwendeten rhetorischen Stilmitteln, daß der Verfasser 11,28 selbständig formuliert hat? Die Annahme einer "Vorlage" wird somit immer unwahrscheinlicher (vgl. auch Anm. 958).

[954] Num 9,2.4.6.13.14; Dtn 16,1; Jos 5,10; 2Kön 23,21; Esr 6,19; so auch bei Philo: Sacr 63; im Neuen Testament nur noch in Mt 26,18; vgl. auch ποιῆσαι τὸ φασεκ in 2Chr 30,1.2.5; 35,1.16-18.

rung θύειν τὸ πάσχα[955]. Sowohl das Alte Testament als auch Hebr 11,28 denken an den Vollzug des Passa-Ritus[956]. Ohne biblische Parallele ist die Wendung ἡ πρόσχυσις τοῦ αἵματος. Sprachlich schließt sich der Verfasser hierbei an die spätere Kulthandlung an, wie sie z.B. 2Chr 35,11 schildert: καὶ ἔθυσαν τὸ φασεκ, καὶ προσέχεαν οἱ ἱερεῖς τὸ αἷμα ἐκ χειρὸς αὐτῶν[957]. In der Sache bezieht sich der Hebr jedoch auf Ex 12,22f: Er denkt an die von Gott gebotene Bestreichung der Türpfosten mit Blut (Ex 12,7.13), damit der ὀλοθρεύων die Erstgeburten der Israeliten nicht antaste[958]. Der Begriff ὁ ὀλοθρεύων entstammt Ex 12,23 LXX: καὶ παρελεύσεται κύριος τὴν θύραν καὶ οὐκ ἀφήσει τὸν ὀλεθρεύοντα εἰσελθεῖν εἰς τὰς οἰκίας ὑμῶν πατάξαι. Er ist in der Septuaginta die Wiedergabe des hebräischen הַמַּשְׁחִית [959]. Die Targumim zur Stelle geben הַמַּשְׁחִית wieder mit מְחַבְּלָא bzw. mit מַלְאָכָא מְחַבְּלָא [960]. Mit der Wendung τὰ πρωτότοκα θιγγάνειν rekurriert der Verfasser in der Sache auf Ex 12,12, wo es in der Gottesrede heißt: διελεύσομαι ἐν γῇ Αἰγύπτῳ ... καὶ πατάξω πᾶν πρωτότοκον ἐν γῇ Αἰγύπτῳ ἀπὸ ἀνθρώπου ἕως κτήνους[961]. Der Austausch des Verbs πα-

---

[955] Vgl. hierzu auch Dtn 16,2.5.6; Esr 1,6; 7,12 und zu θύειν τὸ φασεκ: 2Chr 30,17; 35,1.6.11. Außerdem vgl. Philo: All III 165; Jos., Ant. III 248; IX 271 und Mk 14,12 par. Lk 22,7; 1Kor 5,7. Zum Sprachgebrauch s. J.JEREMIAS: πάσχα 895f.

[956] Daß Mose nach Ex 12,48 im Auftrag Gottes die Passa-Feier anordnet, während der Hebr den Vollzug herausstellt, kann dahingestellt bleiben.

[957] Vgl. dazu auch Jub 49,20; mPes 5,6 und ShemR 18,7 (35b). Zahlreich sind die Stellen, an denen die Formulierung προσχέειν τὸ αἷμα ἐπὶ bzw. πρός verwendet wird: Ex 29,16.21; Lev 1,5.11; 3,2.8.13; 6,32; 7,4; 8,18; 9,12.18; 17,6 u.a.m.

[958] Der Streit darüber, ob τὰ πρωτότοκα Objekt zu ὁ ὀλοθρεύων und αὐτῶν Objekt zu θίγῃ bildet (so F.BLEEK II 2, 780.809; G.LÜNEMANN 371; F.DELITZSCH 574ff; E.RIGGENBACH 372.374; J.MOFFATT 182 (vgl. jedoch 179) u.a.m.), oder ob τὰ πρωτότοκα ... αὐτῶν als Objekt zu θίγῃ anzusehen ist, wird man mit J.H.A.EBRARD 368 Anm. *; J.Chr.K.VON HOFMANN 447; H.WINDISCH 104 und H.BRAUN 384f zugunsten der letzteren Möglichkeit zu entscheiden haben (vgl. zum Grundsätzlichen dieser grammatischen Zuordnung: E.RIGGENBACH 374 Anm. 70; O.MICHEL 412f Anm. 4). Zu den durch ἵνα μή eingeleiteten Sätzen vgl. im Hebr: 3,13; 4,11; 6,12. Die Konstruktion stellt m.E ein weiteres Argument gegen eine "Vorlage" dar (vgl. auch oben Anm. 953).

[959] Der Begriff ὁ ὀλεθρεύων ist - bezogen auf den von Gott gesandten Würgeengel zur Schlagung der Erstgeburt - sonst nur noch in Sap 18,25 belegt: "Vor diesen (Dingen) wich der Verderber (τούτοις εἶξεν ὁ ὀλεθρεύων), weil er sie fürchtete; denn es war schon eine einzige Probe durch den (göttlichen) Zorn hinreichend". Vgl. außerdem ὁ ὀλοθρευτής in 1Kor 10,10.

[960] Im TO zu Ex 12,23 heißt es: "Und er (der Herr) läßt nicht zu, daß der Verderber (מְחַבְּלָא) in eure Häuser komme, um zu schlagen". TPsJ verwendet hierfür מַלְאָכָא מְחַבְּלָא. Die selbe Bezeichnung erscheint auch in TPsJ zu Ex 4,26. Von den Verderbensengeln als den endgültigen Vernichtern (מַלְאֲכֵי חֶבֶל) handeln auch 1QS 4,12; CD 2,6 (vgl. dazu A.S.VAN DER WOUDE: Die messianischen Vorstellungen 12 Anm. 12; H.BRAUN: Qumran und das Neue Testament I 193; Ders.: 384) und 1QM 13,12. Vgl. auch δεινὸς ἄγγελος in TragEz 159 (Ed. B.SNELL/R.KANNICHT 296) und ἄγγελοι πονηροί in ψ 77,49.

[961] Vgl. außerdem Ex 12,29 und ψ 104,36.

τάσσω durch das biblisch sehr viel seltenere θιγγάνειν spricht für die Annahme, daß hier eine Formulierung des Verfassers in Anlehnung an die genannte Exodusstelle vorliegt. Von den vier biblischen Stellen, an denen das Verb θιγγάνειν belegt ist[962], finden sich zwei im Hebr. Auch dieser Sprachgebrauch dürfte ein Argument gegen die "Vorlage" sein.

Sind damit die aufgenommenen Traditionen benannt, so bleibt nun noch die Bestimmung der inhaltichen *Explikation von 11,1.* Der Bezug zu Hebr 11,1 wird dann verkannt, wenn man im gläubigen Vollzug des Passa-Ritus und des Bestreichens der Türpfosten durch Mose einen typologischen Bezug zum hohenpriesterlichen Selbstopfer Jesu herstellen will[963]. Doch davon kann keine Rede sein. Es geht vielmehr - und das hat schon CALVIN zur Stelle treffend festgestellt - um Moses Glaube an die Zusage Gottes, daß das Volk frei bleiben werde von der Plage, die den Ägyptern bevorstand. Konkret denkt der Verfasser - und dabei stützt er sich auf den biblischen Bericht von Ex 12,11ff - an Moses Vertrauen auf Gottes Zusage der Verschonung vor dem Tod, der die ägyptische Erstgeburt treffen wird. Der Vollzug des Passa und die Türpfostenbestreichung sind Ausdruck seines Vertrauens auf Gottes Verheißungswort. Indem sich Mose so verhält, steht er fest beim göttlichen Verheißungswort. Er tut dies im Wissen um das bevorstehende Unheil für alle (Ägypter), die sich den Befehlen Gottes widersetzen. Man kann somit festhalten: Weil und insofern Mose von dem drohenden Unheil für die Gottlosen und von der verheißenen Rettung für das Volk Gottes objektiv überführt ist, erweist sich seine πίστις als πραγμάτων ἔλεγχος οὐ βλεπομένων. Dieses Überführtsein ist der Grund für sein Feststehen beim göttlichen Verheißungswort. Im Trauen auf Gottes Zusage erweist sich seine πίστις als ἐλπιζομένων ὑπόστασις[964]. Es geht dem Hebr - als Höhepunkt seiner Ausführungen zu Mose - um das Trauen auf Gottes Zusage der Verschonung vor dem Tod durch den Würgeengel. Darin berührt sich Hebr 11,28 mit dem vierten Beispiel aus dem *Abraham-Paradigma* (Hebr 11,17-19). In beiden Zusammenhängen stellt der Verfasser den Glauben an die Errettung aus dem Tod (11,17ff) bzw. den Glauben an die Verschonung vor dem Tod in den Mittelpunkt seiner Ausführungen. Das Tertium comparationis ist demnach der Glaube an die Errettung aus dem Tod! Wir *paraphrasieren* den Text:

---

[962] Ex 19,12; Kol 2,21; Hebr 11,28 und 12,20. In Hebr 12,20 besitzt das Verb wie in Kol 2,21 die neutrale Bedeutung "berühren", "anrühren".

[963] Beide Handlungen - so betont C.SPICQ unter Bezugnahme auf CHRYSOSTOMUS (PG 63, 185) - "préfiguraient, en effet, la délivrance du péché et l'efficacité du sang rédempteur" (II 359). Auf die mors domini beziehen sich viele Ausleger: vgl. stellvertretend G.SCHILLE: Katechese 125; R.NEUDECKER: Heilsgeschichte I 194; P.ANDRIESSEN/A.LENGLET 206; Ph.E.HUGHES 500f; R.MILLIGAN 414; A.STROBEL 222; W.R.G.LOADER: Sohn und Hoherpriester 22f.114f.130f.197 und D.GUTHRIE 241.

[964] Die Argumentationsstruktur in Hebr 11,28 entspricht in wesentlichen Zügen der von Hebr 11,7: Mose und Noah sind überzeugt von den πράγματα οὐ βλεπόμενα, deren Offenbarwerden das Ende für die Gottlosen bedeutet. Aufgrund dieser Überzeugung halten sie sich an die heilvollen Zusagen Gottes. Dieses Trauen ist Explikation der Glaubensbestimmung als einer ἐλπιζομένων ὑπόστασις.

Aufgrund des Glaubens hat er (weil er vom drohenden Unheil für die Erstgeburt der gottlosen Ägypter und von der zugesagten Rettung des Gottesvolkes objektiv überführt war) das Passa und die Bestreichung [der Türpfosten] (im festen und unerschütterlichen Vertrauen auf das göttliche Verheißungswort) vollzogen, damit der Verderber ihre Erstgeburten nicht antaste.

Unsere Auslegung steht am Ende des Mose-Beispiels. Die Einzelexegese hat die vorläufige Gliederung bestätigt. Der Verfasser hat seinen tractatus de fide sehr sorgfältig komponiert, - das zeigt nicht zuletzt ein Vergleich der Darstellung von *Abraham und Mose*. So sehr sich die geschilderten Aspekte aus dem Leben der beiden Glaubenszeugen im einzelnen unterscheiden, so eng sind die Berührungspunkte im Blick auf die jeweilige Glaubenshaltung Abrahams und Moses. Vom ersten bis zum vierten Beispiel hebt der Hebr auf ein gemeinsames Tertium comparationis ab: Am Anfang steht der Glaube an Gottes Verheißung gegen die Realität (11,8 // 11,23). Das Leben beider Glaubenszeugen ist ein Leben in der "Fremdlingschaft" in Erwartung der eschatologischen Heilsgüter (11,9f // 11,24-26). Bestimmend ist sodann der Glaube an das Zukunft verheißende Wort (11,11f // 11,27). Die Klimax in beiden Zusammenhängen bildet ohne Zweifel der Glaube an die Errettung aus dem Tode (11,17-19 // 11,28). Wie sehr das Kapitel die Handschrift des traditionskundigen und sorgfältig argumentierenden Verfassers trägt, zeigen auch die folgenden Beispiele.

X. Hebr 11,29-31: Der Glaube im Angesicht der Feinde

Mit Hebr 11,29 beginnt ein neuer Abschnitt des Paradigmenkataloges[965]. Thematisch läßt sich der Vers mit 11,30 und 11,31 verbinden, so daß auf die vier Mose-Beispiele wieder drei Glieder folgen: In allen drei Versen geht es - was die Auslegung zeigen wird - um den Glauben im Angesicht der übermächtigen Feinde.

1. Hebr 11,29: Der Glaube der Israeliten beim Durchzug durch das Rote Meer

Die Verknüpfung von Hebr 11,29 mit dem voranstehenden Vers ergibt sich aus V. 28b. Das Subjekt von V. 29 - οἱ υἱοὶ Ἰσραήλ - ist bereits im αὐτῶν von V.28 impliziert und im Prädikat διέβησαν enthalten. Die Israeliten des Exodus erscheinen als Glaubenzeugen. Mose ist nicht mehr im Blick, auch nicht - wie man immer wieder gerne betont - als der Führer des Volkes. Traditionsgeschichtlich ist somit nach der πίστις der Israeliten beim Exodus zu fragen. Bezogen auf den *ersten* Arbeitsschritt kommen mehrere Stellen in Betracht. In *Sap 18,5ff* wird der Exodus als Glaubenstat der Israeliten geschildert: Die frevelhaften Ägypter, die "die Kinder der Frommen zu töten beschlossen", bestrafte Gott durch den Verlust der eigenen Kinder und durch das Verderben im reißenden Wasser (ἀπολλύειν ἐν ὕδατι σφοδρῷ).

---

[965] Die Abtrennung nach V. 29 ist deshalb nochmals nachdrücklich abzulehnen. Dies gilt im übrigen auch für das Druckbild von NA[26].

Die Todesnacht wurde den Vätern vorher bekannt gemacht, "damit sie, im sicheren Wissen um die Eide, denen sie vertrauten, guten Mutes seien" (ἵνα ἀσφαλῶς εἰδότες οἷς ἐπίστευσαν ὅρκοις ἐπευθυμήσωσιν). So wurde vom Volk Gottes "Rettung für die Gerechten, aber Vernichtung für die Feinde erwartet (σωτηρία μὲν δικαίων, ἐχθρῶν δὲ ἀπώλεια)". Der Textzusammenhang läßt keinen Zweifel aufkommen: Das πιστεύειν des Volkes ist ein Vertrauen auf Gottes Zusage des Beistandes in der Nacht der Schlagung der Erstgeburt und beim Auszug aus dem Land der Feinde. Die Israeliten ziehen aus als πιστεύοντες! Auch in *3Makk* 2,7 wird daran erinnert, daß Gott als Gebieter der ganzen Schöpfung diejenigen, die auf ihn vertrauten (ἐμπιστεύειν) wohlbehalten durch die Tiefe des Meeres hindurchführte. Schließlich ist auch der frühe halakhische *Midrasch MekhY* zu nennen, der an mehreren Stellen vom Glauben der Israeliten beim Auszug aus Ägypten und beim wundersamen Durchzug durchs Rote Meer Zeugnis gibt. In Auslegung von Ex 14,15 - "Und der Herr sprach zu Mose: 'Was schreist du zu mir? Rede zu den Israeliten: sie sollen aufbrechen!'" - wird in *beshallaḥ* 4 (HOROVITZ/RABIN 98f)[966] zweimal der Glaube des Volkes als Voraussetzung für die Meeresspaltung genannt:

> "'Er spaltet das Meer vor ihnen' (Jes 63,12). Warum? 'Um dir selbst einen ewigen Namen zu machen' (Jes 63,14). Rabbi sprach: 'Dieser Glaube , mit dem sie an mich glaubten (הִיא הָאֱמָנָה שֶׁהֶאֱמִינוּ בִי), ist es wert, daß ich das Meer für sie teile', denn es heißt (Ex 14,2): 'Und sie sollen umkehren und sich lagern ... am Meere' ... Und was heißt? (Ps 106,2.13): '[Danket dem Herrn,] der das Schilfmeer in Stücke zerteilte'. Shema'ja sagte: 'Der Glaube, mit dem ihr Vater Abraham auf mich vertraute, ist es wert, daß ich ihnen das Meer zerteile', denn es heißt (Gen 15,6): 'Und er glaubte an den Herrn ...'. Abtaljon sprach: 'Der Glaube, mit dem sie an mich glaubten, ist es wert, daß ich das Meer für sie zerteile', denn es heißt (Ex 4,31): 'Und das Volk glaubte ...'".

Der Midrasch verbindet das wundersame Teilen des Meeres durch Gott mit der אֱמָנָה des Volkes. Das Meerwunder ist der Lohn für den Glauben an das göttliche Verheißungswort. Daß der Midrasch Ex 4,31 und nicht Ex 14,31 Schriftbeleg anführt, ist verständlich, denn Ex 14,31 handelt vom Glauben des Volkes *nach*(!) dem Auszug. Ein analoges Vorgehen zeigt die Mekhilta auch im bereits zu Hebr 10,37 ausführlich zitierten Abschnitt *beshallaḥ* 6[967]. Es genügt hier, auf die sachliche Nähe zu Hebr 11,29 hinzuweisen: In Auslegung von Ex 14,31 wird als Schriftbeleg für den Glauben der Israeliten beim Auszug einzig Ex 4,31 angeführt. Für beide Texte kann also festgehalten werden, was A.STROBEL zu Hebr 11,29 feststellt: "2.Mose 14,31 wird der Glaube als Folge der wunderbaren Errettung ausgegeben, hier [und in der MekhY] als ... Voraussetzung"[968].

Die genannten Stellen lassen erkennen, daß der Hebr sich auf eine breite Tradition stützen konnte, wenn er feststellt: πίστει διέβησαν [οἱ υἱοὶ Ἰσραήλ] τὴν ἐρυθρὰν θάλασσαν. Daß den Israeliten beim Durchzug durch das Rote Meer πίστις zukam,

---

966 Vgl. BILL. III 198f; H.WINDISCH 104 u.a.m.

967 HOROVITZ/RABIN 114f; s. oben S. 69.

968 Hebräer 222.

konnte der Verfasser aber auch - in der bekannten Weise - erschließen. In *Sap 18,7 und 10,20*[969] werden die ausziehenden Israeliten als δίκαιοι bezeichnet. Wenn demnach die Tradition die Israeliten Gerechte nennt, so konnte der Verfasser daraus folgern: sie mußten auch πίστις gehabt haben (10,38; 11,6b)[970].

Auf welche *Traditionen* greift der Hebr in 11,29 zurück? Daß nahezu das ganze Kapitel *Ex 14* im Hintergrund steht, bedarf keiner ausführlichen Beweisführung. Die Aussage in V. 29a - διέβησαν [οἱ υἱοὶ Ἰσραήλ] τὴν ἐρυθρὰν θάλασσαν ὡς διὰ ξηρᾶς γῆς - bezieht sich auf Ex 14,22[971], auf Ex 14,29[972] und auf weitere, ähnlich lautende Stellen[973]. Während der Verfasser die erste Vershälfte in enger Anlehnung an die genannten alttestamentlichen Texte formuliert hat, stellt V. 29b - ἧς πεῖραν λαβόντες οἱ Αἰγύπτιοι κατεπόθησαν - eine freie Wiedergabe der Stellen Ex 14, 26-28 und Ex 15,4[974] dar. Auf keinen Fall hatte der Verfasser - wie in 3,16 - die Wendung οἱ ἐξελθόντες ἐξ Αἰγύπτου διὰ Μωϋσέως vor Augen[975].

Wir wenden uns dem *dritten* Arbeitsschritt zu: Inwiefern expliziert Hebr 11,29 die These in 11,1? Die alttestamentliche Vorlage des Hebr - Ex 14 - spricht nicht von der πίστις des Volkes während des Auszugs aus Ägypten und des Durchzugs durch das Rote Meer. Vielmehr bezeugt Ex 14,31 die πίστις der Israeliten erst *nach*(!)

---

[969] In Sap 10,19f heißt es: "(19) Ihre Feinde schloß sie (die Weisheit) ein, und aus der Tiefe des Abyssos schäumte sie hoch. (20) Deswegen entwaffneten die Gerechten die Gottlosen (διὰ τοῦτο δίκαιοι ἐσκύλευσαν ἀσεβεῖς), und sie priesen, Herr, im Gesang deinen heiligen Namen, und deine Hand, die sie verteidigt hatte, priesen sie einmütig". Vgl. auch Sap 19,1ff und Ps.-Philo: De Jona 25.

[970] Daß beim Teilen des Roten Meeres der Glauben entscheidend war, bezeugt auch Afrahaṭ I 14, allerdings bezogen auf Mose: "Staunenswert und groß ... war das Wunder, das Mose am Schilfmeer wirkte, als die Wasser sich spalteten durch den Glauben (ﺍﻟﻣﻛﺎﻥ ﺣﺗﻰ ﻛﺎﻥ ﻣﻘﻑ ,ﻣﻘﻑ ﺣﺗﻛﻞ ﻣﻘﻒ), wie hohe Berge und gewaltige Felsen standen sie da" (Übersetzung P.BRUNS 92). Bei Philo, Mos I 174 und Jos., Ant. II 333 fordert Mose das Volk auf zum Vertrauen auf Gottes Hilfe: Angesichts der ausweglosen Situation, in der sich die Israeliten befinden, sollen sie nicht auf das vor ihnen liegende Meer und die heranstürmenden Feinde blicken, sondern sich an das Verheißungswort Gottes halten.

[971] Καὶ εἰσῆλθον οἱ υἱοὶ Ισραηλ εἰς μέσον τῆς θαλάσσης κατὰ τὸ ξηρόν.

[972] Οἱ δὲ υἱοὶ Ισραηλ ἐπορεύθησαν διὰ ξηρᾶς ἐν μέσῳ τῆς θαλάσσης.

[973] Vgl. Num 33,8: [οἱ υἱοὶ Ισραηλ] ... διέβησαν(!) μέσον τῆς θαλάσσης und Jos 24,6.

[974] In Ex 15,4 lobt das Volk Israel Gott mit den Worten: "Die Wagen des Pharao und seine Streitmacht warf er ins Meer; die edlen Reiter versenkte er im Roten Meer (κατεπόντισεν ἐν ἐρυθρᾷ θαλάσσῃ)". Bemerkenswert ist die Lesart in B, wo an Stelle von κατεπόντισεν (er versenkte) - wohl abhängig von Hebr 11,29 - κατεπόθησαν (sie ertranken) überliefert wird.

[975] So etwa J.MOFFATT 183; vgl. auch F.F.BRUCE 325. Eine Anspielung auf Ex 17,1ff wäre völlig fehl am Platze. Vielmehr steht in Hebr 3,7ff - chronologisch dem in Hebr 11,29 Gesagten vorausgreifend - der spätere Abfall der Wüstengeneration im Mittelpunkt.

dem Meerwunder[976]. Dennoch steht für den Hebr fest, daß der Glaube zu den Voraussetzungen des Exodus zählt. An dieser Stelle helfen die oben genannten Texte weiter. Der Hebr muß zweifellos Traditionen gekannt haben, wie sie in Sap 18,5ff, 2Makk 3,7 und in MekhY überliefert sind. Ihnen allen ist gemeinsam, daß sie um den Glauben des Volkes *vor* dem Auszug und *vor* dem Durchzug wissen. Wie dieser Glaube bestimmt ist, zeigt *MekhY beshallaḥ* 2 (HOROVITZ/RABIN 91ff) legt Ex 14,10 aus:

> "['Als nun der Pharao schon nahe herangekommen war, erhoben die Israeliten ihre Augen; und siehe, die Ägypter zogen hinter ihnen her;] ... Da fürchteten sie sich sehr (וַיִּֽירְאוּ מְאֹד). Und die Israeliten schrieen zum Herrn (וַיִּצְעֲקוּ בְנֵי־יִשְׂרָאֵל אֶל־יְהוָה)' [Ex 14,10].
>
> Sofort aber griffen sie zum Handwerk ihrer Väter, dem Handwerk Abrahams, Isaaks und Jakobs. Von Abraham heißt es: 'Bethel im Westen und Ai im Osten, da baute er dem Herrn einen Altar und rief den Namen des Herrn an' (Gen 12,8) ... (Gen 21,33) ... Von Isaak heißt es: 'Einst ging nun Isaak um die Abendzeit hinaus aufs Feld, um nachzusinnen (לָשׂוּחַ)' (Gen 24,63). 'Nachzusinnen' aber meint das Gebet, wie es heißt ... (Ps 55,18; Ps 102,1). Wie heißt es von Jakob? 'Und er stieß (וַיִּפְגַּע) auf einen Ort, und dort übernachtete er, denn die Sonne war untergegangen' (Gen 28,11). Mit der פגיעה aber ist nichts anderes gemeint als das Gebet (תפלה), denn es heißt: 'Du aber bete nicht (אַל־תִּתְפַּלֵּל) für dieses Volk, erhebe für sie kein Flehen und dringe nicht in mich (וְאַל־תִּפְגַּע־בִּי)' (Jer 7,16) ...
>
> Und auch Jeremia sagt: 'Verflucht ist der Mann, der auf den Menschen vertraut ...' (Jer 17,5). In Bezug auf das Gebet aber, was sagt er da? 'Gesegnet ist der Mann, der auf den Herrn vertraut und der Herr wird seine Zuversicht sein!' (Jer 17,7)...
>
> [Und ferner] steht geschrieben: 'Und Edom sprach zu ihm (Mose): 'Du darfst nicht durch mein Land ziehen, sonst trete ich dir mit dem Schwert entgegen" (Num 20,18). Denn diese vertrauten auf nichts anderes als auf ihr Schwert. Und so kannst du auch die Stelle auslegen: 'Und sie fürchteten sich sehr; und die Israeliten schrieen zum Herrn'. [D.h.:] Die Israeliten griffen zum Handwerk ihrer Väter, zum Handwerk Abrahams, Isaaks und Jakobs."

Die Einzelheiten dieses Textes können hier unberücksichtigt bleiben. So viel wird man jedoch der wiedergegebenen Passage entnehmen können. Die Mekhilta bietet eine Auslegung von Ex 14,10 in Form der für die Synagogenpredigt charakteristischen Peticha. Nach der Eröffnung (Peticha) wird dargelegt, worin das Handwerk der Patriarchen Abraham, Isaak und Jakob besteht: im Gebet. Alle folgenden Schriftbelege und Beispiele aus der Heilsgeschichte (u.a. auch David und Mose) sollen erweisen, daß das im Seder-Vers dargelegte Schreien der Israeliten angesichts der herannahenden Feinde nicht als Ausdruck der Furcht, sondern als ein Zeichen

---

[976] "Als Israel sah, wie gewaltig sich die Hand des Herrn an den Ägyptern erwiesen hatte, da fürchtete das Volk den Herrn und sie glaubten an Gott und an Mose, seinen Diener (ἐφοβήθη δὲ ὁ λαὸς τὸν κύριον καὶ ἐπίστευσαν τῷ θεῷ καὶ Μωυσῇ τῷ θεράποντι αὐτοῦ).

für vertrauensvolles Beten zu deuten ist. Anders als der Bibeltext - in dem das (an-)-klagende Moment vorherrscht - erblickt der Midrasch in Ex 14,10 einen Beleg für das Zutrauen zu Gott in Zeiten der Not. Diese Interpretation hat sich auch in den *Targumim zu Ex 14,10* niedergeschlagen. Dort wird - abgesehen von TO[977] - das Schreien der Israeliten in gleicher Weise wie in der Mekhilta als Ausdruck des vertrauensvollen Betens aufgefaßt, wenn es heißt[978]:

> "Und der Pharao näherte sich und die Israeliten erhoben ihre Augen und siehe, die Ägypter zogen hinter ihnen her, und sie fürchteten sich sehr. Und die Israeliten beteten zum Herrn (וצלון בני ישראל קדם
> ייי)."

Allen Texten ist gemeinsam, daß sie - ohne die Furcht der Israeliten abzustreiten - die vertrauensvolle Hinwendung des Volkes zu seinem Gott betonen. Indem sich das Volk angesichts der anrückenden Feinde an seinen Gott wendet, gibt es - anders als in der alttestamentlichen Schilderung des Auszuges - zu erkennen, daß es sich zuversichtlich an Gottes Verheißung des Beistandes beim Auszug (Ex 14,2f.13ff) hält. Der Hebr hat bei der Abfassung von 11,29 ganz sicher um derartige Traditionen gewußt. Die älteren Auslegungen haben - ohne freilich die genannten Traditionen zu kennen bzw. anzuführen - richtig erkannt, daß auch der Hebr bei den Israeliten einen zuversichtlichen Glauben voraussetzt: "Inwiefern im Glauben (πῶς πίστει)? Weil sie hofften, daß sie durch das Meer durchziehen würden. Deshalb beteten sie (ὅτι ἤλπισαν διὰ τῆς θαλάσσης διαβήσεσθαι, καὶ διὰ τοῦτο ηὔχοντο)"[979]. Während die Israeliten sich an das göttliche Verheißungswort angesichts der herannahenden Feinde halten und zum Lohn für diese Haltung durch das Rote Meer wie durch trockenes Land hindurchziehen, kommen die feindlichen Ägypter um, als sie denselben[980] Versuch unternehmen[981]. Der Bezug von Hebr 11,29 zur These in 11,1

---

[977] Das Targum hält sich in der ihm eigentümlichen Weise eng an den Masoretischen Text und gibt das hebräische צעק wieder mit dem aramäischen Synonym זעק ; vgl. auch die Variante im TN z.St.

[978] So TN zu Ex 14,10; vgl. auch TPsJ und TFrag (MS P) zur Stelle.

[979] So trifft sehr schön CHRYSOSTOMUS (PG 63, 185) die Aussageintention von Hebr 11,29. Ähnlich treffend formuliert OECUMENIUS (PG 119, 417) [vgl. zur Verfasserschaft oben S. 150 einschl. Anm 331.]: ἐπίστευσαν γὰρ διαβήσεσθαι. καὶ διέβησαν. Τοσοῦτον οἶδεν ἡ πίστις καὶ τὰ ἀδύνατα δυνατὰ ποιεῖν; vgl. auch F.BLEEK II 2, 810; G.LÜNEMANN 370.

[980] Mit der Mehrheit der Exegeten ist ἧς auf ἐρυθρὰ θάλασσα und nicht auf ξηρὰ γῆ zu beziehen: gegen F.DELITZSCH 577 und H.BRAUN 386.

[981] Die Wendung πεῖράν τινος λαμβάνειν erscheint in der Septuaginta nur in Dtn 28,56 und innerhalb des Neuen Testaments nur in Hebr 11,29 - im aktiven Sinne: "etwas unternehmen", "einen Versuch unternehmen" - und in Hebr 11,36 - im passiven Sinne: "etwas über sich ergehen lassen", "Erfahrung mit etwas machen". Folgt man denjenigen Exegeten, die in Hebr 11 zwei "Vorlagen" voraussetzen, so muß angenommen werden, daß der Hebr in zwei unterschiedlichen Vorlagen die so ausgesprochen seltene Formulierung vorgefunden hat. Ist es da nicht viel wahrscheinlicher, daß der Ausdruck vom Verfasser selbst stammt? Zum sonstigen Gebrauch dieser Wendung vgl. neben Jos., Ant. II 60; IV 191; V 150 und VIII 166 auch J.J.WETTSTEIN II 419; F.BLEEK II 2, 811 und H.BRAUN 386.

bleibt dagegen unberücksichtigt, wenn man formuliert: Daß es "eine Glaubenstat war, wird dadurch illustriert, daß die Ägypter damit, nämlich mit dem Roten Meer einen Versuch machend, ersäuft wurden"[982]. Überdies kann eine derartige Auslegung nicht erklären, worin denn der Glaube der Israeliten besteht. Das wird aber dann deutlich, wenn man mit F.F.BRUCE feststellt: "The Israelites' faith on this occasion consisted in their willingness to go forward at God's word, although it seemed impossible to get accross the sea"[983]. Daraus ergibt sich im Blick auf 11,1: Angesichts der herannahenden Feinde vertrauen die Israeliten auf die Zusage Gottes, daß er seinem Volk beistehen wird. Er wird für sie streiten (Ex 14,14)! Der Glaube der Israeliten erweist sich somit als ἐλπιζομένων ὑπόστασις[984]. Die ἐλπιζόμενα sind hier eindeutig irdisch-immanent bestimmt: es geht um die Hilfe Gottes angesichts der heranstürmenden Feinde. Hebr 11,29 bietet in Verbindung mit Hebr 3,7 - 4,11 - nach dem Beispiel Esaus (11,20; 12,16f) - ein weiteres eindrückliches Beispiel dafür, wie nahe für den Verfasser Glaube und Unglaube, in der Terminologie des Hebr ausgedrückt, Glaube und Abfall, Heil und Unheil beieinander liegen: So wie Esau zwar den Segen seines Vaters Jakob empfangen (11,20), ihn aber nicht bleibend ererbt hat, sondern um einer einzigen Speise willen vom lebendigen Gott abgefallen ist (12,16f), so hat auch das Volk Israel, das im Vertrauen auf Gottes Zusage aus dem Land der Knechtschaft auszog (11,29), sein Heil definitiv verloren, weil es am "Tag der Versuchung" die Herzen verstockte und vom göttlichen Verheißungswort zurückwich (3,7 - 4,11). Im Blick auf die eschatologische Vollendung war demnach - so der Hebr - die vertrauensvolle Haltung beim Durchzug durch das Rote Meer ohne Bedeutung.

> Aufgrund des Glaubens (an das Verheißungswort Gottes, daß er ihnen gegen die herannahenden Feinde beistehen werde,) zogen sie (die Israeliten) durch das Rote Meer wie durch trockenes Land, während die Ägypter, als sie denselben Versuch (des Durchzuges) unternahmen, ertranken.

2. Hebr 11,30: Der Glaube der Israeliten bei der Belagerung Jerichos

Hebr 11,30 enthält das erste Paradigma, das nicht dem Pentateuch, sondern der "prophetischen" Überlieferung entnommen ist. Das grammatische Subjekt des Verses bilden "die Mauern Jerichos" (τὰ τείχη Ἰεριχώ), sachlich aber denkt der Verfas-

---

[982] So A.SEEBERG 126; H.VON SODEN 88; H.WINDISCH 104f u.a.m. Abwegig ist die Auslegung von Hebr 11,29 durch G.SCHILLE: Nach SCHILLE sei in Hebr 11,29 - analog zu 1Kor 10,1f - ein Tauftypus der "Vorlage" zu erblicken, demzufolge "die Väter im Meer 'auf Mose getauft'" wurden (Katechese 122).

[983] So treffend S. 326.

[984] Eine Explikation der zweiten Hälfte der These scheint in 11,29 nicht vorzuliegen. Für eine Näherbestimmung der πράγματα οὐ βλεπόμενα gibt es in Ex 14 und der darauf Bezug nehmenden Traditionen - soweit ich sehe - keinen Anhaltspunkt.

ser nach wie vor an die Israeliten (οἱ υἱοὶ Ἰσραήλ)[985]. Aufgrund ihres Glaubens fielen die Mauern Jerichos. Das Stichwort der πίστις kann - zum ersten Mal in Hebr 11 - weder expressis verbis noch in Form eines Analogieschlusses auf vorgegebene Tradition zurückgeführt werden.

Der Verfasser entnimmt seine Darlegungen der biblischen Schilderung von der Einnahme Jerichos in Josua 6. Die VV. 2 - 5 enthalten die Weisungen Gottes an Josua und die Verheißung, daß Gott die Stadt in die Hände der Israeliten geben will, wenn sie seinen Anweisungen gehorchen. Der Hebr nimmt insbesondere Bezug auf Jos 6,3.5: Dort verheißt Gott dem Josua, daß dann, wenn alle Kriegsleute die Stadt sechs Tage lang umzogen haben werden (V. 3: περιϊστάναι αὐτῇ ... κύκλῳ)[986], am siebten Tag (V. 4 MT)[987] die Mauern von selbst zusammenstürzen werden (V. 5: πεσεῖται αὐτόματα τὰ τείχη τῆς πόλεως) und das Volk die Stadt wird einnehmen können (vgl. V. 16). Jos 6,6-10 schildert die Weitergabe der Weisungen und Verheißungen Gottes an die Priester und das Volk durch Josua. 6,11-16 berichtet vom gehorsamen Vollzug der Weisungen. Jos 6,20 schließlich erzählt von der Erfüllung der göttlichen Verheißung: Nachdem das Volk sechs Tage lang in der von Gott gebotenen Weise um die Stadt zog, tat es dies am siebten Tag in derselben Weise siebenmal. Beim siebten Mal stießen die Priester in die Posaunen, und das Volk erhob das Feldgeschrei - und es fiel die Mauer vollständig ringsum in sich zusammen (καὶ ἔπεσεν ἅπαν τὸ τεῖχος κύκλῳ). Der Hebr verdankt demnach - mit Ausnahme des Stichwortes der πίστις - sämtliche Angaben der alttestamentlichen Perikope.

Das Jos 6 entnommene Beispiel fügt sich in der Sache sehr schön in den Duktus des Paradigmenkatalogs von Hebr 11: Die Haltung der Israeliten wird geschildert als das zuversichtliche Vertrauen auf das göttliche Verheißungswort. "Der siebentägige feierliche Umzug ... war ein in den Augen der Feinde nur lächerliches Thun. Aber weil Israel kraft Glaubens an das göttliche Verheißungswort so that, erfüllte sich ihm die Verheißung: die Mauern der Feste stürzten von selbst"[988]. Der Glaube erweist sich als Gehorsam[989] gegenüber den göttlichen Weisungen. Er ist das ausdauernde Festhalten[990] am göttlichen Verheißungswort angesichts der Übermacht

---

[985] Es gibt keinen Hinweis, daß der Hebr den Glauben Josuas betonen will: so etwa F.DELITZSCH 577 und F.F.BRUCE 327. Bei Afrahaṭ I 16 heißt es: "Und es warf Josua, der Sohn Nuns, die Mauern von Jericho durch den Glauben um, und sie fielen ohne Arbeit (ﺍﻟﻜ ﺇﻟ, ﻋﺎﻣﻘﺔ ﻣﻘﺘﻞ, ﻣﺘﺰﺑﺔ ﺣﻤﺰﺕ٧ /ﻟﻤﺤﻘﺔ ﺣﻤﻘﺔ ﺣﺰﻥ ﺣﻤﻘﺔ ﻭﺍﻟﻪ)".

[986] Dazu vgl. auch Jos 6,7 (κυκλῶσαι τὴν πόλιν); 6,13 (ὁ λοιπὸς ὄχλος ἅπας περιεκύκλωσε τὴν πόλιν); 6,15 (περιελθεῖν τὴν πόλιν) und Jos., Ant. V 23.27.

[987] Die Wendung ἐπὶ ἕπτα ἡμέρας ist eine freie Umschreibung dessen, was Jos 6,3f.14f schildern. Dem Hebr vergleichbare Formulierungen finden sich bei Jos., Ant. V 23f.27. Grammatisch ist ἐπί c. acc. als Angabe der Zeitdauer ("während") aufzufassen: vgl. W.BAUER: Wörterbuch s.v. ἐπί III 2b, Sp. 572.

[988] So treffend J.Chr.K.VON HOFMANN 448.

[989] Damit zeigt sich der Kontrast zu den ungehorsamen Leuten von Jericho in 11,31 (οἱ ἀπειθήσαντες). Zum Ungehorsam als Synonym für den Unglauben s. 3,18; 4,6.11.

[990] Die Wendung ἐπὶ ἑπτὰ ἡμέρας betont die Ausdauer der Israeliten.

der Feinde. Was sich nach dem Zeugnis von Jos 6,5 LXX αὐτομάτως vollzieht, hat für den Hebr seinen Grund in der πίστις. Treffend bemerkt CHRYSOSTOMUS zu Hebr 11,30: ἡ πίστις πάντα δύναται[991]. Nicht die militärische Macht (vgl. etwa 2Makk 12,15) bringt die Mauern zum Einsturz, sondern allein das Feststehen beim Wort Gottes. So steht die Explikation von Hebr 11,1 fest: Weil und insofern die Israeliten um die Zusage des Einsturzes der festen Mauern Jerichos und den Sieg über die übermächtigen Feinde wissen und von der Realität der Verheißungserfüllung überzeugt sind, erweist sich ihre πίστις als πραγμάτων ἔλεγχος οὐ βλεπομένων. Indem sie sich während der sieben Tage fest an die göttliche Zusage halten und den Weisungen gehorsam Folge leisten, erweist sich ihre πίστις als ἐλπιζομένων ὑπόστασις.

> Aufgrund des Glaubens (, den die Israeliten - im Wissen um die Erfüllung der göttlichen Zusage - angesichts der übermächtigen Feinde erwiesen,) fielen die (festen, uneinnehmbaren) Mauern Jerichos, nachdem sie sieben Tage lang (von den Israeliten im Gehorsam gegenüber der göttlichen Weisungen) umzogen worden waren.

3. Hebr 11,31: Der Glaube der Hure Rahab - ihre Parteinahme für das Gottesvolk

Erstmals in Hebr 11 nennt der Verfasser eine Frau als Glaubensbeispiel. Das Beispiel Rahabs - der kanaanäischen πόρνη - fällt aus dem Rahmen der bislang genannten Glaubenszeugen[992]. Woher weiß der Verfasser um die πίστις Rahabs? Weder im Alten Testament noch im antiken Judentum finden sich Traditionen, die der Rahab expressis verbis "Glaube" zuschreiben. Und dennoch gibt es Texte, die darauf schließen lassen, daß der Verfasser möglicherweise aus der Überlieferung um die πίστις der Kanaaniterin gewußt haben konnte. Nach *yBer* 2,8 (*5c*) zählt Rahab zu den Gerechten (צדיקים) der Völkerwelt, die sich Gott berufen hat[993]:

> "So lange die Israeliten den Willen des Heiligen, er sei gepriesen, erfüllen, hält er in der ganzen Welt (nach Gerechten) Ausschau, und wenn er unter den Völkern der Welt einen Gerechten sieht, holt er ihn und

---

[991] PG 63,186.

[992] Für die alten Ausleger war diese Tatsache ein Grund, die göttliche Gnade gegenüber der fremdländischen Hure herauszustellen. THEODORET (PG 82,765) z. B. lobt die Wirksamkeit des göttlichen Geistes: θαυμάσαι δὲ ἄξιον τὴν ἀποστολικὴν σοφίαν, μᾶλλον δὲ ὑμνῆσαι προσήκει τοῦ θείου Πνεύματος τὴν ἐνέργειαν, ὅτι τῷ Μωϋσεῖ, τῷ Ἀβραὰμ καὶ τῷ Νῶε, καὶ τῷ Ἐνώχ, καὶ τοῖς ἄλλοις ἁγίοις, ἀλλόφυλον γυναῖκα καὶ πόρνην συνέταξεν, ἵνα καὶ τῆς πίστεως ἐπιδείξῃ τὴν δύναμιν. Ähnlich auch J.CALVIN z.St.

[993] Die Übersetzung entstammt: Ch.HOROWITZ: Berakhoth 74. Eine vergleichbare Tradition findet sich in ShirR 6,2 § 3 (33b) und PesR 40,3f (FRIEDMANN 167b). An der letztgenannten Stelle zählt Rahab zu den "Rechtschaffenen" (מישרים), die Gottes Gericht ausführen. Die Überlieferung nimmt an, daß von ihr - der Gerechten - Könige, Propheten und Gerechte abstammen: Meg 14b; BamR 8,9 (24c); RutR 2,1 (3d); SifBam beha'aloteka 78 (HOROVITZ 73f); SEZ Kap. 22 (37); PesR 40,3f (FRIEDMANN 167b); vgl. auch BILL. I 22f.

schließt ihn den Israeliten an, wie (es) z.B. (bei) Jethro und Rachab (der Fall war). Sobald sie ihn aber erzürnen, nimmt er die Gerechten von ihnen (= von den Israeliten) fort."

Wenn der Hebr derartige Traditionen kannte, so schloß er aus ihnen, daß man Rahab, wenn sie unter die צַדִּיקִים gerechnet wurde, auch אֱמוּנָה zuzuschreiben hat (Hebr 10,38; 11,6). Da aber die Texte, die Rahab zu den צַדִּיקִים zählen, durchweg aus nachneutestamentlicher Zeit stammen, ist im Hinblick auf die Annahme direkter traditionsgeschichtlicher Zusammenhänge Zurückhaltung geboten. Man kann sie für die neutestamentliche Zeit allenfalls vermuten. Ein anderer Gesichtspunkt ist aber deutlich: Der Verfasser stellt Rahab den ἀπειθήσαντες aus Jericho gegenüber. Wenn Rahab nicht mit den Ungehorsamen, den Ungläubigen[994] Jerichos umkam, weil sie sich auf die Seite der Kundschafter des Gottesvolkes und damit auf die Seite Gottes selbst gestellt hat, so folgt daraus, daß die Parteinahme für das Gottesvolk ihrer πίστις entsprang. Und schließlich verdient ein dritter Aspekt Beachtung. Der Gedanke, daß Rahab πίστις hatte, findet sich neben Hebr 11,31 auch in *1Clem 12,1ff*: διὰ πίστιν καὶ φιλοξενίαν ἐσώθη Ῥαὰβ ἡ πόρνη (12,1)[995]. Aufgrund der von uns vermuteten Abhängigkeit des Clemens vom Hebr können allerdings für die Bestimmung der Herkunft des Glaubensbegriffes in Hebr 11,31 keine weiterreichenden Schlußfolgerungen gezogen werden. Ob die beiden Schriftsteller das Stichwort der πίστις unabhängig voneinander einer vorgegebenen Tradition entnahmen, läßt sich nicht nachweisen[996]. Zu gleichen Ergebnis gelangt ein Vergleich mit der so oft als Parallele zu Hebr 11,31 bezeichneten Stelle in *Jak 2,25*: Fällt schon vom Wortlaut her auf, daß das Stichwort πίστις - ganz anders etwa als beim Abraham-Beispiel in Jak 2,21ff - gar nicht vorkommt[997], so zeigt m.E. der ganze Abschnitt Jak 2,14-26, daß es Jakobus keineswegs darum geht, die "Rechtfertigung aus Glauben *und* Werken" zu vertreten. Vielmehr wird gerade Jak 2,25 zu einem Schlüsselvers für die Rechtfertigungslehre des Jakobus: Rahabs Verhalten gegenüber den Boten ist Veranschaulichung der Lehre der δικαίωσις ἐξ ἔργων: καὶ Ῥαὰβ ἡ πόρνη οὐκ ἐξ ἔργων ἐδικαιώθη ὑποδεξαμένη τοὺς ἀγγέλους καὶ ἑτέρᾳ ὁδῷ ἐκβαλοῦσα; Jak versteht das Handeln Rahabs als ein Werk der Barmherzigkeit, wie es

---

[994]   Zur Parallelität der beiden Begriffe vgl. Hebr 3,18f; 4,6.11.

[995]   Vgl. auch 1Clem 12,7f: Die Kundschafter raten Rahab, ein Zeichen zu geben: "Etwas Rotes solle sie zum Haus hinaushängen; damit offenbarten sie, daß alle, die an Gott glauben und auf ihn hoffen (πᾶσιν τοῖς πιστεύουσιν καὶ ἐλπίζουσιν ἐπὶ τὸν θεόν) durch das Blut des Herrn Erlösung erfahren" (12,7). Clemens schließt den Abschnitt über Rahab: ὁρᾶτε, ἀγαπητοί, ὅτι οὐ μόνον πίστις, ἀλλὰ καὶ προφητεία ἐν τῇ γυναικὶ γέγονεν (12,8).

[996]   Daß Clemens - in Kenntnis von Hebr 11,31 - der Rahab-Erzählung in Jos 2 und Jos 6,17ff noch weitere Aspekte entnommen hat als der Hebr, zeigt das Stichwort der φιλοξενία. Vgl. A.T.HANSON: Rahab 55ff.

[997]   Man kann - das zeigt die Argumentationsstruktur in Jak 2,14-26 - natürlich nicht bestreiten, daß Jak *sein* Verständnis von "πίστις" mit dem Rahab-Beispiel expliziert. Im einzelnen vgl. M.LAUTENSCHLAGER: Der Gegenstand des Glaubens im Jakobusbrief 163-184: 180ff.

der νόμος βασιλικός (Jak 2,8 = Lev 19,18) fordert[998]. Scheidet somit - bezogen auf die πίστις - Jak 2,25 als Parallele zu Hebr 11,31 aus, so zeigt der Vers doch, daß die positive Sicht Rahabs im Urchristentum genauso weit verbreitet war wie im antiken Judentum[999]. Auch wenn es sehr wahrscheinlich ist, daß man bereits zur Zeit der Abfassung des Hebr Rahab in die Reihe der "Gerechten" und der πιστεύοντες gerechnet hat, so kann man eine vorchristliche Überlieferung - mangels eindeutiger Belege - nur vermuten. Für das Verständnis von Hebr 11,31 bleibt das allerdings ohne gravierende Folgen. Am wahrscheinlichsten ist die Annahme, daß der Verfasser das Stichwort der πίστις seiner Exegese von Jos 2 und Jos 6,17ff verdankt: Rahab steht - das zeigt vor allem ihr Bekenntnis in Jos 2,9 - als Sympathisantin des Gottesvolkes auf der Seite Gottes. Sie hat sich πίστει gegen ihre ungläubigen, weil ungehorsamen Volksgenossen entschieden.

Damit sind nun im einzelnen die in Hebr 11,31 aufgenommenen *Traditionen* zu benennen. Im Hintergrund stehen die Abschnitte Jos 2,1-22 und Jos 6,17-25. Die Charakterisierung Rahabs als πόρνη entstammt Jos 2,1 und Jos 6,17.23.25. Dagegen entstammt die Aussage, daß sie "nicht zugleich mit den Ungehorsamen umkam" (οὐ συναπώλετο τοῖς ἀπειθήσασιν), in der Formulierung nicht dem Alten Testament. Hier zeigt sich vielmehr - was oben bereits erwähnt wurde - ganz deutlich die Handschrift des Verfassers: Der Begriff ἀπειθέω ist im Hebr terminus technicus für den Unglauben (vgl. 3,18f; 4,6.11). In der Sache greift der Verfasser auf die alttestamentliche Perikopen zurück, denn Jos 2,10f zeigt, daß die ungläubigen Einwohner Jerichos um die Allmacht Gottes sehr wohl wußten: sie haben gehört, daß Gott für die Israeliten das Rote Meer geteilt und sie zum Sieg über die Amoriter geführt hat. Die Kunde von den Wundertaten Gottes hat die Einwohner Jerichos das Fürchten gelehrt und sie haben erkannt: ὅτι κύριος ὁ θεὸς ὑμῶν θεὸς ἐν οὐρανῷ ἄνω καὶ ἐπὶ τῆς γῆς κάτω. Dennoch verschlossen sie die Tore Jerichos vor den Israeliten (Jos 6,1) und

---

[998] M.LAUTENSCHLAGER bemerkt treffend: "Gerechtfertigt wird Rahab ... aus ihren Werken, und zwar - so läßt sich aus Jos 2,12 (ποιῶ ὑμῖν ἔλεος) erschließen - durch das Werk der Barmherzigkeit" (ebd. 182). Diese Sicht unterstützt J.A.SOGGIN, wenn er zum Abschluß seiner Auslegung von Jos 2 feststellt: "Hebrews 11.31 makes Rahab an example of faith, and James 2.25 an example of meritorious works" (Joshua 43); vgl. auch die Kommentare von M.DIBELIUS: Jakobus 204ff und U.LUZ: Matthäus I 94 Anm. 38; anders dagegen F.MUSSNER: Jakobusbrief 150f und H.BRAUN 388: "Jk 2,25, auf Grund von Werken, ist mit Hb 11,31 in der Sache einig, different nur in der Terminologie".

[999] Vgl. Mt 1,5: Rahab im Stammbaum Jesu(!): dazu U.LUZ: Matthäus ebd.. Im antiken Judentum wird wohl ihr einstiger lasterhafter Lebenswandel betont (vgl. z.B. Taan 5b; Meg 15a; Zev 116b; PesR 40,3f [FRIEDMANN 167b]), der dann allerdings hinter der Schilderung zurücktritt, daß Rahab unter Bekenntnis ihrer Sünden zum Judentum konvertierte. Sie wurde zum Paradigma einer Proselytin: MekhY 'amaleq § 3 zu Ex 18,1 (HOROVITZ/RABIN 188f); Zev 116b; PesR 40,3f [FRIEDMANN 167b]; SEZ 22 (37). Von ihr stammen Könige, Propheten und Gerechte (vgl. oben Anm. 993). Um ihres Verdienstes willen wird ihre ganze Familie vor dem Untergang bewahrt: yBer 4,1 (8b). Vgl. hierzu: L.GINZBERG: Legends I 5; VI 171ff; BILL. I 20-23 und A.T.HANSON: Rahab 56ff.

gaben dadurch ihrem Ungehorsam gegenüber dem Anspruch Gottes Ausdruck. Während die ἀπειθήσαντες aufgrund ihres Unglaubens umkamen, blieb Rahab - und um ihretwillen die ganze Familie - am Leben (Jos 6,17.25)[1000]. Die Begründung hierfür nennt *Hebr 11,31b*: δεξαμένη τοὺς κατασκόπους μετ' εἰρήνης. Der Verfasser rekurriert hierbei auf Jos 2,4.6 und 6,25: Rahab verbarg die Kundschafter (6,25: ἔκρυψεν τοὺς κατασκοπεύσαντας)[1001]. Sie tat dies - so der Hebr - μετ' εἰρήνης. Möglicherweise steht hierbei Jos 2,12 im Hintergrund: Rahab nennt ihr eigenes Verhalten gegenüber den Kundschaftern einen Akt der Barmherzigkeit (ποιεῖν ἔλεος). Rahab handelt somit nach der ethischen Regel, wie sie in Hebr 12,14 formuliert: εἰρήνην διώκετε μετὰ πάντων! Auf jeden Fall liegt hier Terminologie des Hebr vor![1002]

Wie ist die πίστις Rahabs *inhaltlich* zu bestimmen? Die Antwort ergibt sich aus ihrem Bekenntnis von Jos 2,9: ἐπίσταμαι ὅτι δέδωκεν ὑμῖν κύριος τὴν γῆν. Rahab weiß *vor* der Landnahme, daß Gott die γῆ den Israeliten bereits gegeben *hat* (Perf.: δέδωκα)[1003]. Dieses Wissen bestimmt ihr Verhalten gegenüber den Kundschaftern. Sie stellt sich ohne Furcht vor ihren heidnischen Volksgenossen, den ungläubigen ἀπειθήσαντες, auf die Seite des Gottesvolkes. Rahab zeigt in der Bejahung des gottgewährten Anspruchs der Israeliten auf die γῆ, daß sie den Gott Israels anerkennt. Indem sie die κατάσκοποι μετ' εἰρήνης aufnimmt, gibt sie zu erkennen, daß sie nicht länger zu den Feinden des Gottesvolkes zählt. Anders als 1Clem 12,1 wertet der Hebr die Aufnahme der Kundschafter nicht als Akt der Gastfreundschaft, sondern diese Handlung erweist sich als dezidierte Absage an die feindliche Haltung gegenüber den Israeliten. Demnach bildet δέχεσθαι μετ' εἰρήνης das Antonym zu ἀπειθέω. Der Argumentationsgang schließt sich, wenn man berücksichtigt, daß Rahab in ihrem Bekenntnis nicht nur bezeugt, daß sie um die Zusagen Gottes an das Volk Israel und um seine Wundertaten weiß (Jos 2,9f), daß sie Gott als den einen Gott im Himmel und auf Erden anerkennt (Jos 2,11), sondern daß sie darüber hinaus von ihrer Parteinahme für das Gottesvolk Leben für sich selbst und für ihre ganze Familie erhofft (Jos 2,12). Es ist demnach berechtigt, Hebr 10,38 (= Hab 2,4 LXX) mitzuhören: ὁ δὲ δίκαιός μου ἐκ πίστεως ζήσεται. Mit Bezug auf Hebr 11,1 kann formuliert werden: Insofern und weil Rahab vor der Landnahme um die Zusage des Landes an das Gottesvolk weiß, erweist sich ihre πίστις als πραγμάτων ἔλεγχος οὐ βλεπομένων. Dieses Wissen ist für sie der Grund, sich auf die Seite des Gottesvolkes und gegen die ἀπειθήσαντες Jerichos zu stellen. Es ist der Grund, für sich und ihre Familie die

---

[1000] Jos., Ant. V 26.30 verwendet für die Verschonung die Begriffe σωτηρία und σῴζειν; vgl. H.BRAUN 389.

[1001] Vgl. auch Jos., Ant. V 9.26.30. In Jos 2 und 6,17ff erscheint anstelle des Nomens κατάσκοπος das Verb κατασκοπεύω: 2,1.2.3; 6,22.23.25.

[1002] Hiermit und mit dem Begriff ἀπειθέω ist m.E. ein weiterer Beleg gegen die Annahme einer "Vorlage" gegeben.

[1003] Vgl. dazu auch J.CALVIN z.St.; W.M.L.DE WETTE 234; G.LÜNEMANN 372; F.DELITZSCH 578; B.WEISS 307; E.GRÄSSER: Glaube 55 und H.BRAUN 388.

Rettung, das Leben zu erwarten. Indem sie so handelt und denkt, erweist sich ihre πίστις als ἐλπιζομένων ὑπόστασις[1004].

Aufgrund des Glaubens (an die den Israeliten zugesagte Inbesitznahme des von ihrem eigenen Volk bewohnten Landes und [aufgrund des Glaubens] an ihre Rettung und die Rettung ihrer ganzen Familie) kam die Hure Rahab nicht zugleich mit den Ungehorsamen (den ungläubigen Bewohnern Jerichos) um, da sie die Kundschafter im Frieden (als Zeichen ihrer Parteinahme für das Gottesvolk und ihrer Absage an die ungläubigen Volksgenossen) bei sich aufgenommen hatte.

Rahab ist nach den Israeliten des Exodus und denen der Belagerung Jerichos das dritte Beispiel für einen *Glauben angesichts der übermächtigen Feinde*. Damit hat sich ein weiteres Mal die vorgeschlagene Gliederung von Hebr 11 exegetisch als zutreffend erwiesen. Abschließend sei erwähnt, daß sich die πίστις bei den drei voranstehenden Glaubenszeugen (11,29-31) zumindest vordergründig auf irdisch-immanente Verheißungsgüter bezieht.

XI. Hebr 11,32 - 38: Summarium - der Glaube der Richter, Könige, Propheten und Märtyrer

In den Versen 32 - 38 nennt der Verfasser summarisch und in aller Kürze die weiteren Glaubenszeugen der Geschichte Israels. Er spannt den Bogen von der Richter- bis in die Makkabäerzeit. Die knappen Hinweise erfordern für die vorliegende Studie eine Änderung des Modus procedendi. Die Paradigmen können nicht mehr in Einzelheiten dargestellt werden. Die Frage, woher der Verfasser um die πίστις der Zeugen weiß, läßt sich nur noch gelegentlich beantworten. Überdies ist es unmöglich, auch nur annähernd erschöpfend die zahlreichen Traditionen der genannten Personen der Heilsgeschichte im Detail zu erörtern. Schließlich kann auch die Frage nach der Explikation von Hebr 11,1 nur zum Teil sicher beantwortet werden, - denn: "Der Verfasser überläßt es dem bibelkundigen Leser, den er voraussetzt, sich im einzelnen ... klar zu machen, inwiefern sich in jedem Falle eine Glaubenshaltung gemäß 11,1 zeigt"[1005]. Eine Beschränkung im Sinne von Hebr 11,32a tut not. Im folgenden können Personen und Situationen, an die der Hebr vermutlich dachte, nur kurz genannt werden. Bei manchen Aussagen können auch mehrere Bezüge in Betracht kommen.

[1004] Bei den ἐλπιζόμενα denkt der Hebr - wie in 11,7; 11,28f - an das irdisch-immanente Verheißungsgut der Lebensbewahrung. Im Blick auf die den Israeliten verheißene γῆ läßt sich hingegen nicht völlig ausschließen, daß der Hebr unter den πράγματα οὐ βλεπόμενα möglicherweise - wie in 11,8ff.13ff - die eschatologisch-himmlischen Heilsgüter versteht. Konsequent wäre es allemal, - denn: das irdische Kanaan ist für den Hebr belanglos.

[1005] So H.STRATHMANN 146.

Die *Struktur des "Sieger- und Märtyrerkatalogs"*[1006], der keine streng chronologische Abfolge enthält, stellt sich wie folgt dar: Auf die einleitende Präteritio (V. 32a) und die summarische Nennung der Richter, Könige und Propheten (V. 32b) folgt in den Versen 33 - 38 ein zweigeteilter Abschnitt über die weiteren Glaubenszeugen. Von ihnen allen gilt: sie handeln und leiden διὰ πίστεως. Die Wendung διὰ πίστεως bezieht sich auf den ganzen Abschnitt. Das demonstrativ aufzufassende οἵ bildet nur bis V. 35a das Subjekt. In V. 35b bildet ἄλλοι δέ ein neues Subjekt. Daraus ergibt sich: Alle Beispiele in den VV. 33 - 35a sind als Explikation der summarischen Angabe in V. 32b aufzufassen. Die dort genannten Handlungen sind primär auf die Richter, Könige und Propheten zu beziehen. Die VV. 33 - 35a stellen das aktive, die VV. 35b - 38 das passive Moment des Glaubens heraus[1007]. A.VANHOYE unterscheidet deshalb zutreffend zwischen den *"héros triomphants"* (VV. [32.] 33-35a) und den *"héros souffrants"* (VV: 35b-38)[1008]. Schließlich ist noch auf die Anzahl der jeweils zusammengefaßten Glieder hinzuweisen: V. 32b enthält 4 (Gideon; Barak; Simson und Jephta) und 3 (David; Samuel und die Propheten) Glieder. V. 33a-c enthält 3 Glieder (dreimal vornehmlich David); V. 33d - 34b ebenfalls 3 (Daniel; drei Männer im Feuerofen und Elia); gleiches gilt für V. 34c-e (Simson; David; David). Eine Sonderstellung nimmt V. 35 ein: V. 35a betont die aktive Glaubenshaltung; V. 35b enthält ein Beispiel der "héros souffrants". Beide Teilverse enthalten je ein Glied: V. 35a ist auf Elia/Elisa auszulegen, V. 35b denkt an die Glaubenshelden aus der Makkabäerzeit. Die Makkabäer sind zweimal das Subjekt in V. 36a, während V. 36b wohl in doppelter Hinsicht auf den Propheten Jeremia zu beziehen ist, - V. 36 enthält demnach 4 Glieder. Probleme bereitet V. 37. Unabhängig davon, ob man ἐπειράσθησαν für ursprünglich erachtet oder nicht, ergeben sich 3 + 3 + 3 Glieder (V. 37a: Sacharja; Makkabäer(?); Jesaja; V. 37b: Propheten zur Zeit Elias; Elia; und V. 37c: drei weitere Glieder). V. 38b.c enthält abschließend nochmals 4 Glieder (David/Elia/Makkabäer; Israeliten und Propheten). Überblickt man diese Einzelheiten, so ergibt sich folgende *Struktur*:

1. V. 32a: Präteritio.

    διὰ πίστεως (VV. 32 - 38).

2. VV. 32b - 35a: Der Glaube der Richter, Könige und Propheten ("héros triomphants").

1006 Zu dieser Gattungsbezeichnung vgl. G.SCHILLE: Katechese 115f und E.GRÄSSER: Glaube 55. Hypothetisch ist es, wenn G.SCHILLE den Märtyrerkatalog (11,35b-38) als Korrektiv des älteren Siegerkataloges (11,32-35a) bezeichnet: "Verbirgt sich" - so fragt SCHILLE - "in dem Siegerkatalog ein weiterer Rest jener ältesten Vertiefungsarbeit, die aus der Vorlage einen Katalog der Glaubenshelden machte ...?" (ebd. 116).

1007 Das Druckbild von NA[26], das zwischen V. 34 und V. 35 einen Einschnitt vornimmt, ist deshalb irreführend und zu korrigieren: entweder ohne strukturelle Vorgabe (NA[25]; GNT[3]) oder aber im Sinne des von der Exegese längst erkannten Einschnittes nach V. 35a.

1008 Structure 191f.297. Vgl. zu dieser Gliederung bereits W.M.L.DE WETTE 235; B.F.WESTCOTT 378; E.RIGGENBACH 378f; C.SPICQ II 362; O.KUSS 178 u.a.m.

4 + 3	a) V.32b:	Summarisch: Richter, Könige und Propheten. οἳ διὰ πίστεως.
3	b) V. 33a-c:	(Richter; Samuel;) David.
3	c) V. 33d-34b:	Daniel; drei Männer im Feuerofen; Elia.
3	d) V. 34c-e:	Simson; David; David.
1	e) V. 35a:	Elia/Elisa.

3. VV. 35b - 38: Der Glaube der Makkabäer, der Propheten und aller Israeliten (*"héros souffrants"*).

ἄλλοι δέ (V. 35b).

1	a) V. 35b:	Makkabäer.
	ἕτεροι δέ (V. 36 - 38).	
4	b) V. 36:	Makkabäer (2) + Jeremia (2).
3	c) V. 37a:	Sacharja; (Makkabäer ?); Jesaja.
3	d) V. 37b:	Propheten zur Zeit Elias; Elia.
3	e) V. 37c:	Elia; David; Makkabäer.
4	f) V. 38:	David/Elia/Makkabäer; Israeliten; Propheten.

1. Hebr 11,32a: Überleitung in Form einer Präteritio

Der Verfasser leitet das Summarium in 11,32-38 ein mit dem in der klassischen Rhetorik üblichen Stilmittel der *Präteritio* (= παράλειψις). Darunter versteht man "die Kundgabe der Absicht, gewisse Dinge auszulassen." Dieser Ankündigung folgt meist "eine Kundgabe darüber, daß der Redner sofort zur Behandlung anderer Dinge übergeht. Die Kundgabe der Absicht der Auslassung schließt die Nennung dieser Dinge ein: worauf verzichtet wird, ist die Detaillierung dieser Dinge"[1009]. Es genügt an unserer Stelle, aus der Fülle von Belegen für diese Stilfigur eine stellvertretend für andere aufzuführen. Bei *Isocrates* heißt es[1010]:

"Ἐπιλίποι δ' ἂν ἡμᾶς ὁ πᾶς χρόνος,
εἰ πάσας τὰς ἐκείνου πράξεις καταριθμησαίμεθα."

Bezogen auf den Hebr heißt dies: Der Verfasser verzichtet auf eine ausführliche Erörterung der weiteren Gestalten der Geschichte Israels. Er übergeht sie aber dennoch nicht völlig, sondern deutet die große Zahl von Glaubenszeugen aus früheren Zeiten an. Sie alle aufzulisten, reicht die Zeit nicht. Deshalb genügen Andeutungen und Namensnennungen. Denen wenden wir uns nun zu.

[1009] H.LAUSBERG: Handbuch §§ 882 - 886: 882 (I 436). Zur Stelle Hebr 11,32 vgl. C.SPICQ II 362; H.FELD: EdF 41. J.H.A.EBRARD 369 nennt diese rhetorische Figur "Transitio". Nach H.THYEN dient die rhetorische Frage dazu, "den Fluss der Darstellung zu fördern oder wieder in Gang zu bringen" (Stil 53).

[1010] Or I 11; vgl. VI 81; VIII 56; außerdem s. Demosth. 18,296; Dion. Hal.: Ant.Rom. X 36,2; Comp. Verb. 4,30; Philo, Sacr 27; Somn II 63; Mos I 213; SpecLeg IV 238; LegGai 323. Weitere Belege bei J.J.WETTSTEIN II 430; H.LAUSBERG: Handbuch §§ 882ff; F.BLEEK II 2,818f.

2. Hebr 11,32b - 35a: Der Glaube der Richter, Könige und Propheten ("héros triom-phants").

a) V. 32b: Summarischer Überblick: Richter - Könige - Propheten.

Die eigentümliche Anordnung der alttestamentlichen Glaubenszeugen durch den Verfasser bereitet Schwierigkeiten. Die Versuche, das Ordnungsprinzip von V. 32b festzustellen, sind zahlreich. Bereits die Textüberlieferung zeigt dies[1011]. Im Blick auf die Richtergestalten hat J.A.BENGEL einen eindrücklichen Struktur-Vorschlag gemacht. Nach seiner Überzeugung beziehen sich die vier Prädikate in 11,34b-e retrograd ordine auf die vier Subjekte in V. 32bα, d.h. Gideon schlug Heere fremder Völker in die Flucht (11,34e); Barak wurde im Kampf zum Helden (11,34d); Simson wurde aus Schwachheit stark (11,34c) und Jephtha entrann dem Schwert (11,34b). Im Blick auf Simson (Ri 16,28), Gideon (Ri 7,21) und Barak (4,14) lassen sich Texte beibringen, die die Annahme BENGELs unterstützen. Aber die Stelle Ri 12,3 ist für Jephtha kaum wahrscheinlich. Für die Wendung ἔφυγον στόματα μαχαίρης sind andere Bezüge viel wahrscheinlicher. So scheitert BENGELs These. Und auch andere Versuche, hinter das Anordnungsprinzip zu kommen[1012], können m.E. keine überzeugende Lösung beibringen. Man kann deshalb erwägen, ob der Hebr in 11,32 - gegebenfalls für den ganzen Abschnitt 11,32-38 - auf eine mögliche *Vorlage* zurückgegriffen hat[1013], in der die Gestalten in der vorgegebenen Reihenfolge vorlagen. Grund und Zweck der Anordnung werden durch diese Annahme allerdings auch nicht klar[1014].

Auf welche Texte nimmt der Hebr Bezug? Für Gideon ist zu nennen: Ri 6,11 - 8,21 (vgl. AntBibl 35f); für Barak Ri 4,6 - 5,31 (einschließlich Debora-Lied; vgl. AntBibl 30 - 33); für Simson Ri 13,(1-23.)24 - 16,31 (vgl. AntBibl 43); für Jephta Ri 11,1 - 12,7 (vgl. AntBibl 39 - 41); für David 1Reg 16,10 - 3Reg 2,11 (AntBibl 59ff) und für Samuel 1Reg 1,20 - 1Reg 25,1 (vgl. AntBibl 49ff). Für die Propheten kommt das gesamte Corpus Propheticum in Betracht. Woher wußte der Verfasser um die πίστις der Genannten? Die Tradition spricht nur im Blick auf Samuel von dessen πίστις. In *Sir 46,15* lesen wir:

"Aufgrund seines Glaubens (ἐν πίστει) war er gesucht als Prophet, und aufgrund seiner Worte war er bekannt als bewährter Seher (πιστὸς ὁράσεως)."

Was der Verfasser im Blick auf Samuel expressis verbis der Tradition entnehmen konnte, vermochte er bei der Mehrzahl der genannten Zeugen aus der Überlieferung

---

[1011] Siehe den kritischen Apparat in NA[26] und vgl. H.BRAUN 390f.

[1012] Etwa die Annahme, es werde jeweils die wichtigere Gestalt vorangestellt: so z.B. F.BLEEK II 2, 819f. Stichhaltig begründen läßt sie sich nicht.

[1013] So H.BRAUN 390. M.RISSI: Theologie 112 vermutet hier eine zweite Vorlage. Unsere Ergebnisse zur These einer "Vorlage" in 11,4-31 bleiben davon unberührt.

[1014] Es hilft auch nicht weiter, wenn man auf 1Sam 12,11 verweist. Dort fehlt von den Richtergestalten auf jeden Fall Simson.

zu schließen. Es lassen sich zahlreiche Belege nennen, an denen Simson[1015], David[1016] und Samuel[1017] als "Gerechte" bezeichnet werden. Der Hebr hat wohl aus der Tradition um derartige Epitheta gewußt, - und zwar im Hinblick auf alle im folgenden aufgelisteten Zeugen. Die Schlußfolgerung steht fest: wer gerecht ist, der hat auch πίστις (10,38; 11,6).

b) V. 33a-c: Der Glaube der Richter, Samuels und Davids.

Mit dem demonstrativ aufzufassenden Relativum οἵ weist der Verfasser auf die in V. 32b summarisch genannten Glaubenszeugen zurück. Diese dort erwähnten Männer haben "Königreiche niedergerungen", "Gerechtigkeit geübt" und "Verheißungen erlangt". Bei allen drei Formulierungen denkt der Verfasser in erster Linie an den *König David*, obwohl für jedes Beispiel auch andere Personen in Betracht kommen. Die Wendung κατηγωνίσαντο βασιλείας[1018] kann sich wohl auf die *Richtergestalten* beziehen: bei Barak auf seinen Sieg über die Kanaaniter unter Sisera (Ri 4), bei Gideon auf seinen Sieg über die Midianiter (Ri 7, v.a.: 7,21), bei Jephtha auf seine Siege über die Ammoniter (Ri 11) und die Ephramiten (Ri 12) und bei Simson auf seinen Sieg über die Philister (Ri 15f). Näher liegt jedoch der Bezug auf David. Von ihm wird in 2Sam 8 berichtet, daß er im Krieg gegen die benachbarten Königreiche (Plural!) siegreich war: er unterwarf (καταδυναστεύειν) die Philister, die Moabiter, die Syrer und die Edomiter (2Sam 8,11ff). Daß der Hebr bei den drei Gliedern in 11,33a-c vorwiegend an David gedacht haben dürfte, zeigt sich auch bei der Wendung εἰργάσαντο δικαιοσύνην[1019]. Im Hintergrund steht *2Sam* (= *2Reg*) *8,15*: καὶ ἐβασίλευσεν Δαυιδ ἐπὶ Ισραηλ, καὶ ἦν Δαυιδ ποιῶν κρίμα καὶ δικαιοσύνην ἐπὶ πάντα τὸν λαὸν αὐτοῦ[1020]. Gemeint ist hierbei nicht der tugendhafte Wandel[1021], sondern die königlich-richterliche Gerechtigkeit: "Recht schaffen den Unterdrückten", "gerecht richten"[1022]. Das Alte Testament bezeugt eine derartige Haltung auch von Samuel (1Sam 12,4.23 - mit anderer Begrifflichkeit) und von Salomo (2Chr 9,8:

[1015] BamR 9,24 (29c). Zu notieren ist außerdem *Sir 46,11*, wo es von den Richtern (οἱ κριταί) heißt, daß jeder von ihnen sein Herz nicht verführen ließ; sie wandten sich nicht vom Herrn ab (ὅσοι οὐκ ἀπεστράφησαν ἀπὸ κυρίου). Die Haltung des Nicht-Abwendens vom Herrn entspricht dem, was der Hebr mit πίστις umschreibt.

[1016] Ber 4a; MekhY 'amaleq § 2 zu Ex 17,14 (182); BerR 34,10 (320); 97 (1210); SifDev ואתחנן § 33 (FINKELSTEIN 60) u.a.m.

[1017] Shab 56a; Hag 4; yBik 2,1 (64d); TanB צו 13 (10a); TanB קרח 19 (46a); MTeh 26,7 (110a); BamR 18,10 (74c) u.a.m.

[1018] Zu καταγωνίζεσθαι in der Bedeutung "niederringen", "besiegen" vgl. Jos., Ant. IV 153; VII 53 und Test XII TR 5,2. Zu den "Königreichen" vgl. Dtn 3,21; 1Sam 10,18 und ψ 78,6.

[1019] Sprachliche Parallelen finden sich in ψ 14,2 - die Torliturgie nennt als Bedingung für den Eintritt in den Tempel: ἐργαζόμενος δικαιοσύνην; vgl. ferner Jer 23,5; Ez 45,9; PsSal 17,19 (ποιεῖν δικαιοσύνην); Apg 10,35; 1Clem 33,8.

[1020] Vgl. die Parallele in 1Chr 18,14 und 2Sam 23,3.

[1021] So etwa H.GROTIUS z.St.; F.DELITZSCH 582 u.a.m.

[1022] So seit A.THOLUCK 388 die Mehrzahl der Ausleger.

ποιῆσαι κρίμα καὶ δικαιοσύνην). Aber es liegt doch am nächsten, an David zu denken. Das gilt m.E. schließlich auch für die Aussage: ἐπέτυχον ἐπαγγελιῶν. Es ist jedoch in der Auslegung umstritten, woran der Verfasser hier denkt: Die einen ziehen die in V. 32 genannten "Propheten" in Betracht[1023], die anderen David, die Propheten und/oder andere Fromme[1024], wieder andere erblicken darin "Siegesverheißungen wie Richt. 7,7 ... Richt. 4,14"[1025]. Viele Exegeten lassen den Bezug offen[1026]. Entscheidend ist hier zunächst, ob man unter den ἐπαγγελίαι Verheißungs*worte* oder aber Verheißungs*güter* zu verstehen hat. Im letzteren Falle können nur irdische Verheißungsgüter gemeint sein, denn ansonsten käme es zu einem Widerspruch mit 11,13.39[1027]. Eine sichere Entscheidung, ob der Verfasser an Verheißungsworte oder aber an Verheißungsgüter denkt, läßt sich nicht treffen. Am meisten überzeugt jedoch die Auslegung auf die dem David gegebene Dynastieverheißung (2Sam 7,12ff par 1Chr 17,10ff)[1028]. Trifft diese Auslegung zu, so hat der Verfasser in 11,33a-c drei Aspekte aus der vita Davidis in fide zusammengestellt. Überdies: Nimmt man die zwei folgenden Beispiele aus 11,33d und 11,34a hinzu, so entspricht die Reihenfolge von Hebr 11,33a-34a der des Paradigmenkatalogs in 1Makk 2,57ff: David (Dynastieverheißung) - Daniel - drei Männer im Feuerofen. In 1Makk 2,57 heißt es zum ewigen Bestand der Dynastie: Δαυιδ ἐν τῷ ἐλέει αὐτοῦ ἐκληρονόμησεν θρόνον βασιλείας εἰς αἰῶνας. Die *Explikation im Sinne von 11,1* läßt sich vor allem bei 11,33c feststellen: David empfing das göttliche Verheißungs*wort* des ewigen Bestandes seiner Dynastie. Weil und insofern er von deren ewigem Bestand objektiv überführt war (πίστις = πραγμάτων ἔλεγχος οὐ βλεπομένων), hielt er sich fest an dieses göttliche Verheißungswort (πίστις = ἐλπιζομένων ὑπόστασις).

c) V.33d-34b: Der Glaube Daniels, der drei Männer im Feuerofen und Elias.

Das erste der drei Glieder - ἔφραξαν στόματα λεόντων - nimmt Bezug auf *Daniel* in der Löwengrube. Der Verfasser greift zurück auf Dan 6,17-23, insbesondere auf V. 23, wo Daniel zu Darius sagt: σέσωκέ με ὁ θεός ἀπὸ τῶν λεόντων, καθότι δικαιοσύνη

1023 J.A.BENGEL z.St. und F.DELITZSCH 582f.

1024 F.BLEEK II 2, 822; E.RIGGENBACH 377; J.HÉRING 110; H.W.MONTEFIORE 208; F.W.GROSHEIDE 278; A.STROBEL 224 u.a.m.

1025 W.M.L.DE WETTE 235.

1026 Vgl. G.LÜNEMANN 375; B.WEISS 308f; O.KUSS 179 und E.KÄSEMANN: Gottesvolk 17.

1027 H.BRAUN 392 sieht "Spannungen zwischen den aus der Tradition stammenden Beispiellisten und der Intention des Verfassers" (392). Ähnlich G.THEISSEN: Untersuchungen 98f. Zu dieser Frage vgl. insgesamt die Ausführungen in BZ 33 (1989) 60-80.178-191. Die Mehrzahl der Exegeten, sofern sie an die Verheißungs*güter* denkt, bezieht ἐπαγγελίαι auf irdische Verheißungsgüter. Richtig ist dabei der Hinweis auf Abraham in Hebr 6,15 (so auch H.BRAUN ebd.).

1028 Sie begegnet schon bei CHRYSOSTOMUS, PG 63, 187: Ἐπέτυχον ἐπαγγελιῶν. Περὶ τοῦ Δαυὶδ οἶμαι αὐτὸν λέγειν. Ποίων δὲ τούτων ἔτυχεν ἐπαγγελιῶν. Ὧν ἔλεγεν, ὅτι τὸ σπέρμα αὐτοῦ καθίσει ἐπὶ τὸν θρόνον αὐτοῦ. Vgl. auch J.H.A.EBRARD 370; H.VON SODEN 89; F.F.BRUCE 324f.

ἐν ἐμοὶ εὑρέθη ἐναντίον αὐτοῦ. Noch näher steht die Formulierung des Hebr bei *Dan 6,23* θ':

Ὁ θεός μου ἀπέστειλεν τὸν ἄγγελον αὐτοῦ, καὶ ἐνέφραξεν τὰ στόματα τῶν λεόντων καὶ οὐκ ἐλυμήναντό με, ὅτι κατέναντι αὐτοῦ εὐθύτης ηὑρέθη μοι.

Hervorzuheben ist die Begründung in beiden Versionen. Die Septuaginta betont Daniels δικαιοσύνη, Theodotion seine Rechtschaffenheit (εὐθύτης). Konnte der Verfasser demnach schon dem Alten Testament entnehmen, daß Daniel ein ἄνθρωπος δίκαιος war und bei ihm deshalb auch zwingend πίστις vorhanden gewesen sein muß (Gezera schawa: vgl. Hebr 10,38; 11,6), so spricht *4Makk 16,21f* expressis verbis von der πίστις Daniels:

(21) καὶ Δανιηλ ὁ δίκαιος εἰς λέοντας ἐβλήθη, καὶ Ανανιας καὶ Αζαριας καὶ Μισαηλ εἰς κάμινον πυρὸς ἀπεσφενδονήθησαν καὶ ὑπέμειναν διὰ τὸν θεόν.
(22) καὶ ὑμεῖς οὖν τὴν αὐτὴν πίστιν πρὸς τὸν θεὸν ἔχοντες μὴ χαλεπαίνετε.

Die von der Mutter angeredeten Söhne haben denselben Glauben an Gott wie Daniel und die drei Männer im Feuerofen. Diese harrten angesichts der Leiden, die ihnen die gottlosen Feinde aufgebürdet haben, um Gottes willen aus! So soll es auch bei den Söhnen sein: μὴ χαλεπαίνετε! Wenn der Hebr eine derartige Tradition kannte, dann konnte er daraus folgern: Daniel verschloß (mit Gottes Hilfe) aufgrund seines Glaubens die Löwenrachen. Das 4. Makkabäerbuch nennt Daniel ὁ δίκαιος[1029], – also hatte er – so konnte der Hebr schließen – auch πίστις (10,38; 11,6). Wie diese πίστις qualifiziert ist, zeigt das Stichwort ὑπομένειν. Es geht um das Hoffen auf Gottes Treue und das Harren auf ihn. Wie eng sich dieses Verständnis mit dem des Hebr berührt, muß angesichts solcher Stellen wie Hebr 10,32.36; 12,1.2.3 nicht weiter entfaltet werden. Was für Daniel festgestellt wurde, kann auch im Blick auf die *drei Männer im Feuerofen* – an sie denkt der Hebr mit der Wendung ἔσβεσαν δύναμιν πυρός (11,34a) – gesagt werden: sie "haben ausgeharrt um Gottes willen" und sie haben πίστις. Ananias, Asarja und Misael (vgl. Dan 1,6f) πιστεύσαντες ἐσώθησαν ἐκ φλογός (1Makk 2,59). Worin ihr Glaube besteht, ergibt sich aus *Dan 3,17.* Auf die Androhung Nebukadnezars, sie ins Feuer zu werfen, antworten die drei Männer:

ἔστι γὰρ θεὸς ἐν οὐρανοῖς εἷς κύριος ἡμῶν, ὃν φοβούμεθα, ὅς ἐστι δυνατὸς ἐξελέσθαι ἡμᾶς ἐκ τῆς καμίνου τοῦ πυρός, καὶ ἐκ τῶν χειρῶν σου, βασιλεῦ, ἐξελεῖται ἡμᾶς.

Das Vertrauen der drei wird belohnt: *1Makk 2,59* faßt in einem Wort (ἐσώθησαν) zusammen, was das Buch *Daniel* ausführlich in *3,49f LXX* (vgl. 3,88.94) darlegt:

(49) ἄγγελος δὲ κυρίου συγκατέβη ... εἰς τὴν κάμινον καὶ ἐξετίναξε τὴν φλόγα τοῦ πυρὸς ἐκ τῆς καμίνου (50) ... καὶ οὐχ ἥψατο αὐτῶν καθόλου τὸ πῦρ.

[1029] Die Bezeichnung Daniels als eines Gerechten, ist im antiken Judentum ein weitverbreitetes Epitheton: vgl. PsPhilo: De Jona 25; BerR 97 (1211); 97 (1224); ShirR 4,4 § 9 (25b); RutR 7,2 (11d); MTeh 26,7 (110a); Tan םיטפוש 4 (99a). An vielen Stellen erscheint er neben den drei gerechten Männern im Feuerofen: BerR 97 (1211/1213); BerR 97 (1224); ShemR 18,12 (35d), RutR 7,2 (11d) u.ö. Vgl. auch 1Clem 45,3ff. Ohne die Qualifizierung als Gerechte in 3Makk 6,6ff.

Der Glaube[1030] der drei Männer befähigt sie, der Drohung Nebukadnezars (Dan 3,12ff) nicht nachzugeben (4Makk 16,21: ὑπέμειναν διὰ τὸν θεόν), sondern auf die Rettung Gottes zu vertrauen. Insofern sie um ihre Rettung wußten, erweist sich ihre πίστις als πραγμάτων ἔλεγχος οὐ βλεπομένων. Insofern sie sich nicht den Göttern Nebukadnezars zuwenden und dem Abfall entsagen, erweist sich ihre πίστις als ἐλπιζομένων ὑπόστασις.

Das *dritte Glied* - ἔφυγον στόματα μαχαίρης[1031] - bezieht sich in der Sache auf *3Reg* (= *1Kön*) *19,10. Dort spricht Elia* zu Gott:

τοὺς προφήτας σου ἀπέκτειναν ἐν ῥομφαίᾳ, καὶ ὑπολέλειμμαι ἐγὼ μονώτατος, καὶ ζητοῦσι τὴν ψυχήν μου λαβεῖν αὐτήν.

Es ist nicht auszuschließen, daß der Hebr möglicherweise auch an Davids Rettung vor Saul und seinen Leuten[1032] oder an Elisa[1033] dachte. Weniger wahrscheinlich ist der Bezug auf Jephtha und die Makkabäer[1034]. Am wahrscheinlichsten ist jedoch mit der Mehrzahl der Exegeten die Auslegung auf Elia[1035].

d) V.34c-e: Der Glaube Simsons und Davids (zweimal).

Die erste der drei Aussagen - ἐδυναμώθησαν ἀπὸ ἀσθενείας - ist auf *Simson*[1036] auszulegen: Dreimal hat Delila, die von Simson geliebte Gehilfin der Philister, vergebens versucht, die Schwachstelle Simsons ausfindig zu machen (Ri 16,6-9; 16,10-12; 16,13f)[1037]. Dreimal gibt Simson auf Delilas Fragen eine falsche Antwort (16,7.11.17). Beim vierten Mal schließlich hat Delila Erfolg. Sie läßt den Kopf Simsons scheren, - "und er begann schwach zu werden, und seine Kraft wich von ihm (καὶ ἤρξατο ταπεινοῦσθαι, καὶ ἀπέστη ἡ ἰσχὺς αὐτοῦ ἀπ' αὐτοῦ)" (16,19)[1038]. Daraufhin

---

[1030] Auch die drei Männer im Feuerofen rechnet die Überlieferung zu den צדיקים, so daß der Hebr ihre πίστις hätte erschließen können: vgl. - neben Daniel - BerR 97 (1211/1213); 97 (1224), ShemR 18,12 (35d); RutR 7,2 (11d) und 1Clem 45,3ff; vgl. auch ShemR 9,1 (20b); BamR 3,1 (8b).

[1031] Sprachlich bezieht sich der Verfasser auf die Septuaginta-Stellen Gen 34,26; Jos 19,48; 2Sam (= 2Reg) 15,14 und Sir 28,18: στόμα μαχαίρα. Zur pluralischen Formulierung in Hebr 11,34 vgl. O.HOFIUS: στόματα μαχαίρης 129f und H.BRAUN 393. Der Plural steht nicht, weil der Verfasser mehrere Beispiele vor Augen hatte: so z.B. F.BLEEK II 2,823.

[1032] S. 1Sam 18,11; 19,10; 21,10f; 1Reg 19,12 (καὶ ἔφυγε καὶ σῴζεται).

[1033] J.H.A.EBRARD 370: "Nur bei Elisa war das Entrinnen eine positive Glaubensthat, durch Glauben zuwege gebracht."

[1034] Ersteres bei J.A.BENGEL z.St. Letzteres bei F.DELITZSCH 584f, der bereits in 11,34b den Übergang in die Makkabäerzeit sieht; ähnlich auch H.VON SODEN 90.

[1035] Auch Elia wird in der Überlieferung zu den Gerechten gerechnet: er ist צדיק אַישׁ : San 63b; BerR 33,5 (309); PesR 11,5 (LIEBERMANN 45b); DevR (LIEBERMANN 73); SifDev ואתחנן § 33 (FINKELSTEIN 60); Tan מסעי 8 (97b).

[1036] Auch ihn nennt die Tradition אַישׁ צדיק : BamR 9,24 (29c).

[1037] J.A.BENGEL z.St. und F.BLEEK II 2, 823f verweisen auch auf Ri 15,19.

[1038] Vgl. Jos., Ant. V 313: οὐκετ' ὄντα ἰσχυρόν.

bittet Simson Gott (16,28): κύριε κύριε, μνήσθητί μου καὶ ἐνίσχυσόν με δὴ πλὴν ἔτι τὸ ἅπαξ τοῦτο. Gott erhört seine Bitte. Simson empfängt die Kraft, um das Haus der Feinde einzureißen. Mit ihm finden viele Philister den Tod[1039].

Die zweite Aussage – ἐγενήθησαν ἰσχυροὶ ἐν πολέμῳ – ist Anspielung auf *Davids* Heldentum im Kampf gegen Goliath: er wurde im Kampf zum Helden. Im Hintergrund steht die Erzählung aus *1Sam 17,49ff*[1040]. Knapp faßt *Sir 47,5 LXX* die Geschichte zusammen:

> Ἐπεκαλέσατο γὰρ κύριον τὸν ὕψιστον,
> καὶ ἔδωκεν ἐν τῇ δεξιᾷ αὐτοῦ κράτος
> ἐξᾶραι ἄνθρωπον δυνατὸν ἐν πολέμῳ.

Diese Erzählung dürfte auch den Hintergrund für das letzte der drei Glieder bilden. Die Wendung παρεμβολὰς ἔκλιναν ἀλλοτρίων kann auf Barak[1041], Gideon[1042] oder auch Hiskia (Sir 48,21) bezogen werden. Am nächsten liegt m.E. die Interpretation auf *David*. Nach 1Sam (= 1Reg) 17,46.49ff droht David Goliath: καὶ ἀποκλείσει σε κύριος σήμερον εἰς τὴν χεῖρά μου ... καὶ δώσω τὰ κῶλά σου καὶ τὰ κῶλα παρεμβολῆς ἀλλοφύλων ... τοῖς πετεινοῖς τοῦ οὐρανοῦ καὶ τοῖς θηρίοις τῆς γῆς (V. 46). Nachdem David den Riesen getötet hat (V. 49f), fliehen die Philister: καὶ εἶδον οἱ ἀλλόφυλοι ὅτι τέθνηκεν ὁ δυνατὸς αὐτῶν, καὶ ἔφυγον (V. 51)[1043].

e) V.35a: Der Glaube der Witwe von Sarepta und der Sunamiterin.

V. 35a – Ἔλαβον γυναῖκες ἐξ ἀναστάσεως τοὺς νεκροὺς αὐτῶν – beendet die Liste der "héros triomphants". Zum zweiten Mal nach 11,31 werden – obwohl in in den alttestamentlichen Erzählungen, auf die der Hebr Bezug nimmt, Elia bzw. Elisa als handelnde Subjekte genannt sind – Frauen als Glaubenszeugen aufgeführt. Der Verfasser denkt zum einen an die Geschichte der *Witwe von Sarepta*. In *1Kön (= 3Reg) 17,17–24: 21ff* bittet Elia Gott um Wiederbelebung des Sohnes der Witwe mit den Worten (V.21): Κύριε ὁ θεός μου, ἐπιστραφήτω δὴ ἡ ψυχὴ τοῦ παιδαρίου τούτου εἰς αὐτόν. Die anschließenden Verse (VV. 22f) berichten von der Erhörung der Bitte: καὶ ἐγένετο οὕτως, καὶ ἀνεβόησεν τὸ παιδάριον ... καὶ ἔδωκεν αὐτὸν τῇ μητρὶ αὐτοῦ· καὶ εἶπεν Ηλιου Βλέπε, ζῇ ὁ υἱός σου.[1044]

[1039] Abzulehnen sind die Deutungen auf Hiskia (Jes 38,16; vgl. 2Kön 20,4ff): so J.CALVIN z.St.; J.H.EBRARD 370; auf Judith (Jdt 13,7): so H.BRAUN 393; oder auf die Rückkehrer aus dem Exil: so CHRYSOSTOMUS z.St.

[1040] Abzulehnen sind die Auslegungen auf Josua (vgl. Sir 46,1) und Barak (Ri 4,14).

[1041] Ri 4,16: καὶ Βαρακ διώκων ὀπίσω τῶν ἁρμάτος καὶ ὀπίσω τῆς παρεμβολῆς ... καὶ ἔπεσεν πᾶσα ἡ παρεμβολὴ Σισαρα ἐν στόματι ῥομφαίας, οὐ κατελείφθη ἕως ἑνός.

[1042] S. Ri 7,11.14.21; 8,11: Γεδεων ... ἐπάταξεν τὴν παρεμβολήν.

[1043] Vgl. 1Makk 4,30; Ri 7,11 und ψ 45,7.

[1044] Die Wiederbelebung bezeugt auch *Josephus* in *Ant. VIII 326f*: ἐδεῖτό τε τὴν ψυχὴν εἰσπέμψαι πάλιν τῷ παιδὶ καὶ παρασχεῖν αὐτῷ τὸν βίον. ... παρὰ πᾶσαν τὴν προσδοκίαν ἀνεβίωσεν.

Was in der alttestamentlichen Perikope als Wiederbelebung geschildert wird, nennt der Hebr ἀνάστασις. Gleiches gilt auch für die Erzählung der Wiederbelebung des *Sohnes der Sunamitin* durch Elisa. Der Hebr greift zurück auf *2Kön 4,18-37*. Beide Texte verwenden das Verb λαμβάνειν in der Bedeutung "zurückerhalten", um damit die Rückgabe des Sohnes an die Sunamitin auszudrücken. Nach *2Kön (= 4Reg) 4,36f* übergibt Elisa den Knaben mit den Worten: Λαβὲ τὸν υἱόν σου. καί ... ἔλαβεν τὸν υἱὸν αὐτῆς καὶ ἐξῆλθεν[1045].

3. Hebr 11,35b - 38: Der Glaube der Makkabäer, der Propheten und aller Israeliten ("héros souffrants")

Der Verfasser nennt im Abschnitt 11,35b-38 diejenigen Zeugen, die durch ihren Glauben (διὰ πίστεως) Leiden auf sich nahmen. Der "Märtyrerkatalog" führt "héros souffrants" aus der alttestamentlichen Geschichte an.

a) V. 35b: Der Glaube der Makkabäer im Wissen um die "bessere Auferstehung"

Der Hebr schlägt innerhalb von V.35 chronologisch einen großen Bogen: das letzte Glied des Siegerkatalogs reicht zurück in die Zeit Elias und Elisas (V. 35a); das erste Glied des Märtyrerkatalogs entnimmt der Verfasser der Makkabäerzeit (V. 35b). Die Verknüpfung erfolgt durch das Stichwort der ἀνάστασις. Während V. 35a abhebt auf die ins irdische Leben zurückführende Auferstehung, geht es in V. 35b um die noch ausstehende κρείττων ἀνάστασις. V. 35b zeigt durch den Subjektswechsel (ἄλλοι δέ) an, daß ein neuer Abschnitt beginnt. Bei den "anderen" denkt der Hebr an die Glaubenshelden der Makkabäerzeit: Eleasar, die sieben Brüder und deren Mutter (2Makk 6,18 - 7,36; 4Makk 5,1 - 7,23; 8,1 - 18,24). Wie der Hebr spricht auch das 4. Makkabäerbuch[1046] von der πίστις der Makkabäer. Sie gehören zu den "Gerechten"

[1045] Eine interessante Auslegung der Elisa-Erzählung findet sich in DevR 10,3 (118a). In Auslegung von 2Sam 23,3 - "Wer gerecht herrscht über die Menschen, wer herrscht in der Furcht Gottes ..." - rechnet der Midrasch Elisa zu den Gerechten. Sie, die Gerechten, tun alles, was der Heilige, gepriesen sei er, tut (ה'שהקב מה כל עושין הצדיקים שה עו). Woraus ergibt sich dies? Der Heilige, gepriesen sei er, kümmert sich um die Unfruchtbaren; und Elisa kümmert sich um die Sunamitin. Woher weiß man dies? (Man weiß dies,) weil es heißt: "Übers Jahr um diese Zeit wirst du einen Sohn umarmen" (2Sam 4,16). Der Heilige, gepriesen sei er, belebt die Toten; und Elisa belebte den Sohn der Sunamitin (ואלישע מתים מחיה הקב'ה שונמית של בנה את החיה)." Setzt man beim Hebr die Kenntnis einer derartigen Auslegungtradition voraus, so ergibt sich daraus: Der gerechte Elisa handelte aufgrund seines Glaubens. Allerdings, - mehr als eine interessante Vermutung ist dies nicht.

[1046] Neben die oben S. 309 zitierte Stelle 4Makk 16,22 (Eleasar gehört zu den in 4Makk 16,15ff genannten Glaubenszeugen), aus der der Glaube der sieben Brüder hervorgeht, ist 4Makk 17,2 zu stellen: hier wird der Adel des Glaubens der Mutter gerühmt (ἡ τῆς πίστεως γενναιότης).

des Gottesvolkes[1047]. Insofern sind sie auch Glaubende (Hebr 10,38; 11,6). Das Verb ἐτυμπανίσθησαν ist freie Wiedergabe von 2Makk 6,19.28, wo bezeugt wird, daß Eleasar freiwillig an den Marterblock (τὸ τύμπανον) herantrat, um sich töten zu lassen[1048]. Auch die Wendung οὐ προσδεξάμενοι τὴν ἀπολύτρωσιν ist in Anlehnung an 2Makk 6f formuliert. Von Eleasar heißt es in 2Makk 6,22.30, daß er die Möglichkeit hatte, dem Tod zu entgehen (ἀπολυθῆναι τοῦ θανάτου). Aber er lehnt ab aus Gottesfurcht und um der heiligen Gesetze willen. Er will ein edles Beispiel (ὑπόδειγμα γενναῖον) für Jüngere sein. An anderer Stelle wird geschildert, daß Antiochus dem jüngsten der sieben Brüder Reichtum und Glück verspricht, wenn er "von der Väterart abstehe" (μεταθέμενον ἀπὸ τῶν πατρίων). Doch auch er lehnt ab (2Makk 7,24ff). Der Hebr faßt die genannten Texte zusammen in die Aussage: "andere aber wurden gemartert und nahmen die Schonung nicht an". Den Grund für diese Haltung erblickt er in der Ausrichtung der Glaubenszeugen auf die eschatologische Auferstehung: ἵνα κρείττονος ἀναστάσεως τύχωσιν. Der traditionsgeschichtliche Hintergrund dieser Aussage liegt auf der Hand: Das 2. Makkabäerbuch läßt deutlich erkennen, daß die Standhaftigkeit der Märtyrer[1049] im Vertrauen auf das göttliche Erbarmen[1050] und in der Hoffnung auf die eschatologische Auferstehung gründet. Das zeigen die Worte aus *2Makk 7*, die die Märtyrer an den König Antiochus richten[1051]:

"(9) Mit seinem letzten Atemzug aber sprach er [der zweite der sieben Brüder]: 'Du Missetäter nimmst uns zwar das gegenwärtige Leben, aber der König der Welt wird uns ... auferstehen lassen zum ewigen Leben' (ὁ δὲ τοῦ κόσμου βασιλεὺς ... εἰς αἰώνιον ἀναβίωσιν ζωῆς ἡμᾶς ἀναστήσει) ... (11) [Der dritte] sprach auf treffliche Weise: 'Vom Himmel besitze ich diese (Glieder) ... und vom Himmel [von Gott] hoffe ich diese wieder zu erlangen (καὶ παρ' αὐτοῦ ταῦτα πάλιν ἐλπίζω κομίσασθαι)' ... (14) Und [der vierte,] als er dem Ende nahe war, sprach er so: 'Es ist trostreich, wenn

---

[1047] Von der Mutter heißt es in 4Makk 18,6 v.l. (A): sie ist die Gerechte (ἡ δικαία). In 4Makk 18,15 ergibt sich der Bezug auf die Makkabäer aus dem Textzusammenhang: πολλαὶ αἱ θλίψεις τῶν δικαίων.

[1048] Das Verb τυμπανίζω begegnet in vergleichbarer Konnotation nur noch in VitProph 7,1: Ἀμὼς ἦν ἐκ Θεκουέ. καὶ Ἀμασίας συχνῶς αὐτὸν ἐτυμπάνισε (Ed. Th.SCHERMANN 51). Sachliche Parallelen finden sich in 2Makk 7,13 (Eleasar: βασανίζω; αἰκίζω); 4Makk 16,15; 17,3.7 (die sieben Brüder und die Mutter: βασανίζω) und in 4Makk 17,9f, bezogen auf Eleasar, die sieben Brüder und die Mutter: οἳ ... μέχρι θανάτου τὰς βασάνους ὑπομείναντες.

[1049] Vgl. zur Standhaftigkeit (ὑπομονή; ὑπομένειν) 2Makk 7,36; 4Makk 16,19; 16,22; 17,4; 17,10; 17,12; 17,17 und 17,23.

[1050] In 2Makk 7,6 bekundet der erste der sieben Brüder sein Vertrauen auf Gott mit den Worten: "Der Herr unser Gott sieht auf uns und wird sicherlich Erbarmen mit uns haben ... (ὁ κύριος ὁ θεὸς ἐφορᾷ καὶ ταῖς ἀληθείαις ἐφ' ἡμῖν παρακαλεῖται). Das Vertrauen auf Gott befähigt auch den jüngsten Bruder zum Martyrium: "So starb auch dieser in Reinheit und in vollem Vertrauen auf den Herrn (ἐπὶ τῷ κυρίῳ πεποιθώς)" (2Makk 7,40).

[1051] Zur Übersetzung dieser Stelle s. die Darlegungen bei Chr.HABICHT: 2.Makkabäerbuch (JSHRZ I.3) 235 Anm. 14a.

die von den Menschen Scheidenden[1052], auf das von Gott gegebene Verheißungsgut (ἐλπίδας)[1053] ihre Hoffnung setzen, nämlich von ihm wieder auferweckt zu werden (πάλιν ἀναστήσεσθαι ὑπ' αὐτοῦ). Für dich aber (König Antiochus) wird es eine Auferstehung zum Leben (ἀνάστασις εἰς ζωήν) nicht geben.' ... [Der Jüngste sprach:] (36) 'Unsere Brüder sind jetzt, nachdem sie eine kurze Qual erduldet haben (βραχὺν ὑπενέγκαντες πόνον), des ewigen Lebens aufgrund der Verheißung Gottes teilhaftig geworden (ἀενάου ζωῆς ὑπὸ διαθήκην θεοῦ πεπτώκασιν)'."

Die Märtyrer gehen gerne in den Tod, weil sie - um es mit den Worten des Hebr zu formulieren - auf die κρείττων ἀνάστασις hoffen[1054]. Der Hebr schließt aus den genannten Stellen, daß die Makkabäer, weil sie um das eschatologische Heilsgut wissen (πίστις = πραγμάτων ἔλεγχος οὐ βλεπομένων)[1055], bis in den Tod auf Gottes Barmherzigkeit vertrauen und deshalb standhalten (πίστις = ἐλπιζομένων ὑπόστασις). Die πίστις der Märtyrer zeigt sich in ihrer ὑπομονή angesichts der zu erleidenden Marter, - diese Haltung war begründet im Wissen um die Eschata.

b) V. 36: Der Glaube der Makkabäer und des Propheten Jeremia

Mit V. 36 beginnt ein neuer Abschnitt, - eingeführt durch das Subjekt ἕτεροι δέ. Bei den "anderen" hat der Hebr *zunächst* nochmal die Makkabäer, *dann* aber auch andere Gestalten im Blick. In *V. 36a* fügt der Verfasser ein weiteres Beispiel aus der Makkabäerzeit hinzu. Es genügen hier wenige Hinweise. Von der "Verhöhnung" (ἐμπαιγμός) der Makkabäer handelt *2Makk 7,7*: "Nachdem der erste auf diese (grausame) Weise verschieden war, schleppten sie den zweiten zur Verhöhnung (τὸν δεύτερον ἦγον ἐπὶ τὸν ἐμπαιγμόν)"[1056]. Auch "Geißelung" (μάστιξ) haben die sieben Brüder über sich ergehen lassen: Sie - so heißt es in *2Makk 7,1* - "wurden mißhandelt mit

---

[1052] Vgl. auch 2Makk 7,20; 7,23 - Auferstehungshoffnung der Mutter: der Schöpfer der Welt (ὁ τοῦ κόσμου κτίστης) wird den Söhnen "Atem und Leben in seinem Erbarmen wiedergeben" (τὸ πνεῦμα καὶ τὴν ζωὴν ... πάλιν ἀποδίδωσιν μετ' ἐλέους); 7,29 - die Mutter ermuntert ihren jüngsten Sohn zum Standhalten in der Hoffnung, ihn in der Zeit der Barmherzigkeit mit den Brüdern wiederzuempfangen (ἵνα ἐν τῷ ἐλέει σὺν τοῖς ἀδελφοῖς ... κομίσωμαί σε).

[1053] Zu ἐλπίς im objektiven Sinne des Verheißungsgutes s. Hebr 6,18; 7,19.

[1054] Im Gegensatz zu 11,35a geht es hierbei um die eschatologische Auferstehung. Das belegen nicht nur die o.g. Texte, sondern auch der Sprachgebrauch des Hebr: Mit κρείττων hebt der Verfasser auf einen absoluten Unterschied ab; vgl. BZ 33 (1989) 73f Anm. 77. Für Hebr 11,35 folgt daraus, daß die ἀνάστασις in 11,35a und 11,35b keine ernsthaft vergleichbaren Größen darstellen.

[1055] Das ergibt sich aus 4Makk 17,5: Die Söhne und die Mutter stehen bei Gott in Ehren und haben im Himmel eine feste Stätte; vgl. auch 4Makk 17,17f: Eleasar, die Mutter und die Söhne stehen um ihrer ὑπομονή willen dem göttlichen Thron nahe und leben die glückselige Ewigkeit (δι' ἣν καὶ τῷ θείῳ νῦν παρεστήκασιν θρόνῳ καὶ τὸν μακάριον βιοῦσιν αἰῶνα). Zur Sache vgl. auch M.HENGEL: Zeloten 271ff.

[1056] Das Verb ἐμπαίζω erscheint außerdem in 1Makk 9,26 und 2Makk 7,10; vgl. außerdem Ez 22,4; ψ 37,8; Sir 27,28; Sap 12,25; 3Makk 5,22; PsSal 17,12. Sachlich zu vergleichen ist 2Makk 7,27; 9,11 (zu den Makkabäern) und überdies Jes 50,6; Sir 28,17; Test XII TJos 8,4; Philo, Flacc 75.78.

Geißeln und Riemen (μάστιξιν καὶ νευραῖς αἰκιζομένοι)". Eleasars letzte Worte sind von seinem um Gottes willen ertragenen Leiden geprägt: "Dem Herrn, der die heilige Erkenntnis hat, ist bekannt, daß ich, der ich dem Tode hätte entgehen können, harte körperliche Geißelpein ertrage (σκληρὰς ὑποφέρω κατὰ τὸ σῶμα ἀλγηδόνας μαστιγούμενος), sie jedoch aus Gottesfurcht in meiner Seele gerne erdulde" (*2Makk 6,30*). Die Makkabäer haben - so der Hebr - διὰ πίστεως "Verhöhnung und Geißelung über sich ergehen lassen[1057]".

V. 36b ist nicht mehr auf die Makkabäer, sondern - mit der großen Mehrzahl der Exegeten[1058] - auf den Propheten *Jeremia* auszulegen. Von ihm wird an vielen Stellen bezeugt, daß er im Kerker saß[1059]. Aus den zahlreichen Belegen verdient *Jer 40 (33),1* besondere Beachtung:

"Und es erging das Wort des Herrn zum zweiten Mal an Jeremia, und er war noch im Gefängnishof gebunden (καὶ αὐτὸς ἦν ἔτι δεδεμένος ἐν τῇ αὐλῇ τῆς φυλακῆς)."

Hier erscheint nebeneinander der Hinweis auf die "Ketten" - ausgedrückt durch das Verb δέειν - und die Gefangenschaft (φυλακή) des Propheten[1060].

c) V. 37a: Der Glaube Sacharjas, (der Makkabäer) und Jesajas

Die textgeschichtliche Überlieferung von V. 37a bereitet Schwierigkeiten. Zunächst ist klar, daß ἐλιθάσθησαν[1061] zum ursprünglichen Text gehört. Der Verfasser greift hierbei zurück auf *2Chron 24,20-22*. Dort wird die Steinigung des *Sacharja ben Jojada* geschildert[1062]. Sacharja wendet sich im Namen Gottes gegen den frevelhaften Wandel des Volkes, und er bezahlt seine prophetische Kritik mit dem Leben: ἐπέθεντο αὐτῷ καὶ ἐλιθοβόλησαν αὐτόν ... ἐν αὐλῇ οἴκου κυρίου (2Chron 24,21). Das Martyrium der Propheten, insbesondere das Sacharjas, war in neutestamentlicher

---

[1057] Die Wendung πεῖραν ἔλαβον ist hier passiv zu interpretieren und meint wörtlich: "Bekanntschaft machen mit": vgl. W.BAUER: Wörterbuch s.v. πεῖρα, Sp. 1269. Zur aktiven Verwendung siehe oben zu 11,29 (S. 296 Anm. 981).

[1058] Vgl. stellvertretend F.BLEEK II 2,831; A.THOLUCK 390; W.M.L.DE WETTE 238; F.F.BRUCE 340; O.MICHEL 418. Weitere Möglichkeiten bietet H.BRAUN 397.

[1059] Jer 20,2; 39 (32),2.8.12; 44 (37),4.15.18.21; 45 (38),6.13.28; 46 (39),14f; 52,33; vgl. außerdem Jos., Ant. X 115.

[1060] Die beiden Begriffe stehen nebeneinander in TestXII TJos 1,6: ἐν φυλακῇ ἤμην καὶ ὁ σωτὴρ ἐχαρίτωσέ με ἐν δεσμοῖς καὶ ἐλυσέ με.

[1061] Zum Begriff vgl. W.MICHAELIS: λιθάζω κτλ., ThWNT IV (1942) 271f. Zur Steinigung als alttestamentlich-jüdischer Strafform vgl. Ex 19,13; Num 15,36; Dtn 13,10 (11); 21,18-21. Im Neuen Testament vgl. u.a. Mt 21,35; Apg 7,58. Zur Bedeutung der Steinigung in der außerjüdischen Antike vgl. R.HIRZEL: Strafe 223-266.

[1062] Der Bezug auf Sacharja ben Jojada wird in der Exegese nahezu einmütig vertreten. Zur möglichen Auslegung auf Jeremia vgl. neben ParJer 9,21; 9,30; VitProph 2,1; F.BLEEK II 2,832; H.J.SCHOEPS: Die jüdischen Prophetenmorde 136f; G.DELLING: Jüdische Lehre 14ff. Zur christlichen Tradition der Steinigung Jeremias vgl. F.BLEEK ebd.; O.MICHEL 419 Anm. 1 und H.BRAUN 397.

Zeit wohlbekannt, was sich aus *Mt 23,34f.37* ergibt: In seinen Weherufen über die Schriftgelehrten und Pharisäer erinnert Jesus seine Gegner an das gottlose Vergießen von gerechtem Blut (αἷμα δίκαιον). Sacharja - der ἄνθρωπος δίκαιος[1063] - wurde vom Volk ermordet zwischen Tempel und Altar (V. 35: μεταξὺ τοῦ ναοῦ καὶ τοῦ θυσιαστηρίου)[1064].

Wie die Fortsetzung des Textes nach ἐλιθάσθησαν ursprünglich gelautet hat, kann heute nicht mehr sicher festgestellt werden. Eine hilfreiche Übersicht über die verschiedenen Lesarten und Konjekturvorschläge bietet bereits F.BLEEK in seinem Kommentar[1065]. Aus der Vielzahl von Thesen sind m.E. *drei* erwägenswert: man streicht *erstens* das am besten bezeugte ἐπειράσθησαν und erklärt es als Dittographie, die schon sehr früh - vor dem 2. Jh. - aufgrund eines Lesefehlers - aus ἐπρίσθησαν - in den Text eindrang[1066]. Diese Streichung stört dann allerdings den schönen Rhythmus der VV. 36 - 38: auf die 4 Glieder in V. 36 würden dann 2 + 3 + 3 in V. 37 und 4 Glieder in V. 38 folgen. Das wird man sich bei der ansonsten sehr sorgfältigen Komposition kaum vorstellen können. Folgt man - *zweitens* - der Textlesart von NA[25] und erhebt ἐπειράσθησαν, ἐπρίσθησαν zur ursprünglichen Überlieferung[1067], so stellt sich die Frage, woran der Hebr mit ἐπειράσθησαν (= "sie wurden durch die Folter erprobt")[1068] gedacht hat. Besonders naheliegend wäre eine Auslegung auf den πειρασμός der Makkabäer. A.THOLUCK denkt an die Versuchung, die "Antiochus bei dem Jünglinge macht: 'die Verlockung zum Abfall unter Androhung noch größerer Qualen'"[1069] (2Makk 7,24). Dagegen spricht jedoch, daß der Hebr davon bereits in V. 35b handelt. So bleibt - *drittens* - die Vornahme einer Konjektur. Die vorliegende Textüberlieferung spricht dafür, daß nach ἐλιθάσθησαν ein weiteres Verb gestanden haben muß, das zum einen eine besonders gewaltsame Todesart bezeichnete und das zum andern ἐπειράσθησαν in Sprache und Klang ähn-

---

[1063] Dieses Epitheton rechtfertigt der Kontext: Wenn die Ermordung Sacharjas als "Vergießen von gerechtem Blut" verstanden wird, so muß der Prophet als ἄνθρωπος δίκαιος bezeichnet worden sein (vgl. auch 1Clem 45,4 [unten Anm. 1064]). Die Konsequenzen für den Hebr sind hinlänglich bekannt: Sacharja hatte auch πίστις. Zum genannten Epitheton in der rabbinischen Traditon vgl. BILL. I 942.

[1064] S. auch 1Clem 45,4: "Verfolgt wurden Gerechte (ἐδιώχθησαν δίκαιοι), doch von Frevlern; eingekerkert wurden sie, doch von Gottlosen; gesteinigt wurden sie von Missetätern (ἐλιθάσθησαν ὑπὸ παρανόμων)." Zur rabbinischen Überlieferung der Steinigung Sacharjas vgl. BILL. I 940ff; H.J.SCHOEPS: Die jüdischen Prophetenmorde 138ff.

[1065] II 2, 834ff; vgl. außerdem die textkritischen Apparate von NA[26] und GNT[3], sowie die Erläuterungen bei B.M.METZGER: Commentary 674f und H.BRAUN 397.

[1066] So NA[26] und GNT[3]. Zur Begründung heißt es im Textual Commentary: "With some hesitation ... the Committee decided to adopt the shorter reading ... and to print only ἐπρίσθησαν" (675). Vgl. auch J.CALVIN z.St.; E.RIGGENBACH 380f; H.WINDISCH 105; J.MOFFATT 186ff; H.W.MONTEFIORE 209f und H.BRAUN 397.

[1067] So v.a. die Kirchenväter. Sie denken an die Versuchungen Hiobs, Abrahams und Jakobs. Dies ist jedoch ganz unwahrscheinlich.

[1068] O.MICHEL 419.

[1069] So 392. Weitere Vertreter dieser Auslegung bei F.BLEEK II 2,834.

lich war[1070]. Die Textzeugen sprechen für ἐπειράσθησαν, ἐπρίσθησαν; insofern wäre NA²⁵ zu folgen. Aus dem genannten exegetischen Grund kommt jedoch ἐπειράσθησαν nicht in Betracht. So legt sich - obwohl in der alten Überlieferung nicht belegt[1071] - ἐπρήσθησαν (= "sie wurden verbrannt") nahe, wofür besonders die itazistische Aussprache des Verbs spricht. Damit läßt sich erklären: ἐπρήσθησαν bezeichnet eine gewaltsame Todesart; das Verb ist nicht nur ἐπειράσθησαν vom Schriftbild sehr ähnlich, sondern es läßt sich in der Aussprache aufgrund des Itazismus von ἐπρίσθησαν nicht unterscheiden. Hinzu kommt die Tatsache, daß der Rhythmus der VV. 36 - 38 nicht gestört wird. Die letztgenannte Lösung ist - trotz möglicher textkritischer Bedenken - unter Berücksichtigung der Textgeschichte und des Kontextes der VV. 35ff in der Tat die "beste aller Conjecturen"[1072]. Es bleibt die Frage nach dem Bezug von ἐπρήσθησαν. Am ehesten ist dabei wohl an die Verbrennungen zu denken, wie sie Antiochus unter den Märtyrern der Makkabäerzeit grausam vollziehen ließ[1073]. Nicht zwingend ist der Einwand, daß "der Rückgriff in die Makkabäerzeit befremdet, da in v. 37 sonst nur auf die Erlebnisse von Propheten angespielt wird"[1074]. Denn: auch die letzten drei Glieder in V. 37c (vgl. auch V. 35b und V. 36) nehmen teilweise auf die Makkabäerzeit Bezug, ganz abgesehen davon, daß der Hebr die "héros souffrants" in den VV. 35b - 38 ohne eine feste chronologische Ordnung aufzählt.

Das dritte Glied ist dagegen textgeschichtlich ohne Zweifel ursprünglich. Die Aussage, daß Gestalten der Heilsgeschichte zersägt wurden (ἐπρίσθησαν), findet im Alten Testament keinen Anhalt[1075]. Aber es gibt eine breite jüdische und christliche Tradition, wonach der Prophet *Jesaja* von König Manasse auf diese Weise hingerichtet wurde[1076]. Die im ersten nachchristlichen Jahrhundert entstandene jüdische Schrift *Martyrium Isaiae*[1077] schildert an mehreren Stellen die Zersägung Jesajas.

[1070] Vgl. hierzu F.BLEEK II 2,836.

[1071] Wenn feststeht, daß der Archetyp der Überlieferung ἐπειράσθησαν, ἐπρίσθησαν gelesen hat, so muß man davon ausgehen, daß er - analog zu Röm 5,1 (leg.: ἔχομεν statt ἔχωμεν) und Gal 2,12 (leg.: ἦλθον statt ἦλθεν) - nicht mehr den Text des Autors wiedergibt. Der "Fehler" ἐπειράσθησαν muß demnach schon vor dem Archetypen der Überlieferung aufgekommen sein. Für Anregungen danke ich Prof. W.THIELE.

[1072] So F.DELITZSCH 590 und O.MICHEL 419 (einschl. Anm. 4 und 6).

[1073] S. 2Makk 6,11 und 7,4f; 4Makk 7,12; 9,19f; 10,14; 11,18f; vgl. auch Philo, Flacc. 174; AssMos 8,4 und F.BLEEK II 2, 837f; O.MICHEL 419 Anm. 6.

[1074] So E.RIGGENBACH 380. Vgl. H.J.SCHOEPS: Die jüdischen Prophetenmorde 141f Anm. 4.

[1075] Zu den sprachlichen Anklängen in der Septuaginta siehe die Stellen Am 1,3 und ZusDanSus θ' 59.

[1076] Zur christlichen Überlieferung vgl. J.J.WETTSTEIN II 431; F.BLEEK II 2,832f; E.SCHÜRER: Geschichte II⁴ 407; III⁴ 390f; E.SCHÜRER: History II (1979) 352; III.1 (1986) 335ff; G.BEER: APAT II 122f; O.MICHEL 419 Anm. 2; H.BRAUN 398.

[1077] Hierzu vgl. E.HAMMERSHAIMB: Das Martyrium Jesajas, JSHRZ II.1, 17f und M.A.KNIBB: Martyrdom and Ascension of Isaiah, OTP II (1985) 143 - 176: 149ff. Zur Sache H.J.SCHOEPS: Die jüdischen Prophetenmorde 128ff; M.HENGEL: Zeloten 273f.

Schon zu Beginn der Schrift (MartJes 1,9) prophezeit Jesaja gegenüber König Hiskia, dem Vater Manasses[1078]:

"Er [Manasse] wird viele in Jerusalem und Juda dazu bringen, den rechten Glauben zu verlassen[1079], und Beliar wird in Manasse wohnen, ich aber werde durch seine Hand zersägt werden."

Während die Bewohner Jerusalems und Judas vom rechten Glauben abfallen werden, bleibt Jesaja standhaft. Er gehört in die Reihe der Gerechten, die durch Manasse und seine Helfershelfer verfolgt werden[1080]. Nach dem Tod Hiskias tritt alles so ein, wie es Jesaja prophezeit hat (MartJes 5,1)[1081]:

"Wegen dieser Gesichte wurde Beliar auf Jesaja zornig. Da nahm er Platz im Herzen Manasses, so daß er Jesaja mit einer Holzsäge zersägte".

Schließlich wird am Ende der Schrift - in MartJes 5,11ff - nochmals der Vollzug des Zersägens geschildert[1082]:

"(11) Und sie packten Jesaja, den Sohn des Amoz, und zersägten ihn mit einer Baumsäge ... (14) Und Jesaja schrie weder, noch weinte er, als er zersägt wurde, sondern sein Mund redete mit dem Heiligen Geist, bis er in zwei Teile zersägt war."

Dieselbe Tradition findet sich auch in VitProph 1,1[1083]:

Ἡσαΐας ὁ προφήτης, υἱὸς Ἀμώς, ἐγένετο μὲν ἐν Ἰεροουσαλὴμ ἐκ φυλῆς Ἰούδα· θνήσκει δὲ ὑπὸ Μανασσῆ τοῦ βασιλέως Ἰούδα, πρισθεὶς εἰς δύο καὶ ἐτέθη ὑποκάτω δρυὸς Ῥωγήλ.

[1078] Die Zitate aus MartJes entstammen der kritischen Übersetzung von E.HAMMERSHAIMB: Das Martyrium Jesajas. Ihr liegt der äthiopische Text der Ausgabe von R.H.CHARLES zugrunde (vgl. ebd. 22). Die nur fragmentarisch erhaltene griechische Überlieferung ist entnommen aus A.-M.DENIS: Fragmenta Pseudepigraphorum quae supersunt graeca 105-114.

[1079] Die griechische Fassung betont in 1,9 den Abfall (vgl. Hebr 10,38!) vom lebendigen Gott und die Anbetung der Götzen: κατοικήσει γὰρ ὁ σατανᾶς ἐν τῇ καρδίᾳ Μανασσῆ, τοῦ υἱοῦ σου, καὶ πρισθήσομαι ὑπ' αὐτοῦ πρίωνι ξυλίνῳ ἀπὸ κεφαλῆς ἕως ποδῶν εἰς δύο, καὶ πολλοὺς ἐξ Ἰερουσαλὴμ καὶ ἐξ Ἰούδα ἀποστήσει ἀπὸ θεοῦ ζῶντος καὶ προσκυνήσουσιν εἰδώλοις (A.-M.DENIS 107).

[1080] MartJes 2,5 (A.-M.DENIS 109): ὁ διωγμὸς τῶν δικαίων ἐν χερσὶ Μανασσῆ. Diese Aussage entspricht 2Kön 21,16. Für unsere Zusammenhänge folgt daraus: Jesaja ist als Gerechter zugleich ein Glaubender im Sinne von Hebr 10,38; 11,6. Vgl. auch Ber 10a und AscJes 6,2ff.

[1081] Im griechischen Text von 3,14 (A.-M.DENIS 113) ist Manasse das Subjekt des Zorns: τότε θυμωθεὶς σφόδρα ὁ βασιλεὺς Μανασσῆς ἐφ' οἷς ἤκουσεν ... ἐκέλευσεν παρευθὺ πρισθῆναι τὸν ἅγιον Ἡσαΐαν ἐν πρίωνι σιδηρῷ.

[1082] Vgl. auch 5,2.6; Die Stelle 5,2 entspricht 3,15 in der griechischen Fassung (A.-M.DENIS 113): καὶ τούτου ἐν τάχει γινομένου καὶ πριζομένου αὐτοῦ ... Weitere griechische Belege in 3,16; 3,17.19; vgl. auch A.-M.DENIS: Concordance 666 s.v. πρίω.

[1083] Zur Rekonstruktion des zitierten Textes aus den Rezensionen s. die Ed. Th.SCHERMANN (TU 31.3) 43-45.77-81. Zur rabbinischen Tradition vgl. G.BEER APAT II 122f; BILL. III 747 und H.J.SCHOEPS: Die jüdischen Prophetenmorde 129f.

Der Hebr konnte aus einer breiten Überlieferung schöpfen. Jesaja erscheint in der Überlieferung als Märtyrer um seines Glaubens willen (διὰ πίστιν). Er bleibt Gott treu. Διὰ πίστεως widersteht er dem Abfall εἰς περιποίησιν ψυχῆς (Hebr 10,38f).

d) V. 37b: Der Glaube der Propheten zur Zeit Elias und Elisas

Mit den drei Aussagen in V. 37b greift der Verfasser zeitlich wieder zurück auf die Epoche Elias und Elisas. Der Hinweis auf den Märtyrertod durch das Schwert (ἐν φόνῳ μαχαίρης ἀπέθανον)[1084] ist Bezugnahme auf *1Kön (= 3Reg) 19,10*. Elia klagt zu Gott über die Ermordung der Propheten[1085]:

"Israel hat dich verlassen, deine Altäre haben sie niedergerissen und deine Propheten haben sie mit dem Schwert getötet (τοὺς προφήτας σου ἀπέκτειναν ἐν ῥομφαίᾳ)."

Auch das zweite Glied bezieht sich auf die Zeit Elias und Elisas: Elia hinterläßt bei seiner Himmelfahrt die Propheten-μηλωτή[1086] seinem Schüler Elisa (*2Kön [=4Reg] 2,13f*):

"Und er (Elisa) hob den Mantel Elias auf (καὶ ὕψωσεν τὴν μηλωτὴν Ἠλιου), den dieser vor Elisa hatte fallen lassen; und Elisa wandte sich um und stellte sich an die Ufer des Jordan. Und er nahm den Mantel des Elia, der vor seine Füße gefallen war, und er schlug damit auf das Wasser"[1087].

Elia und Elisa zogen umher[1088] mit der typischen Prophetenkleidung[1089], mit

---

[1084] Sprachlich vgl. die Septuagintastellen Ex 17,13; Num 21,24 (πατάσσειν φόνῳ μαχαίρης); Dtn 20,13; Jer 33 (26),23 LXX (hierzu s. die folgende Anmerkung): und Dtn 13,16: ἀναιρεῖν ἐν φόνῳ μαχαίρας.

[1085] Zum Prophetenmord s. Jer 2,30 LXX: Das Schwert hat Israels Propheten gefressen (μάχαιρα κατέφαγεν τοὺς προφήτας); Jer 33 (26),23 LXX: König Jojakim läßt Uria mit dem Schwert hinrichten (ἐπάταξεν αὐτὸν ἐν μαχαίρᾳ); Jos., Ant. X 38: Manasse geht in seiner Gottesverachtung so weit, alle gerechten Hebräer zu töten und auch die Propheten nicht zu schonen (πάντας τοὺς δικαίους ... ἀπέκτεινεν, ἀλλ' οὐδὲ τῶν προφητῶν ἔσχε φειδώ). Im Neuen Testament siehe Mt 23,31.35; Apg 7,52 und 1Thess 2,15.

[1086] Vgl. 1Kön (= 3Reg) 19,13.19; 2Kön (= 4Reg) 2,8.13. Die μηλωτή meint den Schafsfellmantel. Daß damit an den rauhen Pelz gedacht ist, ergibt sich aus 2Kön (= 4Reg) 1,8: dort wird Elias Kleidung als zottig und dichtbehaart (δασύς) bezeichnet; um seine Lenden umgürtet mit einem ledernen Gürtel (ζώνην δερματίνην περιεζωσμένος τὴν ὀσφὺν αὐτοῦ). Zur Prophetentracht vgl. auch Sach 13,4; Mk 1,6 par. Mt 3,4.

[1087] Elisa folgt mit dieser Handlung den Taten seines Lehrers: Nach 2Kön 2,8 schlug auch Elia mit seinem Mantel auf die Wasser des Jordan. Diese Überlieferung ist auch in VitProph 21,12 (Elia) und 22,5 (Elisa) belegt.

[1088] Aufgrund περιέρχεσθαι in Hebr 11,37f das Motiv des wandernden Gottesvolkes entdecken zu wollen (vgl. E.GRÄSSER: Glaube 183 Anm. 194), besteht kein Anlaß.

[1089] Vgl. auch MartJes 2,9f: Die Propheten Micha, Anania, Joel, Habakuk ... "waren alle mit einer Felltracht bekleidet und sie waren alle Propheten" (πάντες σάκκον περιβεβλημένοι καὶ πάντες ἦσαν προφῆται; A.-M.DENIS 110). Die engste Parallele zu

Schafsfellen und - so die Fortsetzung in V. 37b - mit Ziegenhäuten (ἐν αἰγείοις δέρμασιν). Den in der Bibel nur hier belegten Ausdruck αἴγειον δέρμα[1090] fügt der Verfasser zur Verstärkung als den bestimmteren Begriff hinzu, "indem er von den unter μηλωταῖς umfaßten Pelzen diejenigen nennt, welche wohl als die rauheren und unansehnlicheren galten"[1091]. Bereitet die Identifizierung der angesprochenen Gestalten demnach keine Mühe, so kann die Frage nach deren πίστις wohl kaum beantwortet werden. Es ist der Sache angemessen, das offen zu lassen.

e) V. 37c: [Der Glaube Elias/Elisas, Davids und der Makkabäer]

Beziehen sich die drei Präsenspartizipien (ὑστερούμενοι; θλιβόμενοι; κακουχούμενοι), die die Dauer der Handlung betonen, auf V. 37b, so folgt daraus, daß sie von περιῆλθον abhängen; Elia und Elisa - an sie denkt dann der Verfasser - sind in Schafsfellen und Ziegenhäuten umhergezogen, - unter Entbehrungen, Drangsalen und Mißhandlungen[1092]. Möglich ist aber auch der Bezug auf alle in den VV. 35b - 37b genannten Märtyrer. Jedoch fällt es schwer, für jede der genannten Gestalten einen Anknüpfungspunkt in der Überlieferung zu finden. Schließlich kann man in den Partizipien eigenständige Prädikate erblicken. Versteht man so, dann hätte der Verfasser in 11,37c drei weitere Beispiele angefügt. Elia und Elisa haben Mangel gelitten, - so entnehmen wir 1Kön 17,10f; 19,4f und 2Kön 4,38f. In Bedrängnis (θλίβεσθαι) gerieten David (1Sam [= 1Reg] 30,6), der Psalmbeter (ψ 17,6), der Makkabäer Jonathan (1Makk 11,53) und die Väter Israels (3Makk 2,12)[1093]. Das Erleiden von Mißhandlungen (κακουχεῖσθαι) kann Bezugnahme auf 1Kön (= 3Reg) 2,26 darstellen: Abjathar und David litten Qual um Gottes willen. Salomo will den Priester verschonen, weil er alles gelitten hat, was Salomos Vater David gelitten hat[1094]. Von den drei genannten Möglichkeiten legen sich m.E. die erste und die dritte nahe, wobei es sachlich keinen Unterschied macht, welche der beiden man vorzieht.

Hebr 11,37 findet sich in 1Clem 17,1, - was ein eindeutiges Indiz für die Abhängigkeit Clemens' vom Hebr darstellen dürfte: μιμηταὶ γενώμεθα κἀκείνων, οἵτινες ἐν δέρμασιν αἰγείοις καὶ μηλωταῖς περιεπάτησαν κηρύσσοντες τὴν ἔλευσιν τοῦ Χριστοῦ.

[1090] Zu 1Clem 17,1 vgl. Anm. 1089. Zum Ziegenhaar (τρίχες αἴγειαι) vgl. Ex 25,4; 35.6.26; Jos., Ant. III 102.

[1091] So F.BLEEK II 2,840: vgl. auch A.THOLUCK 393; W.M.L.DE WETTE 238; G.LÜNEMANN 379; E.RIGGENBACH 381; O.MICHEL 420.

[1092] Von den drei Partizipien läßt sich das erste in der Sache problemlos auf Elia und Elisa beziehen, denn von beiden weiß die biblische Überlieferung, daß sie Hunger und Durst gelitten haben: zu Elia vgl. 1Kön 17,10f; 19,4f; zu Elisa 2Kön 4,38f; zu den Propheten allgemein vgl. MartJes 2,10f. Zum Begriff ὑστερεῖν s. Jos., Ant. II 7; XV 200; im Neuen Testament vgl. Lk 15,14; 2Kor 11,9 und Phil 4,12.

[1093] Zu θλίβεσθαι s. außerdem 2Kor 1,6; 4,8; 7,5; 1Thess 3,4; 2Thess 1,6f und H.BRAUN 399.

[1094] In 1Kön (= 3Reg) 2,26 spricht Salomo zu Abjathar: "Ich will dich heute nicht töten, denn du hast die Lade des Herrn vor meinem Vater getragen und hast in allem mitgelitten, was mein Vater gelitten hat (ἐκακουχήθης ἐν ἅπασιν, οἷς ἐκακουχήθη ὁ πατήρ μου). Zu κακουχεῖσθαι s. Hebr 11,25 und 13,3: es handelt sich offensichtlich um ein Vorzugswort des Verfassers.

f) V. 38: Der Glaube Davids / Elias / der Makkabäer, der Israeliten und der Propheten

Die vier Schlußglieder des Märtyrerkatalogs werden durch Parenthese - ὧν οὐκ ἦν ἄξιος ὁ κόσμος - von den voranstehenden Gliedern getrennt. Die gerühmten Märtyrer fanden in der gottlosen Welt[1095] nicht die ihnen gebührende Anerkennung. Als διὰ πίστεως Gerechte wurden sie διὰ πίστιν verfolgt, nahmen Entbehrung, Drangsale und Mißhandlungen durch die Welt auf sich. Damit gibt der κόσμος zu erkennen, daß er es nicht verdient, diese Glaubenden in seiner Mitte zu haben[1096]. Der Hebr teilt so die jüdische Auffassung, wonach die Gerechten die Welt erhalten, die ihrer nicht wert ist, weil sie sie verfolgt[1097].

Die Märtyrer mußten nicht nur eine ärmliche und bedrängte Existenz auf sich nehmen. Sie waren auch ständig auf der Flucht vor ihren Bedrängern und erfuhren ihr Dasein als Fremdlingschaft in Wüsten, auf Bergen, in Höhlen und in den Erdklüften. Ohne Heimat - so das *erste Glied* - irrten sie umher in Wüsten (ἐπὶ ἐρημίαις πλανώμενοι). Zahlreich sind hierbei die möglichen Anknüpfungspunkte des Verfassers: die Tradition berichtet von David[1098], Elia[1099], den Propheten[1100] und den Makkabäern, daß sie sich in Wüsten, auf Bergen und in Höhlen aufhielten. Besonders eng sind die Parallelen zu den Aussagen über die *Makkabäer*: Nach *1Makk 2,28f* fliehen Mattathias und seine Söhne in die Berge, viele andere aber stiegen hinab in die Wüste[1101]. In *2Makk 5,27; 6,11; 10,6* wird von Judas Makkabäus berich-

---

[1095] Κόσμος meint wie in 11,7 die Menschheit, die in Widerspruch zum göttlichen Willen lebt. Treffend bemerkt H.W.MONTEFIORE: *"The world* is used, as in v. 7, to signify human society organised without God" (211; Hervorhebung dort).

[1096] Vgl. dazu H.BRAUN 399.

[1097] Vgl. ARN A 14 (SCHECHTER 57). Weitere Belege bei BILL. I 129 (Nr. 8); H.WINDISCH 106; J.MOFFATT 189 und O.MICHEL 420.

[1098] In 1Sam (= 1Reg) 24,2 wird dem Verfolger Saul berichtet, daß David sich in der Wüste Engedi befinde (ἐν τῇ ἐρήμῳ Εγγαδδι).

[1099] Nach dem Zeugnis von 1Kön (= 3Reg) 19,4 entweicht Elia vor dem Zorn der Isebel in die Wüste (ἐπορεύθη ἐν τῇ ἐρήμῳ).

[1100] MartJes 2,7-12 (zum griechischen Text A.-M.DENIS 109f): "(7) Jesaja, der Sohn des Amoz, ... zog ... aus Jerusalem fort ... (8) ... und ließ sich nieder auf einem Berg an einem öden Ort (ἐκάθισεν ἐν τῷ ὄρει ἐν τόπῳ ἐρήμῳ). (9) Und der Prophet Micha, der alte Anania, Joel, Habakuk, sein eigener Sohn Josab und viele Getreue ... zogen fort und ließen sich auf dem Berg nieder. (10) Sie waren alle mit einer Felltracht bekleidet und sie waren alle Propheten; sie hatten nichts bei sich, sondern waren alle nackt ... (ἀνεχώρησαν, καὶ ἐκάθισαν εἰς τὸ ὄρος, πάντες σάκκον περιβεβλημένοι καὶ πάντες ἦσαν προφῆται, οὐδὲν ἔχοντες μετ᾽ αὐτῶν, ἀλλὰ γυμνοὶ ἦσαν). (11) Sie hatten nichts zu essen außer Wüstenpflanzen, die sie auf den Bergen sammelten ...; so brachten sie zwei Jahre auf den Bergen und Höhen zu. (12) Aber danach, als sie sich in der Wüste befanden ..." Die Nähe der Aussagen zu Hebr 11,37c.38 ist unübersehbar.

[1101] Ἔφυγεν αὐτὸς καὶ οἱ υἱοὶ αὐτοῦ εἰς τὰ ὄρη ... τότε κατέβησαν πολλοὶ ... εἰς τὴν ἔρημον); vgl. 1Makk 1,53; 2,31; 9,23 (Jonathan und sein Bruder Simon) und Jos., Ant. XII 271f: Mattathias und seine Söhne entfliehen in die Wüste und lassen allen Besitz im Dorf zurück. Auch andere fliehen mit Kindern und Frauen in die Wüste und verweilen in Höhlen (ἔφυγον εἰς τὴν ἔρημον καὶ ἐν σπηλαίοις διῆγον).

tet: Samt seinen Anhängern zog er sich in die Wüste zurück und lebte wie die wilden Tiere in den Bergen[1102]. Sie liefen in Höhlen zusammen, um heimlich den Sabbat zu begehen[1103]. Sie eroberten Jerusalem mit seinem Heiligtum und feierten acht Tage in der Erinnerung daran, wie sie vor kurzer Zeit in den Bergen und in den Höhlen, den Tieren gleich, gelebt hatten[1104]. Die Gläubigen irrten umher - so das *zweite Glied* - auf den Bergen ([ἐπὶ] ὄρεσιν). Neben die bereits genannten können weitere Belege gestellt werden: Das Alte Testament berichtet in *Ri 6,1f* vom Volk Israel, das vor den Midianitern flieht: Der Herr gab Israel in die Hand der Midianiter. Und die Hand der Midianiter lag stark auf Israel, und die Israeliten bauten Schlupfwinkel in den Bergen, Höhlen und den Festungen[1105]. In *1Sam* (= *1Reg*) *23,14* heißt es von David, der sich auf der Flucht vor Saul befindet: David hielt sich auf in der Wüste auf der Höhe, in Siph (ἐκάθητο ἐν τῇ ἐρήμῳ ἐν τῷ ὄρει Ζιφ). Zahlreich sind auch die Bezugspunkte für das *dritte Glied*: Die Gläubigen irrten umher in Höhlen (σπηλαίοις). Simson verbarg sich nach *Ri 15,8A LXX* in der Höhle von Etam (ἐν τῷ σπηλαίῳ Ηταμ). Obadja, der gottesfürchtige Hofmeister am Hof des Ahab, - so heißt es in *1Kön* (= *3Reg*) *18,4.13* - nahm, als Isebel anfing, die Propheten des Herrn zu töten, hundert Propheten und verbarg sie zu je fünfzig in einer Höhle (ἔκρυψεν αὐτοὺς ... ἐν σπηλαίῳ). David floh vor Saul in die Höhle von Adullam[1106]. In *1Sam* (= *1Reg*) *13,6* lesen wir vom Kampf der Israeliten, in dem das Gottesvolk hart bedrängt wird: Und das Volk verbarg sich in Höhlen, in Schlupflöchern, in Felsen, in Grüften und in Zisternen[1107]. Auch Elia (1Kön 19,9.13) und die Makkabäer (s.o.) zogen sich in Höhlen zurück. Für das *vierte* Glied - ὀπαῖς τῆς γῆς - ist sprachlich auf *Ri 15,11A LXX* hinzuweisen. Dort wird geschildert, daß Simson, der sich in die Höhle von Etam zurückgezogen hatte (Ri 15,8A LXX; s.o.), viel Volks folgte: es zogen dreitausend Mann aus Juda hinab zur Felsenkluft von Etam (κατέβησαν ... ἐπὶ τὴν ὀπὴν τῆς πέτρας Ηταμ). In der Sache allerdings können die zitierten Stellen Ri 6,1f und 1Sam (= 1Reg) 13,6 mit herangezogen werden: das Volk Israel zog sich zurück in Schlupflöcher, Felsen und Grüfte.

Mit der Liste der "héros souffrants" schließt der Hebr seine Aufzählung der Glaubenszeugen der πρώτη διαθήκη ab. In den beiden folgenden Versen (11,39.40) stellt der Verfasser die Verbindung her zwischen der Wolke der Zeugen und den Adressaten. Im paränetischen Abschnitt 12,1-3 schließlich werden die Konsequenzen für die angeredeten Glieder der καινὴ διαθήκη gezogen.

[1102] 2Makk 5,27: ἀναχωρήσας εἰς τὴν ἔρημον θηρίων τρόπον ἐν τοῖς ὄρεσιν διέζη.

[1103] 2Makk 6,11: συνδραμόντες εἰς τὰ σπήλαια λεληθότως ἄγειν τὴν ἑβδομάδα.

[1104] 2Makk 10,1ff: μνημονεύοντες ὡς πρὸ μικροῦ χρόνου τὴν τῶν σκηνῶν ἑορτὴν ἐν τοῖς ὄρεσιν καὶ ἐν τοῖς σπηλαίοις θηρίων τρόπον ἦσαν νεμόμενοι (10,6).

[1105] Καὶ ἐποίησαν οἱ υἱοὶ Ισραηλ τὸ πονηρὸν ἔναντι κυρίου, καὶ παρέδωκεν αὐτοὺς κύριος ἐν χειρὶ Μαδιαμ ἔτη ἑπτά. καὶ κατίσχυσεν χεὶρ Μαδιαμ ἐπὶ Ισραηλ· καὶ ἐποίησαν ἑαυτοῖς οἱ υἱοὶ Ισραηλ ἀπὸ προσώπου Μαδιαμ μάνδρας ἐν τοῖς ὄρεσιν καὶ τοῖς σπηλαίοις καὶ τοῖς ὀχυρώμασιν.

[1106] So nach 1Sam (= 1Reg) 22,1: καὶ ἀπῆλθεν ἐκεῖθεν Δαυιδ καὶ διεσώθη καὶ ἔρχεται εἰς τὸ σπήλαιον τὸ Οδολλαμ; vgl. Jos., Ant. VI 247.

[1107] Καὶ ἐκρύβη ὁ λαὸς ἐν τοῖς σπηλαίοις καὶ ἐν ταῖς μάνδραις καὶ ἐν ταῖς πέτραις καὶ ἐν τοῖς βόθροις καὶ ἐν τοῖς λάκκοις. Vgl. auch Ri 6,1f.

XII. Hebr 11,39f: Die Alten blieben Wartende; die ausstehende Heilsvollendung für alle Glaubenden

Die beiden Schlußverse des 11. Kapitels zeigen nochmals die sorgfältige und durchdachte Argumentation des Hebr. Es wurde oben dargelegt[1108], daß die VV. 39f durch *Inklusionen* - zu 11,1ff - das 11. Kapitel abschließen und es zugleich durch *Stichwortverknüpfungen* mit dem folgenden Abschnitt, 12,1-3, verbinden: μαρτυρη-θέντες nimmt ἐμαρτυρήθησαν aus 11,2 auf; zugleich klingt das Thema der "Zeugen-schaft" der πρεσβύτεροι (11,2) in 12,1 an: die angeredete Gemeinde kann im vor ihr liegenden ἀγών auf das vorbildhafte Verhalten des νέφος μαρτύρων blicken. Der Hinweis auf die πίστις der πρεσβύτεροι entspricht sachlich der anaphorischen Wendung ἐν ταύτῃ von 11,2. Diese nimmt ihrerseits das Stichwort πίστις aus 11,1 auf und bereitet somit 12,2 vor: Jesus ist τῆς πίστεως ἀρχηγὸς καὶ τελειωτής. Analoges gilt für das Verb τελειωθῶσιν (11,40), das in der Aussage über Jesus als den ἀρχηγὸς καὶ τελειωτής (12,2) aufgegriffen wird. Überdies sind die *Bezugnahmen* auf die Ab-schnitte 11,13-16 und 11,32-38 deutlich: Wie in 11,13 faßt der Autor die zuvor auf-gelisteten Zeugen resümierend zusammen in der Wendung οὗτοι πάντες. Während der Verfasser dabei in 11,13 die Patriarchen im Blick hat, denkt er in 11,39f an alle in 11,4-38 genannten Glaubensvorbilder. Διὰ τῆς πίστεως (11,39) findet sich ähnlich in 11,33[1109] und entspricht κατὰ πίστιν in 11,13. Die Formulierung οὐκ ἐκομίσαντο τὴν ἐπαγγελίαν (V. 39) ist sprachlich und sachlich Aufnahme von μὴ λαβόντες τὰς ἐπαγγελίας (11,13)[1110]. Schließlich verdient ein weiterer Aspekt genannt zu werden. Zu 11,2f wurde dargelegt, daß der Verfasser am Beginn seiner explikativen Entfal-tung der grundlegenden These (11,1) die "Alten" und die Christen im Schöpfungs-glauben zusammenfaßt[1111]. Das gleiche Vorgehen zeigt er in 11,39f, wenn er den be-tont vorangestellten οὗτοι πάντες (11,39) in V. 40 die Christen gegenüberstellt: Gott hatte περὶ ἡμῶν etwas unvergleichlich Besseres zuvorersehen; sie - die in 11,4-38 genannten Glaubenszeugen - sollten nicht "ohne uns" (χωρὶς ἡμῶν) zur Vollendung gelangen. Mit dem Stichwort der τελείωσις rundet der Verfasser seinen tractatus de fide ab: Er spannt in seinen Ausführungen den Bogen von der Schöpfung (11,3) bis zur ausstehenden Eschatologie (11,39)[1112]. Zugleich nimmt er die Adressaten-Ge-meinde in den Blick und bereitet die anschließende Paränese in 12,1ff vor[1113]. Für die Auslegung von entscheidender Bedeutung ist schließlich die *Argumentations-*

[1108] S. zur Komposition von Kap. 11 oben S. 79ff.

[1109] Vgl. außerdem δι' ἧς und δι' αὐτῆς in 11,4.

[1110] Die in der Auslegung vorgenommene Unterscheidung zwischen Plural (ἐπ-αγγελίαι; 11,13) und Singular (ἐπαγγελία) ist inhaltlich ohne Bedeutung: zur Begrün-dung s. BZ 33 (1989) 67 Anm. 43.

[1111] S. oben S. 82 Anm. 9 und S. 151f.

[1112] Sehr schön bemerkt G.THEISSEN: "Wie am Anfang der Paradigmenreihe die Schöpfung steht, so am Ende die τελείωσις" (Untersuchungen 101).

[1113] Das Urteil, daß das 11. Kapitel "weniger strikt gegliedert (ist) als andere Teile des Briefes" (R.NEUDECKER: Heilsgeschichte I 212), legt sich nur dann nahe, wenn man im Anschluß an A.VANHOYE: Structure (vgl. oben S. 17ff) eine konzentri-sche Kompositionstechnik des Hebr annimmt.

struktur der VV. 39.40: V. 39 enthält das Resümee des Glaubenskapitels[1114]; die exempla fidei der πρώτη διαθήκη haben das eschatologische Verheißungsgut noch nicht empfangen (οὐκ ἐκομίσαντο τὴν ἐπαγγελίαν). V. 40 begründet diese Schlußfolgerung; sie haben es deshalb noch nicht erlangt, weil Gottes Heilsratschluß "für uns" etwas "Besseres" vorherbestimmt hat: ἵνα μὴ χωρὶς ἡμῶν τελειωθῶσιν. Aus diesem Gedankengang folgt zwingend, daß die Wendungen οὐκ ἐκομίσαντο τὴν ἐπαγγελίαν in V. 39 und μὴ χωρὶς ἡμῶν τελειωθῶσιν in V. 40b sachlich das Gleiche zum Ausdruck bringen und nicht gegenläufig ausgelegt werden dürfen. Das heißt, *beide* Aussagen betonen die ausstehende Heilsvollendung für die in Hebr 11 aufgeführte "Wolke der Zeugen"[1115].

Damit wenden wir uns der *Auslegung* zu. Die in 11,4-38 genannten Vorbilder haben - so resümiert der Verfasser in *V. 39* - durch die Schrift das Zeugnis empfangen, daß sie διὰ πίστεως Gott wohlgefielen[1116]. Dennoch konnten sie die ἐπαγγελία nicht davontragen[1117]. Mit dem Begriff der ἐπαγγελία - das wurde an anderer Stelle erörtert[1118] - denkt der Verfasser an das Verheißungs*gut* des eschatologischen εἰσέρχεσθαι εἰς τὴν κατάπαυσιν. Überblickt man die Stellen, an denen davon die Rede ist[1119], so gibt es m.E. nur eine einzige Stelle, bei der man zu dem Schluß gelangen könnte, der Verfasser habe den bereits erfolgten Vollzug, das heißt den Empfang des eschatologischen Verheißungsgutes vor Augen. Näheres Zusehen zeigt jedoch, daß es sich in 6,12 um einen allgemeinen Grundsatz handelt: Die Leser sollen sich all diejenigen zum Vorbild nehmen, die "beharrliche Ausdauer im Glauben bekunden, und eben deshalb unzweifelhaft in den Besitz des Verheißenen gelangen"[1120]. Viele Exegeten verstehen 6,12 und 11,39 so, als ob der Begriff der ἐπαγγελία das erste Kommen Christi bezeichnete. Nach dieser Auslegung hätten die Glaubenszeugen der πρώτη διαθήκη mit dem ersten adventus Christi das Verheißungsgut emp-

---

1114 Auch Afrahaṭ zieht in I 16 ein vergleichbares Fazit (Übersetzung P.BRUNS 94): "Kurzum, alle Gerechten, unsere Väter, waren in all dem, was sie im Glauben taten, überragend, wie auch der selige Apostel von ihnen allen bezeugt: 'Im Glauben waren sie vortrefflich' (Hebr 11,39)."

1115 Zutreffend bemerkt H.VON SODEN (92): "Τελει[ωθῶσιν] ist begrifflich nicht identisch, aber sachlich zusammenfallend mit κομίζ[εσθαι] τὴν ἐπαγγ[ελίαν]".

1116 Zu diesem Verständnis von μαρτυρεῖσθαι s. oben zu 11,2. Das Zeugnis Gottes wird in der Schrift offenbar: vgl. G.LÜNEMANN 380; J.Chr.K.VON HOFMANN 451 und B.WEISS 312.

1117 Sehr schön faßt J.Chr.K.VON HOFMANN den Sachverhalt zusammen: "Nicht von dem schon Vorhandenen mit Ausschluß des noch Künftigen, sondern von dem noch Künftigen mit Einschluß des schon Vorhandenen heißt es, daß sie es nicht davongetragen haben" (451f).

1118 Vgl. Chr.ROSE: Verheißung und Erfüllung 60-80.178-191.

1119 Zu nennen sind hier alle die Belege von ἐπαγγελία, die sich auf das eschatologische εἰσέρχεσθαι εἰς τὴν κατάπαυσιν der Glaubenden beziehen: 4,1f.6 (das Synonym εὐαγγελίζεσθαι); 6,12.17; 8,6; 9,15; 10,23.36; 11,9.13.39; 12,26.

1120 G.LÜNEMANN 218 u.a.m. Näheres dazu a.a.O. (Anm. 1118) 65ff.

fangen[1121]. Was für die Glaubenszeugen der πρώτη διαθήκη Gültigkeit hat – so wäre zu schließen –, müßte dann ja auch für die Christen gelten, denn sie leben in der Endzeit (1,2; 9,26). Dieses Verständnis scheitert jedoch an allen Stellen, die von der ἐπαγγελία im Blick auf die christliche Gemeinde handeln (v.a. 4,1–3; 10,36). Sie zeigen, daß die Erfüllung der eschatologischen ἐπαγγελία auch für die christliche Gemeinde noch aussteht. Wir halten zunächst fest: Weshalb sollte der Verfasser so viel Nachdruck auf die Paränese legen, wenn er der Meinung wäre, die Erfüllung der eschatologischen Verheißung sei bereits erfolgt! Es hieße die Argumentation auf den Kopf stellen, wollte man diese Ansicht ernsthaft vertreten. Sinn und Zweck des Hebr liegen doch darin, die angefochtene Gemeinde auf das in Christus erworbene Heil aufmerksam zu machen und sie zum standhaften Durchhalten μέχρι τέλους (3,14; vgl. ἄχρι τέλους in 6,11) zu ermahnen.

Den Grund für die ausstehende Heilsvollendung der πιστεύοντες der πρώτη διαθήκη nennt V. 40; der genetivus absolutus – τοῦ θεοῦ περὶ ἡμῶν κρεῖττόν τι προβλεψαμένου – ist kausal aufzufassen, so daß sich folgender Zusammenhang ergibt: Diese alle haben das Verheißungsgut des eschatologischen Eingangs ins himmlische Allerheiligste noch nicht davongetragen, weil Gott für uns etwas (unvergleichlich) "Besseres" zuvorersehen hatte: ἵνα μὴ χωρὶς ἡμῶν τελειωθῶσιν. Der Begründungssatz bereitet Schwierigkeiten. Zahlreich sind die Antworten auf die Frage, was der Hebr unter dem κρεῖττόν τι der Christen versteht[1122]. Viele Ausleger sind der Ansicht, das "Bessere" sei zu identifizieren mit dem Anbruch der καινὴ διαθήκη als dem besseren Heil[1123], so daß der Hebr sagen wollte: Zur Zeit der πρώτη διαθήκη hätten die Glaubenszeugen die Heilsvollendung noch nicht erlangt, aber mit dem Kommen Christi sei diese Vollendung geschehen. Dieses Verständnis scheitert jedoch daran, daß die Glaubenszeugen der πρώτη διαθήκη und der καινὴ διαθήκη derselben Heilsvollendung entgegengehen[1124], was nicht zuletzt 11,40b ganz eindeutig belegt. Zum richtigen Verständnis gelangt man dann, wenn man ἵνα nicht final sondern explikativ auffaßt. Daraus ergibt sich die Konsquenz: Der Inhalt dessen, was der Hebr unter dem κρεῖττόν τι der Christen versteht, läßt sich der Wendung ἵνα μὴ χωρὶς ἡμῶν τελειωθῶσιν entnehmen: das "Bessere" besteht darin, daß "diese alle" nicht

---

[1121] Vgl. zu 11,39 z.B. J.CALVIN; A.THOLUCK 394; F.DELITZSCH 594f; G.LÜNEMANN u.a.m. Mißverständlich ist auch die Feststellung E.RIGGENBACHs, wonach bei der ἐπαγγελία "nicht zwischen der mit der irdischen Erscheinung Christi bereits verwirklichten und der erst bei seiner Parusie zu verwirklichenden Erfüllung" unterschieden werden dürfe, "weil vom Standpunkt der atl Weissagung aus beides in eins zusammenfiel" und "vor allem weil der Vf in der ersten Erscheinung Christi bereits den Anbruch der Endzeit erblickt (1,2; 9,26) und darum die Parusie, welche das aus der Opfersühne sich ergebende Heil herbeiführen soll (9,28), als unmittelbar bevorstehend ansieht (10,25.37)" (382f). Dieses exegetische Urteil wird dem Begriff der ἐπαγγελία nicht gerecht: der erste adventus Christi wird im Hebr an keiner Stelle – auch nicht in 8,6(!) – mit dem Begriff der ἐπαγγελία in Verbindung gebracht. Im einzelnen s. dazu BZ 33 (1989) 60 – 80: 72ff (zu 8,6).

[1122] Zu den wichtigsten Auslegungen vgl. C.SPICQ II 368 und H.BRAUN 401.

[1123] Die Vertreter nennt C.SPICQ II 368; vgl. außerdem H.W.MONTEFIORE 212; F.F.BRUCE 343; R.MILLIGAN 429 und D.GUTHRIE 247.

[1124] Mit H.BRAUN 401. Dort auch weitere Lösungsvorschläge.

ohne uns zur Vollendung gelangen sollten. Der Sprachgebrauch des Hebr zeigt, daß die Aussagen, die von einem κρεῖττον handeln, an eine Setzung oder eine Gabe Gottes denken lassen[1125]. In 11,40 ist es der göttliche Ratschluß, in dem Gott vorherbestimmt hat (προβλέψασθαι), daß er jene "Wolke der Zeugen" nicht ohne die christliche Gemeinde vollenden wollte[1126]. Hätten die Glaubenden der πρώτη διαθήκη das Verheißungsgut schon erlangt, dann wäre die Heilsvollendung schon eingetreten, dann wären die Glieder der christlichen Gemeinde vom Heil ausgeschlossen[1127]. Der Hebr folgt damit der jüdisch-apokalyptischen Vorstellung, wonach die Verstorbenen und die Lebenden *eine* Heilsgemeinde bilden. Auf den Hebr angewandt heißt dies: Das zum Heil berufene Gottesvolk ist erst dann vollzählig, wenn die Christen als letzte Generation hinzugetreten sind[1128].

Mit den voranstehenden Ausführungen ist sachlich die Auslegung des umstrittenen Begriffs τελειωθῶσιν vorbereitet. Die Bedeutung des für den Hebr wichtigen Wortfeldes τελειοῦν, τελείωσις und τελειωτής wurde vielfach untersucht[1129]. Wir verzichten auf eine Darstellung der Diskussion und wenden uns den folgenden Fragen zu: Was bedeutet τελειοῦν bzw. τελείωσις im Hebräerbrief? Wann wird die "Vollendung" erwartet? Gibt es synonyme Wortfelder, die ein eindeutiges Verständ-

---

[1125] Hierzu s. BZ 33 (1989) 75. Dort (73f Anm. 77) auch weitere Einzelheiten zum elativischen Gebrauch des Komparativs κρείττων.

[1126] Vorbildlich interpretiert O.KUSS das κρεῖττόν τι der Christen: "'Wir' ... leben in der Endzeit (vgl. 1,2; 9,26), und 'diese alle' (V.39) lebten auf die Endzeit hin. Gott hätte das Ende jederzeit herbeiführen können und damit auch die Erfüllungen seiner Verheißungen; er hat es nicht getan, weil 'wir' zu seinem Plan gehörten, und die Verwirklichung dieses Planes ... ist das - zunächst von Gott her gesehen - 'Bessere'..., das in dem letzten Nebensatz nochmals kurz umrissen wird" (180f). Vgl. auch F.BLEEK II 2,844f; G.LÜNEMANN 380; J.MOFFATT 191 und H.BRAUN 401.

[1127] Daraus folgt: χωρὶς ἡμῶν ist exkludierend auszulegen. Ein temporales Verständnis im Sinne von "früher als wir" läßt sich nicht rechtfertigen; Vertreter dieser Auslegung bei C.SPICQ II 368.

[1128] S. u.a. äthHen 47,4; 4Esr 4,35f; ApcBar(syr) 23,4f; 30,2f; 51,13f; Apk 6,11; zum Hebr vgl.: O.MICHEL 370; R.NEUDECKER: Heilsgeschichte II 71 Anm. 290; G.THEISSEN: Untersuchungen 100f; H.BRAUN 401; F.E.WIESER: Abrahamvorstellungen 123 u.a.m.

[1129] Vgl. neben den einschlägigen Kommentaren u.a. J.KÖGEL: Begriff τελειοῦν 35-68; Th.HAERING: Grundgedanken 260-276; Ders.: Begriff τελειοῦν 386-389; E.RIGGENBACH: Begriff der τελείωσις 184-195; O.MICHEL: Vollkommenheit 333-355; M.DIBELIUS: Der himmlische Kultus 160-176; O.MOE: Gedanke des allgemeinen Priestertums 161-169; P.J.DU PLESSIS: Perfection; A.WIKGREN: Patterns of Perfection 159-167; G.DELLING: τέλος 80-88; L.K.K.DEY: Intermediary World; Ch.CHARLSTON: Vocabulary of Perfection 133-160. Außerdem siehe die Ausführungen bei E.KÄSEMANN: Gottesvolk 82-90; J.UNGEHEUER: Der Große Priester 47-49; F.J.SCHIERSE: Verheißung 151-157; B.KLAPPERT: Eschatologie 55ff; G.THEISSEN: Untersuchungen 96ff.123; F.LAUB: Bekenntnis 72ff; W.R.G.LOADER: Sohn und Hoherpriester 39-49 und M.RISSI: Menschlichkeit 32ff; Ders.: Theologie 79.102f. Zur weiteren Literatur vgl. G.DELLING; F.LAUB und W.R.G. LOADER jeweils ebd.

nis ermöglichen? Von den insgesamt 11 zu untersuchenden Belegen[1130], sind vier Stellen auf Christus bezogen (2,10; 5,9; 7,28 und 12,2), ebenfalls vier auf die πρώτη διαθήκη (7,11.19; 9,9 und 10,1). Die übrigen drei stehen im Zusammenhang mit den Glaubenden (10,14; 11,40 und 12,23). Die drei Stellen, an denen das Verb τελειοῦν *auf Christus* angewandt wird, lassen m.E. durchgängig an die Hohepriesterweihe Jesu denken: sie vollzieht sich mit seinem stellvertretenden Sühneleiden am Kreuz (2,9f; 5,8f) und wird durch Gottes "eidliche Versicherung" proklamiert bei der Erhöhung und der Inthronisation des Gekreuzigten und Auferweckten (5,9f; 7,28)[1131]. Der Hebr erkennt in Jesus denjenigen, der durch sein einmaliges und ein für alle Mal gültiges hohepriesterliches Selbstopfer (7,27f; 9,11f; 10,28) den Zugang zum himmlischen Allerheiligsten eröffnet (6,19f; 10,19f) und eben damit die eschatologische "Vollendung" *ermöglicht* hat. Diese "Vollendung" konnte - und das ist der Inhalt all der Belege von τελειοῦν bzw. τελείωσις, die sich auf die *"erste Ordnung"* beziehen - der levitische Kult nicht erbringen: der νόμος (7,19) und die aufgrund des Gesetzes dargebrachten δῶρά τε καὶ θυσίαι (9,9; 10,1) konnten die τελείωσις ebensowenig bewirken wie das zur Zeit der πρώτη διαθήκη amtierende levitische Priestertum (7,11). Dazu war Christus, der ewige Hohepriester κατὰ τὴν τάξιν Μελχισέδεκ (5,5f.10; 6,20; 7,11.17; vgl. 2,17; 3,1; 4,14f u.ö.), erforderlich; er hat durch seine sühnende Selbsthingabe die, die durch ihn geheiligt, das heißt von den Sünden befreit worden sind[1132], "für immer vollendet" (10,14: τετελείωκεν εἰς τὸ διηνεκές).

Damit kommen die *Glaubenden* in den Blick. In 10,14 wie in 12,23 verwendet der Verfasser das Perfekt von τελειοῦν. Doch beide Zusammenhänge müssen sorgfältig voneinander unterschieden werden. In *10,14* geht es innerhalb des Abschnittes 10,1-18 um die Herausstellung des ewig gültigen Selbstopfers Jesu und die mit ihm angebrochene καινὴ διαθήκη (10,11-18) im Gegenüber zur Unzulänglichkeit des in der Mose-Tora verordneten Opferkultes der πρώτη διαθήκη, der keine wirksame Wegnahme der Sünden bewirken konnte (10,1-10). Der Sinn des Perfekts τετελείωκεν in 10,14 wird verständlich, wenn man die betonte Antithese zu der Aussage in 10,1f beachtet: Die Opfergaben des levitischen Kultes, die stets aufs neue wiederholt werden mußten (10,1-3.11) und dennoch keine Sündenbeseitigung erbrachten (10,4), konnten den Zutritt in die unmittelbare Nähe Gottes nicht erwirken. "Vollendung" im Sinne von 10,1 und 10,14 bedeutet demnach - das zeigt eindeutig die Schlußfolgerung in 10,19f - die *Befähigung* zum Zutritt in die Nähe Gottes. Diese

---

[1130] Das Verb τελειοῦν erscheint im Hebr neunmal: 2,10; 5,9; 7,19.28; 9,9; 10,1.14; 11.40 und 12,23; das Derivat τελείωσις nur in 7,11; ebenso einmal ist τελειωτής belegt (12,2). Die Belege von τέλειος (5,14; 9,11) und τελειότης (6,1) gehören nicht in diesen Zusammenhang (vgl. M.DIBELIUS: Der himmlische Kultus 167 Anm. 10).

[1131] Zur Sache vgl. E.KÄSEMANN: Gottesvolk 58ff.148. Anders B.KLAPPERT: Eschatologie 55; W.R.G.LOADER: Sohn und Hoherpriester 43ff.

[1132] Diese Auslegung von ἁγιάζειν erhellen 2,10; 10,10; 10,29 und 13,12. Nach 10,10 vollzieht sich das ἁγιάζειν durch Jesu Selbstopfer, nach 10,29 und 13,12 durch Jesu Blut. Aus 10,16-18 wird ersichtlich, ἁγιάζειν ist im Hebr terminus technicus für die Sündenvergebung als Entsühnung von der Sünde.

Befähigung hat Christus erwirkt. Sein "einziges Opfer" (μία προσφορά)[1133] hat die von ihm Geheiligten "für immer vollendet". Das heißt, er hat die Befähigung zum hohenpriesterlichen Zutritt in die Nähe Gottes für alle Zeiten erwirkt[1134]. Die gebotene Auslegung wehrt einem Mißverständnis: Hebr 10,14 behauptet nicht, daß die Gemeinde durch das hohepriesterliche Opfer Jesu Christi bereits in die unmittelbare Gottesgemeinschaft eingetreten ist. Wohl weiß der Hebr um eine Antizipation des eschatologischen Hinzutretens im Gottesdienst der Gemeinde (4,16; 9,14; 10,22ff). Das aber darf nicht verwechselt werden mit der eschatologischen Heilsvollendung[1135]. Ist davon in *12,23* die Rede? Nahezu alle Exegeten wollen 12,23 so verstehen, daß die verstorbenen Gerechten - seien es nun die alttestamentlichen Frommen, die verstorbenen Christen oder auch beide Gruppen[1136] - am Ziel sind: Den "Berufenen des alten Bundes ... ist", um M.RISSI zu zitieren, "der Zugang zum Allerheiligsten geöffnet, zur unvermittelten Gemeinschaft mit Gott ... Sie ... sind nun nicht nur in Hinsicht auf ihr inneres Leben hoffend ins Heiligtum eingetreten, sondern dort völlig aufgenommen - wie der Christus selbst. Dies entspricht jener Einfügung, die der Verfasser in die Vorlage 12,22-24 eingetragen hat, wo er die verstorbenen alttestamentlichen Gerechten 'Vollendete' nennt (12,23)"[1137]. Die opinio communis geht - wie RISSI - davon aus, daß es nach dem Verständnis des Hebr verstorbene Gerechte gibt, die sich schon jetzt im himmlischen Allerheiligsten befinden. Sie sind demnach Jesus, dem ἀρχιερεύς (2,17; 3,1; 4,14 u.ö.) und πρόδρομος (6,20), gefolgt und haben in der göttlichen κατάπαυσις Wohnung genommen. Diese Aussage wäre im Hebr so singulär, daß man sich fragen muß, ob ein derartiges Verständnis von 12,23 mit all den Stellen im Hebr in Einklang zu bringen ist, die mit anderen Formulierungen auf die eschatologische Vollendung Bezug nehmen. Die Frage lautet somit: Wann geschieht nach dem Hebr die eschatologische Heilsvollendung[1138]?

[1133] Sachlich entspricht μία προσφορά der Wendung μία θυσία in 10,14 und den Zahladverbien ἅπαξ in 9,26.28 sowie ἐφάπαξ in 7,27; 9,12 und 10,10. Die Formulierungen bilden die Antonyme zu κατ' ἐνιαυτόν (10,1.3), καθ' ἡμέραν (10,11) sowie πολλάκις προσφέρων θυσίας (10,11).

[1134] Es kann keine Frage sein, daß der Hebr ein Hohespriestertum aller Gläubigen voraussetzt. Das betonen zu Recht O.MOE: Gedanke des allgemeinen Priestertums 161-169; L.FLOOR: General Priesthood 72-82. E.BEST stellt fest (Spiritual Sacrifice 286): "Through Christ's priestly work Christians becomes priests (10:10,14; 2:10f.)". W.R.G.LOADER: Sohn und Hoherpriester 39-49 bestreitet dies, ohne überzeugende Argumente am Text beizubringen.

[1135] Es ist daher verfehlt, das Perfekt τετελειωμένων in 12,23 durch das Perfekt von 10,14 zu interpretieren: so z.B. H.BRAUN 439 (dort Näheres).

[1136] Einen Überblick über die Vertreter bietet H.BRAUN 439. Hinzuzufügen ist außerdem W.R.G.LOADER: Sohn und Hoherpriester 43.

[1137] Theologie 103. Die Zahl vergleichbarer Voten ist unüberschaubar.

[1138] Die Eschatologie des Hebr kann hier nur angedeutet werden. Die Vielzahl von Problemen und Meinungen erfordert eine eigene Untersuchung. Vgl. zu diesem Theologumenon die Arbeiten von J.CAMBIER: Eschatologie 62-96; F.J.SCHIERSE: Verheißung 80-124; Ch.K.BARRETT: Eschatology 363-393; J.HÉRING: Eschatologie biblique 450ff; A.CODY: Heavenly Sanctuary and Liturgy 117-144; E.GRÄSSER:

W.R.G.LOADER stellt in seiner Untersuchung des o.g. Wortfeldes fest: "Die τελείωσις kommt nicht erst mit der Parusie", sondern die τελείωσις als unsere Hoffnung
(7,19) "kommt ... nach dem Tode zur Erfüllung, auch wenn wir schon jetzt einen
gewissen Zugang zu Gott haben". Diese Einsicht geht – so begründet LOADER –
"sehr deutlich aus dem Zusammenhang zwischen 11,40 und 12,23 hervor (die Gerechten sind schon τετελειωμένοι), wie auch aus dem Beispiel Christi: seine τελείωσις
fällt mit seiner Erhöhung zusammen"[1139]. Was aber bedeutet dann τελείωσις? "Für
die Menschen bedeutet τελείωσις Heil, Eintritt in die himmlische Welt vor Gott wie
auch Schaffung der Voraussetzung dafür. Für Jesus bedeutet τελείωσις Rückkehr in
die himmlische Welt zu Gott"[1140]. In anderem Zusammenhang erörtert LOADER "die
Bedeutung der Parusie in der Theologie des Vf" und gelangt zu dem Ergebnis:
"Wenn der Vf auf das Heil hofft, so hofft er auf die Parusie. Einige haben aber diese
Welt des Heils schon erreicht (12,23), auch wenn der Vf die traditionelle
Vorstellung von der endzeitlichen Auferweckung der Toten aufgegriffen ... hat
(6,2)"[1141]. Der sich abzeichnende Widerspruch, daß man einerseits auf die Parusie
wartet (9,28), andererseits aber nach dem Tode gleich in die Heilswelt eintritt, löst
sich – so LOADER –, wenn man den Glauben des Hebr an die nahe Parusie
ernstnimmt: "Nur wenn wir seinen Glauben an eine Naherwartung der Parusie
ernstnehmen, löst sich dieses Dilemma. Für den Hb und seine Leser ist
offensichtlich die Parusie näher als der Tod. Deshalb wartet er auf die Parusie des
Heils." Die Konsequenz, die sich daraus ergibt: "Nicht die Parusie als solche,
sondern die Parusie als 'nächste Eintrittsmöglichkeit' in die himmlische Welt ist
von entscheidender Bedeutung"[1142].

Daß sich diese Konzeption nicht mit anderen Anschauungen des Hebr in Einklang bringen läßt, wird aus folgendem deutlich. Zur Wendung τηλικαύτη σωτηρία
in 2,3 formuliert LOADER: "Wenn wir von diesem Heil reden, sprechen wir von der
kommenden Welt bzw der himmlischen Welt ... Deshalb kann der Vf an anderen

---

Glaube 171-184; B.KLAPPERT: Eschatologie passim; G.W.MacRAE: Heavenly Temple
179-199; F.LAUB: Bekenntnis 221-265; N.WALTER: "Hellenistische Eschatologie" im
Frühjudentum 331-348; N.WALTER: "Hellenistische Eschatologie" im Neuen Testament 335-356.

[1139] Sohn und Hoherpriester 39-49: 45.

[1140] Ebd. 44f.

[1141] Ebd. 60. Bereits hier sind die Schwierigkeiten ersichtlich, in die LOADERs
Auslegung führt: τελείωσις kommt nicht erst mit der Parusie! Τελείωσις meint das
Heil. Wenn der Verfasser auf das Heil hofft, dann hofft er auf die Parusie! Eine weitere logische Ungereimtheit zeigt sich, wenn LOADER mit seiner Feststellung recht
haben sollte: "Die τελείωσις ... kommt ... nach dem Tode zur Erfüllung" (ebd. 45).
Wollte man 12,23 auf die erlangte Erfüllung der Gerechten des Alten Bundes mit
dem Tod auslegen, dann wäre der Widerspruch zu 11,40 unvermeidbar, denn dann
wären die "alten Gerechten" (ebd. 43) eben doch χωρὶς ἡμῶν zur Vollendung gelangt, da doch der Zeitpunkt ihres Todes und damit ihrer τελείωσις schon weit zurück liegt. Χωρὶς ἡμῶν wäre dann temporal im Sinne von "früher als wir" aufzufassen (vgl. oben Anm. 1127).

[1142] Ebd. 60f. Ob man die Bedeutung der Parusie so "funktionalisieren" kann
und darf, erscheint doch mehr als fraglich.

Stellen des Briefes von der Verheißung[1143], der Hoffnung, der Botschaft sprechen und damit die himmlische Welt, die Ruhe, die himmlische Stadt usw meinen"[1144].

Folgt man LOADERs Auslegung von τελείωσις, so muß man beim Hebr widersprüchliche Aussagen im Blick auf die Verwirklichung des eschatologischen Heils annehmen: Nach Hebr 11,40 und 12,23 würde der Hebr einerseits voraussetzen, daß die τετελειωμένοι δίκαιοι nach dem Tod die τελείωσις, die himmlische σωτηρία, bereits erlangt haben. Aus Hebr 11,13.39 wäre andererseits zu folgern, daß eben diese "vollendeten Gerechten" das eschatologische Heil noch nicht empfangen haben. Mit anderen Worten: es stünde die Aussage des Wortfeldes τελειοῦν/τελείωσις gegen die des Themenkreises εὐαγγελίζεσθαι/ἐπαγγελία. Das ganze Gewicht dieser Inkonsistenz würde auf 12,23 ruhen.

Unsere bisherigen Darlegungen haben gezeigt, daß der Hebr die endgültige Heilsvollendung als noch ausstehend denkt. Es gibt keine Stelle, die zu der Annahme zwingt, der Hebr wähne die verstorbenen Glaubenden bereits jetzt mit dem himmlischen Hohenpriester Christus in der unmittelbaren Gottesnähe. Und auch das Partizip Perfekt τετελειωμένων in 12,23 kann mit dem sonstigen Befund des Hebr in Einklang gebracht werden, wenn man die von J.JEREMIAS für den Hebr nachgewiesene Vorstellung vom leiblosen Zwischenzustand voraussetzt[1145]. Nach dem Zeugnis des Hebr - so JEREMIAS - stirbt Jesus am Kreuz (10,10: ἡ προσφορὰ τοῦ σώματος), fährt unmittelbar nach seinem Tod auf ins himmlische Allerheiligste und bringt dort διὰ πνεύματος αἰωνίου (9,14) sein eigenes Blut dar (9,25). Das alles sind Aussagen über "das im Tode vom Leib getrennte πνεῦμα Jesu"[1146]. Dieser leiblose Zwischenzustand wird bei der Auferweckung Jesu (13,20) beendet: Leib und πνεῦμα Jesu werden wieder vereinigt[1147]. Dieses von JEREMIAS für den Hohenpriester Jesus dargelegte Theologumenon hat O.HOFIUS überzeugend auf die "entschlafenen Gerechten des Alten Bundes"[1148] angewandt: Die vom Verfasser im Katechismus 6,1f als traditionelle Lehrstücke jüdisch-apokalyptischer Eschatologie aufge-

---

[1143] LOADER verweist hierzu auf das Vorkommen des Begriffes ἐπαγγελία in 6,12; 9,15; 10,36; 11,9.13 und 11,39(!): vgl. ebd. 83 Anm. 13.

[1144] Ebd. 83.

[1145] Zwischen Karfreitag und Ostern 194-201 [= 323-331]. Zu diesem Theologumenon, das im antiken Judentum des 1.Jahrhunderts n.Chr. immer stärker hervortritt, vgl. neben äthHen 22,1-4; 91,11-19; 93,1-14; 4Esr 7,32.75-105; 14,9.47; ApcBar (syr) 11,4; 21,23f(!); 23,4f; 30,1ff(!); 50,1ff; 76,2; 85,9; AntBibl 51,5; ParJer 4,9; 5,32 - 6,10; Lk 23,42f; Apg 7,59; 2Kor 5,8; Phil 1,23; Apk 6,9ff; 7,9ff auch die folgenden Arbeiten: P.VOLZ: Eschatologie 229-272: 256ff; W.BOUSSET/H.GRESSMANN: Religion 286ff; BILL. IV 799-976; R.MACH: Zaddik 174ff und v.a. E.SCHÜRER: History II (1979) 539ff (dort weitere Literatur).

[1146] Ebd. 330; vgl. dazu O.HOFIUS: Katapausis 181 Anm. 359.

[1147] O.HOFIUS: Katapausis ebd.; vgl. W.R.G.LOADER: Sohn und Hoherpriester 53 Anm. 12.

[1148] Ebd. Ders.: Vorhang 77 Anm. 159 im Anschluß an F.HAHN: GPM 20 (1965/66) 78f. An dieser Stelle ist ein Hinweis auf die Person des entrückten Henoch (11,5f) angebracht: Daß er sich im Zwischenzustand in der himmlischen Welt befindet, paßt vorzüglich in den Duktus der Argumentation des Hebr. Er ist der erste, der

nommenen Vorstellungen von der ἀνάστασις νεκρῶν und dem κρίμα αἰώνιον (6,2) ermöglichen - so HOFIUS - die Anwendung der Vorstellung vom leiblosen Zwischenzustand auf die vollendeten, das heißt die *entschlafenen* Gerechten[1149]. Ihre πνεύματα befinden sich im himmlischen Jerusalem (12,23)[1150]. "Da die Glaubenszeugen des Alten Bundes sämtlich die ἐπαγγελία noch nicht erlangt haben (11,13.39f), kann es sich hier nur um den Zwischenzustand handeln"[1151]. Die als im Grab ruhend gedachten Leiber bleiben dort bis zum Zeitpunkt der κρείττων ἀνάστασις (11,35!; vgl. 6,2) und werden am Tag der Endvollendung, am Tag der Parusie Christi (9,28), mit den πνεύματα wieder vereinigt. Nach der Auferweckung "folgen das Endgericht (6,2; 9,27; 10,27.30f; 11,6.26; 12,29; 13,4), das Ende der alten Welt (1,11f; 12,26f) und das Offenbarwerden des 'unerschütterlichen Reiches' (12,28) mit dem himmlischen Jerusalem, in dessen Heiligtum, ja in dessen Allerheiligsten das Volk Gottes zur endgültigen σωτηρία (9,28) eingehen wird"[1152], um dort - so ist zu ergänzen - den ewigen eschatologischen σαββατισμός (4,9f) zu feiern.

Setzt man für den Hebr das Theologumenon vom leiblosen Zwischenzustand der verstorbenen Gerechten in der himmlischen Welt - wohlgemerkt: nicht im himmlischen Allerheiligsten - voraus, so läßt sich m.E. eine konsistente Interpretation des Wortfeldes τελειοῦν/τελείωσις erzielen: Der zum himmlischen Hohenpriester "geweihte" Jesus (2,10; 5,9; 7,28) hat durch sein hohepriesterliches Selbstopfer den Zugang zum himmlischen Allerheiligsten εἰς τὸ διηνεκές ermöglicht. Insofern ist er derjenige, der den Glaubenden den priesterlichen Zutritt in die Nähe Gottes eröffnet *hat*. Er hat - um kultische Terminologie aufzugreifen - die "kultische Weihe" der Sündenvergebung gewährt (10,14), die für die unmittelbare Gottesgemeinschaft unabdingbare Voraussetzung ist. Diese von Jesus gewährte "Weihe" konnte der durch die ἐντολὴ σαρκίνη eingerichtete levitische Kult nicht erbringen. Nomos und Opfer vollbringen nur die auf das Fleisch bezogene Reinheit, nicht aber die "kultische Weihe" der Sündenvergebung (7,19; 9,9; vgl. 7,11; 10,1.14). Was Jesus durch seine Selbsthingabe *schon* "vollendet" hat (10,14), verbürgt zugleich die *noch nicht* eingetretene eschatologische Vollendung derer, die μέχρι τέλους am göttlichen Verheißungswort festhalten (3,14; vgl. 11,1) und mit gewisser Zuversicht den wiederkommenden Hohenpriester εἰς σωτηρίαν erwarten[1153]. Man kann mit B.KLAP-

---

von Gott in die himmlische Welt aufgenommen wurde. Die immer wieder behaupteten Spannungen zwischen 11,5f und 11,13.39 werden gegenstandslos, wenn man für den Hebr das Theologumenon des Zwischenzustandes voraussetzt. Es gibt überdies m.E. keinen Grund, die entschlafenen Christen, etwa die in 13,7 genannten ἡγούμενοι, hier nicht mit einzubeziehen.

[1149] Zu diesem Sprachgebrauch vgl Philo: All III 45.75; vgl. 1Clem 50,3 und G.DELLING: τέλος 80f und W.R.G.LOADER: Sohn und Hoherpriester 48f.

[1150] Nicht jedoch im himmlischen Allerheiligsten: vgl. O.HOFIUS: Vorhang 77 Anm. 159f.

[1151] O.HOFIUS: Katapausis 181 Anm. 359.

[1152] Ebd.

[1153] Die Spannung zwischen dem "Schon" und dem "Noch-nicht" (vgl. B.KLAPPERT: Eschatologie 57) läßt sich am besten mit den Stichworten "Heilsgrundlegung" und "Heilsverwirklichung" bzw. "Heilsvollendung" beschreiben. Was der mensch-

PERT festhalten: "Herkommend von dem kultisch-eschatologischen τελειοῦν geht die Gemeinde auf das futurisch-eschatologische τελειοῦν zu"[1154] (11,40). Das vielgestaltig zu Wort kommende "Noch-nicht" des Hebr macht es ganz unwahrscheinlich, 12,23 - mit der herrschenden Auslegung - auf die bereits erlangte "Heilsvollendung" zu deuten. Die eschatologische τελείωσις *aller* Glaubenden steht noch aus, so wie das εἰσέρχεσθαι εἰς τὴν κατάπαυσιν noch aussteht. Die ἐλπιζόμενα und die πράγματα οὐ βλεπόμενα (11,1) sind noch nicht offenbar geworden, den Empfang des Verheißungs- und Hoffnungsgutes hat Gott in seinem Heilsratschluß gebunden an den Tag der Parusie Christi (9,28; 10,25.37): nur eine ganz ganz kleine Weile (10,37), dann wird Christus ἐκ δευτέρου erscheinen (9,28), dann wird Gott die κρείττων ἀνάστασις (11,33) herbeiführen und die Glaubenden "vollenden". Mit anderen Worten: die σωτηρία steht noch aus, aber nicht mehr lange[1155].

Fassen wir abschließend den exegetischen Befund zusammen, so kann hinsichtlich des *Sprachgebrauchs* festgehalten werden: Mit Ausnahme des Perfekt-Partizips τετελειωμένοι in 12,23 lassen sich alle Belege des untersuchten Wortfeldes am besten aus dem kultisch-soteriologischen Zusammenhang des Hebr verstehen. Dabei denkt der Verfasser - mit Ausnahme von 12,23 - durchgängig an den priesterlichen Zutritt ins himmlische Allerheiligste, der nur sündlos geschehen kann: Beim sündlosen Jesus (4,15; 7,26f; vgl. 9,14) ist dieser Eingang bereits erfolgt (2,10; 5,9; 6,19f; 7,28; 10,19f). Für die von der Sünde gereinigten Glaubenden (1,3; 2,17; 9,26; 9,28; 10,12; 10,17f vgl. 8,12; 10,10.14) und nicht vom Glauben Abgefallenen (6,4f; 10,26ff; 12,16f; 10,37ff; 12,1ff) steht er noch aus (11,40)[1156].

---

gewordene Sohn im hohenpriesterlichen Selbstopfer begründet hat, wird der wiederkommende himmlische Hohepriester vollenden. Beim ersten adventus hat der Hohepriester den Weg ins himmlische Allerheiligste eröffnet, beim zweiten adventus wird er die Glaubenden hineinführen.

[1154] Eschatologie 57. Wenig überzeugend ist allerdings die Prämisse KLAPPERTs, "daß das kultisch-eschatologische [7,19; 9,9; 10,1; 7,11; 10,14] und das christologisch-futurisch-eschatologische τελειοῦν im Hebräerbrief in keiner Beziehung stehen" (ebd. 56). Wie anders soll das Gegenüber von levitischem Kult und dem Hohenpriestertum Christi gedacht werden, wenn man übersieht, daß die durch Christus gewährte τελείωσις im Hebr das Antonym bildet zur Unfähigkeit des levitischen Priestertums, eben diese τελείωσις herbeizuführen? Diese Schwäche der Auslegung KLAPPERTs hat W.R.G.LOADER: Sohn und Hoherpriester 45 richtig erkannt.

[1155] Im Blick auf die für alle noch ausstehende Heilsvollendung ist zu unterscheiden: Hebr 9,27f ist auf die am Tag der Parusie Christi noch lebenden Glaubenden zu beziehen. Sie erwarten (ἀπεκδέχεσθαι in 9,28 beschreibt die Haltung des Glaubens) Christus εἰς σωτηρίαν. Für die bereits verstorbenen Gerechten wird sich an diesem Tag die κρείττων ἀνάστασις (11,33) vollziehen.

[1156] Mit Recht wird in der neueren Auslegung das "ethisch-sittliche" Verständnis abgelehnt: vgl. W.R.G.LOADER: Sohn und Hoherpriester 39ff. Gegen das durchgängig kultische Verständnis - vgl. etwa Th.HAERING und M.DIBELIUS: Der himmlische Kultus - wenden sich W.R.G.LOADER ebd. und zu 11,39f auch G.THEISSEN: Untersuchungen 98. B.KLAPPERT: Eschatologie 55f unterscheidet einen dreifachen Gebrauch: das "kultisch-eschatologische τελειοῦν", das streng zu unterscheiden ist von den beiden anderen Verwendungen, nämlich dem "christologisch-eschatologischen τελειοῦν" und dem "futurisch-eschatologischen τελειοῦν".

In *sachlicher* Hinsicht kann festgehalten werden: (1) Die exempla fidei haben das eschatologische Verheißungsgut noch nicht erlangt, sie sind noch nicht vollendet, der priesterliche Zutritt ins himmlische Allerheiligste steht noch aus. Daran hat sich auch mit dem Kommen Jesu nichts geändert. (2) Dies liegt begründet im Geheimnis des göttlichen Heilsratsschlusses: sie *sollten* nicht χωρὶς ἡμῶν vollendet werden. Das zum Heil berufene Gottesvolk war zur Zeit der πρώτη διαθήκη noch nicht vollzählig. Erst wenn die Christen als letzte Generation - hierbei folgt der Verfasser apokalyptischer Tradition - hinzugekommen sind, soll die Heilsvollendung erfolgen. (3) Die Glaubenszeugen *konnten* nicht zur τελείωσις gelangen, da der levitische Kult die für den Zutritt ins himmlische Allerheiligste unabdingbare "Weihe" der Sündenvergebung nicht zu erbringen vermochte. (4) Die hohepriesterliche Selbsthingabe Jesu hat diesen Weg allererst und dann endgültig eröffnet. Die mit dem ersten adventus des Sohnes (Inkarnation) gewährte Heilsgrundlegung wird am Tag des zweiten adventus des himmlischen Hohenpriesters (Parusie) gewiß die Heilsvollendung bringen. (5) Dann werden die bereits entschlafenen Glaubenden der πρώτη und der καινὴ διαθήκη, deren πνεύματα sich - so setzt der Hebr im Anschluß an das antike Judentum voraus - bis zum Tag der Heilsvollendung in der himmlischen Welt befinden und dort auf die κρείττων ἀνάστασις harren, samt den μέχρι τέλους in standhaftem Glauben auf die Parusie Christi Wartenden von Christus ins offenbar gewordene himmlische Allerheiligste hineingeführt werden. Die Spannung zwischen dem "Schon" und dem "Noch-nicht" wird dann ein Ende haben. Vor dem Thron Gottes wird der ewige eschatologische σαββατισμός gefeiert werden.

Es bleibt abschließend die *Paraphrase* der beiden Schlußverse von Kapitel 11:

> Und diese alle, die (seit den Zeiten Abels) durch den Glauben das (gute) Zeugnis (Gottes durch die Schrift) empfangen haben, haben das (eschatologische) Verheißungsgut (des Zutritts ins himmlische Allerheiligste noch) nicht davongetragen, weil Gott für uns etwas Besseres vorherbestimmt hatte: sie sollten nicht ohne uns zur Vollendung gelangen.

E. Auslegung von Hebräer 12,1–3

Paränese: Schaut auf Jesus!
ER ist Exemplum und Fundamentum fidei!

Mit 12,1 geht der Verfasser wieder über zu dem Genus der Paränese, das bis 12,17 reicht. Die Verknüpfungen mit dem theologisch-argumentierenden Kapitel 11 wurden schon zu 11,39f dargelegt, so daß jetzt nur noch auf die Verbindung des Abschnitts 12,1–3 mit 10,32–39 (Paränese) hingewiesen werden muß. Neben dem Begriff der πίστις in 12,2 (vgl. 10,38f) nimmt der Hebr in erster Linie das Stichwort der ὑπομονή (10,36; vgl. 10,32: ὑπεμείνατε) wieder auf, das im auszulegenden Abschnitt in jedem Vers je einmal vorkommt[1]. Die geforderte Geduld ist im vorgegebenen ἀγών aufzubringen. Das Bild vom Wettkampf zeigt deutliche Bezüge zum Leidenskampf (ἄθλησις παθημάτων), den die Gemeinde in der Vergangenheit bereits tapfer erduldet hat (10,32). Was einst die Leser ausgezeichnet hat, ist nun erneut vonnöten: Geduld und Standhaftigkeit.

Die *Struktur* des Abschnitts 12,1–3 wurde in jüngster Zeit eingehend analysiert. E.B.HORNING - und ihr folgend D.A.BLACK[2] - erkennen in 12,1–2(!) ”an inverse parallelism of phrases consisting of nine lines in which the center line stands alone”[3]. Diese Konzentrik stellt sich wie folgt dar[4]:

Τοιγαροῦν καὶ
ἡμεῖς   A   τοσοῦτον ἔχοντες περικείμενον ἡμῖν νέφος μαρτύρων,
            B   ὄγκον ἀποθέμενοι πάντα καὶ τὴν εὐπερίστατον ἁμαρτίαν,
        C   δι’ ὑπομονῆς
      D   τρέχωμεν τὸν προκείμενον ἡμῖν ἀγῶνα
ἀφορῶντες εἰς τὸν τῆς πίστεως ἀρχηγὸν καὶ τελειωτὴν Ἰησοῦν,
      D’   ὃς ἀντὶ τῆς προκειμένης αὐτῷ χαρᾶς
        C’   ὑπέμεινεν σταυρὸν
            B’   αἰσχύνης καταφρονήσας
(Ἰησοῦς)   A’   ἐν δεξιᾷ τε τοῦ θρόνου τοῦ θεοῦ κεκάθικεν.

---

[1]   In 12,1 (δι’ ὑπομονῆς) bezogen auf die Geduld der angeredeten Leser; in 12,2 (ὑπέμεινεν σταυρόν) und 12,3 (τοιαύτην ἀντιλογίαν ὑπομεμενηκότα) von Jesus ausgesagt.

[2]   Note 544ff.

[3]   Chiasmus 40.

[4]   E.B.HORNING: Chiasmus 41; D.A.BLACK: Note 546. Beide Autoren bieten den Text in Umschrift. Die Prämissen VANHOYEs werden bei D.A.BLACK deutlich sichtbar (ebd. 543.551). Zur konzentrischen Symmetrie vgl. A.VANHOYE: Structure 196f. 232 und R.NEUDECKER: Heilsgeschichte I 214f.222f.

Diese *chiastisch-konzentrische* Struktur ist nicht ohne *Schwächen*, was v.a. D.A.BLACK einräumt[5]. Inwiefern die "uns umgebende Wolke der Zeugen" (A) sachlich und sprachlich der "sessio Christi ad dexteram Dei" (A') korrespondiert, wird ebensowenig deutlich wie die Entsprechung zwischen den Elementen B und B'. Als Manko der Analyse erweist sich zudem das Ausklammern von Hebr 12,3. Nimmt man diesen Vers hinzu, kann durchaus eine chiastische Struktur in 12,1-3 festgestellt werden. 12,1a rekurriert auf die in Hebr 11,2-38 angeführte "Wolke der Zeugen" und leitet - sprachlich durch τοιγαροῦν ausgedrückt[6] - über zur Paränese der folgenden Verse (12,1b-3), in denen der Verfasser die Konsequenzen zieht und die Leser zu standhafter Geduld und ausdauerndem Kampf ermahnt (12,1b.3b). Sie sollen aufsehen auf Jesus. *Er* hat den geforderten Glauben vorgelebt, und er hat den Grund gelegt für die πίστις, die auf die im göttlichen Verheißungswort zugesagten und nur mit den Augen des Glaubens erkennbaren Eschata (11,1) gerichtet ist (12,2a.3a). *Wie* Jesus dies tat, zeigen die chiastisch angeordneten Aussagen in 12,2b. Die *Struktur* des Abschnittes *12,1-3* ergibt demnach folgendes Bild:

τοιγαροῦν καὶ ἡμεῖς τοσοῦτον ἔχοντες περικείμενον ἡμῖν νέφος μαρτύρων,

A ὄγκον ἀποθέμενοι πάντα καὶ ... ἁμαρτίαν, δι' ὑπομονῆς τρέχωμεν τὸν ... ἀγῶνα

   B ἀφορῶντες εἰς τὸν τῆς πίστεως ἀρχηγὸν καὶ τελειωτὴν Ἰησοῦν,

      C ὃς ἀντὶ τῆς προκειμένης αὐτῷ χαρᾶς

         D ὑπέμεινεν σταυρὸν

         D' αἰσχύνης καταφρονήσας

      C' ἐν δεξιᾷ τε τοῦ θρόνου τοῦ θεοῦ κεκάθικεν.

   B' ἀναλογίσασθε γὰρ τὸν τοιαύτην ὑπομεμενηκότα ... ἀντιλογίαν,

A' ἵνα μὴ κάμητε ταῖς ψυχαῖς ὑμῶν ἐκλυόμενοι.

Nimmt man 12,1a als zusammenfassenden Rückblick auf das 11. Kapitel vorweg, so zeigen sich folgende *Entsprechungen*: Die Ermahnung in 12,1b (A) dient dem Ziel: die Christen sollen nicht müde und schlaff werden (12,3b = A'). Sie sollen auf den ἀρχηγὸς καὶ τελειωτὴς τῆς πίστεως sehen (12,2a = B), der den Widerspruch der Sünder erduldet hat (12,3a = B'). Er hat dies getan im Wissen um die ihm in Aussicht gestellte χαρά (12,2bα = C), die er als Lohn empfing, indem er sich zur Rechten des Thrones Gottes gesetzt hat (12,2bδ = C'). Um dieser Freude willen erduldete er das Kreuz (12,2bβ = D) und achtete er die Schmach nicht (12,2bγ = D'). Wir können festhalten: Der Abschnitt 12,1-3 ist wohl durch Chiasmus, nicht aber durch konzentrische Symmetrie gekennzeichnet.

Die Strukturanalyse ist durch *grammatische Beobachtungen* zu ergänzen. Das den Abschnitt beherrschende Subjekt enthält V. 1a. Dem Personalpronomen ἡμεῖς

---

[5]   BLACK betont: "Not all of the features listed are of the same thematic value". Hinzu kommt - zweitens -: "Strictly verbal parallels exist only in items C-C' and D-D'" (Note 546 Anm. 17). Vgl. auch E.B.HORNING: Chiasmus 40.

[6]   Für das "voller klingende τοιγαροῦν" gilt analog, was W.NAUCK für das einfache οὖν festhält: "Das οὖν verbindet ... eine systematisch-theologische Erörterung mit einer sich daran anschließenden paränetischen Ermahnung, in der die Konsequenzen aus den theologischen Erwägungen aufgezeigt werden" (Das οὖν-paräneticum 134). Zur Konjunktion τοιγαροῦν s. neben 1Thess 4,8 auch BDR § 451,3.

sind die Prädikate wie folgt zugeordnet: An das kausal zu interpretierende Partizip
ἔχοντες schließt der Verfasser Aufforderungen (Kohortative) an, zunächst partizi-
pial (ἀποθέμενοι), dann mit finitem Verb (τρέχωμεν) formuliert. Das Partizip ἀφορῶντες ist τρέχωμεν subordiniert. 12,3 bietet direkte Anrede: in V. 3a durch den
Imperativ ἀναλογίσασθε und in V. 3b in Form des Finalsatzes ἵνα μὴ κάμητε. Subjekt
des in V. 2b eingeschobenen Hymnus-Fragments ist Jesus, der in V. 2a als Objekt
genannt wird. Wichtig ist hierbei die Beobachtung, daß die anschließenden Teilverse (V. 2b.c) die Begriffe ἀρχηγὸς καὶ τελειωτής explizieren.

Wir wenden uns der *Auslegung* zu. Die im tractatus de fide genannte "dicht ge-
drängte Menge[7] der Zeugen" (*12,1*) veranschaulicht den in 11,1 "definierten" Glauben. Sie, die "Altvorderen" (11,2), die Gottes gutes Zeugnis erhalten haben (11,2.39),
werden aufgrund ihrer πίστις selbst zu Zeugen[8]. "Darum auch wir," - so resümiert
der Verfasser - "weil wir eine so große Wolke von Zeugen haben, die uns umgibt,
laßt uns alles Belastende und die leicht bestrickende Sünde ablegen und durch
Geduld in dem uns aufgegebenen Wettkampf laufen." Die Leser sollen - so beginnt
der Hebr seine paränetischen Schlußfolgerungen - alle "Last", die beim Glaubenskampf hindern kann[9], ablegen und der "leicht bestrickenden Sünde" (τὴν εὐπερίστατον ἁμαρτίαν)[10] widerstehen. Worin die Sünde besteht, wird in der Auslegung unterschiedlich beurteilt. Daß der Verfasser hierbei an die *Versuchung zum Abfall*
denkt, zeigt nicht nur der Kontext von 10,32-39, wo das Zurückweichen vom Wort
der Verheißung als Unglaube εἰς ἀπώλειαν (10,39) bestimmt wird, sondern wird
auch deutlich an zwei weiteren Stellen im Hebr, an denen von der ἁμαρτία die Rede
ist. In *3,12-14* ergibt sich aus dem Textzusammenhang, daß der "Betrug der Sünde"
(3,13) die Versuchung zur ἀποστασία im Blick hat. Das gleiche Verständnis kann
11,24-26 entnommen werden: Mose "wollte lieber mit dem Volk Gottes Unterdrückung erleiden, als einen zeitweiligen Genuß der Sünde zu haben" (11,25). Unsere
Auslegung dieser Stelle hat ergeben, daß der Verfasser unter ἁμαρτία die
Versuchung zum Abfall versteht[11]. Die Leser sollen dieser Versuchung widerstehen

---

7   Zu dieser Bedeutung von νέφος - insbesondere in Verbindung mit περικείμενον - vgl. die Vielzahl von Belegen aus dem klassisch-griechischen Schrifttum
bei J.J.WETTSTEIN z.St. (II 432); F.BLEEK II 2,852; H.BRAUN 402 u.v.a.m. Sehr schön
bemerkt schon THEODORET (PG 82,769) z.St.: πλῆθος τοσοῦτον, νέφος μιμούμενον τῇ
πυκνότητι.

8   Nicht zu überzeugen vermag die vor allem in der älteren Auslegung vertretene Auffassung, die πρεσβύτεροι seien Zuschauer des Kampfes, den "wir" in der
Arena zu bestehen hätten. Phantasievoll formuliert F.DELITZSCH 601: "Unser Leben
ist ein Schaukampf, das Theater ist die Welt und die Sitze der Zuschauer ringsum
reichen hinauf bis in den Himmel". Ähnlich J.CALVIN z.St.; F.BLEEK II 2,851f (dort
weitere Vertreter).

9   Die weitaus überwiegende Mehrzahl versteht das biblische Hapaxlegomenon ὄγκος vom Bild des Wettkampfs her: vgl. auch Philo: All III 47; Det 27; Jos., Ant.
XVIII 222.

10   Zu εὐπερίστατον, dessen ältester Beleg Hebr 12,1 darstellt, vgl. vor allem die
Kommentare von F.BLEEK und O.MICHEL.

11   Zu dieser Bedeutung von ἁμαρτία im Hebr vgl. auch 3,17 und 10,26. Zur Sache s. die Auslegungen von A.THOLUCK 399f; A.SEEBERG 131f; E.KÄSEMANN ("Beim

und "durch Geduld in dem ... aufgegebenen Wettkampf laufen". Mit dem Hinweis auf den Wettkampf greift der Hebr ein in der antiken Welt weit verbreitetes Bild auf[12], das es - auch wenn der Ursprung in der griechisch-hellenistischen Vorstellungswelt nicht bestritten werden kann[13] - keinesfalls rechtfertigt, hierin das Theologumenon des wandernden Gottesvolkes begründet zu sehen[14]. Es geht um den von Gott zugeteilten Leidenskampf[15] des Glaubens in beharrender Treue. Der aufgegebene Wettkampf wird zum erfolgreichen Ende gebracht - das ergibt sich aus V 2a -, "indem wir aufsehen auf Jesus, den ἀρχηγὸς καὶ τελειωτὴς τῆς πίστεως".

Die Auslegungen zu der Bezeichnung Jesu als ἀρχηγὸς καὶ τελειωτὴς τῆς πίστεως (*12,2*) bieten ein buntes Bild. Vor allem die älteren Ausleger sehen in der Wendung einen Hinweis darauf, daß Jesus in uns den Glauben hineingelegt, selbst den Anfang gesetzt hat und das Ende noch hinzufügen wird[16]. Andere erkennen darin eine Parallele zu den Epitheta des erhöhten Christus in der Johannes-Apokalypse: Christus, das Alpha und das Omega, der Erste und der Letzte, ἡ ἀρχὴ καὶ τὸ τέλος (Apk 22,13; vgl. 1,17; 2,8)[17]. Nach der Ansicht J.A.BENGELs zur Stelle heißt Jesus

---

Gottesvolk kann ... Sünde immer nur Abfall sein" [Gottesvolk 26]); R.GYLLENBERG: Christologie 688; J.MOFFATT 194 und die gut begründeten Ausführungen von E.GRÄSSER: Exegese nach Auschwitz? 266. Es besteht kein Grund, anstelle von ἁμαρτίαν mit P.A.VACCARI: Hebr 12,1, 471-477, ἀπαρτίαν zu emendieren: so z.B. A.VANHOYE: Structure 197; R.NEUDECKER: Heilsgeschichte I 214; II 71 Anm. 292.

12 "Der Hinweis auf den im ἀγών ringenden Athleten ist ... Gemeinplatz geworden" (H.THYEN: Stil 55). Die Belege hierfür wurden schon oft zusammengestellt: dazu E.STAUFFER: ἀγών 134-140; E.GRÄSSER: Glaube 105.

13 Daß diese Anschauung keineswegs bloß im hellenistischen Milieu beheimatet war, sondern auch der palästinensische Leser das Bild vom (Wett-)Kampf sehr wohl kannte, zeigen 4Esr 7,127f, die Ausführungen des Josephus über die Gewohnheiten der Herodianer in Palästina (z.B. Ant. XV 267ff; XVI 136ff) und die Untersuchungen von M.LÄMMER: Propaganda-Aktion 160-173; Ders: Wettkämpfe in Jerusalem 182-227; Ders: Kaiserspiele von Caesarea 95-164; Ders.: Wettkämpfe in Galiläa 37-67.

14 Das betonen mit guten Gründen A.OEPKE: Gottesvolk 59 Anm. 5; O.HOFIUS: Katapausis 221 Anm. 929; vgl. auch F.LAUB: Bekenntnis 163 Anm. 325.

15 Zu den Parallelen der Wendung τὸν προκείμενον ἡμῖν ἀγῶνα vgl. F.BLEEK II 2,861; E.RIGGENBACH 388 Anm. 21 und v.a. F.F.BRUCE 348 mit den zahlreichen Parallelen aus 4 Makk (ebd. Anm. 13.17ff), die die Nähe zu den Ausführungen des Hebr zeigen.

16 So die Kirchenväter seit CHRYSOSTOMUS (PG 63, 193: αὐτὸς τὴν ἀρχὴν ἡμῖν ἐνέθηκεν, αὐτὸς καὶ τὸ τέλος ἐπιθήσει): vgl. die Übersichten bei F.BLEEK II 2, 863; J.Chr.K.VON HOFMANN 456f; G.LÜNEMANN 387f; Th.H.ROBINSON 179; J.KÖGEL: Begriff τελειοῦν 61 Anm. 1. Ähnlich O.MICHEL (434): "Weil Jesus das Wort Gottes ist, das allein imstande ist, den Glauben zu *wecken* und zu *vollenden*, ist er der 'Anfänger und Vollender des Glaubens'" (Hervorhebung dort).

17 So M.LUTHER, Glossen z.St. Manche Exegeten nehmen diese Stellen zum Anlaß, den Begriff des τελειωτής von τέλος her zu interpretieren: H.WINDISCH 109; E.KÄSEMANN: Gottesvolk 80.

deshalb Anfänger und Vollender, weil er selbst dem Vater vom Anfang bis zum
Ende Glauben bewies. Diese Auslegung hat weitgehende Zustimmung gefunden:
"Weil Jesus in der schwersten Anfechtung den Glauben bewahrt und ihn damit auf
die Stufe höchster Vollendung erhoben hat, geht er allen anderen im Glauben voran
und ermöglicht ihnen, seinem Vorbild zu folgen"[18]. Hierzu ist zu bemerken: Die beiden ersten Auslegungen übersehen die Stellung im Kontext. Hebr 12,1ff muß im
Rahmen des Kontextes 10,32 - 12,3 interpretiert werden. Jesus erscheint - ungeachtet seiner sich qualitativ von allen exempla fidei (Kap. 11) deutlich abhebenden,
einmaligen Stellung - in der Reihe der Vorbilder, die den müde gewordenen Lesern
in ihrer Anfechtung vor Augen gestellt sind. Überdies kann keine Rede davon sein,
daß die πίστις im Hebr eine *derartige* christologische Konnotation aufweist, wie sie
die obigen Auslegungen voraussetzen. Der Hebr kennt keine πίστις εἰς Χριστόν[19], -
das dürfte nach unseren bisherigen Ausführungen deutlich geworden sein[20]. Die
dritte Auslegungstradition hat darin Richtiges erkannt, daß Jesus nach dem
Zeugnis des Hebr vom Beginn bis zum Ende seines Lebens die Glaubenshaltung
gelebt hat, die der Verfasser in 11,1 darlegt und die er von den Lesern fordert.

Daß Jesus den Glauben im Sinne von 11,1 von Anfang bis Ende durchgehalten
hat, bringt die Wendung ἀρχηγὸς καὶ τελειωτὴς τῆς πίστεως in 12,2 zum Ausdruck.
Die beiden Begriffe ἀρχηγὸς καὶ τελειωτής sind mit den neueren Auslegungen als
Einheit aufzufassen[21]. Jesus ist - wie die "Wolke der Zeugen" - Vorbild des
Glaubens, denn er hat wie die πρεσβύτεροι die geforderte ὑπομονή bis zum Tod am
Kreuz durchgehalten (12,2b). Der Verfasser hat dabei wohlüberlegt Jesus nicht in
den Argumentationsgang von Hebr 11 eingebettet, um an seiner Einzigartigkeit
keinen Zweifel aufkommen zu lassen.

Nehmen wir die beiden Begriffe näher in den Blick, so fällt auf, daß der Hebr
ἀρχηγός[22] an unserer paränetisch gehaltenen Stelle in einer anderen Bedeutung ver-

---

[18]   So E.RIGGENBACH 390; vgl. F.BLEEK II 2,862f; W.M.L.DE WETTE 240;
B.WEISS 316f; H.WINDISCH 109; C.SPICQ II 386.

[19]   Hierin ist E.GRÄSSER: Glaube 60f.79.146.214ff; Ders.: Exegese nach Auschwitz? 264ff; P.-G.MÜLLER: ΧΡΙΣΤΟΣ 309; G.FRIEDRICH: Verkündigung 159 zu folgen.

[20]   Damit ist nicht gesagt, daß der Glaubensbegriff des Hebr keinerlei Beziehung zur Christologie hat. Zum Verhältnis von Christologie und πίστις im Hebr vgl.
E.GRÄSSER: Glaube 63-71.214ff; F.LAUB: Bekenntnis 161-165.

[21]   H.-F.WEISS hält fest (636): "Die beiden hier Jesus beigelegten Titel ἀρχηγός
und τελειωτής (sind) zunächst auf den Weg des Glaubens zu beziehen, den Jesus einst
vom Anfang bis zum Ende 'in Geduld' (V. 1: δι' ὑπομονῆς) gegangen ist - und eben
auf diese Weise zum Beispiel und Vorbild für die Adressaten des Hebr geworden ist,
die sich ja noch auf diesem Weg befinden. Jesus ist hier also in der Tat der 'Anfänger und Vollender des Glaubens', derjenige, der den Glauben 'bis zum Ende' (3,14:
μέχρι τέλους) bewahrt hat".

[22]   Im Neuen Testament ist ἀρχηγός neben Hebr 2,10 und 12,2 noch in Apg 3,15
und Apg 5,31 belegt. Zur Frage der Übersetzung des Begriffes vgl. G.JOHNSTON:
Christ as Archegos 381-385; H.BRAUN 404f; J.J.SCOTT (Jr.): Archegos 47-54. Die
Diskussion darüber, ob ἀρχηγός mit "Anfänger" oder "Anführer" wiederzugeben
ist, hat zu berücksichtigen, daß in Hebr 12,2 das Bild des Wettkampfs unterbrochen
wird. Erst in 12,3b finden sich erneut Anklänge an dieses Bild. Nur wenn man eine

wendet als in 2,10[23]. In *Hebr 2,9f* beschreiben die theologisch-christologisch argumentierenden Verse in nuce die Christologie des Hebr: Der für kurze Zeit unter die Engel erniedrigte Jesus (Inkarnation und Kreuz; vgl. 5,7a) wurde um seines Todesleidens willen von Gott mit Herrlichkeit und Ehre gekrönt (Erhöhung des Gekreuzigten und Auferweckten; vgl. 5,9). Dieser Jesus, der Bruder (2,11) der großen Schar von Söhnen, die Gott durch ihn ebenfalls zur Herrlichkeit (δόξα = σωτηρία αἰώνιος 5,9) führen wollte, wurde als ἀρχηγὸς τῆς σωτηρίας durch das Leiden (des Kreuzestodes) vollendet, das heißt zum himmlischen Hohenpriester eingesetzt. Hier - wie in 5,7ff - ist die Erhöhung und Einsetzung zum Hohenpriester die Antwort Gottes auf den gehorsamen Kreuzestod Jesu. Jesus, der gekreuzigte und auferweckte Erhöhte, der mit seiner Erhöhung zum himmlischen Hohenpriester eingesetzt und proklamiert wurde, ist der "Urheber des Heils" (ἀρχηγὸς τῆς σωτηρίας = αἴτιος τῆς σωτηρίας) der großen Schar von Söhnen, die ihm, dem πρόδρομος ὑπὲρ ἡμῶν (6,20), dermaleinst ins himmlische Allerheiligste folgen werden (6,19f; 10,19f), sofern sie ihm gehorsam sind (5,9), das heißt am Glauben festhalten. Ist demnach die soteriologische Qualifikation des ἀρχηγός-Titels in 2,10 offensichtlich, so spricht der Kontext an unserer Stelle gegen ein analoges Verständnis. Wollte man ἀρχηγὸς τῆς πίστεως in 12,2 im Sinne von 2,10 verstehen, so läge das - aufgrund des Kontextes abzulehnende - altkirchliche Verständnis nahe: Jesus als "Urheber des Glaubens"[24].

"Reminiszenz an das Wegschema" voraussetzt (P.-G.MÜLLER: ΧΡΙΣΤΟΣ 310; G.FRIEDRICH: Verkündigung 171f; H.BRAUN 404f), ist "An-Führer" als Übersetzung gefordert. Hierbei entsteht der Eindruck, den H.BRAUN 405 so formuliert: Jesus "führt, wo geglaubt wird, das Glauben bis ans Ziel, als le chef d'équipe des Chrétiens (Héring [114]), auch für die alttestamentlichen Väter". Derartige Feststellungen sind zumindest mißverständlich. Sie suggerieren für das Denken des Verfassers die Annahme, Jesus sei mit den Glaubenden unterwegs, um sie selbst zum Ziel zu führen. Zu denken wäre demnach - um einen theologischen Terminus technicus aufzugreifen - an das Theologumenon der Perseveranz der Glaubenden. Diese Vorstellung hat jedoch m.E. in der Theologie des Hebr keinen Platz. Das zeigen zur Genüge die paränetischen Abschnitte (v.a. 3,12ff; 10,32-39). Nach dem durchgängigen Zeugnis des Hebr hängt die subjektive Seite des Heils, die πίστις, ganz am Menschen. Die objektive Seite des Heils, die Zugangseröffnung ins himmlische Allerheiligste, ist dagegen begründet und erwirkt durch das hohepriesterliche Selbstopfer Jesu: vgl. dazu G.THEISSEN: Untersuchungen 101.

23   Die religionsgeschichtliche Aufhellung des Begriffes ist nach wie vor strittig. Die jüngste Diskussion hat zumindest soviel gezeigt, daß die Auslegung vor dem Hintergrund des gnostischen Anthropos-Mythos (E.KÄSEMANN: Gottesvolk 79ff; E.GRÄSSER: Glaube 34.112 Anm. 284; E.LOHSE: Märtyrer und Gottesknecht 166f) kaum aufrechterhalten werden kann: dazu im einzelnen O.HOFIUS: Vorhang 89ff; P.-G.MÜLLER: ΧΡΙΣΤΟΣ 382ff; F.LAUB: Bekenntnis 74ff und G.FRIEDRICH: Verkündigung 162f. Auf Distanz geht in jüngster Zeit auch E.GRÄSSER: Gottesvolk 162f. Für nicht erledigt halten den Mythos H.HÜBNER: τελειόω 827f und neuerdings wohl auch F.LAUB: "Schaut auf Jesus" 427. Ob man - mit P.G.MÜLLER: ΧΡΙΣΤΟΣ 279-312 - den Begriff allein auf biblisch urchristlichem Hintergrund verständlich machen darf, mag hier dahingestellt bleiben. Ablehnend dazu F.LAUB: "Schaut auf Jesus" 427 Anm. 27.

24   In neuerer Zeit z.B. B.KLAPPERT: Eschatologie 47. Vgl. auch H.HEGERMANN 245.

Hier nun stellt sich die Frage nach dem *Subjekt* des Glaubens. Die Kirchenväter ergänzten freimütig nach πίστεως ein ἡμῶν, der Hebr denke also - so die Ausleger - an "unseren Glauben". Doch dies steht nicht da und darf auch nicht ergänzt werden. Bleibt die Möglichkeit, nach πίστεως ein ἑαυτου zu ergänzen, so daß zu übersetzen wäre: "Seht auf Jesus, den Urheber seines Glaubens!". Die Unsinnigkeit einer solchen Annahme muß nicht näher ausgeführt werden. Der Verfasser denkt bei der πίστις vielmehr - ohne sich dabei auf bestimmte Personen festzulegen - ganz allgemein an die in 11,1 formulierte Grundthese. Jesus hat in der gleichen Weise wie die "Wolke der Zeugen" diesen Glauben vorgelebt.

Wir wenden uns der nur in Hebr 12,2 vorkommenden Benennung Jesu als τελειωτὴς τῆς πίστεως zu[25]. Nach dem bisher Ausgeführten muß diese Wendung streng vom Kontext her interpretiert werden. Das heißt einerseits: er muß in der Einheit mit ἀρχηγός verstanden werden. Und das heißt andererseits: für das richtige Verständnis muß die Explikation beider Begriffe in V. 2b.c beachtet werden[26]. Dort heißt es von Jesus: Er erduldete um der vor ihm liegenden Freude willen das Kreuz, achtete die Schmach nicht und hat sich für immer zur Rechten des Thrones Gottes gesetzt[27]. Aus der chiastischen Anordnung folgt: Die Jesus in Aussicht gestellte Freude (ἡ προκειμένη αὐτῷ χαρά) entspricht in der Sache der Sessio-Aussage, um deretwillen er die Schmach des Kreuzestodes erduldete. Versteht man so, kann ἀντί an unserer Stelle nicht "anstatt", "anstelle" meinen, so daß an die vom Präexistenten preisgegebene Freude zu denken wäre[28]. Vielmehr ist die Präposition final im Sinne von "um ... willen" aufzufassen. Es geht um "die von Gott dem Incarnatus als Lohn seines Gehorsams 'in Aussicht gestellte', ihm 'verheißene' Freude"[29]. Daß diese

---

[25]   Mit der Mehrzahl der Ausleger ist das Genitiv-Attribut πίστεως auch auf τελειωτής zu beziehen. Zur Begründung vgl. P.-G.MÜLLER: ΧΡΙΣΤΟΣ 308f.

[26]   Daß es sich bei V. 2b.c kaum um vorgegebene Überlieferung handeln dürfte, betonen zu Recht H.BRAUN 405 und D.A.BLACK: Note 549f. Sprachlich wird das deutlich an den idiomatischen Formulierungen des Hebr: vgl. προκειμένη (6,18; 12,1f); ὑπομένειν (10,32; 12,2.3.7; vgl. ὑπομονή in 10,36; 12,1) und die Sessio-Aussage (ἐν δεξιᾷ: 1,3; 8,1; 10,12; 12,2; τοῦ θρόνου: 8,1; 12,2; τοῦ θεοῦ: 10,12; 12,2). Für eine mögliche vorgeprägte Überlieferung sprechen die nur hier im Hebr belegten Begriffe σταυρός - in der Sache freilich ist das Kreuz mehrfach vorauszusetzen, vor allem beim Wortfeld πάσχειν / πάθημα (2,9f.18; 5,8; 9,26; 13,12) -; αἰσχύνη; καταφρονεῖν. Χαρά (vgl. 10,32; 12,11; 13,17) meint nur hier den himmlischen Lohn. M.RISSI: Theologie 70 erblickt in der vom Sprachgebrauch des Hebr abweichenden unkultischen Terminologie für das Todesgeschehen einen Hinweis auf eine "Vorlage".

[27]   Das Perfekt κεκάθικεν entspricht der Formulierung εἰς τὸ διηνεκὲς ἐκάθισεν in 10,12.

[28]   Vgl. in der Sache Phil 2,6 und 2Kor 8,9. M.LUTHERs Übersetzung hat bis in unsere Zeit hinein Nachahmer gefunden. Näheres bei P.ANDRIESSEN/A.LENGLET: Passages difficiles 215ff; P.-E.BONNARD: Hébreux 12,2, 415-423 und die Entgegnung hierauf von P.ANDRIESSEN: "Renonçant à la joie qui lui revenait" 424-438.

[29]   So O.HOFIUS: Vorhang 86 Anm. 213. Zu dieser Interpretation vgl. F.BLEEK II 2, 864f; A.THOLUCK 405f; W.M.L.DE WETTE 240f; F.DELITZSCH 606f; G.LÜNE-MANN 388f; W.R.G.LOADER: Sohn und Hoherpriester 125 Anm. 20.

Übersetzung richtig ist, zeigt auch der *Sprachgebrauch* des Hebr. In 12,16 besitzt ἀντί ohne jeden Zweifel die Bedeutung "um ... willen": Esau verkaufte um der einen Speise willen (ἀντὶ βρώσεως μιᾶς) seine Erstgeburt. Ferner: Daß die Wendung ἡ προκειμένη αὐτῷ χαρά nur die "in Aussicht stehende Freude" der sessio Christi ad dexteram Dei meinen kann, wird gestützt durch 6,18: Der Verfasser ermahnt die Glaubenden, das der Gemeinde verheißene Hoffnungsgut (ἡ προκειμένη ἐλπίς) festzuhalten[30]. Schließlich können zwei weitere Stellen dieses Verständnis erhärten: In 1,9 - der Rede Gottes an seinen Sohn (1,8f) - wird deutlich, daß die Erhöhung Jesu die Antwort Gottes auf das gehorsame Leiden und Sterben des Sohnes darstellt. Zum gleichen Ergebnis gelangt - wie wir gesehen haben - der Hebr in 2,9: "Den aber, der eine kurze Zeit unter die Engel erniedrigt war[31], Jesus, schauen wir um seines Todesleidens willen mit Herrlichkeit und Ehre gekrönt." Der Befund des Hebr ist eindeutig: Der Verfasser erblickt in der Erhöhung und in der sessio Christi ad dexteram Dei den Lohn für das gehorsame Todesleiden am Kreuz. An die Schmach des Kreuzestodes (ἡ αἰσχύνη τοῦ σταυροῦ) - die "grausamste und schmählichste Todesstrafe"[32] - denkt der Hebr auch an den Stellen, die vom ὀνειδισμὸς τοῦ Χριστοῦ (11,26; 13,12f) handeln[33]. Inwiefern - so ist nun zu fragen - expliziert V. 2b.c die beiden Titel? Der Verfasser nennt Jesus ἀρχηγὸς καὶ τελειωτὴς τῆς πίστεως, weil er als exemplum fidei vorbildlich die Spannung zwischen eschatologischer Verheißung und Leiderfahrung durchgehalten hat. Davon handelt der Hebr an mehreren Stellen. Neben dem schon mehrfach angesprochenen Zusammenhang 2,9f ist hier nun noch der Abschnitt 5,7-10 (vgl. 4,15) zu nennen. Ohne auf die Einzelheiten der umstrittenen Verse einzugehen[34], können den Versen folgende Aussagen entnommen werden[35]: Christus[36], der sich - zuvor um Auferweckung und Erhöhung bittend und flehend - selbst dargebracht hat, wurde wegen seiner Gottesfurcht[37], seiner

---

[30] Die sprachliche Parallelität von προκειμένη in 6,18 und 12,2 hat O.HOFIUS: Vorhang 85f überzeugend begründet.

[31] Den Bezug von 2,9a auf Inkarnation und Kreuz erfordert zwingend die Fortsetzung: διὰ τὸ πάθημα τοῦ θανάτου meint das Todesleiden am Kreuz.

[32] Crudelissimum taeterrimumque supplicium (CICERO, In C. Verrem II 5,165); s. die Aufnahme von Dtn 21,23; 27,26 in Gal 3,13. Zur Bedeutung der Kreuzesstrafe in neutestamentlicher Zeit vgl. M.HENGEL: Mors turpissima crucis 125-184. Ders.: Crucifixion 91-185.

[33] Vgl. hierzu die Auslegung von 11,24-26 und M.HENGEL: Der Sohn Gottes 131ff und Ders.: The Son of God 82ff.

[34] Die jüngste Auslegung samt Diskussion der gängigen Thesen bietet M.BACHMANN: Hohepriesterliches Leiden 244-266.

[35] Zur exegetischen Begründung des Folgenden vgl. J.JEREMIAS: Hebräer 5,7-10, 107-111 (= Ders.: Abba 319-323) und O.HOFIUS: Hebräer 5,7-9, 184-191.

[36] Ὅς in V. 7 ist Aufnahme von ὁ Χριστός in V. 5.

[37] Daß εὐλάβεια im Hebr die fromme Gottesfurcht bezeichnet, zeigen die Stellen 11,7 und 12,28. Für die Todesfurcht verwendet der Hebr die Formulierung φόβος θανάτου (2,15).

Ergebung in den Gotteswillen, erhört (V. 7)[38]. Obwohl er der Sohn Gottes war, hat er im Leiden den Gehorsam bewährt (V. 8)[39]. Er wurde als der aus dem Tode Errettete vollendet, das heißt zum Hohenpriester eingesetzt. So ist er für alle, die ihm gehorsam sind, das heißt für alle Glaubenden, der Urheber ewigen Heils geworden (V. 9), - von Gott feierlich proklamiert als Hoherpriester nach der Ordnung Melchisedeks (V. 10)[40].

Aus diesen Erörterungen wird deutlich, wie eng der Hebr die in den beiden Epitheta ἀρχηγός und τελειωτής ausgesagten Aspekte verbindet: Jesus hat die Spannung zwischen Verheißung (die vor ihm liegende Freude der sessio ad dexteram Dei) und Leiderfahrung (das Kreuz) bis zum Ende durchgehalten. Er ist darin ὑπόδειγμα τῆς πίστεως, *exemplum fidei*, daß er - wie auch die "Wolke der Zeugen" - die von den Lesern geforderte Haltung des gehorsamen Glaubens exemplarisch vorgelebt hat. Zugleich aber eignet seinem Gehorsam einzigartige soteriologische Qualität. Weil seinem im Gehorsam gegen Gottes Willen erlittenen Kreuzestod sühnende Wirkung zukommt und weil er als der sich selbst hingebende himmlische Hohepriester den Weg ins himmlische Allerheiligste eröffnet hat, deshalb ist er, der ἀρχηγὸς καὶ τελειωτὴς πίστεως, zugleich auch *fundamentum fidei*. Er ist als einziger am Ziel, er hat als einziger die Verheißungserfüllung des Zutritts ins himmlische Allerheiligste erfahren. Und dadurch *unterscheidet er sich* von allen anderen Glaubenszeugen.

Nach alledem kann nun endgültig bestimmt werden, wie der genitivus obiectivus πίστεως jeweils aufzufassen ist. Insofern er Jesus als ἀρχηγός näher qualifiziert, denkt der Verfasser an die von den Glaubenden *nachzuahmende Haltung*, an das Durchhalten der Spannung zwischen Verheißung und Leiderfahrung. Insofern er Jesus als τελειωτής näher beschreibt, impliziert der Begriff die durch Jesu hohepriesterliche Selbsthingabe eröffnete *Ermöglichung des Zutritts* ins himmlische Allerheiligste. Auf diese, im göttlichen Verheißungswort zugesagte σωτηρία richtet sich die πίστις. Es geht somit um die am Tag der Parusie Jesu sich verwirklichende Heilsvollendung. Die sich daraus ergebenden Bezüge zur These in Hebr 11,1 lassen sich präzisieren: Weil und insofern Jesus um die in Aussicht

---

[38] Die Erhörung bezieht sich zunächst nur auf die geschenkte Auferweckung (vgl. 13,20). Im weiteren Sinne ist jedoch auch an die Erhöhung (V. 8: τελειωθείς; vgl. zu 11,39f) zu denken.

[39] V. 8 unterbricht parenthetisch die Struktur der VV. 7ff. Mit G.DELLING: τέλος 84,11 und O.HOFIUS: Hebräer 5,7-9, 187f ist μανθάνειν auf die Bewährung des Gehorsams auszulegen. Von einem "Lernprozeß" Jesu auszugehen, gibt der Hebr keinen Anlaß. Vielmehr zeigen die Aussagen in 10,5ff, daß "bereits der präexistente Christus im Gehorsam gegen den Willen des Vaters ja sagt zur Inkarnation und zur sühnenden Hingabe seines σῶμα in den Tod" (O.HOFIUS ebd. 188).

[40] Der abschließende V. 10 zeigt, daß τελειωθείς (V. 8) auf die Hohepriesterweihe Jesu und προσαγορευθείς auf die Proklamation derselben bei der Erhöhung auszulegen ist. Zu προσαγορεύω im Sinne von "nennen", "bezeichnen", "anreden" vgl. Sap 14,22; 2Makk 1,36; 2Clem 1,4 (aktiv), sowie 1Makk 14,40; 2Makk 4,7; 14,37 (passiv) u.a.m. Näheres bei W.BAUER: Wörterbuch 1410 s.v.

gestellte χαρά der mit dem Eingang ins himmlische Allerheiligste verbundenen sessio ad dexteram Dei wußte[41], erduldete er das Kreuz und verachtete er die mit dem Kreuzestod verbundene Schmach. Er zeigte somit als exemplum fidei die von den Glaubenden geforderte ὑπόστασις. Zugleich – und hierin wird die einzigartige soteriologische Qualität des Glaubensvorbildes Jesus ersichtlich – verbürgt Jesu hohepriesterliche Selbsthingabe den am Tag seiner Parusie sich gewiß vollziehenden Eingang ins himmlische Allerheiligste der μέχρι τέλους Glaubenden. Anders ausgedrückt: Ohne den τελειωτὴς τῆς πίστεως bliebe dem auf die eschatologischen Heilsgüter (ἐλπιζόμενα und πράγματα οὐ βλεπόμενα) gerichteten Glauben die verheißene Erfüllung versagt, weil nur Jesus den Zutritt in die κατάπαυσις eröffnen konnte und dies auch getan hat[42].

Wenn wir uns abschließend der Frage zuwenden, ob und inwiefern der Hebr einen unchristologischen, nicht spezifisch christlichen Glaubensbegriff vertritt oder nicht, so kann festgehalten werden: Der Hebr kennt keinen Glauben εἰς Χριστόν. An keiner Stelle finden wir Hinweise darauf, daß der Glaube als Gabe Gottes zu verstehen ist[43], dem – fragt man nach der "Gewinnung der Heilsgewißheit im Hebräerbrief"[44] – das Theologumenon der Perseveranz des Glaubens korrespondiert. Derartige, von Paulus und Johannes gewonnene Einsichten sind dem Hebr fremd. Es ist freilich *exegetisch* nicht zulässig, die Meßlatte der beiden anderen großen Theologen des Neuen Testaments anzuwenden[45]. Unsere Auslegung hat gezeigt, daß der Glaube insofern ohne Bezug zu Christus ist, als der Hebr ihn als menschliche Haltung zur Sprache bringt. Der Mensch kann sein Heil verspielen, – das zu betonen, wird der Verfasser nicht müde (6,4f; 10,26ff; 12,15ff). Der Glaube ist bezogen auf das göttliche Verheißungswort, er ist Antwort auf Gottes Wort. Der Inhalt des göttlichen Verheißungswortes ist (schon für die alttestamentlichen Zeugen) das eschatologische Heil. Daß dieses Heil den Glaubenden (auch denen der πρώτη διαθήκη) wirklich zuteil wird, *das* ist durch Christi Selbstopfer definitiv entschieden. Und *darin* äußert sich der Bezug des πίστις-Begriffes zur Christologie[46].

---

41   Was Hebr 11,1b als ἔλεγχος des Glaubens bestimmt, faßt 12,2ba in die Worte ἀντὶ τῆς προκειμένης αὐτῷ χαρᾶς. Mit anderen Worten: Auch beim irdischen Jesus setzt der Verfasser ein Wissen um das in Aussicht gestellte Hoffnungsgut (6,18) der unmittelbaren Gottesgemeinschaft voraus. Für den irdischen Jesus gehört die sessio ad dexteram Dei zu den πράγματα οὐ βλεπόμενα (11,1b).

42   Zur Sache vgl. F.BÜCHSEL: Christologie des Hebräerbriefs 64; zur Analyse der beiden Titel in 12,2a E.B.HORNING: Chiasmus 45f.

43   Gegen O.BETZ: Firmness in Faith 103ff und H.HEGERMANN 224f.

44   Zu dieser Frage vgl. H.BRAUN: Gewinnung der Gewißheit 321–330. Eine kritische Untersuchung der Thesen BRAUNs bietet E.GRÄSSER: Zur Christologie des Hebräerbriefes 195–206.

45   Zu diesem Kritikpunkt an E.GRÄSSERs Monographie über den Glauben des Hebräerbriefes: vgl. B.KLAPPERT: Eschatologie 58; G.DAUTZENBERG: Glaube 166.172ff; F.LAUB: Bekenntnis 161ff; K.HAACKER: Glaube im Hebräerbrief 157ff. Zur Entgegnung GRÄSSERs vgl. Ders.: Rechtfertigung im Hebräerbrief 85 Anm. 20.

46   In der Darstellung des Hebr erreichen die Glaubenden ihr Ziel "nicht schon deshalb, weil sie die Haltung der Vorbilder des Alten Bundes nachahmen, sondern

In *Hebr 12,3* wird das Ziel der Ermahnungen des Hebr ersichtlich: "Haltet euch den vor Augen, der solchen von seiten der Sünder gegen sich gerichteten Widerspruch ertragen hat, damit ihr nicht in euren Herzen müde werdet und erschlafft." Der Verfasser greift nochmals den Vorbildaspekt auf, um die angefochtene Gemeinde aufzurichten. Jesus hat in seiner Passion den Widerspruch der Sünder ertragen[47], - und er hat das Ziel erreicht. Ihn sollen sie sich vor Augen halten, damit sie nicht in ihren Herzen müde werden und erschlaffen[48]. Die Gemeinde steht im Begriff, den Kampf des Glaubens aufzugeben und vom Wort der Verheißung abzufallen. Das gefährdete Organ erkennt der Verfasser in der ψυχή, die verzagt und mutlos werden kann und daher der "Seelsorge" bedarf (13,17)[49]. Die "Seele" - der Hebr verwendet synonym auch die καρδία[50] - hat ihren "Anker" im verheißenen Hoffnungsgut des eschatologischen Eingangs, den Jesus eröffnet hat (6,18f). Damit die Leser das Heil nicht leichtfertig aufs Spiel setzen, tut Besinnung not. Eine Besinnung, die Kraft schöpft aus dem Beispiel Jesu, und die zugleich erkennt, daß Jesus seinen Weg ὑπὲρ ἡμῶν gegangen ist[51].

Die Verse Hebr 12,1-3 sind wie folgt wiederzugeben:

> (1) Darum auch wir, weil wir eine so große Wolke von Zeugen haben, die uns umgibt, - laßt uns alles Belastende und die so leicht bestrickende Sünde ablegen, und laßt uns durch Geduld in dem uns aufgegebenen Wettkampf (des Glaubens) laufen, (2) indem wir aufsehen auf den, der Anfänger und Vollender des Glaubens ist: Jesus, der um der vor ihm liegenden Freude willen das Kreuz erduldete, die Schmach nicht achtend, und sich (für immer) zur Rechten des Thrones Gottes gesetzt hat. (3) Haltet euch vor Augen den, der solchen von seiten der Sünder gegen sich gerichteten Widerspruch ertragen hat, damit ihr nicht in euren Herzen müde werdet und erschlafft (und so euer Heil leichtfertig aufs Spiel setzt).

---

weil Jesus als 'Anführer und Vollender des Glaubens' dieser Haltung den eschatologischen Heilshorizont erst eröffnet hat" (F.LAUB: Bekenntnis 164 Anm. 326).

[47]   Bei den ἁμαρτωλοί denkt der Hebr an die Feinde des leidenden Jesus: ἐχθροί in 1,13 und 10,13. Daß hier eine Reminiszenz an die Passion vorliegt, zeigen Mk 14,41 parr. Mt 26,45; Lk 24,7. Zur Bedeutung des irdischen Jesus für den Hebr vgl. besonders M.RISSI: Menschlichkeit Jesu 28-45; U.LUCK: Himmlisches 192-215; E.GRÄSSER: Der historische Jesus 63-91; J.ROLOFF: Der mitleidende Hohepriester 143-166; F.LAUB: "Schaut auf Jesus" 417-432.

[48]   Ob ταῖς ψυχαῖς ὑμῶν auf ἐκλυόμενοι oder auf μὴ κάμητε zu beziehen ist, kann dahingestellt bleiben.

[49]   Vgl. 12,12: "Darum stärkt die erschlafften Hände, die wankenden Knie richtet auf!"

[50]   Vgl. 3,8.10.12.15; 4,7.12; 10,22; 13,9 und O.HOFIUS: Vorhang 87.

[51]   Vgl. dazu 6,20; 9,24. Dem entsprechen die Aussagen in 2,9 (ὑπὲρ παντός); 7,25 (ὑπὲρ αὐτῶν) und 10,12 (ὑπὲρ ἁμαρτιῶν).

F. Zusammenfassung und Ausblick

I. Zusammenfassung

Wir stehen am Ende unserer Untersuchung und können die Ergebnisse zusammenfassen sowie die aufgeworfenen Fragen beantworten[1]:

1. Kompositorische und literarkritische Ergebnisse

a) Die unter der Überschrift Πρὸς Ἑβραίους überlieferte urchristliche Predigt erweist den auctor ad Hebraeos als streng auf das göttliche Verheißungswort bezogenen Theologen. Der ”Wort-Gottes-Theologie” des Verfassers trägt die am Exordium (1,1-4) orientierte *Komposition des Hebr* Rechnung: Gott hat geredet - einst zu den Vätern vielfach und auf vielerlei Weise durch die Propheten; in dieser Endzeit abschließend zu ”uns” im Sohn! Diese Gegenüberstellung beherrscht den λόγος τῆς παρακλήσεως in seinen drei Hauptteilen (1,1 - 4,13; 4,14 - 10,31; 10,32 - 12,29). Was der Verfasser von den Gliedern der πρώτη διαθήκη positiv (3,1-6; 6,12f; 11,4-38) und negativ (3,7 - 4,11; 12,16f) zu sagen weiß, dient der vor dem Abfall warnenden und zum treuen Feststehen aufmunternden Paränese. Was er vom Sohn bezeugt, begründet die aufs eschatologische Heil gerichtete zuversichtliche Gewißheit der angefochtenen Gemeinde. So ergibt sich: Paränese und theologische Darlegung bedingen einander. Das Zeugnis vom präexistenten und menschgewordenen Sohn und himmlischen Hohenpriester formuliert für die Paränese den theologischen Grund. Das aufmunternde seelsorgerliche Ermahnen der verzagten Herzen bildet für den Hebr das Ziel, auf das alle christologische Darlegung abzielt. Das eine nicht ohne das andere. Der Hebr als ”tröstlich-ermahnende Predigt” wird nur dann richtig verstanden, wenn theologische Darlegung und Paränese als im Denken des Verfassers gleichwertig und gleich wichtig aufgefaßt werden.

---

[1]   Zu den Fragestellungen s. oben S.2ff.91f und bei den jeweiligen Versen. Wir beschränken uns auf die wesentlichen Aspekte. Für die Details können die Zusammenfassungen der einzelnen Abschnitte herangezogen werden: zur Komposition s. S. 25-33; zum ”Weltbild” des Hebr S. 119ff; zu Hebr 11,1 s. S. 143-146; zur ”Schöpfungslehre” (11,3) s. S. 158-160; zur Bedeutung der Targumim für Hebr 11,4 siehe die S. 163-168.177f und zu Hebr 11,5f die S. 190; zum ”Form-Inhalt-Problem” s. S. 214f.227; zum Theologumenon des ”wartenden Gottesvolkes” s. S. 218ff; zur Eschatologie s. S. 328ff; zum Verhältnis von Christologie/Soteriologie und Glaubensverständnis s. S. 337ff.

b) Der den dritten Hauptteil (10,32 - 12,29) prägende Abschnitt *Hebr 10,32 - 12,3*[2] bestätigt die gewählten sprachlich-formalen und sachlich-inhaltlichen Gliederungskriterien. Theologische Darlegung (11,1-40) und paränetische Schlußfolgerungen (10,32-39; 12,1-3) des für den Lehrstil der jüdisch-hellenistischen Synagoge charakteristischen Paradigmenkatalogs sind untrennbar aufeinander bezogen: Was die angeführte "Wolke der Zeugen" (11,4-38) und Jesus, der ἀρχηγὸς καὶ τελειωτὴς τῆς πίστεως (12,2), exemplarisch vorgelebt haben, soll die angefochtene und glaubensmüde Gemeinde in gleicher Weise nachahmen.

c) Die feinsinnige Komposition spricht gegen die Annahme, der Hebr habe bei der Abfassung seines "tractatus de fide" auf eine *"Vorlage"* zurückgegriffen. Im Blick auf den Abschnitt 11,1-31 gibt es dafür keinerlei Anhaltspunkte. Allenfalls beim Abschnitt 11,32-38 kann erwogen werden, ob der Verfasser auf eine Vorlage zurückgegriffen hat. In jedem Fall aber verbieten sich vorschnelle und grundlose literarkritische Operationen. Unsere Untersuchung ergab keinen Anhaltspunkt dafür, daß "Hebr 11 nicht einheitlich ist"[3]. Vielmehr zeigt die thematische Verknüpfung von jeweils drei Gliedern in 11,4-7, 11,20-22 und 11,29-31, sowie die jeweilige thematische Entsprechung der vier Glieder bei Abraham (11,8-12.17-19) und bei Mose (11,23-28), daß der Verfasser die Abfolge seines Paradigmenkatalogs mit Bedacht gewählt hat.

aa) Der These, Hebr 11 als *"Exkurs"* zu bezeichnen, kann nicht zugestimmt werden. Nicht nur die vielfältige Verknüpfung der Abschnitte 10,32-39 und 12,1-3 mit dem großen Glaubenskapitel verdeutlichen dessen gut gewählte Stellung im ganzen des Hebr, sondern auch die Beobachtung, daß der Abschnitt 10,32 - 12,3 unter umgekehrten Vorzeichen die Argumentation von 3,7 - 4,11 aufgreift.

bb) Gegen die Annahme einer "Vorlage" sprechen im einzelnen folgende *Argumente*: (1) Die Anzahl der angeführten Gestalten der Heilsgeschichte in Hebr 11 ist in dieser Dichte unter den Paradigmenkatalogen einmalig. Hinzu kommt die Tatsache, daß vergleichbare Texte des antiken Judentums nur zum geringen Teil auf die gleichen Stationen im Leben der angeführten Personen Bezug nehmen. (2) Die vom Verfasser gewählten Stationen aus dem Leben der Zeugen veranschaulichen die These in 11,1. Dabei fällt auf, daß bis auf wenige Ausnahmen beide Teile der "Definition" expliziert werden. Es gibt keinen Hinweis darauf, daß "die frühere Tradition gewaltsam umgebogen und einem anderen Zweck dienstbar gemacht" wurde[4]. Das gilt inbesondere auch für das Theologumenon der ἐπαγγελία. (3) *Spannungen* zwischen den "Reflexionen des Verfassers" und den überlieferten Traditionen können nicht festgestellt werden: (α) So kann weder in Hebr 11,1 noch in 11,2f ein Bruch zwischen Aussagen über die *fides quae creditur* und solchen über die *fides qua creditur* nachgewiesen werden. Daß Hebr 11,2f die alttestamentlichen Glaubenszeugen mit der christlichen Gemeinde verbindet, hat seine Entsprechung in 11,39f. Hier zeigt sich das beim Verfasser so beliebte Stilmittel der *Inklusion*: Im

---

[2] Daß die vorliegende Untersuchung - abweichend von der auf S. 33 gebotenen Gliederung (12,1-17!) - bei 12,3 einen Einschnitt vornimmt, wurde oben S. 26 Anm. 109 und S. 29 Anm. 124 begründet.

[3] So M.RISSI: Theologie 105; s. dazu oben S. 83 Anm. 16.

[4] So E.KÄSEMANN: Gottesvolk 118; s. dazu oben S. 91f.

Glauben an die Protologie (11,2f) und im Glauben an die Eschatologie (11,39f) gibt es zwischen den Gliedern der πρώτη διαθήκη und denen der καινή διαθήκη keinen Unterschied. (β) Der vermeintliche Bruch zwischen Hebr 11,5f - wonach sich der entrückte Henoch bereits in der himmlischen Welt befindet - und 11,13.39f - wonach keiner der Glaubenszeugen das eschatologische himmlische Verheißungsgut ererbt hat - muß dann nicht angenommen werden, wenn man zum einen genau auf die Bedeutungsnuancen des Begriffes ἐπαγγελία achtet und zum andern für den Hebr das Theologumenon des Zwischenzustandes der Seelen voraussetzt. Henoch befindet sich in der himmlischen Welt, aber noch nicht in der himmlischen κατάπαυσις[5]. (4) Zahlreiche *sprachliche Beobachtungen* lassen die Handschrift des Verfassers erkennen[6], so daß es schwerfällt zwischen "Tradition" und "Redaktion" zu trennen[7]. (5) Der auctor ad Hebraeos erweist sich als traditionskundiger Theologe, der *eigenständig* auf die Schriften des Alten Testaments und die ihm vorgegebenen Traditionen des antiken Judentums Bezug nimmt. Dies zeigt besonders eindrücklich die Verknüpfung von Jes 26,20 LXX mit Hab 2,3f LXX in Hebr 10,38f. Insbesondere Hab 2,4 LXX dient dem Verfasser als Grundlage seiner Auslegung der vorgegebenen Traditionen. Wo die Überlieferung nichts vom Glauben des jeweiligen Zeugen berichtet, erschließt es der Hebr an einzelnen Stellen (z.B. 11,5f; 11,7) mit Hilfe einer Gezera schawa. Die Verknüpfung von Hebr 10,38f mit den einzelnen Paradigmen zeigt eindeutig die Handschrift des Verfassers.

2. Exegetisch-traditionsgeschichtliche Ergebnisse

a) Der *traditionsgeschichtliche Vergleich* des untersuchten Abschnitts hat keine Bestätigung der weitverbreiteten Ansicht erbracht, der Hebr alteriere jüdisch-apokalyptische Ansichten durch Theologumena, die dem platonisch-dualistisch geprägten Denken des hellenistischen Judentums Alexandriens entstammten.

aa) Das gute Griechisch des Verfassers und die zahlreichen, dem hellenistischen Kulturkreis entlehnten Begriffe - beides häufig angeführte Argumente für die These der religionsgeschichtlichen Überfremdung - rechtfertigen derartige Feststellungen keineswegs. Anders formuliert: dieselben *Begriffe* sind kein hinreichendes Indiz für dieselben *Inhalte*! Vielmehr muß beim Vergleich der jeweilige Kontext sehr sorgfältig beachtet werden. So gesehen hilft es auch wenig weiter, wenn man

---

[5] Siehe im einzelnen die Ausführungen zu Hebr 11,5f und 11,39f, sowie Chr.ROSE: Verheißung und Erfüllung 60-80.178-191. Ebd. 183f und oben S. 308 wird zu den angeblichen Spannungen zwischen 11,33 und 11,39 Stellung genommen.

[6] S. dazu im einzelnen die Darlegungen auf S. 227 Anm. 897; S. 289f Anm. 953. 958; S. 290f; S. 296 Anm. 981; S. 302 Anm. 1002 u.a.m.

[7] Fällt schon der literarkritische Vergleich der synoptischen Evangelien bei vielen Exegeten unterschiedlich aus, um wieviel mehr ist Zurückhaltung geboten beim Vergleich von Texten, bei denen nur *eine* schriftliche Version vorliegt. Die Uneinigkeit der Exegeten im Blick auf die Zuweisung zu einer "Vorlage" [vgl. z.B. zu 11,2 (oben S. 147 Anm. 315)] zeigt, daß es keine sicheren Kriterien für die Trennung der beiden Überlieferungsstufen gibt.

unterscheidet zwischen platonisch-philonischer Form und jüdisch-apokalypti-
schem Inhalt. Entscheidend ist allein der Argumentationsduktus der jeweils zu ver-
gleichenden Texte. Für die Auslegung des Hebr, insbesondere des Abschnitts 10,32 -
12,3, sind diese Vorgaben unverzichtbar und von großer Tragweite.

bb) Sieht man von der Aussage in Hebr 11,6b einmal ab - hier zeigt sich die
größte sachliche Nähe des Hebr zur stoisch-philonischen Religionsphilosophie, ohne daß jedoch von einer philosophischen Überfremdung gesprochen werden könnte
-, so stehen die vom Verfasser aufgenommenen Überlieferungen durchweg dem Alten Testament und dem sich darauf beziehenden antiken Judentum näher als dem
platonisch-philonischen Dualismus.

(1) Die unübersehbare Verschränkung von zeitlich-futurischem und räumlich-
ontologischem Denken (11,1.3.9f.13ff) läßt sich nicht damit erklären, daß ersteres
der jüdisch-apokalyptischen, letzteres hingegen der platonisch-philonischen Tradition entlehnt sei. Vielmehr muß beachtet werden, daß die in der himmlischen
Welt vorgestellten Größen für den Hebr durchweg als von Gott "in einem Anfang"
geschaffene Realitäten gedacht sind (1,2f; 11,1.3.13ff). Im Blick auf das *Weltbild* des
Hebr steht fest: das Urbild-Abbild-Denken bleibt - analog den Vorstellungen der
Priesterschrift des Alten Testaments - auf den kultischen Bereich beschränkt. Die
Auslegung von 11,3 hat erbracht, daß sich die "*Schöpfungslehre*" des Hebr problemlos in die "Wort-Gottes-Theologie" des Verfassers einordnen läßt: Gottes Wort
schafft da Realität, wo vorher nichts war. Damit folgt die vorliegende Untersuchung den Spuren der altkirchlichen Exegese, die in Hebr 11,3 einen Beleg für das
Theologumenon einer "*creatio ex nihilo*" erblickt. Es zwingt m.E. nichts zu der Annahme, die Begrifflichkeit des Hebr lege Rückschlüsse auf eine platonisch-philonische Alterierung der biblischen Schöpfungstexte durch den Verfasser nahe.

(2) Die mit dem Theologumenon des *wandernden Gottesvolkes* verbundene Vorstellung von der *Himmelsreise der Seele* kann im Hebr nicht nachgewiesen werden.
Den exegetischen Schlüssel im Blick auf diesen Streitpunkt bietet *Hebr 11,10*: Abraham *wartet* im Land, in das ihn die Verheißung wies, auf das Offenbarwerden der
himmlischen Gottesstadt. Diese Aussage ist eindeutig und klar. Von ihr her müssen
die Stellen - wie etwa 11,14.16 und 13,14 - interpretiert werden, die die Vorstellung
vom wandernden Gottesvolk zumindest vordergründig nahelegen könnten.

(3) In der Sache lassen sich in Hebr 10,32 - 12,3 zahlreiche Parallelen zur *jüdischen Apokalyptik* nachweisen. Ohne nochmals auf Details einzugehen, sind zu nennen: (α) Die Vorstellung der gewissen Zuversicht auf den unvergleichlich besseren
Besitz als *eschatologischen Lohn* für das Leiden des Gerechten um des Glaubens willen (10,34ff). Der Ungerechte aber wird dem Verderben anheimfallen (10,38f). (β)
Das Theologumenon der *Verzögerung der Heilszeit*. (γ) Die Gewißheit, daß die verheißene Heilserfüllung aufgrund des göttlichen Heilsratschlusses eintreten wird
(10,37f; 11,39f). (δ) Das *Zwei-Äonen-Denken* (1,2; 2,5; 6,5; 9,9f; 11,1; 11,3; 12,27f) und
die damit verbundene Verschränkung von zeitlich-futurischem mit räumlich-on-
tologischem Denken: Die von Gott geschaffenen und in der Transzendenz bei Gott
jetzt schon real existierenden Heilsgüter werden am Tag der Heilsvollendung für
die Glaubenden offenbar werden (11,1). (ε) Die *Verlagerung der Verheißungsgüter in
die Transzendenz* (11,1.4.8.9f.13ff.21.22). (ζ) Die mit dem Theologumenon der
ἀνάστασις νεκρῶν (6,1f; 11,35) verbundene Vorstellung des Zwischenzustandes der
Seelen: Die verstorbenen und die im "Jetzt" lebenden Gerechten bilden *eine* Heils-

gemeinde. Am Tag der Heilsvollendung werden die Seelen und die Leiber wieder zusammengeführt, und die Glaubenden werden das Heil ererben (vgl. 11,39f; 12,23).

cc) Aus den zahlreichen Traditionen des antiken Judentums, die Parallelen zu den Aussagen des Hebr enthalten, verdienen drei Textcorpora, nochmals erwähnt zu werden: (1) Das *Buch der Jubiläen* enthält viele wertvolle Hinweise zu den Patriarchen Abraham, Isaak und Jakob. (2) Die *Targumim* zu Gen 4 ermöglichen eine mit der "Definition" in 11,1 kohärente Auslegung des Abel-Paradigmas (11,4). Die aramäischen Übersetzungen des Alten Testaments bieten überdies auch zu anderen Glaubenszeugen hilfreiche Hinweise (vgl. z.B. 11,20). (3) Schließlich zeigt das *vierte Makkabäerbuch* deutliche Konnotationen zum Glauben der "héros triomphants" (vgl. 11,33) und zum Glauben der "héros souffrants" (11,35b).

b) Die *"Wort-Gottes-Theologie"* bestimmt auch das *Glaubensverständnis* des Hebr: Glaube als das objektive Überführtsein von den unsichtbaren Heilsgütern erfordert das Feststehen beim göttlichen Verheißungswort!

aa) Das zeigt in besonderer Weise die sprachlogisch als "Definition" zu bezeichnende These in 11,1: sie "definiert" das Verhältnis von Glaube und Verheißung. Der von der Realität des Himmlisch-Realen objektiv Überführte hält sich fest an die im Wort Gottes zugesagte Verheißung der Heilsvollendung.

bb) Der so "definierte" Glaube erscheint als *menschliche Haltung* im Gegenüber zum göttlichen Verheißungswort. Glaube ist die dem göttlichen Verheißungswort gegenüber angemessene Haltung. Glaube ist die allein angebrachte re-actio auf Gottes actio! Nur beide Aspekte zusammen zur Sprache gebracht, vermögen hinreichend das Glaubensverständnis des Hebr zu beschreiben:

(1) Daß der Glaube menschliche Haltung ist, zeigen die zahlreichen Synonyme, die der Hebr für πίστις verwendet[8]. Der Bezug auf das göttliche Verheißungswort verbietet es, die πίστις in den Spuren der philosophischen Tugendlehre zu verstehen. Auch das immer wieder behauptete intellektuelle Moment findet sich nicht: Schöpfungserkenntnis und das Erkennen der Realität der himmlischen Heilsgüter ist immer Glaubenserkenntnis. Hebr 11,1 faßt diesen passiven Aspekt des Glaubens in den Begriff des "[objektiven] Überführtseins" (ἔλεγχος).

(2) Trotz des genannten passiven Aspekts sperrt sich das Glaubensverständnis des Hebr gegen eine Interpretation im paulinischen[9] und johanneischen Sinne. Der Hebr kennt keine πίστις εἰς Χριστόν! Für ihn ist der Glaube nicht die in der Christologie begründete Gabe Gottes, sondern menschliche Haltung. Meint für Paulus πίστις den "Modus des Heilsempfangs", so versteht darunter der Hebr die "Bedingung für die Heilsteilnahme" bzw. die "Voraussetzung für die Heilserlangung".

(3) Obwohl der Hebr keine πίστις εἰς Χριστόν kennt, ist das Glaubensverständnis des Hebr doch nicht ohne christologischen Bezug zu denken. Das zeigen die Verse

---

[8] Vgl. die Begriffe ὑπόστασις (3,14; 11,1) als Antonym zu ἀποστῆναι, ἀπιστία (3,12.19), ἀπείθεια (4,6.11), ὑποστέλλειν (10,38) bzw. ὑποστολή (10,39); ferner vgl. κρατεῖν τῆς ὁμολογίας (4,14); μακροθυμία und μακροθυμεῖν (6,12.15); κρατεῖν τῆς προκειμένης ἐλπίδος (6,18); κατέχειν τὴν ὁμολογίαν τῆς ἐλπίδος (10,23); ὑπομονή/ὑπομένειν (10,32-39; 12,1-3); ἐλπίς (6,11.18; 10,24; 11,1).

[9] Das Verständnis des Hebr von πίστις (= ἐλπίς) steht in sachlicher Nähe zum paulinischen Verständnis von ἐλπίς.

Hebr 11,39 - 12,3. Die ausstehende Heilsvollendung ist verbürgt in der hohenprie-sterlichen Selbsthingabe Jesu. So wie Jesus als ἀρχηγὸς καὶ τελειωτὴς τῆς πίστεως (12,2) in einzigartiger Weise den von der Gemeinde geforderten Glauben vorgelebt hat, so hat er als ἀρχηγὸς τῆς σωτηρίας (2,10), als αἴτιος σωτηρίας αἰωνίου (5,9), als ἱερεὺς μέγας ἐπὶ τὸν οἶκον τοῦ θεοῦ (10,21) den Weg ins himmlische Allerheiligste er-öffnet. Als πρόδρομος ὑπὲρ ὑμῶν (6,20) ist er ins himmlische Allerheiligste vorange-gangen, als Interzessor (7,25; 9,24) hält er sein einmaliges hohepriesterliches Opfer vor Gott gegenwärtig und als wiederkommender himmlischer Hoherpriester wird er die μέχρι τέλους Glaubenden in die κατάπαυσις hineinführen.

(4) Zusammenfassend kann festgehalten werden: In Person und Werk des Hohen-priesters Jesu gründet das Heil der Gemeinde. Seine *heilsgrundlegende* Hingabe er-weist sich als die *objektive* Seite des Heils. Auf seiten der Christen entspricht dieser Heilsgrundlegung die πίστις als die *subjektive* Seite des Heils.

cc) Insofern der Hebr Glaube als Festhalten an der göttlichen Verheißung definiert, steht er in der Tradition des *Alten Testamentes*. Darüber hinaus zeigen sich sachliche Beziehungen zum *Buch der Jubiläen* und zum *vierten Makkabäer-buch*. Dagegen lassen sich - trotz begrifflicher Nähe im einzelnen - der Hebr und *Philo* in den entscheidenden Aussagen nicht miteinander vergleichen.

c) Die *Eschatologie* des Hebr steht in der Spannung zwischen dem "Schon" und dem "Noch-nicht", dem auf seiten des Verfassers ein "Sehr-bald" korrespondiert. Parusieverzögerung und Naherwartung (vgl. 9,28; 10,25.37) sind in der Schrift ge-weissagt (10,37f). Die christliche Gemeinde lebt in der Endzeit (1,2; 9,26)[10]: "Noch eine ganz, ganz kleine Weile" (10,37), dann wird der himmlische Hohepriester - am Tag der kurz bevorstehenden Parusie - wiederkommen und die Glaubenden der Heilsvollendung zuführen. Sie werden die eschatologische μισθαποδοσία erlangen und die verheißenen Heilsgüter in Besitz nehmen. Am Tag der Heilsvollendung fol-gen die πιστεύοντες der πρώτη und der καινὴ διαθήκη ihrem πρόδρομος in die κατά-παυσις Gottes, um dort vor dem Thron Gottes den eschatologischen σαββατισμός zu feiern.

II. Ausblick

Die vorliegende Studie konnte nicht alle Themenbereiche ausführlich behandeln, die im Zusammenhang mit der Auslegung von Hebr 10,32 - 12,3 zu erörtern sind oder aber sich aus der Beschäftigung mit dem genannten Abschnitt ergeben. Eng verknüpft mit der traditions- und religionsgeschichtlichen Einordnung des Hebr ist das Thema der *Eschatologie*. Die unterschiedlichen religionsgeschichtlichen Her-leitungen der im Hebr verarbeiteten Traditionen bedingen die entgegengesetzten Beurteilungen der eschatologischen Konzeption. Eine Studie zu diesem Thema müßte im einzelnen den Fragen nachgehen, wie im Hebr die Spannung zwischen dem "Schon" (Heilsgrundlegung/-eröffnung) und dem "Noch-nicht" (Heilsverzögerung)

---

[10] Die Wendung ἐπ' ἐσχάτου τῶν ἡμερῶν τούτων (1,2) und die o.g. Stellen (9,28; 10,25.37) lassen keinen Zweifel an der Naherwartung des Verfassers aufkommen.

aber "Schon-bald" (Heilsvollendung bei der baldigen Parusie: Naherwartung!) zu interpretieren ist. Damit hängt zusammen - was in der vorliegenden Arbeit nur angedeutet werden konnte - die Frage nach der im Hebr vorauszusetzenden Konzeption der Heilsvollendung. Die dabei erzielten Ergebnisse müßten ihrerseits Grundlage für die den Kernpunkt des "Rätsels um den Hebräerbrief" ausmachende "religionsgeschichtliche Frage" sein.

Auch das Verhältnis von *Christologie/Soteriologie* einerseits und *Glaubensverständnis* andererseits konnte nur knapp behandelt werden. Eine eigene Untersuchung müßte das gesamte Corpus unter diesem Gesichtspunkt analysieren.

Schließlich wäre es einen Versuch wert, die *"Wort-Gottes-Theologie"* des Hebr detailliert zu untersuchen. Der auctor ad Hebraeos ist darin den beiden anderen großen neutestamentlichen Theologen - Paulus und Johannes - an die Seite zu stellen. Der Verfasser hält sich an den sich offenbarenden Gott und vermeidet jegliche spekulative Theologie.

Literaturverzeichnis

Die Literatur wird in den Anmerkungen wie folgt aufgeführt: Die *Kommentare* zum Hebräerbrief werden grundsätzlich nur mit dem Verfassernamen zitiert. *Andere Literatur* - einschließlich Quellentexte - ist grundsätzlich (Ausnahme: "Einleitung") in abgekürzter Form angeführt. Die Abkürzungen der *Sekundärliteratur* sind, soweit nicht anders kenntlich gemacht, im anschließenden Literaturverzeichnis durch *kursiven Druck* hervorgehoben.

I. QUELLEN

1. Bibelausgaben

Biblia Hebraica Stuttgartensia, quae antea cooperantibus A. ALT, O. EISSFELDT, P. KAHLE ediderat R. KITTEL Editio funditus renovata ... cooperantibus H. P. RÜGER et J. ZIEGLER ediderunt K. ELLIGER et W. RUDOLPH. Textum Masoreticum curavit H. P. RÜGER. Masoram elaboravit G. E. WEIL, Stuttgart 1967/77.

Biblia Sacra Polyglotta. Hrsg. v. B. WALTON, 6 Bde, Graz 1963 - 65.

Ecclesiastes. Ecclesiastico. Testo ebraico con apparato critico e versioni greca, latina e siriaca a cura die F. VATTIONI (Pubblicazioni del seminario di semistica in Napoli 1), Neapel 1968.

Septuaginta. Id est Vetus Testamentum graece iuxta LXX interpretes edidit A. RAHLFS, 2 Bände, Stuttgart [8]1965.

Septuaginta. Duodecim Prophetae, ed. J. ZIEGLER (Vetus Testamentum Graecum auctoritate societas Litterarum Gottingensis editum XIII), Göttingen 1943.

Septuaginta. Sapientia Iesu Filii Sirach, ed. J. ZIEGLER (Vetus Testamentum Graecum auctoritate societas Litterarum Gottingensis editum XII.2), Göttingen 1965.

Targumim. ETHERIDGE, J. W.: The Targums of Onkelos and Jonathan ben Uzziel on the Pentateuch with the Fragments of the Jerusalem Targum, 2 Vols. in 1, New York 1968.

Targumim. The Bible in Aramaic, ed. A. SPERBER, Leiden I: The Pentateuch according to Targum Onkelos (1959); II: The Former Prophets according to Targum Jonathan (1959); III: The Latter Prophets according to Targum Jonathan (1962); IV A: The Hagiographa. Transition from Translation to Midrash (1968); IV B: The Targum and the Hebrew Bible (1973).

Pentateuch-Targumim. R. LE DÉAUT/ J. ROBERT: Targum du Pentateuque. Traduction des deux Recensions palestiniennes complètes avec Introduction, Parallèles, Notes et Indexes, Paris, I: Genese (SC 245) 1978; II: Exode et Lévitique (SC 256) 1979; III: Nombres (SC 261) 1979; IV: Deutéronome (SC 256) 1980; V: Index analytique (SC 282) 1981.

Fragmenten-Targum. GINSBURGER, M.: Das Fragmententhargum (Targum jeruschalmi zum Pentateuch), Berlin 1909.

Fragmenten-Targum. M. L. KLEIN: The Fragment-Targums of the Pentateuch according to their extant Sources (AnBib 76), Rom 1980, I: Texts, Indices and Introductory Essays; II: Translation.

Targum Neofiti 1. A. DIEZ-MACHO: Neophyti 1. Targum Paestinense. MS de la Biblioteca Vaticana. Edición principe, Introducción y Versión Castellana. Traducciones ... Francesca: R. LE DÉAUT; Inglesa: M. McNAMARA/M. MAHER. Lugares paralelos a la Haggadá de Pseudojonatán y Neophyti 1 (ab II): E. B. LEVIN, Madrid/Barcelona I (1968): Genesis (Textos y Estudios 7); II (1970): Exodus (Textos y Estudios 8); III (1971): Leviticus (Textos y Estudios 9); IV (1974): Numeri (Textos y Estudios 10); V (1978): Deuteronomium (Textos y Estudios 11); VI (1979): Appéndices. Colaboradores E. M. BOROBIO / P. ESTELLERICH / M. P. FERNANDES (Textos y Estudios 20).

Targum Onqelos. B. GROSSFELD: The Targum Onqelos to Genesis. Translated with a critical Introduction, Apparatus, and Notes (The Aramaic Bible 6), Edinburgh 1988.

Targum Onqelos. B. GROSSFELD: The Targum Onqelos to Exodus. Translated with Apparatus and Notes (The Aramaic Bible 7), Edinburgh 1988.

Targum Onqelos. B. GROSSFELD: The Targum Onqelos to Leviticus and Numbers. Translated with Apparatus, and Notes (The Aramaic Bible 8), Edinburgh 1988.

Targum Onqelos. B. GROSSFELD: The Targum Onqelos to Deuteronomy. Translated with Apparatus, and Notes (The Aramaic Bible 9), Edinburgh 1988.

Targum Onqelos. Targum Onkelos to Deuteronomy. An English Translation of the Text. With Analysis and Commentary (Based on A. SPERBER'S Edition) by I. DRAZIN, New York 1982.

Palästinisches Pentateuch-Targum. In: P. KAHLE: Masoreten des Westens II (Texte und Untersuchungen zur vormasoretischen Grammatik des Hebräischen [BWANT 50 / 3. Folge - Heft 14]), Stuttgart 1930.

Palästinisches Pentateuch-Targum. KLEIN, M. L.: Genizah Manuscripts of Palestine Targum to the Pentateuch, 2 Volumes, Cincinnati 1986.

Targum Pseudo-Jonathan. Targum Pseudo-Jonathan of the Pentateuch: Text and Concordance. E. G. CLARKE with collaboration by W. E. AUFRECHT, J. C. HURD and F. SPITZER, New Jersey 1984.

Targum Pseudo-Jonathan. GINSBURGER, M.: Pseudo-Jonathan (Thargum Jonathan ben Usiël zum Pentateuch). Nach der Londoner Handschrift (Brit. Mus. add. 27031), Berlin 1903.

Targum Pseudo-Jonathan. Targum Jonathan ben Uzziel on the Pentateuch, copied from the London MS. (British Museum add. 27031) and ed. by D. RIEDER, Jerusalem 1974.

Targum zu den Chronikbüchern. R. LE DÉAUT/J. ROBERT: Targum des Chroniques (AnBib 51), Rome 1971, I: Introduction et Traduction; II: Texte et Glossaire.

Jesaja-Targum. The Targum of Isaiah ed. with a Translation by J. F. STENNING, Oxford 1949 (= 1953).

Jesaja-Targum. CHILTON, B. D.: The Isaiah-Targum. Introduction. Translation, Apparatus and Notes (The Aramaic Bible 11), Edinburgh 1987.

Targum zu den vorderen Propheten. HARRINGTON, D. J./SALDARINI, A. J.: Targum Jonathan of the Former Prophets. Introduction, Translations and Notes (The Aramaic Bible 10), Edinburgh 1987.

Samaritanisches Pentateuchtargum. The Samaritan Targum of the Pentateuch. A critical Edition by A. TAL (Texts and Studies in the Hebrew Language and related Subjects 4 - 6), Tel-Aviv, I (1980): Genesis; Exodus; II (1981): Leviticus; Numeri; Deuteronomium; III (1983): Introduction.

Peshitta. The Old Testament in Syriac to the Peshitta Version. Ed. on Behalf of the International Organization for the Study of the Old Testament by the Peshitta Institute Leiden (Vetus Testamentum Syriacae), Leiden 1966.

Vulgata. Biblia Sacra iuxta Vulgata Versionem. Adiuvanitbus B. FISCHER, I. GRISBOMONT, H. F. D. SPARKS; W. THIELE recensuit et brevi apparatu instruxit R. WEBER, 2 Bde, Stuttgart ²1975.

Novum Testamentum Graece, cum apparato critico curavit E. NESTLE; novis curis elaboraverunt E. NESTLE et K. ALAND, ²⁵1975.

Novum Testamentum Graece. Post E. NESTLE et E. NESTLE communiter ediderunt K. ALAND - M. BLACK - C. M. MARTINI - B. M. METZGER - A. WIKGREN. Apparatum criticum recensuerunt et editionem novis curis elaboraverunt K. ALAND et B. ALAND una cum Instituto studiorum textus Novi Testamentum Monasteriensi (Westphalia), Stuttgart ²⁶1985.

Novum Testamentum Graece. C. TISCHENDORF: Novum Testamentum Graece. Editio Octava critica maior, 2 Vol., Leipzig 1869f (= Nachdruck Graz 1965).

Novum Testamentum Graecum. J. J. WETTSTEIN: Novum Testamentum Graecum, Tom. II, Amsterdam 1752 = Graz 1962.

The Greek New Testament ed. by K. ALAND / M. BLACK / C. M. MARTINI / B. M. METZGER and A. WIKGREN ..., Stuttgart ³1975 (= 1983).

Synopsis Quattuor Evangeliorum. Locis parallelis evangeliorum apocryphorum et patrum adhibitis edidit K. ALAND, Stuttgart ¹³1985.

Das Neue Testament. Übersetzt und kommentiert von U. WILCKENS. Beraten von W. JETTER/E. LANGE und R. PESCH, Hamburg u.a. 1970.

2. *Jüdische Texte*

a) Apokryphen und Pseudepigraphen

Antiquitates Bibliquae. Pseudo-Philon: Les Antiquités Bibliques, Paris 1976 Tome I (SC 229): Introduction et texte critiques par J. D. HARRINGTON; Traduction par J. CAZEAUX; Tome II (SC 230): Introduction littéraire, commentaire et index par C. PERROT et P.-M. BOGAERT.

Antiquitates Biblicae. DIETZFELBINGER, Chr.: Pseudo-Philo: Antiquitates Biblicae, JSHRZ II.2, 87 - 272, Gütersloh ²1979.

Antiquitates Biblicae. HARRINGTON, J. D.: Pseudo-Philo, OTP II (1985), 297 - 377.

Antiquitates Biblicae. KISCH, G.: Pseudo-Philo's Liber Antiquatum Biblicarum (PMS 10), Notre Dame/Indiana 1949.

Apokalypse Abrahams. PHILONENKO-SAYAR, B./PHILONENKO, M.: Die Apokalypse Abrahams, JSHRZ V.5, 412 - 460, Gütersloh 1982.

Apokalypse Abrahams. RUBINKIEWICZ, R.: Apocalypse of Abraham, OTP I (1983), 681 - 705.

Apokalypse Baruch (syrisch). BOGAERT, P.: Apocalypse de Baruch. Introduction, Traduction du Syriaque et Commentaire, Paris 1969, I (SC 144); II (SC 145).

Apokalypse Baruch (syrisch). DEDERING, S.: Apocalypse of Baruch, in: The Old Testament in Syriac IV.3, Leiden 1973, 1 - 50.

Apokalypse Baruch (syrisch). KLIJN, A. F. J.: Die syrische Baruch-Apokalypse, JSHRZ V.2, 103 - 191, Gütersloh 1976.

Apokalypse Baruch (syrisch). KLIJN, A. F. J.: 2 (Syriac Apocalypse of) Baruch, OTP I (1983) 615 - 652.

Apokalypse Baruch (syrisch). KMOSKO, M.: Liber Apocalypseos Baruch Filii Neriae (PS II.1), Paris 1907, 1056 - 1306.

Apokalypse Baruch (syrisch). VIOLET, B.: Die Apokalypsen des Esra und des Baruch in deutscher Gestalt (GCS 32,3), Leipzig 1924.

Apokalypse des Elia. SCHRAGE, W.: Die Elia-Apokalypse, JSHRZ V.3, 191 - 288, Gütersloh 1980.

Apokalypse des Elia. WINTERMUTE, O. S.: Apocalypse of Elijah, OTP I (1983) 721 - 753.

Apokalypse des Esra (griechisch). MÜLLER, U. B.: Die griechische Esra-Apokalypse, JSHRZ V.2, 85 - 102, Gütersloh 1976.

Apokalypse des Esra (griechisch). STONE, M. E.: Greek Apocalypse of Ezra, OTP I (1983) 561 - 579.

Apocalypses apocryphae. VON TISCHENDORF, K.: Apocalypses apocryphae. Mosis, Esdrae, Pauli, Iohannis, item Mariae dormitio, additis Evangeliorum et actuum Apocryphorum supplementis, Hildesheim 1966 (Leipzig 1866).

Apokryphen und Pseudepigraphen. KAUTZSCH, E. (Hrsg.): Die Apokryphen und Pseudepigraphen des Alten Testaments, 2 Bde, Darmstadt 1975 (= Tübingen 1900), I: Die Apokryphen; II: Die Pseudepigraphen.

Apokryphen und Pseudepigraphen. CHARLES, R. H.: The Apocrypha and Pseudepigrapha of the Old Testament in English, Oxford 1963f (= 1913), I: Apocrypha; II: Pseudepigrapha.

Assumptio Mosis. BRANDENBURGER, E.: Himmelfahrt Moses, JSHRZ V.2, 59 - 84, Gütersloh 1976.

4. Esra. SCHREINER, J.: Das 4. Buch Esra, JSHRZ V.4, 289 - 412, Gütersloh 1981.

4. Esra. VIOLET, B.: Die Esra-Apokalypse (IV. Esra). I: Die Überlieferung (GCS 18), Leipzig 1910.

4. Esra. VIOLET, B.: Die Apokalypsen des Esra und des Baruch in deutscher Gestalt (GCS 32,3), Leipzig 1924.

4. Esra. BENSLY, R. L.: The Fourth Book of Ezra. The Latin Version edited from the MSS. Introduction by M. R. JAMES (TaS III.2), Cambrigde 1895.

4. Esra. METZGER, B. M.: The Fourth Book of Ezra, OTP I (1983) 517 - 539.

4. Esra. STONE, M. E.: The Armenian Version of IV Ezra. Edited and translated (Armenian Texts and Studies 1), Missoula/Montana 1979.

Fragmenta Pseudepigraphorum. DENIS, A.-M.: Fragmenta Pseudepigraphorum quae supersunt Graeca (PVTG III), Leiden 1970, 45 - 238.

Fragmenta Pseudepigraphorum. WALTER, N.: Fragmente jüdisch-hellenistischer Historiker, JSHRZ I.2, 90 - 163, Gütersloh 1980.

Henochapokalypse. BLACK, M.: Apocalypsis Henochi Graece (PVTG III), Leiden 1970, 1 - 44.

Äthiopische Henochapokalypse. BEER, G.: Das Buch Henoch, APAT II (1900) 217 - 310.

Äthiopische Henochapokalypse. UHLIG, S.: Das äthiopische Henochbuch, JSHRZ V.6, 461 - 780, Gütersloh 1984.

Hebräischer Henoch. Ph. S. ALEXANDER: 3 (Hebrew Apocalypse of) Enoch, OTP I (1983) 221 - 315.

Hebräischer Henoch. HOFMANN, H.: Das sogenannte hebräische Henochbuch (3 Enoch). Nach dem von H. ODEBERG vorgelegten Material zum erstenmal ins Deutsche übersetzt (BBB 58), Königstein/Ts. - Bonn ²1985.

Hebräischer Henoch. 3 Enoch or The Hebrew Book of Enoch. Edited and translated by H. ODEBERG, Cambridge 1928.

Slawischer Henoch. ANDERSEN, F. I.: 2(Slavonic Apocalypse of) Enoch, OTP I 91-221.

Slawischer Henoch. BONWETSCH, G. N.: Die Bücher der Geheimnisse Henochs. Das sogenannte slavische Henochbuch (TU 44,2), Leipzig 1922.

Slawischer Henoch. VAILLANT, A.: Le livre des Secrets d'Hénoch. Texte slave et traduction française (Texte publiés par l'Institut d'Études slaves 4), Paris 1976 (= Paris 1952).

Joseph und Aseneth. BATIFFOL, P.: Le livre de la Prière d'Aseneth, in: Ders.: Studia Patristica I. Études d'ancienne littérature chrétienne, Paris 1889, 1 - 115.

Joseph und Aseneth. BURCHARD, Chr.: Joseph und Aseneth, JSHRZ II.4, 577 - 736, Gütersloh 1983.

Joseph und Aseneth. BURCHARD, Chr.: Ein vorläufiger griechischer Text von Joseph und Aseneth, DBAT 14 (1979) 2-53.

Joseph und Aseneth. PHILONENKO, M.: Joseph et Aséneth. Introduction. Texte critique. Traduction et notes (StPB 13), Leiden 1968.

Jubiläenbuch. BERGER, K.: Das Buch der Jubiläen, JSHRZ II.3, 273 - 576, Gütersloh 1981.

Jubiläenbuch. CHARLES, R. H.: The Book of Jubilees or the Little Genesis translated from the Editor's Ethiopic Text and edited, with Introduction, Notes and Indices, London 1902 = Jerusalem 1972.

Jubiläenbuch. WINTERMUTE, O. S.: Jubilees, OTP II (1985) 35 - 142.

1. Makkabäerbuch. KAUTZSCH, E.: Das erste Buch der Makkabäer, APAT I (1900) 24 - 81.

1. Makkabäerbuch. SCHUNCK, K. D.: 1.Makkabäerbuch, JSHRZ I.4, 287 - 374, Gütersloh 1980.

2. Makkabäerbuch. HABICHT, Chr.: 2. Makkabäerbuch, JSHRZ I.3, 165 - 286, Gütersloh 1979.

2. Makkabäerbuch. KAMPHAUSEN, A.: Das zweite Buch der Makkabäer, APAT I (1900) 81 - 119.

3. Makkabäerbuch. ANDERSON, H.: 3 Maccabees, OTP II (1985) 509 - 529.

3. Makkabäerbuch. KAUTZSCH, E.: Das sogenannte dritte Buch der Makkabäer, APAT I (1900) 119 - 135.

4. Makkabäerbuch. ANDERSON, H.: 4 Maccabees, OTP II (1985) 531 - 564.

4. Makkabäerbuch. DEISSMANN, A.: Das sogenannte vierte Makkabäerbuch, APAT II (1900) 149 - 177.

Martyrium Isaiae. BEER, G.: Das Martyrium des Propheten Jesaja, APAT II (1900) 119 - 127.

Martyrium Isaiae. HAMMERSHAIMB, E.: Das Martyrium Jesajas, JSHRZ II.1, 15 - 34, Gütersloh ²1977.

Martyrium Isaiae. KNIBB, M. A.: Martyrdom and Ascension of Isaiah, OTP II (1985) 143 - 176.

Oracula Sibyllina. BLASS, F.: Die Sibyllinischen Orakel (Prooemium und Buch III-V), APAT II (1900) 177 - 217.

Oracula Sibyllina. COLLINS, J. J.: Sibylline Oracles, OTP I (1983) 317 - 472.

Oracula Sibyllina. GEFFCKEN, J.: Die Oracula Sibyllina (GCS 8), Leipzig 1902.

Oracula Sibyllina. KURFESS, A.: Sibyllinische Weissagungen. Urtext und Übersetzung, München 1951.

Oratio Manassae. CHARLESWORTH, J. H.: Prayer of Manasseh, OTP II (1985) 625 - 637.

Oratio Manassae. OSSWALD, E.: Das Gebet Manasses, JSHRZ IV.1, Gütersloh ²1977.

Paralipomena Jeremiae. Paraleipomena Jeremiou. Ed. and transl. by R. A. KRAFT and A.-E. PURINTUN (T & T 1, Pseudepigrapha Series 1), Missoula/Montana 1972.

Paralipomena Jeremiae. ROBINSON, S. E.: 4 Baruch, OTP II (1985) 413 - 425.

Psalmen Salomos. HOLM-NIELSEN, S.: Die Psalmen Salomos, JSHRZ IV.2, 49 - 112, Gütersloh 1977.

Psalmen Salomos. KITTEL, R.: Die Psalmen Salomos, APAT II (1900), 127 - 148.

Psalmen Salomos. WRIGHT, R. B.: Psalms of Solomon, OTP II (1985) 639 - 670.

Pseudepigraphen. CHARLESWORTH, J. H. (Ed.): The Old Testament Pseudepigrapha (OTP), 2 Volumes, Garden City/New York, I (1983): Apocalyptic Literature and Testaments; II (1985): Expansions of the "Old Testament" and Legends, Wisdom and Philosophical Literature, Prayers, Psalms and Odes, Fragments of lost Judeo-Hellenistic Works.

Sapientia Iesu Filii Sirach. RYSSEL, V.: Die Sprüche Jesus', des Sohnes Sirachs, APAT I (1900) 230 - 475.

Sapientia Iesu Filii Sirach. SAUER, G.: Jesus Sirach, JSHRZ III.5, 479 - 644, Gütersloh 1981.

Sapientia Iesu Filii Sirach. ZIEGLER, J.: Sapientia Iesu Filii Sirach (Septuaginta. Vetus Testamentum Graecum auctoritate Societatis Litterarum Gottingensis editum XII/2), Göttingen 1965.

Sapientia Salomonis. GEORGI, D.: Weisheit Salomos, JSHRZ III.3, 387 - 478, Gütersloh 1980.

Sapientia Salomonis. SIEGFRIED, K.: Die Weisheit Salomos, APAT I (1900) 476 - 507.

Testament Abrahams. JAMES, M. R.: The Testament of Abraham (TaS II.2), Cambridge 1892 (= Cambridge - Neudeln 1967).

Testament Abrahams. JANSSEN, E.: Testament Abrahams, JSHRZ III.2, 193 - 256, Gütersloh 1975.

Testament Abrahams. SANDERS, E. P.: Testament of Abraham, OTP I (1985) 871 - 911.

Testament Abrahams. SCHMIDT, F.: Le Testament grec d'Abraham. Introduction, Edition critique des deux recensions greques, Traduction (TSAJ 11), Tübingen 1986.

Testament Hiobs. BROCK, S. P.: Testamentum Jobi (PVTG II), Leiden 1967, 1 - 59.

Testament Hiobs. The Testament of Job according to the SV Text, Greek Text and English Translation by R. A. KRAFT with H. ATTRIDGE; R. SPITTLER; J. TIMBLE (T & T 5; Pseudepigr. Series 4), Missoula/Montana 1974.

Testament Hiobs. SCHALLER, B.: Das Testament Hiobs, JSHRZ III.3, 297 - 388, Gütersloh 1979.

Testamente der zwölf Patriarchen. BECKER, J.: Die Testamente der zwölf Patriarchen, JSHRZ III.1, 1 - 163, Gütersloh 1980.

Testamente der zwölf Patriarchen. CHARLES, R. H.: The Greek Versions of the Testaments of the Twelve Patriarchs, Oxford 1908 (= Darmstadt [2]1960).

Testamente der zwölf Patriarchen. DE JONGE, M. u.a.: The Testaments of the Twelve Patriarchs. A critical Edition of the Greek Text (PVTG I.2), Leiden 1978.

Testamente der zwölf Patriarchen. DE JONGE, M.: Testamenta XII Patriarcharum, ed. according to Cambridge University Library MS Ff I.24 fol.203 - 262b with short Notes (PVTG 1), Leiden 1964.

Tragiker Ezechiel. ROBERTSON, R. G.: Ezekiel the Tragedian, OTP II (1985) 803 - 819.

Tragiker Ezechiel. VOGT, E.: Tragiker Ezechiel, JSHRZ IV.3, 113 -133, Gütersloh 1983.

Vita Adae et Evae. JOHNSON, M. D.: Life of Adam and Eve, OTP II (1985) 249 - 295.

Vitae Prophetarum: HARE, D. R. A.: The Lives of the Prophets, OTP II (1985) 379 - 399.

Vitae Prophetarum: SCHERMANN, Th.: Propheten- und Apostellegenden nebst Jüngerkatalogen des Dorotheus und verwandter Texte (TU 31.3), Leipzig 1907.

b) Qumrantexte

BEYER, K.: *Die aramäischen Texte* vom Toten Meer, samt den Inschriften aus Palästina, dem Testament Levis aus der Kairoer Genisa, der Fastenrolle und den alten talmudischen Zitaten, Göttingen 1984.

FITZMYER, J. A.: The Genesis Apocryphon of Qumran Cave I. A Commentary (BibOr 18a), Rom 1971.

LOHSE, E.: Die Texte aus Qumran. Hebräisch-Deutsch. Mit masoretischer Punktation, Übersetzung, Einführung und Anmerkungen, Darmstadt [3]1981.

MAIER, J.: Die Texte vom Toten Meer. I: Übersetzung; II: Anmerkungen, München/Basel 1960.

MAIER, J.: Die Tempelrolle vom Toten Meer. Übersetzt und erläutert (UTB 829), München/Basel 1978.

MAIER, J./SCHUBERT, K.: Die Qumran-Essener. Texte der Schriftrollen und Lebensbild der Gemeinde (UTB 224), München/Basel 1982.

NEWSOM, C.: Songs of the Sabbath Sacrifice: A Critical Edition (Harvard Semitic Studies 27), Atlanta/Georgia 1985.

c) Philo und Josephus

Philo. COHN, L./WENDLAND, P.: Philonis Alexandrini Opera quae supersunt, 6 Bde und 2 Index-Bde, Berlin 1896ff (= 1962).

Philo. COHN, L./HEINEMANN, I./ADLER, M./THEILER, W.: Philo von Alexandria. Die Werke in deutscher Übersetzung, 7 Bde, Breslau 1909ff (= Berlin 1962ff).

Philo. COLSON, F. H./WHITAKER, G. H.: Philo. With an English translation (LCL), 10 Vols, London/Cambridge (Mass.) 1958ff.

Philo. MARCUS, R.: Philo, Supplement (LCL), London/Cambridge (Mass.) I: Questions and answers on Genesis (^{3}1962); II: Questions and answers on Exodus (^{2}1961).

Philo. SIEGERT, F.: Philon von Alexandrien: Über die Gottesbezeichnung 'wohltätig verzehrendes Feuer' (De Deo). Rückübersetzung des Fragments aus dem Armenischen, deutsche Übersetzung und Kommentar (WUNT 46), Tübingen 1988.

(Pseudo-)Philo. SIEGERT, F.: Drei hellenistisch-jüdische Predigten. Pseudo-Philon: "Über Jona", "Über Simson" und "Über die Gottesbezeichnung 'wohltätig verzehrendes Feuer'", I: Übersetzung aus dem Armenischen und sprachliche Erläuterungen (WUNT 20), Tübingen 1980.

Josephus. NIESE, B.: Flavii Josephi Opera, 7 Bde, Berlin 1887ff (= 1955).

Josephus. THACKERAY, H. St. J./MARCUS, R./FELDMAN L. H./WIKGREN, A.: Josephus (LCL), 9 Vols., London/Cambridge (Mass.), 1926 - 1965.

Josephus. MICHEL, O./BAUERNFEIND, O.: Flavius Josephus: De Bello Judaico, Griechisch-Deutsch, 4 Bde, Darmstadt I ^{3}1982; II1 1963; II2 1969; III 1969.

Josephus. CLEMENTZ, H.: Des Flavius Josephus Jüdische Altertümer, 2 Bde in einem, Wiesbaden ^{5}1983.

d) Rabbinische Literatur

Avot deRabbi Natan A und B. Aboth de Rabbi Nathan, hujus libri recensiones duas collatis ... edidit. Prooemium notas appendices indicesque addidit S. SCHECHTER, Wien 1887 (= Neudruck Hildesheim 1979).

Avot deRabbi Natan A. GOLDIN, J.: The Fathers according to Rabbi Nathan. Translated from the Hebrew (YJS 10), New Haven 1956.

Avot deRabbi Natan B. SALDARINI, A. J.: The Fathers according to Rabbi Nathan (Abot de Rabbi Nathan) Version B. A translation and commentary (SLJA 11), Leiden 1975.

Beth ha-Midrasch. Sammlung kleiner Midraschim und vermischter Abhandlungen aus der ältern jüdischen Literatur, ed. A. JELLINEK, 6 Teile in 2 Bänden, Jerusalem ^{3}1967.

Bibliotheca Rabbinica. Eine Sammlung alter Midraschim, übertragen von A. WÜNSCHE, 5 Bände, Leipzig 1881 - 1885 (= Hildesheim 1967).

Hekhalot-Literatur. SCHÄFER, P. (Hrsg.): Synopse zur Hekhalot-Literatur (TSAJ 2), Tübingen 1981.

Hekhalot-Literatur. SCHÄFER, P. (Hrsg.): Übersetzung der Hekhalot-Literatur II: §§ 81 - 334 (TSAJ 17), Tübingen 1987.

Mechilta. Ein tannaitischer Midrasch zu Exodus. Erstmalig ins Deutsche übersetzt und erläutert von J. WINTER/A. WÜNSCHE, Leipzig 1909.

Mekhilta d'Rabbi Ismael, edd. H. S. HOROVITZ/I. A. RABIN, Jerusalem [2]1970.

Mekilta de-Rabbi Ishmael. A critical Edition on the basis of the Manuscripts and early Editions with an English Translation, Introduction and Notes by J. Z. LAUTERBACH, 3 Vols, Philadelphia 1933 (= [2]1949).

Mekhilta d'Rabbi Šim'on b. Jochai, ed. J. N. EPSTEIN/E. Z. MELAMED, Jerusalem 1955.

Midrash Bereshit Rabba. Mit kritischem Apparat und Kommentar von Ch. ALBECK/ J. THEODOR, 3 Bde und 2 Bde Einleitung, Register und Zusätze (VAWJ), Berlin 1912.1927-36.

Midrash Leqach Tob (Pesiqta Sutarta). I: Genesis and Exodus, ed. S. BUBER, Wilna [2]1924. II: Levitikus, Numeri und Deuteronomium, ed. A. M. PADWA, Wilna [2]1921.

Midrash Aggada, ed. S. BUBER, Wien 1893/94 (Nachdruck Jerusalem 1960/61).

Midrash Ḥadash 'al Hattora, in: J. MANN/B. Z. WACHOLDER (Ed.): The Bible as read and preached in the old Synagogue (LBS). I: The Palestinian Triennial Cycle: Genesis and Exodus, New York 1971, 149 - 269.

Midrash Haggadol on the Pentateuch: I: Genesis, ed. M. MARGULIES, Jerusalem 1947 (Neudruck 1967). II: Exodus, ed. M. MARGULIES, Jerusalem 1956 (Neudruck 1965). III: Leviticus, ed. A. STEINSALZ, Jerusalem [2]1975. IV: Numbers, ed. Z. M. RABINOWITZ, Jerusalem 1957 (Neudruck 1967). V: Deuteronomy, ed. S. FISH, Jerusalem 1972.

Midrash Debarim Rabbah. Edited for teh first time from Oxford ms. No. 147 with Introduction and Notes by S. LIEBERMANN, Jerusalem, [2]1964.

Midrash Rabba, Ed. Wilna, 2 Bände, Nachdruck Jerusalem 1969/70.

Midrash Rabba. Translated under the editionship of H. FREEDMANN and M. SIMON, 10 Bde, London/Bournemouth [2]1951.

Midrash Tanḥuma, Ed. Warschau o.J.

Midrash Tanḥuma, Ed. S. BUBER, Wilna 1885.

Midrash Tanḥuma B. BIETENHARD, H. : Midrasch Tanḥuma B. R.Tanḥuma über die Tora, genannt Midrasch Jelammedenu. I: Genesis. Exodus (Judaica et Christiana 5), Bern u.a. 1980; II: Leviticus; Numeri; Deuteronomium (Judaica et Christiana 6), Bern u.a. 1982.

Midrash Tehillim, ed. S. BUBER, Wilna 1891.

Midrash Tehillim. BRAUDE, W.G.: The Midrash on Psalms, translated from the Hebrew and Aramaic (YJS 13), 2 Vols, New Haven 1959.

Midrash Wayikra Rabba. Midrash Wayyikra Rabbah. A critical edition based on manuscripts and Genizah fragments with variants and notes by M. MARGU-LIES, 5 Vols, Jerusalem 1953-60 (= Neudruck 1972).

Mischna. Sisha sidre mishna, ed. Ch. ALBECK/H. YALON, 6 Bde, Jerusalem 1952-58.

Mischna. DANBY, H.: The Mishna. Translated from the Hebrew with introduction and brief explanatory notes, Oxford 1933.

Mischna. Mischnajot. Die sechs Ordnungen der Mischna. Hebräischer Text mit

Punktation übersetzt und erklärt von E. BANETH/J. COHN/D. HOFFMANN u.a., 6 Bde, Berlin 1924ff (= Basel ⁵1968).

Mischna. Die Mischna. Text, Übersetzung und ausführliche Erklärung. Mit eingehenden geschichtlichen und sprachlichen Einleitungen und textkritischen Anhängen. Begr. v. G. BEER/O. HOLTZMANN, hrsg. v. K. H. RENGSTORF/L. ROST, Gießen-Berlin 1912ff.

Pesikta deRav Kahana. Pesikta deRav Kahana. According to an Oxford Manuscript. With variants from all known manuscripts and Genizoth fragments and parallel passages with commentary and introduction by B. MANDELBAUM, 2 Vols, New York 1962.

Pesikta deRav Kahana. BRAUDE, W. G./KAPSTEIN, I.J.: Pěsiḳta dě-Raḇ Kahăna. R.Kahana's compilation of discourses for sabbaths and festal days, Philadelphia 1975 (= 1982).

Pesiqta Rabbati. FRIEDMANN, M.: Pesikta Rabbati. Midrasch für den Fest-Cyclus und die ausgezeichneten Sabbathe. Kritisch bearbeitet, commentirt, durch neue handschriftliche Haggadas vermehrt, mit Bibel- und Personen-Indices versehen, Wien 1880 (= Tel Aviv 1963).

Pesiqta Rabbati. BRAUDE, W. G.: Pesikta Rabbati. Discourses for feasts, fasts, and special sabbaths (YJS 18), 2 Vols, New Haven 1968.

Seder Eliyyahu Rabba - Seder Eliyyahu Zuta. Seder Eliahu rabba und Seder Eliahu zuta (Tanna d'be Eliahu), ed. M. FRIEDMANN, Wien 1902 (= Jerusalem 1960).

Seder Eliyyahu Rabba - Seder Eliyyahu Zuta. BRAUDE, G. W./KAPSTEIN, I. J.: Tanna Debe Eliyyahu. The Lore of the School of Elijah. Translated from the Hebrew, Philadelphia 1981.

Pirqe deRabbi Elie'zer. Sefer Pirqe deRabbi Eli'ezer. Mehatana rabi Eli'ezer hagadol ben hurqanos 'im bi'ur HaRaDa"L ..., Warschau 1851/52 (= New York 1946).

Pirqe deRabbi Elie'zer. FRIEDLÄNDER, G.: Pirḳê de Rabbi Eliezer. (The Chapters of Rabbi Eliezer the Great). According to the text of the manuscript belonging to A. EPSTEIN of Vienna. Translated and annotated with introduction and indices, London 1916.

Shibolei Haleket Completum. R. Zidkeiah ben R. Abraham Harofe. With an Introduction, Comments and Notes "Shevilei Shibolei Haleket" by S. K. MIRSKY, Brooklyn/New York 1966.

Sifre Bamidbar. Siphre ad Numeros adjecto Siphre zutta. Cum variis lectionibus et adnotationibus ed. H. S. HOROVITZ (Corpus Tannaiticum 2,3,1), Jerusalem ²1966.

Sifre Bamidbar. KUHN, K. G.: Der tannaitische Midrasch Sifre zu Numeri (RT 2,3), Stuttgart 1959.

Sifre Devarim. Siphre ad Deuteronomium. H. S. HOROVITZII schedis usus cum variis lectionibus et adnotationibus ed. L. FINKELSTEIN (Corpus Tannaiticum 3,3,2), Berlin 1939.

Sifre Devarim. BIETENHARD, H./LJUNGMAN, H.: Der tannaitische Midrasch Sifre Deuteronomium (Judaica et Christiana 8), Bern 1984.

Sifre Devarim. HAMMER, R.: Sifre. A Tannaitic Commentary on the Book of Deuteronomy (YJS 24), New Haven/London 1986.

Talmud Bavli. Der Babylonische Talmud. Mit Einschluß der vollständigen Mišnah. Hebräisch-Deutsch. Herausgegeben, übersetzt und mit kurzen Erläuterungen versehen von L. GOLDSCHMIDT, 9 Bde, Berlin u.a. 1897 - 1935.

Talmud Bavli. EPSTEIN, J. (Ed.): The Babylonian Talmud. Translated into English with Notes, Glossary and Indices, 35 Vols, London 1938-52.

Talmud Yerushalmi, Ed. Krotoschin 1866 (Neudruck Jerusalem 1969).

Talmud Yerushalmi. HOROWITZ, Ch.: Der Jerusalemer Talmud in deutscher Übersetzung. Band I: *Berakhoth*, Tübingen 1975.

Tosefta. According to Codex Vienna, with Variants from Codices Erfurt, Genizah Mss. and Edition Princeps (Venice 1521). Together with References to Parallel Passages in Talmudic Literature and a Brief Commentary by S. LIEBERMAN, 4 Vols, New York 1955 - 1973.

Tosefta. Aufgrund der Erfurter und der Wiener Handschrift hrsg. v. M. S. ZUCKER-MANDEL, 2 Bde, Halberstadt 1881.

Tosefta. Tosephta. Based on the Erfurt and Vienna Codices with parallels and variants by M. S. ZUCKERMANDEL; with Supplement to the Tosephta by S. LIEBER-MANN, Trier 1881 (= Jerusalem 1970).

Tosefta. BIETENHARD, H.: Der Tosefta-traktat Soṭa. Hebräischer Text mit kritischem Apparat, Übersetzung, Kommentar (Judaica et Christiana 9), Bern 1986.

Tosefta. NEUSNER, J./SARASON, R. S.: The Tosefta. Translated from the Hebrew, 6 Vols, New York 1977 - 1986.

Yalquṭ Reubeni, 2 Bde, Ed. Warschau 1883/1884 (= Neudruck 1961/62).

Yalquṭ Shim'oni. 2 Bde, Ed. Jerusalem 1952.

Yalquṭ Shim'oni. Ed. J. SHILONI, Jerusalem 1973ff.

WÜNSCHE, A.: Aus Israels Lehrhallen, Leipzig I: 1907; II: 1908; III/IV: 1910 (= 2 Bde Hildesheim 1967).

e) Sonstige jüdische Quellen

GINZBERG, L: The *Legends* of the Jews, 7 Vols., Philadelphia I 1968; II [13]1988; III [10]1987; IV [12]1987; V [9]1988; IV [9]1988; VII 1967.

STAERK, W.: Altjüdische liturgische Gebete (KLT 58), Berlin [2]1930.

3. Christliche Texte

Afrahaṭ. PARISOT, I.: Aphraatis Sapientis Persae demonstrationes (PS I 1), Paris 1894.

Afrahaṭ. Aphraate le Sage Persan. Les Exposés. Traduction du Syriaque, introduction et notes par M. J. PIERRE, I: Exposés I - X (SC 349), Paris 1988.

Afrahaṭ. Aphrahat's, des persischen Weisen Homilien. Aus dem Syrischen übersetzt und erläutert von G. BERT (TU 3/3f), Leipzig 1888.

Afrahaṭ. Aphrahat. Unterweisungen. Aus dem Syrischen übersetzt und eingeleitet von P. BRUNS, 2 Teilbände (FC 5/1 und 5/2), Freiburg u.a. 1991.

Altkirchliche Apologeten. GOODSPEED, E. J.: Die ältesten Apologeten. Texte mit kurzen Einleitungen, Göttingen 1914 (= 1984).

Altkirchliche Apologeten. PAUTIGNY, L.: Justin: Apologies. Texte grec, Traduction française, Introduction et Index (TDEHC), Paris 1904.

Neutestamentliche Apokryphen. HENNECKE, E./SCHNEEMELCHER, W. (Hrsg.): Neutestamentliche Apokryphen in deutscher Übersetzung, 2 Bde, Tübingen, I ([5]1987): Evangelien; II ([4]1971): Apostolisches, Apokalypsen und Verwandtes.

Die Apostolischen Väter. BAUER, W./PAULSEN, H.: Die Briefe des Ignatius von Antiochia und der Brief des Polykarp von Smyrna (HNT 18), Tübingen 1985.

Die Apostolischen Väter. DIBELIUS, M.: Die Apostolischen Väter IV: Der Hirt des Hermas, in: Die Apostolischen Väter (HNT-Ergänzungsband), Tübingen 1923, 415 - 644.

Die Apostolischen Väter. FISCHER, J. A.: Die Apostolischen Väter (SUC 1), Darmstadt [8]1981.

Die Apostolischen Väter. WENGST, W.: Didache (Apostellehre); Barnabasbrief; Zweiter Klemensbrief; Schrift an Diognet (SUC 2), Darmstadt 1984.

Die Apostolischen Väter. FUNK, F. X.: Die Apostolischen Väter II (SQS II 1) Tübingen/Leipzig 1901.

Die Apostolischen Väter. FUNK, F. X./BIHLMEYER, K.: Die Apostolischen Väter I (SQS II 1,1) Tübingen [2]1956.

Die Apostolischen Väter. FUNK, F. X./DIEKAMP, F.: Patres Apostolici II, Tübingen 1913.

Die Apostolischen Väter. LAKE, K.: The Apostolic Fathers (LCL), 2 Volumes, London/Cambridge (Mass.) 1912f (= I: [13]1977; II: [11]1976).

Die Apostolischen Väter. LIGHTFOOT, J. B.: The Apostolic Fathers, 2 Vol., London I: 1885; II: 1890.

ARNOBIUS, Adversus Nationes libri VII, recensuit et commentario critico instruxit A. REIFFERSCHEID (CSEL 4), Vindobonae 1855.

ARNOBIUS of Sicca. The case against the Pagans. Newly translated and annotated by G. E. McCRACKEN (ACW 7). Vol.I: Introduction, Books 1-3, Westminster 1949.

BASILIUS von Caesarea: Ennaratio in Prophetam Isaiam (PG 30), Paris 1888, 117 - 668.

BASILIUS von Caesarea: Homiliae in Psalmos (PG 29), Paris 1886, 207 - 494.

CHRYSOSTOMUS, J.: Homiliae XXXIV in Epistolam ad Hebraeos (PG 63), Paris 1862, 9 - 256.

CLEMENS ALEXANDRINUS. STÄHLIN, O./FRÜCHTEL, L./TREU, U. (Hrsg.): Clemens Alexandrinus, Berlin: I (GCS 12): [3]1972; II (GCS 15): [4]1985; III (GCS 17): [2]1970.

C. CYPRIANUS, Epistulae, in: Ders.: Opera omnia Vol.III Pars II., Recensuit et commentario critico instruxit G. HARTEL (CbEL 3.2), Vindobonae 1871.

C. CYPRIANUS, Des hl. Kirchenvaters Briefe. Aus dem Lateinischen übersetzt v. J. BAER, in: Des hl. Kirchenvaters C. CYPRIANUS sämtliche Schriften aus dem Lateinischen übersetzt, 2. Band (BKV 60), München 1928.

CYRILLUS ALEXANDRINUS, Explanatio in Psalmos (PG 69), Paris 1864, 718 - 1276.

EUSEBIUS von Caesarea. BARDY, G.: Eusèbe de Césarée: Histoire Ecclésiastique, 3 Tom., Paris, I: Livres I-IV (SC 31; 1978 = 1952); II: Livres V-VII (SC 41; 1955); III: Livres VIII-X et les Martyrs en Palestine (SC 55; 1958).

EUSEBIUS von Caesarea. KRAFT, H. (Hrsg.): Eusebius von Caesarea. Kirchengeschichte, Darmstadt 1984 (=München [2]1981.

EUSEBIUS von Caesarea. Die Praeparatio Evangelica, in: MRAS, K. (Hrsg.): Eusebius Werke 8/1 und 8/2 (GCS 43.1/2), Berlin 1954f.

EUSEBIUS von Caesarea. Eusèbe de Césarée: La Préparation Évangélique, Paris, I: Introduction générale, Livre I (SC 206) par J. SIRINELLI/E. DES PLACES, 1974; II: Livres IV-V,1-17 (SC 262) par O. ZINK/E. DES PLACES, 1979; III: Livres V,18-36 - VI (SC 266), par E. DES PLACES, 1980; IV: Livre VII (SC 215) par G. SCHRŒDER/E. DES PLACES, 1975; V: Livre XI (SC 292) par G. FAVRELLE/E. DES PLACES, 1982; VI: Livres XII-XIII (SC 307) par E. DES PLACES, 1983; VII: Livres XIV-XV (SC 338) par E. DES PLACES, 1987.

EUSEBIUS von Caesarea. SCHWARZ, E./MOMMSEN, Th. (Hrsg.): Eusebius Werke Bd.2; Die Kirchengeschichte (GCS 1-3), 3 Teile, Leipzig, I: Bücher I-V (1903); II: Bücher VI-X; Die Märtyrer in Palästina (1908); III: Einleitungen, Übersichten und Register (1909).

Märtyrerakten. The Acts of the Christian Martyrs. Introduction, Texts and Translations by H. MUSURILLO (OECT), Oxford 1972.

Pseudo-OECUMENIUS: Pauli Apostoli ad Hebraeos Epistola (PG 119), Paris 1881, 279 - 452.

THEODORETUS v. Cyrus: Interpretatio Epistolae ad Hebaeos (PG 82), Paris 1864, 673 - 786.

THEOPHYLACTUS: Epistolae Divi Pauli ad Hebraeos Expositio (PG 125), Paris 1864, 185 - 404.

4. Sonstige Quellen

ANAXIMENES: Ars rhetorica, ed. M. FUHRMANN (BSGRT), Leipzig 1966.

ANTIPHON: Orationes et Fragmenta, ed. Th. THALHEIM, Leipzig 1914.

ARISTOTELES: Ars Rhetorica, ed. R. KASSEL, Berlin/New York 1976.

ARISTOTELES: Die *Lehrschriften*, herausgegeben, übertragen und in ihrer Entstehung erläutert von Dr. P. GOHLKE, Paderborn 1949ff.

CICERO, M. T.: In contra Verrem. GREENWOOD, L. H. G.: CICERO The Verrine Orations (LCL), 2 Vols., London/Cambridge (Mass.), I: [5]1966; II: [4]1967.

CICERO, M. T.: In contra Verrem. FUHRMANN, M.: M. T. CICERO. Sämtliche Reden III + IV: Gegen Caecilius. Erste und zweite Rede gegen Verres, Zürich/Stuttgart 1971.

DEMOSTHENES: Orationes. VINCE, J. K./MURRAY, A. T./DEISITT, N. W. and DEISITT, N. J.: Demosthenes (LCL), 7 Vols., London/Cambridge (Mass.) , I: [4]1970; II: [6]1971; III: [4]1978; IV: [5]1984; V: [3]1964; VI: [4]1978;; VII: [2]1962.

DIODORUS SICULUS, with an English translation by C. H. OLDFATHER/Ch. L. SHERMAN a.o. (LCL), 12 Vols., London/Cambridge (Mass.) 1962ff.

DIONYSIUS HALICARNASSUS: Antiquitatum Romanorum. CARY, E.: The Roman Antiquities of Dionysius of Halicarnassus (LCL), 7 Vols., London/Cambridge (Mass.) 1960ff

DIONYSIUS HALICARNASSUS: De compositione verborum. USENER, H./RADERMACHER, L.: Dionysii Halicarnasei quae exstant Vol.VI: Opusculorum Volumen secundum (BSGRT) Stuttgart 1965.

EPICTETUS: Dissertationes ab Arrani Digestae, ed. H. SCHENKEL (BSGRT), Stuttgart 1965.

EPICTETUS: The Discourses as reported by ARRIAN, the Manual and Fragments; with an English Translation by W. A. OLDFATHER (LCL), 2 Vols., London/ Cambridge (Mass.), I: [4]1961; II: [3]1959.

EPICTETUS: *Handbüchlein* der Moral. Griechisch/Deutsch. Übersetzt und herausgegeben von K. STEINMANN (Reclam 8788), Stuttgart 1992.

ISOCRATES. With an English Translation by G. NORLIN/L. VAN HOOK (LCL), 3 Vols., London/Cambridge (Mass.), I ([5]1980); II ([5]1982); III ([4]1968).

LUCIAN. With an English translation by A. M. HARMON (LCL), 8 Vols., London/ Cambridge (Mass.): I [4]1953.

PLATON: Werke in acht Bänden, hrsg. v. G. EIGLER, Griechisch-Deutsch, Darmstadt 1970ff.

PLOTINS Schriften, übers. v. R. HARDER, Neubearbeitung mit griech. Lesetext und Anmerkungen fortgeführt von P. BEUTLER und W. THEILER (PhB) Hamburg 1956ff.

PLUTARCH: Moralia, edd. C. HUBERT/W. NACHSTäDT/M. POHLENZ u.a. (BSGRT), 4 Bände, Leipzig 1929ff.

PLUTARCH's Moralia. With an English Translation by F. C. BABBIT/W. C. HEMBOLD u.a.m. (LCL), 15 Vol., London/Cambridge 1927ff.

POLYBIUS. Polybii Historiae, ed Th. BÜTTNER-WOBST, 5 Bde, Leipzig 1922ff.

POLYBIUS. The Histories. With an English translation by W. R. PATON, 6 Vols. (LCL), Cambridge/London: I [6]1979; II [6]1979; III [5]1972; IV [5]1976; V [5]1978; VI [6]1980.

POLYBIUS. Geschichte, eingeleitet und übertragen von H. DREXLER (BAW.GR), 2 Bde, Zürich-Stuttgart 1961ff.

PREISENDANZ, K. (Hrsg. u. Übers.): Papyri graecae magicae. Die griechischen Zauberpapyri (Sammlung wissenschaftlicher Commentare), 2 Bde. Mit Ergänzungen v. K. PREISENDANZ durchges. und hrsg. v. A. HENRICHS, Stuttgart [2]1976.

SENECA, L. Annaeus: Ad Lucilium epistolae morales. Übersetzt, eingeleitet und mit Anmerkungen versehen von M. ROSENBACH [Philosophische Schriften], 2 Bde, Darmstadt 1974/1984.

SENECA, L. Annaeus: Ad Lucilium epistolae morales. With an English Translation by R. M. GUMMERE (LCL), 3 Vol., London-Cambridge/Massachusetts; I: [5]1961; II/III: [4]1962.

SPENGEL, L.: Rhetores Graeci, Leipzig I 1853, II 1845; III 1856 (= Frankfurt 1966).

TACITUS, P. C.: Annalen, lateinisch und deutsch hrsg. v. E. HELLER, München/Zürich 1982.

TRAGICORUM GRAECORUM FRAGMENTA (TrGF). SNELL, B./KANNICHT, R.: Vol.1: Didascaliae tragicae; Catalogi tragicorum et tragoediarum; Testimonia et Fragmenta tragicorum minorum, Göttingen [2]1986: KANNICHT, R./SNELL, B.: Vol.2: Fragmenta adespota; Testimonia Volumini 1 addenda; Indices ad Volumina 1 et 2, Göttingen 1981.

XENOPHON. Xenophontis Scripta Minora, recognovit L. DINDORF, Leipzig [2]1888.

5. Gnostische Quellen

NOCK, A. D./FESTUGIÈRE, A. J.: Corpus Hermeticum 4 Bde, Paris I: [6]1983; II - IV: [4]1983.

BAUER, W.: Die Oden Salomos (KIT 64) Berlin 1933.

LATTKE, M.: Die Oden Salomos in ihrer Bedeutung für Neues Testament und Gnosis, 3 Bde (OBO 25/1-3), Göttingen/Freiburg I: 1979; Ia: 1980; II: 1979; III: 1986.

II. HILFSMITTEL

1. Lexika

BAUER, W.: Griechisch-Deutsches Wörterbuch zu den Schriften des Neuen Testaments und der übrigen urchristlichen Literatur, Berlin [5]1971. [Wo nicht ausdrücklich vermerkt, beziehen sich die Angaben auf die 5. Auflage].

BAUER, W.: Griechisch-Deutsches Wörterbuch zu den Schriften des Neuen Testaments und der übrigen urchristlichen Literatur, völlig neu bearbeitete Auflage, hrsg. von K. u. B. ALAND; Berlin [6]1988.

BROCKELMANN, C.: Lexicon Syriacum, Halle [2]1928.

DALMAN, G. H.: Aramäisch-neuhebräisches Handwörterbuch zu Targum, Talmud und Midrasch. Mit Lexikon der Abbreviaturen von G. H. HÄNDLER und einem Verzeichnis der Mischna-Abschnitte, Göttingen 1938 (=Hildesheim 1967).

GEORGES, K. E./GEORGES, H.: Ausführliches Latein-Deutsches Handwörterbuch, 2 Bde, Hannover [13]1972.

GESENIUS, W.: Hebräisches und aramäisches Handwörterbuch über das Alte Testament, bearb. von F.BUHL, Berlin u.a. [17]1915 (= 1962).

GESENIUS, W.: Hebräisches und aramäisches Handwörterbuch über das Alte Testament. Unter Mitarbeit von U. RÜTERSWÖRDEN bearb. und hrsg. von R. MEYER/H. DONNER, 1.Lieferung: א - ג , Berlin u.a. [18]1987.

JASTROW, M.: A *Dictionary* of the Targumim, the Talmud Babli and Yerushalmi, and the Midrashic Literature, 2 Vols., New York 1950.

KÖHLER, L./BAUMGARTNER, W.: Lexicon in Veteris Testamenti Libros, Leiden 1958.

KÖHLER, L./BAUMGARTNER, W.: Supplementum in Veteris Testamenti Libros, Leiden 1958.

LEVY, J.: *Chaldäisches Wörterbuch* über die Targumim und einen grossen Theil des rabbinischen Schrifttums, Leipzig [3]1881.

LIDDELL, H. G./SCOTT, R.: A Greek-English Lexikon. A new edition revised and augmented throughout by H. S. JONES/R. McKENZIE, Oxford I: 1925; II: 1940.

MOULTON, J. H./MILLIGAN, G.: The Vocabulary of the Greek Testament. Illustrated from the Papyri and other non-literary Sources, 8 Parts, London/New York/ Toronto, I: [2]1915; II: 1915; III: 1921; IV: [2]1928; V 1924; VI 1926; VII 1928; VIII 1929.

PASSOW, F.: Handwörterbuch der griechischen Sprache, 4 Bde, Leipzig [5]1841ff (= Darmstadt 1970).

PREISIGKE, F.: Wörterbuch der griechischen Papyrusurkunden mit Einschluß der griechischen Inschriften, Aufschriften, Ostraka, Mumienschilder usw. aus Ägypten, hrsg. v. E. KIESSLING, 3 Bde, Berlin 1925 - 1931.

REHKOPF, F.: Septuaginta-Vokabular, Göttingen 1989.

2. Konkordanzen und Indices

Biblia Patristica. Index des citations et allusions bibliques dans la littérature patristique. Ed. J. ALLENSBACH/A. BENOÎT u.a. (CADP), 4 Tom. et 1 suppl., Paris, I (1975): Des origenes à Clement d'Alexandrie et Tertullien; II (1977): Le troisème siècle (Origène excepté); III (1980): Origène; IV (1987): Eusèbe de Césarée; Cyrill de Jérusaleme; Épiphane de Salamine; Suppl. (1982): Philon d'Alexandrine.

Clavis Patrum Apostolorum. Catalogum Vocum in libris patrum ... adiuvante U. FRÜCHTEL congessit, contulit, conscripit H. KRAFT, München 1963 (= Darmstadt 1964).

Clavis Librorum Veteris Testamenti Apocryphorum Philologica. Auctore Chr. A. WAHL. Indicem Verborum in Libris Pseudepigraphis Usurpatorum. Adiecit J. B. BAUER, Graz 1972 (um Index vermehrter Nachdruck der Ausgabe Leipzig 1853).

BAUER, J. B.: Clavis Apocryphorum Supplementum. Complectens voces versionis Germanicae Libri Henoch Slavici, Libri Jubilaeorum, Odarum Salomonis (GrTSt 4), Graz 1980.

Computer-Konkordanz zum Novum Testamentum Graece von NESTLE-ALAND, 26. Aufl., und zum Greek New Testament, 3rd Edition. Hrsg. vom Institut für neutestamentliche Textforschung und vom Rechenzentrum der Universität Münster. Unter bes. Mitwirkung v. H. BACHMANN/W. A. SLABY, BBerlin/New York 1980.

BARTHÉLEMY, D./RICKENBACHER, O. (Hrsg.): Konkordanz zum hebräischen Sirach. Mit syrisch-hebräischem Index. Im Auftrag des biblischen Instituts der Universität Friburg/Schweiz, Göttingen 1973.

CLARKE, E./AUFRECHT, W. E. u.a.: Targum Pseudo-Jonathan of the Pentateuch: text and concordance, Hobroken/N.J. 1984.

DENIS, A.-M./JANSSENS, Y.: *Concordance* grecque des pseudépigraphes d'Ancien Testament. Concordance, Corpus des textes, Indices, Louvain-la-Neuve 1987.

FISCHER, B.: Novae Concordantiae Bibliorum Sacrorum iuxta vulgatam versionem critice editam, 5 Bde, Stuttgart- Bad Canstatt 1977.

GROSS, M. D.: Oṣar-hagada, me-ha-mishna we-ha-tosefta ha-talmudim we-ha-midrashim we-sifre ha-zohar, 3 Bde, Jerusalem [4]1961.

HATCH, E./REDPATH, H. A.: A *Concordance* to the Septuagint and the other Greek Versions of the Old Testament, 2 Vols., Oxford 1897 (= Graz 1954).

HYMAN, A./HYMAN, A. B.: Torah Haketubah Vehamessurah. A reference Book of the scriptural Passages quoted in Talmudic, Midrshic and early Rabbinic Literature, I: Pentateuch; II: Prophets; III: Hagiographa, Tel-Aviv [3]1979.

KASHER, M. M.: Torah Shelemah (The Complete Torah). A Talmudic - Midrashic Encyclopedia of the Five Books of Moses (bisher 40 Bände erschienen), New York/ Jerusalem 1926/27 - 1988.

KRAUSS, S.: Griechische und Lateinische Lehnwörter in Talmud, Midrasch und Targum, 2 Bände, Berlin 1898 (= Hildesheim 1964).

KUHN, K. G. u.a. (Hrsg.): Konkordanz zu den Qumrantexten. Göttingen 1960.

KUHN, K. G. u.a.: Nachträge zur "Konkordanz zu den Qumrantexten", RDQ 4 (1963/64), 163 - 234.

LAMPE, G. W. H. (Ed.): A Patristic Greek Lexicon, Oxford [7]1984.

LISOWSKY, G.: Concordantiae Veteris Testamenti Hebraicae atque Aramaicae, Stuttgart [3]1981.

MANDELKERN, S.: Veteris Testamenti Concordantiae Hebraicae atque Aramaicae, 2 Bde, Graz [3]1955.

MAYER, H.: Index Philoneus, Berlin/New York 1974.

RENGSTORF, K. H. u.a. (Ed.): A Complete Concordance to Flavius Josephus, 4 Vols. and 1 Suppl., Leiden I: 1973; II: 1975; III: 1979; IV: 1983; Suppl. (1968): A. SCHALIT: Namenswörterbuch zu F. Josephus.

SCHÄFER, P.: Konkordanz zur Hekhalot-Literatur, Tübingen, I (TSAJ 12): 1986; II (TSAJ 13): 1988.

STROTHMANN, W. u.a. (Hrsg.): Konkordanz zur syrischen Bibel. Der Pentateuch (GOF I 26.1-4). Die Propheten (GOF I26.1-4), Wiesbaden 1984-86.

Thesaurus Graecae Linguae. Ab H. STEPHANO constructus, edd. C. B. HASE/G. et L. DINDORFIUS, 9 Bde, Paris o.J.

3. Grammatiken

BLASS, F./DEBRUNNER, A./REHKOPF, F.: Grammatik des neutestamentlichen Griechisch, Göttingen [14]1979.

DALMAN, G.: Grammatik des jüdisch-palästinischen Aramäisch. Aramäische Dialektproben, Leipzig [2]1905/1927 (= Darmstadt 1981).

BROCKELMANN, C.: Syrische Grammatik. Mit Paradigmen, Literatur, Chrestomathie und Glossar, Berlin [4]1925.

HOFFMANN, E. G./VON SIEBENTHAL, H.: Griechische Grammatik zum Neuen Testament, Riehen/Schweiz 1985.

KÜHNER, R.: Ausführliche Grammatik der griechischen Sprache, I: Elementar- und Formenlehre. In neuer Bearbeitung von F. BLASS, 2 Bde, Hannover [3]1890ff (= Darmstadt 1966).

KÜHNER, R./GERTH, B.: Ausführliche Grammatik der griechischen Sprache. II,1: Satzlehre, Hannover/Leipzig [3]1890 (= Darmstadt 1966); II,2: Satzlehre, Hannover/Leipzig [3]1904 (= Darmstadt 1966).

MOULTON, J. H.: A Grammar of New Testament Greek, Edinburgh, I ([3]1949): Prolegomena; II (1919f): Accidence and Word-Formation, 3 Parts, ed. by W. F. HOWARD; III (1963): Syntax, ed by N. TURNER.

MOULTON, J. H.: Einleitung in die Sprache des Neuen Testamentes: Indogermanische Bibliothek (hrsg. v. H. HIRT/W. STREITBERG), 1.Abt.: Sammlung indogermanischer Lehr- und Handbücher, 1.Reihe: Grammatiken, Bd 9, Heidelberg 1911.

RADERMACHER, L.: Neutestamentliche Grammatik. Das Griechisch des neuen Testamentes im Zusammenhang mit der Volkssprache (HNT 1), Tübingen [2]1925.

ROSENTHAL, F.: A Grammar of Biblical Aramaic (PLO.NS 5), Wiesbaden 1961 (= [4]1974).

SCHWYZER, E.: Griechische Grammatik (HAW II/1,1-3), München, I: ([2]1953) Allgemeiner Teil. Lautlehre. Wortbildung. Flexion; II ([2]1959; hrsg. von A. DEBRUNNER): Syntax und Syntaktische Stilistik; III (1953; von D. J. GEORGACAS): Register.

4. Theologische Wörterbücher und Enzyklopädien

Encyclopaedia Judaica, C. ROTH/G. WIGODER a.o. (Ed.), 16 Vols., Jerusalem 1971.

Exegetisches Wörterbuch zum Neuen Testament, hrsg. v. H. BALZ/G. SCHNEIDER, 3 Bde, Stuttgart u.a. 1980ff.

Der kleine Pauly. Lexikon der Antike in 5 Bänden, hrsg. v. K. ZIEGLER/W. SONTHEIMER/H. GÄRTNER, Stuttgart 1964 (= München 1979).

Lexikon der Alten Welt, hrsg. v. C. ANDRESEN/H. ERBSE/O. GIGON u.a., Stuttgart/ Zürich 1965.

Reallexikon für Antike und Christentum. Sachwörterbuch zur Auseinandersetzung des Christentums mit der antiken Welt, hrsg. v. Th. KLAUSER, Stuttgart 1941ff.

Die Religion in Geschichte und Gegenwart, hrsg. v. K. GALLING, 6 Bde und Registerbd., Tübingen [3]1957ff.

Theologische Realenzyklopädie, hrsg. v. G. KRAUSE/G. MÜLLER, Berlin/New York 1977ff.

Theologisches Begriffslexikon zum Neuen Testament, hrsg. v. L: COENEN/E. BEYREUTHER/H. BIETENHARD, 3 Bde, Wuppertal [3]1971 (Studienausgabe in 2 Bänden, Wuppertal [4]1977).

Theologisches Handwörterbuch zum Alten Testament, hrsg. v. E. JENNI/C. WESTERMANN, München I: [3]1979; II: [2]1979.

Theologisches Wörterbuch zum Alten Testament, hrsg.v. G. J. BOTTERWECK/H. RINGGREN, Stuttgart I: 1973; II: 1977; III: 1982; IV: 1984; V: 1986.

Theologisches Wörterbuch zum Neuen Testament. Begr.v. G. KITTEL. In Verbindung mit zahlreichen Fachgenossen hrsg. v. G. FRIEDRICH, 9 Bände und 1 Registerbd. und 1 Bd. Literaturnachträge, Stuttgart 1933 - 1979.

III. Sekundärliteratur

AHLBORN, E.: Die *Septuaginta-Vorlage* des Hebräerbriefes, Diss. (masch.), Göttingen 1966.

ALEXANDER, Ph. S.: The *Historical Setting* of the Hebrew Book of Enoch, JJS 28 (1977) 156 - 180.

ALEXANDER, Ph. S.: *Rabbinic Judaism* and the New Testament, ZNW 74 (1983) 237 - 246.

ALTANER, B./STUIBER, A.: *Patrologie*. Leben, Schriften und Lehre der Kirchenväter, Freiburg u.a. [7]1966.

AMIR, A.: Die *messianische Idee* im hellenistischen Judentum, FrRu 25 (1973) 195 - 203.

ANDRIESSEN, P.: "Renonçant à la joie qui lui revenait", NRTh 97 (1975) 424 - 438.

ANDRIESSEN, P./LENGLET, A.: De Brief aan de Hebreeën (Het Nieuwe Testament), Roermond 1971.

ANDRIESSEN, P./LENGLET, A.: Quelques passages difficiles de l'Épître aux Hébreux (5,7.11; 10,20; 12,2), Bib 51 (1970) 207 - 220.

D'ANGELO, M. R.: Moses in the Letter to the Hebrews (SBLDS 42), Ann Arbor, Michigan 1979.

ANGERSTORFER, A.: Ist 4QTgLev das Menetekel der neueren Targumforschung?, BN 15 (1981) 55 - 75.

APPEL, H.: Der Hebräerbrief. Ein Schreiben des Apollos an Judenchristen der korinthischen Gemeinde, Leipzig 1918.

APTOWITZER, V.: Kain und Abel in der Agada, den Apokryphen, der hellenistischen, christlichen und muhammedanischen Literatur (Veröffentlichungen der Alexander Kohut Memorial Foundation 1), Wien/Leipzig 1922.

AUNE, D. E.: De Esu Carnium Orationes I and II (Moralia 993A - 999B), in: H. D. BETZ (Ed.): Plutarch's Theological Writings and Early Christian Literature (SCHNT 3), Leiden 1975, 301 - 316.

BACHER, W.: Die exegetische Terminologie der jüdischen Traditionsliteratur. I: Die bibelexegetische Terminologie der Tannaiten, Leipzig 1899 (= Darmstadt 1965); II: Die bibel- und traditionsexegetische Terminologie der Amoräer, Leipzig 1905 (= Darmstadt 1965).

BACHMANN, M.: Hohepriesterliches Leiden. Beobachtungen zu Hebr 5,1-10, ZNW 78 (1987) 244 - 266.

BALZ, H.: παρρησία κτλ., EWNT III (1983) 105 - 112 (abgekürzt: H. BALZ: παρρησία).

BARBER, C. J.: Moses. A Study of Hebrews 11,23-29a, GrJ 14 (1973) 14 - 28.

BARR, J.: Bibelexegese und moderne Semantik, München 1965.

BARRETT, C. K.: The Eschatology of the Epistle to the Hebrews, in: W. D. DAVIS/D. DAUBE (Ed.): The Background of the New Testament and its Eschatology. In honour of C. H. DODD, Cambridge 1956, 363 - 393.

BARTH, G.: Pistis in hellenistischer Religiosität, ZNW 73 (1982) 110 - 126.

BAUMGÄRTEL, F.: Art. "Glaube" II: Im AT, RGG[3] II (1958) 1588 - 1590.

BAUMGÄRTEL, F.: καρδία κτλ., ThWNT III (1938) 609 - 611 (abgekürzt: F. BAUMGÄRTEL: καρδία).

BECKER, J.: Untersuchungen zur Entstehungsgeschichte der Testamente der zwölf Patriarchen (AGJU 8), Leiden 1970.

BEER, B.: Leben Abraham's nach Auffassung der jüdischen Sage, Leipzig 1859.

BEHM, J.: καρδία κτλ., ThWNT III (1938) 611 - 619 (abgekürzt: J. BEHM: καρδία).

BEHM, J./WÜRTHWEIN, E.: νοέω κτλ., ThWNT IV (1942), 947 - 1016.

BÉNÉTREAU, S.: La Foi d'Abel - Hébreux 11/4, ETR 54 (1979) 623 - 630.

BENGEL, J. A.: J. A. BENGELII Gnomon Novi Testamenti in quo ex nativa verborum vi simplicitas, profunditas, concinnitas, salubritas sensuum coelestium indicatur; Editio octava, Stuttgart 1887 (= Ed. tertia 1773).

BENGEL, J. A.: Gnomon in deutscher Bearbeitung von evangelischen Geistlichen. Mit einer Einleitung versehen von R. KÜBEL (Bibliothek theologischer Klassiker

54). 7.Teil von Pfr. ROQUETTE: 1. Brief an die Hebräer; 2. Die Offenbarung Johannis.

BERGER, K.: Art. *"Abraham* II. Im Frühjudentum und Neuen Testament", TRE 1 (1977) 372 - 382.

BERGER, K.: *Einführung* in die Formgeschichte (UTB 1444), Tübingen 1987.

BERGER, K.: *Hellenistische Gattungen* im Neuen Testament, in: ANRW II.25.2, Berlin/New York 1984, 1031 - 1432.183) - 1885.

BERGER, K.: *Formgeschichte* des Neuen Testaments, Heidelberg 1984.

BERGMEIER, R.: ὑποστέλλω/ὑποστολή, EWNT III (1983) 974 (abgekürzt: R. BERGMEIER: ὑποστέλλω).

BERNHARD, J.: Die apologetische *Methode* bei Klemens von Alexandrien. Apologetik als Entfaltung der Theologie (EThSt 21), Leipzig 1968.

BEST, E.: *Spiritual Sacrifice*. General Priesthood in the New Testament, Interpretation 14 (1960) 273 - 299.

BETZ, H. D.: Plutarch's Ethical Writings and Early Christian Literature (SCHNT 4), Leiden 1978.

BETZ, H. D./DIRKSE, P. A./SMITH jr., E:W:: *De sera numinis vindicta* (*Moralia 548A - 568A*), in: H. D. BETZ (Ed.): Plutarch's Theological Writings and Early Christian Literature (SCHNT 3), Leiden 1975, 181 - 235.

BETZ, H. D.: *Galatians*. A Commentary on Paul's Letter to the Churches in Galatia (Hermeneia), Philadelphia 1979.

BETZ, H. D.: *Lukian* von Samosata und das Neue Testament. Religionsgeschichtliche und paränetische Parallelen. Ein Beitrag zum Corpus Hermeticum Novi Testamenti (TU 76), Berlin 1961.

BETZ, O.: *Firmness in Faith*: Hebrews 11:1 and Isaiah 28:16, in: B. P. THOMPSON (Ed.): Scripture: Meaning and Method. Essays presented to A. T. HANSON, Hull 1987, 92 -113.

BETZ, O.: *Geistliche Schönheit*. Von Qumran zu Michael Hahn, in: O. MICHEL/U. MANN (Hrsg.): Die Leibhaftigkeit des Wortes. Theologische und seelsorgerliche Studien und Beiträge als Festgabe für A. KÖBERLE zum 60. Geburtstag, Hamburg 1958, 71 - 86.

BEUTLER, J.: μαρτυρέω κτλ., EWNT II (1981) 958 - 964 (abgekürzt: J. BEUTLER: μαρτυρέω).

BEYSCHLAG, K.: Clemens Romanus und der Frühkatholizismus (BHTh 35), Tübingen 1966.

BIEDER, W.: Pneumatologische Aspekte im Hebräerbrief, in: H. BALTENSWEILER/B. REICKE (Hrsg.): Neues Testament und Geschichte. Historisches Geschehen und Deutung im Neuen Testament. Festschrift für O. CULLMANN, Zürich/Tübingen 1972, 251 - 259.

BIETENHARD, H.: *Die himmlische Welt* im Urchristentum und Spätjudentum (WUNT 2), Tübingen 1951.

(STRACK, H. L.)/BILLERBECK, P.: Kommentar zum Neuen Testament aus Talmud und Midrasch, München: I:[8]1982; II: [8]1983; III: [7]1979; IV: [7]1978; V/V ([5]1979): Rabbinischer Index, Verzeichnis der Schriftgelehrten, geographisches Register, hrsg. v. J. JEREMIAS /K. ADOLPH.

BLACK, D. A.: Hebrews 1:1-4: A Study in Discourse Analysis, WThJ 49 (1987) 175 - 194.

BLACK, D. A.: A *Note* on the Structure of Hebrews 12,1-2, Bib 68 (1987) 543 - 551.

BLACK, D. A.: The Problem of the *Literary Structure* of Hebrews: An Evaluation and a Proposal, GrJ 7 (1986) 163 - 177.

BLACK, M.: *Critical and exegetical notes* on three New Testament texts Hebrews XI.11, Jude 5, James I.27, in: Apophoreta. Festschrift für E. HAENCHEN (BZNW 30), Berlin 1964, 39 - 45 (= Ders.: An Aramaic Approach to the Gospels and Acts, Oxford ³1967, 83ff).

BLASS, F.: Die rhythmische Komposition des Hebräerbriefes, ThStKr 75 (1902) 420 - 461.

BLEEK, F.: Der Brief an die Hebräer erläutert durch Einleitung, Übersetzung und fortlaufenden Commentar, 3 Bände, Berlin, I: 1828; II 1: 1836; II 2: 1840.

BLIGH, J.: The *Structure* of the Hebrews, HeyJ 5 (1964) 170 - 177.

BLOCH, R.: Die *Gestalt des Mose* in der rabbinischen Tradition, in: Mose in Schrift und Überlieferung, Düsseldorf 1963, 95 - 171.

BLOCH, R.: *Note méthodologique* pour l'étude de la littérature rabbinique, RSR 43 (1955) 194 - 227.

BOMAN, Th.: *Das hebräische Denken* im Vergleich mit dem griechischen, Göttingen ⁷1983.

BOMAN, Th.: *Hebraic and Greek Thought-Forms* in the New Testament, in: W. KLASSEN/G. F. SNYDER (Ed.): Current Issues in the New Testament Interpretation. Essays in honor of O. A. PIPER, London 1962, 1 - 22.261.

BONNARD, P.-E.: La traduction de *Hébreux 12,2*: "C'est en vue de la joie que Jésus endura la croix", NRTh 97 (1975) 415 - 423.

BORNKAMM, G.: Das *Bekenntnis im Hebräerbrief*, in: Ders.: Studien zur Antike und Urchristentum. Gesammelte Aufsätze II (BEvTh 28), München 1959, 188 - 203.

BOUSSET, W./GRESSMANN, H.: Die *Religion* des Judentums im späthellenistischen Zeitalter (HNT 21), Tübingen ³1926 (= ⁴1966).

BOUSSET, W.: Jüdisch-christlicher *Schulbetrieb* in Alexandria und Rom. Literarische Untersuchungen zu Philo und Clemens von Alexandrien, Justin und Irenäus (FRLANT 23), Göttingen 1915.

BOVON, F.: *Le Christ*, la foi et la sagesse dans l'épître aux Hébreux (Hébreux 11 et 1), RThPh 18 (1968) 129 -144.

BOWKER, J.: The *Targums* and Rabbinic Literature. An Introduction to Jewish Interpretations of Scripture, Cambridge 1969.

BRANDENBURGER, E.: *Pistis und Soteria*. Zum Verstehenshorizont von "Glaube" im Urchristentum, ZThK 85 (1988) 165 - 198.

BRANDENBURGER, E.: Die *Verborgenheit Gottes* im Weltgeschehen. Das literarische und theologische Problem des 4. Esrabuches (AThANT 68), Zürich 1981.

BRAUN, H.: Vom *Erbarmen Gottes* über den Gerechten. Zur Theologie der Psalmen Salomos, ZNW 43 (1950/51), 1 - 54.

BRAUN, H.: Die *Gewinnung der Gewißheit*, ThLZ 96 (1971) 321 - 330.

BRAUN, H.: Art. "Glaube, III: Im NT", RGG³ II (1958) 1590 - 1597.

BRAUN, H.: An die Hebräer (HNT 14), Tübingen 1984.

BRAUN, H.: Das *himmlische Vaterland* bei Philo und im Hebräerbrief, in: O. BÖCHER/K. HAACKER (Hrsg.): Verborum Veritas. Festschrift für G. STÄHLIN zum 70. Geb., Wuppertal 1970, 319 - 327.

BRAUN, H.: *Qumran und das Neue Testament*, 2 Bände, Tübingen 1966.

BRAUN, H.: Qumran und das Neue Testament. Ein *Bericht* über 10 Jahre Forschung (1950 - 1959), ThR NF 28 (1962) 97 - 234; ThR NF 29 (1963) 142 - 176.189 - 260; ThRNF 30 (1964) 1 - 38.89 - 137.

BRAUN, H.: Wie man über *Gott* nicht denken soll, Tübingen 1971.

BRAWER, A. J.: Wikuaḥ ben Ṣaduqi u-farūsh be-fi *Qayn we-Hevel*, BetM 16 (1970/71) 583 - 585.

BREITENSTEIN, U.: *Beobachtungen* zu Sprache, Stil und Gedankengut des Vierten Makkabäerbuches, Basel/Stuttgart 1976.

BROCK, S. P./ALAND, B.: Art. "Bibelübersetzungen, I: Die Übersetzungen ins Syrische", TRE 6 (1980) 181 - 196.

BRUCE, F. F.: Commentary on the Epistle to the Hebrews (NLC), London/Edinburgh 1964.

BRUCE, F. F.: 'To the Hebrews': A *Document* of Roman Christianity?, ANRW II 25.4 (1987) 3496 - 3521.

BRUCE, F. F.: *Qumrân and Early Christianity*, NTS 2 (1955/56) 176 - 190.

BRZOSKA, J.: Art. *"Anaximenes"*, in: PRE 1 (1894) 2086 - 2098.

BUBER, M.: Zwei Glaubensweisen, Zürich 1950.

BUCHANAN, G. W.: To the Hebrews (AncB 36), Garden City/New York 1972.

BUCHANAN, G. W.: The Present State of Scholarship on Hebrews, in: Christianity, Judaism and other Greco-Roman Cults. Studies for M. SMITH at Sixty. Part I: New Testament (SJLA 12), Leiden 1975, 290 - 330.

BÜCHSEL, F.: Die *Christologie* des Hebräerbriefs (BFChTh 27.2), Gütersloh 1922.

BÜCHSEL, F.: δίδωμι κτλ., ThWNT II (1935) 168 -175.

BÜCHSEL, F.: ἐλέγχω κτλ., ThWNT II (1935) 470 - 474 (abgekürzt: F. BÜCHSEL: ἐλέγχω).

BÜCHSEL, F.: Art. *"Hebräerbrief"*, RGG² II (1928) 1669 - 1673.

BULTMANN, R.: *Der zweite Brief an die Korinther* (KEK 6; Sonderband), hrsg. von E.DINKLER, Göttingen 1976.

BULTMANN, R.: γινώσκω κτλ., ThWNT I (1933) 688 - 719 (abgekürzt: R. BULTMANN: γινώσκω).

BULTMANN, R.: ἐλπίς κτλ., ThWNT II (1935) 515 - 520.525 - 531 (abgekürzt: R. BULTMANN: ἐλπίς).

BULTMANN, R.: πιστεύω/πίστις κτλ., ThWNT VI (1959) 174 - 182.197 - 230 (abgekürzt: R. BULTMANN: πιστεύω).

BULTMANN, R.: Der Stil der paulinischen Predigt und die kynisch-stoische Diatribe (FRLANT 13), Göttingen 1910 (= Neudruck 1984).

BULTMANN, R.: *Untersuchungen zum Johannesevangelium*. B. Θεὸν οὐδεὶς ἑώρακεν πώποτε, ZNW 29 (1930) 169 - 192.

BURCHARD, Chr.: Untersuchungen zu Joseph und Aseneth. Überlieferung-Ortsbestimmung (WUNT 8), Tübingen 1965.

BURCHARD, Chr.: *Bibliographie* zu den Handschriften vom Toten Meer (BZAW 76), Berlin 1957.

BURCHARD, Chr.: *Bibliographie* zu den Handschriften vom Toten Meer *II* (BZAW 89), Berlin 1965.

BURGGALLER, E.: Das literarische Rätsel des Hebräerbriefes, ZNW 9 (1908) 110 - 131. /

BURGGALLER, E.: Neuere Untersuchungen zum Hebräerbrief, ThR 13 (1910) 369 - 381.409 - 417.

BURROWS, M.: Die *Schriftrollen* vom Toten Meer, München 1957.

CALVIN, J.: In epistolam ad Hebraeos commentarius 1549, in: Opera Omnia, CO 55 (= CR 83) 5 - 198.

CALVIN, J.: Auslegung der heiligen Schrift in deutscher Übersetzung, Bd. 14: Ebräerbrief und katholische Briefe, Neukirchen o.J.

CALVIN, J.: Institutiones Christianae religionis 1559 librum III continens, in: I. CALVINI: Opera Selecta, edd. P. BARTH/G. NIESEL, Vol. IV, München 1931.

CALVIN, J.: Unterricht in der christlichen Religion (Institutio Christianae religionis). Nach der letzten Ausgabe übersetzt und bearbeitet von O. WEBER, Neukirchen 1955.

CAMBIER, J.: *Eschatologie* on hellenisme dans l'Épître aux Hébreux, Sal. 11 (1949) 62-96.

CAVALLIN, H. C. C.: *Leben nach dem Tode* im Spätjudentum und im frühen Christentum. I. Spätjudentum (ANRW II 19.2), Berlin/New York 1979, 240 - 345.

CAVALLIN, H. C. C: *Life after Death.* Paul's Argument for the Resurrection of the Dead in 1Cor 15. Part I: An Equiry into the Jewish Background (CB.NT 7:1), Lund 1974.

CAZELLES, H.: A la recherche de Moïse, Paris 1979. (abgekürzt: Moïse).

CHARLSTON, Ch.: The *Vocabulary of Perfection* in Philo and Hebrews, in: R. A. GUELICH (Ed.): Unity and Diversity in New Testament Theology. Essays in Honor of G. E. LADD, Grand Rapids 1978, 133 - 160.

CHILDS, B. S.: *Exodus.* A Commentary (OTL), London 1974.

CHILTON, B. D.: *Isaac* and the Second Night: a Consideration, Bib 61 (1980) 78 - 88.

CLADDER, H.: Hebr 1,1 - 5,10, ZKTh 29 (1905) 1 - 27.

CLADDER, H.: Hebr 5,11 - 10,39, ZKTh 29 (1905) 500 - 524.

CLARKE, E. G. (Ed.): Newsletter of Targumic and Cognate Studies, Toronto 1974ff.

CLEMEN, C.: The Oldest *Christian Sermon* (Hebrews III and IV), in: The Expositor V.3 (1896) 392 - 400.

CODY, A.: *Heavenly Sanctuary* and Liturgy in the Epistle to the Hebrews. The Achievement of Salvation in the Epistle's Perspectives, St. Meinrad (Indiana) 1960.

COHN, L.: *Einteilung* und Chronologie der Schriften Philos, Ph.S VII (1899) 284 - 345.

CONZELMANN, H.: φῶς κτλ., ThWNT IX (1973) 302 - 349 (abgekürzt: H. CONZELMANN: φῶς).

COPPENS, J.: *Les affinités qumrâniennes* de l'Épître aux Hébreux, NRTh 84 (1962), 128 - 141.257 - 282.

COSBY, M. R.: The *Rhetorical Composition* of Hebrews 11, JBL 107 (1988) 257 - 273.

COSBY, M. R.: *The Rhetorical* Compositon and *Function* of Hebrews 11 in Light of Example-Lists in Antiquity, Diss. Emory University 1985.

CRAMER, J. A. (Ed.): *Catenae* Graecorum Patrum in Novum Testamentum, 8 Bände, VII: Catenae in Sancti Pauli epistolas ad Timotheum, Titum, Philomena et ad Hebraeos, Oxford 1843 (= Hildesheim 1967)

CULPEPPER, R. A.: A *Superior Faith*: Hebrews 10:19 - 12:2, RExp 82 (1985) 375 - 390.

DALMAN, G.: Die *Worte Jesu*. Mit Berücksichtigung des nachkanonischen jüdischen Schrifttums und der aramäischen Sprache, I: Einleitung und wichtige Begriffe, Leipzig ^{2}1930 (= Darmstadt 1965.

DALFERTH, I. U.: *Der Mythos vom inkarnierten Gott* und das Thema der Christologie, ZThK 84 (1987) 320 - 344.

DALY, R. J.: The *Soteriological Significance* of the Sacrifice of Isaac, CBQ 39 (1977) 45 - 75.

DAUTZENBERG, G.: Der *Glaube* im Hebräerbrief, BZ.NF 17 (1973) 161 - 177.

DAUTZENBERG, G.: Σωτηρία ψυχῶν (1Petr 1,9), BZ.NF 8 (1964) 262 - 276 (abgekürzt: G. DAUTZENBERG: Σωτηρία).

DAVIS, Ph. R.: *Passover* and the Dating of the Aqedah, JJS 30 (1979) 59 - 67.

DAVIS, Ph. R./CHILTON, B. D.: The *Akedah*: A revised Tradition History, CBQ 40 (1978) 514 - 546.

DEICHGRÄBER, R.: *Gotteshymnus* und Christushymnus in der frühen Christenheit. Untersuchungen zu Form, Sprache und Stil der frühchristlichen Hymnen (StUNT 5), Göttingen 1967.

DEISSMANN, A.: *Neue Bibelstudien*. Sprachgeschichtliche Beiträge, zumeist aus den Papyri und Inschriften, zur Erklärung des Neuen Testaments, Marburg 1897.

DELITZSCH, F.: Commentar zum Brief an die Hebräer. Mit archäologischen und dogmatischen Exkursen über das Opfer und die Versöhnung, Leipzig 1859.

DELLING, G.: *Jüdische Lehre* und Frömmigkeit in den Paralipomena Jeremiae (BZAW 100), Berlin 1967.

DELLING, G.: Die *Taufe* im Neuen Testament, Berlin 1963.

DELLING, G.: τέλος κτλ., ThWNT VIII (1969) 50 - 88 (abgekürzt: G. DELLING: τέλος).

DESCAMPS, A.: *Moses* in den Evangelien und der apostolischen Tradition, in: Moses in Schrift und Überlieferung, Düsseldorf 1963, 185 - 203.

DESCAMPS, A.: La structure de l'Épître aux Hébreux, RDT 9 (1954) 251-258.333-338.

DEY, L. K. K.: The *Intermediary World* and Patterns of Perfection in Philo and Hebrews (SBLDS 25), Missoula/Montana 1975.

DÍAZ, J. R.: Dos notas sobre el *Targum palestinense*, Sef. 19 (1959) 133 - 136.

DIBELIUS, F.: Der Verfasser des Hebräerbriefes. Eine Untersuchung zur Geschichte des Urchristentums, Straßburg 1910.

DIBELIUS, M.: *Der himmlische Kultus* nach dem Hebräerbrief, ThBl 21 (1942) 1 - 11 (zit. nach: Ders.: Botschaft und Geschichte. Gesammelte Aufsätze II: Zum Urchristentum und zur hellenistischen Religionsgeschichte, hrsg. von H. KRAFT/G. BORNKAMM, Tübingen 1956, *160 - 176*).

DIBELIUS, M.: Ἐπίγνωσις ἀληθείας, in: Ders.: Botschaft und Geschichte. Gesammelte Aufsätze. Band 2: Zum Urchristentum und zur hellenistischen Religionsgeschichte. In Verbindung mit H. KRAFT hrsg. v. G. BORNKAMM, Tübingen 1956, 1 - 13.

DIBELIUS, M.: Der Brief des *Jakobus* (KEK 15). Ergänzungen von H. GREEVEN. 6. Auflage dieser Auslegung mit Literaturverzeichnis und Nachtrag hrsg. v. F. HAHN, Göttingen ¹²1981.

DIBELIUS, M.: Die *Pastoralbriefe* (HNT 13). Neu bearbeitet von H. CONZELMANN, Tübingen ⁴1966.

DIBELIUS, M.: Zur *Formgeschichte* des Neuen Testaments (außerhalb der Evangelien), ThR. NF 3 (1931) 207 - 242.

DIETZFELBINGER, Chr.: *Pseudo-Philo.* Liber Antiquitatum Biblicarum, *Diss.* theol. (Maschinenschrift), Göttingen 1964.

DIETZFELBINGER, Chr.: Die *Berufung des Paulus* als Ursprung seiner Theologie (WMANT 58), Neukirchen 1985.

DÍEZ-MACHO, A.: The Recently Discovered *Palestinian Targum.* Its Antiquity and Relationship with the other Targums, VT.S 7 (1959) 222 - 245.

DÍEZ-MACHO, A.: *El Targum.* Introduccíon a las Traducciones Aramaicas de la Biblia (Textos y Estudios 21), Barcelona 1972 [CSIC] (= Madrid 1979).

DÍEZ-MACHO, A.: *Le Targum palestinien,* in: J.-E.MÉNARD (Ed.): Exégèse biblique et Judaisme, Paris 1973, 15 - 77 (= RevSR 47 [1973] 169 - 231).

DÍEZ-MACHO, A.: *Targum y Nuevo Testamento,* in: Mélanges E.TISSERANT I: Écriture Sainte - Ancien Orient (StT 231), Rom 1964, 153 - 185.

DÖRRIE, H.: Ὑπόστασις. Wort- und Bedeutungsgeschichte (NAWG 1), Philolog.-historische Klasse 3/1955, Göttingen 1955, 35 - 92 = Ders.: Platonica Minora [Studia et Testimonia Antiqua 8], München 1976, 12 - 69). (abgekürzt: H. DÖRRIE: Ὑπόστασις).

DÖRRIE, H.: Zu *Hbr 11,1,* ZNW 46 (1955) 196 - 202.

DOORMANN, F.: *Der neue und lebendige Weg.* Das Verhältnis von Passion und Erhöhung Jesu im Hinblick auf das Heil der Glaubenden im Hebräerbrief, Münster 1973 (Überarbeitete Fassung von: Der neue und lebendige Weg. Ein Vergleich der Christologien des Hebräerbriefes und des Johannesevangeliums. Zugleich ein Beitrag zur Frage nach der Einheit der Theologien im Neuen Testament, Diss. theol. Münster 1971).

DREWS, P.: Studien zur Geschichte des Gottesdienstes und des gottesdienstlichen Lebens II und III: *Untersuchungen* über die sogen. clementinische Liturgie im VIII. Buch der Apostolischen Konstitutionen. I. Clementinische Liturgie in Rom, Tübingen 1906.

DUHM, B.: Das Buch *Jesaja* (HK 3.1), Göttingen ⁵1968.

DUSSAUT, L.: *Synopse* structurelle de l'Épître aux Hébreux. Approche d'analyse structurelle. Preface de M. CARREZ, Paris 1981.

ECKSTEIN, H. J.: "Denn Gottes Zorn wird vom Himmel her offenbar werden". Exegetische Erwägungen zu Röm 1,18, ZNW 78 (1978) 74 - 89.

EGO, B.: Im *Himmel* wie auf Erden. Studien zum Verhältnis von himmlischer und irdischer Welt im rabbinischen Judentum (WUNT 2.34), Tübingen 1989.

ELLIGER, K.: Das Buch der zwölf kleinen Propheten. II: Nahum, *Habakuk,* Zephanja, Haggai, Sacharja, Maleachi (ATD 25.II), Göttingen ²1956.

ELLIGER, K.: *Deuterojesaja*. 1.Teilband: Jesaja 40,1 - 45,7 (BK XI/1), Neukirchen 1978.

ELLIGER, K.: *Studien* zum Habakuk-Kommentar vom Toten Meer (BHTh 15), Tübingen 1953.

EMERTON, J. A.: The Textual and Linguistic Problems of Habakkuk II.4-5, JThS N.S. 28 (1977) 1 - 18.

ERDIN, F.: Das Wort *Hypostasis*. Seine bedeutungsgeschichtliche Entwicklung in der altchristlichen Literatur bis zum Abschluß der trinitarischen Auseinandersetzungen (FThSt 52), Freiburg 1939.

FASCHER,E.: Deus invisibilis. Eine Studie zur biblischen Gottesvorstellung, in: H.FRICK (Hrsg.): R. OTTO. Festgruß zum 60. Geb. (Marburger theologische Studien 1), Gotha 1931, 41 - 77.

FAUX, J.-M.: La foi du Nouveau Testament, Brüssel 1977.

FEATHER, J.: Note on Hebr. XI,24-26, ET 43 (1932) 423 - 425.

FELD, H.: Der Hebräerbrief. Literarische Form, religionsgeschichtlicher Hintergrund, theologische Fragen, *ANRW* II.25.4 (1987), 3522 - 3601.

FELD, H.: Der Hebräerbrief (*EdF* 228), Darmstadt 1985.

FELDMEIER, R.: Die Krisis des Gottessohnes. Die markinische Gethsemaneperikope als Schlüssel der Markuspassion (WUNT 2.21), Tübingen 1987.

FILSON, F. V.: '*Yesterday*'. A Study of Hebrews in the Light of Chapter 13 (SBT 2.4), London 1967.

FISCHER, U.: *Eschatologie* und Jenseitserwartung im hellenistischen Judentum (BZNW 44), Berlin/New York 1978.

FLOOR, L.: The *General Priesthood* of Believers in the Epistle to the Hebrews, Neotestamentica 5 (1971) 72 - 82.

FOHRER, G.: Σιών, Ἰερουσαλήμ κτλ., ThWNT VII (1964) 291 - 318.

FORESTELL, J. T.: *Targumic Traditions* and the New Testament (SBL. Aramaic Studies 4), Chico (California) 1979.

FRANKOWSKI, J.: *Requies*. Bonum Promissum populi Dei in VT et Judaismo (Hebr 3,7 - 4,11) VD 43 (1965) 124 - 149.225 - 240.

FRIEDRICH, G.: Die *Verkündigung* des Todes Jesu im Neuen Testament (BThSt 6), Neukirchen ²1985.

GABRIEL, G.: Art. "*Definition*", EPhW I (1980) 439 - 442.

GABRIEL, G.: Art. "*Ist*", EPhW II (1984) 301f.

GALLEY, H.-D.: Der Hebräerbrief und der christliche Gottesdienst, JLH 31 (1987/88) 72 - 83.

GERLEMAN, G.: חיה , THAT I (1971) 549 - 557.

GESE, H.: Der *Davidsbund und die Zionserwählung*, in: Ders.: Vom Sinai zum Zion. Alttestamentliche Beiträge zur biblischen Theologie (BEvTh 64), München ²1984, 113 - 129.

GESE, H.: Der *Johannesprolog*, in: Ders.: Zur biblischen Theologie. Alttestamentliche Vorträge, Tübingen ²1983, 152 - 201.

GESE, H.: Der *Tod im Alten Testament*, in: Ders.: Zur biblischen Theologie, 31 - 54.

GNILKA, J.: Der Epheserbrief (HThK X/2), Freiburg u.a. 1971.

GOODWIN, D. R.: On the use of καί in Hebrews X.38, JBL 5 (1885) 84f.

GOPPELT, L.: *Theologie* des Neuen Testaments, hrsg. v. J.ROLOFF (UTB 850), Göttingen ³1981.

GRABER, F.: Der Glaubensweg des Volkes Gottes. Eine Erklärung von Hebräer 11 als Beitrag zum Verständnis des Alten Testaments, Zürich 1943.

GRÄSSER, E.: *Der Alte Bund im Neuen.* Exegetische Studien zur Israelfrage im Neuen Testament (WUNT 35), Tübingen 1985.

GRÄSSER, E.: *Der Alte Bund im Neuen. Eine exegetische Vorlesung*, in: Ders.: Der Alte Bund im Neuen, Tübingen 1 - 134: 95 - 115.

GRÄSSER, E.: *Zur Christologie des Hebräerbriefes.* Eine Auseinandersetzung mit Herbert Braun, in: H. D. BETZ/L. SCHLOTTROFF (Hrsg.): Neues Testament und christliche Existenz. Festschrift für H. BRAUN, Tübingen 1973, 195 - 206.

GRÄSSER, E.: *Exegese nach Auschwitz?* Kritische Anmerkungen zur hermeneutischen Bedeutung des Holocaust am Beispiel von Hebr. 11, KuD 27 (1981) 152 - 163 (= Ders.: Der Alte Bund im Neuen, 259 - 270).

GRÄSSER, E.: Die *Gemeindevorsteher* im Hebräerbrief, in: H. SCHRÖER/G. MÜLLER (Hrsg.): Vom Amt des Laien in Kirche und Theologie. Festschrift für G. KRAUSE, Berlin/New York 1982, 67 - 84.

GRÄSSER, E.: Der *Glaube* im Hebräerbrief (MThSt 2), Marburg 1965.

GRÄSSER, E: An die Hebräer. 1. Teilband: Hebr 1 - 6 (EKK XVII/1), Neukirchen/Zürich 1990.

GRÄSSER, E.: Der *Hebräerbrief* 1938-1963, ThR.NF 30 (1964) 138 - 236.

GRÄSSER, E.: Hebr 1,1-4. Ein exegetischer Versuch, EKK-Vorarbeiten Bd.3, Zürich/Neukirchen 1971, 55 - 91 (= Ders.: Text und Situation. Gesammelte Aufsätze zum Neuen Testament, Gütersloh 1973, 182 - 228) [zit.n. EKK-Vorarbeiten].

GRÄSSER, E.: *Der historische Jesus* im Hebräerbrief, ZNW 56 (1965) 63 - 91 (= Ders.: Text und Situation. Gesammelte Aufsätze zum Neuen Testament, Gütersloh 1973, 152 - 181) [zit.n. ZNW].

GRÄSSER, E.: Das wandernde *Gottesvolk.* Zum Basismotiv des Hebräerbriefes, ZNW 77 (1986) 160 - 179.

GRÄSSER, E.: *Mose und Jesus.* Zur Auslegung von Hebr 3,1-6, ZNW 75 (1984) 1 - 23 (= Ders.: Der Alte Bund im Neuen, 290 - 311).[zitiert nach: ZNW]

GRÄSSER, E.: *Rechtfertigung* im Hebräerbrief, in: J. FRIEDRICH/W. PÖHLMANN/P. STUHLMACHER (Hrsg.): Rechtfertigung. Festschrift für E. KÄSEMANN zum 70. Geburtstag, Tübingen/Göttingen 1976, 79 - 93.

GREEVEN, H.: ζητέω κτλ., ThWNT II (1935) 894 - 898 (abgekürzt: H. GREEVEN: ζητέω).

GRELOT, P.: *Les Targums* du Pentateuque. Étude comparative d'après Genèse IV,3-16, Sem. 9 (1959) 59 - 88.

GRELOT, P.: Une *Tosephta targoumique sur Genèse XXII* dans un manuscrit liturgique de la Geniza du Caire, REJ 16 (1957) 5 - 26.

GRIMM, C. L. W.: Das erste Buch der Makkabäer (KEH.Ap 3), Leipzig 1853.

GRIMM, C. L. W.: Das zweite, dritte und vierte Buch der Makkabäer (KEH.Ap 4), Leipzig 1857.

GROSSFELD, B.: A Bibliography of Targum Literature (BJud 2.8), 2 Vols., Cincinnati/New York 1972.1977.

GROSSFELD, B.: Art. "Targumim", EJ 4 (1971) 841 - 852.

GROSHEIDE, F. W.: De brief aan de Hebreeën en de brief van Jakobus (CNT[K]), Kampen ²1955.

GROTIUS, H.: Ad Hebraeos, in: Annotationes in Epistolas Apostolicas et Apocalypsin, in: Opera Theologicorum II 2, Amsterdam 1679, 1010 - 1069 (= Neudruck Stuttgart-Bad Cannstatt 1972.

GRUNDMANN, W.: Der Brief des Judas und der zweite Petrusbrief (ThHK 15), Berlin ²1979.

GUNKEL, H.: Genesis (HK I.1), Göttingen ³1910 (= ⁹1977).

GUTHRIE, D.: The Letter to the Hebrews (TNTC), Leicester/Grand Rapids 1983.

GYLLENBERG, R.: Die *Christologie* des Hebräerbriefes, ZSTh 11 (1934) 662 - 690.

GYLLENBERG, R.: Die *Komposition* des Hebräerbriefs, SEÅ 22/23 (1957/58) 137 - 147.

HAACKER, K.: *"Creatio ex auditu"*. Zum Verständnis von Hbr 11,3, ZNW 60 (1969) 279 - 281.

HAACKER, K.: Art. *"Glaube* II: Altes und Neues Testament", TRE 13 (1984) 277 - 304.

HAACKER, K.: Der Glaube im Hebräerbrief und die hermeneutische Bedeutung des Holocaust. Bemerkungen zu einer aktuellen Kontroverse, ThZ 39 (1983), 152 - 165.

HADAS, M.: The Third and Fourth Books of Maccabees (JAL), New York 1953.

HAENCHEN, E.: Die Apostelgeschichte (KEK 3), Göttingen ¹⁴1965.

HAERING, Th.: Der Brief an die Hebräer, Stuttgart 1925.

HAERING, Th.: Gedankengang und Grundgedanken des Hebräerbriefs, ZNW 18 (1917/18) 145 - 164.

HAERING, Th.: Noch ein Wort zum *Begriff* τελειοῦν im Hebräerbrief, NKZ 34 (1923) 386 - 389 (abgekürzt: Th. HAERING: Begriff τελειοῦν).

HAERING, Th.: Über einige *Grundgedanken* im Hebräerbrief, MPTh 17 (1920/21) 260 - 276.

HAGNER, D. A.: Hebrews (A Good News Commentary), San Francisco u.a. 1983.

HAGNER, D. A.: Interpreting the Epistle to the Hebrews, in: M. A. INCH (Ed.): The Literature and Meaning of Scripture, Grand Rapids 1981, 217 - 242.

HAGNER, D. A.: The *Use* of the Old and New Testaments in Clement of Rome (NT.S 34), Leiden 1973.

HAHN, F.: Hebräer 12,18-25a, GPM 20 (1965/66) 74 - 84.

HANSON, A. T.: *Rahab* the Harlot in Early Christian Theology, JSNT 1 (1978) 53 - 60.

HARDER, G.: Die *Septuagintazitate* des Hebräerbriefs. Ein Beitrag zum Problem des Alten Testaments, in: Theologia Viatorum. Theologische Aufsätze von M. ALBERTZ, H. ASMUSSEN u.a., München 1939, 33 -52.

HARDER, G.: ὑπόστασις, TBLNT (³1972), 544 - 548 (abgekürzt: G. HARDER: ὑπόστασις).

HARNISCH, W.: *Verhängnis* und Verheißung der Geschichte. Untersuchungen zum Zeit- und Geschichtsverständnis im Buch 4.Esra und in der syr. Baruchapokalypse (FRLANT 97), Göttingen 1969.

HASLER, V.: Die Briefe an Timotheus und Titus (Pastoralbriefe) [ZBK: NT 12], Zürich 1978.

HAUCK, F.: καταβολή, ThWNT III (1938) 623 (abgekürzt: F. HAUCK: καταβολή).

HAUCK, F.: ὑπομένω/ὑπομονή, ThWNT IV (1943) 585 - 593 (abgekürzt: F. HAUCK: ὑπομένω).

HAYWARD, R.: The *Present State* of Research into the Targumic Account of Sacrifice of Isaac, JJS 32 (1981) 127 - 150.

HAYWARD, R.: The Date of Targum Pseudo-Jonathan: Some Comments, JJS 40 (1989) 7 - 30.

HEGERMANN, H.: *Das Wort Gottes als aufdeckende Macht*. Zur Theologie des Wortes Gottes im Hebräerbrief, in: H. SEIDEL/ K.-H.BIERITZ (Hrsg.): Das lebendige Wort. Beiträge zur kirchlichen Verkündigung. Festgabe für G. VOIGT, Berlin 1982, 83 - 98.

HEGERMANN, H.: Der Brief an die Hebräer (ThHK 16), Berlin 1988.

HEINRICI, C. F. G.: *Die Hermes-Mystik* und das Neue Testament (Arbeiten zur Religionsgeschichte des Urchristentums I.1) hrsg. v. E. DOBSCHÜTZ, Leipzig 1918.

HENGEL, M.: The Cross of the Son of God, Containing: *The Son of God - Crucifixion -* The Atonement, London 1986.

HENGEL, M.: *Judentum und Hellenismus*. Studien zu ihrer Begegnung unter besonderer Berücksichtigung Palästinas bis zur Mitte des 2. Jh.s v. Chr. (WUNT 10), Tübingen ³1988.

HENGEL, M.: *Mors turpissima crucis*. Die Kreuzigung in der antiken Welt und die "Torheit" des "Wortes vom Kreuz", in: J. FRIEDRICH/W. PÖHLMANN/P. STUHLMACHER (Hrsg.): Rechtfertigung. Festschrift für E. KÄSEMANN, Tübingen/Göttingen 1976, 125 - 184.

HENGEL, M.: *Proseuche und Synagoge*. Jüdische Gemeinde, Gotteshaus und Gottesdienst in der Diaspora und in Palästina, in: G. JEREMIAS/H. W. KUHN/H. STEGEMANN (Hrsg.): Tradition und Glaube. Das frühe Christentum in seiner Umwelt. Festschrift für K. G. KUHN, Göttingen 1971, 157 - 184.

HENGEL, M.: Der *Sohn Gottes*. Die Entstehung der Christologie und die jüdisch-hellenistische Religionsgeschichte, Tübingen 1977.

HENGEL, M.: Die *Zeloten*. Untersuchungen zur jüdischen Freiheitsbewegung in der Zeit von Herodes I. bis 70 n.Chr. (AGJU 1), Leiden ²1976.

HENGEL, M.: *Zwischen Jesus und Paulus*. Die "Hellenisten", die "Sieben" und Stephanus (Apg 6,1-15; 7,54 - 8,3), ZThK 72 (1975) 151 - 206.

HÉRING, J.: L'Épître aux Hébreux (CNT[N]), Neuchâtel/Paris 1954.

HÉRING, J.: *Eschatologie biblique* et Idéalisme platonicien, in: W. D. DAVIES/D. DAUBE (Ed.): The Background of the New Testament and its Eschatology. In honour of C. H. DODD, Cambridge 1956, 444 - 463.

HERR, M. D.: Art. *"Mekhilta* of R. Ishmael". Halakhic Midrash on Exodus, EJ 11 (1971) 1267 - 1269.

HERRMANN, J./FOERSTER, W.: κλῆρος κτλ., ThWNT III (1938) 757 - 786 (abgekürzt: J. HERRMANN/W. FOERSTER: κλῆρος).

HERMISSON, H. J./LOHSE, E.: *Glauben* (Biblische Konfrontationen 1005), Stuttgart u.a. 1978.

HILGERT, E.: Bibliographia Philoniana 1935 - 1981, ANRW II 21.1, Berlin/New York 1984, 47 - 97.

HILLMANN, W.: Das Wort der Mahnung. Einführung in die Grundgedanken des Hebräerbriefes, BiLe 1 (1960) 17 - 27.

HILLMANN, W.: Lebend und wirksam ist Gottes Wort. Einführung in die Grundgedanken des Hebräerbriefes (1,5 - 4,13), BiLe 1 (1960) 87 - 99.

HILLMANN, W.: Der Hohepriester der künftigen Güter. Einführung in die Grundgedanken des Hebräerbriefes (4,14 - 10,31), BiLe 1 (1960) 157 - 178.

HILLMANN, W.: Glaube und Verheißung. Einführung in die Grundgedanken des Hebräerbriefes (10,32 - 13,25), BiLe 1 (196o) 237 - 252.

HIRZEL, R.: Die Strafe der *Steinigung* (ASGW.PH 27), Leipzig 1909, 223 - 266 (= Darmstadt [Libelli 208] 1967).

HOFFMANN, E.: ἐλπίς κτλ., TBLNT II (³1972) 722 - 726 (abgekürzt: E. HOFFMANN: ἐλπίς).

HOFIUS, O.: Eine altjüdische *Parallele* zu Röm. IV.17b, NTS 18 (1971/72) 93f.

HOFIUS, O.: Der *Christushymnus* Phil 2,6-11. Untersuchungen zu Gestalt und Aussage eines urchristlichen Psalms (WUNT 17), Tübingen ²1991.

HOFIUS, O.: *Hebräer 5,7-9*, GPM 40 (1986) 184 - 191.

HOFIUS, O.: καταβολή, EWNT II (1981) 630f.

HOFIUS, O.: *Katapausis*. Die Vorstellung vom endzeitlichen Ruheort im Hebräerbrief (WUNT 11), Tübingen 1970.

HOFIUS, O.: *Inkarnation* und Opfertod Jesu nach Hebr 10,19f., in: E. LOHSE/Chr. BURCHARD/B. SCHALLER (Hrsg.): Der Ruf Jesu und die Antwort der Gemeinde. Exegetische Untersuchungen J. JEREMIAS zum 70. Geburtstag, Göttingen 1970, 132 - 141.

HOFIUS, O.: Στόματα μαχαίρης Hebr 11₃₄, ZNW 62 (1971) 129f (abgekürzt: O. HOFIUS: Στόματα μαχαίρης).

HOFIUS, O.: Die *Unabänderlichkeit* des göttlichen Heilsratschlussses. Erwägungen zur Herkunft eines neutestamentlichen Theologumenon, ZNW 64 (1973) 135 - 145.

HOFIUS, O.: Der *Vorhang* vor dem Thron Gottes. Eine exegetisch-religionsgeschichtliche Untersuchung zu Hebräer 6,19f. und 10,19f. (WUNT 14), Tübingen 1972.

VON HOFMANN, J. Chr. K.: Der Brief an die Hebräer (HSNT V), Nördlingen 1873, 53 - 561.

HOLLANDER, H. W.: ὑπόστασις, EWNT III (1983) 972f.

HOLTZ, G.: Die Pastoralbriefe (ThHK 13), Berlin ⁴1986.

HOMMEL, H.: Art. "Rhetorik", LAW (1965) 2611 - 2626.

HORNING, E. B.: *Chiasmus*, Creedal Structure, and Christology in Hebrews 12,1-2, BR 23 (1978) 41 - 48.

HORST, F.: Nahum - Maleachi, in: T. H. ROBINSON/F. HORST.: Die Zwölf kleinen *Propheten* (HAT I 14), Tübingen ²1954.

HÜBNER, H.: τελειόω κτλ., EWNT III (1983) 825 - 829 (abgekürzt: H. HÜBNER: τελειόω).

HUGHES, Ph. E.: A Commentary on the Epistle to the Hebrews, Grand Rapids (Michigan) 1977.

HUGHES, Ph. E.: The Doctrine of Creation in Hebrews 11:3, BTB 2 (1971) 64 - 77.

HURST, L. D.: The Epistle to the Hebrews. Its background of thought (MSSNTS 65), Cambridge a.o. 1990.

ISENBERG,Sh.: An *Anti-Saduccee Polemic* in the Palestinian Targum Tradition, HThR 63 (1970) 433 - 444.

JAVET, J.-S.: Dieu nous parla. Commentaire sur l'épître aux Hébreux (Collection "L'Actualité Protestante"), Neuchâtel/Paris 1945.

JENNI, E.: אבד , THAT I (1971) 17 - 20 (abgekürzt: E. JENNI: אבד).

JEPSEN, A.: אָמַן , ThWAT I (1973) 313 - 348. (abgekürzt: A. JEPSEN: אמן).

JEREMIAS, G.: Der *Lehrer der Gerechtigkeit* (StUNT 2), Göttingen 1963.

JEREMIAS, J.: *Abba*. Studien zur neutestamentlichen Theologie und Zeitgeschichte, Göttingen 1966.

JEREMIAS, J.: ᾅδης, ThWNT I (1933) 146 - 150 (abgekürzt: J. JEREMIAS: ᾅδης).

JEREMIAS, J.: Die Briefe an Timotheus und Titus (NTD 9), Göttingen [12]1981.

JEREMIAS, J.: *Hebräer 5,7-10*, ZNW 44 (1952/53) 107 - 111 (= Ders.: Abba, *319 - 323*).

JEREMIAS, J.: Μωυσῆς, ThWNT IV (1943) 852 - 878 (abgekürzt: J. JEREMIAS: Μωυσῆς).

JEREMIAS, J.: παράδεισος, ThWNT V (1954) 763 - 771 (abgekürzt: J. JEREMIAS: παράδεισος).

JEREMIAS, J.: πάσχα, ThWNT V (1954) 895 - 903 (abgekürzt: J. JEREMIAS: πάσχα).

JEREMIAS, J.: Zu Römer 1,22-32, ZNW 45 (1954) 119 - 121, (= Ders: Abba, *290 - 292*).

JEREMIAS, J.: *Zwischen Karfreitag und Ostern*. Descensus und Ascensus in der Karfreitagstheologie des Neuen Testaments, ZNW 42 (1949) 194 - 201 (= Ders.: Abba, *323 - 331*).

JEREMIAS, Jörg: *Kultprophetie* und Gerichtsverkündigung in der späteren Königszeit Israels (WMANT 35), Neukirchen 1970.

JEWETT, R.: Letter to Pilgrims. A Commentary on the Epistle to the Hebrews, New York 1981.

JIRKU, J.: Die älteste *Geschichte* Israels im Rahmen lehrhafter Darstellungen, Leipzig 1917.

JOHNSSON, W. G.: The *Pilgrimage* Motif in the Book of Hebrews, JBL 97 (1978) 239 - 251.

JONES, E. D.: The *Authorship* of Hebrews XIII, ET 46 (1934/35) 562 - 567.

JOHNSTON, G.: *Christ as Archegos*, NTS 27 (1981) 381 - 385.

KÄHLER, M.: Der Hebräerbrief in genauer Wiedergabe seines Gedankenganges dargestellt und durch ihn selbst ausgelegt, Halle [2]1889 (= Darmstadt 1968 [Libelli 182].

KÄSEMANN, E.: An die Römer (HNT 8a), Tübingen [4]1980.

KÄSEMANN, E.: Das wandernde *Gottesvolk*. Eine Untersuchung zum Hebräerbrief (FRLANT 55), Göttingen 1939 (= [4]1961).

KAISER, O.: Das Buch des Propheten Jesaja. Kapitel 1 - 12 (ATD 17), Göttingen [5]1981.

KAISER, O.: Der Prophet Jesaja. Kapitel 13 - 39 (ATD 18), Göttingen 1973.

KAUFMAN, St. A.: On *Methodology* in the Study of the Targums and their Chronology, JSNT 23 (1985) 117 - 124.

KENNEDY, G.: The *Art of Persuasion* in Greece, London/Princeton/New York 1963.

KISTEMAKER, S.: The *Psalm Citations* in the Epistle to the Hebrews (Academic Proefschrift), Amsterdam 1961.

KITTEL, G.: θέαρτον, θεατρίζομαι, ThWNT III (1938) 42f.

KLAPPERT, B.: Bibelarbeit über Hebräer 11,1.32-40; 12,1f., in: Handreichung Nr. 39 für Mitglieder der Landessynode, der Kreissynoden und der Presbyterien in der Evangelischen Kirche im Rheinland. Zur Erneuerung des Verhältnisses von Christen und Juden, Düsseldorf [2]1985, 79 - 100.

KLAPPERT, B.: Die *Eschatologie* des Hebräerbriefes (TEH 156), München 1969.

KNOCH, O.: *Eigenart* und Bedeutung der Eschatologie im theologischen Aufriß des ersten Clemensbriefes. Eine auslegungsgeschichtliche Untersuchung (Theoph. 17), Bonn 1964.

KNOPF, R.: Die Apostolischen Väter I: Die Lehre der Zwölf Apostel; die zwei *Clemensbriefe*, in: Die Apostolischen Väter (HNT-Erg.Bd.), Tübingen 1923, 1 - 184.

KNOPF, R.: Die *Himmelsstadt*, in: A. DEISSMANN/H. WINDISCH (Hrsg.): Neutestamentliche Studien. Festschrift für G. HEINRICI (UNT 6), Leipzig 1914, 213 - 219.

KOCH, D. A.: Der *Text von Hab 2,4b* in der Septuaginta und im Neuen Testament, ZNW 76 (1985) 68 - 85.

KOCH, K.: צדק , THAT II (1979) 507 - 530. [abgekürzt: K. KOCH : צדק].

KOCH, K.: Was ist *Formgeschichte*? Methoden der Bibelexegese, Neukirchen [4]1981.

KÖGEL, J.: Der *Begriff* τελειοῦν im Hebräerbrief im Zusammenhang mit dem neutestamentlichen Sprachgebrauch, in: Theologische Studien M. KÄHLER dargebracht, Leipzig 1905, 35 - 68 (abgekürzt: J. KÖGEL: *Begriff* τελειοῦν).

KÖSTER, H.: *"Outside the Camp"*: Hebrews 13,9-14, HThR 55 (1962) 299 - 315.

KÖSTER, H.: Die Auslegung der *Abraham-Verheißung* in Hebräer 6, in: R. RENDTORFF/K. KOCH: Studien zur Theologie der alttestamentlichen Überlieferungen. Festschrift für G. VON RAD, Neukirchen 1961, 95 - 109.

KÖSTER, H.: ὑπόστασις, ThWNT VIII (1969) 571 - 588 (abgekürzt: H. KÖSTER: ὑπόστασις).

KOLENKOW, A. B.: The *Genre Testament* and Forecasts of the Future in the Hellenistic Jewish Milieu, JSJ 6 (1975) 57 - 71.

KOSMALA, H.: *Hebräer - Essener - Christen*. Studien zur Vorgeschichte der frühchristlichen Verkündigung (StPB 1), Leiden 1959.

KRAELING, C. H. (Ed.): Gerasa. City of the Decapolis, New Haven (Connecticut) 1938.

KRAUS, H. J.: *Psalmen* (BK XV), 2 Bände, Neukirchen [5]1978.

KREMER, J.: θλῖψις κτλ., EWNT II (1981) 375 - 379 (abgekürzt: J. KREMER: θλῖψις).

KRETZER, E.: ἀπόλλυμι κτλ., EWNT I (1980) 325 - 327 (abgekürzt: E. KRETZER: ἀπόλλυμι).

KROLL, W.: Art. *"Rhetorik"*, PRE.Suppl. 7 (1940) 1039 - 1138.

KÜMMEL, W. G.: *Einleitung* in das Neue Testament, Heidelberg [19]1978.

KUHN, H. W.: Enderwartung und gegenwärtiges Heil. Untersuchungen zu den Gemeindeliedern von Qumran mit einem Anhang über Eschatologie und Gegenwart in der Verkündigung Jesu (StUNT 4), Göttingen 1966.

KUIPER, G. J.: Targum Pseudo-Jonathan: *A Study of Genesis 4,7-10.16*, Aug. 10 (1970) 533 - 570.

KUSS, O.: Der Brief an die Hebräer (RNT 8/1), Regensburg [2]1966.

KUSS, O.: Zur *Deutung* des Hebräerbriefes, ThRv 53 (1957) 247 - 254.

KUTTER, H.: *Clemens Alexandrinus* und das Neue Testament, Giessen 1897.

LÄMMER, M.: Griechische *Wettkämpfe in Galiläa* unter der Herrschaft des Herodes Antipas, KBSW 5 (1976) 37 - 67.

LÄMMER, M.: Griechische *Wettkämpfe in Jerusalem* und ihre politischen Hintergründe, KBSW 2 (1973) 182 - 227.

LÄMMER, M.: Die *Kaiserspiele von Caesarea* im Dienste der Politik des Königs Herodes, KBSW 3 (1974) 95 - 164.

LÄMMER, M.: Eine *Propaganda-Aktion* des Königs Herodes in Olympia, in: Perspektiven der Sportwissenschaft. Jahrbuch der Deutschen Sporthochschule Köln 1972, Schorndorf 1973, 160 - 173.

LAMPE, P.: *Die stadtrömischen Christen* in den ersten beiden Jahrhunderten. Untersuchungen zur Sozialgeschichte (WUNT 2.18), Tübingen 1987.

LANG, F.: *Die Briefe an die Korinther* (NTD 7), Göttingen 1986.

LATTKE, M.: ὀνειδίζω κτλ., EWNT II (1981) 1265 - 1267 (abgekürzt: M. LATTKE: ὀνειδίζω).

LAUB, F.: *Bekenntnis* und Auslegung. Die paränetische Funktion der Christologie im Hebräerbrief (BU 15), Regensburg 1980.

LAUB, F.: *"Schaut auf Jesus"* (Hebr 3,1). Die Bedeutung des irdischen Jesus für den Glauben nach dem Hebräerbrief, in: H. FRANKEMÖLLE/K. KERTELGE (Hrsg.): Vom Urchristentum zu Jesus. Festschrift für J. GNILKA, Freiburg u.a. 1989, 417 - 432.

LAUSBERG, H.: *Elemente* der literarischen Rhetorik. Eine Einführung für Studierende der klassischen, romanischen, englischen und deutschen Philologie, München [2]1963.

LAUSBERG, H.: *Handbuch* der literarischen Rhetorik. Eine Grundlegung der Literaturwissenschaft, 2 Bände, München 1960.

LAUTENSCHLAGER, M.: Der Gegenstand des Glaubens im Jakobusbrief, ZThK 87 (1990) 163 - 184.

LEBRAM, J. C. H.: *Die literarische Form* des vierten Makkabäerbuches, VigChr 28 (1974) 81 - 96.

LE DÉAUT, R.: *Introduction* à la litterature Targumique I, Rom 1966.

LE DÉAUT, R.: The *Message* of the New Testament and the Aramaic Bible (Targum). Translated from the French by St. F. MILLER (SUbBib 5), Rom 1982.

LE DÉAUT, R.: The *Current State* of Targumic Studies, BTB 4 (1974) 3 - 32.

LE DÉAUT, R.: *La Nuit Pascale*. Essai sur la signification de la Paque juive à partir du Targum d'Exode XII 42 (AnBib 22), Rom 1963.

LE DÉAUT, R.: *Traditions targumique* dans le Corpus Paulinien?, Bib 42 (1961) 28 - 48.

LEVINE, E.: The *Biography* of the Aramaic Bible, ZAW 94 (1982) 353 - 379.

LEVINE, E.: *Some Characteristics of Pseudo-Jonathan* Targum to Genesis, Aug. 11 (1971) 89 - 103.

LEWIS, J. P.: A Study of the *Interpretation of Noah* and the Flood in Jewish and Christian Literature, Leiden 1968.

LEWIS, T. W.: " ... And if he shrinks back" (*Heb. X. 38b*), NTS 22 (1975) 88 - 94.

LIETZMANN, H.: *An die Korinther I.II* (HNT 9). Ergänzt von W.G.KÜMMEL, Tübingen [5]1969.

LIGHTFOOT, N. R.: *Jesus Christ Today.* A Commentary on the Book of Hebrews, Grand Rapids (Michigan) 1976.

LILLA, S. R. C.: *Clement of Alexandria.* A Study in Christian Platonism and Gnosticism (OTM), Oxford 1971.

LINDARS, B.: *New Testament Apologetic.* The Doctrinal Significance of the Old Testament Quotations, London 1961.

LINDARS, B.: The *Rhetorical Structure* of Hebrews, NTS 35 (1989) 382 - 406.

LINK, H. G.: ἐλέγχω κτλ., TBLNT III ([3]1972) 1094 - 1096 (abgekürzt: H. G. LINK: ἐλέγχω).

LOADER, W. R. G.: *Sohn und Hoherpriester.* Eine traditionsgeschichtliche Untersuchung zur Christologie des Hebräerbriefes (WMANT 53), Neukirchen 1981.

LOHSE, E.: *Emuna und Pistis* - Jüdisches und urchristliches Verständnis des Glaubens, in: Ders.: Die Vielfalt des Neuen Testaments. Exegetische Studien zur Theologie des Neuen Testaments, Göttingen 1982, 88 - 104 [= ZNW 68 (1977) 147 - 163].

LOHSE, E.: *Entstehung* des Neuen Testaments (ThW 4), Stuttgart u.a. [4]1983.

LOHSE, E.: *Märtyrer und Gottesknecht.* Untersuchungen zur urchristlichen Verkündigung vom Sühnetod Jesu Christi (FRLANT 64), Göttingen 1963.

LOHSE, E.: Σιών κτλ., ThWNT VII (1964) 318 - 338 (abgekürzt: E. LOHSE: Σιών).

LOHSE, E.: υἱός κτλ. (C.II), ThWNT VIII (1969) 358 - 363 (abgekürzt: E. LOHSE: υἱός).

LONGENECKER, R. N.: The "Faith of Abraham" Theme in Paul, James and Hebrews: A Study in the Circumstances of New Testament Teaching, JETS 20 (1977) 203 - 212.

LORD, J. R.: *Abraham*: A Study in Ancient Jewish and Christian Interpretation, Duke 1968.

LUCK, U.: *Himmlisches* und irdisches Geschehen im Hebräerbrief. Ein Beitrag zum Problem des "historischen Jesus" im Urchristentum, NT 6 (1963) 192 - 215.

LÜHRMANN, D.: *Glaube* im frühen Christentum, Gütersloh 1976.

LÜHRMANN, D.: Art. "Glaube", RAC 11 (1981) 48 - 122.

LÜHRMANN, D.: *Henoch* und die Metanoia, ZNW 66 (1975) 103 - 116.

LÜHRMANN, D.: *Pistis im Judentum*, ZNW 64 (1973) 19 - 38.

LÜNEMANN, G.: Kritisch-exegetisches Handbuch über den Hebräerbrief (KEK 13), Göttingen [4]1878.

[LUTHER, M.]: Luthers Vorlesung über den Hebräerbrief 1517/18. Hrsg. v. J. FICKER (Anfänge reformatorischer Bibelauslegung 2), Leipzig 1929.

LUTHER, M.: Hebräerbriefvorlesung von 1517/18. Deutsche Übersetzung von E. VOGELSANG (AKG 17), Berlin/Leipzig 1930.

LUZ, U.: *Der alte und der neue Bund* bei Paulus und im Hebräerbrief, EvTh 27 (1967) 318 - 336.

LUZ, U.: Das Evangelium nach *Matthäus* (EKK I), Neukirchen/Zürich u.a., I (1985): Mt 1 - 7.

McCULLOUGH, J. C.: The Old Testament *Quotations* in Hebrews, NTS 26 (1980) 363 - 379.

MACH, R.: Der *Zaddik* im Talmud und Midrasch, Leiden 1957.

MaCRAE, G. W.: *Heavenly Temple* and Eschatology in the Letter to the Hebrews, Semeia 12 (1978) 179 - 199.

McNAMARA, M.: *Half a Century of Targum Study*, IBS 1 (1979) 157 - 168.

McNAMARA, M.: The *New Testament* and the Palestinian Targum to the Pentateuch (AnBib 27), Rom [2]1978.

McNAMARA, M.: *Palestinian Judaism* and the New Testament (Good News Studies 4), Wilmington (Delaware)/Dublin (Ireland) 1983.

McNAMARA, M.: *Targum* and Testament. Aramaic Paraphrases of the Hebrew Bible: A Light on the New Testament, Shannon (Ireland) 1972.

McNAMARA, M.: *Targumic Studies*, CBQ 28 (1966) 1 - 19.

MÄRZ, C.-P.: Hebräerbrief (NEB 16), Würzburg 1989.

MÄRZ, C.-P.: *Rezension* zu M.RISSI: Die Theologie des Hebräerbriefes. Ihre Verankerung in der Situation des Verfassers und seiner Leser (WUNT 41), Tübingen 1987, ThLZ 131 (1988) 273f.

MANN, J./WACHOLDER, B. Z.: The Bible as read and preached in the Old Synagogue. I: The Palestinian Triennal Cycle: Genesis and Exodus, New York [2]1971. II: The Palestinian Triennal Cycle: Leviticus and Numbers to Seder 106, Cincinnati (Ohio) 1966.

MANSON, T. W.: The *Argument* from Prophecy, JThS 46 (1945) 129 - 136.

MANSON, W.: The Epistle to the Hebrews. An historical and theological reconsideration, London [4]1961.

MARMORSTEIN, A.: Einige vorläufige *Bemerkungen* zu den neuentdeckten Fragmenten des jerusalemischen (palästinensischen) Targums, ZAW 49 (1931) 231 - 241.

MARXSEN, W.: *Einleitung* in das Neue Testament. Eine Einführung in ihre Probleme, Gütersloh [4]1978.

MASSAUX, E.: *Influence* de l'Évangile de saint Matthieu sur la littérature chrétienne avant saint Irénée (DGMFT II 42), Louvain 1950.

MATHIS, M. A.: Does *"Substantia"* mean "realization" or "foundation" in Hebr. 11.1?, Bib 3 (1922) 79 - 87.

MATHIS, M. A.: *The Pauline* Πίστις - ὑπόστασις according to Hebr 11,1, Washington 1921 (abgekürzt: M. A. MATHIS: The Pauline Πίστις).

MAURER,Chr.: πράσσω κτλ., ThWNT VI (1959) 632 - 645 (abgekürzt: Chr. MAURER: πράσσω).

MAY, G.: *Schöpfung aus dem Nichts*. Die Entstehung der Lehre von creatio ex nihilo (AKG 48), Berlin/New York 1978.

MAYER, B.: ἐλπίς κτλ., EWNT I (1980) 1066 - 1075 (abgekürzt: B. MAYER: ἐλπίς).

MEEKS, W. A.: Mose Traditions and the Johannine Christology (NT.S 14), Leiden 1967.

MEES, M.: Die *Zitate* aus dem Neuen Testament bei Clemens von Alexandrien (Quaderni di 'Vetera Christianorum' 2), Bari 1970.

MÉHAT, A.: *Clemens von Alexandrien*, TRE 8 (1981) 101 - 113.

MEIFORT, J.: Der *Platonismus* bei Clemens Alexandrinus (Heidelberger Abhandlungen zur Philosophie und ihrer Geschichte 17), Tübingen 1928.

MÉNÉGOZ, E.: *La théologie* de l'Épître aux Hèbreux, Paris 1894.

MERCADO, L. F.: The Language of *Sojourning* in the Abraham-Midrash in Hebr 11,8-19. It's Old Testament Basis, Exegetical Traditions and exegetical Function in the Epistle to the Hebrews, Diss. (masch.), Cambridge 1967.

MERCADO, L. F.: The Language of *Sojourning* in the Abraham-Midrash in Hebr 11,8-19. It's Old Testament Basis, Exegetical Traditions and exegetical Function in the Epistle to the Hebrews, HThR 60 (1967) 494f.

MERKLEIN, H.: *Rezension* zu M. RISSI: Die Theologie des Hebräerbriefes. Ihre Verankerung in der Situation des Verfassers und seiner Leser (WUNT 41), Tübingen 1987, BZ.NF 32 (1988) 159 - 161.

METZGER, B. M. u.a. (Ed.): A Textual *Commentary* on the Greek New Testament. A Companion Volume to the United Bible Societies' Greek New Testament (third edition), London/New York 1975.

MICHAELIS, W.: λιθάζω κτλ., ThWNT IV (1942) 271f.

MICHAELIS, W.: ὁράω/ὁρατός κτλ., ThWNT V (1954) 315 - 381 (abgekürzt: W. MICHAELIS: ὁράω).

MICHAELIS, W.: πάσχω κτλ., ThWNT V (1954) 903 - 939 (abgekürzt: W. MICHAELIS: πάσχω).

MICHAELIS, W.: σκήνη κτλ., ThWNT VII (1964) 369 - 396 (abgekürzt: W. MICHAELIS: σκήνη).

MICHEL, O.: Zur *Auslegung* des Hebräerbriefes, NovT 6 (1963) 189 - 191.

MICHEL, O.: Der Brief an die Hebräer (KEK 13), [7]1936; [10]1957; [11]1960; [13]1975.

MICHEL, O.: Die Lehre von der christlichen *Vollkommenheit* nach der Anschauung des Hebräerbriefes, ThStKr 106 (1934/35), 333 - 355.

MILIK, J. T.: *4Q Visions de 'Amram* et une citation d'Origène, RB 79 (1972) 77 - 97.

MILIKOWSKY, Ch.: The *Status Quaestionis* of Research in Rabbinic Literature, JJS 39 (1988) 201 - 211.

MILLER, M. P.: *Targum*, Midrash and the Use of the Old Testament in the New Testament, JSJ 2 (1971) 29 - 82.

MILLER, M. R.: What is the *Literary Form* of Hebrews 11? JETS 29 (1986) 411 - 417.

MILLIGAN, R.: A Commentary on the Epistle to the Hebrews (New Testament Commentaries based on the American Revised Version), Nashville (Tennessee) 1977.

MOE, O.: Der *Gedanke des allgemeinen Priestertums* im Hebräerbrief, ThZ 5 (1949) 161 - 169.

MOFFATT, J.: A critical and exegetical Commentary on the Epistle to the Hebrews (ICC), Edinburgh 1924 (= 1963).

MOMMSEN, Th.: Römisches Strafrecht, Leipzig 1899 (= Darmstadt 1955).

MONTEFIORE, H. W.: A Commentary on the Epistle to the Hebrews (BNTC), London 1964.

MOORE, G. F.: *Judaism* in the first Centutries of the Christian Era. The Age of the Tannaim, Cambridge I: 1927; II: 1927; III: Notes, 1930.

MOXNES, H.: Theology in *Conflict*. Studies in Paul's Understanding of God in Romans (NT.S 53), Leiden 1980.

MÜLLER, P.-G.: ΧΡΙΣΤΟΣ ΑΡΧΗΓΟΣ. Der religionsgeschichtliche und theologische Hintergrund einer neutestamentlichen Christusprädikation (EHS.T 28), Bern/ Frankfurt a.M. 1973 (abgekürzt: P.-G. MüLLER: ΧΡΙΣΤΟΣ).

MÜNCHOW, Chr.: *Ethik und Eschatologie*. Ein Beitrag zum Verständnis der frühjüdischen Apokalyptik mit einem Ausblick auf das Neue Testament, Göttingen 1981.

MUSSNER, F.: Der *Jakobusbrief* (HThK XIII/1), Freiburg u.a. [4]1981.

NAUCK, W.: Zum *Aufbau* des Hebräerbriefes, in: W. ELTESTER (Hrsg.): Judentum – Urchristentum – Kirche. Festschrift für J. JEREMIAS (BZNW 26), Berlin [2]1964, 199 – 206.

NAUCK, W.: *Freude im Leiden*. Zum Problem einer urchristlichen Verfolgungstradition, ZNW 46 (1955) 68 – 80.

NAUCK, W.: Das οὖν-paräneticum, ZNW 49 (1958) 134f.

NEUDECKER, R.: Die alttestamentliche *Heilsgeschichte* in lehrhaft-paränetischer Darstellung. Eine Studie zu Sap 10 und Hebr 11, Diss. (masch.) Innsbruck 1970/71. (I bezieht sich auf den Text; II auf die Anmerkungen).

NEUSNER, J.: The *Use of Rabbinic Sources* for the Study of Ancient Judaism, in: W. S. GREEN (Ed.): Approaches to Ancient Judaism, Vol. 3: Text as Context in Early Rabbinic Literature (BJS 11), Chico 1981, 1 – 17.

NICKELS, P.: *Targum and Testament*. A Bibliography together with a New Testament Index (SPIB 117), Rom 1967.

NICKELSBURG, G. W. E./STONE, M. E.: Faith and Piety in Early Judaism. Texts and Documents, Philadelphia 1983.

NIEHOFF, M.: The Figure of *Joseph* in the Targums, JJS 39 (1988) 234 – 250.

NIELSEN, A. E.: *Sabbatsmotivet* i Hebræerbrevet – med udgangspunkt i S. BACCIOC-CHI's disputats: "From Sabbath to Sunday. A Historical Investigation of the Rise of Sunday Observance in Early Christianity", Rome 1977, DTT 49 (1986) 161 – 176.

NILSSON, M. P.: Geschichte der Griechischen Religion (HAW V/2,1.2), 2 Bde, München, I ([2]1955): Die Religion Griechenlands bis auf die griechische Weltherrschaft; II ([2]1961): Die hellenistische und die römische Zeit.

NÖTSCHER, F.: *Hodajot* (Psalmenrolle), BZ.NF 2 (1958) 128 – 133.

NORDEN, E.: Die antike *Kunstprosa* vom VI. Jahrhundert v. Chr. bis in die Zeit der Renaissance, 2 Bände, Leipzig/Berlin, I: [3]1915; II: [2]1909.

NOTH, M.: Das Buch Josua (HAT I 7), Tübingen [2]1953.

O'BRIEN WICKER, K.: *Mulierum Virtutes* (*Moralia 242E – 263 C*), in: H. D. BETZ (Ed.): Plutarch's Ethical Writings and Early Christian Literature (SCHNT 4), Leiden 1978, 106 – 134.

ODEBERG, H.: Ἐνώχ, ThWNT II (1935) 553 – 557.

OEPKE, A.: ἀπόλλυμι κτλ., ThWNT I (1933) 393 – 396 (abgekürzt: W. OEPKE: ἀπόλλυμι).

OEPKE, A.: Das neue *Gottesvolk* in Schrifttum, Schauspiel, bildender Kunst und Weltgestaltung, Gütersloh 1950.

OSBORN, E. F.: The *Philosophy* of Clement of Alexandria (TaS.NS 3), Cambridge 1957.

OTTO, E.: Die Stellung der *Wehe-Worte* in der Verkündigung des Propheten Habakuk, ZAW 89 (1977) 73 - 107.

OTTO, E.: Die *Theologie* des Buches Habakuk, VT 35 (1985) 274 - 295.

OTTO, E.: Art. "*Habakuk/Habakukbuch*", TRE 14 (1985) 300 - 306.

OWEN, H. P.: *The Scope of Natural Revelation* in Rom. I and Acts XVII, NTS 5 (1958/59) 133 - 143.

PEISKER, M.: Der *Glaubensbegriff* bei Philon, Diss. Breslau 1936.

PERDELWITZ, R.: Das literarische Problem des Hebräerbriefes, ZNW 11 (1910) 59 - 78.105 - 123.

PESCH, R.: Die Apostelgeschichte (EKK V), 2 Bde, Neukirchen/Zürich u.a., I (1986): Apg 1 - 12; II (1987): Apg 13 - 28).

PFITZNER, V. C.: *Paul and the Agon motif*. Traditional athletic imagery in the Pauline Literature (NT.S 16), Leiden 1967.

PINES, Sh.: Eschatology and the concept of time in the Slavonic book of Enoch, in: R. J. Z. WERBLOWSKY/C. J. BECKER: Typos of Redemption. Contributions to the Theme of the Study-Conference held at Jerusalem 14th to 19th July 1968 (Numen Suppl. 18), Leiden 1970, 72 - 87.

DU PLESSIS, P. J.: Τέλειος. The Idea of *Perfection* in the New Testament, Diss. Kampen 1959.

PORSCH, F.: ἐλέγχω κτλ., EWNT I (1980) 1041 - 1043.

POSNER, R.: Art. "*Anav, Zedekiah ben Abraham*", EJ 2 (1971) 939f.

POWELL, D.: Art. "*Clemens von Rom*", TRE 8 (1981) 113 - 120.

PREISKER, H./WÜRTHWEIN, E.: μισθός κτλ., ThWNT IV (1943) 699 - 736 (abgekürzt: H. PREISKER /E. WÜRTHWEIN μισθός).

VON RAD, G.: Die *Anrechnung des Glaubens* zur Gerechtigkeit, in: Ders.: Gesammelte Studien zum Alten Testament (TB 8), München 1971, 130 - 135.

VON RAD, G.: Das erste Buch Mose. *Genesis* (ATD 2-4), Göttingen [10]1976.

VON RAD, G.: Der heilige Krieg im alten Israel, Zürich 1951.

VON RAD, G.: ζάω κτλ., ThWNT II (1935) 844 - 850 (abgekürzt: G. VON RAD: ζάω).

RENGSTORF, K. H.: ἐλπίς κτλ., ThWNT II (1935) 520 - 525.

RENGSTORF, K. H.: στέλλω κτλ., ThWNT VII (1964) 588 - 599 (abgekürzt: K. H. RENGSTORF: στέλλω).

RENNER, F.: "*An die Hebräer*" - ein pseudepigraphischer Brief (MüSt 14), Münsterschwarzach 1970.

RIEHM, E. K. A.: Der *Lehrbegriff* des Hebräerbriefes dargestellt und mit verwandten Lehrbegriffen verglichen, Basel/Ludwigsburg [2]1867.

RIGAUX, B.: Paulus und seine Briefe. Stand der Forschung (BiH 2), München 1964.

RIGGENBACH, E.: Die ältesten lateinischen Kommentare zum Hebräerbrief. Ein Beitrag zur Geschichte der Exegese und zur Literaturgeschichte des Mittelalters, in: Historische Studien zum Hebräerbrief, 1. Teil (FGNK VIII.1), Leipzig 1907 (= [FRLANT 55], Göttingen [2]1938; [3]1959).

RIGGENBACH, E.: Der Begriff der τελείωσις im Hebräerbrief, NKZ 34 (1923) 184 - 195 (abgekürzt: E. RIGGENBACH: Der Begriff der τελείωσις).

RIGGENBACH, E.: Der Brief an die Hebräer (KNT 14), Leipzig/Erlangen [2.3]1922 (= Wuppertal 1987).

RINGGREN, H.: חיה , ThWAT II (1977) 874 - 898.

RISSI, M.: Die *Menschlichkeit* Jesu nach Hebr. 5,7-8, ThZ 11 (1955) 28 - 45.

RISSI, M.: Die *Theologie* des Hebräerbriefs. Ihre Verankerung in der Situation des Verfassers und seiner Leser (WUNT 41), Tübingen 1987.

ROBINSON, T. H.: Hosea - Micha, in: T. H. ROBINSON/F. HORST: Die Zwölf kleinen *Propheten* (HAT I 14), Tübingen [2]1954.

ROBINSON, Th. H: The Epistle to the Hebrews (MNTC 14), London [7]1953 (= 1933).

ROHR, I.: Der Hebräerbrief und die Geheime Offenbarung des heiligen Johannes (HSNT 10), Bonn [4]1932.

ROLOFF, J.: Das *Kerygma und der irdische Jesus.* Historische Motive in den Jesus-Erzählungen der Evangelien, Göttingen 1970.

ROLOFF, J.: *Der mitleidende Hohepriester.* Zur Frage nach der Bedeutung des irdischen Jesus für die Christologie des Hebräerbriefes, in: G. STRECKER (Hrsg.): Jesus Christus in Historie und Theologie. Festschrift für H. CONZELMANN, Tübingen 1975, 143 - 166.

ROSE, Chr.: *Verheißung und Erfüllung.* Zum Verständnis von ἐπαγγελία im Hebräerbrief, BZ.NF 33 (1989) 60 - 80.178 - 191.

ROST, L.: *Einleitung* in die alttestamentlichen Apokryphen und Pseudepigraphen einschließlich der großen Qumranhandschriften, Heidelberg/Wiesbaden [3]1985.

RUDOLPH, W.: Micha-Nahum-*Habakuk*-Zephanja. Mit einer Zeittafel von A. JEPSEN (KAT XIII.3), Gütersloh 1975.

RUSSELL, D. S.: The Old Testament Pseudepigrapha. Patriarchs and Prophets in Early Judaism, Philadelphia 1987.

SAFRAI,S.: The *Heavenly Jerusalem*, Ariel 8 (1969) 11 - 16.

SAITO, T.: Die *Mosevorstellungen* im Neuen Testament (EHS.T 100), Bern u.a. 1977.

SANDMEL, S.: Parallelomania, JBL 81 (1962) 1 - 13.

SANDMEL, S.: *Philo's place in Judaism.* A Study of conceptions in Jewish Literature, New York 1971.

SASSE, H.: αἰών κτλ., ThWNT I (1933) 197 - 209 (abgekürzt: H. SASSE: αἰών).

SCHÄFER, P.: *Engel und Menschen* in der Hekhalot-Literatur, Kairos 22 (1980) 201 - 225.

SCHÄFER, P.: Die *Lehre von den zwei Welten* im 4.Buch Esra und in der tannaitischen Literatur, in: Ders.: Studien zur Geschichte und Theologie des rabbinischen Judentums (AGJU 15), Leiden 1978, 244 - 291.

SCHÄFER, P.: Die Peticha - ein Proömium?, Kairos 12 (1970) 216 - 219.

SCHÄFER, P.: *Research into Rabbinic Literature*: An Attempt to Define the Status Quaestionis, JJS 37 (1986) 139 - 152.

SCHÄFER, P.: Once again the *Status Quaestionis* of Research in Rabbinic Literature: An Answer to Chaim MILIKOWSKY, JJS 40 (1989) 89 - 94.

SCHÄFER, P.: Art. *"Targumim"*, TRE 6 (1980) 216 - 228.

SCHELKLE, K. H.: Die *Passion Jesu* in der Verkündigung des Neuen Testaments. Ein Beitrag zur Formgeschichte und zur Theologie des Neuen Testaments, Heidelberg 1949.

SCHELKLE, K. H.: Die Petrusbriefe; der Judasbrief (HThK 13.2), Freiburg u.a. 1980.

SCHENK, W.: νοέω, EWNT III (1981) 1154f (abgekürzt: W. SCHENK: noe/u)..

SCHENK, W.: προσφέρω, EWNT II (1983) 428 - 430.

SCHENKE, H. M.: Erwägungen zum *Rätsel des Hebräerbriefes*, in: H. D. BETZ/L. SCHOTTROFF (Hrsg.): Neues Testament und christliche Existenz. Festschrift für H. BRAUN, Tübingen 1973, 421 - 437.

SCHIERSE, F. J.: Der Brief an die Hebräer (Geistliche Schriftlesung 18), Düsseldorf 1968.

SCHIERSE, F. J.: *Verheißung* und Heilsvollendung. Zur theologischen Grundfrage des Hebräerbriefes (MThS I.9), München 1955.

SCHILLE, G.: *Katechese* und Taufliturgie. Erwägungen zu Hebr 11, ZNW 51 (1960) 112 - 131.

SCHIMANOWSKI, G.: *Weisheit* und Messias. Die jüdischen Voraussetzungen der urchristlichen Präexistenzchristologie (WUNT 2.17), Tübingen 1985.

SCHIPPERS, R.: Bedrängnis, TBLNT I (³1972) 61 - 63.

SCHLATTER, A.: Die Briefe des Petrus, Judas, Jakobus, an die Hebräer. Die Briefe und die Offenbarung des Johannes (Erläuterungen zum NT 3), Stuttgart ⁴1928.

SCHLATTER, A.: Der Evangelist *Matthäus*. Seine Sprache, sein Ziel, seine Selbständigkeit. ein Kommentar zum ersten Evangelium, Stuttgart 1929.

SCHLATTER, A.: Der *Glaube* im Neuen Testament. Studienausgabe 1982. Mit einer Einführung von P.STUHLMACHER, Stuttgart ⁶1982 (= Stuttgart ⁴1927).

SCHLIER, H.: Der Brief an die *Epheser*. Ein Kommentar. Düsseldorf ⁶1968.

SCHLIER, H.: Der Brief an die *Galater* (KEK 7), Göttingen ¹²1962.

SCHLIER, H.: Der *Römerbrief* (HThK 6), Freiburg u.a. ²1979.

SCHLIER, H.: θλίβω/θλίψις, ThWNT III (1938) 139 - 148 (abgekürzt: H. SCHLIER: θλίβω).

SCHLIER, H.: παρρησία κτλ., ThWNT V (1954) 869 - 884 (abgekürzt: H. SCHLIER: παρρησία).

SCHMIDT, K. L.: βασιλεύς κτλ., ThWNT I (1933) 573 - 595 (abgekürzt: K. L. SCHMIDT: βασιλεύς).

SCHMIDT, K. L.: *Jerusalem* als Urbild und Abbild, ErJb (1950) 207 - 248.

SCHMIDT, K. L./SCHMIDT, M. A./MEYER, R.: πάροικος κτλ., ThWNT V (1954) 840 - 852 (abgekürzt: K. L. SCHMIDT/ M. A. SCHMIDT/R. MEYER: πάροικος).

SCHMIDT, W. H.: *Exodus* (BK II/1), Neunkirchen 1988.

SCHMITT, A.: Struktur, Herkunft und Bedeutung der Beispielreihe in *Weish 10*, BZ.NF 21 (1977) 1 - 22.

SCHMITZ, O.: *Abraham* im Spätjudentum und im Urchristentum, in: Aus Schrift und Geschichte. Festschrift für A. SCHLATTER, Stuttgart 1922, 49 - 123.

SCHMITZ, R.-P.: Art. "*Abraham* III. Im Judentum", TRE 1 (1977) 382 - 385.

SCHMITZ, R.-P.: *Aqedat Jiṣḥaq*. Die mittelalterliche jüdische Auslegung von Genesis 22 in ihren Hauptlinien (JTSt 4), Hildesheim - New York 1979.

SCHMÖLE, K.: *Läuterung* nach dem Tode und pneumatische Auferstehung bei Klemens von Alexandrien (MBTh 38), Münster 1974.

SCHMUTTERMAYR, G.: "*Schöpfung aus dem Nichts*" in 2Makk 7,28?, BZ.NF 17 (1973) 203 - 228.

SCHNACKENBURG, R.: Der Brief an die *Epheser* (EKK 10), Neukirchen/Zürich 1982.

SCHNEIDER, G.: Die Apostelgeschichte (HThK V), 2 Bände, Freiburg u.a., I (1980): Einleitung. Kommentar zu Kap.1,1-8,40; II (1982): Kommentar zu Kap.9,1-28,31.

SCHNEIDER, J.: Hebräerbrief, RGG³ III (1959) 106 - 108.

SCHNIEWIND, J./FRIEDRICH, G..: ἐπαγγέλλω κτλ., ThWNT II (1935) 573 - 583 (abgekürzt: J. SCHNIEWIND/G. FRIEDRICH: ἐπαγγέλλω).

SCHOEPS, H. J.: *Die jüdischen Prophetenmorde* (SyBU 2), Zürich/Uppsala 1943 (zitiert nach: Ders.: Aus frühchristlicher Zeit. Religionsgeschichtliche Untersuchungen, Tübingen 1950, 126 - 143).

SCHRENK, G.: εὐδοκέω/εὐδοκία, ThWNT II (1935) 736 - 748.

SCHRÖGER, F.: Der Verfasser des Hebräerbriefes als *Schriftausleger* (BU 4), Regensburg 1968.

SCHÜPPHAUS, J.: Die *Psalmen Salomos*. Ein Zeugnis Jerusalemer Theologie und Frömmigkeit in der Mitte des vorchristlichen Jahrhunderts (ALGHL 7), Leiden 1977.

SCHÜRER, E.: Geschichte des jüdischen Volkes im Zeitalter Jesu Christi, Leipzig I ⁵1920; II ⁴1907; III ⁴1909, Register ⁴1911 (= Hildesheim 1964).

SCHÜRER, E.: The *History* of the Jewish People in the Age of Jesus Christ (175 B.C. - A.D. 135). A new English Version revised and edited by G. VERMES/F. MILLAR/ P. VERMES/M. BLACK, Edinburgh I: 1973; II: 1979; III.1: 1986; III.2: 1987.

SCHÜSSLER-FIORENZA, E.: Der *Anführer und Vollender* unseres Glaubens - Zum theologischen Verständnis des Hebräerbriefes, in: Gestalt und Anspruch des Neuen Testaments, hrsg.v.J. SCHREINER/G. DAUTZENBERG, Würzburg ²1969, 262 - 281.

SCHUMPP, M.: *Der Glaubensbegriff des Hebr.* und seine Deutung durch den hl. Thomas, DT 11 (1933), 397 - 410.

SCHWEIZER, E.: Das Evangelium nach *Matthäus* (NTD 2), Göttingen ³1981.

SCHWEIZER, E.: Das Evangelium nach *Lukas* (NTD 3), Göttingen 1982.

SCOTT (jr.), J. J.: *Archegos* in the Salvation History of the Epistle to the Hebrews, JETS 29 (1986) 47 - 54.

SEEBERG, A.: Der Brief an die Hebräer, Leipzig 1912.

SIEGERT, F.: *Argumentation* bei Paulus: gezeigt an Röm 9-11 (WUNT 34), Tübingen 1985.

SIEGFRIED, C.: *Philo von Alexandria* als Ausleger des Alten Testaments. Die griechischen und jüdischen Bildungsgrundlagen und die allegorische Schriftauslegung Philo's; das sprachliche Material und die Literatur an sich selbst und nach seinem geschichtlichen Einfluß betrachtet ..., Jena 1875 (= Amsterdam 1970).

SIMCOX, G. A.: Heb. XIII, 2Tim IV, in: ET 19 (1898/1899) 430 - 432.

SMEND, R.: Zur *Geschichte* von הַאֲמִין , in: B. HARTMANN/E. JENNI/E. K. KUTSCHER u.a. (Hrsg.): Hebräische Wortforschung. Festschrift für W. BAUMGARTNER (VT.S 16), Leiden 1967, 284 - 290.

VON SODEN, H.: Hebräerbrief, Briefe des Petrus, Jakobus, Judas. (HC III.2) Freiburg i.Br. ³1899.

SÖDING, Th.: Zuversicht und Geduld im Schauen auf Jesus. Zum Glaubensbegriff des Hebräerbriefes, ZNW 82 (1991) 214 - 241.

SOGGIN, J. A.: Joshua. A Commentary (OTL), London 1972.

SOUBIGOU, L.: Le chapitre XIII de l'Épître aux Hebreux, ATh 7 (1946) 69 - 82.

SOWERS, S. G.: The *Hermeneutics* of Philo and Hebrews. A Comparison of the Interpretation of the Old Testament in Philo Judaeus and Epistle to the Hebrews, Zürich 1965.

SPICQ, C.: L'authenticité du chapitre XIII de l'Épître aux Hebreux, CNT XI (1947) 226 - 236.

SPICQ, C.: L'Épître aux Hébreux (Etudes Bibliques), I: Introduction, Paris ³1952; II: Commentaire, Paris ³1953.

SPICQ, C.: L'Épître aux Hébreux (Sources Bibliques), Paris 1977. [abgekürzt: C.SPICQ (1977)]

SPICQ, C.: L'Épître aux Hébreux, *Apollos*, Jean-Baptiste, les Hellénistes et Qumran, RdQ 1 (1959) 365 - 390.

SPICQ, C.: *Notes* de Lexicographie néo-testamentaire, Fribourg/Göttingen Tome I 1978, Tome II 1978, Suppl. 1982.

SPICQ, C.: L'exégise de Hebr. XI,1 par S.Thomas d'Aquin, Revue des sciences philosophiques et théologiques (RSPhTh 31) (1947) 229 - 236.

SPIEGEL, Sh.: *The Last Trial*. On the Legends and Lore of the Command to Abraham to offer Isaac as a Sacrifice: The Akedah. Translated from the Hebrew, with an introduction by J. GOLDIN, New York 1967.

STAAB, K.: Pauluskommenare aus der griechischen Kirche. Aus Katenenhandschriften gesammelt, Münster ²1984 (= Münster 1933 [NTA 15]).

STADELMANN, A.: Zur *Christologie* des Hebräerbriefes in der neueren Diskussion, ThBer 2 (1973) 135 - 221.

STÄHLIN, G.: ἅπαξ, ThWNT I (1933) 380 - 382 (abgekürzt: W. STÄHLIN: ἅπαξ).

STAUFFER, E.: ἀγών κτλ., ThWNT I (1933) 134 - 140.

STAUFFER, E.: ἀθλέω κτλ., ThWNT I (1933) 166f (abgekürzt: E. STAUFFER: ἀθλέω).

STAUFFER, E.: Die *Theologie* des Neuen Testaments, Stuttgart ³1947.

STEINHAUSER, M. G.: *Noah in his Generation*: An Allusion in Luke 16δb, "εἰς τὴν γενεὰν τὴν ἑαυτῶν", ZNW 79 (1988) 152 - 157.

STEMBERGER, G.: Die *Datierung* der Mekhilta. Traditionsgeschichtliche Untersuchungen, Kairos 21 (1979) 81 - 118.

STEMBERGER, G.: Die *Patriarchenbilder* der Katakombe in der Via Latina im Lichte der jüdischen Tradition, Kairos 16 (1974) 19 - 78.

STEMBERGER, G.: Rezension zu O. HOFIUS: Der Vorhang vor dem Thron Gottes. Eine exegetisch-religionsgeschichtliche Untersuchung zu Hebräer 6,19f und 10,19f. (WUNT 14), Tübingen 1972, Kairos 17 (1975) 303 - 306.

STERN, M.: Greek and Latin Authors on Jews and Judaism Publications of the Israel Academy of Sciences and Humanities. Section of Humanities. Fontes ad Res Judaicas Spectantes), 3 Vols., Jerusalem, I (1974): From Herodotus to Plutarch; II (1980): From Tacitus to Simplicius; III (1984): Appendixes and Indexes.

STEWART, R. A.: *Creation and Matter* in the Epistle to the Hebrews, NTS 12 (1965/66) 284 - 293.

STRACK, H. L./STEMBERGER, G.: *Einleitung* in Talmud und Midrasch (Beck'sche Elementarbücher), 7., völlig neu bearbeitete Auflage, München 1982.

STRATHMANN, H.: Der Brief an die Hebräer (NTD 9), Göttingen [8]1963.

STRATHMANN, H.: μάρτυς κτλ., ThWNT IV (1942) 477 - 520 (abgekürzt: H. STRATHMANN: μάρτυς).

STRATHMANN, H.: πόλις κτλ., ThWNT VI (1959) 516 - 535 (abgekürzt: H. STRATHMANN: πόλις).

STRECKER, G.: εὐαγγελίζω, EWNT II (1981) 173 - 176.

STROBEL, A.: Der Brief an die Hebräer (NTD 9), Göttingen [12]1931 (2. Auflage der neuen Fassung).

STROBEL, A.: *Untersuchungen* zum eschatologischen Verzögerungsproblem. Auf Grund der spätjüdisch-urchristlichen Geschichte von Habakuk 2,2ff (NT.S 2), Leiden 1961.

STUHLMACHER, P.: Vom Verstehen des Neuen Testaments. Eine Hermeneutik (GNT 6), Göttingen [2]1986.

SWETNAM, J.: Christology and Eucharist in the Epistle to the Hebrews, Bib 70 (1989) 74 - 95.

SWETNAM, J.: Form and Content in *Hebrews 1-6*, Biblica 53 (1972) 368 - 385.

SWETNAM, J.: Form and Content in *Hebrews 7-13*, Biblica 55 (1974) 333 - 348.

SWETNAM, J.: *Jesus and Isaac*. A Study of the Epistle to the Hebrews in the Light of the Aqedah (AnBib 94), Rom 1981.

SYNGE, F. C.: Hebrews and the *Scriptures*, London 1959.

THEILER, W.: *Demiurgos*, RAC 3 (1957) 694 - 711.

THEISSEN, G.: *Untersuchungen* zum Hebräerbrief (StNT 2), Gütersloh 1969.

THEISSEN, G.: Rezension zu O. HOFIUS: Der Vorhang vor dem Thron Gottes. Eine exegetisch-religionsgeschichtliche Untersuchung zu Hebräer 6,19f. und 10,19f. (WUNT 14), Tübingen 1972, ThLZ 99 (1974) 426 - 428.

THIEN, F.: *Analyse* de l'Épître aux Hébreux, RBI 11 (1902) 74 - 86.

THOLUCK, A.: Kommentar zum Briefe an die Hebräer, Hamburg 1836.

THOMAS, J.:"Comme s'il voyait l'invisible" (Épître aux Hebreux 11,27), Christus 123 (1984) 261 - 271.

THOMAS, K. J.: The Old Testament *Citations* in Hebrews, NTS 11 (1964/65) 303 - 325.

THOMPSON, J. W.: Outside the Camp: A Study of Heb 13:9-14, CBQ 40 (1978) 53 - 63.

THURÉN, J.: Das *Lobopfer der Hebräer*. Studien zum Aufbau und Anliegen von Hebräerbrief 13 (AAAbo.H 47/1), Åbo 1973.

THYEN, H.: Der *Stil* der jüdisch-hellenistischen Homilie (FRLANT N.F. 47 [65]) Göttingen 1955.

THYEN, H.: Die Probleme der neueren Philo-Forschung, ThR 23 (1955) 230 - 246.

TORREY, Ch. C.: The Authorship and Character of the so-called "Epistle to the Hebrews", JBL 30 (1911) 137 - 157.

TOWNER, W. S.: The Rabbinic *"Enumeration of Scriptural Examples"*. A Study of a Rabbinic Pattern of Discourse with Special Reference to Mekhilta d'R. Ishmael (StPB 22) Leiden 1973.

TUCKER, G. M.: *The Rahab Saga* (Joshua 2): Some Form-Critical and Traditio-Historical Observations, in: J. M. EFRIED (Ed.): The Use of the Old Testament in the New and other Essays. Studies in honor of W. F. STINESPRING, Durham 1972, 66 - 86.

ÜBELACKER, W. G.: Der Hebräerbrief als Appell. I. Untersuchungen zu *exordium*, *narratio* und *postscriptum* (Hebr 1-2 und 13,22-25) [CB.NT 21], Lund 1989. (abgekürzt: W. G. ÜBELACKER: Hebräerbrief als Appell I).

UNGEHEUER, J.: *Der Große Priester* über dem Hause Gottes. Die Christologie des Hebräerbriefes, Diss. theol. Würzburg 1939.

Van UNNIK, W. C.: The Semitic Background of παρρησία in the New Testament (1962), in: Ders.: Sparsa Collecta. The collected Essays, II: 1Peter - Canon - Corpus Hellenisticum - Generalia (NT.S. 30), Leiden 1980, 290 - 306.

URBACH, E. E.: The Sages. Their Concepts and Beliefs. Translated from the Hebrews by I. ABRAHAMS (Publications of the Perry Foundation in the Hebrew University of Jerusalem), I: Text; II: Notes, Jerusalem 1975.

VACCARI, A.: *Hebr. 12,1*: lectio emendatior, Bib 39 (1958) 471 - 477.

VAGANAY, L.: *Le plan* de l'Epître aux Hébreux, in: Memorial Lagrange, Paris 1940, 269 - 277.

VANHOYE, A.: *Christologia* a qua initium sumit epistola ad Hebraeos (Hebr 1,2b.3.4), VD 43 (1965) 3 - 14.

VANHOYE, A.: Discussions sur la structure de l'Épître aux Hébreux, Bib 55 (1974) 349 - 380.

VANHOYE, A.: Homilie für haltbedürftige Christen. Struktur und Botschaft des Hebräerbriefes, Regensburg 1981.

VANHOYE, A.: *Literarische Struktur* und theologische Botschaft des Hebräerbriefs, Linz, 1. Teil: SNTU, Serie A 4 (1979), 119 - 147; 2. Teil: SNTU, Serie A 5 (1980) 18 - 49.

VANHOYE, A.: *"La question littéraire* de Hébreux 13,1-6", NTS 23 (1977) 121 - 139

VANHOYE, A.: *Longe marche* on accèss tout proche? Le contexte biblique dé Hébreux 3,7 - 4,11, Bib 49 (1968) 9 - 26.

VANHOYE, A.: Situation et signification de Hébreux 5,1-10, NTS 23 (1977) 445 - 456.

VANHOYE, A.: Situation du Christ. Hébreux 1 - 2 (LeDiv 58), Paris 1969.

VANHOYE, A.: La *structure* littéraire de l'Épître aux Hébreux. Preface du St. Lyonnet (Studia Neotestamentica 1), Paris/Bruges [2]1976.

VANHOYE; A.: Structure and Message of the Epistle to the Hebrews (SubBi 12), Rom 1989.

VANHOYE, A.: *Trois ouvrages* récents sur l'épître aux Hébreux, Bib 52 (1971) 62 - 71.

VERMES, G.: Jewish Studies and New Testament Interpretation, JJS 31 (1980) 1 - 17.

VERMES, G.: *Scripture and Tradition* in Judaism. Haggadic Studies (StPB 4), Leiden 1961.

VERMES, G.: The *Targumic Versions of Genesis IV 3-16*, ALUOS 3 (1961/62) 81 - 114.

VIELHAUER, Ph.: *Geschichte* der urchristlichen Literatur. Einleitung in das Neue Testament, die Apokryphen und die Apostolischen Väter, Berlin/New York 1978 (= Nachdruck 1975).

VOLZ, P.: Die *Eschatologie* der jüdischen Gemeinde im neutestamentlichen Zeitalter. Nach den Quellen der rabbinischen, apokalyptischen und apokryphen Literatur (2. Auflage des Werkes "Jüdische Eschatologie von Daniel bis Akiba"), Tübingen [2]1934 (= Hildesheim 1966).

VAN DER WAAL, C.: '*The People of God*' in the Epistle to the Hebrews, in: Neotestamentica 5 (1971) 83 - 93.

WALLIS, G.: *Alttestamentliche Voraussetzungen* einer biblischen Theologie, geprüft am Glaubensbegriff, ThLZ 113 (1988) 1 - 13.

WALTER, N.: *Christologie* und irdischer Jesus im Hebräerbrief, in: H. SEIDEL/K.-H. BIERITZ (Hrsg.): Das lebendige Wort. Beiträge zur kirchlichen Verkündigung. Festgabe für G. VOIGT zum 65. Geburtstag, Berlin 1982, 64 - 82.

WALTER, N.: "*Hellenistische Eschatologie*" *im Frühjudentum* - ein Beitrag zur "Biblischen Theologie"?, ThLZ 110 (1985) 331 - 348.

WALTER, N.: "*Hellenistische Eschatologie*" *im Neuen Testament*, in: E. GRÄSSER/O. MERK (Hrsg.): Glaube und Eschatologie, Festschrift für W. G. KÜMMEL, Tübingen 1985, 335 - 356.

WEBER, F.: *Jüdische Theologie* auf Grund des Talmud und verwandter Schriften, hrsg. v. F. DELITZSCH und G. SCHNEDERMANN, Leipzig [2]1897.

WEIMAR, P.: *Die Meerwundererzählung*. Eine redaktionskritische Analyse von Ex 13,17 - 14,31 (Ägypten und Altes Testament 9), Wiesbaden 1985.

WEIMAR, P.: *Untersuchungen* zur Redaktionsgeschichte des Pentateuch, BZAW 146, Berlin/New York 1977.

WEIMAR, P./ZENGER, E.: *Exodus*. Geschichten und Geschichte der Befreiung Israels (SBS 75), Stuttgart 1975.

WEISER, A.: Die Apostelgeschichte (ÖTK 5), 2 Bände, Gütersloh, I (1981): Apg 1-12; II (1985): Apg 13-28.

WEISER, A.: πιστεύω/πίστις κτλ., ThWNT 6 (1959) 182 - 197 (abgekürzt: A. WEISER: πιστεύω).

WEISS, B.: Der Brief an die Hebräer (KEK 13), Göttingen [6]1897.

WEISS, B.: Die Briefe Pauli an Timotheus und Titus (KEK 11), Göttingen [7]1902.

WEISS, H.-F.: Der Brief an die Hebräer (KEK 13), Göttingen [15]1991 (= 1. Aufl. dieser Auslegung).

WEISS, H. F.: Untersuchungen zur *Kosmologie* des hellenistischen und palästinischen Judentums (TU 97), Berlin 1966.

WEISS, K.: προσφέρω, ThWNT IX (1973) 67 - 70 (abgekürzt: K. WEISS: προσφέρω).

WERNBERG-MØLLER, O.: An Inquiry into the Validity of the text - critical Argument for an early Dating of the recently discivovered *Palestinian Targum*, VT 12 (1962) 312 - 330.

WESTCOTT, B. F.: The Epistle to the Hebrews. The Greek text with notes and essays, London/New York [3]1903.

WESTERMANN, C.: Das Buch *Jesaja*. Kapitel 40 - 66 (ATD 9), Göttingen [4]1981.

WESTERMANN, C.: *Genesis* (Bk X,1-3), 3 Bände, Neukirchen, I: Kap 1-11 (1974); II: Kap 12-36 (1981); III: Kap 37-50 (1982).

DE WETTE, W. M. L.: Kurze Erklärung der Briefe an Titus, Timotheus und die Hebräer (KEHNT II 5), Leipzig [2]1847.

WIDDESS, A. G.: A *Note* on Hebrews XI.3, JThS.NS 10 (1959) 327 - 329.

WIEFEL, W.: *Das dritte Buch über "Moses"*. Anmerkungen zum Quaestionenwerk des Philo von Alexandrien, ThLZ 111 (1986) 865 - 882

WIESER, F. E.: Die *Abrahamvorstellungen* im Neuen Testament (EHS.T 317), Bern/ Frankfurt a.M. u.a. 1987.

WIKGREN, A.: *Patterns of Perfection* in the Epistle to the Hebrews, NTS 6 (1959/60) 159 - 167.

WILCKENS, U.: Der Brief an die Römer (EKK 6.1-3), 3 Bde, Neukirchen/Zürich u.a. ²1987.

WILCOX, M.: The *Bones of Joseph*: Hebrews 11:22, in:B. P. THOMPSON (Ed.): Scripture: Meaning and Method. Essays presented to A. T. HANSON, Hull 1987, 114 - 130.

WILDBERGER, H.: Art. אָמַן , THAT I (1971) 177 - 209. (abgekürzt: H. WILDBERGER: אמן).

WILDBERGER, H.: *"Glauben"*, Erwägungen zu הַאֲמִין , in B. HARTMANN/E. JENNI/ E. Y. KUTSCHER u.a. (Hrsg.): Hebräische Wortforschung. Festschrift für W. BAUMGARTNER (VT.S 16), Leiden 1967, 372 - 386.

WILDBERGER, H.: "Glauben" im Alten Testament, ZThK 65 (1968) 129 - 159.

WILDBERGER, H.: *Jesaja* (BK X/1-3), I: Jesaja 1-12 (²1980); II: Jesaja 13-27 (1978); III: Jesaja 28-39. Das Buch, der Prophet und seine Botschaft (1982), Neukirchen.

WILLIAMS, C. R.: A Word-Study of Hebrews 13, JBL 30 (1911) 129 - 136.

WILLIAMSON, R.: The Epistle to the *Hebrews* (Epworth Preacher's Commentaries), London 1964.

WILLIAMSON, R.: *Philo* and the Epistle to the Hebrews (ALGHL 4), Leiden 1970.

WILLIAMSON, R.: The Eucharist and the Epistle to the Hebrews, in: NTS 21 (1975) 300 - 312.

WINDISCH, H.: Der Hebräerbrief (HNT 14), Tübingen ²1931.

WINDISCH, H./PEISKER, H.: Die katholischen Briefe (HNT 15), Tübingen ³1951.

WINDISCH, H.: *Der zweite Korintherbrief* (KEK 6), hrsg. v. G. STRECKER, Göttingen 1970 (= ⁹1924)

WINTER, M.: φωτίζω/φωτισμός, EWNT III (1983) 1076 - 1080 (abgekürzt: M. WINTER: φωτίζω).

WITT, R. E.: Ὑπόστασις, in: H. G. WOOD (Ed.): Amicitae Corolla. A Volume of Essays presented to J. R. HARRIS on the Occassion of His Eightieth Birthday, London 1933, 319 - 343. (abgekürzt: R. E. WITT: Ὑπόστασις).

WOLFSON, H. A.: Philo. Foundations of Religious Philosophy in Judaism, Christianity, and Islam, 2 Vol., Cambridge (Mass.), ²1948.

VAN DER WOUDE, A. S.: Die messianischen Vorstellungen der Gemeinde von Qumrân (SSN 3), Assen - Neukirchen 1957.

WREDE, W.: Das literarische Rätsel des Hebräerbriefes. Mit einem Anhang über den literarischen Charakter des Barnabasbriefes (FRLANT 8), Göttingen 1906.

WREDE, W.: *Untersuchungen* zum Ersten Klemensbriefe, Göttingen 1891.

WÜRTHWEIN, E.: *Jesaja 7,1-9*. Ein Beitrag zum dem Thema: Prophet und Politik, in: Ders.: Wort und Existenz. Studien zum Alten Testament, Göttingen 1970, 127 - 143.

YORK, A. D.: The Dating of *Targumic Literature*, JSJ (1974) 49 - 62.

ZAHN, Th.: Geschichte des Neutestamentlichen Kanons, 2 Bde, Erlangen/Leipzig 1888ff.

ZAHN, Th.: *Grundriß* der Geschichte des Neutestamentlichen Kanons, Wuppertal 1985 (= um eine Einführung und Register erweiterter Nachdruck der 2. Aufl., Leipzig 1904).

ZENGER, E.: *Israel am Sinai*. Analyse und Interpretationen zu Ex 17-34, Altenberge 1982.

ZIEGLER, J.: *Untersuchungen* zur Septuaginta des Buches Jesaja (ATA 12/3), Münster 1934.

ZIMMERMANN, H.: Das *Bekenntnis* der Hoffnung. Tradition und Redaktion im Hebräerbrief (BBB 47), Köln 1977.

ZIMMERMANN, H.: Die *Hohepriester-Christologie* des Hebräerbriefes. Vortrag beim Antritt des Rektorats und zur Eröffnung des Studienjahres 1963/1964 der Philosophisch-Theologischen Akademie zu Paderborn gehalten am 22. Oktober 1963, Paderborn 1964.

Stellenregister

Die im Kapitel "Komposition des Hebräerbriefes" (S. 5 - 33) genannten Stellen und Abschnitte der einzelnen Gliederungsvorschläge bleiben im Register unberücksichtigt. Sie können zum größten Teil dem Inhaltsverzeichnis entnommen werden. Für die Stellen des Abschnitts Hebräer 10,32 - 12,3 gilt folgende Vorgabe: Die *kursiv* notierten Seitenangaben weisen summarisch auf die Seiten hin, an denen die jeweiligen Verse ausführlich behandelt werden. Außerhalb dieser Zusammenhänge ist jedes Vorkommen angegeben. Eine Ausnahme bildet Hebr 11,1. Da dieser Vers in der vorliegenden Studie sehr häufig vorkommt (außerhalb der Seiten 92-146 über 70mal), wird auf eine detaillierte Auflistung verzichtet. Für das übrige Stellenregister gilt: Die *kursiven* Seitenverweise geben an, daß diese Stellen entweder ausführlich behandelt oder aber zitiert werden.

ALTES TESTAMENT

Schriften des masoretischen Kanons

Genesis

1	152	6,4b-12	95
1,1	157	6,7	195
1,3	156	6,8	194f. 196
3,8b.9.12-18	95	6,8 LXX	95
3,16 LXX	95	6,8f	192
4,1-16	160	6,9	161. *192f*. 194f. 196.
4,3f LXX	160		200
4,4b LXX	162. 176	6,9 LXX	*192-194*
4,4ff	174	6,13	197f
4,4-8	175	6,13-7,1	192
4,6ff	174f	6,14-21	197
4,6-8.10	168	6,22	197. 200
4,7f	169	6,22f	200
4,8	176	7,1	*193*. 201
4,10	176	7,1 LXX	*193f*
5,21-24	179. 183	9,25ff	198
5,22 LXX	179f. 190	11,30 LXX	231
5,24	*181-184*. 190. 194	12,1	204. 206. 207
5,24 LXX	179. 180	12,1 LXX	203. 210. 217
5,24b LXX	179	12,1ff	203f

15,14	310
23,3	307. 312
23,5	136

2. Regnorum (LXX)

8,15	*307*
15,14	310

1. Königbuch

1,37	136
2,26	*320*
10,7	137
11,38	136
17,10f	320
17,17–24	311
18,4.13	322
19,4	321
19,4f	320
19,9	322
19,10	*319*
19,13	319. 322
19,19	319

3. Regnorum (LXX)

2,26	*320*
17,21	*311*
17,22f	*311*
18,4.13	322
19,4	321
19,10	*310. 319*
19,13.19	319

2. Königbuch

1,8	319
2,3.5	181
2,8.13	319
2,10	181
2,13f	*319*
4,18–37	312
4,36f	*312*
4,38f	320
5,7	245
17,14	141
20,4ff	311
21,16	318
23,21	289

4. Regnorum (LXX)

1,8	319
2,13f	*319*
2,8.13	319
4,36f	*312*

Jesaja

1,21.27	137
1,24ff	142
7,1f	136
7,7ff	142
7,9	138
7,9b	*136f*
7,9–11	139
7,11	137
13,22 LXX	62. 63
14,32	137
24–27	57
26,2	69
26,7–21	57
26,11 LXX	59
26,19	61
26,20	62
26,20 LXX	54. *57–59*. 61. 62f. 67. 347
26,20f	57
28,14ff	*137*
28,14f	137
28,16	99. 104. 137. 138. 142
28,16 LXX	138
28,16aβ.b.17a	*137*
28,17b	137
37,3 LXX	*39*
38,16	311
41,24	188
43,8	188
43,8–13	*188*
43,10	139. 188. 190
43,11	188
49,16	251
50,6	314
51,2 LXX	233
51,5	39
51,14 LXX	63
53,1	137
54,11ff	225
57,13	226
60,21	226
63,12	293
63,14	293
65,9	226

Jeremia

2,30 LXX	319
5,3	69
5,12	185
7,16	295
15,15	39. 181
17,5	295

NEUES TESTAMENT

PSEUDEPIGRAPHEN DES ALTEN TESTAMENTS

Qumran

PHILO UND JOSEPHUS

Rabbinische Literatur

Targumim

FRÜHCHRISTLICHE SCHRIFTEN UND KIRCHENVÄTER

Griechische und römische Schriftsteller

Gnostische Literatur

Sachregister

Wissenschaftliche Untersuchungen zum Neuen Testament

Alphabetisches Verzeichnis
der ersten und zweiten Reihe

Appold, Mark L.: The Oneness Motif in the Fourth Gospel. 1976. *Band II/1.*
Bachmann, Michael: Sünder oder Übertreter. 1991. *Band 59.*
Bammel, Ernst: Judaica. 1986. *Band 37.*
Bauernfeind, Otto: Kommentar und Studien zur Apostelgeschichte. 1980. *Band 22.*
Bayer, Hans Friedrich: Jesus' Predictions of Vindication and Resurrection. 1986. *Band II/20.*
Betz, Otto: Jesus, der Messias Israels. 1987. *Band 42.*
– Jesus, der Herr der Kirche. 1990. *Band 52.*
Beyschlag, Karlmann: Simon Magnus und die christliche Gnosis. 1974. *Band 16.*
Bittner, Wolfgang J.: Jesu Zeichen im Johannesevangelium. 1987. *Band II/26.*
Bjerkelund, Carl J.: Tauta Egeneto. 1987. *Band 40.*
Blackburn, Barry Lee: 'Theios Anēr' and the Markan Miracle Traditions. 1991. *Band II/40.*
Bockmuehl, Markus N. A.: Revelation and Mystery in Ancient Judaism and Pauline Christianity. 1990. *Band II/36.*
Böhlig, Alexander: Gnosis und Synkretismus. Teil 1 1989. *Band 47* – Teil 2 1989. *Band 48.*
Böttrich, Christfried: Weltweisheit – Menschheitsethik – Urkult. 1992. *Band II/50.*
Büchli, Jörg: Der Poimandres – ein paganisiertes Evangelium. 1987. *Band II/27.*
Bühner, Jan A.: Der Gesandte und sein Weg im 4. Evangelium. 1977. *Band II/2.*
Burchard, Christoph: Untersuchungen zu Joseph und Aseneth. 1965. *Band 8.*
Cancik, Hubert (Hrsg.): Markus-Philologie. 1984. *Band 33.*
Capes, David B.: Old Testament Yaweh Texts in Paul's Christology. 1992. *Band II/47.*
Caragounis, Chrys C.: The Son of Man. 1986. *Band 38.*
Crump, David: Jesus the Intercessor. 1992. *Band II/49.*
Deines, Roland: Jüdische Steingefäße und pharisäische Frömmigkeit. 1993. *Band II/52.*
Dobbeler, Axel von: Glaube als Teilhabe. 1987. *Band II/22.*
Dunn, James D. G. (Hrsg.): Jews and Christians. 1992. *Band 66.*
Ebertz, Michael N.: Das Charisma des Gekreuzigten. 1987. *Band 45.*
Eckstein, Hans-Joachim: Der Begriff der Syneidesis bei Paulus. 1983. *Band II/10.*
Ego, Beate: Im Himmel wie auf Erden. 1989. *Band II/34.*
Ellis, E. Earle: Prophecy and Hermeneutic in Early Christianity. 1978. *Band 18.*
– The Old Testament in Early Christianity. 1991. *Band 54.*
Feldmeier, Reinhard: Die Krisis des Gottessohnes. 1987. *Band II/21.*
– Die Christen als Fremde. 1992. *Band 64.*
Feldmeier, Reinhard und *Ulrich Heckel* (Hrsg.): Die Heiden. 1994. *Band 70.*
Fossum, Jarl E.: The Name of God and the Angel of the Lord. 1985. *Band 36.*
Garlington, Don B.: The Obedience of Faith. 1991. *Band II/38.*
Garnet, Paul: Salvation and Atonement in the Qumran Scrolls. 1977. *Band II/3.*
Gräßer, Erich: Der Alte Bund im Neuen. 1985. *Band 35.*
Green, Joel B.: The Death of Jesus. 1988. *Band II/33.*
Gundry Volf, Judith M.: Paul and Perseverance. 1990. *Band II/37.*
Hafemann, Scott J.: Suffering and the Spirit. 1986. *Band II/19.*
Heckel, Theo K.: Der Innere Mensch. 1993. *Band II/53.*
Heckel, Ulrich: Kraft in Schwachheit. 1993. *Band II/56.*
  – siehe *Feldmeier.*
  – siehe *Hengel.*
Heiligenthal, Roman: Werke als Zeichen. 1983. *Band II/9.*
Hemer, Colin J.: The Book of Acts in the Setting of Hellenistic History. 1989. *Band 49.*
Hengel, Martin: Judentum und Hellenismus. 1969, [3]1988. *Band 10.*
– Die johanneische Frage. 1993. *Band 67.*
Hengel, Martin und *Ulrich Heckel* (Hrsg.): Paulus und das antike Judentum. 1991. *Band 58.*
Hengel, Martin und *Anna Maria Schwemer* (Hrsg.): Königsherrschaft Gottes und himmlischer Kult. 1991. *Band 55.*

– Die Septuaginta. 1994. *Band 72.*
Herrenbrück, Fritz: Jesus und die Zöllner. 1990. *Band II/41.*
Hofius, Otfried: Katapausis. 1970. *Band 11.*
– Der Vorhang vor dem Thron Gottes. 1972. *Band 14.*
– Der Christushymnus Philipper 2,6 – 11. 1976, [2]1991. *Band 17.*
– Paulusstudien. 1989. *Band 51.*
Holtz, Traugott: Geschichte und Theologie des Urchristentums. Hrsg. von Eckart Reinmuth und Christian Wolff. 1991. *Band 57.*
Hommel, Hildebrecht: Sebasmata. Band 1. 1983. *Band 31.* – Band 2. 1984. *Band 32.*
Kamlah, Ehrhard: Die Form der katalogischen Paränese im Neuen Testament. 1964. *Band 7.*
Kim, Seyoon: The Origin of Paul's Gospel. 1981, [2]1984. *Band II/4.*
– »The ›Son of Man‹« as the Son of God. 1983. *Band 30.*
Kleinknecht, Karl Th.: Der leidende Gerechtfertigte. 1984, [2]1988. *Band II/13.*
Klinghardt, Matthias: Gesetz und Volk Gottes. 1988. *Band II/32.*
Köhler, Wolf-Dietrich: Rezeption des Matthäusevangeliums in der Zeit vor Irenäus. 1987. *Band II/24.*
Korn, Manfred: Die Geschichte Jesu in veränderter Zeit. 1993. *Band II/51.*
Kuhn, Karl G.: Achtzehngebet und Vaterunser und der Reim. 1950. *Band 1.*
Lampe, Peter: Die stadtrömischen Christen in den ersten beiden Jahrhunderten. 1987, [2]1989. *Band II/18.*
Lieu, Samuel N. C.: Manichaeism in the Later Roman Empire and Medieval China. 1992. *Band 63.*
Maier, Gerhard: Mensch und freier Wille. 1971. *Band 12.*
– Die Johannesoffenbarung und die Kirche. 1981. *Band 25.*
Markschies, Christoph: Valentinus Gnosticus? 1992. *Band 65.*
Marshall, Peter: Enmity in Corinth: Social Conventions in Paul's Relations with the Corinthians. 1987. *Band II/23.*
Meade, David G.: Pseudonymity and Canon. 1986. *Band 39.*
Mengel, Berthold: Studien zum Philipperbrief. 1982. *Band II/8.*
Merkel, Helmut: Die Widersprüche zwischen den Evangelien. 1971. *Band 13.*
Merklein, Helmut: Studien zu Jesus und Paulus. 1987. *Band 43.*
Metzler, Karin: Der griechische Begriff des Verzeihens. 1991. *Band II/44.*
Niebuhr, Karl-Wilhelm: Gesetz und Paränese. 1987. *Band II/28.*
– Heidenapostel aus Israel. 1992. *Band 63.*
Nissen, Andreas: Gott und der Nächste im antiken Judentum. 1974. *Band 15.*
Okure, Teresa: The Johannine Approach to Mission. 1988. *Band II/31.*
Philonenko, Marc (Hrsg.): Le Trône de Dieu. 1993. *Band 69.*
Pilhofer, Peter: Presbyteron Kreitton. 1990. *Band II/39.*
Pöhlmann, Wolfgang: Der Verlorene Sohn und das Haus. 1993. *Band 68.*
Probst, Hermann: Paulus und der Brief. 1991. *Band II/45.*
Räisänen, Heikki: Paul and the Law. 1983, [2]1987. *Band 29.*
Rehkopf, Friedrich: Die lukanische Sonderquelle. 1959. *Band 5.*
Reinmuth, Eckhardt: Pseudo-Philo und Lukas. 1994. *Band 74.*
 – siehe *Holtz.*
Reiser, Marius: Syntax und Stil des Markusevangeliums. 1984. *Band II/11.*
Richards, E. Randolph: The Secretary in the Letters of Paul. 1991. *Band II/42.*
Riesner, Rainer: Jesus als Lehrer. 1981, [3]1988. *Band II/7.*
– Die Frühzeit des Apostels Paulus. 1994. *Band 71.*
Rissi, Mathias: Die Theologie des Hebräerbriefs. 1987. *Band 41.*
Röhser, Günter: Metaphorik und Personifikation der Sünde. 1987. *Band II/25.*
Rose, Christian: Die Wolke der Zeugen. 1994. *Band II/60.*
Rüger, Hans Peter: Die Weisheitsschrift aus der Kairoer Geniza. 1991. *Band 53.*
Salzmann, Jorg Christian: Lehren und Ermahnen. 1994. *Band II/59.*
Sänger, Dieter: Antikes Judentum und die Mysterien. 1980. *Band II/5.*
Sandnes, Karl Olav: Paul – One of the Prophets? 1991. *Band II/43.*
Sato, Migaku: Q und Prophetie. 1988. *Band II/29.*
Schimanowski, Gottfried: Weisheit und Messias. 1985. *Band II/17.*
Schlichting, Günter: Ein jüdisches Leben Jesu. 1982. *Band 24.*
Schnabel, Eckhard J.: Law and Wisdom from Ben Sira to Paul. 1985. *Band II/16.*
Schutter, William L.: Hermeneutic and Composition in I Peter. 1989. *Band II/30.*
Schwartz, Daniel R.: Studies in the Jewish Background of Christianity. 1992. *Band 60.*

Schwemer, A. M.: siehe *Hengel.*
Scott, James M.: Adoption as Sons of God. 1992. *Band II/48.*
Siegert, Folker: Drei hellenistisch-jüdische Predigten. Teil 1 1980. *Band 20.* – Teil 2 1992. *Band 61.*
– Nag-Hammadi-Register. 1982. *Band 26.*
– Argumentation bei Paulus. 1985. *Band 34.*
– Philon von Alexandrien. 1988. *Band 46.*
Simon, Marcel: Le christianisme antique et son contexte religieux I/II. 1981. *Band 23.*
Snodgrass, Klyne: The Parable of the Wicked Tenants. 1983. *Band 27.*
Sommer, Urs: Die Passionsgeschichte des Markusevangeliums. 1993. *Band II/58.*
Spangenberg, Volker: Herrlichkeit des Neuen Bundes. 1993. *Band II/55.*
Speyer, Wolfgang: Frühes Christentum im antiken Strahlungsfeld. 1989. *Band 50.*
Stadelmann, Helge: Ben Sira als Schriftgelehrter. 1980. *Band II/6.*
Strobel, August: Die Stunde der Wahrheit. 1980. *Band 21.*
Stuhlmacher, Peter (Hrsg.): Das Evangelium und die Evangelien. 1983. *Band 28.*
Sung, Chong-Hyon: Vergebung der Sünden. 1993. *Band II/57.*
Tajra, Harry W.: The Trial of St. Paul. 1989. *Band II/35.*
Theißen, Gerd: Studien zur Soziologie des Urchristentums. 1979, [3]1989. *Band 19.*
Thornton, Claus-Jürgen: Der Zeuge des Zeugen. 1991. *Band 56.*
Twelftree, Graham: Jesus the Exorcist. 1993. *Band II/54.*
Wedderburn, A. J. M.: Baptism and Resurrection. 1987. *Band 44.*
Wegner, Uwe: Der Hauptmann von Kafarnaum. 1985. *Band II/14.*
Wilson, Walter T.: Love without Pretense. 1991. *Band II/46.*
Wolff, Christian: siehe *Holtz.*
Zimmermann, Alfred E.: Die urchristlichen Lehrer. 1984, [2]1988. *Band II/12.*

Den Gesamtkatalog erhalten Sie gern vom Verlag
J. C. B. Mohr (Paul Siebeck), Postfach 2040, D-72010 Tübingen